Gesellschaft für Politik und Bildung Schleswig-Holstein e.V.
Veröffentlichung des Beirats für Geschichte

Demokratische Geschichte

Jahrbuch für Schleswig-Holstein 32

Herausgegeben von
Robert Bohn, Uwe Danker,
Sebastian Lotto-Kusche und
Jürgen Weber

Redaktionelle Mitwirkung:
Marie-Theres Marx und
Jan Waitzmann

Koordination dieses Bandes:
Uwe Danker

Husum

Umschlag: Gestaltung Frederik Birkemeyer
Bildnachweis Titel: Der Abend. Spätausgabe des Vorwärts vom 22.4.1930 (siehe in diesem Band S. 83)
Bildnachweis Rücktitel: Foto Kay Dohnke/Akens (bearbeitet) (siehe in diesem Band S. 265)

Bibliografische Information der Deutschen Nationalbibliothek
Die Deutsche Nationalbibliothek verzeichnet diese Publikation in der Deutschen Nationalbibliografie; detaillierte bibliografische Daten sind im Internet über http://dnb.dnb.de abrufbar

Die Herausgabe dieser Publikation wurde vom Kulturbüro der Hansestadt Lübeck gefördert.

Gesamtherstellung: Husum Druck- und Verlagsgesellschaft
Postfach 1480, D-25804 Husum – www.verlagsgruppe.de
ISBN 978-3-96717-145-7
ISSN 0932-1632

Inhalt

DIDAKTISCHES FORUM

Editorial

Die Demokratische Geschichte 32 erscheint in neuem Gewand und an anderem Ort: Nach dem Relaunche von Band 11 im Jahr 1998 insgesamt zum zweiten Mal haben wir das Layout modernisiert und uns entschieden, statt im Eigenverlag wieder in einem kommerziellen Verlag zu erscheinen. Für das Verlagshaus in Husum spricht, dass es seit einigen Jahren die mit Abstand engagierteste Adresse in Schleswig-Holstein darstellt. Wir freuen uns über die neue Kooperation!

Herzlich zu danken haben wir unserem Beiträger, Layouter und Hersteller Michael Plata für eine langjährige kongeniale Zusammenarbeit, die in 21 erfolgreiche Jahrbuchproduktionen in einem unverwechselbaren Erscheinungsbild mündete.

Auch in der Herausgebergruppe ist ein einschneidender Wandel eingetreten: Vier seit langer Zeit mitwirkende Mitherausgeber und Mitherausgeberinnen sind aus unterschiedlichen Gründen ausgeschieden: Wir danken Susanne Bohn, Sebastian Lehmann-Himmel, Astrid Schwabe und Dirk Stegmann sehr herzlich für viele Jahre ehrenamtlichen Engagements. Es freut uns sehr, dass sie alle weiterhin beratend für DG zur Verfügung stehen!

Zur Herausgebergruppe zählen weiterhin Robert Bohn, Uwe Danker und Sebastian Lotto-Kusche; neu hinzugekommen ist Jürgen Weber, Gründungsmitglied und ehrenamtlicher Geschäftsführer des „Beirats für Geschichte", der Trägergesellschaft von DG. Zur notwendigen Verjüngung trägt die aktive redaktionelle Mitwirkung von Marie-Theres Marx und Jan Waitzmann bei. Wenn es ihre beruflichen Perspektiven zulassen, werden sie künftig die Herausgebergruppe erweitern.

Vor dem Hintergrund leicht, aber stetig sinkender Abonnentenzahlen, dem ebenso nachhaltigen Wandel im Milieu der Regionalgeschichtsschreibung und nicht zuletzt auch dem zunehmenden Alter der „Gründergeneration" aus den 1980ern mussten wir auch darüber nachdenken, ob DG überhaupt eine Zukunft hat. Wir haben uns für den Versuch des Weitermachens entschieden. Die Kooperation mit dem neuen Verlag ist auf Jahre, also Dauer angelegt.

Inhaltlich bleibt alles beim Alten: Wir sind offen für Beiträge aus der Feder von Fachleuten und Laien, die wir im Zweifelsfall auch unterstützen, wir konzentrieren uns auf Schleswig-Holstein, ohne den Blick über die Landesgrenzen auszulassen, wir sind offen auch für unorthodoxe Themen und Ansätze, wir wollen kreative und provokante Diskussionen ausdrücklich fördern und wir wollen weiterhin sowohl regionalhistorische Beiträge publizieren und ein didaktisches Forum bieten. – Wir laden herzlich ein, uns Angebote zu unterbreiten! (ph@heinemann-bildungsstaette.de)

Zu den Beiträgen dieses Bandes:

Doris Neppert schildert die Einführung der „Familienfürsorge" um 1920 am Beispiel der Stadt Kiel. Anhand von Berichten städtischer Fürsorgerinnen gibt sie einen Einblick in deren gesundheitliche, wirtschaftliche und erzieherische Tätigkeit. Dabei wird auch der sozial normierende

Charakter der öffentlichen Fürsorge deutlich, indem bürgerliche Vorstellungen von Erziehung, Disziplin und Unterstützungswürdigkeit Einfluss auf die Zuteilung von Leistungen entfalteten.

Die Fußballer hatten es lange schwer, innerhalb der Arbeitersportbewegung anerkannt zu werden. Das bildet sich auch in der Geschichtsschreibung ab. Bis heute ist vor allem regionalgeschichtlich noch kaum etwas über die Konkurrenten des DFB-Fußballs bekannt. In einer Lokalstudie über den „Arbeiterfußball in Kiel" fördert Jürgen Weber ein sport- wie gesellschaftspolitisches Kapitel aus der Geschichte der Weimarer Republik bis zum „Schlußpfiff 1933" zu Tage.

Willy Schulz analysiert „Verfassungsfeiern 1922–1932 in Meldorf zur Zeit der Weimarer Republik". Insbesondere unterzieht er die jeweiligen Festreden einer quellenkritischen Würdigung. Nach anfänglicher Skepsis erreichten diese staatlich verordneten Veranstaltungen bald eine größere Zuhörerschaft und können daher als letztlich gescheiterter aber nicht völlig wirkungsloser Versuch zur Stabilisierung der Weimarer Demokratie vor Ort interpretiert werden. Der Autor bettet seine Lokalstudie in die Diskussion um die Reichsfarben sowie die generelle Etablierung des Verfassungstages ein.

Im Februar 1959 kamen auf dem Bahnhof Büchen mehr als 300 zeitgenössisch noch „Zigeuner" genannte Migranten aus dem polnischen Regierungsbezirk Kattowitz an, die dem letzten „Spätaussiedlerzug" angehängt worden waren, der knapp 700 Deutsche aus den ehemaligen deutschen Ostgebieten in die Bundesrepublik transportierte. Unter den Roma brach Panik aus, als sie befürchten mussten, wieder abgeschoben zu werden. Sebastian Lotto-Kusche analysiert Medienberichte und die in Akten überlieferten Reaktionen der staatlichen Akteure auf diese „Krise".

Perke Heldt bearbeitet eine markante örtliche Debatte um den Westerländer Bürgermeister Heinz Reinefarth 1956 bis 1958. Dem ehemaligen SS-General gelang es (auch weiterhin) die Verantwortung für Massenmorde bei der Niederschlagung des Warschauer Aufstandes 1944 zu bestreiten, als ein Artikel in der Mitgliederzeitung „Einheit" der „Gewerkschaft Nahrung-Genuss-Gaststätten" zum Boykott Westerlands aufrief, worauf sich Gewerkschaften und auch die SPD vor Ort mit Reinefarth solidarisierten. Die lebendige Beschreibung gesellschaftlicher Realität der 1950er ergänzt den historischen Reinefarth-Skandal um eine weitere Facette.

„Wie Rendsburgs Ruf in der Welt Schaden nahm: die HIAG-Treffen in den 1960er Jahren" ist der Beitrag von Jürgen Dierkes betitelt. Anhand der umfänglichen Quellenüberlieferung analysiert er, welch verheerende internationale Wirkung offiziell begleitete jährliche Treffen ehemaliger Waffen-SS-Angehöriger in Rendsburg auslösten: Die junge Städtepartnerschaft Rendsburgs mit dem französischen Vierzon stand schließlich sogar auf des Messers Schneide

Der Beitrag von Robert Bohn und Uwe Danker „Wurzeln unserer Freiheit" rekapituliert ein geschichtsdidaktisches Ausstellungsprojekt, das auf bild- und textlich gestalteten Stellwänden anhand von sechs ausgewählten Ereignissen aus der schleswig-holsteinischen Landesgeschichte die Entstehung und Entwicklung von Freiheitsrechten vom Mittelalter bis in die Gegenwart erörtert.

Michael Gehler diskutiert in seinem theoriegesättigten Beitrag die Potenziale einer „modernen" regionalen Zeitgeschichte. Er betrachtet dabei drei geschichtsräumliche Ebenen, ausgehend von der subnationalen (Stadt, Region) die nationale sowie als dritte die übernationale (europäische, globale) Ebene. Schließich erläutert der Autor, welches hermeneutische Instrumentarium Regionalgeschichtsschreibung nutzen kann, um die wechselseitigen Beeinflussungen der drei Ebenen historiografisch zu erfassen.

Uwe Danker liefert mit seinem Beitrag „*damnatio memoriae* oder historischer Abenteuerspielplatz?" einen „pragmatischen Hinweis zum Umgang mit problematischen Straßennamen", der, was in den laufenden Debatten als durchaus exponiert gedeutet werden kann, darauf hinausläuft, im Zweifelsfall eben keine Umbenennung, sondern eine ausdrückliche und erkennbare Einladung zur Auseinandersetzung mit inkriminierten Namen auszusprechen. Die Stadt Neumünster folgt in einem auf fünf Jahre angelegten Experiment diesem Vorschlag in der Praxis.

Benjamin Stello betrachtet in seinem Beitrag den 2022 – auch in einer Schulsonderausgabe – erschienenen Band „Die Volksgemeinschaft in der Region. Schleswig-Holstein und der Nationalsozialismus" in Hinblick auf seine konkreten unterrichtlichen Einsatzmöglichkeiten von der Gemeinschaftsschule bis zur Sekundarstufe II an Gymnasien. Orientiert an den Fachanforderungen für beide Schulformen beschreibt er Potenziale des Buches für den Geschichtsunterricht, die von der Vorbereitung der Lehrkräfte über den Zugang zu Text- und Bildquellen bis zum Einsatz des Gesamtbandes für Unterrichtseinheiten reichen. Konkrete Einsatzbeispiele runden den Aufsatz ab.

Das aus historischer, geschichtsdidaktischer, kultur- und gesellschaftspolitischer Sicht kontroverse Thema „Gedenkstätten" findet in diesem Band eine Aufnahme in der Form einer Dokumentation zweier Debattenbeiträge. Zuerst steht eine Rede Heiner Pohls, die er auf der Tagung „Erinnern am historischen Ort. Geschichte und Zukunft der Gedenkstättenarbeit und -förderung in Schleswig-Holstein" im September 2022 in Kiel gehalten hat. Sie war und ist als durchaus provokante Herausforderung der etablierten Gedenkstättenarbeit gedacht und versehen mit einer Warnung vor einer für die Sache schädlichen staatlichen „Vereinnahmung". Gewissermaßen als Antwort darauf beschreiben Philipp Cordts, Janine Doerry und Charlotte Haugg den Weg „Zurück in die Zukunft – Zur Modernisierung und Professionalisierung der schleswig-holsteinischen Gedenkstättenarbeit". Der Beitrag aus der Sicht in der Gedenkstättenarbeit Beschäftigter beschreibt auch Optionen, die aus der bisherigen Zielsetzung von Gedenkstättenarbeit hinausführen. Beide Beiträge, die uns in Teilen durchaus erstaunt haben, dokumentieren wir ausdrücklich als Debattenbeiträge ohne lektorierenden redaktionellen Anteil der Herausgeber.

Uwe Danker (Bandkoordination)
Robert Bohn
Sebastian Lotto-Kusche
Marie-Theres Marx
Jan Waitzmann
Jürgen Weber

Doris Neppert

Die Einführung der Familienfürsorge in Kiel

Am 1. Oktober 1920 wurde in Kiel als einer der ersten Städte Deutschlands die Familienfürsorge eingeführt[1]. Strukturen, die Menschen mit sozialen Problemen unterstützen, haben sich im Laufe der Zeit verändert. Heute gibt es in Kiel u.a. den ASD (Allgemeiner Sozialdienst), zugehörig zum Jugendamt, und den KSD (Kommunaler Sozialdienst für Erwachsene), zugehörig zum Amt für soziale Dienste, die Menschen bei sozialen Problemen unterstützen. In diesem Artikel soll gezeigt werden, wie vor mehr als 100 Jahren ein Vorläufer der heutigen Hilfestruktur, die Familienfürsorge[2], in Kiel entstanden ist.

Gestoßen bin ich auf dieses Thema im Rahmen meiner Recherche zur Geschichte der *Wohlfahrtsschule Schleswig-Holstein* als einer Vorgängerin des Fachbereiches Soziale Arbeit und Gesundheit der Fachhochschule Kiel. Im Stadtarchiv Kiel fand ich dabei einen Aktenordner aus dem Jahre 1921 mit handschriftlichen Berichten und Aufsätzen von Fürsorgerinnen aus den Beständen des Jugendamtes. Der Kontext der Berichte und Aufsätze ist nicht benannt. Eine erste Einheit besteht aus Arbeitsberichten über die Erfahrungen im ersten halben Jahr der Umsetzung der Familienfürsorge von April 1921. Bei einer zweiten Einheit handelt es sich um Aufsätze der Fürsorgerinnen von August 1921, in denen die Konzepte Bezirks- (Familien-) und Spezialfürsorge miteinander verglichen werden. Mich interessiert, wer diese Pionierinnen der Sozialarbeit waren, worin ihre Aufgaben bestanden und wie sie organisiert gewesen sind. Dieser Aufsatz versucht die genannten Quellen zu kontextualisieren und die wichtigsten Aussagen der Fürsorgerinnen zusammenzufassen, um einen Einblick in Prinzipien und Praxis der fürsorgerischen Tätigkeit in den Anfangsjahren der Weimarer Republik in Kiel zu ermöglichen.

Zunächst werden die Wurzeln der Familienfürsorge in Deutschland skizziert, darauf folgt eine Beschreibung der sozialpolitischen Rahmenbedingungen zu Anfang der Weimarer Republik. Danach werden die Entstehungsbedingungen der Familienfürsorge in Kiel sowie deren Verortung in der Wohlfahrtsverwaltung beschrieben. Abschließend folgen Auszüge aus den o.g. Berichten der Fürsorgerinnen über ihre Arbeit und ihre ersten Erfahrungen mit dem neuen Konzept.

1 Vgl. Tomoyo Nakano: Die Familienfürsorge in der Weimarer Republik. Das Beispiel Düsseldorf. Düsseldorf 2008, S. 77.

2 Der Begriff „Familienfürsorge" war umstritten, da in ihm ein bürgerliches Konzept von der Familie als Zentrum der fürsorgerischen Bemühungen gesehen werden konnte. Von einigen wurde daher der Begriff „Einheitsfürsorge" bevorzugt, auch der Begriff Bezirksfürsorge wurde oft synonym verwendet. Da vom Kieler Modell, insbesondere in Veröffentlichungen, meist als „Familienfürsorge" gesprochen wird, wird dieser Begriff auch in dieser Arbeit verwendet. Die in diesem Bereich Tätigen werden im Folgenden „Fürsorgerin" genannt.

Fürsorge vor 1918

Als Vorläufer der Familienfürsorge können die Armenfürsorge und die Waisenhäuser verstanden werden. Nachdem arme Menschen lange Zeit auf (christliche) Barmherzigkeit, lokale Stiftungen und Betteln angewiesen waren[3], gab es im 19. Jahrhundert erste kommunale Konzepte zum Umgang damit. So wurde die Armenfürsorge in vielen Städten nach dem sog. Elberfelder System organisiert. Es stützte sich auf ehrenamtliche Armenpfleger, die jeweils in einem Quartier, in dem sie auch wohnten, „ihre Armen" betreuten und kontrollierten. Darüber hinaus gab es Bezirksvorsteher, die eine übergeordnete Funktion hatten.[4] Mit der Industrialisierung stieß dieses System jedoch an seine Grenzen, die Bevölkerung war nicht mehr so sesshaft, die Städte dichter besiedelt und zunehmend segregiert in arme und reiche Gegenden. Dadurch waren fürsorgliche nachbarschaftliche Beziehungen (und soziale Kontrolle) nicht mehr wie bisher möglich.[5] Die Einführung der Sozialversicherungen und anderer sozialer Gesetze sowie Zuständigkeiten erforderten zunehmend Sachkenntnisse. Aus dem Elberfelder- entstand das sog. Straßburger System, das immer mehr mit fest angestellten Kräften in der öffentlichen Verwaltung arbeitete. Der Ermessenspielraum bezüglich der Leistungsgewährung der nach wie vor ehrenamtlichen Pfleger*innen[6] sank, neben der Entgegennahme von Anträgen wurde ihre Aufgabe eher in erzieherischer Hinsicht gesehen.[7] Aus dem System der Waisenhäuser heraus entwickelte sich die – auch dezentral agierende – Waisenpflege mit der Institution Gemeindewaisenrat. Seit 1900 waren in manchen Städten, meist weibliche, Waisenpfleger*innen angestellt.[8] Später erweiterte sich das Aufgabenspektrum des Gemeindewaisenrates um andere Vormund- und Pflegschaften[9].

Im 19. Jahrhundert war die Armenpflege noch eine eher männliche Domäne gewesen. Die aufkommende bürgerliche Frauenbewegung hatte jedoch sowohl ein ideelles Interesse an fürsorgerischer Tätigkeit als auch daran, ein berufliches Betätigungsfeld für bürgerliche Frauen zu schaffen. Erste Berufsausbildungsstätten für Frauen entstanden. In Bereichen, in denen Frauen vorher bereits ehrenamtlich tätig gewesen waren und in denen die praktische Tätigkeit als „natürlich weiblich" konnotiert war, wurden Frauen angestellt – meist im Außendienst, im direkten Kontakt mit den Befürsorgten. Die höheren Positionen waren nach wie vor meist Männern vorbehalten (z.B. Ärzte im Gesundheitsamt und andere Verwaltungskräfte in Behörden).[10]

---

3 So gab es z.B. in Kiel seit 1792 die „Gesellschaft freiwilliger Armenfreunde", die in verschiedenen Bereichen sehr aktiv war. Vgl. z.B. Kai-Detlev Sievers: „Christliches Wohlwollen und braver Bürgersinn": Private und öffentliche Fürsorge in Kiel und ihre Bemühungen um die Lösung sozialer Probleme. Neumünster 1993.

4 Vgl. Nakano: Familienfürsorge, S. 33f.

5 Vgl. ebd., S.40.

6 Seit dieser Zeit etwa gab es auch weibliche Pflegerinnen und vereinzelt auch Bezirksvorsteherinnen, daher ab hier das „Gender-Sternchen".

7 Vgl. Nakano: Familienfürsorge, S. 44f.

8 Vgl. ebd., S. 52.

9 Mündel wurden von einem Vormund vertreten und waren insb. unehelich geborene Kinder, Waisen oder Kinder, deren Eltern die elterliche Gewalt entzogen worden war; auch Erwachsene konnten „entmündigt" werden.

10 Vgl. z.B. Christoph Sachße: Mütterlichkeit als Beruf: Sozialarbeit, Sozialreform und Frauenbewegung 1871–1929. Frankfurt 1994. Historisch orientiert: Alice Salomon: Soziale Frauenbildung. Leipzig & Berlin 1988.

Von der Spezial- zur Bezirksfürsorge

Die Entwicklung zu einer verberuflichten Fürsorge um 1900 war einerseits Folge neuer pädagogischer und sozialer Ideen[11] sowie medizinisch-hygienischer Erkenntnisse und andererseits eine Notwendigkeit angesichts des Massenzuzugs in die Städte und der oft prekären Lebensbedingungen der Arbeiter*innen und ihrer Familien. Gleichzeitig erforderten die zunehmend komplexen Sozialgesetze und die Bürokratie spezielles Wissen. So entwickelten sich insbesondere in Städten verschiedene Bereiche: z.B. die Fürsorge für Waisen, Säuglinge und Jugendliche, die Pflegekinderaufsicht und die Trinker-, Geschlechtskranken-, Flüchtlings-, Lungen-, Krüppel- und Wohnungsfürsorge. Sie wurden in z.T. heute noch gebräuchlichen Kategorien zusammengefasst: wirtschaftliche, gesundheitliche und erzieherische Fürsorge.[12] Neben den spezialisierten Fürsorger*innen waren oft noch weitere Akteur*innen an den Fällen beteiligt. Sachße und Tennstedt beschreiben dies für die Kinder- und Jugendfürsorge:

„verschiedene öffentliche Behörden: staatliche und kommunale Polizei, kommunale Armenverwaltung, Gemeindewaisenrat, Fürsorgeerziehungsbehörden (Provinzen) arbeiteten nebeneinander her und dazu eine Fülle privatwohltätlicher Vereine und Einrichtungen. Die organisatorische Vereinheitlichung der Jugendfürsorge wurde daher immer deutlicher zum Leitthema neuer Reformbestrebungen."[13]

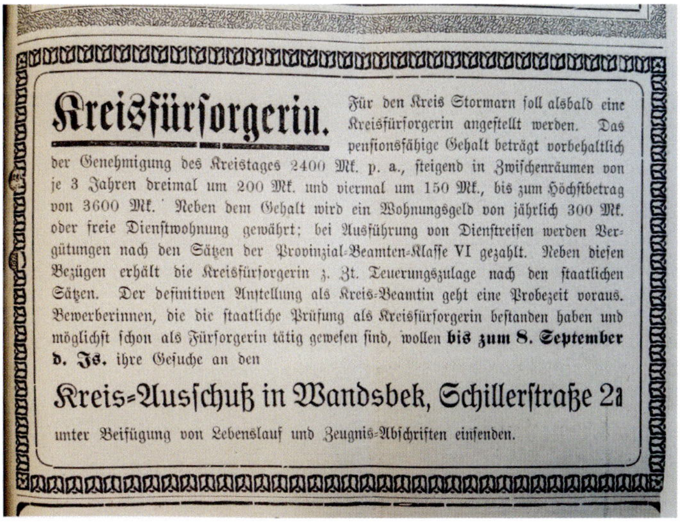

Kreisfürsorgerin. Für den Kreis Stormarn soll alsbald eine Kreisfürsorgerin angestellt werden. Das pensionsfähige Gehalt beträgt vorbehaltlich der Genehmigung des Kreistages 2400 Mk. p. a., steigend in Zwischenräumen von je 3 Jahren dreimal um 200 Mk. und viermal um 150 Mk., bis zum Höchstbetrag von 3600 Mk. Neben dem Gehalt wird ein Wohnungsgeld von jährlich 300 Mk. oder freie Dienstwohnung gewährt; bei Ausführung von Dienstreisen werden Vergütungen nach den Sätzen der Provinzial-Beamten-Klasse VI gezahlt. Neben diesen Bezügen erhält die Kreisfürsorgerin z. Zt. Teuerungszulage nach den staatlichen Sätzen. Der definitiven Anstellung als Kreis-Beamtin geht eine Probezeit voraus. Bewerberinnen, die die staatliche Prüfung als Kreisfürsorgerin bestanden haben und möglichst schon als Fürsorgerin tätig gewesen sind, wollen **bis zum 8. September d. Js.** ihre Gesuche an den

Kreis-Ausschuß in Wandsbek, Schillerstraße 2a

unter Beifügung von Lebenslauf und Zeugnis-Abschriften einsenden.

Stellenangebot für eine Kreisfürsorgerin (Schleswig-Holsteinische Wohlfahrtspflege 1 Nr. 12 (1919))

Mehrfachzuständigkeiten in einem Fall führten zu praktischen Problemen und höheren Kosten. Vor diesem Hintergrund entstand die Idee einer ganzheitlichen Familienfürsorge. Um 1910 hatte die Sozialwissenschaftlerin Marie Baum ein Konzept für die Fürsorge in ländlichen Gebieten entwickelt, um dem Problem der hohen Säuglingssterblichkeit zu begegnen. Ein Einsatz von Spezialfürsorgerinnen war aus finanziellen und organisatorischen Gründen meist nicht möglich, daher nahmen sich die später Kreisfürsorgerinnen genannten

11 So sieht die Sozialwissenschaftlerin Salomon die Professionalisierung der Fürsorge vor dem Hintergrund der Zunahme wissenschaftlicher (auch psychologischer) Erkenntnisse, da man erkannt habe, *„daß unstetes Wesen, Trägheit, Diebstahl häufig ein Symptom und nicht die Krankheit selbst ist; daß man die körperlichen, geistigen und sozialen Tatsachen erforschen muss, die dahinter liegen …"* Alice Salomon: Soziale Diagnose. Berlin 1927(2).

12 Vgl. Nakano: Familienfürsorge, S. 54.

13 Christoph Sachße & Florian Tennstedt: Geschichte der Armenfürsorge in Deutschland. Fürsorge und Wohlfahrtspflege 1871–1929. Stuttgart 1988, S. 34.

Kräfte der verschiedenen Nöte der Familien an[14]. Die Historikerin Nakano sieht einen Ursprung der Familienfürsorge in der Emanzipationsstrategie der bürgerlichen Frauenbewegung, die reformistische soziale Ideen verfolgte und sich mit der Familienfürsorge ein Betätigungsfeld auf kommunaler Ebene schaffte.[15] Auch der Sozialarbeiter Preußer, der 1983 das 1925 erschienene „Tagebuch einer Fürsorgerin" von Hedwig Stieve neu aufgelegt und kommentiert hat, schreibt, dass die Familienfürsorge den Fürsorgerinnen quasi die Aufgabe zugewiesen habe, *„verelendete Arbeiterfamilien vom tieferen Sinn des Familienlebens zu überzeugen."*[16] Sozialistische Fürsorgerinnen hätten diese Interpretation von Familienfürsorge durchaus kritisch gesehen und lieber den Begriff Einheitsfürsorge benutzen wollen[17]. Ganz so einseitig ist der Hintergrund der Familienfürsorge jedoch nicht zu sehen. Die (bürgerliche) Baum etwa beschränkte sich nicht nur auf die (möglichst nach bürgerlichen Maßstäben leben sollende) Familie als Adressatin. Ziel der Familienfürsorge sei, Menschen zu helfen *„aus der ertötenden Isolierung und Atomisierung"* in den Städten herauszukommen und *„das Verbleiben in einer Gemeinschaft oder den Anschluß an eine solche zu ermöglichen."*[18]

Die Idee einer generalistischen (Familien-)Fürsorge anstelle der bisherigen Spezialfürsorgen wurde breit diskutiert. So gab es auf einer Tagung des heute noch existierenden *Deutschen Vereins für öffentliche und private Fürsorge* im Jahre 1921 eine Diskussion des Fachausschusses für das städtische Fürsorgewesen zu diesem Thema. Anwesend waren neben Baum *„zahlreiche Vertreter der kommunalen Sozialverwaltung, der privaten Wohlfahrtspflege, Sozialhygieniker, Ärzte u.A. (...)"*[19] Auch die Sozialwissenschaftlerin Alice Salomon sprach sich für eine einheitliche Fürsorge aus. In ihrem im Jahre 1921 erschienenen „Leitfaden für Wohlfahrtspflege" heißt es: *„Man kann seine wirtschaftlichen, geistig sittlichen und gesundheitlichen Bedürfnisse nicht voneinander lösen und als gesonderte Angelegenheiten betrachten."*[20] Sie sah das Individuum wiederum *„in die natürliche Gemeinschaft der Familie"* eingebettet und betonte, dass auch, wenn nur ein Mitglied der Familie Hilfe braucht, die Familie doch als Ganzes gesehen werden müsse.[21]

Neben der Vermeidung von Mehrfachzuständigkeiten in einer Familie, einer ganzheitlichen Sicht auf die Probleme und der Förderung der Integration Notleidender gab es noch weitere Argumente, die für die Familienfürsorge sprachen:

Vermeidung des Missbrauches von Leistungen,[22]
Vereinheitlichung der Fürsorgepraxis,[23]
Möglichkeit der Prävention von sozialen Problemen[24].

14 Vgl. Nakano: Familienfürsorge, S. 63f.
15 Vgl. ebd., S. 55.
16 Ebd., S. 105
17 Vgl. ebd.
18 Marie Baum: Familienfürsorge: Eine Studie. Karlsruhe 1927, S. 33.
19 Nakano: Familienfürsorge, S. 79.
20 Alice Salomon: Leitfaden der Wohlfahrtspflege. Leipzig/Berlin 1921, S. 9.
21 Ebd. 1921, S. 10.
22 Vgl. Nakano: Familienfürsorge, S. 73.
23 Vgl. ebd., S. 91.
24 Vgl. Gerda Simons: Entwicklungstendenzen der Wohlfahrtspflege. In: Soziale Praxis 30 Nr. 3 (1921), S. 81–84, hier S. 83.

Bedenken gab es etwa seitens der Stadtärzt*innen, die fürchteten, dass die Familienfürsorgerinnen nicht so umfassende medizinische Kenntnisse hätten, wie die Krankenschwestern, die bisher für Lungen- und Säuglingsfürsorge zuständig gewesen waren.[25]

Gesellschaftliche Rahmenbedingungen zu Anfang der Weimarer Republik

Die Nachkriegszeit begann mit großen Hoffnungen auf Veränderungen in einer neuen demokratischen Gesellschaftsstruktur. Allgemeines gleiches Wahlrecht und mehr soziale Rechtsansprüche wurden eingeführt. Gesellschaft, Politik, Verwaltung, Bildung etc. erfuhren substanzielle Veränderungen. Neue soziale Konzepte schlugen sich in Gesetzesänderungen nieder – so trat etwa 1924 das bereits seit längerem geplante Reichsjugendwohlfahrtsgesetz in Kraft[26].

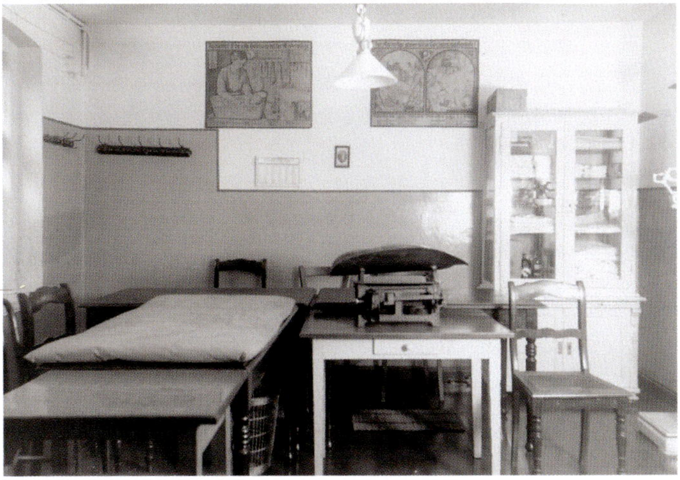

Fürsorgestelle für Mütter und Säuglinge in der Augustenstraße 13 in Gaarden, 1928. (StAK, Bestand: 2.1- Städtische Lichtbildstelle, Sign. 113.204)

In einem Artikel Anfang 1919 von Baum, die damals für das Provinzial-Wohlfahrtsamt Schleswig-Holstein Beraterin der Wohlfahrtsämter war,[27] wird die Hoffnung auf positive gesellschaftliche Veränderungen in dieser Zeit deutlich:

„Die Zeit in der wir leben – unglaublich schnell leben – weist für die Entwicklung der sozialen Arbeit auf eine große Zukunft hin. Viele Widerstände, die uns bisher hemmend im Wege standen, werden ohne weiteres fallen, Klassenunterschiede abgeschwächt oder aufgehoben werden, dilettantisches Wohltun, ernster, verantwortungsvoller sozialer Arbeit weichen müssen. (...) Sind die vorläufig wie ein unüberwindlicher Berg vor uns liegenden Aufgaben der Demobilmachung und der Überführung in geordnete wirtschaftliche Zustände erst einmal gelöst, so gibt es keine dringlichere als die Erziehungs- und Gesundheitsnot des Volkes. Oder positiv gesprochen: die Durchführung einer Volkswohlfahrtspflege, die das Leben der Vielen so lebenswert macht, wie es bisher nur einem verhältnismäßig kleinen Teil des Volkes erscheinen konnte."[28]

Die soziale Situation war allerdings auch geprägt von leeren öffentlichen Kassen, Inflation, hoher Arbeitslosigkeit, Flüchtlingen, Kriegswaisen und -witwen sowie Versehrten.[29] Die Ernäh-

25 Vgl. Nakano: Familienfürsorge, S. 93.
26 Vgl. Sachße & Tennstedt: Geschichte, S. 184.
27 Vgl. Schleswig-Holsteinische Wohlfahrtspflege 1. Nr. 1 (1918).
28 Schleswig-Holsteinische Wohlfahrtspflege 1. Nr. 5 (1919), S. 65ff.
29 Peter Hammerschmidt & Florian Tennstedt: Der Weg zur Sozialarbeit: Von der Armenpflege bis zur

rungs- und Wohnsituation war vielfach prekär und die Wirtschaft musste erst wieder auf Friedensproduktion umstellen. Überdies gab es viele Gegner*innen der neuen Republik. Die alten Eliten wollten ihre Macht nicht ohne Weiteres abgeben, neue antidemokratische Strömungen entstanden. Politische Morde sorgten für Angst, Verunsicherung und Wut. Im März 1920 hatte der Kapp-Putsch, mit dem an verschiedenen Orten in Deutschland versucht worden war, die Weimarer Republik zu stürzen, auch in Kiel für Unsicherheit und Gewalt gesorgt. Gertrud Völcker, die 1920 zu den ersten Bezirksfürsorgerinnen Kiels gehörte, beschrieb ihre Gefühle angesichts des Kapp-Putsches in Kiel:

„Ich war erschüttert und fast krank darüber, daß Menschen so kurz nach Beendigung eines schrecklichen Krieges wieder aufeinander schießen und sich blutig schlagen konnten, und dass nur, weil die eine Seite der Konservativen mit der Entwicklung nicht einverstanden war, und das unrühmliche Zeitalter des Kaiserreiches wieder erkämpfen wollte und die andere Seite als Leidtragende des Obrigkeitsstaates das nach der Revolution errungene verteidigen musste."[30]

Hoffnungen eines großen Teils der Bevölkerung auf radikale Änderungen in den sozialen Verhältnissen wurden zunehmend enttäuscht – statt Sozialismus kamen Reformen.[31] Nach dem Sozialwissenschaftler Preller kamen auch diese ins Stocken, andere Themen wären in den Vordergrund gerückt worden:

„Mit dem Jahre 1923, mit dem Ende der Inflation, schloß auch der erste große Abschnitt der Nachkriegs-Sozialpolitik. An seinem Anfang stand der Wille, einen umfassenden Neubau der deutschen Sozialpolitik zu errichten, an seinem Ende war das Baugerüst der Umbruchzeit noch vorhanden, aber nun stützte es notdürftig die Bauanlage vor einem drohenden Zusammenbruch. An die Stelle des sozialpolitischen Erneuerungswillens hatte sich in allererster Linie die Sorge um die Außenpolitik und um den Bestand des Deutschen Reiches gesetzt. Damit hatten zugleich wirtschaftspolitische Fragen die sozialpolitischen abgelöst."[32]

Und auch wenn idealistische Menschen in den Verwaltungen saßen, *„der sozialpolitische Elan sozialdemokratischer Kommunal- und Wohlfahrtspolitiker (...) war jedoch weit entfernt von den engen Spielräumen, denen sich die regierungsverantwortlichen gegenüber sahen, (...)."*[33]

Der Erziehungswissenschaftler Wendt sieht eine Hinwendung zur Pädagogik nach dem I. Weltkrieg als bürgerlichen Ersatz für grundlegende politische Veränderungen. So wurde z.B. Bildung für alle propagiert als Idee zur Verringerung der Klassengegensätze, eine inhaltliche Reform jedoch unterblieb.[34] Dennoch ging mit den Sozialreformen der Weimarer Republik ein Umdenken im Umgang mit Hilfebedürftigen einher. Dies spiegelte sich neben neuen pädagogischen Konzepten auch darin, dass der Begriff „Armenpflege" durch „Wohlfahrtspflege" ersetzt werden sollte, d.h. einer Fürsorge für alle.[35] Entsprechend entstanden in der Nach-

---

Konstituierung des Wohlfahrtsstaates in der Weimarer Republik. In: Werner Thole (Hrsg.): Grundriss Soziale Arbeit: Ein einführendes Handbuch. Wiesbaden 2012, S. 73–86, hier S. 81.

30 Gertrud Völcker: Erinnerungen, Teil I bis 1945. Kiel 1974, S. 24.

31 Vgl. Ludwig Preller: Sozialpolitik in der Weimarer Republik. Stuttgart 1949, S. 253.

32 Preller: Sozialpolitik, S. 291.

33 Richard Münchmeier: Zugänge zur Geschichte der Sozialarbeit. München 1981, S. 72f.

34 Vgl. Wolf Rainer Wendt: Geschichte der Sozialen Arbeit 2. Die Profession im Wandel ihrer Verhältnisse. Wiesbaden 2017, S. 43.

35 Vgl. ebd., S. 86.

kriegszeit Wohlfahrtsämter, die die verschiedenen Arten der Fürsorge zusammenführen sollten. Dort wurde auch die im Krieg entstandene „gehobene Fürsorge" für Kriegshinterbliebene und -beschädigte eingegliedert.[36] Darüber hinaus setzte sich eine andere neue Idee zunehmend durch – die der Prävention:

„Es galt künftig mehr als bisher, nicht nur in sozialer Hinsicht geschädigte zu heilen, sondern ebenso rechtzeitig Vorsorge für geschädigte Schichten zu treffen und die Pflege des Gesunden nicht zu unterlassen, z.B. die Arbeit an gesunden Säuglingen, Kleinkindern, Schulkindern einzubeziehen."[37]

Die Einführung der Familienfürsorge in Kiel

Wie in vielen anderen Kommunen waren die Lebensbedingungen in Kiel in den Nachkriegsjahren prekär. Kiel war besonders von Arbeitslosigkeit betroffen, da die Arbeitsplätze in der Rüstungsindustrie wegfielen.[38] Auch der bereits erwähnte Kapp-Putsch hatte zu Opfern geführt und die gesellschaftliche Spaltung verstärkt. Die Versorgung mit Nahrungsmitteln war schlecht: Einige Lebensmittel waren noch bis Anfang der 1920er rationiert, die Freigabe einzelner Lebensmittel führte zu deren sofortiger Verteuerung.[39] Es kam immer wieder zu Protesten und Streiks der Bevölkerung bezüglich der wirtschaftlichen Lage und der Ernährungssituation.[40] Neben öffentlichen Leistungen für Bedürftige gab es Initiativen, etwa von Kirchen,

Waldschule Vieburg im Hornheimer Weg 98, Einrichtung der Stadt Kiel für Tuberkulose-gefährdete Kinder, 1927. (StAK Sig. 97.501)

36 Vgl. Sachße & Tennstedt: Geschichte, S. 186.
37 Elfriede Hinrichs: Denkschrift anläßlich des 40jährigen Bestehens der Familienfürsorge. Kiel 1960, S. 6.
38 Vgl. Sabine Stahmer-Wusterbarth: Die wirtschaftliche und soziale Entwicklung in Kiel während der Weimarer Republik unter besonderer Berücksichtigung der Maßnahme der Kieler Stadtverwaltung. Kiel Univ. Diss. 1996, S. 207.
39 Vgl. Stahmer-Wusterbarth: Entwicklung, S. 209–212.
40 Vgl. ebd. S. 222.

Arbeiterwohlfahrt, Rotem Kreuz und vielen kleineren Vereinen, z.B. in Form von Volksküchen oder der Kieler Freiwilligen Altenhilfe.[41] Sehr wichtig waren auch die Nahrungsmittelspenden aus den USA und Dänemark, die insbesondere für eine breite Kinderspeisung verwendet wurden (1924 wurden z.B. täglich 4900 Portionen Milch und Brötchen in Kiel ausgegeben).[42]

Voraussetzungen in der Kieler Verwaltung

Auch in Kiel hatte es schon vor dem Krieg bezahlte Kräfte in der Wohlfahrt gegeben: Seit 1906 hauptamtliche Waisenpflegerinnen, seit 1908 zwei Ermittler.[43] 1910 war in Zusammenarbeit von Stadt und Gesellschaft freiwilliger Armenfreunde die Zentralauskunftstelle geschaffen worden, die für die Aktenführung über alle Fürsorgefälle zuständig war. Sie wurde 1919 von der Stadt Kiel übernommen. 1914 wurde eine Kommission für Jugendschutz gegründet, aus der zunächst die Kommission für Jugendpflege und dann das Jugendamt hervorging.[44] Vor Einführung der Familienfürsorge gab es außerdem zehn Säuglingsfürsorgerinnen, vier Tuberkulosefürsorgerinnen, eine Jugendfürsorgerin sowie vier Pflegerinnen beim Fürsorgeamt für Kriegshinterbliebene. Bei der Diskussion um die Einstellung von Schulfürsorgerinnen kam die Frage auf, ob überhaupt weiterhin Spezialfürsorgen geschaffen werden sollten.[45] Auch die Systeme der Armenfürsorge und der gehobenen Fürsorge sollten vereinheitlicht werden: *„Sie (die Unterstützungskommission) will alle Sondereinrichtungen beseitigen und die Wohlfahrtspflege so treiben, daß wirklich Bedürftigen in einer Weise geholfen wird, daß sie wieder in die Lage versetzt werden, sich selbst weiter helfen zu können."*[46]

Die vorbelasteten Begriffe „Armenbezirk", „Armenpfleger" und „Armenarzt" sollten ersetzt werden durch „Bezirk des Wohlfahrtsamtes", „Pfleger" und „Fürsorgearzt".[47] Dahinter stand für Stadtrat Ries der *„feste Wille, eine Organisation zu schaffen, an den sich jeder in Not geratene vertrauensvoll wenden kann, um Hilfe bei dem Wiederaufbau seiner Existenz zu finden."* Ries hoffte, dass der *„freie und soziale Geist"* der Kriegswohlfahrtspflege von der künftigen Wohlfahrtspflege übernommen werde.[48] Auch der soziale Hintergrund der Armenpfleger*innen wurde diverser. Seit 1919 mussten 1/3 der Vorsteher*innen und Pfleger*innen Frauen sein, ein weiteres Drittel sollte aus dem Arbeiterstand kommen. Die Aufgaben der Pfleger*innen waren im Bereich der wirtschaftlichen Fürsorge die Entgegennahme der Unterstützungsanträge, Prüfung der Lebensverhältnisse, Festsetzung der Höhe der Unterstützung, Auszahlung sowie z.T. die Mündelüberwachung.[49]

41 StAK Sign. 48310, Nr. 80.

42 Vgl. Bericht Wohlfahrtsamt 1924, StAK Sign. 48310.

43 Ermittler waren vor Ort dafür zuständig, die Verhältnisse zu überprüfen.

44 Vgl. Hinrichs: Denkschrift, S. 15–18.

45 Vgl. A. Ries: Familienfürsorge. In: Schleswig-Holsteinische Wohlfahrtspflege 3 Nr. 2 (1920), S. 2f., hier S. 2.

46 A. Ries: Der Abbau der Kriegswohlfahrtspflege und seine Folgen. In: Schleswig-Holsteinische Wohlfahrtspflege 2 Nr. 5 (1920), S. 80f.

47 In den analysierten Quellen wird meist noch von Armenpflegern gesprochen.

48 Ries: Abbau, S. 80f.

49 Vgl. Bericht über die Verwaltung und den Stand der Gemeindeangelegenheiten der Stadt Kiel in der Zeit vom 1.1.1919–31.12.1924. Kiel 1926, S. 301.

Am 1. April 1920 wurde in Kiel das Wohlfahrtsamt gegründet, das folgende Ämter zusammenfasste: Unterstützungsamt, Kriegsbeschädigten- und Kriegshinterbliebenenfürsorge, Jugendamt, Amt für gesundheitliche Fürsorge, die Kasse und Verwaltung sowie die Zentralauskunfts- und Ermittlungsstelle, die für alle Ämter arbeitete.[50] Zum Gesundheitsamt gehörte die Lungenfürsorgestelle, die Fürsorgestelle für Alkoholkranke und die Fürsorgestelle für Krüppel.[51] Darüber hinaus sollte das Wohlfahrtsamt die Funktion einer *„Sammelstelle für die gesamte öffentliche und private Wohlfahrtspflege"* innehaben.[52]

Da die in den neuen Ämtern Beschäftigen oftmals keine Qualifikation im Bereich der Wohlfahrtspflege hatten, gab es eine „Fortbildungsoffensive" in der Provinz Schleswig-Holstein: Seit 1919 bildete die Wohlfahrtsschule Schleswig-Holstein Wohlfahrtspflegerinnen aus (die Hamburger Schule gab es seit 1917).[53] Die Jahrgänge in Kiel waren allerdings nicht groß – zum ersten zählten nur zehn Schülerinnen. Im Winter 1919/1920 gab es dort einen 2-wöchigen Lehrgang über alle Fürsorgezweige für Leiter*innen der Wohlfahrtsämter und Kreisfürsorgerinnen. 1922 wurden an mehreren Orten in der Provinz Ehrenamtliche und Nebenamtliche in der Wohlfahrtspflege geschult, ein weiterer Kurs wendete sich speziell an Mitarbeiter*innen der AWO.[54]

Die Stadtverordneten und die Fachkommissionen in Kiel waren mehrheitlich sozialdemokratisch.[55] Die Sozialdemokratin Gertrud Völcker beschreibt die Kieler Verwaltung zu dieser Zeit als *„in einer lebendigen Entwicklung der Demokratisierung."*[56]

Auch in der Provinz Schleswig-Holstein gab es viele Befür-

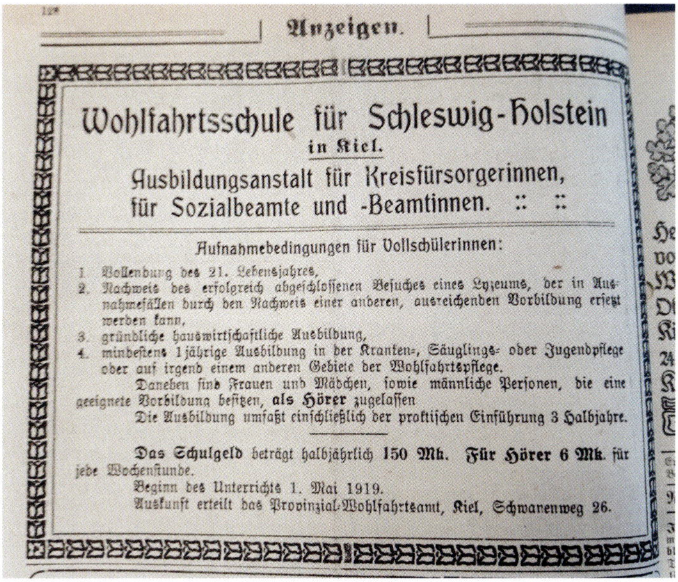

Anzeige der Wohlfahrtsschule (Schleswig-Holsteinische Wohlfahrtspflege 1 Nr. 8 1919)

50 Vgl. Hinrichs: Denkschrift, S. 16.

51 Vgl. Adressbuch der Stadt Kiel von 1923. URL: https://dibiki.ub.uni-kiel.de/viewer/image/PPN1028831668/1140/ (zuletzt aufgerufen: 3.5.2023).

52 Bericht über das Wohlfahrtsamt 1921/22, StAK Sign. 48310 Nr. 80.

53 Vgl. Peter Reinicke: 100 Jahre Sozialarbeiterinnenausbildung in Schleswig-Holstein. In: Fabian Lamp & Doris Neppert (Hrsg.): Kieler Ausbildungsgeschichte(n). Vom Verein Wohlfahrtsschule Schleswig-Holstein zur Landeswohlfahrtsschule. Kiel 2019, S. 8–35, hier S. 8.

54 Vgl. Verteilung von Beihilfen an Anstalten und Einrichtungen der Wohlfahrtspflege aufgrund von § 61 des Finanzausgleichgesetzes, LASH Ab. 301 Nr. 4370.

55 Vgl. Bericht über die Verwaltung und den Stand der Gemeindeangelegenheiten der Stadt Kiel in der Zeit vom 1.1.1919–31.12.1924. Kiel 1926, S. 11f.

56 Völcker: Erinnerungen, S. 28.

worter*innen des Konzeptes Familienfürsorge. 1919 hielt Dr. Altenloh, die Nachfolgerin Baums in der Provinzial-Wohlfahrt und dort auch Sozial- und Frauenreferentin,[57] im Rahmen eines Treffens der Leiter*innen der Kreiswohlfahrtsämter in Kiel einen Vortrag, in dem sie das Konzept der generalistischen Bezirksfürsorge propagierte: *„Wünschenswert wäre auch da* (in den Städten, Anm. d. A.) *eine Zentralstelle für alle Fürsorgearbeit mit verschiedenen Abteilungen, eine Fürsorgerin für alle Gebiete der Fürsorge, der kleinere Bezirke zugeteilt würden."*[58]

Die am 1. Oktober 1920 gegründete Familienfürsorge war der Zentralfürsorge- und Ermittlungsstelle zugeordnet.[59] Leiterin war die Oberfürsorgerin Lusch.[60] Die Bezirkseinteilung ergab sich aus den bereits bestehenden Waisenpflegebezirken, entsprach aber nicht den Armenbezirken, sodass die Fürsorgerinnen oft mit mehreren Bezirksvorsteher*innen und Armenpfleger*innen zusammenarbeiten mussten. Übernommen wurde für die zunächst zehn Bezirke das vorhandene, aber nicht spezifisch ausgebildete Personal: vier Schulpflegerinnen, zwei Schwestern des Anschar-Krankenhauses, eine Fürsorgehelferin aus der Fürsorgestelle für Lungenkranke und eine Jugendpflegerin des Jugendamtes. Zusätzlich arbeiteten zwei ausgebildete Kräfte zunächst unentgeltlich. Die zehn vorhandenen Waisenpflegerinnen arbeiteten weiterhin in ihren Bezirken und waren bei den unter 6-Jährigen Kindern für die Still-, Mündel- und Vormundschaftskontrolle zuständig.[61] Die Waisenpflegerinnen sollten zunächst nicht in die Familienfürsorge integriert werden, da ihre Ausbildung als nicht dafür geeignet erschien.[62] 1924 wurden die letzten vier Waisenpflegerinnen jedoch ebenfalls als Bezirksfürsorgerinnen angestellt.[63] Auch die vier Fürsorgerinnen des Amtes für Hinterbliebene wurden zunächst nicht integriert, da *„sich die Organisationen der Hinterbliebenen dagegen sträubten, sich in eine Verbindung mit dem Wohlfahrtsamt bringen zu lassen."*[64] Nach vier Monaten übernahmen sie doch als Fürsorgerinnen Teile der größten Bezirke, die Hinterbliebenen- und Kriegsbeschädigtenfürsorge wurde in die Arbeit der Familienfürsorge integriert, ehrenamtliche tätige Kriegswitwen nahmen aber zur Kontrolle weiterhin an deren Sprechstunden teil.[65] Zusätzlich zu den o.g. Fürsorgerinnen arbeitete noch je ein Ermittler*in pro Bezirk, der*die für *„allgemeine Feststellungen, besonders in (...) der Erwerbslosenfürsorge"* zuständig war.[66]

Die Familienfürsorgerinnen arbeiteten also in den ersten Jahren noch parallel oder gemeinsam mit den „alten Strukturen", mit ehrenamtlichen Armenvorsteher*innen und -pfleger*innen (die dem Unterstützungsamt zugeordnet waren), Waisenpflegerinnen und der Organisation der Kriegerwitwen.

---

57 Vgl. GStA I HA Rep 191 21.
58 Schleswig-Holsteinische Wohlfahrtspflege 1. Nr. 11 (1919) S. 162f.
59 Vgl. Ries: Abbau, S. 26.
60 Vgl. Hinrichs: Denkschrift, S. 16.
61 Vgl. Bericht über die Verwaltung und den Stand der Gemeindeangelegenheiten der Stadt Kiel in der Zeit vom 1.1.1919–31.12.1924. Kiel 1926, S. 302.
62 Vgl. Ries: Abbau, S. 26.
63 Vgl. Bericht über die Verwaltung und den Stand der Gemeindeangelegenheiten der Stadt Kiel in der Zeit vom 1.1.1919–31.12.1924. Kiel 1926, S. 303.
64 Ries: Abbau, S. 6.
65 Vgl. Ries: Abbau, S. 26.
66 Ebd. S. 27.

Aufgaben der neuen Familienfürsorge

Die Familienfürsorge war der Außendienst des Gesundheits-, Jugend- und Fürsorgeamtes. Anträge konnten nicht eigenständig bewilligt werden – das war dem Innendienst vorbehalten. Gleichzeitig erwartete die Stadtverwaltung von den Fürsorgerinnen, dass sie *„sich von den sozialen Zuständen in ihrem Bezirk Kenntnis zu verschaffen"* haben und selbständig tätig werden sollten: *„(Die Fürsorgerin) ist gehalten, zur Erfüllung ihrer Aufgaben nicht die Anweisung ihrer vorgesetzten Dienstbehörde (...) abzuwarten, sondern überall da mit ihrer Fürsorge einzugreifen, wo ihre Hilfe geboten erscheint."*[67]

Die umfangreichen Aufgaben der Fürsorgerinnen umfassten laut Berichten und Statistiken:

- gesundheitliche Fürsorge (Lungen-, Trinker-, Schul-, Säuglings-, Kindererholungs- und Wohnungsfürsorge)
- erzieherische Fürsorge (Mündelkontrollen, Schutzaufsichten,[68] Einleitung von Fürsorgeerziehung, Maßnahmen nach §1666 BGB, Jugendgerichtsfälle, sonst. vormundschaftliche Maßnahmen, allgemeine Jugendfürsorge)
- wirtschaftliche Fürsorge (allgemeine Wirtschaftsfürsorge, Kriegsbeschädigten- und Hinterbliebenenfürsorge)[69].

Die Verteilung der Aufträge im Jahre 1923 war wie folgt: 37% Gesundheitsfürsorge; 37% Wirtschaftsfürsorge; 26% Jugendfürsorge.[70]

In einem Artikel der *Kieler Kommunalen Mitteilungen* von 1925 wird die Notwendigkeit professioneller Arbeit betont:

„Die Aufgabe der Fürsorgerinnen besteht nicht in der Entfaltung gewährender Güte, im Bewilligen, Befürworten, Beschenken und Freudemachen, sondern in der rationellen Gestaltung der gesetzmäßigen Fürsorge durch Ermittlung,[71] sachverständige Begutachtung und nötigenfalls Beaufsichtigung der Fälle, in denen Fürsorge eine unabweisliche ist."[72]

Die Relevanz von Wissen, Persönlichkeit und Haltung der Familienfürsorgerinnen beschreibt der Dezernent des Kieler Wohlfahrtsamtes Gress 1928:

„Die Tätigkeit der Bezirksfürsorgerinnen besteht im Wesentlichen in der Erkenntnis der Einzelnotstände und ihrer Ursachen (Soziale Diagnose) und in der Vermittlung oder auch Ausübung geeigneter Hilfsmaßnahmen. Die Bezirksfürsorgerinnen müssen Verständnis für fremde Menschen und fremde Schicksale haben, und sie müssen einen Überblick über die jeweils möglichen und in Frage kommenden Hilfsmaßnahmen besitzen." (...) „Die Erfüllung der Aufgabe, fremde Menschen und fremdes Schicksal zu verstehen, erfordert eine gewisse innere

67 Ebd. S. 2f.

68 Nach dem Reichsjugendwohlfahrtsgesetz ist ein Minderjähriger „...unter Schutzaufsicht zu stellen, wenn sie zur Verhütung seiner körperlichen, geistigen oder sittlichen Verwahrlosung geboten und ausreichend erscheint." RJWG § 56. In: Reichsgesetzblatt, Teil I, 29.7.1922, Nr. 54.

69 Vgl. Hinrichs: Denkschrift, S. 18.

70 Vgl. StAK Sign. 48310, Nr. 149.

71 Ermittlung wird immer wieder als Aufgabe der Fürsorgerinnen genannt. Alice Salomon wollte „Ermittlung" lieber durch den Begriff „Soziale Diagnose" ersetzen, denn es gehe um mehr als Tatsachenermittlung und eine Beurteilung der Vertrauenswürdigkeit, sondern darum, Tatsachen und Symptome auch zu analysieren und zu bewerten. Vgl. Salomon: Diagnose, S. 2.

72 KKM 1. Nr. 5 (1925), S. 2–5, hier S. 2.

Weite und Frische der Persönlichkeit. Die tägliche Arbeit ist mit der Gefahr der Abstumpfung verbunden. Gerade diese Abstumpfung ist aber für die Organe der Wohlfahrtspflege verhängnisvoll und macht sie schließlich unfähig, dem Einzelfall gerecht zu werden. Es ist notwendig, (...) sie zur Auseinandersetzung mit den brennenden Fragen des sozialen Lebens anzuregen. Die Güte einer Wohlfahrtspflege hängt nicht zuletzt von den Persönlichkeiten ab die sie ausüben."[73]

Vermutlich als Reaktion auf eine Anfrage schreibt Oberfürsorgerin Lusch 1922, was nicht zu den Aufgaben der Fürsorgerinnen gehöre, nämlich laufende Kontrollen bei vom Unterstützungsamt Leistung beziehenden Personen zu machen. – Fürsorgerinnen sollten keine *„polizeiartige Kontrolle"* ausüben.[74]

Alle Besuche, Sprechstunden, Teilnahmen an Sitzungen wurden in einem Tagebuch dokumentiert. Außerdem wurden spätestens 1930 ein Buch für die Lungenfürsorgestelle, Hefte mit Übersichten über Mündel und Lungenkranke sowie Statistikformulare geführt.[75]

Aufgaben der Oberfürsorgerin

Von Beginn an gab es eine Oberfürsorgerin. Im Zuge der Dezentralisierung in die Bezirksämter Mitte der 1920er wurde jedoch diskutiert, die Fürsorgerinnen den (fachfremden) Bezirksamtsleitern zu unterstellen und die Oberfürsorgerinnenstelle nicht neu zu besetzen. In den Akten finden sich Schreiben, die die Stelle der Oberfürsorgerin verteidigten. Darin wird deren anspruchsvolles Aufgabenspektrum deutlich:

- Koordination der Aufträge der verschiedenen Dienststellen,
- Überblick über Gesetzesänderungen, neue Techniken etc.,
- Organisation der Fortbildung der Fürsorgerinnen,
- Beurteilung über Eignung und Führung des Personals,
- zentrale Ansprechperson für die oft nur in ihren Bezirken arbeitenden Fürsorgerinnen,[76]
- Geschäftsführerin der Arbeitsgemeinschaft für öffentliche und private Wohlfahrtspflege,[77]

Oberfürsorgerin Lusch (StAK, Album Nr. 126)

73 StAK Sign. 80331.
74 So Lusch am 2.2.1922 in einem Brief an ein unbekanntes Amt, StAK Sign. 79562B.
75 Vgl. StAK Sign. 66400, Nr. 142.
76 Vgl. Kantorowicz 1928, StAK Sign. 80331.
77 Vgl. StAK ZAS 3b.

- Mitwirkung in städtischen Kommissionen
- Leitung der Zentrale für Hauskrankenpflege sowie
- Betreuung von Praktikantinnen.

Rahmen- und Arbeitsbedingungen der Familienfürsorgerinnen der ersten Stunde

Das Ziel des Stadtrates Ries aus dem Jahre 1921, nur vollständig ausgebildete Fürsorgerinnen in den Bezirken arbeiten zu lassen,[78] wurde nicht erreicht: Von den 14 Fürsorgerinnen im Jahre 1922 hatten nur vier eine staatliche Anerkennung, vier sollten diese in der nächsten Zeit erhalten.[79] Auch den nicht-ausgebildeten, aber seit mehreren Jahren in der Praxis Arbeitenden wurde die Möglichkeit gegeben, eine staatliche Anerkennung als Wohlfahrtspflegerin zu erlangen. Diese gab es in Preußen seit 1920, ab Oktober 1922 sollte sie in Kiel bei Neueinstellungen Voraussetzung sein.[80] Zwei, nicht als solche ausgebildete, Fürsorgerinnen (Krankenschwestern) und eine (ehemalige) Waisenpflegerin nahmen wöchentlich zwei Stunden an einem Kurs der Wohlfahrtsschule teil. Vermutlich waren das diejenigen, die sich auf eine staatliche Anerkennung vorbereiteten. Zwei Fürsorgerinnen besuchten einen Kursus im Säuglingsheim bei Dr. med. Spiegel. Auch spezielle Interessen der Fürsorgerinnen wurden gefördert. So wurde es etwa zwei Fürsorgerinnen ermöglicht, einen einjährigen Zusatzlehrgang in Berlin zu besuchen.

Nach einer Analyse einer beispielhaften Arbeitswoche ergab sich eine Wochenarbeitszeit von etwa 60 Stunden, samstags wurde gearbeitet und oft bis in die Abendstunden.[81] Die Oberfürsorgerin bat im Jahre 1927 den Stadtrat darum, dass die Fürsorgerinnen am Tag nach der Bezirksversammlung, die oft bis spät abends tagte, eine Stunde später zur Arbeit kommen dürften. Die Arbeitsbelastung der Fürsorgerinnen sei an der Grenze, eine sei bereits aus diesem Grund in einem Sanatorium.[82] Auch Baum gab bereits 1921 zu bedenken, dass es leichter sei, hochwertige Persönlichkeiten für die Bezirksfürsorge zu finden, als sie *„auf der notwendigen geistigen Höhe zu halten."* Baum forderte für die Fürsorgerinnen ausreichend Urlaub und Freizeit, um wieder *„zu sich selbst zu kommen und sich geistig aufzurichten."* Außerdem sollten sie fortwährend Möglichkeiten zur Weiterbildung haben.[83]

Wöchentlich einmal gab es eine Zusammenkunft der Bezirksfürsorgerinnen zu gemeinsamen Besprechungen und Austausch mit der Oberfürsorgerin im Rathaus.

Ein Blick in die Personalakten zeigt, dass einige der Fürsorgerinnen nur kurz in der Bezirksfürsorge in Kiel arbeiteten, Gründe dafür waren etwa Heirat[84] oder die Pflege einer*s Familienangehörigen, es gab aber auch Fürsorgerinnen, die bis zur Rente dort tätig blieben.

Ob die Fürsorgerinnen spezielle Arbeitskleidung trugen, ist aus den vorliegenden Unterla-

78 Vgl. Personalakte Petersen, Luise Marie Christine, StAK Sign. 47271.

79 Vgl. Schleswig-Holsteinische Wohlfahrtspflege Nr. 11 (1922), S. 133.

80 Vgl. Bericht über die Verwaltung und den Stand der Gemeindeangelegenheiten der Stadt Kiel vom 1.1.1919–31.12.1924. Kiel 1926, S. 303f.

81 Vgl. Kieler Wohlfahrtsblätter Nr. 5 (1925), S. 3f.

82 Vgl. StAK Sign. 66400.

83 Schleswig-Holsteinische Wohlfahrtspflege 4, Nr. 11 (1921), S. 164.

84 Nach Völcker wurde es zu dieser Zeit der großen Arbeitslosigkeit nicht gern gesehen, wenn eine Frau danach weiterarbeitete. Vgl. Völcker: Erinnerungen, S. 35.

gen nicht ersichtlich. Völcker schrieb jedoch, dass die meisten Fürsorgerinnen Schwesterhauben trugen, was sie, die durch die Arbeiterjugend geprägt war, ablehnte. Dies trug ihr eine Beschwerde ein. – Der zuständige Stadtrat Ries befürwortete jedoch ihre Haltung.[85]

Charakteristika einiger der Anfang der 1920er in Kiel tätigen Bezirksfürsorgerinnen[86]

Im Stadtarchiv Kiel gibt es einen Bestand an Personalakten von Fürsorgerinnen aus den ersten Jahren der Weimarer Republik. Z.T. stimmen die Namen mit den Verfasserinnen der weiter unten zitierten Berichte überein. Bemerkenswert sind die großen Unterschiede bezüglich Vorbildung und dem sozialen Hintergrund: Einige hatten den Abschluss eines Lyzeums und/oder eine Ausbildung oder Erfahrung im sozialen Bereich und mehrere hatten bereits Berufserfahrung an verschiedenen Orten gesammelt. Andere waren zur Volksschule gegangen, hatten als Haushaltshilfe gearbeitet und keine oder nur eine Kurz-Ausbildung. Drei der Fürsorgerinnen waren vorher bereits Krankenschwestern gewesen (und hatten z.T. im Krieg in Lazaretten gearbeitet), eine war ausgebildete Kindergärtnerin. Drei Fürsorgerinnen hatten vor ihrer Anstellung in Kiel die Soziale Frauenschule in Berlin besucht. Mindestens drei hatten einen verkürzten Sonderlehrgang für „Frauen des Arbeiterstandes" in Hamburg absolviert. Eine von ihnen kam aus der sozialistischen Arbeiterjugend, hatte u.a. in der Rechtsauskunftsstelle für Arbeiter*innen gearbeitet und war in sozialen städtischen Kommissionen tätig. Die Berufe der Väter waren teilweise bürgerlich (Ingenieur, Rechtsanwalt, Lehrer, Pastor), es waren aber auch (Land-)Arbeiter dabei. Die Töchter Letzterer hatten häufig nur die Volksschule, die Töchter aus bürgerlichen Haushalten hatten höhere Mädchenschulen, Lyzeen oder Privatschulen besucht. Die jüngste Fürsorgerin war 1921 22 Jahre alt, die älteste 43. Die vier Kriegswitwen gehörten zum älteren Drittel und hatten jeweils mehrere Kinder zu versorgen. Die Oberfürsorgerin war 28 Jahre alt. Nach dem Besuch einer Höheren Privatschule, hatte sie 1914–15 die Soziale Frauenschule der Inneren Mission in Berlin besucht. Darauf folgten Tätigkeiten als Dezernentin für Hinterbliebenenfürsorge, Referentin für Frauenarbeit für ein Kriegsamt sowie für den Arbeitsnachweisverband Kiel, als Geschäftsführerin des Verbandes Deutscher Hausfrauenvereine und als Leiterin der Zentralauskunftsstelle in Kiel. 1921 hatte sie die staatliche Anerkennung erworben und war Oberfürsorgerin in Kiel geworden.[87]

Stellenvermittlung der Zentral-Auskunftsstelle Kiel (Schleswig-Holsteinische Wohlfahrtspflege 1 Nr. 6 (1919))

85 Vgl. ebd. S. 28.
86 Auf den Personalakten steht die Bezeichnung Bezirksfürsorgerin, nicht Familienfürsorgerin.
87 Vgl. Personalakte Lusch, Maria, Oberfürsorgerin, StAK Sign. 31842.

Familienfürsorge aus der Perspektive der Kieler Fachkräfte

Im Folgenden werden nun die bereits genannten Arbeitsberichte und Aufsätze zur Frage „Einheits- oder Spezialfürsorge?" aus dem Jahre 1921 vorgestellt. In den Berichten wird der Arbeitsalltag der Fürsorgerinnen beschrieben. In vielen Zitaten schimmert dabei die subjektive Sicht der Fürsorgerinnen auf ihre Arbeit und die Adressat*innen[88] durch. Die Aufsätze zum Thema „Einheits- oder Spezialfürsorge" waren vermutlich von einer*m Vorgesetzten mit dem Ziel der Evaluation der Umsetzung der Familienfürsorge in Auftrag gegeben worden. Dieser Vorgesetzte könnte der Kieler Stadtrat Ries gewesen sein, der im November 1921 im Rahmen der Tagung für Städtisches Fürsorgewesen des Deutschen Vereins für öffentliche und private Fürsorge eine Rede mit dem Titel „Erfahrungen mit der Einführung der Familienfürsorgerin" gehalten hat, in der er sich u.a. auf Argumente der Fürsorgerinnen in den Aufsätzen bezog[89].[90] Der Schreibstil der Fürsorgerinnen ist sehr unterschiedlich, einige Berichte sind eher sachlich und strukturiert, beinhalten viele Abkürzungen, andere sind eher in Form einer Erzählung geschrieben. Teilweise kommen dieselben Formulierungen oder Gedankengänge in verschiedenen Berichten respektive Aufsätzen vor. – Ein Grund dafür könnte der regelmäßige Austausch zwischen den Fürsorgerinnen sein. Die Zitate sind mit Kürzeln für die jeweilige Autorin des Berichtes versehen. Im Fall der Arbeitsberichte sind dies die Bezirksnummern, im Fall der Aufsätze das Kürzel EF und die Anfangsbuchstaben des Namens der jeweiligen Fürsorgerin.[91]

Es folgen nun Aussagen der Fürsorgerinnen über die spezifischen Bedingungen in ihren jeweiligen Bezirken, ihre Beziehungen zu den Adressat*innen, ihre Tätigkeiten in den Bereichen wirtschaftliche, gesundheitliche und erzieherische Fürsorge, ihre Netzwerke sowie zum Schluss ihre Bewertungen des Konzeptes der Familienfürsorge.

Beschreibung des Bezirkes

Am Beginn der Arbeitsberichte steht oft eine Beschreibung der räumlichen und sozialen Gegebenheiten der jeweiligen Bezirke. Dabei zeigt sich, dass es zu dieser Zeit – abgesehen von den „Notwohnungen" an verschiedenen Orten – noch überwiegend die heutige Kieler Innenstadt war, die die schlechtesten Wohnverhältnisse aufwies. Zwei der Fürsorgerinnen nahmen eine Kategorisierung vor, die vermutlich auch bei anderen präsent war: die „Ärmsten der Ar-

88 Der Begriff „Adressat*in" wird im Folgenden benutzt für die von den Fürsorgerinnen „befürsorgten" Menschen, die diese u.a. auch „Notleidende", „Arme", „Hilfesuchende" nennen.

89 Vgl. Ries: Abbau.

90 Nicht aus allen Bezirken liegen Berichte vor und die Autorinnen der Berichte entsprechen nicht genau denen der Aufsätze. Sowohl die Arbeitsberichte als auch die „Evaluationen" sind handschriftlich (z.T. in Sütterlin/Kurrent) geschrieben und es war zum Teil sehr schwierig sie zu entziffern. Kleinere „Übersetzungsfehler" sind nicht ausgeschlossen. Nicht sicher geklärte Textstellen wurden in Klammern gesetzt, Erläuterungen zu Abkürzungen ebenso.

91 Hauptquelle: Sign. 65857a – Amt für Familienfürsorge: Arbeits- bzw. Tätigkeitsberichte der Bezirke, 1920–1960. Alle Quellen, auf die mit (EF+ „Name") verwiesen wird, stammen aus o.g. Akte aus dem Bestand der Stellungnahmen zur Frage „Familien- oder Spezialfürsorge". Alle Quellen, auf die nur mit einer Zahl in der Klammer verwiesen wird, stammen aus dem Bestand der Berichte über das erste halbe Jahr aus derselben Akte.

men" („teilweise Abschaum"), der „solide Arbeiterstand" und der „mittlere Beamtenstand" (der „höhere Beamtenstand" und die „Oberschicht" werden in diesem Zusammenhang nicht erwähnt). Eine Fokussierung auf „untere" soziale Schichten wird deutlich. Die prekären Verhältnisse werden benannt und oft mit „moralischem" und „sittlichem Verfall"[92] in Verbindung gebracht.

Bezirk 1b – Wik: *„die Arbeitslast war nicht übermäßig, da ganze Straßen Villengegend sind, also für die Fürsorgearbeit nur vereinzelt in Frage kommen (Hausmannsleute, Hausangestellte, Inhaber von Notwohnungen usw.) An der Periferie meines Bezirks ist viel Elend gesundheitlicher, wirtschaftlicher und erzieherischer Art zu finden. Die krassesten Gegensätze von vermögend und unvermögend, von Glück und Not sind zu finden."*

3 – Knooper Weg bis Holtenauerstraße: *„Die Straßen, deren Häuserreihen fast ausschließlich aus 4stöckigen hohen Etagenhäusern bestehen, sind stark bevölkert. Die Bevölkerung besteht zumeist aus kleinen Beamten, Arbeitern und Handwerkerfamilien. In den Häusern des Brauereivereins an der Gutenbergstraße und in dem Bremer-, Franckestr.-Viertel wohnen sehr viele Kriegerwitwen. Die Wohnungsverhältnisse sind in dem genannten Bezirk durchweg ausreichend, abgesehen von einigen Hinterhäusern und den alten Wohnungen am Lehmberg. Die sanitären Verhältnisse sind mit Ausnahme der eben genannten Häuser genügend. Der Gesundheitszustand ist einigermaßen günstig, da die Wohnungen am Rand der Stadt gelegen und von Licht und frischer Luft umgeben sind."*

Spielende Kinder vor dem Hauseingang in der Haßstraße 22 um 1927. (Foto: Hans Hartz, StAK Sign. 70.943)

5 – Hopfenstraße, Hamburger Chaussee: *„Mein Bezirk hat vollständig 2 Gesichter, so wie ich übers Rondeel hinaus bin, trägt es Kleinstadtgepräge, während der Teil nach dem Zentrum zu Großstadtpublikum birgt. Die neuentstehende Gartenstadt Viehburg mit ihren jetzt schon über 100 zählenden Familien, die doch von Leuten aus allen Stadtteilen u. auch recht verschiedenen Sphären angehörend, bezogen wird, hat – absolut – Kleinstadtpublikum. Ich erkläre es mir eben so: es ziehen eben nur solche Leute dorthin, die den Sinn für Siedlungswesen, also in ihrem Innern so geartet sind (…) Mein Bezirk ist in ständigem Zuwachsen begriffen durch die Siedlung Viehburg u. sonstige Neubauten der Stadt, dazu gehören auch die Notwohnungen des alten Gefängnisses, Ecke Ring- und Hopfenstraße. Die*

92 Unter „sittlichem" oder „moralischem Verfall" wurde bspw. Delinquenz, außerehelicher Geschlechtsverkehr oder auch schlicht von der bürgerlichen Norm abweichendes Verhalten/Sprache verstanden.

Wohnverhältnisse in dem Teil, den ich als ‚Großstadt' bezeichnete, sind streckenweise ganz übel, da viele Räume zu menschlichen Behausungen herangezogen sind, die man vor dem Kriege als baufällig bezeichnet hätte und entfernt hätte. (...) Auch die Kopfzahl der Einwohner auf die Räume verteilt - ist - oft - beängstigend hoch, hier ist dann zugleich das große Elend anzutreffen, keine oder kaum Möbel, Feuerung verbraucht, keine Lichtanlagen, verschmutzt und verlaust - alt und jung. Im Dunkeln ist gut munkeln, heißt es hier mit recht - Diebereien, Zank und Streit auf den engen Treppen u. Höfen sind an der Tagesordnung, Moral tief gesunken, Unsittlichkeit groß."

6a - Städtisches Krankenhaus, Hohenzollernring (heute Westring) und etwas darüber hinaus: *„Mein Bezirk ist das im Volksmund bekannte Franzosenviertel und etwas weiter draußen zwischen den Pachtgärten, die Baracken der Stadtmission ‚Dubenhorst' genannt. Die Bevölkerung läßt sich in 3 Gruppen einteilen:*

a) die ärmsten der Armen draußen in der Forstkoppel, den Hinterhäusern der unteren Wörthstraße

b) das setzt sich aus dem soliden Arbeiterstand zusammen

c) auch der mittlere Beamtenstand ist teilweise vertreten, in der Eckernförder Allee und Geibel- Allee, und Hohenzollernring." (EF Mö)

6b - Innenstadt, Schützenpark, Richtung Hasseldiecksdamm: *„Hier drinnen wohnt die Bevölkerung sehr dicht zusammen während der Bezirk, der sich weit vor dem Tore der Stadt hinzieht draußen im freien Lande sehr zerstreute Wohnungen aufweist. Es lassen sich deutlich 3 verschiedene Bevölkerungsschichten erkennen: (...) große Armut, teilweise Abschaum der Menschheit, der die alten, winkligen Häuser der Innenstadt bewohnt; sich dann wiederum in den Obdachlosenbaracken mitten i.d. Schrebergärten in unzähligen kleinen Notbauten, draußen im freien Lande, ein Dorf für sich bildend, niedergelassen hat. Als 2. Art stark vertreten findet sich in unzähligen neueren schlecht und (leicht) aufgebauten Mietskasernen der solidere Arbeiterstand. Als 3. Art ist noch der mittlere Beamtenstand, der z. Hauptsache am Schützenpark wohnt zu verzeichnen. Sehr ausgeprägter Reichtum und Wohlhabenheit ist nicht vorhanden. (...) Sehr starke wirtschaftliche Not war in den Straßen der Innenstadt, ebenso in den Notbauten Hasselrade[93] (...) wo fast jedes 2. Haus 5, 6–10 Kinder aufweist."*

7 - Papenkamp bis Rendsburger Landstraße: *„(Der Bezirk) ist, vom Papenkamp beginnend und bis zur Rendsburger Landstraße sich erstreckend, im Südosten der Stadt Kiel gelegen und umfasst 32 Straßen. Abgesehen von 2–3 Straßen, die noch Kellerwohnung - z.T. unmöglich - und Hinterhäuser aufzuweisen haben, sind die Wohnungsverhältnisse in gesundheitlicher Beziehung recht gut. Die Wohnungen befinden sich durchweg in 4-stöckigen Mietshäusern, in Gassen findet man noch einzelne kleine Eigenhäuser mit Strohdach. Den größten Teil der Bevölkerung bilden die Familien von Arbeitern, die auf den Werften oder anderen Betrieben Beschäftigung haben. Das freie Gelände zwischen Kiel und Hassee und außerhalb von Gassen wird von den Arbeitern als Pachtgarten benutzt und (bietet) zugleich ihren oft so blassen, ungesunden Kindern einen guten Aufenthalt im freien während dem Sommer."*

93 Die Siedlung Hasselrade war 1918/19 von der Stadt mit Notwohnungen errichtet worden, die Wohnungen waren 50qm groß, die Bausubstanz war schlecht. Vgl. Hans Ehlers: Die Wohnungsfrage in Kiel während des wilhelminischen Kaiserreichs und der Weimarer Republik. Schriftl. Hausarbeit zur ersten Staatsprüfung. CAU Kiel 1990. S. 113f.

9 - Gaarden: *„Der Bezirk ist ziemlich ausgedehnt und es befinden sich dort zum größten Teil 4-stöckige Häuser. Die Wohnungen sind außer einigen Keller- und Dachwohnungen gut. Ein sehr großer Teil der Bewohner hat Pachtgärten und hält sich dort auch Kleinvieh. Der Schulbezirk ist verhältnismäßig gut, die Verlausung der Schulkinder u. ihre Verwahrlosung ist im Vergleich zu anderen Bezirken gering."*[94]

10 - Ellerbek/Wellingdorf: *„Es befinden sich dort viele kleine Häuser der Arbeiter- und Beamtenbauvereine. (Er) trägt dadurch Vorort Gepräge, ansonsten fast ländlichen Charakter. Nach der inneren Stadt gemessen ist die Besiedelung dünn, die sanitären Verhältnisse sind meiner Meinung nach gut. Die Bewohner der Ein- oder Zweifamilienhäuser halten Kleinvieh und besitzen einen Garten. Die Ernährung ist günstiger und daraus folgt in vielen Fällen ein besserer Gesundheitszustand als bei der Bevölkerung der inneren Stadt."*

Die Beziehung zu den Adressat*innen

In vielen Berichten und Aufsätzen werden die Sichtweisen der Fürsorgerinnen auf die Adressat*innen deutlich. Diese wurden in mehreren Berichten in dankbare und berechtigt Bedürftige und betrügerische und nicht anpassungsfähige kategorisiert. Es gab aber auch Fürsorgerinnen, die jenseits von einer Kategorisierung den Wert einer verstehenden, vertrauensvollen Beziehung zu den Adressat*innen beschrieben.

Eine Fürsorgerin beschrieb ihre Vorstellungen vom Umgang mit den - nach bürgerlichen Maßstäben - nicht Anpassungsfähigen: *„Moral tief gesunken, Unsittlichkeit groß. Ich wünschte, in der Lage zu sein, einige Nester ausheben zu können."* (5) Was die Autorin des Berichtes mit „ausheben" meinte, wurde zwar nicht benannt, deutlich wird aber ihre Abgrenzung und Abwertung dieses Milieus. Eine Unterscheidung zwischen „würdigen" und „unwürdigen" Armen brachte Fürsorgerin 6b zum Ausdruck: *„So galt allg. in (...) wirtschaftlicher Hinsicht, die einzelnen eingehend kennen zu lernen, um d. ewig Bittenden v. den wirklich Bedürftigen unterscheiden zu können."*

Auch Fürsorgerin 1b benutzte wertende Begriffe und pauschalisierte das Verhalten der Adressat*innen, benannte aber auch eine gesellschaftliche Verantwortung (Betroffene wurden „abgeschoben"): *„Die Obdachlosenbaracken Projensdorf, die traurigste Ecke in meinem Bezirk, sind u.a. darum so in Verruf gekommen, weil alles, was ein ordentlicher Hauswirt nicht behalten oder aufnehmen wollte, dorthin abgeschoben worden ist. Die wenigen besseren Elemente waren nicht stark, oder nicht interessiert genug, um Gegengewicht bilden zu können. Man gewöhnte sich daran, den ‚Projensdorfern' eine traurige Ausnahmestellung einzuräumen und die Leute kamen schliesslich so weit, dass sie diese Ausnahmestellung fast forderten. Forst- und Felddiebstahl, Schule schwänzen, Ungeziefer gehörte fast dazu."*

94 In ihren Erinnerungen beschreibt die damalige Fürsorgerin Gertrud Dürbrook, verh. Völcker, den Bezirk: *"Ich erhielt einen Bezirk in Kiel-Gaarden, in dem die sozialen Verhältnisse besonders schwierig waren. Es war gewiß nicht leicht, dort zu arbeiten und ich meine wohl, daß es besonderes Verständnis für die vielen, so verschieden reagierenden Menschen erforderte, ..."* Gertrud Völcker: Aus „Erinnerungen". In: SPD-Kreisverb. Kiel: 115 Jahre Sozialdemokratie: 1863–1978. Kiel 1979, S. 14.
„ ..., doch als sozialistische, von der Arbeiterjugend stark geprägte Mitgestalterin der Gesellschaft fühlte ich mich mit den Menschen solidarisch, auch wenn sie ihre politische und gesellschaftliche Situation nicht begriffen hatten." Völcker: Erinnerungen, S. 27.

In einigen Berichten beschrieben Fürsorgerinnen, worin sie Ursachen der Not sahen. So wurden mehrfach die grundsätzlich schwierige wirtschaftliche Situation in der Nachkriegszeit und der Wohnungsmangel benannt – Faktoren, die sich nicht von Adressat*innen und Fürsorgerinnen beeinflussen ließen. Aber auch bestimmte Verhaltensweisen der Menschen wurden als problematisch benannt: *„Bei Übernahme des Bezirks steckte ich mir das Ziel ihn – wenigstens bis zu einem gewissen Grade – zu sanieren. Das, was der Erreichung dieses Ziels grossmächtig entgegensteht ist, ausser dem Geld-, Arbeits-, Wohnungsmangel, ausser der äußeren wirtschaftlichen Not meines Erachtens die völlige Energielosigkeit, der Mangel an tatkräftigem Willen, der immer wieder die Übelstände hervorruft, bestehen lässt, verschlimmert." (1b)*

Fürsorgerin 5 beklagte, fehlende Offenheit der Adressat*innen ihr gegenüber und die „holsteinische Art" der Hilfebedürftigen erschwere die Unterstützung: *„Mein Publikum ist sehr zugeknöpft in jeder Beziehung, die holsteinische Art ganz außen vorgelassen, daher scheidet die Mildtätigkeit ziemlich aus, u. auf die sind wir Fürsorgerinnen in dieser schweren u. außergewöhnlichen Zeit doch besonders angewiesen."*

Die Wechselwirkung zwischen sozialen, wirtschaftlichen und gesundheitlichen Problemen betonte Fürsorgerin 6b und benannte dabei auch „sittliche Not" und den Verfall des „moralischen Anstands" als mögliche Folgen – Kategorien, die vermutlich stark von bürgerlichen Einstellungen geprägt waren: *„In sehr vielen Fällen geht die gesundheitliche, wirtschaftliche und sittliche Not Hand in Hand. Ein schlagender Beweis dafür waren z.B. die Konfirmanden aus den unteren Klassen, die Kinder, die Ostern der Förderschule überwiesen wurden, bei denen Schulärztin, Lehrer und ich gemeinsam neben dem geistigen Zurücksein meistens auch gesundheitliche u. wirtschaftliche Not feststellten. Und sonst! Der moralische Anstand hatte sehr viel s. Ursprung in gesundheitlicher u. wirtschaftlicher Not u. wiederumgekehrt."*

Dies führte aus ihrer Sicht zur Notwendigkeit der ganzheitlichen Betrachtung: *„Weil alle 3 Seiten so stark miteinander verquickt sind, galt es den ganzen Menschen, die ganze Familie in jeder Hinsicht zu betrachten. Das konnte alleine durch enge Fühlungnahme mit den verschiedenen Zweigen der Wohlfahrtsämter u. m. allen sozial interessierten Leuten im Bezirk geschehen." (6b)*

Der ganzheitliche Blick war auch für eine andere Fürsorgerin zentral. Sie betonte dessen Bedeutung auch für die Beziehung zu den Adressat*innen und beschrieb gleichzeitig ihr Verständnis von Fürsorge: Sich auf die Adressat*innen einstellen, Interesse

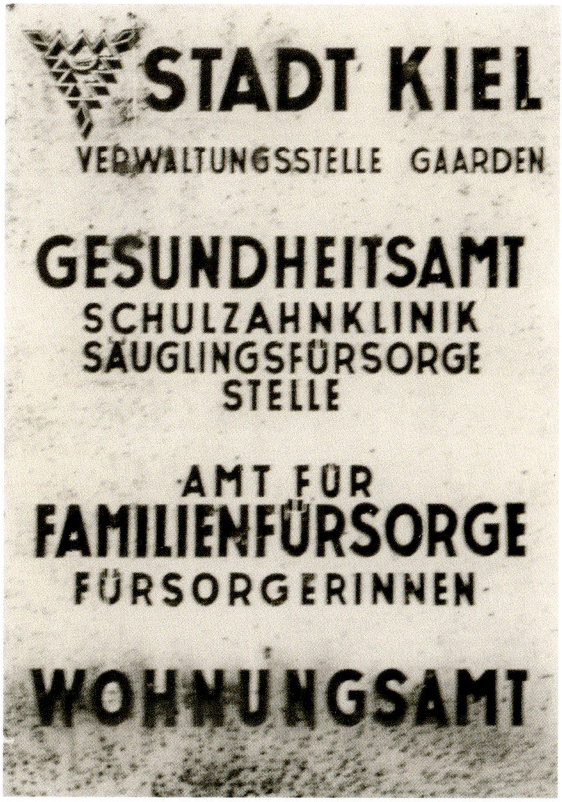

Schild der Familienfürsorge in Gaarden (StAK Fotoalbum Nr. 125)

zeigen, zuhören, teilhaben, beraten: *„Und das ist gerade das unbedingt notwendige u. große. Daß man sich auf taktvolle Weise auf die Leute einstellt, ihre ganze Not (nicht nur Bruchteile) mit anhört u. dem Menschen das Gefühl geben kann, daß ein Mensch vor ihm steht, der für alles Interesse hat und die ganze Not der ganzen Familie erfaßt u. mit erlebt u. auch letzten Endes in allem helfen (od. wenn auch das nicht immer) doch einen Rat geben kann." (EF W)*

Auch Fürsorgerin 7 hob die Bedeutung der Beziehung zwischen Fürsorgerin und Notleidenden für Ihre Arbeit hervor: *„Das Bewusstsein, daß wir für sie zur Aussprache, Auskunftserteilung, zur Hilfeleistung bereit sind, (muss in ihnen geweckt) werden, aus dem heraus wächst das Vertrauen. Es ist das (schönste) Verhältnis, das zwischen uns und denen, die unserer Fürsorge bedürfen bestehen kann."*

Tätigkeiten der Fürsorgerinnen

Die am häufigsten genannten Orte, an denen die Fürsorgerinnen tätig waren, sind Schulen, Notwohnungen, Barackensiedlungen sowie die Wohnungen der Bedürftigen. Weiterhin sehr wichtig waren die zweimal wöchentlich stattfindenden Sprechstunden in öffentlichen Gebäuden des Stadtteils. Darüber hinaus wurden Altersheime, Kinderhorte, die Kinder-Zufluchtsstätte der Stadtmission, das „Kinder-Krüppelheim", ein „Schwedenheim" und die Blindenanstalt als Arbeitsorte erwähnt. Es folgen die Tätigkeiten der Fürsorgerinnen gegliedert in wirtschaftliche, gesundheitliche und erzieherische Fürsorge.

Aufgabe wirtschaftliche Fürsorge

Wo genau die Grenze zwischen der Tätigkeit der Armenpfleger*innen und der der Fürsorgerinnen lag, wird aus den Unterlagen nicht ersichtlich. Vermutlich gab es in der Praxis viele Überschneidungen. Jenseits von der – von den Armenpfleger*innen vermittelten – Armenunterstützung (1b) gab es noch die Erwerbslosenunterstützung und die Unterstützung für Kriegswitwen und -waisen („gehobene Fürsorge"). In den Berichten wird deutlich, dass die Fürsorgerinnen sich ebenfalls um materielle Belange kümmerten und Anträge für Bedürftige bei Behörden stellten. Vorstellbar wäre, dass es ein Spannungsverhältnis zwischen den in einer langen Tradition stehenden, ehrenamtlichen, oft männlichen Bezirksvorsteher*innen und (Armen-)Pfleger*innen und den ausgebildeten, angestellten Fürsorgerinnen gegeben hätte. In den Berichten wurde jedoch meist von einer guten Zusammenarbeit gesprochen. Denkbar ist, dass die Stadt noch nicht auf die Ehrenamtlichen verzichten konnte und nicht mit dieser traditionsreichen Struktur brechen wollte. In den Berichten zeigt sich immer wieder, dass die Vorstellungen von einer Unterscheidung zwischen „würdigen" und „unwürdigen" Armen trotz neuer gesellschaftlicher Verhältnisse und Gesetze noch in den Köpfen waren und sich auf die Fürsorge auswirkten.

Die Hinterbliebenen waren für die Familienfürsorgerinnen die Haupt-Adressat*innen der wirtschaftlichen Fürsorge. Die Fürsorgerinnen führten in ihren Bezirken gemeinsam mit Vertreterinnen der organisierten Kriegswitwen Sprechstunden durch. Insbesondere bei diesen Adressat*innen bedeutete das auch psychosoziale Begleitung, sie wurden beraten, „vertröstet" und es wurden Anträge mit ihnen ausgefüllt. Eine Fürsorgerin berichtete über deren Unmut über gekürzte Bezüge: *„In Hinblick auf die augenblicklich beschränkten Mittel mußten die*

Kriegerwitwen und -Eltern, die sehr stark auf dem Standpunkt des Rechtsanspruchs stehen, öfter mit kleineren Unterstützungen, als gefordert war, beschieden werden; was ihnen, die bisher vielfach (ohne lange Prüfung) aus dem Vollen geschöpft haben, sehr hart ankam." (6b)

Fürsorgerin 5 empfand die Hinterbliebenen als „schwierigste" Adressat*innen: *„Viele sind sehr verstört u. verbittert – andere durch die Not der Zeit und innere Haltlosigkeit auf abschüssige Bahnen geraten. Hier muss tapfer laviert werden, da man doch auch gern den Frauen etwas sein will, in jeder Beziehung ihr Vertrauen genießen möchte. Wie viel leichter wären sie zu gewinnen, hätte man volle Hände, um geben zu können."*

Auch wenn die Hinterbliebenen-Organisationen durch die Einführung der Familienfürsorge in ihrer Tätigkeit eingeschränkt wurden, scheint die Zusammenarbeit mit deren ehrenamtlichen Vertreterinnen gut funktioniert zu haben: *„Meine anfängliche Befürchtung, daß die freie Aussprache der Bittenden durch die Anwesenheit der beiden Helferinnen behindert würde trat in meinem Bezirk allmählich etwas zurück. Mit meiner Beisitzerin war ein harmonisches Zusammenarbeiten."* (6b)

Vermittlung in Arbeit: Zwei Fürsorgerinnen berichteten davon, dass sie versuchten, Jugendliche auf dem Land „in Stellung" zu bringen. Es wurde gehofft, dass die Arbeit auf dem Land einen positiven Einfluss auf die Gesundheit haben würde: *„In gesundheitlicher Beziehung musste nach Möglichkeit für Kräftigung der Jugendlichen, die als Kinder d. Entbehrungen d. Krieges erlitten hatten, gesorgt werden, indem man versuchte sie am liebsten auf dem Lande i. Stellung zu bringen." (6b)* Jugendliche, die Arbeit suchten, konnten auch materielle Unterstützung dafür bekommen, z.B. Kleidung (6b).

Sonstige Armutslinderung: Jenseits von finanzieller Unterstützung konnten die Fürsorgerinnen den Bedürftigen helfen, z.B. durch Beschaffung von Mitteln zur Bezahlung von Schulden, Auslösung von Pfandscheinen, Vermittlung von Bekleidung, städtischen Kohlen- und Kartoffelgutscheinen. Darüber hinaus gab es die „Amerika-Spende"[95], die verteilt wurde: Dosenmilch, Seife, Bohnen und Flanellgutscheine sowie Kleidungsstücke (3). Dabei wurden die Fürsorgerinnen, wie bereits erwähnt, nicht nur aufgrund von Aufträgen aktiv – sie konnten auch von sich aus Fälle melden: *„Zunächst waren es die Armen, die von der Stadt unterstützt werden, dann vor allem die verschämten Armen, die aufgesucht (und letztere) gefunden werden müssen, für diese galt ja nach Würdigkeit und Bedürftigkeit sich beim Armenvorsteher und -pfleger einzusetzen."* (6b)

In Fällen, in denen es keine öffentliche materielle Hilfe gab, konnten die Fürsorgerinnen Spenden von anderen Institutionen akquirieren. Dies scheint abhängig gewesen zu sein von den jeweiligen Kontakten und den Bemühungen der einzelnen Fürsorgerin: *„In Bezug auf das gesundheitliche und wirtschaftliche hat in den Fällen in denen keine Behörde eintritt, zu langsam arbeitet, wo aber doch geholfen werden muß u. zwar sofort, wo ein Hoffnungsschimmer erweckt werden mußte, die private Liebestätigkeit eingegriffen. Zur Hauptsache trat auf mein Bitten der Pastor mit gesammelten Geldern od. die Frauenhilfe mit selbstgenähter Kleidung od. durch Gewährung von tgl. Mittagessen ein. Ebenso legten die hilfsbereiten Guttempler mit Hand an. Ein Dienstmädchen aus dem Jugendverein brachte auf meinen die Not schildernden*

95 Vermutlich ist hier die humanitäre Hilfe von Britischen und US-amerikanischen Quäker*innen gemeint oder/und die „Amerika-Hilfe", organisiert von der Regierung der USA.

kleinen Bericht Kinderkleidung. Außerdem wurden mir auf einige Bittbriefe hin einzelne größere Summen Geldes aus Dänemark zur Linderung der Not gesandt." (6b)

Die begrenzten finanziellen Mittel der Kommune führten dabei zu Entscheidungsproblemen, wer unterstützt werden konnte: *„Ein sehr, sehr schwieriges Kapitel ist die wirtschaftliche Fürsorge. Wir haben nicht zu bewilligen, nur zu prüfen, ermitteln, befürworten. Ich habe es unendlich schwer gefunden, in jedem Fall das rechte zu tun. Zunächst ist es in sehr vielen Fällen (fabelhaft) schwer, ein ganz klares Bild von den wirtschaftlichen Verhältnissen des Antragsstellers zu gewinnen – und dann ist da der ständige Konflikt zwischen der Not des Einzelnen, der gesteuert werden müsste und den begrenzten Mitteln, die im Interesse der Gesamtheit unbedingt zu rationieren sind."* (1b)

Aufgabe Gesundheitsfürsorge

Hauptzielgruppe der gesundheitlichen Fürsorge waren die Tuberkulosekranken. Dabei wurde eng mit der Tuberkulosefürsorgestelle zusammengearbeitet, die Aufträge zum Besuch der Kranken vergab. Mindestens zwei der Fürsorgerinnen (vermutlich die ausgebildeten Krankenschwestern) nahmen auch regelmäßig an der dortigen TBC-Sprechstunde teil. Die Häufigkeit der Hausbesuche hing von der Schwere des Falles ab – die Schwerkranken sollten einmal pro Woche besucht werden. Eine Fürsorgerin schildert ihre Tätigkeit: *„Die Kranken werden nach Möglichkeit zur Hygiene erzogen, es wird versucht, ihnen Erleichterung zu verschaffen (Milchverbilligung, Mietzuschuss, Luftkissen, etc.) Die anderen Fälle sind direkte Aufträge der L.F.St.* (Lungenfürsorgestelle, Anm. d. A.), *z.Z. Wohnungsberichte, Aufnahme von Krankengeschichten, Veranlassung von Desinfektion etc."* (1b)

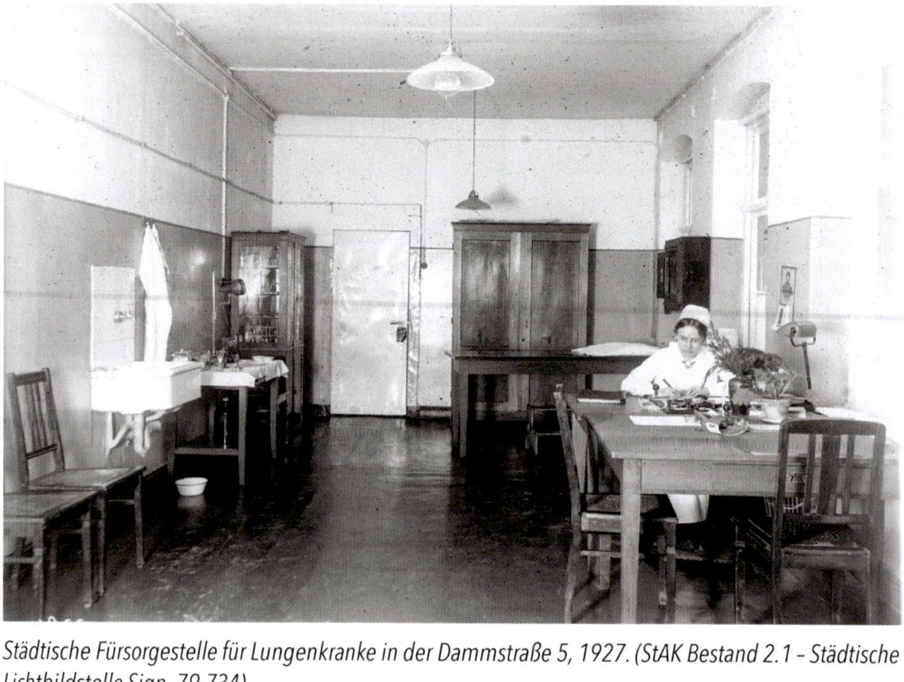

Städtische Fürsorgestelle für Lungenkranke in der Dammstraße 5, 1927. (StAK Bestand 2.1 – Städtische Lichtbildstelle Sign. 79.734)

Die Fürsorgerinnen achteten außerdem darauf, dass Erkrankte regelmäßig zur Untersuchung gingen, und konnten Betten vermitteln, damit die Gesunden sich das Bett nicht mit den Kranken teilen mussten.[96] Eine andere Fürsorgerin beschreibt die Zusammenarbeit mit den Lungenfürsorgestelle und die Grenzen ihrer Tätigkeit: *„In einem speziell für Lungenkrankenfälle eingerichteten Heft mache ich mir Notizen, die zur Ermittlung der Familienverhältnisse notwendig waren, und ergänze sie durch Niederschreiben der Beobachtungen bei meinen Besuchen, sodaß der Arzt jederzeit auf Wunsch einen Einblick oder Bericht erhalten kann. Sehr oft konnte ich lungenkrank verdächtig erscheinende früh auf die Fürsorgestelle aufmerksam machen und durch Vermittlung der Schwester eine Untersuchung ermöglichen. In engem Zusammenhang mit der Lungenfürsorgearbeit steht die Wohnungspflege, die ja (...) wegen des großen Mangels an Wohnungen praktisch gar nicht getrieben werden kann. Nur in ganz besonderen Fällen gelang es der Lungenfürsorgestelle Lungenkranke aus feuchten Wohnungen in eine bessere Umgebung zu bringen." (7)*

Eine Fürsorgerin beschreibt die positive Resonanz auf die sie bei der Lungenfürsorge oft stieß: *„Bei den Lungenpatienten ist die Familienfürsorgerin meistens ein gern gesehener Gast, ihr Besuch ist immer eine passende Gelegenheit, das Herz einmal gründlich zu erleichtern und große und kleine Wünsche anzubringen. Doch gibt es auch solche, die durch eine Plauderviertelstunde schon beglückt sind und meistens fragen sie dann: Wann kommen Sie nun wieder?" (EF P)*

Besuche aufgrund anderer Krankheiten wurden nur gemacht, um festzustellen, ob Besuch und Pflege der Gemeindeschwester erforderlich waren. Vor allem im Sommer wurden erholungsbedürftige Kinder in Landerholungsheime vermittelt. Dabei wurde mit der Kinderhilfe zusammengearbeitet. *„Einmal konnte ich es erreichen, daß ein hochgradig bleichsüchtiges 14jähriges Mädchen, das mir die Schule zugeführt hatte, zur Erholung in Holland untergebracht werden konnte. Nebenbei bemerkt hatte es das Glück, zu einem halbjährlichen Aufenthalt von seinen Gastgebern eingeladen zu werden." (7)*

Unterernährung war ein weit verbreitetes Phänomen kurz nach dem I. Weltkrieg. Betroffenen Kinder und Jugendlichen zu helfen, war eine der Aufgaben der Fürsorgerinnen. Im Rahmen der bereits erwähnten „Quäker-Speisung" und der Amerika-Hilfe konnten die Fürsorgerinnen gespendete Lebensmittel, insb. Dosenmilch, an bedürftige Familien vergeben. Auch in Schulen wurde Essen ausgeteilt, z.T. auch an die Mütter. Schlecht ernährte Kinder wurden in Zusammenarbeit mit der Kinderhilfe auf dem Land untergebracht.

Schulfürsorge: Die Fürsorgerinnen waren für die in ihrem Bezirk liegenden Volks-, Mittel, Förder- und Hilfsschulen zuständig (fünf bis acht je Bezirk)[97]. Aufgaben waren die Assistenz bei Untersuchungen des Schularztes/der Schulärztin, der Kampf gegen Kopf- und Kleiderläuse sowie gegen die Krätze, die Teilnahme an Elternabenden, die Zusammenarbeit mit dem Elternbeirat und Hausbesuche bei Eltern, z.B. wegen Schulschwänzens. Alle Fürsorgerinnen schilderten Probleme mit Läusen in den Schulen. In den Berichten erscheint die große Mühe damit, werden aber auch Erfolgserlebnisse deutlich: *„Den Kampf gegen die Kopfläuse habe ich systematisch betrieben. Zuerst in den Mädchen-Volksschulen meiner Bezirke alle Kinder behandelt,*

96 Bericht über die Verwaltung und den Stand der Gemeindeangelegenheiten der Stadt Kiel vom 1.1.1919–31.12.1924. Kiel 1926, S. 286f.

97 Gymnasien u.Ä. wurden nicht erwähnt.

die die Lehrer schickten. Da dabei aber einmal hin- und wieder ein Kind zu Unrecht eingerieben wurde, andererseits nicht alle erfasst wurden, so habe ich die ganzen Klassen auf Läuse untersucht u. die Mütter im Hause sich stark an der Entfernung des Ungeziefers beteiligen lassen. Dabei ist wenigstens so viel erreicht worden, dass die Kinder, die nicht gerade aus Familien stammten, die sogenannte ‚hoffnungslose Fälle' sind (und derartige gibt es in meinem Bezirk verhältnismässig wenige) tatsächlich sauber wurden. Dies werde ich in Zwischenräumen von etwa ¼ Jahr ständig wiederholen." (3) Ein weiterer Bericht: *„Ich möchte noch auf die Entlausungen zurückkommen. Mit Freude konstatiere ich eine kleine Besserung in Punkto Reinlichkeit. Solche Köpfe, wie ich sie am 1. Okt., am Beginn meiner Tätigkeit, vorfand, kommen überhaupt nicht mehr vor. Die zwangsweise vorgenommene Reinigung hat soviel gewirkt auf die Familien, dass die Kinder selbst darauf bestehen, etwas mehr Pflege zu fordern. Am 1.Feb. legte ich Listen an, ist nun ein- und dieselbe Familie immer wieder dabei, dann besucht der Elternbeirat diese, droht mit Abrasieren der Köpfe, damit die Kinder rein gehalten werden können, u. nicht ständige Ansteckungsgefahr sind für die Mitschülerinnen."* (5)

Der Schularzt konnte schlecht ernährten Kindern eine 8-Wochen-Kur Dosenmilch verschreiben. Im Anschluss an die Schuluntersuchungen sorgten die Fürsorgerinnen für die *„Befolgung der ärztlichen Verordnungen, wie Beschaffung von Brillen, Beanspruchnahme eines Spezialarztes usw."* (3) Durch ihre Arbeit in den Schulen wurden die Fürsorgerinnen auch auf etwaige wirtschaftliche Notlagen der Familien aufmerksam und wurden dahingehend aktiv. Zwei Fürsorgerinnen betonten die gute und verständnisvolle Zusammenarbeit mit Lehrern und Rektoren. *„Sie machten mich auf Kinder aufmerksam, die ihnen in gesundheitlicher Hinsicht aufgefallen waren oder Gefahren sittlicher Verwahrlosung ausgesetzt waren." (7) Und weiter: „Die Zusammenarbeit mit den Herren Schulleitern ist sehr gut. Die Herren Rektoren haben meine Hilfe bei Prüfung der häuslichen Verhältnisse und Überwachung sittlich gefährdeter Schüler in Anspruch genommen." (9)*

Es kann davon ausgegangen werden, dass viele Rektoren und Lehrer*innen dankbar waren dafür, dass die Fürsorgerinnen sich um die gesundheitlichen und sozialen Probleme der Schüler*innen kümmerten. Anzumerken ist, dass solche Hausbesuche vermutlich auch ohne Auftrag des Jugendamtes durchgeführt wurden, insofern auch wieder im Ermessen der jeweiligen Fürsorgerin lagen.

Aufgabe erzieherische Fürsorge

Zielgruppe der erzieherischen Fürsorge waren Kinder und Jugendliche. Im Auftrag der Vormünder etwa wurden regelmäßig Mündelkontrollen bei unehelichen Kindern durchgeführt, für den Gemeindewaisenrat fanden ebenfalls Kontrollen statt, d.h. die (Pflege-)Familien wurden besucht und es wurde überprüft, ob das Wohl des (Pflege-)Kindes gewährleistet ist. Auch nach einer Scheidung wurden die Fürsorgerinnen beauftragt, nach dem Wohl der Kinder zu sehen. Bei drohender „Verwahrlosung" von Kindern wurden Anträge auf Entzug der elterlichen Sorge oder Fürsorgeerziehung angeregt. Eine Fürsorgerin schrieb, sie hätte zum Zeitpunkt des Berichtes 140–150 Mündel zu besuchen gehabt (!). (EF Mö) Weiterhin erstellten die Fürsorgerinnen Berichte für Jugendgerichts- und Überwachungsakten[98]. Fürsorgerin 6b betonte die

98 Überwachungsakten galten vermutlich den Schutzaufsichten, in diesen Fällen gab es regelmäßige

Bedeutung des Jugendschutzes: *„Die Arbeit an den Jugendlichen ließ jedoch das erzieherische Moment stark in den Vordergrund treten – da hieß es die Jugendlichen vor den Gefahren der Großstadt zu behüten."*

Als Gefahren der Großstadt wurde vermutlich „sittliche Verwahrlosung" gesehen. Insbesondere die erzieherische Fürsorge war stark abhängig von den diesbezüglichen Vorstellungen der jeweiligen Fürsorgerin. Fürsorgerin 6b legte in ihrer Arbeit einen Schwerpunkt auf erzieherische Beratung der Erwachsenen: *„Die erzieherische Seite erschien mir bei den heute bestehenden Notständen, wo doch weder i. gesundheitl. noch wirtschaftl. Beziehung ausreichend geholfen werden kann, als am Wertvollsten. (...) Da konnte man durch ein freundliches Wort, durch kleinste Gaben Hoffnung und wieder Freude (erwecken). Durch eingehende Besprechungen manches Mißtrauen beseitigen, die Familienmitglieder untereinander aussöhnen. So wurde auf die Eltern eingewirkt, ihre Kinder körperlich und geistig recht zu pflegen." (6b)*

In mehreren Berichten wurde die Wechselwirkung zwischen Armut, Bildungschancen, Gesundheit und angemessenen Bedingungen zum Aufwachsen der Kinder beschrieben. Oft kamen die drei Fürsorgearten in einem Fall gemeinsam vor, so insbesondere in der Arbeit in Notwohnungen respektive Obdachlosenquartieren. In mehreren Berichten wurden Notunterkünfte an verschiedenen Plätzen in der Stadt als Orte großer Not und damit wichtiges Betätigungsfeld genannt. So gab es im Norden der Stadt *„2 Obdachlosen-Baracken deren Verwaltung in Händen der Stadtmission liegen: Die Projensdorfer Baracken, langgestreckte Holzbaracken mit 25 Wohnungen und die 2-stöckige Steinbaracke Waitzstr. 68 für 8–10 Familien. Ferner ein Haus mit städtischen Notwohnungen: Düsternbrook 81."* (1b) In der Innenstadt gab es Notwohnungen im alten Gefängnis, Ecke Ring- und Hopfenstraße (5) und auch in Dubenhorst (Stadtmission), Hasselrade und in den Schrebergartengebieten gab es Behelfsheime. Die Arbeit dort war z.T. einzelfallunabhängig – so hatte die Fürsorgerin der Projensdorfer Baracken dafür gesorgt, dass die Wasserpumpe repariert wurde, eine Schulklasse eingerichtet wurde und eine Hausapotheke angeschafft wurde. Sie beschrieb in ihrem Bericht einerseits, dass manche Bewohner*innen nicht für Arbeit „zu empfehlen" wären, andererseits aber verhältnismäßig sachlich den Eigensinn dieser, die mitunter gar keine Hilfe wollten: *„In wirtschaftlicher Hinsicht habe ich wenig in den Baracken helfen können. Einzelne Familien bezogen Armenunterstützung. Derer nahmen sich die Pfleger wirksam an. Arbeitsvermittlung fiel fort, weil die Leute nicht unbedingt zu empfehlen waren. Sie hatten auch alle etwas Land, Kleinvieh und begehrten keine Arbeitsvermittlung."* Außerdem habe sie versucht, *„die Frauen zur Ordnung anzuhalten und in Verbindung mit der Schule und Hort die Kinder günstig zu beeinflussen."* (1b) An dieser Stelle flossen vermutlich ihre (bürgerlichen) Vorstellungen von „Ordnung" und Erziehung in die Arbeit mit ein.

Querschnitts-Aufgabe Sprechstunde

Die Familienfürsorgerinnen boten zweimal pro Woche für etwa 1½ bis 2 Stunden in ihrem Bezirk eine Sprechstunde an. Häufig fanden die Sprechstunden in öffentlichen Räumen statt, wenn der Stadtteil ausgedehnt war, auch an zwei verschiedenen Orten. Schwerpunkt war die Antragstellung für Kriegshinterbliebene und die Verteilung von Dosenmilch. Eine Fürsorgerin

---

Besuche bei gefährdeten Kindern/Jugendlichen.

schrieb, dass durchschnittlich 17 Personen in ihre Sprechstunde kamen. Fürsorgerin (7) erachtete die Sprechstunden als besonders wichtig: *„Gerade die Sprechstunden stellen eine Verbindung zwischen den Notleidenden und Hilfesuchenden und der Bezirksfürsorgerin her."*

Die Arbeit behindernde Faktoren

In mehreren Berichten wurde die Arbeit der Behörden kritisiert, so etwa der lange Instanzenweg (6b), das teilweise fehlende Verständnis für die fürsorgerische Arbeit (EF V) und die fehlende Rückmeldung der Ämter über Entscheidungen (EF Mö).

Außerdem sahen Fürsorgerinnen die großen Bezirke, den Mangel an Fürsorgerinnen und lange Arbeitswege als Problem: *„Wenn es nicht ausreichend Kräfte im Bezirk gibt, kann der Zweck der Familienfürsorge nur unzureichend erreicht (werden), oder aber auf Kosten der Gesundheit der Fürsorgerin."* (EF D)

Das Netzwerk der Fürsorgerinnen

Die Fürsorgerinnen hatten in ihren Bezirken ein Netzwerk an Institutionen, Vereinen, Einzelpersonen, mit dem sie zusammenarbeiteten. So konnten sie Informationen über Fälle austauschen, sie konnten Bedürftige an Ehrenamtliche und Wohlfahrtseinrichtungen weiter verweisen etc. Dieses Netz wurde im Laufe der Zeit, die sie im Bezirk tätig waren, immer dichter. Am häufigsten wurde mit Armenpfleger*innen/Bezirksvorsteher*innen, Schulleitern, Stadtärzt*innen und Waisenpfleger*innen zusammengearbeitet. Auch bedeutend, aber in unterschiedlicher Intensität benannt, war die Zusammenarbeit mit Kirchengemeinden (Pfarrern und Gemeindeschwestern). Darüber hinaus gab es Kontakt zu Kinderhorten u.-heimen, der Guttemplerloge, der Polizei, den Kliniken, den Stadtärzten, dem Jugendgericht, der Germaniawerft, den Berufs- und Generalvormündern, sonstigen Behörden und Ehrenamtlichen. Diese Zusammenarbeit hatte sowohl positive Aspekte (Kennenlernen des Bezirkes, Aufmerksam-Werden auf Arme, die sich bisher nicht trauten, Hilfe anzunehmen), als auch negative – so wurden ohne Zustimmung der Betroffenen Informationen über die Adressat*innen ausgetauscht oder eingeholt. Es zeigt sich, dass Dritten (z.B. Pfarrern, Pfleger*innen) oft mehr Glauben geschenkt wurde als den Betroffenen.

Im Folgenden wird die Zusammenarbeit mit den häufigsten Kooperationspartner*innen aus Sicht der Fürsorgerinnen vorgestellt. Wie relevant die Bezirksvorsteher*innen/Armenpfleger*innen sein konnten, wird in folgendem Zitat deutlich: *„Eine wertvolle Hilfe zur Durchführung der Fürsorgearbeit bietet das enge Zusammenarbeiten mit den Bezirksvorstehern und ihren -pflegern. Auf den Versammlungen lernte ich die einzelnen Fälle die meine Tätigkeit beanspruchten gründlicher kennen und besser beurteilen, ich nahm Kenntnis von neuen Fällen oder machte die versammelten Herren auf meine Erfahrungen aufmerksam. Dieser Gedanken- und tätigkeitsaustausch ist mir unentbehrlich geworden. Bei den Vorstehern sowohl, als auch bei den Pflegern fand ich von Anfang an größtes Entgegenkommen und reges Interesse; auch außer den Versammlungsabenden darf ich mich jederzeit mit Nachfragen an sie wenden, was mir zur Ergänzung von Berichten, zur Nachprüfung in Vormündersachen sehr willkommen ist. Da die Pfleger in fast allen Straßen zerstreut wohnen, kann ich von ihnen in den meisten Fällen*

Auskunft erhalten. Aus dem Kreise der Pfleger habe ich eine Arbeiterfrau gefunden, die in gefälliger, (behender) Weise mir zur Seite steht." (7)

Getrud Völcker kritisierte jedoch retrospektiv die Entscheidungen mancher Pfleger*innen und Bezirksvorsteher*innen, die finanzielle Unterstützung ungerechtfertigt mit dem Verweis auf mögliche Selbsthilfe oder Selbst-Verschulden der Not ablehnten: *„Nicht selten wurde* (die Unterstützung, Anm. d. A.) *abgelehnt, mit der Begründung, daß man von dem Hilfesuchenden stärkere Eigenhilfe erwarten müsse. Dabei kam es freilich zu manchen Ungerechtigkeiten, teils aus mangelndem Verständnis, teils auch, weil man die Gemeinde vor allzu großen Ausgaben schützen wollte. Leider geisterte auch noch die alte Vorstellung von ‚Schuld' und ‚Selbstverschulden' allzusehr durch die Abteilungen des Wohlfahrtsamtes."*[99]

In einigen Bezirken spielte die Zusammenarbeit mit der Kirche eine große Rolle. Die Fürsorgerinnen der Bezirke 6b und 7 machten mit den Gemeindeschwestern gemeinsame Angebote für Jugendliche. Fürsorgerin 6b führte in der Vizelinkirche „Bundesabende" für die entlassenen Konfirmandinnen durch, dort wurde gemeinsam gelesen, „Ernstes besprochen" und getanzt. Fürsorgerin 7 beschrieb den Nutzen der Zusammenarbeit mit „ihren" Kirchengemeinden: *„Durch die Pastoren der Jürgenskirche und der Michaeliskirche in Hassee und auch durch die Gemeindeschwester in Hassee erfuhr ich von den Nöten vieler Familien, die ich durch Verabreichung von Kohlen, oder Bohnen, Gutscheinen oder durch sonstige Maßnahmen zu heben versuchte, umgekehrt konnte ich in vielen Fällen Rat und Hilfe der Pastoren und Gemeindevorsteher in Anspruch nehmen. In der Jugendpflegearbeit betätige ich mich indem ich gemeinsam mit der Gemeindeschwester einen Jungmädchenverein leite, der zum größeren Teil aus Arbeitertöchtern besteht und mir die Möglichkeit gibt, meine Bezirkskennnisse zu erweitern und mein bekanntwerden im Bezirk zu vergrößern." (7)*

Die Kenntnisse und Erfahrung der Gemeinden befand Fürsorgerin 1b als sehr hilfreich: *„Eine große Erleichterung für unsere Arbeit ist die z.T. fabelhaft umfassende Kenntnis einzelner Pastoren von den Verhältnissen innerhalb ihrer Gemeinden und von den fürsorgebedürftigsten ihrer Gemeindemitglieder."*

Im ganzen Stadtgebiet gab es überdies ehrenamtliche katholische Pflegerinnen und den Caritasverband (1b). Die Jüdische Wohlfahrtspflege wurde in den Berichten nicht erwähnt.

Fürsorgerin 5 schilderte die Abgrenzung zur Tätigkeit der Waisenpflegerinnen sowie die Zusammenarbeit mit ihnen: *„In jedem Bezirk sind neben der Fürsorgerin Waisenpflegerinnen für die Säuglinge u. Kinder bis zum Schulanfang tätig, erst nach Schulanfang gehören sie der Fürsorgerin. Die Mütterberatungsstellen haben 2 mal wöchentlich Sprechstunden, die unser Kinderarzt Dr. Spiegel abhält, dort helfen ihm die Waisenpflegerinnen: oft ist ein Zusammenarbeiten oder Austausch mit der Waisenpflegerin möglich, weil diese eine Familie schon lange kennt u. daher besseren Einblick hat."*

Ehrenamt war in der Wohlfahrt nach wie vor wichtig. Helfer*innen fanden sich z.B. im Kreis der Hinterbliebenenorganisationen (Witwen) und der Kirchengemeinden. Wie viele Ehrenamtliche zur Verfügung standen, hing sehr von der Bevölkerungsstruktur des Bezirkes ab. So waren sie etwa in der Wik und Düsternbrook leichter zu finden: *„Einen Vorzug meines Bezirks sehe ich ferner darin, dass es verhältnismässig leicht ist, freiwillige Hilfen, Schutzaufsichtspersonen, weibliche Vormünder zu finden. Es wohnen hier immer noch Menschen, die freie Zeit zur*

99 Völcker: Erinnerungen, S. 28.

Verfügung haben. Und derlei Ämter werden lieber übernommen, können intensiver durchgeführt werden, wenn der Schützling in der Nähe wohnt, wenn das ‚belaufen' der Fälle nicht viel Zeit in Anspruch nimmt." (1b)

In der südlichen Vorstadt, Hamburger Chaussee bis Hof Hammer sah es z.B. anders aus: *„Da ich in meinem Bezirk keine Villenstraßen habe, sind hier freiwillige Hilfen schwer zu finden, es hat eben jeder sein gerüttelt Maß an Arbeit." (5)* Und auch die für Gaarden zuständige Fürsorgerin schreibt: *„Schutzaufsichtspersonen u. dgl. sind in meinem Bezirk schwer zu bekommen, weil solche Personen, die wohl geeignet waren doch meistens schon zu viel übernommen haben an Vormundschaftssachen usw." (9)*

Büro der Fürsorgerinnen in einer Schule in der Küterstraße. (Foto: StAK Album Nr. 165)

Familien vs. Spezialfürsorge – die Bewertung der Kieler Bezirksfürsorgerinnen

Wie bereits im einführenden Teil beschrieben, wurde die Frage, ob Fürsorge von spezialisierten Kräften im ganzen Stadtgebiet ausgeübt werden sollte (Lungen-, Arbeits-, Säuglings-, Wohnungs-, Schul-, Jugendfürsorge etc.) oder von breit ausgebildeten Familienfürsorgerinnen in Bezirken, viel diskutiert. Im Stadtarchiv Kiel finden sich handschriftliche Aufsätze von Fürsorgerinnen „der ersten Stunde" zu diesem Thema. Verfasst wurden sie im August 1921, zehn Monate nach der Einführung der Familienfürsorge. In den Aufsätzen finden sich keine eindeutigen Argumente gegen die Familienfürsorge. Ein möglicher Grund dafür könnte sein, dass die Familienfürsorge nun einmal das zeitgenössische System war, in dem sie Arbeit gefunden hatten. Fraglich ist auch, inwieweit die Fürsorgerinnen als abhängige Beschäftigte ihre Meinung frei äußern konnten. An einigen Stellen findet sich zwar Kritik, diese stellt aber nicht das Konzept

Familienfürsorge in Frage, sondern bezieht sich auf äußere Umstände wie geringe Mittel und zu große Bezirke. Was die Begrifflichkeit angeht, so schrieb nur eine der Fürsorgerinnen konsequent von „Bezirksfürsorge", eine benutzte diesen sowie den Begriff „Familienfürsorge", die anderen sprachen von „Familienfürsorge" – auch die Fürsorgerin, die in der AWO tätig war. Der Stadtrat Ries verwendete in seinen Artikeln beide Begriffe. Es folgen die Argumente der Fürsorgerinnen, die für das Konzept der Familienfürsorge sprechen.

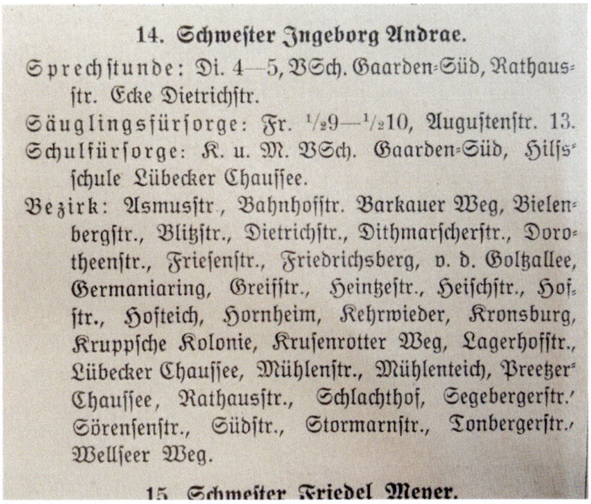

14. Schwester Ingeborg Andrae.

Sprechstunde: Di. 4—5, BSch. Gaarden-Süd, Rathausstr. Ecke Dietrichstr.

Säuglingsfürsorge: Fr. ½9—½10, Augustenstr. 13.

Schulfürsorge: K. u. M. BSch. Gaarden-Süd, Hilfsschule Lübecker Chaussee.

Bezirk: Asmusstr., Bahnhofstr. Barkauer Weg, Bielenbergstr., Blitzstr., Dietrichstr., Dithmarscherstr., Dorotheenstr., Friesenstr., Friedrichsberg, v. d. Goltzallee, Germaniaring, Greifstr., Heintzestr., Heischstr., Hofstr., Hofteich, Hornheim, Kehrwieder, Kronsburg, Kruppsche Kolonie, Krusenrotter Weg, Lagerhofstr., Lübecker Chaussee, Mühlenstr., Mühlenteich, Preetzer Chaussee, Rathausstr., Schlachthof, Segebergerstr., Sörensenstr., Südstr., Stormarnstr., Tonbergerstr., Wellseer Weg.

15. Schwester Friedel Meyer.

Ausschnitt aus dem Verzeichnis der Fürsorgebezirke 1924. (Kieler Kommunale Mitteilungen 1 Nr. 1 (1918))

Ein häufig genannter Vorteil war, dass es für die Adressat*innen angenehmer wäre, nur eine Fürsorgerin für alle Belange zu haben. Zwei Fürsorgerinnen führen diesbezügliche Beispiele an: *„… denn es gehen mir oft von den verschiedensten Dienststellen wie Hinterbliebenenfürsorge, Gemeindewaisenrat, Unterstützungsamt, Erwerbslosenfürsorge u.a. Aufträge zu für ein und dieselbe Familie, deren Verhältnisse mir vielleicht schon als Lungenpatient oder Kriegerwitwe bekannt sind. Die unvermeidlichen Nachfragen beim Hauswirt oder Nachbarn erübrigen sich dadurch und für die Familien ist es leichter zu einer Fürsorgerin Vertrauen zu fassen, als wenn für die verschiedenen Nachforschungen immer wieder eine neue Persönlichkeit vorspricht: Bei manchen schwierigen Fällen ist es sehr gut, wenn man als Lungenfürsorgerin schon bekannt ist. Die Patienten sind meistens sehr redselig, erzählen viel von ihren häuslichen Sorgen und liefern uns, ohne daß sie es ahnen, wichtiges Material." (EF Ma)* – An diesen Formulierungen wird erneut die nicht-Adressat*innen-bezogene Art der Informationsbeschaffung („Nachfragen beim Hauswirt oder Nachbarn"; sie „liefern uns, ohne daß sie es ahnen, wichtiges Material") deutlich.

Die zweite Fürsorgerin betonte das größere Vertrauen, wenn die Familien es nur mit einer Fürsorgerin zu tun hätten: *„In der Schule kommt z.B. 1 Kind nicht vorwärts. Der Schularzt bemängelt den Gesundheitszustand. Wirtschaftliche Not durch Trunksucht ds. Vaters, Unwirtschaftlichkeit d. Mutter, etc., damit verbunden moralischer Niedergang lassen d. Kd.* (Kind, Anm. d. A.) *körperlich und geistig verkümmern. Die Bez.fürs.* (Bezirksfürsorge, Anm. d. A.) *zieht die Trinkerfürsorge, Gem.w.rat* (Gemeindewaisenrat, Anm. d. A)*, Unterstützungsamt heran, führt das Kd. zur Lungenfürsorge, stellt in der Schule dauernd Nachfragen, macht mit dem Kind Schularbeiten, bringt das Kd. schließlich durch die Kinderhilfe aufs Land. Beim System der Einzelfürsorge würden 6 Menschen an der Familie gearbeitet haben. Und da gibt es Fälle, in denen noch mehr Arten der Fürsorge nötig sind. Die Leute haben es in der Bez.fürs. nur mit 1 Menschen zu tun, werden nicht dauernd von irgendwelchen Fürsorgerinnen überlaufen, sodaß sie nicht wissen, an wen sie sich letzten Endes halten sollen. Die Bez.fürs. wird die Vertraute der Leute in jeder Hinsicht." (EF W)*

Eine weitere Fürsorgerin schilderte ebenfalls komplexe Fälle, mit denen früher verschiedene Spezialfürsorgerinnen beschäftigt gewesen wären. Sie betonte auch die finanziellen Vorteile beim Einsatz nur einer Person. *„Der Mann ist lungenkrank, wird etwa monatlich 1x auf Veranlassg. L.F.St.* (Lungenfürsorgestelle, Anm. d. A.) *besucht. Er ist außerdem erwerbslos, hat versch. Sonderanträge gestellt, die für die E.F.* (Erwerbslosenfürsorge, Anm. d.A.) *ermittelt und geprüft werden mussten. Er hat eine Kriegerwitwe geheiratet mit 5 Kindern für die häufig Anträge auf Rentenvorschuß u. 1x ein Sonderantrag wg. Bekleidung gestellt worden ist. – Die älteste Tochter war stark erholungsbedürftig. Zu Zusammenarbeit mit der Kinderhilfe (Verschickung erholg.bedürft. Kinder) u. der Kriegshinterbliebenenfürsorge ist die dafür nötige Kleidung angeschafft u. ist sie nach Wik auf Föhr verschickt worden.* (...) *Es ist ersichtlich, dass, wenn sowohl die Lungenfürsorgeschwester, wie der Ermittler von d. Erwerbslosenfürsorge, wie die Fürsorgerin von der Hinterbliebenenfürsorge, u. die Jugendpflegerin die verschiedenen Einzelfälle bearbeitet hätten, wesentl. mehr Arbeitskraft und-zeit hätte verwandt werden müssen, als wenn die Familienfürsorgerin die ganzen Verhältnisse prüft, bearbeitet und schließlich kennt, sich der Einzelfälle innerhalb der Familie annimmt." (EF G)* Und weiter schreibt sie: *„Frau T. ist Herz- und Magenkrank, ständige Lungenfürsorge. Tochter F. ist durch meine Vermittlung zur Erholg. zum Bauern gekommen u. bleibt jetzt im Arbeitsverhältnis dort. A., 12 Jahre ist nierenkrank im H. K.-Hospital* (Heinrich-Kinder-Hospital, Anm. d. A.) *wahrscheinlich auf die (sehr) unbrauchbare, feuchte, dunkle Wohng. zurückzuführen. Nach Rücksprache hat der behandelnde Arzt einem Gesuch an das Wohnungsamt z. Bewilligung einer anderen Wohnung d. Attest beigegeben, ebenso die Lungenfürs.stelle. Der Sohn ist nach Holland verschickt, vor allem, um aus d. Wohnung heraus zu kommen. Der Mann hat Frau T. verlassen, trinkt, ist der Trinkerfürsorgestelle bekannt." (EF G)*

Ein weiteres, mehrfach genanntes Argument war, dass die Familienfürsorgerinnen eine umfassendere Kenntnis der Fälle hätten und so die verschiedenen Nöte, die in Wechselwirkung miteinander stehen würden, besser angehen könnten: *„Der Blick der Bez.fürs. ist nicht nur auf das Gesundheitl, das Wirtschaftl. od. das erzieherische gerichtet. Sie sieht die Familie als Gesamtbild. Kommt sie z.B. im Auftrage des Jugendamtes, betrachtet sie zu gleicher Zeit sofort d. wirtschaftl. und gesundheitl. Verhältnisse. Oft hatten diese zum moralischen Niedergang beigetragen. Und umgekehrt! Moralischer Niedergang brachte wirtschaftl. u. gesundheitl. Sorgen in gr. Zahl mit sich. Die verschiedenen Nöte sind eng miteinander verquickt. Die Bez.fürs. zieht nicht nur an dem einen Strang, sie sie versucht die Wurzel des Übels zu fassen: in ds. oder in der anderen Richtung. (EF W)* Das Wissen über die verschiedenen Probleme einer Familie könne zu einer besseren Differenzierung bzgl. der Weiterleitung an ehrenamtlich Tätige führen: *„Familienfürs. erleichtert d. Bereitstellg. privater Mittel. Wenn Not in einer Familie herrscht, wo Abhilfe wichtig ist, kann die Familienfürsorgerin d. Not den Gebewilligen immer von der Seite vorstellen, die den Betreffenden interessiert." (EF G)*

Die engere Beziehung zu der allzuständigen Familienfürsorgerin könne auch dazu beitragen, dass die Hilfesuchenden ihr Misstrauen gegenüber von Behörden Beauftragen ablegen und bereitwilliger Auskünfte über ihre Situation geben: *„Ferner sind dadurch Ersparnisse entstanden, dass die Leute, die eigentlich nicht gewillt waren, auszusagen an ‚Menschen, die nur immer schnüffeln', Aussagen zur Beleuchtung der wirtschaftlichen Verhältnisse machten: ‚denn die tuen ja (...) so viel Gutes, da will man es ihnen doch nicht extra schwer machen'." (EF G)* Diese Brückenfunktion benannte auch eine andere Fürsorgerin: *„(...) durch ein solches Verhältnis werden Hürden vermieden, andererseits gewinnen die Leute Erkenntnis und Verständnis den städt. Maßnahmen gegenüber, das das Vertrauen zu den Einrichtungen fördert." (EF D)*

Außerdem, so eine weitere Autorin, *könne die Fürsorgerin durch ihre Verankerung im Bezirk Bedürftige besser an privat Wohltätige oder lokal arbeitende Vereine vermitteln: „Die Fürsorgerin macht den wohlhabenden Nachbarn auf den armen aufmerksam, weckt die (…) Liebestätigkeit i. Bezirk, sorgt, daß einer dem anderen Kleidung bringt od. 1–2x wchtl. Essen kocht. Sie sorgt für reichliches Einfließen v. Geld in den Bezirk, wirbt in Jugendvereinen, Frauenhilfe, bei Privaten. Einem erwerbslosen Waisen, der mit seiner Unterstützung nicht auskam, wurden mehrere Freimittagstische im Bezirk verschafft. Ein von Hause fortgelaufener Junge wurde v. einem Nachbarn 1/2 Wch. aufgenommen, bis sich eine geeignete Pflegestelle fand. Die private Liebestätigkeit nimmt so der öffentlichen Lasten ab." (EF W)*

In mehreren Aufsätzen findet sich ein Misstrauen gegenüber der Ehrlichkeit der Adressat*innen. Dann werden die besseren Kontrollmöglichkeiten beim Konzept der Familienfürsorge betont. Die bereits in diesem Aufsatz problematisierte Informationsbeschaffung bei Nachbar*innen und Pfleger*innen vor Ort erleichtere diese: *„Ein längst bekannter glaubhafter Lungenpatient, eine Kr.witwe, ein Armenpfleger in demselben Hause, können sofort die richtige Auskunft geben. Der wirklich unterstützungsbedürftige Arme wird von dem verschwendenden, ewig bettelnden bald unterschieden. Der Staat, die Kommune werden davor bewahrt, unnötige Gelder herauszuwerfen." (EF W)*

Eine Fürsorgerin schrieb, dass manche Adressat*innen bei einer engeren Beziehung ehrlicher wären: *„Bei den Leuten kommt dadurch, daß in allen Angelegenheiten eine Person kommt, bei korrektem Handeln neben dem Vertrauen auch das Bewußtsein auf, daß diese Person die Verhältnisse genau kennt und ein Vertuschen oder Täuschen keinen Zweck hat." (EF D)*

Die Kenntnis des Bezirks konnte auch zu Vorannahmen führen, die für Bedürftige ungünstig sein konnten. So wurde in folgendem Fall das Verhalten einer Adressatin „natürlich" auf deren Bruder projiziert: *„Die Bez.fürs. kennt in ihrem Bezirk bald ein ganzes Register von Namen. Verwandte sitzen trotz der großstädtischen Verhältnisse oft recht dicht zusammen. Im Gespräch werden beiläufig die u. die Bekannten und Verwandten genannt. Dieselben Namen tauchen später wieder auf. Man hat schon eine leise Ahnung über die Verhältnisse. Z.B. eine Familie H. zieht um in meinen Bezirk. Nebenan wohnt die übel berüchtigte Frau W., deren uneheliches Kind H. infolge Vernachlässigung zugrunde ging. H. kommt als Bittender, hat angeblich seine Erwerbslosenunterstützung verloren, beantragt Kleidung etc. Die Vermutung, daß H. ein Bruder von Frau W. ist, finde ich bestätigt. H. ist natürlich ähnlich wie seine Schwester, kommt für eine Extra-Beihilfe natürlich nicht in Frage." (EF W)*

Vielfach wurden in den Berichten ungerechtfertigte Mehrfachzahlungen an Bedürftige thematisiert, die vor der Einheitsfürsorge oft nicht aufgefallen zu sein scheinen. Das daraus folgende Argument für die Familienfürsorge war das der Kostenersparnis: *„Einzelne in Not befindliche Familien verstehen es sehr gut, sich an verschiedenen Stellen um Hilfe zu wenden. Ein solcher Fall ist z.B. Frau P. Frau P. erhält Hinterbliebenenrente und ging trotzdem zum Unterstützungsamt und klagte ihre Not. Auf eiligem Wege sollten ihr, da sie in eine Lungenheilstätte mußte, die nötigen Wäsche u Kleidung bewilligt werden. Ich vertrat in dem Bezirk, die Frau war mir während meiner Tätigkeit in der Lungenfürsorge als Kriegerwitwe bekannt geworden. Ich ging sofort zur Hinterbliebenenfürsorge und stellte fest, daß von dort zum selben Zweck, auch gerade Mittel bewilligt werden sollten." (EF Ma)*

Eine andere schreibt: *„Die Kriegerwitwe G. bezog von der Hinterbliebenenfürsorge regelmäßigen Rentenvorschuss monatlich 300 M., außerdem mind. 2-3000 M. an Sonderunterstüt-*

zungen. Gleichzeitig aber auch von der Armenverwaltung monatl. 320 M und nebst (Sonderunterstützung) für Kleidung, Schuhe, Bettzeug u.s.w., mindestens 1 1/2 Jahr lang. Durch mein Eingreifen wurde diese ungerechte Zahlung unterbunden." (EF Mö) Ein weiteres Beispiel, diesmal wieder von der Fürsorgerin Ma: *„Durch nähere Kenntnis der Familienverhältnisse ist man gelegentlich in der Lage, dort einzuschreiten, wo mißbräuchliche Inanspruchnahme der Unterstützungsbehörden vorliegt. Da ist z.B. die Familie R., eine Mutter mit drei erwerbslosen Söhnen, die fast ausschließlich von Betteleien, kleinen Diebstählen usw. sich ernähren, und überall an den behördlichen Stellen, wie Erwerbslosenfürsorge, Bezirksvorsteher u.a. um Unterstützung sich wenden." (EF Ma)*

Die Familienfürsorge erspare außerdem Wege und damit Zeit und Geld. Es gab in Kiel zwar Straßenbahnen, aber nicht alle Ecken waren vom öffentlichen Nahverkehr erschlossen. Fahrräder oder gar Autos wurden in den Berichten nicht erwähnt. Viele Bezirke waren langgestreckt, sodass die Fürsorgerinnen weite Wege hatten. Das war anstrengend und teuer, da dies die Zeit für Kontakte mit den Bedürftigen verringerte. Trotzdem war das neue Konzept ein Fortschritt gegenüber der Spezialpflege, die im gesamten Stadtgebiet unterwegs gewesen war.

„Bei einer Familienfürsorgerin wird es selten oder nie unausgefüllte Zeiten geben, wie es bei einer Spezialfürsorgerin immer vorkommen wird. Sind die Aufträge von Seiten der Behörde weniger, so füllt sie die Zeit mit Lungen- oder Mündelbesuchen oder widmet sich ihren eigentlichen Pflegefällen. (...) In einem Hause ist oft Fürsorge verschiedenster Art auszuüben, u. wenn der Bezirk nicht zu groß u. die Fürsorgerin schon länger in ihm tätig ist, so wird sich immer mehr zusammen legen lassen. Ist ein Erwerbsloser nicht zu Hause, so ist es vielleicht ein Lungenkranker oder ein Pflegekind im gleichen Hause." (EF V) Auch das Vertrauen seitens der Bevölkerung könne Wege ersparen: *„Die Fürsorgerin kann sich zeitweise einen Weg ganz ersparen, wenn z.B. 2 Tage hintereinander durch 2 verschiedene Dienststellen je eine Anfrage an dieselbe Familie ergeht. Die Bezirksfürsorgerin trifft auf ihren Wegen stets die Schulkinder, sonstige Bekannte, die gern schnelle Boten sind, wenn es sich um kurze Nachrichten, Bestellungen an die Pfleglinge handelt." (EF W)*

Weiterhin könnten Kosten auch eingespart werden durch Nicht-Inanspruchnahme von Leistungen, Ehrenamt oder Selbsthilfe. Drei Fürsorgerinnen schrieben, dass sie den Bedürftigen manchmal von einer Inanspruchnahme von Leistungen abraten würden: *„Die Bittenden kommen jetzt viel zunächst in die Sprechstunde der Bez.fürs – die Fürsorgerin, die die Verhältnisse kennt, kann v. vornherein v. Antrag abraten, da sie die Aussichtslosigkeit desselben sieht. Die Dienststelle wird dann gar nicht erst in Anspruch genommen." (EF W)* Eine andere Autorin: *„Vor allen Dingen halte ich es für meine höchste Pflicht, die Leute immer wieder darauf aufmerksam zu machen, daß sie nicht unbedingt Geld zu fordern haben. Wie oft kommt eine Witwe zu mir in die Sprechstunde. Sie mußte unbedingt etwas „haben". Es ihr so beibringen, daß sie mit dem Gefühl hingeht, es paßt z.Zt. wirklich nicht und es kann noch schlimmer für mich kommen." (EF Mö)*

Dass Bedürftigkeit oft als Makel gesehen wurde und stigmatisiert war, konnte den Fürsorgerinnen beim Abraten von Antragstellungen nützlich sein: *„Es kommt sogar vor, daß die Fürsorgerin, wenn es ihr angebracht erscheint, Personen, die eine Unterstützung beantragen wollen, diesen davon abhält, indem sie an das vorhandene Ehrgefühl der Betreffenden appelliert, was nicht selten mit Erfolg geschieht, wie es auch vorkommt, daß Anträge auf Einreden der Fürsorgerin zurückgezogen werden, wenn den Betreffenden klar gemacht wird, was für einen wenig guten Eindruck die Stadt von Personen mit nicht endenwollenden Anträgen bekommt,* *und daß man sich diese Personen sehr gut merkt. Man vertröstet die Leute dann damit, daß der Antrag ja vielleicht ein halbes Jahr später gestellt werden kann, inzwischen ist mancher vielleicht dann in die Lage gekommen, sich selber helfen zu können." (EF P)*

Auch die engeren Beziehungen der Fürsorgerinnen zu anderen Institutionen im Stadtteil würden zu einer Kostenersparnis führen: *„Außerdem wird noch ein pekuniärer Nutzen erzielt dadurch, daß sie durch ihre Organe Fühlung erlangt mit vielen Wohltätigkeitsvereinen, Logen, Privaten, usw. und diese zu Stiftungen und Beiträgen veranlaßt." (EF S)*

Mit Hilfe der Familienfürsorge könne außerdem Bedürftigkeit frühzeitig erkannt und präventiv gearbeitet werden. Die Fürsorgerinnen würden oft nebenbei Kenntnis von Nöten erlangen, wegen denen die Betroffenen sonst keine Hilfe gesucht hätten. Solche selbst aufgedeckten Fälle verursachten zunächst Mehrkosten. Fürsorgerin G. benannte kurz und knapp konkrete Fälle, bei denen es jedoch längerfristig zu einer Ersparnis käme: *„Sicher werden durch uns manche Fälle großer Not, gesundheitlicher, wirtschaftlicher oder erzieherischer Art aufgedeckt, deren Verfolgung Kosten verursachen, die ohne dem zunächst nicht entstanden wären. Doch ist es dann meistens so, dass über kurz oder lang der Schaden so groß geworden wäre, dass er doch an uns herangetreten wäre u. dann wäre d. finanzielle Belastg. fast immer eine größere." „Z.B. habe ich manchen Jungen (…) Landarbeit vermittelt. Z.T. mussten d. Kosten der Kleidung aus öffentlichen Mitteln bestritten werden od. die Reise etc. Wäre ein solcher Junge ganz verdorben u. Fürsorgezögling geworden, wären die Kosten größer. (...) Oder Anmeldg. eines Lungenkranken zur Untersuchung bei der L.F.St.: daraus entstehende Kosten: Freie Milchbelieferung, Mietezuschuss, einmalige Verschickung zum Erholungsaufenthalt. Wenn der Mensch dadurch arbeitsfähig bleibt, ist gespart." (EF G)*

Fürsorgerin S. wies darauf hin, dass Notleidende nicht unbedingt von sich aus den Weg zu weiterführender Hilfe finden oder gehen würden: *„Die Familienfürsorge bringt außerdem für die Fürsorgerin den Nutzen, daß sie ihr Gelegenheit gibt, das Publikum aufmerksam zu machen in Krankheitsfällen etwa auf die Lungenfürsorge oder die Säuglingsberatungsstellen, bei bevorstehender Schulentlassung auf die Berufsberatungsstelle usw. Von mir sind z.B. in den letzten Monaten überwiesen in die Lungenfürsorge 8 Personen, in die Berufsberatung 5 Personen, an die Kinderhilfe wegen Entsendung der Kinder nach Holland, Schweiz, usw. 30 Personen." (EF S)*

Auch eine höhere Arbeitszufriedenheit wurde als Argument benannt: *„Eine Fürsorgerin in einem Bezirk den sie übersehen kann, muß für die darin Wohnenden zur Vertrauensperson, zu der sie in allen Nöten u. aus allen Anlässen kommen, werden. Durch ihre Personenkenntnis u. dem Vertrautsein mit den häuslichen Verhältnissen wird sie meist in der Lage sein, mit Rat und Tat zu helfen. Mit ganz anderem Interesse wird sie für ihre Familien arbeiten." (EF V)*

Eine Fürsorgerin betonte die Vielseitigkeit ihrer Arbeit: *„Ein Vorteil, der nicht zu unterschätzen ist, ist ferner die Vielseitigkeit, die der Familienfürsorgerin ihren Beruf interessant macht; sie verhindert das leichte, geistige Ermüden, und auch daß die Arbeit mechanisch erledigt wird." (EF P)*

Zusammengefasst fanden die Fürsorgerinnen folgende Argumente für das Konzept der Familienfürsorge:

- Bessere Kenntnis des Stadtteils und seiner Institutionen,
- intensivere Beziehung zu Adressat*innen, nur eine Fürsorgerin pro Fall,
- ganzheitliche Sicht auf die sozialen Probleme,

- Kostenersparnis durch Aufdecken von Mehrfachzahlungen,
- Kostenersparnis durch bessere Information/Abraten von Anträgen,
- Kostenersparnis durch kürzere Wege,
- bessere Möglichkeit der Prävention und
- Arbeitszufriedenheit.

Fast alle dieser Argumente nahm Stadtrat Ries in seinem Vortrag über die Einführung der Familienfürsorge in Kiel auf. Er propagierte die Familienfürsorge als Erfolgsmodell: *„Die 6 Monate der Ausübung der städt. Bezirksfürsorge haben gezeigt, dass diese neue Art der Ausübung der Wohlfahrtspflege eine gesunde Entwicklung ist und sich allmählich durchsetzen wird."*[100] Er benannte jedoch auch die Grenzen dieses Erfolgsmodells: *„Wenn sich nicht alle Hoffnungen erfüllt haben, (…) liegt dies weniger am System, als daran, daß nur ein Teil der Fürsorgerinnen auf allen (…) Gebieten die notwendigen Kenntnisse besitzt, und daß die Bezirke zu groß sind."*[101] Er schloss seinen Vortrag mit der Forderung, dass *„nur gut vorgebildete Persönlichkeiten"* in der Familienfürsorge arbeiten sollten, *„denn für die Wohlfahrtspflege sind die besten Kräfte gerade gut genug."*[102]

Die Entwicklung der Familienfürsorge in den darauffolgenden Jahren

Sowohl die Zahl der Bezirke als auch die der Fürsorgerinnen stieg kontinuierlich. 1922 gab es 14 Bezirksfürsorgerinnen und die Oberfürsorgerin[103]. 1924 war die Zahl bereits auf 20 Fürsorgerinnen in 19 Bezirken gestiegen und eine Fürsorgerin war nur für Klinikfürsorge zuständig.[104] Parallel stieg auch die Zahl der Aufträge:
- 1921: 25602
- 1925: 53979
- 1935: 94182.[105]

Die Einführung neuer Gesetze, insbesondere des Reichsjugendwohlfahrtsgesetzes 1924 und des Jugendgerichtsgesetzes brachten neue Aufgaben. Die Vorgehensweise der Fürsorgerinnen war nun konkreter vorgegeben (z.B. bei Jugendgerichts- und Fürsorgeerziehungsfällen und Scheidungen).[106] In der Folge gab es 1927 wieder drei „Spezialist*innen" für Gefährdetenfürsorge, weil dafür spezielle Kenntnisse und eine intensive Betreuung des Einzelfalls nötig waren.[107]

Auch Mitte der 1920er begrenzte die finanzielle Situation der Stadt noch den Handlungsspielraum, lieferte aber gleichzeitig ein Argument für qualifizierte Kräfte: *„Die Finanzlage der Stadt fordert, daß die Ausgaben auf dem Gebiet der Wohlfahrtspflege aufs äußerste Maß eingeschränkt werden, und daß die zur Verfügung stehenden Mittel in einer Weise verwandt*

100 A. Ries: Aus der Bezirksfürsorge in Kiel. In: NDV 2, Nr. 15, S. 13ff., hier S. 14.
101 A. Ries: Erfahrungen mit der Einführung der Familienfürsorgerin. In: Deutscher Verein für öffentliche und private Fürsorge: Wohlfahrtsamt und Familienfürsorge – Gekürzter Bericht über die Tagung des Fachausschusses für städtische Fürsorgewesen in Nürnberg am 13. u. 14. Sept. 1921. S. 25–31., hier S. 27.
102 Ebd., S. 31.
103 Vgl. Schleswig-Holsteinische Wohlfahrtspflege 11 (1922), S. 133.
104 Vgl. KKM 1 Nr. 1 (1924), S. 15–18.
105 Vgl. Hinrichs: Denkschrift, S. 33.
106 Vgl. KKM 1 Nr. 5 (1925), S. 2–5.
107 Vgl. Ernst Kantorowicz: Tätigkeitsbericht des Kieler Jugendamtes. Kiel 1927, S. 37.

werden, die den größtmöglichen Erfolg gewährleistet. Die Erfüllung dieser Forderung setzt geschulte Kräfte voraus, die in gemeinsamer Arbeit mit ehrenamtlichen Kräften durch ihre Tätigkeit vorbeugend und möglichst radikal heilend wirken und so den größten Nutzeffekt erzielen."[108]

Stellenangebot Jugendamt (Kieler Wohlfahrtsblätter 2 Nr. 1 (1925))

1926 wurden die Ämter neu strukturiert und die Familienfürsorge avancierte zum eigenen Amt (Amt für Familienfürsorge) mit Büros für die Fürsorgerinnen in den neu eingerichteten fünf Kreisämtern der Stadt.[109] 1930 wurde den Fürsorgerinnen aufgrund einer Notverordnung gekündigt, danach konnten sie für einen geringeren Lohn wiedereingestellt werden.[110]

– Die weitere Entwicklung der Familienfürsorge in Kiel im Nationalsozialismus wird noch zu untersuchen sein.

Fazit

Bei den strukturellen Änderungen der Wohlfahrtspflege nach dem 1. Weltkrieg konnte auch in Kiel auf die bereits vorher bestehenden Systeme aufgebaut werden. Unterstützung wurde berechenbarer und weniger abhängig von der Gunst freiwilliger Wohltäter*innen. Vor allem die Steigerung der Effizienz der öffentlichen Fürsorge war ein zentrales Argument für die Einführung der Einheitsfürsorge gewesen. Ziele waren vor allem die Vermeidung von Mehrfachzahlungen in einer Familie, die Vereinfachung der Verwaltungsstrukturen und die Möglichkeit der Prävention sozialer Probleme. Die „Evaluation" ihrer Arbeit durch die Fürsorgerinnen selber nach dem ersten halben Jahr fällt überwiegend positiv aus. Vielleicht hatten die damaligen Fürsorgerinnen auch das Gefühl, wichtige Pionierarbeit zu leisten. Ihr größter Kritikpunkt bestand in den zu großen Bezirken, bzw. der zu großen Menge an Fällen. Das Modell der Familienfürsorge wurde vom Stadtrat Ries reichsweit mit Artikeln und Vorträgen propagiert.

In den Berichten der Fürsorgerinnen zeigen sich die sozialen Probleme der Bevölkerung nach dem I. Weltkrieg: Wohnungsnot, Arbeitslosigkeit, Armut, Mangelernährung, Tuberkulose, Alkoholabhängigkeit, die Not von Witwen und Waisen, etc. [111] Die schlechte wirtschaftliche Lage der Kommunen und politische Konflikte verhinderten eine Besserung der Zustände. Die Fürsorgerinnen mussten mit knappen Mitteln Schadensbegrenzung betreiben – es scheint allerdings, als hätten sie doch an der einen oder anderen Stelle mit Unterstützung der ehrenamtlich Tätigen (so z.B. der Arbeiterwohlfahrt, des Roten Kreuzes, der Religionsgemeinschaften) und im Auftrag und

108 KKM 1 Nr. 5 (1925), S. 2.
109 Hinrichs: Denkschrift, S. 19.
110 Personalakte Petersen, Luise Marie Christine, StAK Sign. 47271.
111 Interessant ist jedoch auch, was ggf. nicht erwähnt wird. Die Autorin verwundert, dass Gewalt gegen Frauen nur in einem der geschilderten Fälle eine Rolle spielte.

in Zusammenarbeit mit Gesundheitsamt und Stadtärzt*innen etwas bewirken können. Auch wenn nach Wendt die Fürsorgerinnen „Erfüllungsgehilfinnen des Wohlfahrtsamtes" blieben, scheinen die Kieler Fürsorgerinnen doch einen gewissen Gestaltungsspielraum gehabt und genutzt zu haben. Einige machten Gruppenangebote im Rahmen einer Kirche, andere nicht. Teile der Nahrungsmittel konnten sie in eigenem Ermessen verteilen, sie hatten ihre individuellen Netzwerke. Die Fürsorgerinnen mussten, wie weiter oben bereits erwähnt, nicht auf eine Anweisung der Ämter warten, wenn ihnen soziale Notstände „über den Weg liefen". Deutlich in vielen Aussagen und Formulierungen wird der sozial-normierende Charakter der Fürsorgetätigkeit. Bürgerliche Vorstellungen von Erziehung, Disziplin und Unterstützungswürdigkeit hatten Einfluss auf Entscheidungen und Unterstützung. Kontrolle, auch durch Informationsbeschaffung- und Weitergabe bei Dritten, wurde zwar von einigen Fürsorgerinnen kritisch gesehen, war in der Praxis aber gang und gäbe. In einigen Berichten zeigt sich ein großes Engagement und eine starke Identifikation der Fürsorgerinnen mit ihrem Beruf.

Das Aufgabenspektrum und die Belastung der Fürsorgerinnen waren enorm. Erforderlich waren gute Kenntnisse der sich ständig verändernden Rechtsgrundlagen, in Verwaltungskunde, sozialmedizinische und pädagogische Kenntnisse sowie Kommunikations- und Teamfähigkeit und Frustrationstoleranz gegenüber der Nicht-Wirksamkeit des eigenen Handelns, aufgrund knapper Kassen, politischer Entscheidungen aber auch aufgrund der mitunter fehlenden Mitwirkung der Hilfesuchenden. Die Fürsorgerinnen benötigten somit Kenntnisse und Kompetenzen, die auch heute noch zentral sind in der Sozialen Arbeit. Manche Ideen unserer Vorgängerinnen von vor mehr als 100 Jahren wirken überraschend modern: So etwa das Prinzip der ganzheitlichen Sicht auf Probleme und die Idee der Prävention von sozialen Problemen.

Der Fokus auf die Familie passte dann auch zu der rassistischen Bevölkerungspolitik im Nationalsozialismus mit der Idealisierung der „arischen" Familie. Auch wenn aus der Wohlfahrtspflege jetzt „Volkspflege" wurde, d.h. das Wohl des Einzelnen dem Wohl des „Volksganzen" untergeordnet wurde, blieb die Förderung der kinderreichen, „arischen", politisch „zuverlässigen" Familie unerlässlich für die nationalsozialistische Politik. Das zu dieser Zeit propagierte Familien- und Mutterbild wirkte auch in den Nachkriegsjahrzehnten fort.

Bis in die 1960er gab es immer wieder Lob von Expert*innen und Anfragen von Kommunen, die mehr über das gut funktionierende Kieler Modell wissen wollten.[112] Begriff und Konzept der Familienfürsorge waren in Kiel noch bis in die 1970er/80er Jahre präsent.[113] Später wurden Innen- und Außendienst im neuen Organisationsmodell ASD zusammengelegt. Heute werden viele diesbezügliche Aufgaben von freien Trägern ausgeführt, und das System ist differenzierter. Aus der Arbeit der Bezirks-Fürsorgerinnen an Schulen beispielsweise ist eine spezialisierte Schulsozialarbeit geworden. Nach wie vor wird heute jedoch meist individualisiert mit Einzelnen oder Familien und sehr viel weniger im Gemeinwesen gearbeitet

112 Vgl. Hinrichs: Denkschrift, S. 5.

113 Wenn auch mit menschenverachtenden Inhalten und Praktiken während der NS-Zeit (z.B. durch das Erstellen von Sippentafeln). Vgl. z.B. Emilija Mitrovic: Fürsorgerinnen im Nationalsozialismus. In: Angelika Ebbinghaus (Hrsg.): Opfer und Täterinnen. Nördlingen 1987; Esther Lehnert: Die Beteiligung von Fürsorgerinnen an der Bildung und Umsetzung der Kategorie „minderwertig" im Nationalsozialismus. Frankfurt a. M. 2003; Jochen Jungblut: Soziale Arbeit im Nationalsozialismus – Aspekte zur Funktion der Sozialen Arbeit im System der Sozialpolitik des Hitlerfaschismus. In: Karl-Heinz Grohall u.a.: Erinnerungsarbeit für Sozialberufe: soziale Arbeit zwischen Wohlfahrts- und Rassenpflege. Münster 1988.

Jürgen Weber

Arbeiterfußball in Kiel – Schlusspfiff 1933

Der Fußball entwickelte sich nach dem Ersten Weltkrieg von einer Sportart unter vielen zu einem sportlichen wie gesellschaftlichen Phänomen von immer größerer Bedeutung. Die Anzahl von Fußballspielern, Vereinen und vor allem Zuschauern wuchs beständig an. Seit 1900 war die überwiegende Zahl der Fußballvereine bzw. der Vereine mit einer Fußballsparte im Deutschen Fußballbund (DFB) organisiert. Mit der Gründung des DFB, der sich dann auch in Regionalverbände untergliederte, wurde ein organisierter Spielbetrieb geschaffen, der Ligen und Meisterschaften hervorbrachte. Auch wenn die Mehrzahl der Spiele Freundschaftsspiele blieben, wurde der Wettkampf- und Wettbewerbscharakter ausgeprägter. Innerhalb der bürgerlichen Sportbewegung bestand dabei zuerst noch ein Spannungsfeld zwischen dem DFB und der Deutschen Turnerschaft. Die Vorbehalte und zum Teil strikte Ablehnung der Turner gegen den „rohen Fußballsport" war ein Grund für die Selbstorganisation der Fußballer.

1903 wurde die erste deutsche Vereinsmeisterschaft des DFB ausgespielt und noch vor Beginn des Ersten Weltkriegs erreichten Spitzenspiele Zuschauerzahlen, die über 10.000 lagen. Nach Kriegsende entwickelte sich der Fußball weiter und begann in den Jahren der Weimarer Republik, ein populärer Massensport zu werden. Es bildeten sich namhafte Vereine heraus, Spielerpersönlichkeiten wurden populär und die Presseberichterstattung nahm sich zunehmend des Fußballs an. Die gesellschaftliche Bedeutung des Fußballs wuchs und damit einhergehend auch die politische.

In den Kommunen stieg der Bedarf an Sportplätzen, die für den Fußball genutzt werden konnten. Eine politische Dimension besaß schließlich auch die Tatsache, dass der Fußball in Teilen die politische und kulturelle Segregation der Gesellschaft widerspiegelte. Es gab in Deutschland neben dem DFB-Fußball den in der Arbeitersportbewegung organisierten, Fußball in der katholischen Sportbewegung Deutsche Jugendkraft (DJK), Firmensport und eigenständige jüdische Sportvereine, die z.T. auch Fußball spielten.

Kiel war in den Jahren bis zur Machtübernahme der Nationalsozialisten fraglos eine Hochburg im bürgerlichen deutschen Fußball. Der in der Stadt führende Verein, die KSV Holstein, errang 1912 die deutsche Meisterschaft des DFB und erreichte 1910 und dann auch wieder 1930 das Endspiel um die deutsche Meisterschaft und wurde Vizemeister. Zudem wurde der Verein mehrmals norddeutscher Meister und war in Schleswig-Holstein unangefochten. Der Verein stellte eine Reihe von Spielern für die DFB-Nationalmannschaft.

Eines der Gründungsmitglieder des Vereins – Georg Blaschke – war von 1910 bis 1928 im Bundesvorstand des DFB als „1. Schriftführer" tätig. Auf seine Veranlassung hin wurde die Geschäftsstelle des DFB 1916 nach Kiel verlegt, wo dann der DFB seinen offiziellen Sitz bis 1928 hatte, zuerst in der Dänischen Straße in der Altstadt, später im Haus der Landwirte im Sophienblatt am Hauptbahnhof. Ein Großteil der Publikationen des DFB zu der Zeit wurde in Kiel verlegt und gedruckt.[1]

1 Vgl. Peter H. Blaschke: Georg P. Blaschke. Pionier des Fußballs. Kassel 2010, S.87.

Ein nicht zu unterschätzender Unterstützer des bürgerlichen Fußballs in Kiel war die Marine. Bereits vor 1900 hatten sich erste Marinemannschaften gebildet und noch vor dem Weltkrieg wurde eine Meisterschaft der Hochseeflotte ausgetragen.[2] Die Beziehungen zur Marine waren und blieben ein wesentlicher Bestandteil der Entwicklung der KSV Holstein bis 1945.[3] 1928 hatte der Verband Kieler Ballspielvereine, der Zusammenschluss der örtlichen DFB-Vereine, 6.500 Mitglieder.[4] Die überwiegende Zahl dieser Vereine existiert noch heute und ihre Geschichte ist zum Teil durch eine Reihe von Festschriften dokumentiert.[5] Sie sind damit im historischen Gedächtnis der Stadt präsent.

Das ist die eine Seite des Kieler Fußballs. Über die andere Seite ist weit weniger, z.T. gar nichts bekannt und aufgearbeitet. Etwa 1.300 Mitglieder hatte 1928 der 2. Bezirk des 3. Kreises der Arbeitersportvereine, die dem Arbeiter- Turn- und Sportbund (ATSB) angeschlossen waren.[6] Der Arbeitersport im Deutschen Reich war regional in neunzehn Kreise eingeteilt. Der 3. Kreis bestand aus vier Bezirken, zu denen die Sportler in Hamburg, Lübeck, Schleswig-Holstein und Mecklenburg gehörten. Der 2. Bezirk des 3. Kreises umfasste Schleswig-Holstein ohne die Städte und Gemeinden im weiteren Hamburger Umland. Das Zentrum war dabei die Region Kiel. Mitglieder waren fast ausschließlich aktive Spieler, während in den bürgerlichen Vereinen auch eine nennenswerte Zahl von zahlenden passiven Mitgliedern aufgelistet waren, so dass Vergleiche im Hinblick auf Mitgliederzahlen nur bedingt aussagekräftig sind.

Der Arbeiterfußball wurde erst 1921 eine eigenständige Sparte im ATSB. Einen unabhängigen Arbeiterfußballverband gab es nie. Man blieb unter dem Dach des ATSB. Im Gegensatz dazu hatte sich der kaiserlich-staatstreue bürgerliche Fußball bereits 1900 aus dem turnerdominierten Dachverband herausgelöst und mit dem Deutschen Fußball-Bund (DFB) eine eigenständige Organisation geschaffen, die ausschließlich die Interessen der Fußballer verfolgen konnte. Die erheblichen Vorbehalte der Turn- und Sportbewegung gegen den Fußballsport blieben im bürgerlichen wie in der sozialdemokratisch geprägten Arbeitersportbewegung lange virulent. Nur hatte sich der DFB bereits zu Beginn der Weimarer Republik über zwei Jahrzehnte selbständig profiliert, und die Konflikte mit der traditionellen Turnerschaft wurden nicht innerhalb, sondern zwischen selbständigen Organisationen ausgetragen. Damit war der DFB etabliert und in der Lage, das rapide wachsende Interesse am Fußball zu fördern, zu nutzen und von ihm zu profitieren, während die Fußballvereine und Abteilungen im ATSB erst begannen, eine regelmäßige Spielorganisation zu entwickeln und neue Vereine

2 Vgl. Deutscher Fußballbund (Hrsg.): Deutsches Fußballjahrbuch 1910, Band 7 (1910), S. 70ff.

3 Eine Darstellung der Beziehungen der Marine zur KSV Holstein ist vom Verfasser für den Band „125 Jahre Holstein Kiel" vorgesehen, der für 2025 geplant ist.

4 Vgl. Blaschke: Pionier, S. 101.

5 Zu nennen sind dabei in erster Linie die neuesten Festschriften bzw. Chroniken der größeren Kieler bürgerlichen Fußballvereine: Fußball-Club Kilia von 1902 (Hrsg.): 85 Jahre F.C. Kilia von 1902. Kiel 1987; V.f.B Union-Teutonia Kiel von 1908 e.V. (Hrsg.): 90 Jahre V.f.B. Union-Teutonia v. 1908 e.V. Kiel. Festschrift. Kiel 1998; Wiker Sportverein e.V. (Hrsg.): Wiker Sportverein e.V.. Jubiläumsausgabe 1929–1999. Kiel 1999; Turn- und Sportvereinigung Gaarden von 1875 e.V. (Hrsg.): 125 Jahre Turn- und Sportvereinigung Gaarden von 1875 e.V. Kiel 2000; Hardy Grüne u.a.: 100 Jahre Holstein Kiel. Kieler S.V. Holstein von 1900. Berlin 2000; Verein für Bewegungsspiele Kiel von 1910 e.V. (Hrsg.): 100 Jahre Verein für Bewegungsspiele Kiel von 1910 e.V. Kiel 2010.

6 Der Fußball-Stürmer Nr. 29 vom 18. Juli 1932.

hervorzubringen. Sie hatten damit faktisch einen Rückstand von zwanzig Jahren auf die bürgerliche Konkurrenz.

Über den Arbeitersport im Allgemeinen gibt es eine größere Zahl von wissenschaftlichen Publikationen und eine Reihe von illustrierten Geschichtsbüchern.[7] Nach der SPD und den Gewerkschaften war der ATSB in der Weimarer Republik allein schon von der Zahl der Mitglieder[8] her eine dritte Kraft der sozialistischen Arbeiterbewegung. In diesen Zusammenhang ist das Forschungs- und Geschichtsschreibungsinteresse zum Arbeitersport einzuordnen. Über den Fußball im ATSB liegen erste Studien seit Ende der 1980er Jahre vor.[9] Der Arbeiterfußball hat auch Eingang in Gesamtdarstellungen zum Fußball in Deutschland und auch zum Fußball in der Weimarer Republik gefunden.[10] Regionalstudien liegen bisher nur wenige vor.

Neben einer faktischen Bestandsaufnahme des Fußballs im Arbeitersport konzentrieren sich die Fragestellungen neuerer Untersuchungen zum einen auf den Vergleich zwischen der Entwicklung des „bürgerlichen" Fußballs im Rahmen des DFB und der des Arbeiterfußballs. Zum anderen wird die Frage nach den Ursachen des vermeintlichen „Scheiterns" des Fußballs in der Arbeiter-Turn- und Sportbewegung gestellt. So lautet der Untertitel einer vielzitierten Arbeit von Lars Geiges: „Ein zum Scheitern verurteiltes Spiel?"[11]. Die Antwort gibt der Autor schon in der Einleitung, indem er eine „schwache Bindungs- und Anziehungskraft" des ATSB-Fußballs konstatiert[12] und den Forschungsstand dahingehend zusammenfasst, wonach „die Fußballsparte des ATSB sui generis für das Scheitern des organisierten Arbeiterfußballs in der Weimarer Republik" verantwortlich gemacht werde".[13] Als zentraler Grund für das Scheitern wird bei Geiges die im ATSB länger als im bürgerlichen Sport andauernde Dominanz der Turner angeführt, die Arbeiterfußballer in DFB Vereine vertrieben habe. Zudem sei die starke Politisierung des ATSB ein Nachteil gewesen im Vergleich zum sich dezidiert „unpolitisch" gerierenden DFB. Äußere Faktoren wie die Dominanz der bürgerlichen Presse in der Sportberichterstattung kämen hinzu. Vor allem aber hätten „Leistungs- und Konkurrenzprinzip zum Wesen des modernen Sports" gehört und hätten dessen Attraktivität erst ausgemacht, während der Arbeitersport diese strikt abgelehnt habe.[14]

Die Frage, ob überhaupt ein „Scheitern" vorliegt, wird dabei gar nicht gestellt. Die Tatsache des quantitativen Rückstands zum bürgerlichen Fußball wird per se als Kriterium für eine gescheiterte Entwicklung genommen. Ob der Arbeiterfußball gemessen an seinen eigenen Ansprüchen erfolgreich war oder nicht, ist eine Frage, die am Beispiel des Kieler Fußballs betrachtet werden soll. Seine Handlungsspielräume, Konflikte und Konzepte differenzierter zu betrachten und besser zu verstehen, soll dieser Beitrag dienen. Vor allem aber gilt es, erst einmal zusammenzutragen, was den Kieler Arbeiterfußball ausgemacht hat.

---

7 Zum Arbeitersport in Kiel siehe: Levke Heed: Arbeitersport in Kiel. In: Demokratische Geschichte. Jahrbuch für Schleswig-Holstein 13 (2000), S. 147–198.

8 Die für die Jahre 1928–32 publizierten Zahlen schwanken zwischen 750.000 und 1,2 Mio.

9 Die erste wissenschaftliche Studie zum Arbeiterfußball erschien 1988: Frank Filter: Fußballsport in der Arbeiter- Turn- und Sportbewegung. In: Sozial- und Zeitgeschichte des Sports 2 (1988), H. 1, S. 55–73.

10 Siehe zuletzt: Erik Eggers: Fußball in der Weimarer Republik. Kellinghusen 2018, S. 50–57.

11 Lars Geiges: Fußball in der Arbeiter- Turn- und Sportbewegung. Ein zum Scheitern verurteiltes Spiel? Stuttgart 2011.

12 Ebd., S.4.

13 Ebd., S.9.

14 Ebd., S.104f.

Über die Arbeiterfußballer des ATSB in Kiel ist bisher wenig bekannt. Mit dem Verbot 1933 sind seine Vereine bis auf wenige Ausnahmen für immer verschwunden. An die Tradition des eigenständig organisierten Arbeitersports wurde nach 1945 nicht wieder angeknüpft. Die schriftliche Überlieferung zu seiner Geschichte ist sehr begrenzt. Es stehen fast ausschließlich die Tageszeitungen der SPD und die Sportblätter des ATSB – vor allem die Freie Sportwoche (1919–1931) und der Fußball-Stürmer (1932–1933) – sowie Protokolle und Jahresberichte des ATSB zur Verfügung. In Letzteren kommt lokaler Fußball nur in Ergebnislisten und Statistiken vor. Für Kiel und die umliegenden Kreise sind die Berichte in der Schleswig-Holsteinischen Volkszeitung (SHVZ) die wichtigste Informationsquelle.

Im Folgenden soll ein Blick auf die Arbeiterfußballer in Kiel mit dem Schwerpunkt auf die letzten Jahre der Weimarer Republik geworfen und damit ein Stück Kieler Sport- und Politikgeschichte beleuchtet werden. Die Sportler der Arbeiter-Turn- und Sportbewegung waren seit Beginn des Jahrhunderts Teil der politisch-kulturellen Gegengesellschaft im monarchistisch geprägten Staat, in der Kieler Stadtgesellschaft und Teil der sozialdemokratisch geprägten Arbeiterbewegung. In der Weimarer Republik wurden sie zu einem festen Bestandteil des republikanisch-demokratisch ausgerichteten Teils von Staat und Gesellschaft, auch wenn bis Ende der 1920er Jahre auch politisch zur KPD tendierende Arbeiter bzw. KPD-Mitglieder noch – in nicht zu vernachlässigender Zahl – Mitglied von ATSB-Vereinen waren. Das galt auch für Kiel. Die Bundesführung, die regionalen und lokalen Gremien, Organisationen und Vereine waren aber ganz überwiegend sozialdemokratisch oder zumindest SPD-nah orientiert. Insofern war es selbstverständlich, dass die Fußballabteilungen, die unmittelbar in den Arbeitersportvereinen entstanden wie der gesamte Arbeitersport in der Weimarer Republik, weiterhin eine eigenständige vom bürgerlichen Sport abgegrenzte Aktivität entfalteten. Das bedeutete vor allem die Schaffung eigener Ligen, Wettbewerbe und Meisterschaften. Aber auch der Freundschaftsspielalltag wurde nur innerhalb des eigenen Daches durchgeführt. Es existierten keinerlei Beziehungen zu und sportliche Begegnungen mit bürgerlichen Vereinen. Es gab keine direkte sportliche Konkurrenz, wohl aber ging es darum, möglichst viele Fußballer für sich gewinnen zu können. Für DFB-Vereine war das eine sportliche und zunehmend auch eine wirtschaftliche Frage im Hinblick auf Mitgliedsbeiträge. Für den ATSB war es eine sportliche und dann zunehmend politische Frage, was die Organisation von Arbeitern in Vereinen anging, die sich zur demokratischen Arbeiterbewegung und dann immer stärker auch zum Bollwerk der Republik zählten.

Auch wenn Ergebnisse, Siege und Niederlagen und letztlich Meisterschaften im Mannschaftssport auch den Hintergrund und Ansporn für den Arbeiterfußball in der Berichterstattung deutlich werden ließen, wurde in der sozialdemokratischen Presse und den Organen des Arbeitersports nicht verabsäumt, regelmäßig an die höhere kulturelle und pädagogische Bedeutung zu erinnern und zu appellieren. In ähnlicher Diktion wie hier in einem Artikel in der Schleswig-Holsteinischen Volkszeitung (SHVZ) zum Jahresbeginn 1924 unter der Überschrift „Kulturziele des Arbeitersport" wurde regelmäßig formuliert: „Die Arbeitersportler sind Sozialisten und wollen die Jugendlichen so erziehen, daß sie zuverlässige Kämpfer für die Sache des Sozialismus werden. Beim Arbeitersport gilt die gute Durchschnittsleistung der Masse – Volksgesundheit im wahren Sinne – als leitendes Motiv: Die Höchstleistung des einzelnen oder der Gruppe ist an die zweite Stelle gerückt und nur insoweit gewertet, als gute Leistungen und Verbesserungen im Sinne des Allgemeinwohls von Interesse sind. Daraus ergibt sich auch das Verbot des Wettkampfes um Geld und Wertgegenstände wie auch nur Siegerkränze. Es gilt die Weltanschauungsfrage, die jeder entscheiden muß, der sich mit dem Sinn des Lebens beschäftigt: Individuum oder Gesamtheit? ... Wenn die Jugendlichen es schätzen lernen, unter Hintanstellung egoistischer Interessen sich dem Wohle der Gesamtheit zu widmen, so werden sie später zuverlässige Kämpfer für den Sozialismus werden. Es liegt daher im Interesse der Arbeiterschaft, die Organisationen des Arbeitersports zu fördern, denn sie sind ein Glied der großen sozialistischen Volksbewegung."[15]

Mit dem Ruf, als „roher Sport" der „Volksgesundheit" nicht zu entsprechen, musste sich sowohl der bürgerliche Fußball wie der Arbeiterfußball auseinandersetzen. In dem reichsweiten Hauptorgan des Arbeitersports, der „Freien Sportwoche", wurde regelmäßig über Ausschreitungen auf dem Spielfeld und auch auf den Zuschauerrängen berichtet.[16] Das Problem des Arbeiterfußballs, sich in diesen Punkten scharf vom bürgerlichen Fußball abzugrenzen, wurde angesprochen. Die detaillierte Berichterstattung über unfaires und rohes Spiel in der „Freien Sportwoche" wird man nicht unbedingt als Beleg anführen können, dass der Arbeiterfußball größere oder auch nur gleiche Probleme wie der bürgerliche Fußball hatte. Die Mah-

Bild 37. Naturfreiübungen beim Fußballspiel. Man beachte bei dieser Aufnahme das hohe Spreizen, das hier ergiebiger wirkt, weil es ein Ziel — den Ball zu treffen — verfolgt. (Phot. Bundesschule.)

Blick der Arbeiterturner auf die Fußballer des Arbeitersport. („Der Vorturner" vom März 1926)

15 Vgl. Schleswig-Holsteinische Volkszeitung (SHVZ) vom 7. Januar 1924.
16 Vgl. Geiges: Fußball, S. 61ff.

nungen waren erst einmal der Tatsache geschuldet, dass der Fußball innerhalb des Arbeitersports faktisch gefordert war, sich zu rechtfertigen, die Prinzipien des Arbeitersports im Spielalltag einzuhalten. Wie die Wirklichkeit aussah, wäre vor Ort zu betrachten.

Die Ablehnung des Profisports einte beide Dachorganisationen des Fußballs, wenn es im DFB auch immer wieder Diskussionen darum gab, während das im ATSB prinzipiell kein Thema war. Was das Bekenntnis zu sportlicher Leistung, auch individueller Leistung, anging, war die Relativierung im Arbeitersport zumindest in der Programmatik deutlich. Individuelle, persönliche Leistungen Einzelner wurden in den Publikationsorganen sehr weitgehend ausgeblendet. Die „bürgerlichen" und überwiegend konservativ bis deutschnational aufgestellten Sportorganisationen hoben zwar auch die „kollektive" Bedeutung der sportlichen Betätigung für „Wehrhaftigkeit", „nationale Gesundung" und Gemeinschaft hervor, schmückten diese aber zunehmend auch mit herausragenden Athletinnen und Athleten und Persönlichkeiten des Sports. Ob solche ideologisch einzuordnenden Unterschiede Einfluss auf die Entwicklung des Fußballs – und dabei konkret in Kiel – hatten, soll betrachtet werden. Inwieweit sich die tiefe politische und kulturelle Spaltung der deutschen Gesellschaft im Allgemeinen und der Kieler Stadtgesellschaft im Besonderen auch im Fußball spiegelte, ist dabei ins Auge zu fassen.

Die schwierige Quellenlage muss manche Fragen unbeantwortet lassen. Aber es ist an der Zeit zusammenzutragen, was den Arbeiterfußball in Kiel ausgemacht hat und ein weitgehend vergessenes Kapitel der lokal- wie der sportpolitischen Geschichte damit zu beleuchten.

1. Die Vereine

Die Kieler Arbeiterfußballer spielten im 2. Bezirk des 3. Kreises des ATSB, dessen Zentrum „Groß-Kiel" war. Hier waren auch die meisten Vereine des Arbeiterfußballs angesiedelt und die Stadt hatte die meisten Mitglieder im Arbeitersport des Bezirks. Betrachtet man allein den Fußball, so ist die Konzentration der Aktivitäten im Bezirk noch stärker auf Kiel und das unmittelbare Umland konzentriert als in den anderen Sportarten. Da die Fußballer an Aktiven insgesamt deutlich hinter den Turnabteilungen zurückblieben, kamen in der Fläche, d.h. in vielen kleineren und mittleren Orten des Bezirks, keine Fußballmannschaften und -vereine zusammen. Arbeiterfußball wurde daher vor allem in den Städten gespielt. In der überregionalen Sportpresse des ATSB wird bei den Berichten und Ergebnislisten der 2. Bezirk meist zusammenfassend als „Kieler Bezirk" betitelt.

Eine Bestandsaufnahme anhand der Presseberichterstattung in der Schleswig-Holsteinischen Volkszeitung (SHVZ) über den regionalen Arbeiterfußball zeigt, dass es innerhalb des Arbeiter-Sport-Kartells[17] in Kiel eine durchaus bemerkenswerte Zahl von Fußballvereinen bzw. -abteilungen gab, die regelmäßig an einem Spielbetrieb teilnahm. Dabei lassen sich zwei verschiedene

17 Die Organisationsstruktur des Arbeitersports war ziemlich verschachtelt. Im Kieler Gewerkschaftshaus war das Büro der hauptamtlich geführten Arbeitersportzentrale, die die Interessen des Arbeitersports gegenüber Behörden, anderen Institutionen, der Politik etc. wahrnahm. In der Zentrale zusammengeschlossen war der Arbeiter-Turn-und Sportbund des 2. Bezirks des 3. Kreises mit seiner Turnsparte und Fußballsparte, die Freie Turn- und Sportvereinigung an der Kieler Förde als größter Verein im Bezirk, das Arbeiter Sportkartell Groß-Kiel und das Provinzial-Sportkartell. Im Arbeiter-Sport-Kartell Groß-Kiel waren sämtliche Vereine, Sparten und Organisationen zusammengefasst, die im Sport tätig waren und sich dem Arbeitersport zugehörig fühlten.

Entstehungs- bzw. Gründungmuster feststellen. Zum einen entstand in den 1920er Jahren eine Reihe von Fußballmannschaften unmittelbar aus der Freien Turnerschaft an der Kieler Förde, dem größten Arbeitersportverein des Bezirks. Sie traten an als „Gruppe West", „Gruppe Nord", „Gruppe Süd" und „Gruppe Ost". Sie blieben Abteilungen der Freien Turnerschaft, traten in den Wettbewerben aber eigenständig an. Sie unterhielten jeweils auch Jugendmannschaften und „zweite" und z.T. „dritte" Mannschaften, die auch am regelmäßigem Spielbetrieb teilnahmen. Eine weitere Abteilung der Freien Turnerschaft spielte unter der Bezeichnung „M.A. VIII" (Männerabteilung VIII). Die Freie Turnerschaft an der Kieler Förde war traditionell in Stadtteilgruppen unterteilt, die in römischen Ziffern nummeriert waren. Die Männer-Abteilung VIII waren die Fußballer der Freien Turnerschaft (FT) aus dem Stadtteil Ellerbek. Die FT-Fußballer aus Friedrichsort, das erst 1922 nach Kiel eingemeindet worden war, traten als FT Friedrichsort an. Ende der 1920er Jahre trat auch die FT Holtenau mit einer Fußballmannschaft an.

Die Gaststätte „Storchnest" in der Gutenbergstraße war das Vereinslokal des FC Hansa Kiel. (Postkarten Sammlung Stadtarchiv Kiel)

Neben diesen Fußballabteilungen nahmen auch Vereine am Kieler Arbeiterfußball teil, die nicht unmittelbar aus der Freien Turnerschaft kamen oder sich – nicht zuletzt durch eine eigene Namensgebung – selbstständiger profilierten. Zu diesen zählten der FC Viktoria 09[18], der FC Hansa v.1919[19] und der FC Wacker[20], die alle drei im Westen der Stadt angesiedelt waren. Vereinslokal und Wohnung des Vorsitzenden des FC Hansa lagen im sog. Stinkviertel[21] in Kiel, ei-

18 Vereinsadresse Lehmberg 22; Vorsitzender W. Kühl, Hasseer Str. 33. Vgl. Adressbuch Kiel 1923, S. IV 47. In einem erhaltenen Briefwechsel mit der Stadt Kiel nach der Wiedergründung 1946 verwendete der Verein im Briefkopf die Anschrift: „Freie Turn- und Spielvereinigung Kiel, Abteilung V, Gruppe FC Viktoria 09". Ein Hinweis darauf, dass auch der FC Viktoria ursprünglich eine Ausgründung aus der Freien Turnerschaft an der Kieler Förde war. Die Abteilung V umfasste den Westdistrikt der Stadt Kiel. Die Eigenständigkeit bzw. Ausgründung war aber schon 1909 erfolgt, als der Arbeiterfußball noch in den Anfängen steckte.

19 „Klublokal Storchnest", Gutenbergstraße. Vgl. Adressbuch Kiel 1923, S. IV 47. Vorsitzender W. Herbst, Howaldtstr. 14. Vgl. Ortsausschuß des Allgemeinen Deutschen Gewerkschaftsbundes (Hrsg.): Arbeiter-Führer für Kiel und Umgegend. Kiel 1926, S. 53.

20 Vgl. Ortsausschuß: Arbeiter-Führer, S.54; Vorsitzender Wilhelm Sell, Knooper Weg 183.

21 Die umgangssprachliche Bezeichnung weist auf eine am Rande des Quartiers gelegene Fabrik, in der aus dort aus der ganzen Stadt angelieferten Fäkalien bis 1919 Dünger hergestellt wurde.

nem Arbeiterquartier und einer SPD-Hochburg im Westteil der Stadt. Räumlich waren alle diese drei Vereine, und der FC Hansa im Besonderen, Nachbarn der bürgerlichen KSV Holstein. Über die soziale Mitgliederstruktur der drei Arbeitervereine liegen keine Unterlagen vor. Ermitteln lässt sich nur, dass die Vorsitzenden des FC Hansa und FC Wacker im Kieler Adressbuch als „Arbeiter" geführt werden, der Vorsitzende des FC Viktoria als „Nieter"[22]. Somit liegt nahe, dass alle drei Vereine auch in Bezug auf ihre Mitgliedschaft Arbeitervereine im Wortsinn waren.

Ganz im Gegensatz dazu liegen für mehrere Jahre der Weimarer Republik Mitgliederdaten der KSV Holstein vor, aus denen hervorgeht, dass es Neueintritte von Arbeitern oder gewerblichen Lehrlingen nur in verschwindend geringer Zahl gab.[23] Somit lässt sich schließen, dass zumindest in diesem Teil der Stadt der Weg zum Fußball eindeutig nach beruflichem Hintergrund und sozialer Herkunft getrennt war. Ob sich die Fußballer dieser drei ATSB-Vereine ausschließlich aus den wenigen reinen Arbeiterquartieren des Westens der Stadt rekrutierten oder Spieler aus dem weiteren Stadtgebiet anzogen, kann nicht sicher beantwortet werden.

Zu den weiteren eigenständigen Vereinen aus Kiel, die im ATSB-Bereich spielten, zählt der 1921 im Stadtteil Hassee gegründete VfR Minerva. In einem kurzen historischen Text auf der Internetseite des Vereins findet sich der Hinweis, dass die Namensgebung auf den handwerklichen Hintergrund der Gründer weise.[24] Ein Abgleich mit den Kieler Adressbüchern bestätigt das allerdings nur zum Teil: Drei der fünf auf der Seite genannten Gründer firmierten dort als „Arbeiter" bzw. „Schiffbauer", allerdings wohnten tatsächlich alle in Hassee. Es war also eine Gründung in einem klar umgrenzten Bereich im Süden der Stadt. Warum sich der VfR Minerva dem ATSB anschloss, kann nicht eindeutig belegbar beantwortet werden. Aussagen dazu fin-

Der FC Hansa auf Freundschaftsspielreise. Hier beim BV Eintracht Essen Januar 1926. (Foto Privatbesitz)

---

22 Vgl. Adress- und Einwohnerbuch Kiel 1925, S. 143, 209, 370.

23 Eine Studie des Verfassers dazu ist in Vorbereitung für den Band „125 Holstein Kiel".

24 Vgl. https://vfr-minerva-kiel.de.tl/Begr.ue..ss.ung.htm (zuletzt aufgerufen: 4.3.2023).

den sich nicht. Allerdings gab es auch in Hassee mit dem Verein „Sportvereinigung Hohenzollern-Hertha Kiel" (ab 1928 VfB Kiel) einen bereits eingesessenen bürgerlichen Verein, dessen Name allein schon dafürsprach, dass er weit entfernt von dem war, was klassenbewusste Arbeiter 1921 für attraktiv halten konnten. So wird wie im Westen der Stadt der eigene soziale Status – gleich in welchem Verhältnis Industriearbeiter und Handwerker im VfR Minerva zu finden gewesen waren – zu einer Konkurrenzgründung zum bürgerlichen Fußballverein motiviert haben. Soziale Distanz kann auch im Kieler Süden als Merkmal für den Weg zum Fußball konstatiert werden.

Über einen weiteren Verein des Arbeiterfußballs, den FC Pfeil[25], der Mitte der 1920er regelmäßig am Spielbetrieb in Kiel im Rahmen des ATSB teilnahm, lassen sich bisher nur sehr wenige Aussagen treffen. Zu Beginn der 1930er Jahre tauchte er in den Ergebnislisten nicht mehr auf. Die weitgehend erfolglosen Spiele in den Jahren 1924/1925 mögen dazu geführt haben, dass der Verein seine Aktivitäten irgendwann eingestellt hat. In einem Bericht vom 9. April 1924 heißt es in der SHVZ, dass „Pfeils 1. Mannschaft die in letzter Zeit zur Gewohnheit gewordene Unpünktlichkeit bei Austragung von Gesellschaftsspielen" auch für sich in Anspruch genommen habe.

Zu den eigenständigen ATSB-Vereinen auf dem Kieler Ostufer und damit im klassischen Arbeitermilieu zählten die Freie Sportvereinigung (FSV) Ellerbek[26] und der FC Adler Dietrichsdorf. Im Stadtteil Ellerbek vollzog sich Anfang der 1920er Jahre die schon seit Beginn des Jahrhunderts bestehende Trennung von bürgerlichem und Arbeitersport auch im Fußball. Die neugegründete FSV Ellerbek spielte Fußball im ATSB und war damit neben der Männerabteilung VIII der Freien Turnerschaft der zweite Ellerbeker Verein im Arbeiterfußball. 1922 hatte sich aus dem bürgerlichen Ellerbeker Turnverein (ETV) ebenfalls ein neuer bürgerlicher Fußballverein herausgelöst, der SV Ellerbek (SVE). Auch hier waren Konflikte mit den dominierenden Turnern der Hintergrund für die Neugründung. Der SVE entschied sich, wie in einer Festschrift aus dem Jahr 1928 angedeutet, nicht ganz reibungslos, sich dem Norddeutschen Fußballverband (NFV) und damit dem DFB anzuschließen.[27] Der Ursprung im bürgerlichen ETV und die bereits bestehende Konkurrenz im Arbeitersport dürften den Ausschlag gegeben haben. Aus der erhaltenen Mitgliederliste der SVE von 1922 lassen sich Hinweise ablesen, dass die soziale Herkunft der Gründer zumindest teilweise im bürgerlichen Milieu angesiedelt war und damit auch dem Anschluss an den bürgerlichen Fußball durchaus entsprach.[28] Dem SVE gelang es, in relativ kurzer Zeit genügend Mittel aufzubringen, um einen eigenen Sportplatz im Stadtteil zu errichten, der im November 1930 eingeweiht wurde. Das war etwas, was weit außerhalb der Möglichkeiten des Arbeitersports in Kiel lag.

Die Entwicklung des Arbeiterfußballs in Neumühlen-Dietrichsdorf zeigt, dass die Entwicklung zu Beginn der Weimarer Republik nicht nur allgemein von lokalen Gegebenheiten abhing, sondern auch besondere politische Bedingungen berücksichtigte. In diesem Ostuferstadtteil, 1924 nach heftigen Kontroversen auf Initiative der SPD nach Kiel eingemeindet, war bereits vor 1919 im Sport die Abteilung III der Freien Turnerschaft an der Kieler Förde aktiv,

25 Vgl. Ortsausschuß: Arbeiter-Führer, S. 55.
26 Vereinslokal „Zu den drei Kronen", Schönberger Str. 171 in Kiel-Wellingdorf.
27 Vgl. Sportplatzweihe des Sport-Vereins Ellerbek von 1922. Schönberg 1930, S. 5.
28 LASH Abt. 455 Nr. 21, pag. 2352–2355.

Aus dem Arbeitersport Faustball-Club Jung-Mönkeberg bildete sich 1923 die Arbeiterfußball-Mannschaft Mönkeberg, die in der „Kieler Liga" mitspielte. (Foto Privatbesitz)

ohne dass der Fußball dabei eine erkennbare Rolle spielte. Der Ort hatte sich seit dem Ende des 19. Jahrhunderts durch die Werftindustrie zu einem Wohnort von Arbeiterfamilien entwickelt. In der neuen Siedlung „Bauverein", in dem vor allem Werftarbeiter wohnten, begann auch die Geschichte des lokalen Fußballs. 1912 wurde dort in einem zweiten Anlauf der Verein SC Comet gegründet, der mit damals nicht unüblichen Problemen wie einem fehlenden Sportplatz, mangelnder Ausrüstung und auch fehlenden Gegnern vor Ort, mit denen man sich messen konnte, zu kämpfen hatte. Kurz vor Ausbruch des Ersten Weltkriegs hatte es offenbar das Angebot des „Arbeiter Turnerbundes" (ATB)[29]gegeben, den SC Comet in seine Organisation aufzunehmen. Wie der Chronik des Vereins zu entnehmen ist, traf man eine ungewöhnliche Übereinkunft: Der SC Comet nahm an den Pflichtspielen im Rahmen des Arbeiter Turnerbundes (ATB) teil, ohne Mitglied des Bundes zu werden. Da man keinen eigenen Sportplatz hatte, trug man sämtliche Spiele auf den Plätzen der Gegner, also bei Mannschaften des ATB aus. Der SC Comet hatte sich dafür an die Statuten des ATB zu halten.[30] Im Geschäftsbericht für 1920 weist der ATSB den SC Comet mit 103 Mitgliedern als Teil der Arbeiterfußballbewegung aus.[31] Zu Beginn des Jahres 1922 hatte man sogar das Endspiel um die Bezirksmeisterschaft erreicht. Im gleichen Jahr löste sich der Verein dann von der Bewegung und wurde Mitglied des DFB. Die Gründe dafür sind nur zu vermuten. Zum einen hatte der Verein zu dem Zeitpunkt einen Sportplatz zur Nutzung in der Nachbargemeinde Mönkeberg[32] erhalten und war praktisch

29 1919 erfolgte auf dem Bundestag des ATB die Umbenennung in ATSB und damit auch vom Namen her die Öffnung für die Sportarten außerhalb des Turnens.

30 Festschrift 75 Jahre S.C. Comet v. 1912 e.V., Kiel 1987, S. 2.

31 Geschäftsbericht des Arbeiter-Turn- u. Sportbundes über das Jahr 1920. Leipzig 1921, S. 86.

32 Neumühlen-Dietrichdorf wie Mönkeberg gehörten zu diesem Zeitpunkt zum Kreis Bordesholm, waren also der gleichen kommunalen Behörde zugeordnet.

nicht mehr abhängig von einer Vereinbarung mit dem ATSB. Fraglos war der SC Comet in der Arbeiterschaft verwurzelt und seine Mitglieder werden ganz überwiegend aus der Arbeiterklasse gekommen sein. Die Vereinsvorsitzenden bis 1922 waren ausnahmslos „Arbeiter" oder „Schlosser" laut den Adressbüchern der Stadt Kiel. Mit dem Wechsel im Vorsitz 1922 übernahm erstmals ein „Werkmeister" die Führung im Verein, Ende der 1920er gefolgt von einem Beamten. Daraus können keine unmittelbaren Schlüsse gezogen werden. Es wird aber deutlich, dass in dem Verein auch Sportler organisiert waren, die nicht oder nicht mehr der Gruppe der Industriearbeiter zuzurechnen waren.

Die Jahre 1920 bis 1924 waren zudem von heftigen Kontroversen um die Eingemeindung nach Kiel begleitet, die die Neumühlen-Dietrichsdorfer Bevölkerung tief spaltete und der örtlichen SPD als Motor der Eingemeindung erhebliche Verluste bei der folgenden Gemeindewahl einbrachte.[33] Inwieweit das politische Klima im Ort die gleichzeitige sportpolitische Entscheidung beeinflusst hat, muss offengelassen werden. Dass der ATSB als „SPD-Organisation" wahrgenommen wurde, ist ohne Zweifel und kann in der örtlichen politischen Konfliktsituation ein zusätzliches Argument gewesen sein, im „unpolitischen" NFV bzw. DFB-Fußball zu spielen. Dass die Mitwirkung im ATB und ATSB von vorherein als vorläufige Entscheidung gesehen wurde, lässt viele Gründe möglich scheinen. Rein sportliche gehören sicher dazu.

Dass ein Verein aus einem Arbeiterquartier zu Beginn der 1920er Jahre insgesamt zum NFV übertrat, blieb in Kiel ein besonderer Vorgang. Der Arbeiterfußball kam in dem Stadtteil dennoch nicht zum Erliegen. Bereits 1918 hatte sich ein „Wander- und Sparklub Glückauf" gegründet, in dem auch Fußball gespielt wurde. Er benannte sich bald darauf um in „FC Adler" und trat 1923 zur Abteilung III der Freien Turnerschaft an der Kieler Förde in Dietrichsdorf über. In den Jahren 1921 und 1922 nennen die Berichte in der SHVZ noch einen Verein „Eintracht", der innerhalb des ATSB in Dietrichsdorf spielte, danach aber keine Erwähnung mehr fand.

Verstärkt durch einige Turner aus der Freien Turnerschaft, spielte man dann die folgenden Jahre im organisierten Arbeiterfußball unter dem Namen „FC Adler"[34]. In diesem Teil der Stadt begann der Arbeiterfußball also unabhängig von der Freien Turnerschaft, wurde aber von ihr aufgegriffen. Vermutlich war die starke Verankerung der Freien Turner in der Arbeiterschaft und damit die dominierende Rolle im Stadtteil Anlass für die Gründungsmitglieder des Vereins FC Adler, sich ihnen anzuschließen. Den Anspruch auf diese führende Rolle unterstrichen die Arbeitersportler durch ein jährlich stattfindendes Stadtteilsportfest. In der Ankündigung des 10. Dietrichsdorfer Sportfestes im Juli 1931 wurde es als „eines der größten Sportfeste der Provinz" bezeichnet. Neben dem sportlichen Programm gehörte dazu mittlerweile auch ein „Propagandamarsch von der baltischen Mühle, woran sich Partei, Reichsbanner und sämtliche Nachbarvereine beteiligen werden. Ziel ist die Sportkundgebung auf dem Sportplatz"[35].

1927 und 1928 kam es noch zu zwei weiteren Gründungen von Sport- bzw. Fußballvereinen in Kiel, die sich entschieden, dem ATSB beizutreten. Zuerst war es der SV Kronsburg. Dieser Teil im Südosten der Stadt befand sich in der Aufsiedlung, und es waren vor allem Industriearbei-

33 Vgl. Sönke Petersen: Arbeiterbewegung, Kommune und Howaldtswerke. Ein Geschichtsbild von Neumühlen-Dietrichsdorf 1864 bis 1924. Berlin 2016.

34 Vgl. Festschrift zum 75-jährigen Bestehen der Freien Turn- und Sportvereinigung Holsatia e.V. v. 1893 und zum 50-jährigen Bestehen der Fußball-Abteilung. Kiel 1968, S. 28.

35 SHVZ vom 3. Juli 1931.

ter, die hier einen neuen Wohnort fanden. Entsprechend wurde der wachsende Stadtteil Kronsburg zu einer Hochburg der SPD. Dieser Hintergrund wird die Entscheidung der Fußballer geprägt haben. Hinzu mag gekommen sein, dass viele der Neusiedler bereits einen Hintergrund im Arbeitersport hatten, in jedem Fall aber einen gewerkschaftlichen. Die eher kleine Siedlung hatte von der Größe her nur Platz und Sportinteressierte für einen Verein. Somit wurde der Arbeitersport das einzige Angebot vor Ort. Der Fußball spielte dabei eine zentrale Rolle. Bis 1933 wurde regelmäßig in den Serien des ATSB mitgespielt.

1928 schließlich gründete sich der FC Süd-Kiel. Spielort war die Moorteichwiese in der südlichen Innenstadt. In unmittelbarer Nachbarschaft lagen das Arbeiterquartier am Kreienbarg, der Königsweg und seine Nachbarstraßen und die Arbeiterwohnstraße Lübecker Chaussee sowie der nördliche Teil der Hamburger Chaussee. Es gab zwar im weiteren Umfeld bereits bürgerliche Vereine und auch die „Gruppe Süd" der Freien Turnerschaft, die in der Regel auch auf der Moorteichwiese spielte. Aber zum einen die Größe des Einzugsbereichs – bis in die Innenstadt, bis Hassee und bis zum Neubauviertel Hohenzollernring (heute: Westring) – und zum anderen der starke Zulauf, den der Fußball hatte, werden die Gründung befördert haben. Der FC Süd-Kiel nahm von Beginn an eine rasante sportliche Entwicklung, wurde schnell zu einem der führenden Vereine im Kieler ATSB-Fußball. Warum man sich für diesen und nicht für den NFV bzw. DFB entschied, ist eine besonders interessante Frage. 1928 hatte die Politisierung des Sports auch in Kiel zugenommen und der Graben zwischen bürgerlichem und Arbeiterfußball sich weiter vertieft. Der soziale Hintergrund der Vereinsgründer lag sicherlich im Milieu der Industriearbeiter und Beschäftigten in Handwerkbetrieben. Andererseits war das Interesse an Fußballern aus diesen Berufsgruppen auch in den bürgerlichen Vereinen gewachsen und es wurde sogar gezielt in der SPD-Parteipresse für den DFB Fußball Werbung geschaltet. Die Gründung des FC Süd Kiel und seine Integration in den Arbeiterfußball kann nur als Beleg dafür gesehen werden, dass der ATSB durchaus attraktiv für junge Fußballer mit Interesse an „Leistungssport" geblieben war oder – besser vielleicht – geworden war.

Auch in der Freien Turnerschaft an der Kieler Förde tat sich noch etwas, denn ab 1930 trat eine neue Fußballgruppe „Gaarden-Süd" im Rahmen der ATSB-Spielrunden an. Die in Gaarden beheimatete Gruppe „Ost" war so gewachsen, dass im südlichen Teil Gaardens neue Mannschaften als faktisch eigener Verein starteten.

In allen Kieler Stadtteilen waren Arbeiterfußballvereine aktiv. Sie deckten das gesamte Stadtgebiet ab. In den Jahren 1930 bis 1933 nahmen vierzehn erste Mannschaften aus dem damaligen Kieler Stadtgebiet regelmäßig an Punktrunden und Freundschaftsspielen teil. Das waren in etwa genauso viele Vereine/Abteilungen wie diejenigen, die im Rahmen des DFB in Kiel Fußball betrieben und am Spielbetrieb teilnahmen. Betrachtet man die Neugründungen von Fußballvereinen bzw. Vereinen mit einer Fußballsparte nach 1925 in Kiel, so stehen sich drei Arbeitersportvereine (FC Süd-Kiel, SV Kronsburg und Gaarden-Süd) und zwei Vereine, die sich dem bürgerlichen DFB anschlossen (Post SV und Wiker SV), gegenüber.

In den Punktrunden und im Ligasystem sowie an den regelmäßigen Freundschaftsspielen mit diesen Kieler Mannschaften des Arbeitersports nahmen weitere Vereine aus der Region teil, die auch dem 2. Bezirk angehörten: aus dem unmittelbaren Kieler Umland die Freien Turnerschaften Elmschenhagen[36], Mönkeberg und Heikendorf; aus Neumünster der FC Union,

36 Die Gemeinde Elmschenhagen gehörte zum Kreis Plön und kam erst 1939 zur Stadt Kiel.

Einigkeit Gadeland und Vorwärts Wittorf, aus dem Rendsburger Raum Rotenhof, FT Eintracht Rendsburg, FT Eider Büdelsdorf und Vineta Audorf, weiterhin die FT Preetz und Rasensport Eckernförde. Zeitweise waren auch Mannschaften der Freien Turnerschaften aus Plön und Schleswig beteiligt. Die Plöner spielten ab 1928 unter dem Namen „Teutonia" im Arbeiterfußball. Im Bericht des ATSB für 1924/25 wird auch eine Mannschaft aus dem Dorf Lutterbek in der Probstei im Arbeiterfußball geführt[37], ebenso wie eine Sportvereinigung „Freiheit" aus Neumünster.[38] Beide Vereine tauchen im Bericht für 1926/27 nicht mehr auf. Erstmals in diesem Bericht wird eine Fußballabteilung der FT Flensburg erwähnt. Vermutlich aufgrund der geographischen Randlage nahmen die Flensburger nicht am Kiel-zentrierten regelmäßigen Punktspielbetrieb des 2. Bezirks teil, sondern trugen nur „Gesellschaftsspiele" - die gängige Bezeichnung für Freundschaftsspiele - aus. 1928 finden sich vorübergehend Spielresultate unter Beteiligung einer Mannschaft aus Nortorf.[39] Schließlich führt der Bericht auch ATSB-Fußballer auf, die sich in Husum als Reichsbanner-Fußballabteilung „Republik" gegründet hatten, ohne dass Spiele dieser Abteilung bisher dokumentiert werden konnten. Für Kiel dagegen finden sich in den Berichten der SHVZ für die Spielzeiten 1927 und 1928 einige Hinweise auf die Teilnahme von Reichsbannermannschaften an den Spielen im Rahmen des ATSB. Es gab in den beiden Jahren vorübergehend die Gruppen „R-B West" mit zwei Mannschaften und „R-B Ost".[40]

Festzuhalten ist, dass zeitweise 25 bis 30 Vereine bzw. Abteilungen mit mehr als 50 Männermannschaften und einer mindestens gleich großen Anzahl von Jugendmannschaften im „Kieler" Bezirk des Arbeiterfußballs spielten. Es gibt keinen Beleg dafür, dass einer der Vereine 1933 freiwillig das Fußballspielen eingestellt hat. Mit dem Arbeitersport war auch der Arbeiterfußball ein Opfer der Machtübernahme der Nationalsozialisten und des Verbots ihrer Vereine.

2. Die Mitglieder

Geht man von den Geschäftsberichten des ATSB aus - andere Zahlen liegen nicht vor - so waren im 2. Bezirk des 3. Kreises in den Jahren 1920 bis 1931 zwischen 830 und 1.300 Fußballer aktiv. Im Einzelnen sind folgende Mitgliedszahlen ausgewiesen:

1920:	831[41]
1924/25:	791[42]

37 In einem Bericht aus dem August 1925 über ein Sportfest des Lutterbeker ATSB-Vereins „Hoffnung" wird allerdings nicht über Fußball, sondern nur über andere Ballsportarten berichtet. Vgl. SHVZ vom 17. August 1925.

38 Arbeiter-Turn-und Sportbund: Geschäftsbericht 1924/1925. Leipzig 1926, S. 109.

39 Vgl. z.B. SHVZ vom 17. November 1928.

40 Siehe z.B. SHVZ vom 9. April 1927, 3. Oktober 1927 und 22. Dezember 1928. Die grundsätzliche Frage des Reichsbanners Schwarz-Rot-Gold im ATSB kann hier nicht näher betrachtet werden.

41 Geschäftsbericht des Arbeiter-Turn- und Sportbundes über das Jahr 1920. Leipzig 1921. Während in den späteren Geschäftsberichten der 3. Kreis in vier regional abgegrenzte Bezirke unterteilt ist, wird im Bericht für 1920 unterschieden zwischen Fußballern als Abteilung in Freien Turnerschaften einerseits und eigenständigen Fußballvereinen andererseits.

42 Arbeiter-Turn- und Sportbund. Geschäftsbericht 1924/25. Leipzig 1926.

1926/27: 998[43]
1928: 1.287
1929: 1.304
1930: 1.143
1931: 1.231[44]

Setzt man die Mitgliederzahl in Relation zu den jeweils gemeldeten Mannschaften, so zeigt sich, dass die Mitgliederzahlen so gut wie ausschließlich die aktiven Fußballer, also die Spieler erfassten. Die Zahl der Mannschaften betrug

1928: 104
1929: 111
1930: 95
1931: 103

Auf eine gemeldete und aktive Mannschaft kamen rechnerisch ca. zwölf Vereinsmitglieder. Zumindest in den Fußballabteilungen der Freien Turnerschaften wurden die passiven ehemaligen Fußballer offenbar nicht mehr zur Fußballabteilung hinzugezählt.

Der Fußball innerhalb der Kieler Freien Turnerschaften nahm dabei sowohl an Mitgliedern absolut als auch am Anteil der Mitglieder des Gesamtvereins zu. 1920 waren knapp sechs Prozent aller FT-Mitglieder Fußballer, 1925 über sieben Prozent und 1927 fast elf Prozent. Der Umfang und die Bedeutung des Fußballs im Arbeitersport nahmen erkennbar zu.

Dass der Fußball des Bezirks seinen Schwerpunkt in Kiel hatte, lässt sich auch an den Mitgliederzahlen ablesen: Nach den Jahresberichten 1924 bis 1927 spielten konstant 54 Prozent aller Fußballer in Vereinen des Kieler Stadtgebiets. Während dabei in den Abteilungen der Freien Turnerschaft die Zahl der Fußballer stark zunahm[45] – von 121 im Jahr 1925 auf 260 im Jahr 1927 – war die Zahl in den eigenständigen Arbeiterfußballvereinen in Kiel in den Jahren leicht rückläufig:

FC Hansa von 64 auf 62,
FC Wacker von 34 auf 29,
FC Viktoria von 65 auf 55,
VfR Minerva von 39 auf 31,
FSV Ellerbek von 70 auf 68.

Während einige Sportler in den Freien Turnerschaften bisweilen auch die Sportart wechselten oder neben anderen sportlichen Aktivitäten zusätzlich zum Fußball kamen, waren die rei-

43 Arbeiter-Turn- und Sportbund. Geschäftsbericht 1926/27. Leipzig 1928.

44 Die Mitgliederzahlen 1928–1931 siehe: Der Fußball-Stürmer vom 18. Juli 1932.

45 Der Fußball etablierte sich im Arbeitersport, gewann an Zulauf, der sich aber doch zu relativieren scheint, wenn man sich folgende Zahlen aus dem Bericht zum 25-jährigen Bestehen der Freien Turnerschaft an der Kieler Förde vor Augen führt: Danach waren 1926 für die Freie Turnerschaft in Kiel folgende Mannschaften aktiv: Schlagball 39, Faustball 38, Handball 22, Trommelball 14, Fußball 7. Vgl. Erinnerungsschrift zur Feier des 25jährigen Bestehens der Freien Turnerschaft an der Kieler Förde 1902–1926. Kiel 1926, S. 50. Die Zahl 7 für den Fußball kann aber nur auf die Zahl Abteilungen bzw. Gruppen bezogen sein, nicht auf die spielenden Mannschaften. In dem Jahr sind laut Ergebnislisten in der SHVZ z.B. die Gruppen „Ost" und „West" allein mit je drei Mannschaften aktiv plus mindestens je zwei Jugendmannschaften. Im zeitgenössischen Bericht waren die Freien Turner erkennbar nicht „präzise" bei der Beschreibung ihrer fußballerischen Aktivitäten.

nen Fußballvereine mehr oder weniger auf sich allein gestellt, wenn es um die Gewinnung von Jugendlichen und neuen Spielern ging – und das immer auch in Konkurrenz zu bürgerlichen Vereinen im jeweiligen Stadtteil. Hinzu kam, dass eine Mitgliedschaft in den Freien Turnerschaften per se eine Einbeziehung in die Tradition der politischen, gewerkschaftlichen und kulturellen Arbeiterbewegung in Abgrenzung zur kapitalistisch verfassten bürgerlichen Welt bedeutete. Das schloss den Sport mit ein, ging aber eben auch weit über die reine sportliche Betätigung hinaus. Inwieweit die eigenständigen Vereine, die sich dem ATSB auf sportlicher Ebene anschlossen, damit zugleich eine Integration in die „Gegengesellschaft" des Arbeitersports vollzogen, ist eine wichtige Frage, um die Wirkkraft der zunehmenden Politisierung des Arbeitersports insgesamt und damit auch des Arbeiterfußballs in den letzten Jahren der Weimarer Republik beurteilen zu können. Dazu gibt es für Kiel kaum aussagekräftige Quellen.

Betrachtet man die Jahre nach 1927, so nahm die Zahl der Arbeiterfußballer im ATSB weiter zu. Die Delle der Zahlen 1930 ist mit Sicherheit auf die endgültige Trennung von Mitgliedern, die mit den Kommunisten sympathisierten und zur neu entstandenen Sportorganisation Rot-Sport der KPD gewechselt waren, zurückzuführen. Auf dem Bezirksspartentag der Fußballer des ATSB im Dezember 1931 berichtete der Vorstand, dass die vorübergehenden Mitgliedereinbußen mittlerweile ausgeglichen seien und die Zahlen sogar wieder steigen würden.[46] Da ein Jahresbericht für 1932 im darauffolgenden Jahr nicht mehr erstellt bzw. publiziert wurde, kann man nur aus dem konstanten Spielbetrieb und der Anzahl der in den Spielberichten genannten Mannschaften schließen, dass auch die Zahl der aktiven Fußballer im „Kieler Bezirk" im Jahr 1932 in etwa den Umfang des Vorjahres gehabt haben wird. In keinem Fall gibt es einen validen Hinweis für Einbrüche hinsichtlich gemeldeter Mannschaften oder Spielansetzungen.

Die mitgliederstärksten Vereine des 3. Kreises kamen während der ganzen Zeit der Weimarer Republik aus dem 1. Bezirk des 3. Kreises, aus Hamburg. Zu Beginn der 1930er Jahre konnte nur die „Gruppe Ost" der Freien Turnerschaft aus Kiel mit 118 Fußballern in die Phalanx der Hansestädter eindringen.[47] Im gesamten 3. Kreis waren 1931 102 der 180 Vereine Fußballabteilungen der Freien Turnerschaften und überwogen damit die eigenständigen reinen Fußballvereine, die sich der Arbeitersportorganisation angeschlossen hatten. Fußballabteilungen des Reichsbanners Schwarz-Rot-Gold[48] gab es im gesamten Kreis und damit auch in Kiel in den Jahren von 1929 bis 1933 nicht bzw. nicht mehr, einen jüdischen Sportverein im Arbeiterfußball gab es nur in Hamburg, ebenso einen Fußballverein der Konsumgenossenschaft. Der Arbeiterfußball wuchs im 3. Kreis und damit auch in Kiel nicht aus den Freien Turnerschaften heraus, sondern diese blieben weiterhin das Hauptstandbein des ATSB-Fußballs. Als Großvereine hatten sie Organisationsvorteile gegenüber den Mitspielern der eigenständigen Vereine. So wird in dem Bericht für die Jahre 1928 bis 1931 hervorgehoben, dass im gesamten Kreis 1931 zwei Drittel der Vereine keine Jugend- und die gute Hälfte keine Knabenabteilung

46 Vgl. SHVZ vom 7. Dezember 1931.

47 Vgl. Der Fußball-Stürmer vom 18. Juli 1932.

48 Das Reichsbanner hatte im Laufe der Jahre einen Bereich „Schutzsport" entwickelt, der sich vom rechtsnationalen und kommunistischen „Wehrsport" absetzte. Wo im Reichsbanner Mannschaftssport – überwiegend Handball – betrieben wurde, gab es die Empfehlung, sich dem ATSB anzuschließen. Seit 1927 entstanden in einigen Regionen Deutschlands auch Fußballmannschaften im Schutzsport, über die sich Berichte in den Regionalbeilagen der Zeitschrift „Das Reichsbanner" finden. Zu Kiel gibt es dort allerdings keine Hinweise.

habe. In Kiel fehlten Jugendmannschaften bei der FSV Ellerbek und dem FC Viktoria ganz, also bei zwei der eigenständigen Fußballvereine.

Alle Vereine blieben zumindest im „Kieler Bezirk" im ATSB, auch wenn in ihren Stadtteilen der Konkurrenz von z.T. etablierten bürgerlichen Vereinen stärker wurde. Sie blieben bis zum Verbot 1933 im ATSB. Inwieweit sie Einfluss nehmen konnten auf das sportpolitische wie allgemeinpolitische Agieren der lokalen und regionalen Gremien des ATSB und des Arbeitersports insgesamt, kann aufgrund fehlender Quellenbasis nicht sicher beantwortet werden. Auch hier wird man eine weitgehende Dominanz der gremien- und organisationserfahrenen Funktionäre der Freien Turnerschaften annehmen können.

Über die Vorsitzenden der Vereine FC Hansa, FC Wacker und FC Viktoria wissen wir, dass sie Arbeiter waren. Dass in den Vereinen mit einem Vorsitzenden aus der Arbeiterklasse nicht nur eine soziale, sondern zumindest teilweise auch eine politische Bindung einherging, zeigt das Beispiel Willi Poeppel. Er war zuerst Mitglied im FC Viktoria und dann im FC Hansa. Von Beruf Schlosser und in den Jahren 1925 bis 1928 arbeitslos, bewarb er sich 1930 um die Stelle des Geschäftsführers der Arbeitersportzentrale im Gewerkschaftshaus. Seine Referenzen waren die Aktivitäten in den beiden Fußballvereinen.[49] In den Jahren 1925/6 war er bereits Schriftführer des Arbeiter-Sport-Kartells Groß-Kiel wie des Provinzial-Sport-Kartells gewesen.[50] Er war Mitglied im Deutschen Metallarbeiter-Verband, im Arbeiter-Abstinenten-Bund und aktiv im Reichsbanner Schwarz-Rot-Gold.[51] Schließlich war er Mitglied der SPD mit USPD-Vergangenheit bis Mai 1919. Ob er – Jahrgang 1894 – aktiv Fußball gespielte, geht aus den Unterlagen nicht hervor, ist aber anzunehmen. Poeppel ist ein eher zufällig gut belegtes Beispiel für das politisch-kulturell soziale Netz, in dem der Fußball des Arbeitersports seinen Wirkungskreis fand. Die Stelle in der Sportzentrale bekam er nicht. Eingestellt wurde Hermann Kemming, ebenfalls Schlosser, ebenfalls mehrere Jahre arbeitslos und aktiver Sportler in der Fußballabteilung Ost der Freien Turnerschaft. Ab 1930 saß er für die Arbeitersportzentrale im Zentralausschuß für Turnen, Sport und Spiel der Stadt Kiel als Schriftführer und war damit als Arbeiterfußballer unmittelbar an städtischen Verwaltungsentscheidungen zum Sport beteiligt.[52]

Spartenleiter Fußball im ATSB in Kiel war in den letzten Jahren vor dem Ende des Arbeitersports bis 1933 Friedrich Lüthje. Von Beruf Schiffbauer hatte er eine durchaus bewegte politische Entwicklung hinter sich: 1918 als USPD-Mitglied im Arbeiter- und Soldatenrat, dann Rückkehr zur SPD, 1925 bis 1927 Mitglied der KPD, 1928 Wiedereintritt in die SPD. Gleichzeitig war er Vorsitzender des Arbeiter-Abstinenten-Bundes in Kiel und trat als Rezitator bei Veranstaltungen des Reichsbanners auf. Die Konstante in seinem politischen Leben in der Weimarer Republik waren die Mitgliedschaft und die Aktivitäten in der Freien Turnerschaft im Bereich Fußball.[53]

49 LASH Abt. 455 Nr.21, pag. 2086–2217.

50 Vgl. Ortsausschuß: Arbeiter-Führer, S. 53.

51 LASH Abt. 309 22564.

52 LASH Abt. 455 Nr. 21, pag. 2086–2217.

53 LASH Abt. 405 Nr.21 (Bewerbungsschreiben Geschäftsführung Arbeitersportzentrale), LASH Abt. 384 I Nr. 19 (Reichsbanner), Adressbücher der Stadt Kiel 1923 und 1925, Ortsausschuß: Arbeiter-Führer, S. 54. 1922 bis 1925 war die Anschrift Lüthjes im Lehmberg auch die Vereinsadresse des FC Viktoria.

Ein viertes Beispiel aus dem Funktionärsbereich des Arbeitersports ist Hermann Kolbow. Er hatte drei Funktionen gleichzeitig inne. Von 1924 bis 1929 war er Vorsitzender der Vereinigung der Arbeiter-Fußballvereine Groß-Kiels. 1927 übernahm er dann den Vorsitz des Kieler sowie des Provinzial-Sport-Kartells.[54] Damit stand ein Fußballer erstmals an der Spitze des örtlichen wie des regionalen Verbundes des Arbeitersports. Kolbow war von Beruf Dreher und Mitglied im Metallarbeiterverband sowie in der SPD.

Auf dem Bezirkstag des ATSB im März 1932, auf dem alle Sparten incl. des Fußballs vertreten waren, stellte die Mandatsprüfungskommission fest, „daß von 70 Delegierten 66 der Sozialdemokratischen Partei und alle der Gewerkschaft angehören."[55] Damit ist auch für den Kieler Arbeiterfußball belegt, dass die Funktionäre in den Vereinen alle oder zumindest fast alle SPD-Mitglieder waren. Der Arbeiterfußball in Kiel war in den Jahren 1930 bis 1933, als er immer stärker in eine politische Verantwortung einbezogen wurde, eine sozialdemokratische Veranstaltung.

Da die Mitglieder der Vereine im ATSB überwiegend aktive Spieler waren, würden sich nähere Aussagen zur Mitgliederstruktur über die Mannschaftslisten der Spieler und die Mannschaftsaufstellungen gewinnen lassen. Solche Listen sind aber leider nicht erhalten und bei den Aufstellungen berühren wir ein generelles Problem des Arbeiterfußballs. Grundsätzlich lehnte man die Heraushebung einzelner Spieler ab. In der Praxis führte das in der Berichterstattung dazu, dass Namen von Spielern in den sozialdemokratischen Tageszeitungen, die über Arbeiterfußball berichteten und in der Presse des ATSB insgesamt, lange Zeit überhaupt nicht erwähnt wurden. Die Freie Sportwoche druckte erstmals 1927 aus Anlass eines Länderspiels die Namen der Spieler der deutschen Arbeiternationalmannschaft ab.[56] Die für Kiel relevante SHVZ veröffentlichte im Sommer 1926 erstmals die Aufstellungen von zwei Kieler Mannschaften, die in der Punktspielpause ein „Propagandaspiel" für den Fußball als Auswahl West gegen Auswahl Ost bestritten.[57] In den folgenden Jahren geschah die Namensnennung von Spielern in Mannschaftsaufstellungen in der Regel nur bei internationalen Spielen, ver-

Ankündigung eines Spiels der Auswahlmannschaften mit Spielern aus Vereinen der westlichen und östlichen Stadtteile. (SHVZ vom 22. Juni 1926)

54 Adressbuch der Stadt Kiel 1927, S. 58.
55 Vgl. SHVZ vom 7. März 1932.
56 Freie Sportwoche 1927 Nr. 27, S. 429.
57 SHVZ vom 22. Juni 1926.

einzelt bei Städtekämpfen oder sonst, wenn eine Kieler Auswahl, die aus verschiedenen Vereinen zusammengestellt war, antrat. Am Ende ging man auch dazu über, Vereinsmannschaftaufstellungen bei einigen wenigen Entscheidungsspielen um die Kreismeisterschaft abzudrucken. In den Berichten über die Spiele, auch wenn sie ausführlich ausfielen, blieb man bei der namenlosen Nennung von Positionen in der Mannschaft, um das Geschehen zu illustrieren.

Aus den wenigen zur Verfügung stehenden Mannschaftsaufstellungen und anderen Quellen lassen sich etwas mehr als achtzig Kieler Arbeiterfußballer herauslesen, die als Auswahlspieler oder Spieler der an Endspielen beteiligten Vereine zu zählen sind. Hinzu kommen die aus Chroniken bekannten Gründungsmitglieder der nach 1945 wieder entstandenen Vereine. Da in der ATSB- wie in der SPD-Presse bis 1933 grundsätzlich nur die Familiennamen erwähnt sind, lassen sich die meisten der Spieler nicht oder nur unzureichend biographisch erschließen.

39 verschiedene Spieler traten für eine Kieler Auswahl in den Jahren 1930 bis 1932 an: je sieben von der Gruppe Ost (Bätke I, Bätke II, Kahl, Loof, Looks, Lütge, Rodemerk) und vom FC Süd-Kiel (Beth, Dorow, Kadow, Koch, Lange, Nissen, Woller), sechs von der Gruppe West (Koch, Ludwig, Lüdke, Möller, Prinz, Werner), vier von der FSV Ellerbek (Fritzler, Hauberg, Laabs, Rebehn), je drei vom FC Hansa (Fick, Krohn, Mildenstrei) und von der Gruppe Süd (Bohl, Nöther, Sokolowski), je zwei vom FC Adler (Boller, Caro) und der Gruppe Nord (Freese, Marx) und je einer vom FC Viktoria (Ihms), dem FC Wacker (Brammer) und dem VfR Minerva (Jäger).

Die Spieler Bredfeldt (FC Hansa, FC Süd-Kiel) und Wrobel (FC Viktoria, FC Süd-Kiel) wurden bei zwei verschiedenen Vereinen Auswahlspieler. Beide sind auch Beispiele und Belege dafür, dass es auch zu Spielerwechseln innerhalb des Arbeiterfußballs kam. Da beide Wechsel zum sportlich sehr erfolgreichen FC Süd-Kiel erfolgten, kann man annehmen, dass sportliche, erfolgsorientierte Gründe dafür ausschlaggebend waren. Der Verein bemühte sich um Verstärkungen und setzte neue Spieler bei Freundschaftsspielen ein, „um deren Befähigung zu erproben."[58]

Drei Kieler Fußballer schafften es 1932 in die Auswahlmannschaft Norddeutschlands: Thode (FC Hansa), Möller (Gruppe West) und Kahl (Gruppe Ost). Sie spielten in Kopenhagen gegen die Arbeiternationalmannschaft Dänemarks (5:5).[59] Im November des Jahres stand dann Thode als einziger Kieler in der Auswahl, zusammen mit zehn anderen Spielern, die alle aus Hamburg kamen.[60] Darüber, wie Auswahlmannschaften zusammengestellt wurden, lassen sich für den 3. Kreis keine näheren Informationen finden.

Der Arbeiterfußball zeigte in seinen allerletzten Jahren immer deutlicher, dass er sich in seiner Sportpraxis in mehrerlei Hinsicht nicht mehr sehr von seiner Konkurrenz unterschied. Der Anreiz, um Meisterschaften mitzuspielen, war offenkundig vorhanden. Die SHVZ hatte noch Ende 1925 mit kritischem Unterton festgestellt: „Gesellschaftsspiele besitzen leider für die Zuschauer und auch den größten Teil der Spieler nicht denselben Reiz wie die Bezirksspiele. ...Es ist vielfach noch die Meinung vorherrschend, daß Fußballspiele nur spannend sein

58 SHVZ vom 21. November 1931. Der FC Süd-Kiel hatte zur Probe bei Freundschaftsspielen in Lübeck „einige neue Spieler eingestellt."

59 Der Fußball-Stürmer vom 14. August 1932.

60 Vgl. Der Fußball-Stürmer vom 21. November 1932.

können, wenn es um Punkte oder sonstige Reizmittel zu kämpfen gilt". Man gab der Hoffnung Ausdruck, „sich vom Gegenteil zu überzeugen muß den Spielen der Arbeiterfußballer an den kommenden Sonntagen gelingen."[61] Einige Monate später wurde in einem SHVZ-Artikel explizit die Frage aufgeworfen „Brauchen wir Meisterschaften?"[62] Die Argumente pro (Steigerung des Leistungsniveaus) und contra (falscher Ehrgeiz zerstöre die Schönheit des Spiels) wurden gleichermaßen angeführt, um am Ende eine Lanze für den Wert der Gesellschaftsspiele zu brechen. Die Erörterung der Bedenken gegen „Meisterschaftssport" unterschied auf dem Papier noch Arbeiter- und bürgerlichen Fußball. In der Spielpraxis und im Agieren der Vereine werden die Unterschiede gering gewesen sein. Auch im DFB-Fußball überwogen faktisch aufgrund des Ligasystems und der Spielserien zahlenmäßig Freundschaftsspiele die Punktspiele.

Leistungsbeurteilungen auch einzelner Spieler hielten erst sehr zurückhaltend und nur sporadisch Einzug in die Berichterstattung der Arbeitersportpresse. So wurde der Kieler Spieler Thode bei seinem zweiten Auftritt als Auswahlspieler namentlich gelobt, er habe den Anforderungen vollauf entsprochen.[63] Kurz zuvor schrieb das gleiche Blatt anlässlich der überraschenden Niederlage des FC Süd-Kiel bei Union Neumünster im Bezirksendspiel (1:2): „Recht flau war vor allem das Spiel der Läuferreihe, wo der linke ein glatter Versager war."[64] Ohne Namensnennung, aber für die Fußballinteressierten fraglos eindeutig, fiel man in eine Diktion, die neu war, zumindest was die „offizielle" Berichterstattung des Arbeitersports angeht. Probleme ganz anderer Art mit der ATSB-Presse wurden immer häufiger thematisiert. In einer Erhebung der Fußballsparte des ATSB wurde 1932 festgestellt, dass der Kieler Bezirk zu den Schlusslichtern zähle, was die Abonnements der Wochenzeitschrift „Der Fußball-Stürmer" beträfe. Von den 26 Vereinen würden nur neun die Zeitschrift beziehen. Das sei untragbar angesichts des Raumes, der dem Fußball in Kiel in der Zeitung gewährt werde. Da würden 72 persönliche Mitgliederabonnements auch nicht sehr weiterhel-

Ein namentlich nicht genannter Spieler der Gruppe Ost links im Titelbild einer Ausgabe des „Fußball-Stürmer".

61 SHVZ vom 7. November 1925.
62 SHVZ vom 3. Juli 1926.
63 Vgl. Der Fußball-Stürmer vom 21. November 1932.
64 Der Fußball-Stürmer vom 14. November 1932.

fen.[65] Elmschenhagen, Ellerbek, Friedrichsort, Minerva, Wacker und die Gruppe West fehlten gänzlich auf der Bezieherliste. „Gruppe Ost als Kreismeister mit 118 Mitgliedern liest nur eine Zeitung. Am besten beziehen Eckernförde, Neumünster und Schleswig." Die Kosten für eine reine Sportzeitung in der Wirtschaftskrise wollten oder konnten Vereine und insbesondere Mitglieder nicht aufbringen. Die Krise brachte den ATSB und den Arbeiterfußball insgesamt in eine schwierige finanzielle Lage. Auf dem Bezirkstag des ATSB im März 1932 wurde beklagt, dass die Zuschüsse von Gemeinden und vom Staat im Bezirk von 1928 12.133 RM auf 1931 2.984 RM zurückgegangen seien. [66]

3. Die Spielorte

Die Frage der Sportplätze war in der Frühphase der Entwicklung des Fußballs auch in Kiel ein zentrales Problem. Die sich neu gründenden Vereine bzw. die Vereine, die nun auch Fußballabteilungen unterhielten, waren in der Regel darauf angewiesen, dass die Kommune Sportplätze zur Verfügung stellte, da die meisten hinreichende eigene Mittel für die Anlage solcher Plätze nicht aufbringen konnten. Es gab wenige Ausnahmen. Seit 1909 verfügte die KSV Holstein über einen eigenen Sportplatz, der mit einer Holztribüne ausgebaut wurde. Das Gelände war von privat gepachtet worden und der Ausbau ermöglichte zusammen mit dem sportlichen Erfolg die Generierung bedeutender Einnahmen durch eine wachsende Zahl von Zuschauern, denen für die damalige Zeit ein gewisser Komfort mit ausgebauten Stehtraversen und Sitzplätzen geboten werden konnte. 1913 hatte die Stadt Kiel einen Vertrag mit dem FC Kilia über die Nutzung einer Fläche am Hasseldieksdamer Weg/Mühlenweg abgeschlossen.[67] Beide Vereine verfügten also früh über eigene Anlagen.

Mit dem städtischen Sport- und Spielplatz an der Eckernförder Chaussee (heute: Nordmark-Sportfeld) und dem „Platz für Jugendspiele" im Werftpark (seit 1928 Blaschke-Platz) gab es in Kiel schon vor dem Ersten Weltkrieg weitere Plätze, die jeweils von mehreren Fußballvereinen intensiv genutzt wurden und manche Provisorien ablösten, auf denen Fußball gespielt wurde.

Mit dem Anwachsen der Zahl der Vereine, Mannschaften und Spiele ab 1919 waren die Sportplätze zunehmend auch ein kommunalpolitisches Thema. Schon zu Beginn der 1920er Jahre hatte der DFB mit dem Deutschen Städtetag eine Vereinbarung geschlossen, die die Überlassung von städtischen Spielplätzen incl. der finanziellen Regelungen klärte.[68] Damit war der Zugang von DFB-Vereinen zu städtischen Sportplätzen geregelt. Aus den Akten des städtischen Amtes für Leibesübungen der Stadt Kiel geht hervor, dass im Laufe des Jahres 1919 erstmals auch die Freie Turnerschaft an der Kieler Förde vorstellig wurde, um einen Sportplatz „zur alleinigen Nutzung" zu erhalten. Dabei ging es um eine Fläche an der Iltisstraße in Kiel-Gaarden. Der Umfang der Ballsportarten auf Rasen und auch anderer Sportarten im Rahmen der Freien Turnerschaften führte dann zu Verhandlungen, die in einen Pachtvertrag zwischen der Stadt Kiel und dem Verein mündeten. Ein Teil des städtischen Sport- und Spielplatzes an der Eckernförder Chaussee wurde der Freien Turnerschaft auf die Dauer von 30 Jahren zur

65 Der Fußball-Stürmer vom 11. Juli 1932.
66 Vgl. SHVZ vom 7. März 1932.
67 StAK 40848.
68 Ebd.

Von den Kieler Arbeiterfußballvereinen genutzte Sportplätze: 1. Platz an der Feldstraße (heute Gelände der Hebbelschule); 2. Städtischer Sport- und Spielplatz (heute Nordmarksportfeld); 3. Prof. Peters Platz; 4. Moorteichwiese; 5. Großer Exerzierplatz Hassee (heute Wohnbebauung); 6. Gaußplatz (heute Gelände der Hans-Christian Andersen Schule); 7. Platz der Polizeikaserne (heute Gelände des Gustav Schatz Hofs); 8. Platz am Werftpark/Blaschke Platz; 9. Sportplatz Ellerbek/Rohdehoff Platz (heute Gelände der Ellerbeker Schule); 10. Sportplatz Dietrichsdorf/Jahnsportplatz; 11. Sportplatz Holtenau (heute unbebautes Gelände an der Grundschule Holtenau); 12. Sportplätze Friedrichsort (heute teilweise Industrieareal Brauner Berg); (13.) Holsteinplatz, vereinseigener Platz der KSV Holstein; (Abbildungsnachweis: Stadtplan von 1925/26, Beilage in: Kiel und Umgebung. Hrsg. v. Kieler Verkehrsverein e.V., Kiel 1927)

Nutzung für eine Pacht von 1.324 Mark jährlich überlassen. Ihren Teil der Anlage bezeichneten die Arbeitersportler als „Fördeplatz".

Der Zugang zu städtischen Sportanlagen war, vom Grundsatz her und bis 1933 auch praktiziert, für bürgerliche Sportvereine wie für die Vereine des Arbeitersports gleichermaßen geregelt. In der „Liste der Kieler Verbände für Leibesübungen", die beim städtischen Sportamt geführt wurde, war das Arbeiter-Sportkartell ebenso aufgeführt wie die Arbeiter-Sportzentrale Kiel. In den „Bestimmungen über die Benutzung der Spielplätze in der Stadt Kiel" war festgelegt, dass die Überlassung der Spielplätze „mit Zustimmung der Sport- und Spielkommission durch den Stadtturnwart" erfolgen musste.[69] In dieser Kommission saßen auch Mitglieder der Selbstverwaltung, also Stadtverordnete aus den verschiedenen Parteien und somit auch Sozialdemokraten, die als Interessenvertreter des Arbeitersports betrachtet wurden und auch so agierten.

Neben den städtischen Sportanlagen gab in Kiel wie o.g. vereinseigene Sportplätze, dann auch an bestimmte Vereine von der Stadt „exklusiv" vermietete oder verpachtete Plätze und schließlich „staatliche" Sportplätze, die im Eigentum oder unter Verwaltung der Marine, der Christian-Albrechts-Universität, der Reichsbahn oder der Polizei waren und über deren Nutzung städtische Behörden nicht oder zumindest nicht allein entscheiden konnten.

Zu den vom Arbeiterfußball sehr stark genutzten Sportplätzen gehörte der Fußballplatz der Polizeikaserne in Kiel-Gaarden. In einer Erklärung bzw. Klarstellung stellte der Kieler Polizeipräsident öffentlich fest, dass der Kasernenhof in Gaarden allen Sportvereinen zur Verfügung gestellt werde, „sofern er nicht durch die Polizei selbst benötigt wird."[70]

Der Sand-Sportplatz der Polizeikaserne in Kiel-Gaarden. (Foto Privatbesitz)

69 Ebd.
70 SHVZ vom 19. Februar 1924.

Der Platz in der Kaserne wurde von den Arbeiterfußballern bis 1930 regelmäßig und intensiv genutzt und war in der Zeit der Hauptspielort der Gruppe Ost der Freien Turnerschaft. Obwohl er als Sandplatz hinsichtlich Spielqualität und Zuschauerkapazität einige Schwierigkeiten bereitete, fand hier – vermutlich mangels zeitlich zur Verfügung stehender Alternative – im Frühjahr 1924 sogar das Halbfinale um die Meisterschaft des 3. Kreises, also faktisch die norddeutsche Meisterschaft des ATSB, zwischen dem FC Hansa Kiel und dem Bahrenfelder SV aus Hamburg (1:2) statt.[71]

In Ausnahmefällen spielten Vereine des ATSB auch auf Plätzen, die in Verfügung von DFB-Vereinen standen. So nutzte der FC Süd-Kiel in seltenen Fällen den Sportplatz des Eisenbahner TSV Eintracht, der der Reichsbahn gehörte. Überliefert sind auch wenige ATSB-Spiele auf dem Vereinssportplatz des SV Ellerbek, der 1928 eingeweiht wurde. Ob für die Nutzung Entgelte geleistet wurden, ist nicht belegt, aber zumindest im Falle des vereinseigenen Platzes des SVE zu vermuten.

Mit Sicherheit wurde Platzmiete gezahlt in den wenigen Fällen, in denen der Holstein-Sportplatz für den Arbeiterfußball zur Verfügung gestellt wurde. Das geschah nur bei Spielen, für die Eintritt verlangt und eine größere Zahl von Zuschauern erwartet wurde. Von besonderer Bedeutung ist dabei das Endspiel um die Meisterschaft des 3. Kreises am 28. Februar 1932 zwischen der Gruppe Ost der Freien Turnerschaft und dem Bahrenfelder SV aus Hamburg vor ca. 3.000 Zuschauern.[72] Es war zwar nicht das erste ATSB-Spiel auf dem Platz. So hatte z.B. der FC Viktoria im Juli 1924 ein internationales Freundschaftsspiel gegen eine Auswahl des englischen Fußballverbandes „The Clarion" auf dem Holsteinplatz ausgetragen – ein Spiel, das mit einer Anzeige in der SHVZ beworben worden war, was selten bei ATSB-Spielen vorkam.[73] Dieses Spiel war nicht nur ein sportliches, sondern auch ein sportpolitisches Ereignis gewesen. Zumindest war es so in der sozialdemokratischen Presse transportiert worden. In England spielte der Arbeitersport, wie er in Deutschland organisiert war, insgesamt und auch im Fußball keine Rolle. Die englischen Arbeiter hatten den professionellen und bürgerlichen Amateurfußball

Meister im 3. Kreis 1932: Die Mannschaft der Gruppe Ost der Freien Turnerschaft. („Der Fußball Stürmer" vom 7. März 1932)

71 Vgl. SHVZ vom 1. April 1924.
72 Vgl. Rolf Frommhagen: Im Fußballhimmel? Blick in eine andere Fußballwelt. Die deutschen Meisterschaften der Arbeitersportler 1920–1933. Göttingen 2019, S. 200.
73 Vgl. SHVZ vom 15. Juli 1924 und 22. Juli 1924.

früh zu ihrer Sache gemacht und proletarischer Fußball war sehr stark nicht nur in Vereinen, sondern in Wohnstraßen, Betrieben und Pubs angesiedelt.[74] Das Spiel in Kiel hatte für die Engländer zur Vorbereitung auf die Arbeiterolympiade in Frankfurt im darauffolgenden Jahr, die dem Arbeitersport in England Rückenwind geben sollte, gezählt.[75] Für das Spiel war der Holstein-Platz ein respektables Fußballambiente gewesen, aber in seiner sportpolitischen wie allgemeinpolitischen Symbolik eigentlich ein Gegenbild. Das Problem der Engländer war ja gewesen, dass die Arbeiter zu den Spielen und in die Stadien der großen „bürgerlichen" Proficlubs gegangen waren.

Thematisiert wurde das nicht. Über Spiele der Arbeitersportler auf dem Holstein Platz wurde in der bürgerlich-konservativen Presse – der Kieler Neusten Nachrichten und der Kieler Zeitung – kein Wort berichtet. Die Überlassung des eigenen Platzes an die Arbeitersportkonkurrenz wurde auch in den monatlich erscheinenden Mitteilungsheften der KSV Holstein an ihre Mitglieder mit keiner Silbe erwähnt und weder in der SPD-Parteipresse noch in der wöchentlich erscheinen Fußballzeitschrift des Arbeitersport „Der Fußball-Stürmer" wurde auf die Gründe und Rahmenbedingungen für die Wahl des Austragungsplatzes eingegangen. Bereits das Halbfinale um die Kreismeisterschaft zwischen dem FC Hansa Kiel und Viktoria Lübeck am 16. Dezember 1928 war auf dem Holstein-Platz ausgetragen worden. In der SPD-Presse konnte man damals von „freundlicher Überlassung" des Platzes durch die KSV Holstein lesen.[76]

Dass ausgerechnet auf dem Vereinsplatz des schleswig-holsteinischen Aushängeschildes des DFB, mit dem man keinerlei sportliche geschweige denn gesellschaftliche Kontakte pflegte, auch noch 1932 gespielt wurde, ist umso bemerkenswerter, als dieses Spiel in die Zeit sich verschärfender politischer Konflikte fiel, in der seitens des Arbeitersport, der nun als Organisation Teil der Eisernen Front war, eine noch stärkere politische Rolle eingenommen wurde. Das wird noch deutlicher, wenn man betrachtet, dass das Endspiel durchaus als herausragende Veranstaltung des Arbeitersports inszeniert wurde. Es „muß zu einer machtvollen Kundgebung werden auf dem Holsteinplatz"[77] hieß es schon Wochen vorher in der SHVZ. Dazu gehörte auch, dass eine Stunde vor dem Endspiel ein „Handball-Großkampf der Ostseite gegen die Westseite" stattfinden sollte. „Sichert Euch Karten im Vorverkauf in der Sportzentrale" endete der Aufruf, der das erste Mal ganz in der Diktion lokaler sportlicher Highlights abgefasst, die dem bürgerlichen Sport entlehnt war, ergänzt um den politisch zu verstehenden Hinweis auf eine allgemein formulierte „machtvolle Demonstration".[78]

Für den regelmäßigen Spielbetrieb blieb der Arbeiterfußball auf die städtischen Sportanlagen angewiesen, die auch von anderen (Ball-)Sportarten und natürlich von den bürgerlichen Vereinen ebenso genutzt wurden. Der Mangel an Sportplätzen blieb ein Dauerthema in Kiel und verschärfte sich, als 1931 auch die kommunistische Rotsport-Vereinigung begann, regelmäßig Serien- und Freundschaftsspiele auszutragen. Die Spiele der Arbeiterfußballer wurden daher immer häufiger auch an Wochentagen angesetzt, zumindest wenn es Spiele nur mit

74 Vgl. Fabian Brändle/Christian Koller: Goooal!!! Kultur- und Sozialgeschichte des modernen Fussballs. Zürich 2002, S. 181ff.

75 Vgl. SHVZ vom 22. Juli 1924.

76 SHVZ vom 15. Dezember 1928.

77 SHVZ vom 2. Februar 1932.

78 SHVZ vom 26. Februar 1932.

Kieler Mannschaften waren. Und in den Sommermonaten wurden auch am Wochenende Abendspiele angesetzt, um den Spielbetrieb durchführen zu können.

In Friedrichsort, Holtenau, Hassee[79], Ellerbek, Neumühlen-Dietrichsdorf gab es jeweils einen Platz, den die Arbeiterfußballer nutzen konnten. Im westlichen Teil der Stadt und der Innenstadt standen der große Sport- und Spielplatz (heute Nordmark-Sportfeld) sowie der Prof. Peters-Platz zur Verfügung. Auch auf einem Platz an der Feldstraße wurden zeitweise Spiele ausgetragen, in der Regel vom FC Wacker. In der südlichen Innenstadt wurde auf der Moorteichwiese gespielt. In Ellerbek kickte man meist auf dem Rohdehoffplatz. In Kiel-Gaarden gab es mit der Polizei-Kaserne, dem Gaußplatz und dem Blaschkeplatz immerhin drei Anlagen, die für Fußball genutzt werden konnten. Den Blaschkeplatz musste sich der Arbeiterfußball u.a. mit dem höherklassig spielenden Verein Borussia Gaarden „teilen". Da einige größere bürgerliche Vereine in Kiel (Holstein, Kilia, VfB) über eigene Anlagen verfügten, waren es die kleineren bürgerlichen Stadtteilclubs, mit denen man um die Plätze konkurrierte. Es gibt keine Hinweise, dass das nicht weitgehend reibungslos bzw. auf Augenhöhe geschah.

Der 1929 errichtete Rohdehoffplatz in Kiel-Ellerbek. (Bildnachweis: Stadtarchiv Kiel)

4. Die Spiele

Trotz schwieriger Bedingungen im Jahr nach dem Ende des Ersten Weltkriegs nahmen 1919 die bereits bestehenden Vereine des Arbeitersports ihre Aktivitäten wieder auf. Bereits im Spieljahr 1919/1920 begann man, eine Deutsche Fußballmeisterschaft des ATSB auszuspielen und auf unterer Ebene in den Kreisen und Bezirken Vorrunden und Vorausscheidungen zu organisieren. Die Bundesmeisterschaft der Arbeiterfußballer startete 1919/1920 mit ca. 3.000

79 Der VfR Minerva wich bisweilen auch auf den „Großen Exerzierplatz" an der Waldwiese aus.

Vereinen. Bis zum Verbot 1933 war die Zahl der Vereine auf 8.000 angewachsen.[80] Der 2. Bezirk, der „Kieler Bezirk", nahm im ersten Jahr noch nicht daran teil. Gesetzt für den 3. Kreis war eine Mannschaft aus Hamburg. Schon in der darauffolgenden Saison wurden aber in allen norddeutschen Bezirken Meister ausgespielt, die dann in Halbfinalen und einem Endspiel den Kreismeister ermittelten, der dann in die weiteren Runden zur Ermittlung des Deutschen Meisters im Arbeiterfußball einzog.

Damit war überall die Grundlage für eine Struktur von sog. Serienspielen als Punktspielen gelegt. In Kiel entwickelte sich dabei eine Ligastruktur von zwei gleichrangigen Gruppen, die parallel in einer Serie Gruppensieger ermittelten, die dann in einem Entscheidungsspiel den Bezirksmeister hervorbrachten. Zumindest für die Jahre 1928 bis 1932 ist gesichert, dass die beiden Gruppen der „Bezirksliga" je sieben Mannschaften/Vereine hatten. Das Prinzip, in etwa Mannschaften mit vergleichbarem Leistungsniveau zusammenzufassen, hatte sich Mitte der 1920er durchgesetzt. Damit hatte man zumindest vom Grundsatz her einen vergleichbaren Aufbau wie der bürgerliche Fußball, was den Punktspielbetrieb anging.

Die Zahl der Punktspiele im Jahr war – auch das war im bürgerlichen Fußball nicht anders – weit geringer als die Zahl der absolvierten Freundschaftsspiele. Die zeitgenössisch so bezeichneten Gesellschaftsspiele oder Börsenspiele[81] machten den größten Teil der fußballerischen Aktivitäten aus. So spielten in Kiel Mannschaften oftmals mehrmals im Jahr in Freundschaft gegeneinander, gleich, ob sie in einer Punktrunde aufeinandertrafen oder nicht. Der Arbeiterfußball war fast das ganze Jahr über mit einer Vielzahl von Spielen am Wochenende in Kiel präsent, sofern es Wetter- und Platzverhältnisse zuließen. „Propagandaspiele" gegen mehr oder weniger prominente auswärtige Mannschaften auch aus anderen Kreisen des ATSB, um für den Arbeiterfußball zu werben, trugen fast alle Kieler Vereine im Laufe der Jahre aus.

Ein erster sportlicher Erfolg einer Kieler Mannschaft gelang bei der ersten Endrundenteilnahme 1921 der Abteilung Friedrichsort der Freien Turnerschaft. Sie erreichte das Kreisendspiel und siegte dort mit 3:1 gegen den FC Güstrow aus Mecklenburg. Eine Runde weiter im Halbfinale um die „Nordwestdeutsche Verbandmeisterschaft" – zum Verband zählten noch das Rheinland, Westfalen, Bremen, Niedersachsen und Nordhessen – unterlag man Bremerhaven 93 in Hamburg mit 2:6.[82]

Erst 1928 gelang es mit dem FC Hansa wieder einem Kieler Verein, ins Kreisfinale vorzudringen. Hier unterlag man dem FSV Vorwärts Lübeck am Sonntag, den 5. Februar vor 2.000 Zuschauern in der Hansestadt mit 1:2. Der Lübecker Volksbote berichtete danach von einer „Sensation", da die Kieler vorher den Hamburger Meister „in bestechender Form" ausgeschaltet hatten. Spielernamen oder zumindest die Torschützen werden in dem Bericht nicht genannt.[83] Ein Jahr später wurde der FC Hansa wieder Bezirksmeister. Die Vorberichterstattung und die Spielberichte in der Volkszeitung waren deutlich ausführlicher und man bewarb die

80 Vgl. Frommhagen: Fußballhimmel, S. 46ff.

81 Der Name leitete sich von den in der Regel zweimal im Jahr stattfindenden Treffen der Vereine ab, auf denen auf einer Spielbörse Spiele für die kommende Zeit verabredet und vereinbart wurden. Da die Durchführung der Spiele bisweilen hohen organisatorischen und teils finanziellen Aufwand bedeuteten (Fahrtkosten), hatten diese Börsenspiele eine hohe Verbindlichkeit.

82 Vgl. Frommhagen: Fußballhimmel, S. 55 u. 58.

83 Lübecker Volksbote vom 6. Februar 1928.

Endrundenspiele durch Artikel vor jedem der Spiele. Der Fußball wurde stärker beachtet. Gleichzeitig war man bemüht, die Prinzipien des Arbeitersports herauszustreichen, wozu diese Endrunde einigen Anlass gab.

(Lübecker Volksbote vom 4. Februar 1928)

Es begann mit dem vorentscheidenden Spiel um die Bezirksmeisterschaft zwischen dem FC Hansa und der Gruppe Ost der Freien Turnerschaft im November des extremen Schnee- und Eiswinters 1928/29. Die SHVZ hatte in ihrem Vorbericht auf die spannungsgeladene Atmosphäre in Kiel hingewiesen und den Wunsch formuliert, das Spiel möge „von echt freundschaftlichem Geist getragen werden."[84] Das Spiel fand dann auch trotz schlechten Wetters vor „zahlreichen Zuschauern" statt. „Zur Halbzeit (beim Stand von 5:0 für Hansa) musste das Spiel wegen des dauernden Regens abgebrochen werden. Ost verzichtete auf eine Neuansetzung und somit ist Hansa endgültiger Bezirksmeister geworden. Ein Frei Heil! dem Bezirksmeister…"[85] hieß es in der Presse. Der Glückwunsch hielt aber nur kurze Zeit an. Es hatte sich herausgestellt, dass das Spiel eigentlich am Vorabend wegen Wetter- und Platzbedingungen „von der Leitung" abgesagt worden war. Da es am Spieltag zuerst trocken war, hätten „Unberufene das Spiel dennoch zustande gebracht", was „unverantwortlich" gewesen sei. Unter Vorbehalt der Entscheidung auf höherer Ebene wurde das Spiel in Kiel für ungültig erklärt und neu angesetzt. „Man ist ja auf dem Gebiete des Fußballs Verschiedenes gewohnt, was sich aber am letzten Sonntag bot, ist noch nicht dagewesen" urteilte die SHVZ.[86] Im Wiederholungsspiel siegte überraschend die Gruppe Ost 4:1, nicht zuletzt wegen des Platzverweises für einen Hansaspieler. Damit war die Meisterfrage noch einmal vertagt.[87] Der FC Hansa Kiel konnte sich

84 SHVZ vom 24. November 1928.
85 SHVZ vom 26. November 1928.
86 SHVZ vom 1. Dezember 1928.
87 Vgl. SHVZ vom 3. Dezember 1928.

schließlich durchsetzen und wurde 1928 Bezirksmeister. Die Elf sei „unsere unbedingt stärkste Vertretung in den bevorstehenden Kreismeisterschaftsspielen", schrieb die SHVZ. „Wir wollen aber auch nicht unterlassen, darauf hinzuweisen, daß in ihren letzten Spielen manch schöner Eindruck verwischt wurde, daß sie viel nachzuholen hat, um einen selbstverschuldeten unangenehmen Eindruck günstiger für sich zu gestalten."[88] Das sollte nicht der letzte kritische Einwurf dieser Art bleiben.

Der Modus zur Ermittlung des Kreismeisters war geändert worden. Anstelle eines Halbfinales und Endspiels gab es in dem Jahr eine Endrunde der vier Bezirksmeister. Diese Endrunde scheint – folgt man der Berichterstattung in der SHVZ – für den Kieler Bezirk ein Anschub gewesen zu sein, das Selbstverständnis des Arbeiterfußball als Teil des Arbeitersports neu zu überdenken, ohne die bisherigen Prinzipien vollständig über Bord zu werfen.

Vor den Endrundenspielen um die Kreismeisterschaft trafen sich am 14. Dezember 1928 die Vorstände und „Spielleiter" des 2. Bezirks in Kiel zu einer Konferenz, um die Aufgaben und Herausforderungen zu debattieren. Im Bericht darüber heißt es:

„Wollen wir Anspruch auf Anerkennung als Kulturbewegung erheben, müssen wir den Arbeitersport veredeln, unsere Mitglieder und Anhänger schulen, damit sie allen Anforderungen gewachsen sind ... Als aufmerksame Beobachter muß man leider feststellen, daß noch nicht alle von dem Gemeinschaftsgedanken beseelt sind. Auch hat sich gezeigt, daß das bestehende Spielsystem nicht das gegebene war. Über all das soll ein reger Gedankenaustausch stattfinden und wir geben der Hoffnung Ausdruck, daß er in echt kameradschaftlichem Geiste gepflogen und fruchtbringend für die Arbeiterfußballbewegung sein möge." Mit diesem Text in der SHVZ wurde zugleich ein ab mittags geltendes „Spielverbot" für alle Mannschaften verhängt für den Tag, an dem der FC Hansa sein erstes Endrundenspiel um die Kreismeisterschaft austrug.[89]

Auch wenn die Formulierungen vorsichtig und im traditionellen Sinne des Arbeitersport den Gemeinschaftsgedanken betonend gewählt wurden, so wurden die Botschaften doch unmissverständlich angedeutet. Hier ging es um eine eigenständige „Arbeiterfußballbewegung", die sich endgültig im Arbeitersport emanzipiert hatte. Mit dem Hinweis auf das Spielsystem, der Notwendigkeit von „Schulung" und „Veredelung" – nicht zuletzt im Kontext mit der bisher so nicht praktizierten medialen Aufbereitung der Endrundenspiele – wurden drei Punkte aufgerufen, die – ohne sie direkt beim Namen zu nennen – debattiert werden sollten: Erstens: das Bekenntnis zu Leistung, Erfolgen und Spielqualität; zweitens: die Bedeutung von Attraktivität für und damit die Gewinnung von Zuschauern und drittens: ein eigenständiges selbstbewusstes gemeinsames Handeln aller Vereine und Aktiven im Arbeiterfußball als Teil der Arbeiterkulturbewegung.

Vor dem ersten Endrundenspiel des FC Hansa gegen Viktoria Lübeck hieß es dabei deutlich, dass man „spielerisch und moralisch einwandfreie Leistungen" sehen wolle. Gerade der Kieler Vertreter FC Hansa habe im besonderen Maße ausgezeichnete Spieler. Man wolle aber nicht verschweigen, dass „unser Vertreter" es an „moralischen Meisterleistungen" habe fehlen lassen. Gelobt wurde die sportliche Leistung der Mannschaft „vom Sturm bis zur Hintermannschaft", aber die Spielernamen blieben weiter tabu. In der SHVZ wurde während der gesamten

88 SHVZ vom 10. Dezember 1928.
89 SHVZ vom 15. Dezember 1928.

Gruppe Ost schlägt Süd-Kiel 3:2

Süd-Kiels Läufer rettet in höchster Not

Einer der seltenen Fotoberichte von den Spitzenspielen im Kieler Arbeiterfußball. (SHVZ vom 16. November 1931)

Endrunde kein Spieler namentlich erwähnt. Der Verzicht auf Spielernamen oder gar Fotos von Spielern und Spielszenen, um dem Individualismus keinen Vorschub zu leisten, begann sich erst langsam aufzulösen.

Zum einen wurde in der Parteipresse mit der Aussicht auf hervorragende Leistungen für das erste Endrundenspiel geworben. „An alle Arbeitersportler, an alle Genossen in Fabrik und Werkstatt richten wir die Bitte, kommt und werdet Zeugen eines Kampfes der Arbeiterfußballer". War die so bezeichnete Zielgruppe nicht überraschend, so war es der Spielort allemal: „Der uns freundlicherweise von der KSV Holstein zur Verfügung gestellte Platz sowie der Zweck dieses Spiels wird euch einen sportlichen Genuß bereiten".[90] Es war zwar nicht das erste Mal, dass ein Arbeiterfußballverein auf dem Holstein-Platz spielte, aber es war der Vereinsplatz des nicht nur „bürgerlichen" Kieler Vorzeigeclubs, sondern eines Vereins mit einem strikt konservativen, teils militaristisch bis deutsch-nationalem Selbstverständnis der Vereinsführung. Dass dieser auf dem Platz eines Vereins, mit dem er grundsätzlich kein gemeinsames Spiel austragen würde, ein offensiv beworbenes Spiel austrug, könnte man in Erwartung einer größeren Zuschauermenge pragmatisch nennen. Es war der Anspruch, dem eigenen (Leistungs-)Fußball den gleichen Rahmen zu bieten, wie die bürgerliche Konkurrenz ihn nutzte. Das zeugte von Selbstbewusstsein und dem Ziel, Zulauf zu gewinnen. Es blieb aber ein Politikum.

Das Spiel gegen den Lübecker Meister wurde ein voller sportlicher Erfolg. Hansa siegte mit 6:1 vor einer nicht überlieferten Zuschauerzahl. Das Spiel „erfreute sich eines guten Besuchs. Es trat natürlich bei einem solchen Platz, der weit größere Massen fassen kann, nicht so in Erscheinung" hieß es in der Berichterstattung.[91] Die sportlich-moralische Verpflichtung schien der FC Hansa in der Vorbereitung auf das zweite Endrundenspiel nicht so ernst genommen zu haben, denn er verlor ein Freundschaftsspiel bei dem FSV Ellerbek mit 2:6. Das Spiel gegen

90 SHVZ vom 15. Dezember 1928.
91 SHVZ vom 17. Dezember 1928.

den Mecklenburger Meister gewann man dann aber auf einem durch Wintereinbruch schwer bespielbaren Platz in Lübeck mit 9:2. Nun war das letzte Spiel gegen den Hamburger Meister Lorbeer 06 faktisch ein Endspiel. In Hamburg, begleitet von einigen – zahlenmäßig nicht konkretisierten – Schlachtenbummlern trennte man sich vor insgesamt 4.000 Zuschauern 5:5. Die hervorragenden Leistungen der Kieler Arbeiterfußballer schienen der Bedeutung, die diese Endrunde der der Arbeiterbewegung zugewandten Hälfte der Stadt angekündigt wurde, zu entsprechen. Nun wurde ein Entscheidungsspiel notwendig, das auf dem Blaschkeplatz in Kiel-Gaarden stattfinden sollte. Dieses Mal gab es sogar mehrere Vorberichte und man versuchte schon im Vorweg die Zuschauer zu ermahnen, nicht über die Stränge zu schlagen und vor allem den Schiedsrichter nicht zu beschimpfen. Eine Mahnung die sicherlich auf Erfahrungen beruhte. Das Spiel wurde bei extremem Winterwetter auch angepfiffen, aber zur Halbzeit „der Kälte wegen" beim Stand von 5:2 für Lorbeer abgebrochen.[92]

Die Mannschaften mussten also ein drittes Mal nacheinander gegeneinander antreten. Weil alle Plätze in Hamburg und Altona noch gesperrt waren, wurde das Spiel im „Arbeiterstadion Wandsbek" vor „annähernd 4.000 Zuschauern"[93] ausgetragen. Und bei diesem Aufeinandertreffen kam es zum Desaster für den Kieler Meister. Man unterlag den Hamburgern, die sich später in der Saison den deutschen Meistertitel holen sollten, mit 2:12. Das deutliche Resultat im dritten Spiel war neben dem herausragend besetzten Sturm der Hamburger wohl vor allem der Tatsache zu verdanken, dass ein Kieler Spieler wegen Foulspiels in der zweiten Halbzeit vom Platz gestellt wurde und danach ein weiterer Spieler „aus unerfindlichen Gründen" freiwillig das Spielfeld verließ.[94] Ein fraglos ungewöhnlicher Vorfall.

Der FC Hansa sorgte in dieser Runde für einige Turbulenzen, in positiver wie negativer Hinsicht aus dem Blickwinkel der berichtenden Arbeiterfußballreporter. Die SHVZ schrieb zum Endspiel: „Einen großen Dienst haben die Kieler in Hamburg der Arbeitersportbewegung jedenfalls nicht erwiesen. Das viele Protestieren gegen die Entscheidungen des Schiedsrichters war verständnislos." Der Schiedsrichter habe „einwandfrei" gearbeitet. Die Aufstellungen und Torschützen wurden in der Freien Sport-Woche des ATSB genannt, die SHVZ verzichtete darauf. Die Personalien sind dabei überaus bemerkenswert. Nicht nur, dass bei Lorbeer mit Erwin Seeler der wohl heute noch bekannteste ehemalige Arbeiterfußballer stürmte. Auch bei Hansa spielte mit Werner Krohn ein Stürmer, der nach seinem Wechsel zum ATSB-Verein Bremerhaven 93 Nationalspieler werden sollte. Am bemerkenswertesten ist aber ein anderer Tatbestand. Bei Hansa wirkten laut Mannschaftsaufstellung des letzten Spiels gegen Lorbeer zwei Brüder Semmelhack mit, einer von beiden als Torwart. Laut Frommhagen handelte sich dabei um einen Schlussmann, der von Hansa zur KSV Holstein gewechselt war, kurzfristig zu den Endspielen zu Hansa zurückkehrte und wenige Wochen später wieder für die KSV Holstein im Tor stand.[95]

92 SHVZ vom 11. Februar 1929.

93 SHVZ vom 25. März 1929.

94 Frommhagen: Fußballhimmel, S. 142f.

95 Vgl. ebd., S. 328. Die Darstellung ist allerdings sehr fraglich. Ein Torwart gleichen Familiennamens spielte bereits als Jugendlicher bei der KSV und wurde bei der KSV Holstein von 1925 bis zu seinem Wechsel nach Hannover 1930 ziemlich regelmäßig eingesetzt. Ob es sich um den Spieler handelt, der im Endspiel für den FC Hansa antrat, muss noch geklärt werden.

Ein weiteres Jahr später, im Februar 1930, war es dann die Gruppe Ost aus Gaarden der Kieler Freien Turnerschaft, die bis ins Kreisendspiel kam und dort dem Bahrenfelder Sportverein aus Hamburg, der es dann zur deutschen Vizemeisterschaft brachte, in Kiel mit 1:4 unterlag. 1931 vertrat dann der FC Süd Kiel den Kieler Arbeiterfußball im Kreisfinale. Im Halbfinale hatte man den Lübecker Vertreter BSV Lübeck hoch mit 8:0 auf der Moorteichwiese bei sehr schlechten Bodenverhältnissen besiegen können.[96] Die Berichterstattung über das Spiel war bereits sehr ausführlich in der SHVZ. Es wurden viele einzelne Spielzüge und alle Tore geschildert, allerdings weiterhin ohne dabei einen Spielernamen zu erwähnen. Dafür wurde ein Foto einer Strafraumszene publiziert, das ganz im Stil der Sportpresse werbend für den Fußball eingesetzt wurde.

Um die Fußball-Kreismeisterschaft

Am Sonntag fand in Kiel das Vorrundenspiel um die Kreismeisterschaft zwischen Süd-Kiel und BSV. Lübeck statt, das Süd-Kiel mit 8 : 0 gewann. Unser Bild zeigt den Lübecker Torwart bei erfolgreicher Abwehr einer Flanke.

(SHVZ vom 13. Januar 1931)

Der FC Süd-Kiel hatte damit das Endspiel um die Kreismeisterschaft erreicht, wo man auf eine der TOP-Mannschaften des Arbeiterfußballs traf, Lorbeer 06 Hamburg. Dort verlor man ausgesprochen knapp am 22. Februar 1931 mit 1:2 gegen das Hamburger Team, das mehr als ein Jahr lang ungeschlagen blieb.[97] Das Siegtor für Lorbeer erzielte dabei Erwin Seeler, der aber in dem Spielbericht der SHVZ weiterhin ebenso wenig namentlich Erwähnung fand. Der Beginn des Spielverlaufs las sich in der SHVZ so:

96 Vgl. SHVZ vom 12. Januar 1931.
97 Vgl. Frommhagen: Fußballhimmel, S. 182.

„Lorbeer hat die Sonne als Bundegenossen. Süd-Kiels Anstoß wird sofort abgefangen, Lorbeer dringt vor, aber Kiels Verteidigung klärt. Süd-Kiel hat Übergewicht, doch sind sie vor dem Tor zu unentschlossen. Auf einem Fehlschlag vom linken Läufer Süd-Kiels schießt Lorbeers Rechtsaußen unheimlich scharf am Tor vorbei. Lorbeer hat sich freigemacht. Der Ball wandert von einem Tor zum anderen, die Hintermannschaften stark belastend. Beide Mannschaften lassen je einen Strafstoß unausgenutzt. Als Kiel eine sichere Torgelegenheit hat, ist kein Stürmer zur Stelle. Lorbeers Sturm arbeitet produktiver, einmal wird der Ball verschossen, dann greift Kiels Schlußmann rettend ein. Nach abwechslungsreichem Kampf und einer Ecke für Lorbeer wird der Kieler Rechtsinnen bei einem Durchbruch unfein gelegt, der verhängte Elfmeter führt zum 0:1".[98]

Der Bericht spricht von einem Spiel „mit feinen Leistungen", also auf hohem Niveau und mit Chancen für beide Seiten, wofür auch die Eckenausbeute von 8:8 spräche. Er gesteht den Hamburgern einen letztlich verdienten Sieg zu wegen insgesamt „besserer Leistungen". Man war um ausgewogene und nicht-lokalpatriotische Berichterstattung besorgt. Immerhin gab es auch einen freundlichen Hinweis auf den Schiedsrichter. „Der Schiri, Genosse Stier aus Lübeck, konnte gefallen, wenn er auch einige Sachen übersah", heißt es an einer Stelle. Der Artikel endet allerdings auch mit dem Hinweis: „Kurz vor dem Abpfiff übersieht der Schiedsrichter im Lorbeer-Strafraum eine Hand, die den Ausgleich hätte bringen können. Bald darauf ist Schluß". Es handelte sich um denselben Referee, der zwei Jahre zuvor durch eine Platzverweisentscheidung die hohe Niederlage des FC Hansa Kiel auch gegen Lorbeer mit hervorrief.

Das Spiel Süd-Kiel gegen Lorbeer Hamburg fand vor der für damalige Zeit sehr großen Kulisse von über 10.000 Zuschauern im Stadion Hoheluft in Hamburg statt. Es war die Spielstätte des bürgerlichen Vereins Viktoria Hamburg. Der Arbeiterfußball verfügte im Norden über keine eigenen Plätze für ein derartig großes Zuschauerinteresse. Neunzehn Jahre zuvor war übrigens die KSV Holstein an gleicher Stelle Deutscher Meister des bürgerlichen DFB vor einer etwa gleich großen Kulisse geworden. Der sportliche Erfolg des FC Süd-Kiel war der Hintergrund für eine Sommerreise der Mannschaft nach Süddeutschland. Hier trat man zu mehreren Freundschaftsspielen als „Bezirksmeister" an.[99] Finanziert wurden solche Reisen, die privat sicher für die Spieler unerschwinglich waren, durch eine Beteiligung an Zuschauereintrittsgeldern.

Erfolgreicher als der FC Süd im letzten Jahr vor dem Verbot des Arbeitersports durch die Nationalsozialisten war wieder die Abteilung Ost der Freien Turnerschaft. Am 28. Februar 1932 besiegten die Kieler im Kreisendspiel den Hamburger Vertreter. Im Kieler Holsteinstadion wurde vor 3.000 Zuschauern der Bahrenfelder SV mit 3:1 bezwungen. In der Zwischenrunde zur deutschen Meisterschaft schied man dann in Bremen gegen den Blumentaler SV mit 0:2 aus.

Als im August 1932 der Hamburger Tabellenführer VfL 05, der Monate später das letzte Kreisendspiel des Arbeiterfußballs gegen Union Neumünster austragen und gewinnen sollte, zu einem Städtekampf nach Kiel kam, um gegen den FC Süd-Kiel und Gruppe Ost – die seinerzeit erfolgreichsten Kieler Vereine – zwei Freundschaftsspiele auszutragen, hatte man sich für das Spiel des FC Süd-Kiel auf dem Universitätssportplatz eine besondere Aktion ausgedacht.:

98 SHVZ vom 23. Februar 1931.

99 Vgl. SHVZ vom 13. Juli 1931. Der FC Süd-Kiel spielte gegen den VfL Frankfurt (1:5), in Egelsbach (5:1) in Griesheim (4:2) und in Höchstberg (8:3).

„Sturmvogel D 1356 wollte - wie wir erfahren - aus Anlaß des Spieles FC Süd-Kiel über dem Sportplatz kreisen und Blumensträuße abwerfen. Leider ist das Flugzeug infolge eines Motorschadens...an seinem Vorhaben gehindert."[100] Sportliche Rahmenprogramme für herausgehobene Spiele waren auch im Arbeiterfußball nichts Neues. Dass jetzt auch die Arbeitersportflieger mit ihrem Flugzeug „Sturmvogel" zum Einsatz kommen sollten, war allerdings neu und wäre sicherlich im besonderen Maße effektvoll und werbewirksam gewesen.

ATSB-Bezirksmeister („Kiel-Region")

1919 FC Hansa Kiel
1920 Freie Turnerschaft Friedrichsort
1921 FC Hansa Kiel
1922 FC Hansa Kiel
1923 FC Hansa Kiel
1924 FC Hansa Kiel
1925 Union Neumünster
1926 Rasensport Eckernförde
1927 FC Hansa Kiel
1928 FC Hansa Kiel
1929 Freie Turnerschaft Kiel Gruppe Ost
1930 FC Süd Kiel
1931 Freie Turnerschaft Kiel Gruppe Ost
1932 Union Neumünster

Als im November 1932 der letzte Bezirksmeister ermittelt wurde, trafen Union Neumünster und der FC Süd-Kiel aufeinander. Der FC Süd-Kiel hatte im vorentscheiden Spiel um den Kieler Gruppensieg den FC Hansa mit 4:1 besiegt, der erneut durch einen Platzverweis geschwächt worden war. Union hatte davon profitiert, dass die Gruppe Ost im letzten Punktspiel nur ein Unentschieden gegen Minerva geschafft hatte. Die Berichterstattung dieser letzten Saison vor dem Verbot orientierte sich stärker als je zuvor an einer Betrachtung der Tabellenstände und einer Verinnerlichung des Ligasystems.[101] Union besiegte den FC Süd-Kiel mit 2:1 und wurde Bezirksmeister, was der Fußball-Stürmer als „die allergrößte Überraschung während der ganzen Spiele überhaupt" bezeichnete.[102]

---

100 SHVZ vom 21. August 1932. Der 1929 in Berlin gegründete „Arbeiter-Sportfliegerverein - Flugverband der Werktätigen" gab sich den Namen „Sturmvogel". In vielen Städten kam es zur Gründung von Ortsgruppen. Bereits in der Januar Ausgabe 1930 der gleichnamigen Verbandszeitung wird von der Gründung einer Ortsgruppe in Kiel berichtet, die sich im „Lindenkrug" im Knooper Weg zu monatlichen Versammlungen traf. Das Ziel der Aktivitäten war die Förderung der Luftfahrt in den Kreisen der werktätigen Bevölkerung, um die modernen Errungenschaften der Technik nicht länger den materiell bevorzugten Schichten allein zu überlassen. Offenbar hatte der „Sturmvogel" in Kiel Aufwind. Man war über den Modellflug hinausgegangen und hatte mit dem Bau eines Gleitflugzeuges begonnen und dafür ein Motorflugzeug zur Verfügung bekommen. Vgl. Sturmvogel - Die Luftfahrtzeitschrift der Werktätigen vom 1.1.1930, S.15; Die Kieler Gruppe von Max Rehder und Ewald Siebert geleitet.

101 Vgl. SHVZ vom 31. Oktober 1932 und 13. November 1932.

102 Der Fußball-Stürmer vom 14. November 1932.

Über den Zuschauerzuspruch des Arbeiterfußballs in Kiel liegen nur ganz wenige vereinzelte Zahlen vor. Die größte überlieferte Zahl liegt bei 5.000 Zuschauern anlässlich eines Spiels gegen eine Auswahl aus Norwegen am Kieler Reichsarbeitersporttag 1931.[103] Den besten Besuch bei einem Pflichtspiel hatte mit 3.000 Besuchern das Kreisendspiel 1932 auf dem Holsteinplatz mit der Gruppe Ost als Heimmannschaft. Beim Endspiel zwei Jahre zuvor auf dem Blaschkeplatz in Gaarden auch mit der Gruppe Ost als Gastgeber wurde von 2.000 Besuchern berichtet. Beides sind die einzigen Kreisendspiele mit Kieler Beteiligung, die auch in Kiel ausgetragen wurden. Der Saisonablauf im ATSB brachte es zwar mit sich, dass alle Kreisendspiele fast immer im Februar, also bei in der Regel schlechten Wetterbedingungen stattfanden. Dennoch wird man sagen können, dass die o.g. Zahlen wohl in etwa das Zuschauerpotential für den Arbeiterfußball in Kiel darstellen.[104] Annähernd ähnlich viele Zuschauer hatte 1932 ein Freundschaftsspiel zwischen den Gruppen Ost und West der freien Turnerschaft im Rahmen einer größer angelegten Werbewoche für den Fußball auf dem Kieler Ostufer, das geschätzt 2.000 Menschen sahen.[105] Zwei Wochen zuvor hatten 1.500 Fußballinteressierte das Gastspiel des VfL Frankfurt beim FC Süd-Kiel gesehen. Das Zuschauerinteresse erreichte zwar nicht die Größe der Top-Spiele des bürgerlichen Fußballs in Kiel mit Beteilung der KSV Holstein, war aber ein durchaus sichtbares Zeichen für die Unterstützung, die der Arbeiterfußball genoss.

Norwegen schießt das erste Tor — Rechts der betroffene Kieler Torwächter

Die Begegnung mit der norwegischen Auswahl wurde auf dem Universitätssportplatz ausgetragen. (SHVZ vom 29. Juni 1931)

103 Vgl. SHVZ vom 29. Juni 1931.

104 Die wenigen überlieferten Zahlen aus früheren Jahren zeigen, dass „Spitzenspiele in Kiel, wie z.B. die Endspiele um die Bezirksmeisterschaft, zwischen 400 und 700 Zuschauer hatten. Vgl. z.B. SHVZ vom 6. Februar 1924 oder 26. Februar 1924.

105 Vgl. SHVZ vom 27. Juni 1932.

Aus der Begegnung der Kieler Auswahl gegen die Norweger. Einen Bericht mit mehreren Fotos zum Spiel gab es in der SHVZ nur anläßlich dieser Begegnung. (SHVZ vom 29. Juni 1931)

Dass der Fußball auch in der Variante des Arbeiterfußballs im ATSB seine Probleme mit Publikumsausschreitungen, Verletzungen, unfairem Spiel u.ä. hatte, wird in der Literatur, unterlegt mit vielen Beispielen, immer wieder hervorgehoben. Inwieweit sich das im Umfang vom DFB-Fußball unterschied, kann dahingestellt bleiben. In jedem Fall war es für den Arbeiterfußball ein länger andauerndes und schwierigeres Problem, sich vom Turner dominierten Arbeitersport zu emanzipieren und den Ruf des „rohen Sport" loszuwerden. Zudem kam hinzu, dass Vorbehalte gegen „Personenkult", Leistungs-, Rekord- und Siegesorientierung zu überwinden waren, was im bürgerlichen Fußball kein Problem darstellte. So glaubte die Freie Sportwoche zu Beginn der 1920er Jahre, das „Wertungssystem", also die Punktspiele als Ursache für die Auswüchse, verantwortlich machen zu können.[106] Jedenfalls spielte man unerwünschte Begleiterscheinungen beim Fußball nicht herunter, sondern stellte sie an den Pranger.

Beispiele dafür finden sich auch in Kiel. Der Fall der „kritikwürdigen Spielmoral" beim FC Hansa ist schon angesprochen worden. Einige Beispiele, hier aus der Saison 1923/24, illustrieren, was thematisiert wurde. Im Spielbericht der Begegnung des FC Viktoria gegen Gruppe Ost auf dem Kasernenhof in Gaarden (0:0) wurde das harte Spiel hervorgehoben: „…einige Spieler brachten es fertig, den Torwart von Ost unfair anzugreifen. …Das Knochenspiel von Viktoria in den letzten 10 Minuten wurde von Ost nicht erwidert."[107] Wochen später hieß es nach dem Bezirksspiel Gruppe Ost gegen Union Neumünster (3:3): „Platz in nichtspielfähigem Zustande und vom Schiedsrichter nicht anerkannt. Aus Terminnot heraus wurde das Spiel ausgetragen. Verkehrt! In diesem Fall hätte man es unterlassen sollen." Berichtet wurde zudem von einem Unterschenkelbruch eines Ost-Spielers beim Zusammenprall mit dem Torwart. Am gleichen Tag kam es im Bericht zum Bezirksspiel FC Wacker gegen FC Viktoria (1:1) zu folgender Mahnung: „Hart ging es an den Mann; keiner wollte nachgeben und so mußte der

106 Vgl. Geiges: Fußball, S. 62f.
107 SHVZ vom 17. Dezember 1923.

Schiedsrichter ziemliche Verwarnungen und Strafstöße verteilen. ... Besinnt euch!" Und nicht genug damit hieß es zu dem Gesellschaftsspiel am gleichen Tag zwischen dem VfR Minerva und dem FC Pfeil (1:0): „Abgebrochen, da sich beide Parteien nicht auf den Schiedsrichter einigen konnten."[108] Kurz darauf formulierte man sehr zurückhaltend zu einem Bezirksspiel zwischen Union Neumünster und dem VfR Minerva: „Bei einer Handsache vor Unions Tor, die vom Schiedsrichter nicht gegeben wurde, endete das Spiel 1 Minute vor Schluß wegen Beunruhigung durch das Publikum 4:2 für Union."[109]

Ein Blick in die Berichterstattung der SHVZ über den Arbeiterfußball gibt keine auffällig häufigen und gravierenden Hinweise auf Zuschauerausschreitungen. Auch die Ausmaße an Unfairness bleiben hinter dem zurück, was beispielhaft in der Literatur ausgeführt und ausgeschmückt wird. Dagegen fällt ins Auge, dass Eigenmächtigkeiten von Mannschaften und Vereinen, die ohne Zustimmung von „Leitungen", sprich des Verbandes, Spiele durchführten, mehrfach angesprochen wurden. Mit Reglementierungen scheint es hin und wieder Probleme gegeben zu haben, ohne dass der Spielbetrieb zu irgendeinem Zeitpunkt davon in Mitleidenschaft gezogen wurde.

5. Städtekämpfe / Internationale Spiele

Auch wenn in der Sportberichterstattung der Parteipresse Ergebnisse oder gar individuelle Leistungen eine untergeordnete Rolle spielten und einzelne Spieler im Mannschaftssport nie wirklich herausgestellt wurden, so kann doch vermerkt werden, dass über Erfolge des Kieler Arbeiterfußball durchaus berichtet wurde. Als im Jahre 1929 eine Stadtauswahl aus Berlin von den Kieler Arbeiterfußballern mit 8:0 nach Hause geschickt wurde, erklärte das „Der Abend", die Spätausgabe des „Vorwärts", vor dem Rückspiel ein Jahr später mit dem Hinweis, dass man in der Reichshauptstadt im Gegensatz zu Kiel noch im Aufbau des Arbeiterfußballs stecke.[110] 1930 gewannen dann die Kieler auch in Berlin, aber nur noch mit 2:1. Kiel und Berlin waren auf Augenhöhe im Arbeiterfußball. Erstmals fanden reichsweit in der sozialdemokratischen Tagespresse Kieler Arbeiterfußballer Erwähnung.

Der politische Charakter des Fußballs konnte sich besonders dann entfalten, wenn es um internationale Begegnungen ging. Als im August 1924 die Fußballauswahl des Arbeitersportverbandes Clarion aus England auf ihrer Rundreise durch Norddeutschland in Kiel zu Gast war, empfingen mehrere Tausend Kieler die Engländer am Hauptbahnhof, die dann begleitet von Abordnungen aller Kieler Arbeitersportvereine zum Gewerkschaftshaus geleitet wurden, wo eine Kundgebung stattfand, zu der aus Leipzig ein Bundesvorstandsmitglied des ATSB angereist war. „Als Avant-Garde für den künftigen Frieden, für den Aufbau einer erneuerten Welt im Sinne des Sozialismus betrachten sich diese Arbeiter, für die das Fußballspiel nur Mittel der Annäherung und Fühlungnahme ist"[111], schrieb die sozialdemokratische Presse. Zum ersten Mal sei es den deutschen Arbeitersportlern vergönnt, durch diesen Besuch aus England die internationalen Beziehungen im Arbeitersport aufzunehmen. „Wir kennen keine Landesgren-

108 SHVZ vom 6. Februar 1924.
109 SHVZ vom 26. Februar 1924.
110 Vgl. Der Abend vom 17. April 1930.
111 Vorwärts vom 12. August 1924.

Ein Foto vom Spiel der Berliner und Kieler Stadtauswahlmannschaften in Berlin. (Der Abend. Spätausgabe des Vorwärts vom 22.4.1930)

zen und keinen Unterschied der Rassen. Wir haben nur ein Ziel: den gemeinsamen Kampf gegen den Kapitalismus."[112] Für die Stadt Kiel sprach der Stadtrat Wilhelm Brecour[113], ein prominenter und altgedienter Sozialdemokrat, die Grußworte, in denen er hervorhob, „daß Sport und Spiel für das staatliche und wirtschaftliche Leben von hoher Bedeutung sind. Die Zeit ist vorbei, wo man Sport und Spiel nur als Unterhaltung betrachtete."[114] Sport sei eine Brücke zur Völkerverständigung. „In dem Wettkampf der Kunst, der Wissenschaft und auch des Sports müssen sich die Organisationen überbieten." Die Regierungsübernahme MacDonalds[115] im klassischen Land der Demokratie sei ein Vorbild für Deutschland, „das keine demokratische Tradition" habe. Das Treffen solle unterstreichen, „daß auch bei uns die Demokratie Wurzeln geschlagen hat."

Dass der Fußball den Beginn bei internationalen Begegnungen im Arbeitersport machte, wird man nicht ohne weiteres als Vorreiterrolle interpretieren dürfen. Der Wettkampfcharakter des Mannschaftssports und das Interesse des englischen Verbandes waren sicherlich ein wesentlicher Hintergrund. Noch im gleichen Jahr fanden auch Begegnungen mit Sportlern aus anderen Ländern in anderen Sportarten statt. Immerhin konnte der Fußball, und auch der Fußball in Kiel, zurecht seine Bedeutung innerhalb des Arbeitersports insgesamt und auch innerhalb des Arbeitersports in Kiel unter Beweis stellen. Der internationale Besuch aus Eng-

112 SHVZ vom 6. August 1924.
113 Wilhelm Brecour (1866–1940) war bereits 1894–1899 Vorsitzender der Kieler SPD. 1924 war er u.a. Stadtverordneter und Stadtrat in Kiel, Mitglied des preußischen Landtages und Redakteur der SHVZ.
114 SHVZ 6.8.1924
115 Ramsay MacDonald war im Januar 1924 zum ersten Labour Premierminister gewählt worden.

land wurde zum Anlass genommen, die ganze Bandbreite der Arbeit der Kieler Arbeitersportler zu präsentieren mit musikalischen Tanz- und anderen Darbietungen. Der Fußball war auch in Kiel eine immer populärer werdende Mannschaftssportart, die sich daher auch für die politische Arbeiterbewegung als Plattform für die internationale Zusammenarbeit anbot. Zum Fußballspielen gegen die Engländer trat der FC Viktoria an, der gegen die Gäste mit 0:6 verlor.[116]

Zwei Jahre später kam es zu zwei Begegnungen mit englischen Fußballern etwas anderer Art. Im März 1926 traten die Ellerbeker Arbeiterfußballer gegen eine englische Dampferbesatzung an, die sich gerade in Kiel befand.[117] Im Juni 1926 wurde dann sogar per im Arbeiterfußball seltenen Anzeige in der SHVZ ein Spiel des FC Hansa gegen die Besatzung des Passagierdampfers „SS ‚Majestic' (England)" beworben.[118] Auch Spiele gegen russische Seeleute sind überliefert.[119]

Nachdem im Mai 1929 der dänische Arbeitersportverband gegründet worden war und in dem Zusammenhang eine Einladung nach Deutschland an den ATSB zu einem Länderspiel ergangen war, schickte dieser im August eine Städteauswahl von Spielern aus Kiel, Hamburg, Bielefeld und Bremen als Vertretung für den deutschen Arbeiterfußball nach Kopenhagen.[120] In den folgenden Jahren kam es immer wieder zu Begegnungen von Mannschaften aus Kiel und aus Teilen Dänemarks.

Die enge Verknüpfung von internationalen Spielen im Fußball und politischer Agitation wird im Laufe der Zuspitzung der politischen Konflikte in der Weimarer Republik immer stärker. Für Kiel lässt sich das anlässlich eines Besuches norwegischer Fußballer im Sommer 1931 zeigen. „Ein Fest der Arbeiterschaft. Der Besuch der Norweger von großer politischer Bedeutung" betitelte die SHVZ die Vorberichterstattung.[121] „Mancher Arbeiter ist versucht anzunehmen, er brauche von ihm keine Notiz zu nehmen, dieses Ereignis ginge nur Sportler an". Das sei falsch, denn das Fußballtreffen sei ein „großes Reservoir zur Werbung für Partei und Gewerkschaften". Zudem bekomme der Besuch der Norweger seine große politische Bedeutung dadurch, „dass die norwegischen Arbeitersportler, nachdem sie aus der Kommunistischen Sportinternationale ausgeschieden sind, jetzt den Anschluß an die Sozialistische Sportinternationale zu vollziehen gedenken." Diese Entscheidung solle bestärkt werden „durch den Empfang, den die Kieler Arbeiterschaft, nicht nur die Kieler Sportler ihnen bereiten".[122] Der in der SHVZ publizierte Aufruf endete mit der Parole: „Heraus zur Demonstration für Völkerfrieden und Sozialismus". Das gesamte sportliche Programm fand auf dem Universitätssportplatz

116 Vgl. Vorwärts vom 12. August 1924 und SHVZ vom 11. August 1924.
117 Vgl. SHVZ vom 27. März 1926 „Fußballüberraschung in Ellerbek".
118 Vgl. SHVZ vom 15. Juni 1926.
119 Vgl. SHVZ vom 4. Juli 1927: „Die Fußballspiele der russischen Seeleute in Kiel".
120 Vgl. Vorwärts vom 6. August 1929.
121 SHVZ 25. Juni 1931.
122 1927 kam es in Norwegen zur Wiedervereinigung der linkssozialistischen Arbeiderpartiet, die eine Zeitlang Mitglied der Kommunistischen Internationale gewesen war und Norges Socialdemokratiske Arbeiderparti. Der eigenständige Arbeitersportbund (Arbeidernes Idrettsforbund (AIF)) stand lange unter kommunistischem Einfluss und begann erst 1929 sich der vereinigten Arbeiterpartei zuzuwenden und die kommunistische Sportinternationale zu verlassen. Vgl. Ørnulf Hodne: Idrett og fritid en mellomkrigsstudie i norsk idrettskultur. Oslo 1995; Finn Olstad: Under røde faner. Om arbeideridrett og politisk idrettsestetik. In: Arbeiderhistorie. Årbok for Arbeiderbevegelsens arkiv og bibliotek 15 (2011), S. 205–221.

statt: Vom Kinderturnen über die Leichtathletik bis zum Fußball. Vertreter der SPD und der Gewerkschaften hielten Ansprachen. Für die SPD sprach Richard Hansen, stellvertretender Vorsitzender des Bezirks Schleswig-Holstein sowie Gauführer des Reichsbanners Schwarz-Rot-Gold und für die Gewerkschaften Friedrich Böttcher, der in der SHVZ auch einen Leitartikel zu Gewerkschaften und Arbeitersport verfasste.[123]

Das Fußballspiel gewannen die Norweger mit 2:1. Die Mannschaftsaufstellungen wurden abgedruckt, im Spielbericht selbst tauchten aber keine Namen auf und auch die Torschützen blieben unbekannt. Bemerkenswert für das Fußballspiel mit den Norwegern ist, dass die Kieler Auswahl nicht wie bei anderen früheren Städte- oder internationalen Spielen aus Spielern zusammengestellt wurde, die aus allen Vereinen des Arbeiterfußballs kamen, sondern dass hier nur Fußballer dabei waren, die aus den Abteilungen der Freien Turnerschaft hervorgegangen waren, also die Gruppen West, Nord, Süd und Ost sowie der Neumühlen-Dietrichsdorfer

Empfang der norwegischen Arbeiterfußballer am Kieler Hauptbahnhof. (Illustrierte Republikanische Zeitung Nr. 28/ 1931)

123 Vgl. SHVZ vom 27. Juni 1931.

FC Adler als Teil der Abt. III der Freien Turnerschaft. Da das Treffen mit den Norwegern noch stärker politisch eingebunden war als vorherige internationale Begegnungen und die gesamte organisierte sozialdemokratische Arbeiterbewegung den Rahmen bildete, könnte hier ein Hinweis darauf vorliegen, dass die Vereinnahmung aller im ATSB spielenden Vereine und aktiven Fußballer für unmittelbare auch parteipolitische Aktivitäten nicht ohne weiteres gegeben war.

Auf jeden Fall gab es in der Folge sowohl eine Kieler Stadtauswahl der Arbeiterfußballer als auch eine Auswahlmannschaft der Fußballer der Freien Turnerschaft. Ostern 1932 reisten beide gemeinsam nach Fünen zu Freundschaftsspielen und spielten jeweils gegen die gleichen dänischen Mannschaften, wobei die Stadtauswahl deutlich erfolgreicher war.[124]

Ein Jahr zuvor war eine Auswahl des dänischen Arbeiterfußballs aus Fünen zu Gast in Kiel gewesen. Dafür waren in Kiel auch zwei verschiedene Teams berufen worden, die jeweils gegen die Dänen hatten spielen sollen. Hierfür war noch im Vorweg eine interne Ausscheidung ausgespielt worden, um das Zuschauerinteresse zu erhöhen.[125] Eine Trennung in eine reine Freie Turner- und eine Stadtauswahl war dabei noch nicht getroffen worden. Diese setzte sich erst im Laufe des Jahres 1931 durch.

6. Arbeiter- und bürgerlicher Fußball

Der Arbeitersport als Teil der Arbeiterkulturbewegung war nicht nur eine Möglichkeit zu gemeinsamen Freizeitaktivitäten von Menschen aus der Arbeiterklasse. Er bot die Chance, in einer eigenen Welt Stolz und Selbstbewusstsein zu entwickeln, in selbstbestimmten Organisationen mit eigenen Regeln und Zielen. In einer Gesellschaft und in einem Staat, in dem die organisierte Arbeiterbewegung politisch, kulturell und sozial ausgegrenzt war, wurde die entstehende Arbeitersportbewegung Teil der Selbstbehauptung der Arbeiter in einer Welt kapitalistischer Ausbeutung. Diese Ausgrenzung zog eine klare Trennungslinie zur bürgerlich-aristokratischen Gesellschaft des wilhelminischen Deutschlands.

Mit dem Ende von Weltkrieg und Monarchie endete die staatlich-politische Ausgrenzung, nicht aber die politischen, sozialen und nicht zuletzt ökonomischen Trennlinien in der Gesellschaft. Dass die Arbeiterbewegung und dabei im Wesentlichen die sozialdemokratisch geprägte Arbeiterbewegung auf den Arbeitersport als dritte Kraft neben Partei und Gewerkschaft setzte, gab diesem faktisch die gleichen Ziele vor: sich für eine sozialistische Zukunft einzusetzen, die sozialen und ökonomischen Interessen der Arbeiter zu vertreten und zunehmend ab Mitte 1920 sich für den Erhalt der demokratischen Republik einzusetzen.

In der Weimarer Republik lief die Trennlinie im Sport zwischen Arbeitern, verstanden als soziale und politische Kategorie, und Bürgerlichen. Dabei wurde die politisch-gesellschaftliche Trennung aus der Zeit vor 1918 fortgeschrieben, auch wenn sich manche Bedingungen verändert hatten. Politisch kooperierte die SPD in der Weimarer Republik zwar mit den demokratischen bürgerlichen Parteien. In der gesellschaftlichen Praxis blieben es dennoch zwei Welten, was vor Ort in den Kommunen und noch mehr in den Organisationen zu betrachten war, die Alltag und Freizeit der Menschen bestimmten.

124 Vgl. Der Fußball-Stürmer vom 4. April 1932.
125 Vgl. SHVZ vom 2. August 1931 und 15. August 1931.

Kiel blieb eine kulturell und damit auch sportlich eine geteilte Stadt. Die Arbeiterbewegung behielt eigene Sport-, Gesangs-, Theater-, Samariter-, Wander- und Ferienorganisationen. Dass dabei Einflüsse dessen, was als „hegemoniale Kultur" der bürgerlichen Gesellschaft bezeichnet werden kann, Wirkkraft für die aus der gesellschaftlich-politischen Opposition kommenden Arbeiterorganisationen hatte, wurde vom Arbeitersport als Problem gesehen, ohne dem ausweichen zu können.[126] Wie auch am Fußball in Kiel gezeigt werden kann, pflegte man eine Nullkooperationspolitik gegenüber dem DFB und seinen Vereinen, übernahm aber einige Strukturelemente des Spielbetriebs, die sich dort schon seit längerem erfolgreich bewährt hatten.

In den Statuten des ATSB war festgeschrieben, dass ein Sportverkehr mit dem bürgerlichen Sport und damit auch mit dem DFB untersagt war. Schon im Jahresbericht für 1920 des ATSB hieß es: „Die Sportler, die als Arbeiter ihre Zugehörigkeit zu den bürgerlichen Verbänden noch nicht gelöst haben, können wir nicht gewinnen für unsere Bewegung, indem wir einmal mit ihnen spielen... Wer zu uns kommen will, der soll helfen aufbauen und erziehen in dem Sinne, wie es eines Arbeiters würdig ist. Wer nicht aus vollster Überzeugung zu uns kommt und nur augenblicklichen Verhältnissen Rechnung trägt, der mag lieber fortbleiben."[127] Damit war seitens des ATSB die Trennlinie gezogen. Für den Fußball in Kiel kann man konstatieren, dass zumindest formal gegen die Statuten nicht verstoßen wurde. Es ist kein einziges Fußballspiel zwischen einer Mannschaft eines ATSB- und einem DFB-Vereins überliefert. Es wird keines gegeben haben. Diese Konsequenz wurde auch an den Tag gelegt, wenn besondere Ereignisse und Anlässe das Thema neu aufwarfen. Als sich im Winter 1931/32 auch der Sport und der Fußball in karitativer Weise für die sog. „Winterhilfe" der Stadt Kiel engagierten, sah sich das Kieler Arbeitersport-Kartell zu einer öffentlichen Erklärung genötigt: „Keine Gemeinschaft mit den Bürgerlichen. ...In letzter Zeit mehren sich die Anfragen, ob unsere Vereine im Interesse der Winterhilfe Veranstaltungen unternehmen sollen. Selbstverständlich stellen sich unsere Vereine...in den Dienst der Winterhilfe. Dabei ist aber zu beachten, daß aufgrund der Bundestagsbeschlüsse und der Bundesstatuten ein Zusammenwirken mit Vereinen der bürgerlichen Sportverbände ausgeschlossen ist."[128] Eine Begründung über den Verweis auf die Statuten hinaus wurde nicht für notwendig erachtet.

Interessanterweise wies die SHVZ kurze Zeit später in einer redaktionellen Meldung auf ein Spiel für die Kieler Winterhilfe zwischen zwei Kieler Auswahlmannschaften auf dem Holsteinplatz am Neujahrstag unter der Rubrik „Bürgerlicher Sport" hin.[129]

Gab es auch keine sportlichen Beziehungen zwischen den beiden Fußballwelten in Kiel, so sah es in der Presselandschaft keinesfalls eindimensional aus. Jedenfalls nicht auf der „linken" Seite. Während in den beiden bürgerlichen Tageszeitungen Kieler Neueste Nachrichten (KNN) und Kieler Zeitung (KZ) über den Arbeiterfußball nicht berichtet wurde und auch die beiden ATSB-Kreisendspiele, die 1930 und 1932 in Kiel stattfanden, keinerlei Erwähnung fanden, berichtete die SHVZ durchaus über den Fußball der Konkurrenz. In den ersten Jahren wurde das unter der Rubrik „Norddeutscher Fußballverband Kreis 1" getan. Für den Arbeiterfußball

126 Vgl. Hans Joachim Teichler/ Gerhard Hauk (Hrsg.): Illustrierte Geschichte des Arbeitersports. Berlin/Bonn 1987, S.7.

127 Arbeiter-Turn- und Sportbund: Geschäftsbericht über das Jahr 1920. Leipzig 1921, S.7.

128 SHVZ vom 19. Dezember 1931.

129 Vgl. SHVZ 1. Januar 1932.

wurde als Untertitel die Bezeichnung „Norddeutsche Spiel-Vereinigung. Arbeiter-Turn- und Sportbund Gruppe Kiel" gewählt. Einmal abgesehen davon, dass diese Bezeichnung nicht die statutenmäßige korrekte Bezeichnung für den 2. Bezirk im 3. Kreis des ATSB darstellte, fällt die formale Angleichung der Bezeichnungen auf. Hinzu kommt, dass der Umfang der Berichte zuerst in etwa gleich war. Das ist nicht anders zu lesen, als das Bemühen, in der Berichterstattung dem Arbeiterfußball eine gleichberechtigte Rolle zuzuweisen. Ab 1925 wurden die Berichte in der SHVZ über den „eigenen" Fußball dann ausführlicher und es entstand ein quantitatives Übergewicht gegenüber dem DFB-Fußball. Aber auch bei diesem beschränkte man sich nicht auf wenige herausragende Spiele, sondern berichtete als Ergebnisdienst regelmäßig über den bürgerlichen Kieler Fußball insgesamt. In den folgenden Jahren wurde auch hier eine stärkere politische Profilierung deutlich. In den Rubriken schrieb man jetzt als Überschrift explizit „Bürgerlicher Fußball", wenn über Spiele des NFV berichtet wird.

Während die Leser von KNN und KZ nichts über den Arbeiterfußball erfuhren, waren die SHVZ lesenden Arbeiter über den DFB-Fußball in Kiel auf dem Laufenden. Da man der Redaktion wohl keine besondere Sympathie für den bürgerlichen Fußball unterstellen darf, ergibt sich unzweideutig, dass man um das Interesse der eigenen Leserschaft am Fußball insgesamt wusste und dem Leserinteresse entsprach bzw. glaubte entsprechen zu müssen.

Dass dieses vorhanden war, unterstreichen auch die regelmäßigen Werbeanzeigen für Spiele der größeren und erfolgreicheren Kieler DFB-Vereine, die in der der SHVZ geschaltet wurden. Im besonderen Maße wurden dafür Spiele an Feiertagen herausgehoben. So wurden z.B. zu Pfingsten 1924 Spiele auf dem Kilia-Platz (FC Kilia gegen eine Mannschaft aus Budapest)[130] und auf dem Holsteinplatz[131] beworben. Außerdem gab es eine Anzeige von der FSV Borussia, die zu einem Freundschaftsspiel gegen Wolfenbüttel auf dem Kasernenhof in Gaarden antrat.[132] Über diese Spiele wurde auch redaktionell in der SHVZ berichtet. Im Arbeiterfußball fanden laut SHVZ nur am Pfingstmontag Spiele auf dem Minervaplatz in Hassee statt, wo die erste und zweite Mannschaft des Gastgebers den FSV Glückstadt empfing. Die Spiele hätten unter keinem glücklichen Stern gestanden, da „infolge der äußerst ungünstigen Zugverbindung, die in unserer Sportbewegung, wo wir infolge unserer Abhängigkeit vom Kapitalismus keinen Arbeitstag einbüßen können, mit berücksichtigt werden muß, eine Verschiebung der Spieltermine sowie eine Verkürzung der Spiele notwendig machte."[133]

Die Werbewirksamkeit von Freundschaftsspielen nutzte der Arbeiterfußball in den letzten Jahren seines Bestehens dann doch immer häufiger. „Wer guten Fußball sehen will, gehe zu dem Spiel gegen Hansa!" warb die SHVZ anlässlich eines Spiels gegen einen führenden Hamburger Verein auf dem Prof. Peters Platz Pfingsten 1931.[134] Zeitgleich hatte der FC Süd-Kiel eine Spitzenmannschaft aus Thüringen zu Gast, zu dem sogar die Mannschaftsaufstellungen abgedruckt wurden.[135]

---

130 Vgl. SHVZ vom 3. Juni 1924 und 6. Juni 1924. Als Rahmenprogramm wurde ein Spiel des VfB Union Teutonia Kiel gegen Herford und ein Knabenspiel Kilia – Holstein (!!!) avisiert.

131 Vgl. SHVZ vom 7. Juni 1924.

132 Vgl. Ebd.

133 SHVZ vom 10. Juni 1924.

134 Vgl. SHVZ vom 17. Mai 1931.

135 Vgl. SHVZ vom 23. Mai 1931.

Werbeanzeigen für bürgerlichen Fußball gab es in der SHVZ bis Ende 1932 – weiterhin im Wesentlichen für Spiele der KSV Holstein, die in Kiel den mit Abstand größten Zuschauerzuspruch hatte, was nicht zuletzt ihren sportlichen Erfolgen zuzurechnen war. Aber auch für Spiele des FC Kilia und – seltener – des VfB Kiel wurde geworben. Die SHVZ sah selbstverständlich keine Veranlassung, diese im Anzeigenteil des Blattes nicht zu drucken. Ins Auge fällt dabei allerdings eine Seite, in der gleichzeitig und in bemerkenswert gleichem Layout, aber in unterschiedlicher Größe, zwei Anzeigen für zwei Spiele auf dem Holsteinplatz warben – eine größere für ein Spiel von Holstein Kiel gegen den VfB Leipzig und eine kleinere für ein Spiel des FC Hansa Kiel gegen TV Freiheit Berlin.[136]

Werbung für den bürgerlichen und den Arbeiterfußball im gleichen Layout. (SHVZ 13. August 1926)

In ganz anderer Hinsicht fällt hingegen eine Anzeige vom 6. Juni 1931 mit der Werbung für ein Freundschaftsspiel auf dem Blaschkeplatz zwischen Borussia Gaarden und dem FC Kilia ins Auge. Die Anzeige der Veranstalter, der beiden Vereine, zielte sicherlich auf die fußballinteressierte Arbeiterschaft in Gaarden, die, gleich ob politisch dem Arbeitersport nahestehend oder nicht, für ein sportlich attraktives Spiel gewonnen werden sollte. Der Blaschkeplatz mitten in Gaarden wurde bekanntlich sowohl vom „bürgerlichen" als auch vom Arbeiterfußball genutzt.

Nur zwei Wochen später erschien – wohl kein Zufall – ein redaktioneller Beitrag auf der Sportseite der SHVZ mit der Überschrift „Die Fußballabteilung Ost wirbt in Gaarden".[137]

---

136 Vgl. SHVZ vom 14. August 1926.
137 SHVZ vom 22. Juni 1931.

Der Gedanke der Fußballabteilung Ost, mit einer über den üblichen Rahmen hinausgehenden Werbeveranstaltung an die Öffentlichkeit zu treten, sei unbedingt zu begrüßen. Gerade im Stadtteil Gaarden gelte es für die Abteilung, die Arbeiterschaft mehr als bisher für den Arbeiter-Turn und Sportbund zu interessieren und „Laue und Irregeleitete" für uns zu gewinnen.

Ein halbes Jahr später kam es zur gleichen Begegnung am selben Ort. Am 6. Februar 1932 wurde eine Anzeige in der SHVZ geschaltet, die für ein Spiel zwischen dem FC Kilia und Borussia Gaarden auf dem Blaschkeplatz mit dem Hinweis warb, es gehe um den 2. Platz in Kiel, mithin ein entscheidendes Spiel um die Spitze in Kiel hinter dem Abonnementsmeister KSV Holstein. Genannt wurden auch die Vorverkaufsstellen. Diese Werbung in der SHVZ wird nicht zufällig zu diesem Zeitpunkt platziert worden sein, denn zur gleichen Zeit war es ein Team ebenfalls aus Gaarden, das seine Heimspiele auch meist auf dem Blaschkeplatz austrug, die Nr. 1 im Kieler Arbeiterfußball: die Gruppe Ost der Freien Turnerschaft. Diese sollte drei Wochen später zum Kreisendspiel gegen den Hamburger Meister in Kiel antreten. Vermutlich im Hinblick auf das erwartete Zuschauerinteresse fand dieses Spiel dann auf dem Holstein-Platz statt, also im Zentrum des bürgerlichen DFB-Fußballs in Kiel.

Arbeiterfußballer auf dem Holsteinplatz und ein lokales DFB-Topspiel, beworben in der Arbeiterpresse, waren jeweiligen praktischen eigenen Vorteilen und Interessen geschuldet, aber gewiss keine Anzeichen für ein Aufweichen des Lagerdenkens. Immerhin berichtete die SHVZ in ihrer Rubrik „bürgerlicher Sport" das Ergebnis des Spiels auf dem Blaschkeplatz.

Das Werben um Zuschauer war Teil des sportlichen und aus dem Blickwinkel des Arbeiterfußballs politischen Wettbewerbs. Die Vorteile lagen dabei eindeutig bei den bürgerlichen Vereinen, über die die gesamte Presse berichtete und die sich Anzeigen leisten konnten und wollten.

Dass die bürgerliche Konkurrenz tatsächlich ein Ärgernis war, wurde selten so ausdrücklich berichtet, wie anlässlich eine „Vereinskampfs Rasensport gegen Hansa" in Eckernförde.

Die fünf Spiele (1. und 2. Mannschaften, „Alte", Jugend und Knaben) seien alle fair durchgeführt worden. „Leider ging aber das Publikum wieder zu den Bürgerlichen, die nebenan spielten und nicht an unsere Spiele herankamen. Daß unter diesen Zuschauern auch die Häuptlinge für die ‚Einheit' im Arbeitersport waren, sei nebenbei bemerkt."[138] Der Seitenhieb auf die Kommunisten war dabei sicher nicht weniger wichtig für den Berichterstatter. Auf der gleichen Zeitungsseite findet sich auch eine Spalte „Bürgerlicher Sport" mit Resultaten von Spielen aus Kiel, Schleswig Rendsburg etc. Das „bürgerliche" Spiel als Konkurrenz in Eckernförde fand dort allerdings keine Erwähnung.

Handelte es sich um herausgehobene Spiele des Arbeiterfußballs, riefen die „abtrünnigen" Zuschauer noch größeren Ärger hervor. So beklagte der Bericht über das Halbfinale um die Kreismeisterschaft zwischen Union Neumünster und „Hertha" aus Hamburg (4:0) im November 1925 nicht nur die enttäuschende Zuschauerzahl von achthundert, sondern fügte kritisch hinzu, die meisten hätten von außerhalb des Kassenbereiches zugesehen, ohne die dreißig Pfennig Eintritt zu bezahlen. Trotz der Erwerbslosigkeit mancher sei der Grund aber nicht beim Eintrittsgeld zu suchen: „Viel wesentlicher scheint, daß auffälligerweise sich die größte Zahl dieser ‚Fernstehenden' aus Mitgliedern derjenigen Sportvereine zusammensetzt, die nicht auf sozialistischer Grundlage aufgebaut sind. U.E. scheint ein stillschweigendes Übereinkommen

138 SHVZ vom 15. Februar 1932.

zu bestehen, Veranstaltungen der Arbeitersportler zu boykottieren. Dies ist um so bedauerlicher, da der größte Teil dieser Mitglieder gewerkschaftlich und parteipolitisch zu uns steht, aber immer noch nicht begriffen hat, daß auch auf sportlichem und gesellschaftlichem Gebiet der Arbeiter zum Arbeiter stehen muß."[139]

Dass auch viele Anhänger der SPD und Gewerkschaftsmitglieder allemal zum bürgerlichen Fußball gingen, war allen bewusst. Dieser gab sich unpolitisch und erwartete von seinen Mitgliedern oder gar vom Publikum keine erkennbare politische Haltung. Dessen ungeachtet waren oftmals aber Vereinsfunktionäre durchaus politisch oder zumindest weltanschaulich zuzuordnen und das Image der Vereine war in der Stadt auch bekannt. Dass bei der aus dem Milieu von Oberrealschülern, Studenten, Marineangehörigen und Kaufleuten entstandenen KSV Holstein niemand mit Verdacht auf SPD-Nähe in der Vereinsleitung saß, war einschlägig. Dennoch konnte man nur bei der Liga dieses Vereins Spiele der Endrunde um die Deutsche Meisterschaft des DFB und Gastspiele der seinerzeit populärsten Clubs wie dem Hamburger SV sehen.

Andere bürgerliche Vereine waren „differenzierter" aufgestellt, wie das Beispiel Hans Söhnker verdeutlicht. 1903 in Kiel geboren, spielte er als Schüler Fußball beim bürgerlichen FC Kilia Kiel. Bis zu seinem Weggang aus Kiel 1924 war er dort aktiv. Er wechselte nicht zu einem der neu entstandenen Vereine bzw. Abteilungen des Arbeiterfußballs, sondern blieb beim FC Kilia. Das ist nicht nur erwähnenswert, weil Söhnker überzeugter Sozialdemokrat war. Sein Vater Edmund war zudem ein hochrangiger Kieler SPD-Funktionär, war Vorsitzender der Partei von 1907 bis 1912 und zudem der seinerzeit einflussreichste Kulturpolitiker der Sozialdemokratie in der Stadt. Der Arbeiterfußball konnte auch in Kiel immer nur einen Teil derjenigen an sich binden, die seine Zielgruppe bildeten.

Zu den besonders konfliktreichen Themen der Konkurrenz der Fußballdachverbände zählte das Thema „Abwerbung". Das betraf nun nicht die unbestimmte Masse der Zuschauer, die man für sich gewinnen wollte, sondern das sportliche Zentrum des Spiels, die Spieler. Hatten sich bei den Vereinsgründungen in der Zeit unmittelbar nach Kriegsende auch Spieler zusammengefunden, die vorher in unterschiedlichen Vereinen und Verbänden Sport getrieben hatten, so nahm das Thema nach der Konsolidierung des Fußballs sowohl im ATSB wie im DFB eine andere Dimension an. Vereinswechsel zwischen den „Lagern" wird es vermutlich auch in Kiel gegeben haben, ohne dass dazu näheres aus den Quellen bekannt ist.

Mehr oder weniger Aufsehen gab es, wenn es um Abwerbungen aus dem offensichtlichen Grund gab, besonders leistungsstarke Spieler zum Vereinswechsel zu animieren.

Das oft beschriebene Beispiel von Erwin Seeler, Torschützenkönig von Lorbeer 06 aus Hamburg, Deutscher Meister, Arbeiterfußball-Nationalspieler, der 1932 erst zum bürgerlichen SC Viktoria Hamburg und später dann zum HSV wechselte, und 1932 dafür in der Hamburger SPD-Presse als „Arbeiterverräter" gegeißelt wurde, ist mit allerlei Vermutungen über die angeblich materiellen Anreize für den Wechsel in vielen Publikationen beschrieben worden.[140]

139 SHVZ vom 1. Dezember 1925.

140 „Der Mittelstürmer Seeler und der Mittelläufer Springer sind fahnenflüchtig geworden. Beides zwei Proletarier, von denen man es am wenigsten erwartet hätte. Von Kind auf an im Arbeitersport groß geworden. Sie haben ihre Gesinnung verkauft und am Sonntag schon beim bürgerlichen Oberligaverein Viktoria mitgewirkt. Bei Seeler lag eine Notlage nicht vor, da er in Beschäftigung stand. Lorbeer

Die Abwerbung von Arbeiterfußballern wurde in der Tat ein immer heftiger kommentiertes und kritisiertes Ereignis, je mehr sich die politische Lage in der Republik zuspitzte und damit die Spaltung auch des Sports eine noch stärkere politische Bedeutung bekam. Das galt insbesondere, wenn es auch noch besonders erfolgreiche und sportlich herausragende Spieler betraf. Der Fall Seeler ist in der Sportgeschichte immer wieder aufgegriffen worden, da er nicht zuletzt durch seinen Sohn Uwe retrospektiv zu einem deutschlandweit bekannten Fußballer wurde.[141] In der Sportpresse des ATSB wurden Abwerbeversuche in verschiedenen Sportarten regelmäßig thematisiert. Für den Kieler Fußball sind allerdings nur sehr wenige solche Wechsel bekannt, die alle zeitgenössisch durchaus unterschiedliche Hintergründe hatten und Bewertungen erfuhren.

1923 stieß Oskar Ritter von einem Hamburger Arbeitersportverein zur KSV Holstein nach Kiel. In den Spielen um die Norddeutsche Meisterschaft des Jahres spielte er erstmals als Mittelstürmer für die Kieler und wird in den nachfolgenden Jahren zu einem ihrer erfolgreichsten und populärsten Spieler. Im April 1933 veröffentlichte der Verein in seiner Mitgliederzeitschrift einen mehrseitigen Artikel über „10 Jahre Oskar Ritter in Kiel", in dem auch aus einer Meldung der Zeitschrift „Sport-Echo" unkommentiert zitiert wurde: „Der neue Mann stammt aus dem Lager der Arbeitersportler. Man erkannte seine Veranlagung, konnte ihn gebrauchen und stellte sonstige Vorurteile zurück... Die Kieler Manager sind auf dem Posten gewesen, die Hamburger haben das Nachsehen...Von den sich bewerbenden Kieler Vereinen hat Holstein den Abschluss perfekt gemacht. Die Akquisition hat sich gelohnt."[142] Das war ein eher beiläufiger Hinweis auf den Konkurrenten Arbeitersport, der 1923 ansonsten wenig Beachtung im bürgerlichen Sport fand. Der Hinweis auf so modern klingende Instrumente wie „Manager" und „Akquise" erstaunt angesichts der Tatsache, dass die KSV Holstein wie der Großteil auch der führenden DFB-Vereine jegliche Art von „Berufsfußball" strikt ablehnte. Ritter war zwar beim Kieler Arbeitersportverein FSV Ellerbek groß geworden, dann aus beruflichen Gründen nach Hamburg gegangen und von dort in den bürgerlichen Fußball geholt worden. Durch den „Um-

Oskar Ritter, Arbeiterfußballer aus Ellerbek, der bei Holstein Kiel Karriere machte. (Bildnachweis: Sammelbild Greiling Meisterserie 1930/1931)

wird diese beiden Spieler verschmerzen." Der Fußball-Stürmer vom 15. Februar 1932.

141 Vgl. u.a.: Jens Reimer Prüß (Hrsg.): Spundflasche mit Flachpaßkorken. Die Geschichte der Oberliga Nord 1947–1963. Essen 1991.

142 Vereinszeitung der Kieler Sportvereinigung „Holstein" von 1900 e.V., Ausgabe A für April 1933, S.105.

weg" über Hamburg war der Kieler ATSB nicht direkt involviert und es gab dort auch keinen Aufschrei.

In derselben Ausgabe des „Fußball-Stürmer", in der auch über Erwin Seeler berichtet wurde, wird ein Spielerwechsel in den bürgerlichen Sport in Kiel ganz undramatisch und fast beiläufig erwähnt. In einem Kurzbericht zu einem Saisonvorbereitungsspiel zwischen Minerva und der FSV Ellerbek (1:0) hieß es lapidar:

„FSV mußte auf ihren Mittelstürmer verzichten, der es einmal beim Norddeutschen Meister der (sic!) DFB Holstein versuchen will." Ganz in der bekannten Arbeitersportdiktion fällt im Bericht nicht der Name des Spielers[143] und den DFB-Verein Holstein Kiel garnierte man nicht explizit mit dem Attribut „bürgerlich". Von „Verrat" war schon gar nicht die Rede. In dem Vorwurf im Fall Seeler hatte man betont, dieser habe ja eine Beschäftigung gehabt und sei nicht arbeitslos gewesen. Das kann man so lesen, dass ein Wechsel mit dem Ziel, über einen bürgerlichen Verein eine Anstellung vermittelt zu bekommen, als ein weniger zu verurteilender „Verrat" aufgefasst worden war. Da solche Vereinswechsel, wenn vor 1933 auch nicht häufig, aber doch auch keine einmaligen Vorgänge waren, wird man ihnen in der Regel in den eigenen Medien keine Beachtung über Gebühr haben zukommen lassen. Allgemeine Aufrufe und Kritik an Abwerbungen ja, besondere Beachtung von Einzelfällen eher nein, es sei denn, es handelte sich um besondere Ereignisse wie im Fall Seeler und Springer in Hamburg.[144]

7. Arbeiterfußball und kommunistische Opposition

Die Spaltung der Arbeiterbewegung und der rasant zunehmende politische Abstand zwischen Sozialdemokraten und Kommunisten hatte in den ersten Jahren der Weimarer Republik noch keine organisatorischen Folgen im Arbeitersport. Wie in den Gewerkschaften und vielen Arbeiterkulturvereinen waren vorerst noch Anhänger beider Parteien wie parteilose ungebundene Arbeiter und ihre Familien Mitglieder in den Arbeitersportvereinen und dort sportlich aktiv. Das betraf damit auch den Fußball. Spätestens seit 1924 spitzten sich die Konflikte aber auch im Arbeiterfußball zu. Der größte Arbeitersportverein Fichte Berlin war zu einem kommunistisch dominierten Verein geworden und begann eine organisierte Opposition im ATSB aufzubauen. Konflikte um sportliche Kontakte und Spiele gegen Mannschaften aus Sowjetrussland befeuerten den Konflikt.[145] Die Auseinandersetzungen zwischen sozialdemokratischer ATSB-

143 Es handelt sich wohl um den Spieler Rehbehn, der für die FSV Ellerbek und auch die Kieler Stadtauswahl der Kieler Arbeiterfußballer spielte und am 28.2.1932 sein erstes Spiel für die „Ligareserve" bzw. „Bezirksmannschaft", also die zweite Mannschaft der KSV Holstein bestritt. In den Mannschaftaufstellungen der KSV Holstein findet er sich nur bis zum Juni 1932. In der 1. Mannschaft der KSV ist er nicht eingesetzt worden. Wohin ihn ein erneuter Wechsel geführt hat, ist nicht ermittelt. Siehe auch: Kieler Sportvereinigung Holstein von 1900 e.V., Vereinszeitung. Ausgabe April 1932 – Ausgabe Oktober 1932.

144 Erwin Seeler selbst hat in diversen Interviews und so auch in einem Gespräch mit dem Verfasser im Oktober 1993 immer bestritten, dass der Wechsel in erster Linie materielle Gründe hatte. Vielmehr seien die mangelnde Wertschätzung der persönlichen sportlichen Leistung und die zunehmende konfliktbeladene Politisierung im Verein wesentliche Gründe für den Wechsel gewesen.

145 Vgl. Frommhagen: Fußballhimmel, S. 270ff., Herbert Dierker: „Größter Roter Sportverein der Welt". Der Berliner Arbeitersportverein Fichte in der Weimarer Republik. In: Teichler/ Hauk: Geschichte, S. 93–104.

Führung und kommunistischer Opposition waren regional unterschiedlich ausgeprägt, aber überall präsent. In einer insgesamt kleinen, aber wachsenden Zahl von ATSB-Vereinen gab es kommunistische Mehrheiten. Die Teilnahme an „Russenspielen", der Spartakiade u.ä. führten zu Ausschlüssen aus dem ATSB. Der Begriff „Oppo" wurde eine gängige Bezeichnung innerhalb des Arbeitersports und des Arbeiterfußballs.

Je stärker der Arbeitersport in die politischen Streitfragen einbezogen wurde, desto deutlicher stellte sich den Funktionären und am Ende auch den Mitgliedern die Frage, wo sie politisch hingehörten. Den Sport überparteilich oder – wie die bürgerlichen Vereine – gar „unpolitisch" verstehen zu wollen, konnte immer weniger gelingen.

In Kiel hatte die „Oppo" fraglos einen schweren Stand. Anders z.B. als in der Hochburg des Arbeiterfußballs Hamburg gelang es nicht, einen Arbeiterfußballverein zu „übernehmen". Insofern begann der kommunistische Arbeiterfußball, der den Namen „Rotsport" – begrifflich nach der Grußformel „Rot Sport!" – benutzte, in Kiel erst nach der organisatorischen Trennung der Rotsportler vom ATSB und der Gründung eines eigenen Verbandes, der „Kampfgemeinschaft für Rote-Sport-Einheit" (KG). In einem Aufruf zu einer Konferenz der „roten Rasensportler" in Hamburg am 19. Oktober 1930 reagierte man auf Abgrenzung und Ausschlüsse von „Oppo"-Vereinen aus dem ATSB: „Wir setzen uns zur Wehr!" Roter Sport als Massensport solle vor allem Fuß-, Hand- und Schlagball organisieren. „Und für dieses Ziel gilt es, den Bürgerlichen und Reformisten alle proletarischen Elemente zu entreißen, insbesondere die Jugend von den Klauen des bürgerlichen Sportfanatismus zu befreien. Wir bauen unsere Rote Spielvereinigung zu einer unüberwindlichen, stetig vorwärtsdrängenden Organisation aus. Arbeitersportler im Bund, marschiert mit uns! Rot Sport!".

Damit war der Weg zur eigenen Organisation geklärt. Die Agitation wurde auf die Schaffung einer neuen Einheit unter kommunistischer Dominanz konzentriert. Die Politik der KG war ganz der Politik der KPD-Führung untergeordnet. In einem Beitrag zum Jahresende 1930 griff

ZWEITER JAHRGANG / NUMMER 34

Einzelpreis 10 Pfennig
im Monatsbezug 50 Pfennig, durch die Post pro Quartal 1.20 Mk. (ausschl. Bestellgeld)

Roter Nordsport

Organ der Arbeitersportler aller Sparten der Wasserkante

HAMBURG, 24. AUGUST 1931

Rot Sport marschiert

Imposanter Demonstrationszug – 2000 aktive Sportler marschieren vor überfüllten Tribünen im Altonaer Stadion auf – Hamburg gewinnt gegen Berlin 5:4 vor 40000 Zuschauern

Der wöchentlich erscheinende „Rote Nordsport" erschien als Organ des kommunistischen Arbeitersports von 1930 bis zu seinem Verbot 1933. Die erste Ausgabe erschien am 24.1.1930. (Roter Nordsport vom 24. August 1931)

der Rote Nordsport nicht nur den „Sozialfaschismus der SPD" an, sondern rief auch dazu auf, „rechten Opportunismus und Sektierertum ... zu liquidieren", eine Formel, die sich gegen oppositionelle Strömungen in der KPD bzw. die KPO richtete.[146] In der gleichen Ausgabe wurde auch die sportpolitische Dimension der Arbeit der KG auf eine Formel gebracht, die sich bis 1933 als Richtschnur durch die Erklärungen der Rotsportler zog: „Hauptaufgabe Proletarischer Wehrsport".

Ende 1930 wurde erstmals über Spiele von „Neumünster" und „Fichte Kiel" in Hamburg-Stellingen berichtet. „Fichte Berlin" war der größte Verein im kommunistischen Arbeitersport bis 1933. In ganz Deutschland gab es „Fichte"-Vereine, die eine Art Verbund im „Rotsport" bildeten. Die Kieler Dependance war offenbar die Keimzelle des Fußballs der „Oppo" im Bezirk 2.[147] Als die KG am 26. Juli 1931 einen „Roten Sporttag" in Eckernförde durchführte, nahmen daran bereits mehrere Fußballmannschaften aus dem Bezirk teil: aus „Kiel-West", „Kiel-Ost", „Kopperpahl" und „Dietrichsdorf" sowie „Elmschenhagen", „Rendsburg", „Eckernförde" und „Flensburg", wobei letzter als „Neuling" bezeichnet wurde.[148] Dass die kommunistische Sportbewegung im Fußball sich vereinsmäßig schnell entwickelte, zeigt eine Übersicht über 58 Vereine, die sich vom 1. Januar bis zum 30. Juni 1931 der „KG Wasserkante" angeschlossen hatten. Davon kamen aus Kiel bzw. dem Umland:

Roter Stern Eckernförde, KGV Kiel-Mitte, KGV Kiel-West, KGV Kiel-Elmschenhagen, KGV Kiel-Ellerbek, KGV Kiel-Kopperpahl, KGV Kiel-Dietrichsdorf, KGV Kiel-Wik, KGV Kiel-Friedrichsort, KGV Kiel-Pries und KGV Kiel-Hassee.[149] Die letzten beiden tauchen in keinen späteren Ergebnislisten auf, hatten also entweder keine Fußballabteilung, fusionierten oder existierten aus anderen Gründen nur kurz. Bis 1933 kam in Kiel noch eine KGV Gaarden hinzu und im Bezirk ein Verein „Fichte Preetz". Fast alle Vereine in Kiel, auch Neumünster, Rendsburg und Eckernförde, verfügten laut Spielübersichten und Spielberichten über drei Männermannschaften. Wie im ATSB-Sport gab es die sog. Börsenspiele sowie Serienspiele. Es gab eine Ligaeinteilung und ab der Saison 1930/31 auch eine regionale Meisterschaft[150] und eine Reichsmeisterschaft. Die Kreiseinteilung war nur zum Teil identisch mit dem ATSB-Fußball. 1930/31 gehörte Kiel zusammen mit Hamburg und Bremen zum 3. Kreis „Wasserkante". Im Jahr darauf tauchte in den Ergebnisübersichten ein neuer Kreis 17a „Holstein" auf, für den ein „Kraftsportverein Kiel" an der Meisterrunde teilnahm und beim Mecklenburger Vertreter Vorwärts Teterow verlor (2:3).[151]

Über die Mitliederzahlen des kommunistischen Arbeiterfußballs in der Stadt Kiel (Elmschenhagen mitgerechnet) lassen sich keine belastbaren Aussagen treffen. Würde man die

146 Roter Nordsport vom 22. Dezember 1930.
147 Vgl. ebd.
148 Vgl. Roter Nordsport vom 20. Juli 1931.
149 Roter Nordsport vom 10. August 1931.
150 Regionale Meisterschaften hatte es in Mitteldeutschland schon ein Jahr zuvor gegeben.
151 Frommhagen: Fußballhimmel, S. 287f. Über den „Kraftsportverein Kiel" der KG konnte nichts in Erfahrung gebracht werden. Im Arbeiter Sportkartell Kiel und ATSB gab schon zu Beginn der 1920er Jahre einen Arbeiter Kraftsportverein Atlas-Freya. In den Jahren 1922 und 1923 gab es kurzzeitig auch eine Fußballmannschaft dieses Vereins innerhalb des ATSB (siehe z.B. SHVZ vom 12. März 1923) U.U. handelt es sich bei dem o.g. Verein um eine kommunistische Abspaltung, die eine Fußballmannschaft stellte oder unter deren Dach eine Auswahl von Fußballern antrat.

Zahl der Mannschaften, die in den Ergebnislisten als Ausgangspunkt vorkommen, nehmen, käme man auf zweihundert bis dreihundert aktive Fußballer. Gegen die Behauptung des Spartenleiters des ATSB Friedrich Lüthje, in der Kampfgemeinschaft Kiel gäbe es kaum mehr als dreißig Fußballer, die in immer wechselnden Mannschaften spielen würden, um eine Vielzahl von Mannschaften vorzutäuschen, wehrte man sich jedenfalls mehrfach in Artikeln des Roten Nordsports.[152]

Da auch im Rotsport keine Mannschaftsaufstellungen und Spielernamen in den eigenen Medien genannt wurden, lässt sich nur ziemlich sicher schließen, dass die gemeldeten ersten Männermannschaften, die an Serienspielen teilnahmen und dafür auch Spieler melden mussten, die Spielerpässe erhielten, um einen fairen Wettbewerb zu garantieren, als Grundlage anzusehen sind.[153] Die vierzehn Mannschaften, die 1931/32 an Serienspielen im Bezirk teilnahmen, werden sicherlich insgesamt über 180 bis 200 Spieler verfügt haben.

Zum Kieler Jugendfußball der KG liegen dagegen so gut wie keine Informationen vor.

Es kann davon ausgegangen werden, dass die meisten Fußballer der KG vor der Abspaltung vom ATSB für ATSB-Vereine gespielt haben. Ende 1930 waren im 2. Bezirk des 3. Kreises des ATSB 160 Fußballer weniger organisiert als im Vorjahr. Das war immerhin ein Rückgang von gut zwölf Prozent, der überwiegend auf die Gründung der KG-Vereine zurückzuführen sein wird. In der Presse von ATSB und SPD finden sich Hinweise darauf, dass die Abgänge schnell wieder ausgeglichen werden konnten und 1931 wieder Zuwächse erzielt wurden.

Im Rahmen der Zunahme der politischen Auseinandersetzungen wird es weiter Wechsel von Spielern zwischen Verbänden gegeben haben, in Kiel vermutlich wie überall in Deutschland überwiegend vom ATSB zur KG. Befunde dafür gibt es in Kiel wenige. So hieß es in einem Spielbericht über einen Städtekampf Hamburg – Kiel im August 1931 in der kommunistischen Presse: „Besonders ist zu erwähnen, dass in der Kieler Elf zwei Spieler aus den Bundesvereinen mitspielten.“ [154] Da wie üblich keine Spielernamen genannt wurden, kann das nicht verifiziert werden. Da aber wohl fast alle Auswahlspieler früher in ATSB-Vereinen gespielt hatten, ist es plausibel, dass zwei frühere Mitspieler, die noch ATSB-Mitglieder waren, dabei waren. Eine solche Teilnahme an einem KG-Spiel, wäre sie bekannt geworden, hätte den sofortigen Ausschluss der Spieler aus dem ATSB zur Folge gehabt.

Gelegentliche Hinweise in der ATSB-Presse über Abwanderung von Spielern[155] ließen bewusst offen, ob eine politische Abwanderung zur KG, eine sportliche zum bürgerlichen Fußball, ein Wechsel innerhalb der ATSB-Vereine oder ein beruflich bedingter örtlicher Wechsel den Hintergrund bildete. Alle vier Optionen waren möglich und gehörten zur aktuellen Herausforderung der Arbeitersportvereine am Ende der Weimarer Republik.

Die Rotsport-Spiele fanden in Kiel ausschließlich auf städtischen Plätzen statt, die auch vom ATSB genutzt wurden. Man beklagte sich zwar, dass der ATSB in Kiel versuche, der KG die Spiel-

152 Vgl. u.a. Roter Nordsport vom 28. Dezember 1931 mit der Überschrift: „Fiede Lüthje schwindelt“.

153 Das funktionierte aber offenbar nicht ohne Probleme: „Unter den Vereinsleitungen des Kieler Bezirks herrscht noch eine furchtbare Lauheit, denn der Termin für die Abgabe der Mannschaftsmeldelisten war der 25. Juli“. Nur wenige Vereine würden sich an die Termine halten, heißt es im Roten Nordsport vom 10. August 1931.

154 Roter Nordsport vom 24. August 1931.

155 Vgl. Der Fußball-Stürmer vom 1. Februar 1932.

plätze wegzunehmen[156], erfolgreich war das aber offenbar nur in der Nachbargemeinde Elmschenhagen.[157] In Kiel jedenfalls konnte die KG weiter ihre Spiele auf städtischen Plätzen durchführen, wenn auch der Mangel an Sportplätzen beklagt wurde, der durch die neuen Mannschaften der KG noch verstärkt wurde. Das Ausscheidungsspiel um die Rotsport-Bezirksmeisterschaft am 20. März 1932 zwischen „Kopperpahl" und „Mitte" wurde auf dem Blaschkeplatz in Gaarden ausgetragen, dem Ort vieler bedeutender Spiele im bürgerlichen (Borussia Gaarden) und ATSB-Fußball (Gruppe Ost).[158]

Die Behinderung des kommunistischen Spielbetriebes in Kiel kann nicht erheblich gewesen sein, da diese in der kommunistischen Sportpresse sicherlich angeklagt worden wäre. Dabei hatte der preußische Innenminister in einem den Kommunalaufsichtsbehörden mitgeteiltem Erlass vom 27. Dezember 1930 die Unterstützung „staatsfeindlicher Sportvereine durch die Stadtverwaltungen für unzulässig erklärt und verboten, daß Städte derartigen Vereinen Sportplätze, Turnhallen und ähnliche Einrichtungen zur Verfügung stellen."[159] Dieser Erlass richtete sich explizit gegen kommunistische und nationalsozialistische Vereine, hatte aber offenbar keine Auswirkungen in Kiel.

8. Das Ende 1933

Als Teil der Arbeitersportbewegung wurden auch die Fußballer für verschiedene Aktionen und Aktivitäten herangezogen: für Werbewochen des Arbeitersports, für internationale Begegnungen und zunehmend auch für politische Kundgebungen. Mit Blick auf den Sport als „dritte Säule der sozialistischen Arbeiterbewegung" wurden auf den Sportseiten der Kieler SPD-Presse regelmäßig die politischen Statements der Führung des ATSB abgedruckt, die diese politische Funktion des Sports herausstrichen. Dabei gab der Vorsitzende des ATSB Fritz Wildung die Tonart an. Die Arbeitersportbewegung sei der „Jungbrunnen" der Bewegung, was die Partei erkennen müsse. „Die Partei steht an einem Wendepunkt ihrer Geschichte. Es gilt für sie, die Masse aus dem Chaos des Zusammenbruchs heraus zu neuen Ufern zu führen, mit neuen Ideen auf dem Boden der Wirklichkeit zu erfüllen und damit den proletarischen Kampfkörper der jetzt neuen politischen Geschichte zu bilden." Dazu müsse sie neue Formen finden und Vorstellungen überwinden und ihrem Mutterkörper neues Blut zuführen. Sie werde ein begeistertes Echo finden bei denen, die sich noch als Stiefkinder fühlen.[160] Solch stark verklärende Darstellungen mögen der besonderen Prosa der Arbeiterkulturbewegung geschuldet gewesen sein. Sie waren aber vor allem eines: Die Botschaft einer selbstbewussten Haltung und des Anspruchs einer wichtigen Rolle und Mitsprache bei der Gestaltung der unmittelbaren politischen Aufgaben wie der Schaffung einer künftigen sozialistischen Gesellschaft. Inwieweit das die fußballspielenden Leser der SHVZ tangiert hat, ist nicht zu beantworten.

156 Vgl. Roter Nordsport vom 28. Dezember 1931.

157 „Leider ist in Elmschenhagen die Spielplatzfrage noch nicht geregelt, denn die bürgerlich-sozialdemokratische Gemeindevertretung lehnt es immer noch ab, den Arbeitersportlern den Spielplatz ... zur Verfügung zu stellen." Roter Nordsport vom 21.September 1931.

158 Vgl. Roter Nordsport vom 14.März 1932.

159 Vgl. Deutscher Städtetag: Vorbericht für die Sitzung des Sportausschusses am 5. November 1931 in Berlin. StAK 30327.

160 Fritz Wildung auf der Leipziger Kulturwoche des ATSB 1924, SHVZ 18. August 1924.

Der in der SHVZ dokumentierte Spartentag der Arbeiterfußballer 1931 kannte nur einstimmige Beschlüsse und die Wiederwahl aller Vorstandsmitglieder.[161] Zu diesem Zeitpunkt hatte sich die politische Lage in der Republik und damit auch in Kiel zugespitzt. Jetzt ging es nicht mehr um ein mit sportlichem Programm ausgeschmücktes Zugehörigkeitsbekenntnis zur Arbeiterbewegung. Jetzt wurde vom Arbeitersport aktiver politischer Einsatz gefordert. Auf dem Spartentag der Fußballer wurde es so formuliert: „Höchste politische Aktivität und ständige Bereitschaft, dem Ruf der politischen und wirtschaftlichen Arbeiterorganisationen zu folgen, ist daher das Gebot der Stunde" um den „Generalangriff auf die Arbeiter-Kulturorganisationen" der „Reaktion" abzuwehren.

Der Spartentag fiel in die Tage unmittelbar vor der Gründung der Eisernen Front am 16. Dezember 1931, in der sich SPD, Reichsbanner, Freie Gewerkschaften und der Arbeiter-Turn- und Sportbund zu einem stärker organisatorisch verzahnten Bündnis gegen die faschistische Gefahr zusammenschließen sollten. Auch wenn die drei Letztgenannten überparteiliche Organisationen waren, konnte kein Zweifel daran bestehen, dass die Eiserne Front eine sozialdemokratische politische Linie vertrat und von Funktionären, die fast alle Mitglieder der SPD waren, repräsentiert wurde. Das traf im besonderen Maße auch auf die Kieler Organisationen zu. Die Vorstände und Geschäftsführungen der ADGB-Gewerkschaften waren einheitlich sozialdemokratisch ausgerichtet.[162] Das Reichsbanner blieb bis 1933 eine überparteiliche Organisation aus Anhängern und Mitgliedern der republikanischen Parteien mit einem deutlichen zahlenmäßigen Übergewicht an Sozialdemokraten. In Kiel war diese Dominanz besonders ausgeprägt, der bürgerliche Anteil beschränkte sich auf wenige liberale Hochschullehrer und Akademiker.

Schon vor Gründung der Eisernen Front war die Zielrichtung der politischen Appelle an die Arbeitersportler in Kiel auf die Verteidigung der Republik und den Kampf gegen die Nationalsozialisten fokussiert. „Sonntag wird marschiert! Demokratie und Republik sind die Voraussetzung für die Entwicklung des Arbeitersports. Darum muss jeder Arbeitersportler sich einreihen in die Abwehrfront gegen die faschistischen Totengräber der Freiheit. Sonntag gilt es, dem Gegner zu zeigen, daß die Hüter der Freiheit stark sind an Zahl, groß sind in Disziplin. Kein Arbeitersportler darf fehlen!" Mit diesem Aufruf zu einem Aufmarsch des Reichsbanners in Kiel am 22. Februar 1931 begann eine ganze Reihe von Appellen an die Arbeitersportler und -fußballer zu den jetzt immer häufiger stattfindenden politischen Demonstrationen und Kundgebungen.[163] In einem Aufruf zu einer Kundgebung mit dem Reichstagspräsidenten Paul Löbe in der Kieler Nordostseehalle wurde der Sport noch gezielter angesprochen: „Achtung! Arbeitersportler aller Sparten! Hitler bedroht den freien Sport der freien Arbeiter mit Terror und Unterdrückung. Wie ein Mann stellt sich die Arbeiterschaft ihm entgegen in der Eisernen Front. Da darf kein Arbeitersportler fehlen ..."[164] Der Fußball-Stürmer versuchte lapidar den

161 Vgl. SHVZ vom 7. Dezember 1931.

162 Die KPD verfügte zwar in einigen Kieler Betrieben über durchaus nennenswerten Einfluss in den Betriebsräten und Vertrauensmännergremien, hatte sich aber seit Ende 1929 organisatorisch mit der Revolutionären Gewerkschaftsorganisation (RGO) eine Organisationsstruktur außerhalb des ADGB geschaffen und die Gewerkschaften verlassen.

163 Vgl. SHVZ vom 21. Februar 1931.

164 SHVZ vom 1.Februar 1932.

Achtung! Achtung!

Arbeitersportler aller Sparten!

Hitler bedroht den freien Sport der freien Arbeiter mit Terror und Unterdrückung. Wie ein Mann stellt sich die Arbeiterschaft ihm entgegen in der Eisernen Front. Da darf kein Arbeitersportler fehlen, wenn gerufen wird zu Appell und Versammlung. Die Kieler Arbeitersportler gehen alle

am Dienstag zur Löbe-Versammlung

(SHVZ vom 1. Februar 1932)

Zusammenhang herzustellen: „Die letzte große Probe vor der neuen Serie – denn am 21. Februar marschiert die ‚Eiserne Front' und am Sonntag darauf fällt in Kiel die Entscheidung in der Meisterschaft des 3. Kreises – verlief zu aller Zufriedenheit."[165]

Die Beteiligung der Arbeiterfußballer an den politischen Aktionen kann mangels aussagefähiger Überlieferung nicht geklärt werden. Arbeitersportler insgesamt waren in der Berichterstattung der Parteipresse jedenfalls gut vertreten. „Daß sich unsere Sportler restlos an dieser Demonstration beteiligten, ist wieder ein Beweis ihrer Zugehörigkeit zur Arbeiterbewegung" schrieb die SHVZ anlässlich einer Demonstration im Juli 1932 mit dem preußischen Innenminister Carl Severing als Hauptredner.[166] Auch wenn man den propagandistischen Hintergrund solcher Berichte berücksichtigt, kann man davon ausgehen, dass viele Arbeitersportler, die ja auch fast alle Gewerkschaftsmitglieder waren, sich in größerer Zahl an den Aktivitäten beteiligt haben. Selbstverständlich hatte man sich vor Ort darum gekümmert, dass bei solchen wichtigen politischen Veranstaltungen mit Beteiligung des Arbeitersports keine Fußballspiele zeitgleich angesetzt worden waren: „Spielverbot! Hart mag dieses Wort die Sportler treffen. Aber in dieser hochpolitischen Zeit müssen alle Kräfte angespannt werden, um dem Faschismus eine Niederlage zu bereiten. Für diesen Sonntag wird die gesamte republikanische Bevölkerung zur Kundgebung auf der Krusekoppel aufgerufen … Das Spielverbot gilt für Kiel ab 12 Uhr."[167.]

Solche Anweisungen wurden zur Regel. Für die Tage der Reichstagswahlen wie für die Wahlgänge zur Reichspräsidentenwahl 1932 erließ der Bundesvorstand des ATSB „in Übereinstimmung mit den Spartenleitungen" ein „Spiel-, Start- und Übungsverbot für alle Veranstaltungen mit Ausnahme solcher für Kinder und Jugendliche."[168] Spielverbote gab es aber nicht nur an Wahltagen, sondern wurden zu anderen politischen Anlässen verhängt. So verkündete der „Kieler Bezirk" der Fußballer und Handballer bereits anlässlich des ersten großen Aufmarsches der Eisernen Front in Kiel: „Spielverbot für Sonntag! Die Eiserne Front marschiert! Da darf kein

165 Der Fußball-Stürmer vom 15. Februar 1932.
166 Vgl. SHVZ vom 18. Juli 1932.
167 SHVZ vom 17. Juli 1932.
168 Siehe z.B: Der Fußball-Stürmer vom 10.Oktober 1932.

Sportler fehlen! Für alle Hand- und Fußballspieler – ausgenommen Schülermannschaften – ruht am Sonntag, den 21. Februar, ab 13 Uhr der gesamte Spielbetrieb im ganzen 2. Bezirk. – Nach Möglichkeit können Spiele am Vormittag ausgetragen werden."[169]

Davon abgesehen, wurde in Kiel weiter Arbeiterfußball gespielt. Die Zahl der Mannschaften und Spiele erreichte in etwa den Umfang des Vorjahres.

Am 20. März 1933 berichtete der Fußball-Stürmer ein letztes Mal über Spiele des Arbeiterfußballs in Kiel. Mit dem endgültigen Verbot der SHVZ am 27.2.1933 war eine lokale Berichterstattung über die ATSB-Spiele in der sozialdemokratischen Tagespresse nicht mehr möglich. Für den 12. März wurden alle Spiele im „Kieler Bezirk" wegen der Kommunalwahlen abgesagt. Zudem fand an dem Tag das Kreisendspiel in Hamburg statt, an dem für den Bezirk Union Neumünster teilnahm. Am 26. März sollte die neue Saison auf Bezirksebene beginnen. Am 19. März fanden deswegen bei sehr schlechtem Wetter Freundschaftsspiele als Generalprobe statt. In dem „Großkampfspiel Süd Kiel gegen Ost" kam es zu einer letzten Begegnung der beiden erfolgreichsten Kieler Vereine der letzten Jahre. Das Spiel endete 8:3 für Süd-Kiel. Weitere Ergebnisse des Tages waren West – Adler 4:2 und FSV Ellerbek – Hansa 1:1.

Das waren die drei letzten Spielergebnisse, die der ATSB veröffentlichen konnte.[170] Ob und welche weiteren Spiele ausgetragen wurden, ist den Quellen nicht sicher zu entnehmen. In der letzten Ausgabe des „Fußball-Stürmer" hieß es zum Fußball in Kiel: „Sollte unsere Sportzentrale am 26. März noch geschlossen sein, sind die Spielergebnisse unter der Nr. 8156 (Vereinslokal von Süd Kiel), wo der Presseobmann anwesend ist, durchzugeben." Das Kieler Gewerkschaftshaus, in dem auch das Kreisbüro der SPD und die Büros des Arbeitersports untergebracht waren, war am 13. März 1933, dem Tag nach dem Mord an dem SPD-Stadtverordneten, Rechtsanwalt und Juden Wilhelm Spiegel, von der SA besetzt und der Nationalsozialistischen Betriebsorganisation (NSBO) unterstellt worden. Damit war es für den ATSB nicht mehr zugänglich.[171]

In einigen anderen Kreisen des ATSB sind noch Spiele bis Ende März 1933 belegt. Im Freistaat Lübeck konnten sogar noch am 17. April 1933 Spiele der Arbeiterfußballer ausgetragen werden, wenn auch unter erschwerten Bedingungen.[172]

In einem „Aufruf an unsere Mitglieder" vom 20.3.1933 sprach der Bundesvorstand des ATSB noch von „Umwandlungen", die „unsere aufmerksame Beachtung verlangen". Grundlegendes in Sachen Sport sei bisher nicht verlautbart. „Für unsere Vereine gilt jetzt der Grundsatz, mit Besonnenheit und Ruhe den Dingen entgegen zu sehen." Deutlich wurde man nur in einer Frage: „Hütet Euch vor Provokateuren... Haltet Abstand von den Mitglieder und den Vereinen der Oppo. Seit Jahren führen wir den Kampf gegen ihre Zerstörungsarbeit, für die wahre Einheit. Vergeblich. Jetzt aber ist der Einheitswille ihrerseits sehr anrüchig... Haltet die Übungsstätten und Übungsabende frei von Ruhestörern."[173]

169 SHVZ vom 15.Februar 1932.

170 Vgl. Der Fußball-Stürmer vom 20. März 1933.

171 In der kurzen Chronik auf der Internetseite des FC Süd Kiel heißt es, dass das letzte Spiel vor dem Verbot gegen Friedrichsort ausgetragen wurde. Es ist durchaus möglich, dass der FC Süd-Kiel, der offenbar zum Ausweichbüro des Arbeiterfußballs geworden war, noch ein oder mehrere weitere Spiele zustande bringen konnte. FC Süd Kiel: Vereinschronik. URL: https://www.fc-suedkiel.de/13701.html (zuletzt aufgerufen: 29.6.2023).

172 Vgl. Frommhagen: Fußballhimmel, S. 247.

173 Der Fußball-Stürmer vom 20. März 1933.

Das Ende des Arbeitersports und damit des Arbeiterfußballs in Deutschland ist bekannt. Überlegungen und Versuche der Führung des ATSB, den Arbeitersport unter dem neuen zentralen Dach des Sports in Deutschland zu retten, waren illusorisch und wurden schließlich aufgegeben. Am 12. Mai 1933 löste sich der ATSB gezwungenermaßen auf. Mit dem Gesetz „Über die Einziehung volks- und staatfeindlichen Vermögens" vom 14. Juli 1933 legalisierten die Nationalsozialisten den reichsweiten Raubzug gegen das Vermögen des Arbeitersports an

Vereinseigene Heime besaß der Arbeiterfußball in Kiel nicht. Treffpunkte waren v.a. Gaststätten. „Zur deutschen Eiche" in der Hamburger Chaussee war das Clublokal der Arbeitersportler der südlichen Innenstadt, u.a. auch der Fußballer von der Moorteichwiese. (Foto Privatbesitz)

Häusern, Spielplätzen, Geräten uvm. In Kiel war vor allem die Freie Turnerschaft an der Kieler Förde als größter Verein des Arbeitersports betroffen. Die Fußballer hatten auf städtischem Grund gespielt und die Arbeiterfußballvereine hatten keine eigenen „Vereinsheime", sondern nutzten Gaststätten als Vereinslokale.

Viele hundert aktive Fußballer konnten ihren Sport nicht mehr in den angestammten Vereinen ausüben. Der DFB hatte bereits am 2. April 1933 bekannt gegeben, dass er grundsätzlich keine Arbeitersportvereine aufnehmen werde. Somit blieb den Kieler Arbeiterfußballern nur der individuelle Weg in bürgerliche Vereine oder, das Fußballspielen im Verein ganz aufzugeben.

Bei einem Besuch Ende Mai 1933 in Kiel ging der neue NS-Reichssportkommissar von Tschammer-Osten auf den Umgang mit dem bisherigen Arbeitersport ein. In einer Rede verkündete er, dass ein Vermögen von 35 Millionen RM der Arbeitersport Organisationen ihm übertragen sei, die dem Sport weiter zur Verfügung stehen soll: „Dieses Vermögen aus Arbeitergroschen soll in das deutsche Sport- und Turnleben hineingestellt werden, daß der deutsche Arbeiter, der einstmals Marxist gewesen ist, in der Zukunft wieder Segen davon haben kann. Auf der anderen Seite ist es ausgeschlossen, daß wir bei der Umformation eine Übersicht behalten, wenn die Arbeitersportler zu uns kommen. Deshalb kommt eine Verfügung heraus, daß kein marxistischer Sportler und Turner vor dem 1. September in einem bürgerlichen Verein aufgenommen werden darf, daß also bis zu diesem Zeitpunkt eine Sperre eintritt. Wir werden dem schlichten deutschen Arbeiter nach einer Karenzzeit die Hand bieten, damit er an dem Neubau des deutschen Sportes mit uns arbeitet."[174]

Im September wurde diese Sperre dann gelockert und an Bedingungen geknüpft. In welchem Umfang Arbeiterfußballer vor oder nach dem September 1933 in Kiel in bürgerliche Vereine gegangen sind und wie die Aufnahmebereitschaft dieser Vereine war, ist bisher für Kiel nicht untersucht worden. Die vorliegenden Vereins-Chroniken geben darüber so gut wie keine Informationen.

Einige wenige Befunde können Hinweise geben. Frommhagen stellt in seiner Untersuchung fest, daß bei Spielern der aufgelösten Vereine eine gewisse Affinität für Vereine aus der Nachbarschaft bestand, wobei man annehmen kann, dass persönliche oder berufliche Bekanntschaften eine Rolle spielten.[175] Ein Beleg dafür lässt sich in Kiel-Gaarden finden. In einer Chronik der „bürgerlichen" FSV Borussia Gaarden liest man: „Als sich 1933 der Gaardener Ballspielverein (GBV) auflöste und die damalige Freie Turnerschaft an der Kieler Förde (MA I) als Arbeiter-Turn- und Sportverein von den Machthabern verboten wurde, schlossen sich die Handballer beider Vereine dem FV Borussia an. So konnten auch wir eine Handballabteilung gründen".[176] In dieser sportlich sehr erfolgreichen neuen Handballmannschaft spielte das Außenläuferpaar Ohms und Loof, beide bis 1933 Fußballauswahlspieler der Gruppe Ost der

174 KNN vom 30. Mai 1933. Dieser Presseauszug auch in „Blick in die Zeit" vom 30. Juni 1933, S.11. Dass dort dieser Aspekt der Rede v.Tschammer-Osten besonders hervorgehoben wurde, war sicherlich der Tatsache geschuldet, dass zu den Lesern dieser Zeitschrift viele ehemalige SPD-Mitglieder und Arbeitersportler gehörten. Sie wurde als Presseschau gestaltet, überwiegend von Sozialdemokraten redigiert, die aus Kiel stammten und konnte bis 1935 erscheinen.

175 Frommhagen: Fußballhimmel, S. 249.

176 125 Jahre Turn- und Sportvereinigung Gaarden von 1875 e.V. Kiel 2000, S. 82ff.

Freien Turnerschaft. Wechsel zwischen Ballsportarten waren zu der Zeit im Prinzip nichts Ungewöhnliches. Da zur neuen Handballmannschaft der FSV Borussia Gaarden weitere ehemalige Sportler der Freien Turnerschaft kamen,[177] wird man annehmen können, dass die ehemaligen Arbeitersportler aus unterschiedlichen Sportarten zumindest in Teilen zusammenbleiben wollten. Und das konnte in einer neu aufgestellten Mannschaft besser gelingen, selbst wenn man dafür die Sportart wechselte. Es spricht einiges dafür, dass es kein Zufall war, dass das im Handball grundsätzlich leichter möglich war. So ist bekannt, dass der bürgerliche Sportverein Union Teutonia Kiel 1933 eine komplette Handballmannschaft der Freien Turnerschaft aufnahm, die in dem neuen Verein in gleicher Zusammensetzung als Mannschaft weiterspielte.[178]

Im Fußball wird es vor allem nach der Lockerung der Aufnahmebedingungen im September 1933 nicht wenige Fußballer gegeben haben, die in bürgerlichen Vereinen weiter Fußball gespielt haben. Quantifizierbar ist das anhand der vorliegenden schriftlichen Überlieferung nicht. Ein besonderer Fall lag bei dem Spieler Werner Krohn vor. Er kam aus dem Kieler Arbeiterfußball, spielte für den FC Hansa und war Teil der Mannschaft, die im Februar 1929 im Kreisendspiel gegen Lorbeer 06 unterlag und spielte noch im April 1930 mit der Kieler Stadtauswahl der Arbeiterfußballer in Berlin. Er wechselte dann zu Bremerhaven 93, seinerzeit auch ein Arbeitersportverein. Dort wurde er wieder Auswahlspieler und machte sogar ein Länderspiel für die „Arbeiternationalmannschaft".[179] Im November 1932 wurde er noch in einer Mannschaftsaufstellung der Nordwest-Auswahl als Spieler von Bremerhaven 93 vermerkt.[180] Am 1. Oktober 1933 spielte Werner Krohn dann das erste Mal für die Liga der KSV Holstein bei einem Freundschaftsspiel gegen Altona 93 (4:2) auf dem Holsteinplatz.[181] Vermutlich wechselte er aber nicht direkt aus dem Arbeiterfußball zur KSV, sondern spielte dazwischen noch eine kurze Weile für Union Teutonia Kiel.[182] Die Gründe dafür sind nicht bekannt. Ein Hintergrund könnte in den besonderen Aufnahmebestimmungen liegen, die der DFB-Auswahlspielern und damit „prominenten" Arbeiterfußballern auferlegte. Sie hatten eine eidesstattliche Erklärung abzugeben, dass keine Verbindungen zu „marxistischen Organisationen" mehr bestehen. Außerdem mussten zwei Bürgen gestellt werden, die bereits vor dem 1. Januar 1933 einer Organisation der NSDAP oder des Stahlhelms angehört hatten.[183] Die Station Union Teutonia könnte für Krohn zur Umgehung dieser Vorschrift genutzt worden sein.

Einfache eidesstattliche Erklärungen wurden in Kiel aber offenbar von allen ehemaligen

177 Erschlossen werden konnten anhand der Spielerliste in der Chronik des TuS Gaarden die Brüder Willrodt. Karl Willrodt aus Gaarden war vor 1933 im Vorstand der Abt. VI in der Freien Turnerschaft. Vgl. Ortsausschuß: Arbeiter-Führer, S. 55

178 Interview d. Verf. mit Heinrich Meimersdorf am 20.1.2004, vgl. auch VfB Union-Teutonia (Hrsg.): 100 Jahre, S. 9f.

179 Krohn spielte beim Länderspiel gegen Norwegen in Beuthen/Oberschlesien am 14. 8.1932 (4:4). Vgl. Rolf Frommhagen: Die andere Fußball-Nationalmannschaft. Bundesauswahl der deutschen Arbeitersportler 1924–1932. Göttingen 2011, S.186f.

180 Der Fußball-Stürmer vom 21. November 1932.

181 Vereinszeitung der Kieler Sportvereinigung „Holstein" von 1900 e.V., November 1933, S. 289. Dort heißt es wörtlich „der vom Arbeitersport gekommene Krohn".

182 Frommhagen führt als Zwischenstation „Union Kiel" an. Dabei kann es sich nur um Union Teutonia handeln, da kein anderer Kieler Verein „Union" als Namensbestandteil hatte. Siehe: Frommhagen: Fußballhimmel, S. 262.

183 Vgl. ebd., S. 260.

Arbeiterfußballern verlangt. Jedenfalls berichteten die Kieler Neuesten Nachrichten (KNN) am 28. Oktober 1933: „Die Formulare für die eidesstattlichen Erklärungen für frühere Arbeitersportler sind eingetroffen. Den Vereinen wird aufgegeben, sich diese zu beschaffen und beim Kreisführer ausgefüllt einzureichen." Ob das in der Praxis überall und flächendeckend Anwendung fand, ist für Kiel nicht belegt und nicht untersucht.[184]

Einen Sonderfall stellte der Fußball in Kronsburg dar. Mit der Auflösung des Arbeitersportvereins SV Kronsburg gab es keinen Verein im neuen Stadtteil mehr und damit auch nicht die Möglichkeit, im Stadtteil den Verein zu wechseln.

Anstelle des SV (Sportverein) wurde 1938 an gleicher Stelle eine SG (Sportgemeinschaft) Kronsburg neu gegründet, nun als ein systemtreuer Verein im nationalsozialistischen Kiel. Man spielte auf dem Platz, auf dem bis 1933 Arbeitersport betrieben worden war. Es gab eine neue politisch passende Vereinsführung. Da die neue SG Kronsburg wiederum der einzige Fußballverein in der Siedlung war, gingen auch frühere SV Mitglieder in diesen Verein. Es war ja auch kein unmittelbarer „Wechsel" mehr fünf Jahre nach Ende des Arbeitersports. In der 1. Mannschaft der SG von 1938 lassen sich mindestens drei und in der 2. Mannschaft mindestens vier Spieler aus dem Arbeiterfußball bis 1933 namentlich identifizieren.[185] Der Vorsitzende des SV von 1927 bis zum Verbot des Vereins, Werner Dorn, war 1933 von Kronsburg nach Elmschenhagen verzogen.[186]

9. Spuren nach 1945

Zwei Vereine, die bis ins 21. Jahrhundert existierten bzw. weiter existieren, haben sich nach dem Ende der NS-Herrschaft unter dem gleichen Namen wiedergegründet: der FC Süd Kiel und der VfR Minerva. 1945 wurde aus der SG Kronsburg wieder der SV Kronsburg mit einem seiner Gründungsmitglieder von 1927 als neuem Vorsitzenden.

Auch der FC Viktoria von 1909 ist nach 1945 wiedergegründet worden. Von der Stadt Kiel wurde dem Verein ein Teil des Nordmarksportfeldes, wo der Verein auch bis 1933 die meisten seiner Spiele ausgetragen hatte, zur Verfügung gestellt mit der Auflage, diesen zu renovieren. Im Oktober 1946 wurde der Verein mit einem Ansuchen um Beratung und einem Kostenvoranschlag bei der Stadt vorstellig. Der Vorsitzende Paul Holtz zeichnete seine Schreiben noch mit „freiem Sportgruß" ganz im Tenor der Arbeitersportbewegung.[187] Der Verein existierte noch bis zum Ende der 1950er Jahre.[188] In Neumühlen-Dietrichsdorf trat die Freie Turnerschaft

184 Es spricht einiges dafür, dass zumindest der Verein Union Teutonia (UT) schon vor dem Oktober 1933 ehemalige Arbeitersportler aufgenommen hatte. So tauchen die Spieler Ihms (vormals FC Viktoria) und Brammer (vormals FC Wacker) bereits im August in einer Mannschaftsaufstellung von UT auf. Siehe KNN vom 21. August 1933. Insgesamt finden sich ca. ein Drittel der wenigen bisher namentlich bekannten Kieler Arbeiterfußballer in den Jahren 1934ff. in bürgerlichen Vereinen wieder. Da aber zum Abgleich fast nur Presseartikel zur Verfügung stehen und dort in der Regel nur Nachnamen erwähnt sind, ist Vorsicht bei Schlussfolgerungen geboten.

185 Vgl. Sportverein Kronsburg von 1927 e.V.: Chronik. 75 Jahre Sportverein Kronsburg. Kiel 2002, S. 13f.

186 Vgl. Adressbücher der Stadt Kiel 1930 und 1934. Die Familie Dorn aus Kronsburg, Reesenberg 22, wohnte Ende 1933 in der Adolf-Hitler Straße in Elmschenhagen.

187 StAK 69434.

188 Das Kieler Adressbuch von 1949 belegt Otto Spiegler (Howaldtstr.7) als 1. Vorsitzenden und Heinrich

Der VfR Minerva gehörte zu den wenigen Fußballvereinen des Arbeitersports, die nach 1945 wiedergegründet wurden. (Privatbesitz)

Holsatia in die Fußstapfen der Arbeitersportler vor 1933 und damit auch der Fußballer des FC Adler. 1973 fusionierte man mit dem traditionell bürgerlichen Nachbarn zur NDTSV Holsatia.

Auf der Internetseite des VfR Minerva findet sich unter dem Menüpunkt „Geschichte" für die Jahre bis 1933 nur folgender kurzer Eintrag: „Vier junge Männer ergriffen 1921 im Stadtteil Hassee die Initiative, in einer nicht gerade sportfreudigen Zeit einen Fußballverein zu gründen. Ihrer handwerklichen Berufe wegen kamen sie schnell zu dem Entschluß, die in der römischen Mythologie auch als ‚Göttin des Handwerks' bezeichnete ‚Minerva' als Vereinsnamen zu verwenden. Zu den Mitgliedern der ersten Stunde gehörten: Karl Basche, Ernst Düring, Johannes Prieß, Ferdinand Willumeit, Franz Zimmermann u.a. In den ersten Jahren wurde auf dem damaligen Exerzierplatz, später zusammen mit dem THW auf dem Wulfsbrook gespielt.

1933 gehörte der V.f.R. Minerva zu den ‚Opfern' der Verbotsregelung für Arbeitssportvereine. Die damals Vereinsverantwortlichen weigerten sich strikt, eine strukturelle Umorganisation zu akzeptieren. Daraufhin wurde der Verein verboten."[189]

Dass der Begriff „Arbeitssportvereine" kein unbeabsichtigter Schreibfehler, sondern Ausdruck der Unkenntnis des Arbeitersports ist, steht zu vermuten. Jedenfalls findet sich kein Hinweis, dass die Gründer des VfR Minerva sich ausdrücklich der Arbeitersportbewegung und nicht dem DFB angeschlossen haben. Erstaunlich ist auch, dass der Begriff „Opfer" im Zusammenhang mit dem Verbot 1933 in Anführungszeichen steht und der Hintergrund der NS-Machtübernahme keinerlei Erwähnung findet. Auch der Hinweis, dass der Verein sich strikt geweigert habe, „eine strukturelle Umorganisation zu akzeptieren" – also nicht bereit war, sich von der Arbeitersportbewegung loszusagen und sich dem bürgerlichen Sport unter den Bedingungen der Nationalsozialisten anzuschließen – ist eine geradezu kryptische Formulierung, die jedenfalls jedes historische Selbstverständnis in der Gründungstradition des Vereins vermissen lässt.

Der früheren Zugehörigkeit zur Arbeitersportbewegung bewusst war sich dagegen der FC Süd Kiel in seiner Chronik zum 75. Gründungsjubiläum des Vereins:

Grantsau (Goethestr.7) als Leiter der Jugendabteilung. Das Adressbuch 1952 bestätigt diese Angaben. 1955 Bruno Vosgerau (Eckernförder Allee 87) als Jugendleiter, der Vorsitz blieb unverändert. 1963 findet sich der Verein nicht mehr in der Liste Kieler Sportvereine.

189 VfR Minerva Kiel: Geschichte. URL: https://vfr-minerva-kiel.de.tl/Geschichte.htm (zuletzt aufgerufen: 1.2.2023)

„Ein weiterer Höhenflug des Vereins war leider nicht möglich, da zu Beginn des Jahres 1933 die neuen politischen Verhältnisse sich auch auf die Arbeitersportbewegung auswirkten. Das von vielen befürchtete Verbot des Vereins ließ nicht lange auf sich warten. Das letzte Spiel wurde gegen Friedrichsort ausgetragen. Danach wurde der Verein, wie viele andere in ganz Deutschland aufgelöst. Es gab nicht wenige Sportfreunde unseres Vereins, die sich ihrer Tränen nicht schämten, als sie nach fünfjähriger erfolgreicher Aufbauarbeit vor den Trümmern ihres Vereins standen."[190]

Auch in diesem historischen Rückblick fällt die fast schon euphemistische Formulierung „neue politische Verhältnisse" auf, die jeden expliziten Bezug zum Nationalsozialismus vermeidet und die Folgen allein auf die sportlichen und vereinsspezifischen Aspekte fokussiert.

Manches Vergessen der Kultur des Arbeiterfußball ist wahrlich bemerkenswert zu nennen, vor allem wenn es Menschen betrifft, die sich sehr wohl mit der Arbeiterbewegung, Arbeiterkulturbewegung und Geschichte der Jugendbewegung in der Weimarer Republik auskannten, weil sie Teil derselben waren. In einem Interview aus dem Jahr 1980 mit vier Kieler Sozialdemokraten über ihre Erfahrungen und die Einordnung der politischen Ausrichtung der Kieler Arbeiterjugend in der Weimarer Republik[191] wurde am Rande auch das Thema Arbeitersport aufgegriffen. Hans Adam,[192] vor 1933 u.a. in der Arbeitersportjugend aktiv, äußerte sich: „Die Arbeiterturner machten keine Fußballspiele und es gingen viele unserer tüchtigsten Leute in die bürgerlichen Fußballclubs, die wie Pilze aus dem Boden schossen." Karl Rickers ergänzte: „Ich glaube, der Fußball galt als brutal und eigentlich ist es ja als eine Turnorganisation gegründet worden"[193]. In Erinnerung geblieben war konkret nur, dass der bürgerliche Fußball dem Arbeitersport schwer zusetzte: „Vor allen Dingen hatte die bürgerliche Gesellschaft großes Interesse daran, aus dem Arbeiterverein junge Leute abzuwerben...Wir in Gaarden-Süd waren doch fast eine geschlossene Gesellschaft, Konsumverein, Arbeiterjugend mit dem Heim und dem Turnverein; dann gründete sich plötzlich der bürgerliche Fußballclub ‚Eintracht'. Da haben wir ein Drittel der Mitglieder verloren"[194] wurde Adam konkret. In dem Zusammenhang erinnerten Rickers und Adam an die Idee und die Parole des Arbeitersports „vom Kampfrekord zum Massensport" und die Ablehnung individueller Höchstleistungen.

Dass es gerade auch bezogen auf Kiel keinerlei aktive Erinnerung an die Arbeiterfußballvereine gab, die ja zum erheblichen Teil aus Ausgründungen der Freien Turnerschaften bestanden oder gar Abteilungen derselben waren, muss doch erstaunen. Rickers war bis 1933 Redakteur

---

190 FC Süd Kiel. Vereinschronik. URL: https://www.fc-suedkiel.de/13701.html (zuletzt aufgerufen: 6.2.2023). Die Vereinschronik wurde aus Anlass des 75. Jubiläums der Vereinsgründung 2003 veröffentlicht.

191 Das Interview, von namentlich nicht genannten Mitarbeitern des Archivs der Jugendbewegung, mit Hans Adam, August Rathmann, Karl Rickers und Gustav Schatz geführt, liegt dem Verf. in einer unkorrigierten Abschrift aus dem Nachlass August Rathmanns vor.

192 Hans Adam (1907–1996).

193 Karl Rickers (1905–1999).

194 Der im „bürgerlichen" Fußball, also im NFV des DFB spielende Eisenbahner-Verein Eintracht wurde bereits 1912 gegründet, war aber erst Mitte der 1920er Jahre lokal sportlich recht erfolgreich, so dass sich daraus ein wachsender Zulauf erklären könnte, an den sich Adam erinnerte. Der Sportplatz der Eintracht am Kleinbahnhof in Gaarden Süd lag nur wenige hundert Meter von dem Arbeiterjugendheim im Haus des Konsumvereins in der Segeberger Straße entfernt, das auch von jungen Arbeitersportlern genutzt wurde.

der SHVZ gewesen, in der regelmäßig, wenn auch in den ersten Jahren nicht besonders ausführlich, über den Arbeiterfußball berichtet worden war. Hans Adam war zwar Turner, aber auch Jugendfunktionär im Arbeitersport und Gustav Schatz[195] Bezirksvorsitzender der Arbeiterjugend (SAJ) und damit über verschiedene Gremien in Kontakt mit allen Sparten des Arbeitersports und seiner Jugend gewesen. Rickers, Rathmann und Adam waren zum Zeitpunkt des Interviews noch publizistisch aktiv. Bei aller gebotenen Vorsicht mit Zeitzeugenerinnerungen: Man wird sicherlich keine allgemeinen Gedächtnislücken annehmen dürfen. Rathmann und Rickers verfassten davor und danach noch historische und autobiographische Aufsätze und Bücher, Adam hielt auch zur Geschichte der sozialistischen Arbeiterbewegung Vorträge. Man wird festhalten können, dass der Arbeiterfußball in seiner in Vereinen organisierten Form in der „etablierten" Parteijugend und damit gespiegelt auch in den politisch etablierten Kreisen der Sozialdemokratie seinerzeit keine besondere Akzeptanz, jedenfalls keine starke Verankerung erfuhr. Rathmann, Adam, Rickers und auch Schatz stehen dabei für den durch Bildung sich emanzipierenden Teil der Arbeiterjugend. Ihre Karrieren nach 1945 unterstreichen das. Dass bürgerlicher Fußball durch Abwerbung von Jugendlichen ein auch politisches Problem geworden war, blieb ihnen bewusst. Dass aktive Arbeiterfußballer dazu eine Alternative boten, war ihnen offenbar nicht erinnerlich.

Der Arbeiterfußball in Kiel war eine feste Größe im sportlichen Alltag der Stadt. Ohne Frage lagen Mitgliederzahlen und Zuschauerinteresse auf einem niedrigeren Niveau als beim bürgerlichen Fußball. Aufmerksamkeit wurde ihm nur im Milieu der Arbeiterbewegung zuteil. Und auch dort setzte sich der Fußball innerhalb des Arbeitersport erst schrittweise durch. In der Zeit der wachsenden wirtschaftlichen und politischen Krise der Republik von 1929 bis 1933 blieb er eine Konstante im sportlichen Lebens Kiels. Weder die Abspaltung der kommunistischen „Oppo" noch die wirtschaftliche Not von Vereinen und arbeitslosen Sportlern konnten den ATSB-Fußball in Kiel beeinträchtigen. In der vorletzten Saison konnte der Bezirk die Bilanz von 393 Serienspielen und 1.071 Freundschaftsspielen aufweisen.[196] Trotzdem blieb er in gewisser Weise eine Randerscheinung. Wenig mehr als zehn Prozent der in der Freien Turnerschaft organisierten Sportler waren Fußballer. Vor allem aber war er eingegliedert in ein soziales wie politisches Milieu, das sich im sportlichen Bereich nach außen abschloss und im politischen Bereich ausgerichtet auf die demokratische, sprich sozialdemokratische Arbeiterbewegung war. Das war traditionell auf die Aufgaben zur Gewinnung einer sozialistischen Gesellschaft in der Zukunft gerichtet und deswegen immer in klarem Antagonimus zur bürgerlich-kapitalistischen Gesellschaft gedacht.

Je stärker die Bedrohung der Weimarer Republik wurde, desto intensiver wurde auch von Arbeitersportlern und- fußballern der „tagespolitische" Einsatz verlangt. Die Eiserne Front ist dafür das Kernelement. Während aber das Reichsbanner, in dem in Kiel auch viele Mitglieder des Arbeitersports aktiv waren, als republikanischer Schutzverband – vom Grundsatz her und real zumindest auf dem Papier – überparteilich und Teil eines Zusammenschlusses von SPD und bürgerlichen Demokraten war, blieb diese Form der „klassenübergreifenden" republikanischen Kooperation im Fußball bis zum Schluss tabu, d.h. schon per Statut untersagt. Damit standen auch keine eigenen Handlungsspielräume zur Verfügung, den Arbeiterfußball populärer zu machen.

195 Gustav Schatz (1899–1982).

196 Vgl. SHVZ vom 7. Dezember 1931.

Der Arbeiterfußball in Kiel ist nicht gescheitert. Er hat sportlich Erhebliches geleistet. Er war ein kleiner, aber gefestigter und standfester Teil des Arbeitersport in der Stadt. Er war in seinen letzten Jahren ein Teil der sozialdemokratischen Stadtgesellschaft, die ihre Verankerung in dem größeren Teil der Arbeiterklasse, in Teilen des Handwerks und wenigen bürgerlichen Demokraten hatte. Über die Rolle der SPD bei der erfolglosen Verteidigung der Weimarer Republik gegen die nationalsozialistisch-deutschnationale Machtübernahme, über Fehler und Verantwortung, aber auch über Würde und Resistenz ist viel geschrieben worden. Die Kieler Arbeiterfußballer, die in ihren Vereinen blieben und dort Fußball spielten, solange sie durften, waren ein Teil dieser Geschichte.

Alle Wiedergründungen von ATSB-Vereinen nach 1945 geschahen unter dem Dach des Deutschen Sportbundes (DSB) bzw. des DFB. Verbote der britischen Militärregierung und der freiwillige Wunsch nach einer Entpolitisierung und einer Zentralisierung des deutschen Sports unter einem Dach stoppten schnell alle Überlegungen und Pläne nach einer Wiederaufrichtung des ATSB. Damit hatte der Arbeiterfußball faktisch 1933 sein Ende gefunden. Und sehr lange war auch die Erinnerung an ihn verloren gegangen. Zu unrecht!

Willy Schulz

Verfassungsfeiern 1922–1932 in Meldorf zur Zeit der Weimarer Republik

I. Einleitung

Das Ende der Monarchie 1918 war Folge der militärischen Niederlage, die demokratische, parlamentarische Republik von Weimar das Ergebnis der politischen Revolution von 1918/19. Der Systemwechsel verlangte nicht nur eine Verfassung, sondern auch neue nationale Symbole, die ein Staat bei öffentlichem Auftreten für seine Selbstdarstellung braucht.[1]

Das Kaiserreich hatte wenige Symbole. Es gab weder eine Nationalhymne noch einen Nationalfeiertag. Die Geburtstage der Kaiser (Wilhelm I. 22. März, Wilhelm II. 27. Januar) sowie der Sedantag (2. September) etablierten sich de facto „als politisch-staatlich-militärisch motivierte" nationale Feiertage.[2] Das Kaiserreich hatte 1871 keine Reichsfarben festgelegt. Verbindlich waren nur die Flaggen der Kriegs- und Handelsmarine mit der Farbsequenz Schwarz-Weiß-Rot. Diese verhaltene symbolische Präsenz des Kaiserreichs entsprach dem Charakter des „Ewigen Bundes", den die souveränen Fürsten 1871 geschlossen hatten,[3] denn nach der Reichsgründung waren die jeweiligen Landesfarben zunächst wichtiger gewesen.[4]

Die Nachbildung einer Trikolore birgt das Problem, die Farben aus der geschichtlichen Tradition des Landes zu erklären. Als Erfinder der bisher unbekannten Farbkombination gilt Bismarck, der sie als Verbindung des preußischen Schwarz-Weiß mit dem Rot-Weiß Brandenburgs und der Hansestädte deutete.[5] Die Farben Schwarz-Rot-Gold der Revolution von 1848 waren für ihn die Farben des Aufruhrs und der Barrikade.[6] Ansonsten war Bismarck das „Farbenspiel ganz einerlei." Für ihn war ausschlaggebend, dass die Farben politisch unverbraucht waren und von keiner Partei im Kaiserreich in Anspruch genommen werden konnten.[7]

Erst nach Bismarcks Entlassung 1890 verordnete Wilhelm II. am 8. November 1892 die

1 Vgl. Alexander Gallus: Revolutionäre Aufbrüche und intellektuelle Sehnsüchte zwischen Weimarer Republik und Bundesrepublik. Hamburg 2021, S. 25; Uwe Klußmann/Joachim Mohr (Hrsg.): Die Weimarer Republik. Deutschlands erste Demokratie. Bonn 2017, S. 20.

2 Vgl. Hansjörg Zimmermann: Verfassungsfeiern 1921–1932. In: Zeitschrift der Gesellschaft für Schleswig-Holsteinische Geschichte 142 (2017), S. 139–157, hier S. 139.

3 Vgl. Jens Jäger: Das vernetzte Kaiserreich. Die Anfänge von Modernisierung und Globalisierung in Deutschland. Stuttgart 2020, S. 150.

4 Vgl. Hans Hattenhauer: Deutsche Nationalsymbole. Zeichen und Bedeutung. München 1984, S. 22.

5 Vgl. ebd., S. 21.

6 Vgl. Ekkehard Kuhn: Einigkeit und Recht und Freiheit. Die nationalen Symbole der Deutschen. Berlin/Frankfurt a. Main 1991, S. 62.

7 Vgl. Christian Hartmann u.a. (Hrsg.): Hitler. Mein Kampf. Eine kritische Edition. München/Berlin 2016, S. 1246, Anm. 78.

schwarzweißrote Trikolore der Kriegs- und Handelsmarine – jeweils Artikel 55 in den Verfassungen von 1867 und 1871 – zur Nationalflagge des Deutschen Reiches. Die Farben der Paulskirche verblassten in der wilhelminischen Zeit, während die spät verordneten Reichsfarben Schwarz-Weiß-Rot vor allem im Ersten Weltkrieg eine große emotionale Bedeutung erfuhren und die unumstrittenen Reichsfarben wurden.

Als die Nationalversammlung am 31. Juli 1919 die Weimarer Reichsverfassung (WRV) verabschiedete, wurde zum ersten Mal am Nationaltheater in Weimar, dem Tagungsort, die neue schwarz-rot-goldene Fahne gehisst. Acht Jahre später weigerten sich die großen Berliner Hotels am 11. August 1927, dem Verfassungstag, die Reichsflagge zu hissen, weil durch die Beflaggung ein erheblicher Rückgang der Gästezahlen befürchtet wurde. Die Begründung lautete: Schwarz-Rot-Gold sei „zwar auch die offizielle deutsche Reichsflagge, aber gleichzeitig das Symbol und Streitobjekt unter den politischen Parteien."[8]

In welchen Staatssymbolen sollte sich nach der Revolution 1918/19 der Systemwechsel ausdrücken? Hatten diese genügend Integrationskraft, politische Gegensätze zu überbrücken oder gar zu vereinen? Welche Rolle und Funktion sollte ein Feiertag im politischen System einnehmen und welche Entwicklung nahm seine Ausgestaltung?

In einem ersten Abschnitt werden die Auseinandersetzungen um nationale Symbole und Feiertage bis zu den ersten Verfassungsfeiern 1921 und 1922 auf Reichsebene skizziert. Nach der kurzen Vorstellung der Stadt Meldorf wird die Durchführung der Verfassungsfeiern in einer Kleinstadt untersucht. Wie gingen die Menschen mit den Symbolen um und welches Verständnis zeigten sie für die demokratische Weimarer Republik?

II. Die Auseinandersetzung um nationale Symbole und einen Nationalfeiertag 1919–1922

1. Die Frage der Reichsfarben

Bereits der Titel der Weimarer Reichsverfassung (WRV) war umstritten. Mehrheits- und Unabhängige Sozialdemokratie plädierten erfolglos für „Verfassung der Deutschen Republik", die bürgerlichen Parteien setzten in Anlehnung an die Verfassung von 1871 den Titel „Verfassung des Deutschen Reiches" durch. Mit Inkrafttreten der Verfassung am 14. August 1919 führte der Sozialdemokrat Gustav Bauer als erster Regierungschef des neuen republikanischen Deutschlands wieder den Titel eines Reichskanzlers.

Die WRV war vielfach das Ergebnis von Kompromissen zwischen den die Republik tragenden Parteien der Mehrheitssozialdemokratie (MSPD), des katholischen Zentrums (Z) und der linksliberalen Demokratischen Partei (DDP), die nach der Wahl zur Nationalversammlung vom 19. Januar bis zur ersten Reichstagswahl am 6. Juni 1920 mit zusammen 76,1 Prozent die Weimarer Koalition bildeten. Keine Frage der Verfassung ist so leidenschaftlich erörtert worden

8 Hagen Schulze: Otto Braun. Preußens demokratische Sendung. Eine Biographie. Frankfurt a. Main u.a. 1977, S. 530f. Der Konflikt war sogar Thema im Kabinett und wurde beigelegt mit der Zusage des Berliner Hotelvereins, seinen Mitgliedern zu empfehlen, zukünftig bei nationalen Anlässen die Reichsflagge zu zeigen. Vgl. Historische Kommission bei der Bayerischen Akademie der Wissenschaften/Bundesarchiv (Hrsg.): Akten der Reichskanzlei (AdR). Die Kabinette Marx III und IV (17. Mai 1926 bis 29. Januar 1927 und 29. Januar bis 29. Juni 1928). Boppard 1988, S. 925ff., Anm. 1–7.

wie das Problem der Reichsfarben, das im Mittelpunkt der Symbolpolitik stand.[9] Über diese volkstümliche Frage des ganzen Verfassungswerkes fand sogar die einzige namentliche Abstimmung der Nationalversammlung statt.[10] Die unterschiedlichen Farben für die Nationalflagge standen für die jeweiligen historischen und politischen Orientierungen: USPD und KPD wollten die rote Fahne, die die Matrosen in Kiel am 5. November 1918 gehisst hatten, als Banner der Revolution und der internationalen Arbeitersolidarität, die politische Rechte wollte die schwarz-weiß-rote Fahne des ehemaligen Kaiserreiches und die Mehrheit der Abgeordneten von SPD, Z sowie einer Minderheit der DDP traten für Schwarz-Rot-Gold ein, die für den demokratischen Neuanfang stehen sollten.[11]

Die Farbwahl war geschichtlich und politisch überlegt. Sie knüpfte an die Einheits- und Freiheitsbewegung des Vormärzes, die für einen liberal-demokratischen Staat kämpfte, und an den Beschluss der Frankfurter Paulskirchenversammlung, der Schwarz-Rot-Gold als Reichsfarben eingeführt hatte, an. Nur war die demokratisch-parlamentarische Entwicklung nicht ein zentrales Thema im 19. Jahrhundert in Deutschland gewesen.

Wie die WRV wurden auch die neuen Farben der Republik nicht geschlossen von den Parteien der Weimarer Koalition befürwortet.[12] Eine Mehrheit für Schwarz-Rot-Gold gab es nur, weil eine schwarz-weiß-rote Sonderflagge zugestanden wurde.[13] Der Artikel 3 der WRV lautete: „Die Reichsfarben sind schwarz-rot-gold. Die Handelsflagge ist schwarz-weiß-rot mit den Reichsfarben in der oberen Ecke."

Dieser Artikel 3 hatte noch keine Nationalflagge für die Republik festgelegt, sondern lediglich die Farbkombination für die Flagge des Staates benannt.[14] Erst zwei Jahre später wurde in der Flaggenverordnung vom 11. April 1921 der in Artikel 3 ausdrücklich genannten Handelsflagge die schwarz-rot-goldene Nationalflagge gegenübergestellt.[15] Der „unsinnige Kompromiss"[16] in Artikel 3 führte in der Verordnung zu einer „grotesken Fülle"[17] von nicht weniger als zehn amtlichen Flaggenarten, bei denen jede der beiden Farbgruppen fünfmal verwendet

9 Vgl. Detlef Lehnert/Klaus Megerle (Hrsg.): Politische Identität und nationale Gedenktage. Zur politischen Kultur in der Weimarer Republik. Opladen 1989, S. 50.

10 Vgl. Bernd Buchner: Um nationale und republikanische Identität. Die deutsche Sozialdemokratie und der Kampf um die politischen Symbole. Bonn 2001, S. 45, 47–52.

11 Vgl. Nadine Rossol: Republikanische Gruppen, Ideen und Identitäten. In: Dies. (Hrsg.): Aufbruch und Abgründe. Das Handbuch der Weimarer Republik. Darmstadt 2022, S. 309–337, hier S. 324. Die linksliberale DDP wollte wenige Tage nach der Unterzeichnung des Versailler Vertrags am 28. Juni 1919 einem Flaggenwechsel nicht mehr geschlossen zustimmen. Für Details vgl. Buchner: Identität, S. 46.

12 Für Einzelheiten vgl. Buchner: Identität, S. 50f.; Alf Rößner (Hrsg.): Demokratie aus Weimar. Die Nationalversammlung 1919. Weimar 2015, S. 146f; Heinrich-August Winkler: Weimar 1918–1933. Die Geschichte der ersten deutschen Demokratie. München 2018, S. 103.

13 Vgl. Hattenhauer: Deutsche Nationalsymbole, S. 25; Rossol: Gruppen, S. 324; Buchner: Identität, S. 46.

14 Vgl. Buchner: Identität, S. 87; Nadine Rossol: Fahne, Adler und Hymne. Kulturpolitische Grundsatzdebatten in der Weimarer Republik. In: Christian Welzbacher (Hrsg.): Der Reichskunstwart. Kulturpolitik und Staatsinszenierung in der Weimarer Republik 1918–1933. Weimar 2010, S. 136–156, hier S. 137.

15 Vgl. Historische Kommission bei der Bayerischen Akademie der Wissenschaften /Bundesarchiv (Hrsg.): Akten der Reichskanzlei (AdR). Das Kabinett Bauer (21. Juni bis 27. März 1920). Boppard 1980, S. 173, Anm. 7.

16 Helmut Heiber: Die Republik von Weimar. München 1968, S. 50.

17 Willibalt Apelt: Geschichte der Weimarer Verfassung. München 1946, S. 143.

wurde.[18] Für diese strenge Parität der beiden Trikoloren, die nach Artikel 3 nicht notwendig gewesen war, hatte sich Reichspräsident Ebert eingesetzt, der einen Ausgleich zwischen den Anhängern der verschiedenen Farbkombinationen gesucht hatte. Das Entgegenkommen führte nicht zu einer Annäherung, sondern die Befürworter von Schwarz-Weiß-Rot im Reichstag (DVP, DNVP) gingen weiter gegen die verfassungsmäßigen Nationalfarben vor und beantragten, unterstützt von Abgeordneten aus Zentrum, Bayerischer Volkspartei (BVP) und DDP, die Farben Schwarz-Rot-Gold aus dem Obereck der Handelsflagge zu entfernen. Dieser „monarchistische Vorstoß gegen die Farben der Republik"[19], so der SPD-Abgeordnete Eduard David am 27. Juni 1921, wurde mit 119:122 Stimmen bei fünf Enthaltungen nur sehr knapp abgelehnt. MSPD, USPD, unterstützt von zehn Zentrumsabgeordneten und einem Linksliberalen, stimmten dagegen, wobei die USPD sich erstmals, wenn auch nur indirekt, für die Reichsfarben aussprach.[20]

Der Artikel 3 der WRV war keine „salomonische Lösung"[21], sondern begründete eine „unheilvolle Symbolik"[22] der Gleichberechtigung, denn in Anblick und Symbolgehalt sollten nebeneinander zwei Flaggen mit den dahinterstehenden, unterschiedlichen politischen Grundvorstellungen und Überzeugungen gelten, die kaum einen nationalen Grundkonsens stiften konnten.[23] Die historische Erfahrung mit Schwarz-Rot-Gold lag über siebzig Jahre zurück, das Symbol war fremd geworden, während Schwarz-Weiß-Rot die letzten dreißig Jahre geprägt hatte. Die ersten Regierungen der Weimarer Republik taten sich schwer im Umgang mit dem neuen nationalen Symbol, während die Gegner der Republik sich unter ihren eigenen Symbolen am 18. Januar zur Reichsgründungsfeier oder am 9. November zur Novemberrevolution versammelten, um für ihre politischen Ansichten zu demonstrieren und zu werben. Außenminister Müller (SPD) bestand wenigstens darauf, dass die vorgesehene Genehmigung für die Umzüge am Sedantag zurückgezogen wurde.[24] Sowohl der Verfassung als auch den neuen Reichsfarben musste erst Anerkennung verschafft werden.

2. Die ersten Verfassungsfeiern 1921 und 1922 auf Reichsebene

Anders als im Kaiserreich ermöglichte der Artikel 139 WRV die reichsweite Bestimmung von Feiertagen. Die Länder wehrten sich gegen diese Zuständigkeit.[25] Dieser Artikel war Prüfstein für Parteien und Verbände, wie sie in der Frage eines Nationalfeiertages zum Staat von Weimar standen. In der gesamten Zeit der Weimarer Republik hat es keinen allgemeinen Nationalfeiertag gegeben.

18 Vgl. auch Apelt: Geschichte, S. 141. Apelt war Mitarbeiter von Reichsinnenminister Preuß, der die Verfassungsentwürfe formuliert hatte. Oliver Haardt/Christopher Clark: Die Weimarer Reichsverfassung als Moment in der Geschichte. In: Horst Dreier/Christian Waldhoff: Das Wagnis der Demokratie. Eine Anatomie der Weimarer Reichsverfassung. München 2018, S. 9–44, hier S. 18.

19 Buchner: Identität, S. 89.

20 Vgl. ebd., S. 86–90.

21 Apelt: Geschichte, S. 122.

22 Hagen Schulze: Weimar. Deutschland 1917–1933. Berlin 1994, S. 92.

23 Vgl. Rainer Gruhlich: Geschichtspolitik im Zeichen des Zusammenbruchs. Die Deutsche Nationalversammlung 1919/20. Revolution-Reich-Nation. Düsseldorf 2012, S. 377–416, hier bes. S. 396.

24 Vgl. AdR: Kabinett Bauer, S. 233.

25 Vgl. Fritz Schellack: Nationalfeiertage in Deutschland von 1871–1945. Frankfurt a. Main 1990, S. 134.

Den ersten Versuch unternahm das Kabinett Scheidemann, das den 1. Mai als „Nationalfeiertag" vorschlug. Nach den Beratungen in der Nationalversammlung galt der 1. Mai nur für das Jahr 1919 als Feiertag.[26] Den 11. August als Nationalfeiertag schlug zum ersten Mal Reichsaußenminister Hermann Müller (SPD) dem Kabinett am 10. Dezember 1919 vor. Anlass war eine Anfrage des finnischen Außenministeriums. Müller warb für dieses Datum, um „die im Ausland bestehenden Zweifel an dem Bestand der demokratischen Staatsform des Deutschen Reiches zu zerstreuen."[27] Unklar ist, warum das Kabinett den Tag der Unterzeichnung der Verfassung durch Reichspräsident Ebert und das Reichsministerium Bauer bestimmte und nicht den Tag der Verabschiedung durch die Nationalversammlung (31. Juli), oder den Tag, an dem die Verfassung durch die Veröffentlichung im Reichsgesetzblatt in Kraft getreten war (14. August). Reichsinnenminister (RIM) Erich Koch versuchte erfolglos, mit den Mehrheitsparteien einen Gesetzentwurf vorzubereiten.[28]

Voraussetzung und Durchführung der ersten Verfassungsfeiern fielen in die „Zeit der bürgerlichen Demokratie", das waren die rein bürgerliche Regierung Fehrenbach (Z, DDP, DVP) und die Regierungen der Weimarer Koalition, die Kabinette Wirth I und Wirth II (Z, SPD, DDP). Alle waren ohne parlamentarische Mehrheit, denn seit der ersten Reichstagswahl der Weimarer Republik am 6. Juni 1920 hatten die Parteien der Weimarer Koalition ihre Dreiviertelmehrheit vom Januar 1919 verloren und nur noch knapp die Hälfte der Mandate gewonnen.

Die Mehrheit hatten die Gegner eines Nationalfeiertages, Gewinner waren diejenigen, die gegen die WRV und den Versailler Friedensvertrag gestimmt hatten, eine Opposition, die nicht staatsloyal war, sondern in prinzipieller Gegnerschaft zur Weimarer Republik stand.

Der Reichstagswahl vorausgegangen war der von militanten, radikalen Kräften durchgeführte Kapp-Putsch (13. bis 17. März 1920). Dieser konnte durch die Verweigerung der Bürokratie zur Mitarbeit und durch den einzigen politischen Generalstreik in der deutschen Geschichte niedergeschlagen werden. Die Farben des Kaiserreichs Schwarz-Weiß-Rot waren während des Putsches als ein Symbol gegen die Weimarer Demokratie besonders gezeigt worden.[29]

Damit konnten die Farbsequenzen fortan als Erkennungsmerkmale für Republikanhänger und Republikgegner gelten.[30] Die Anhänger der republikanisch-demokratischen Ideale hat-

26 Vgl. Historische Kommission bei der Bayerischen Akademie der Wissenschaften/Bundesarchiv (Hrsg.): Akten der Reichskanzlei (AdR). Das Kabinett Scheidemann (13. Februar bis 20. Juni 1919). Boppard 1971, S. 141f. Ein Zusammenhang mit dem vom 8. bis 14. April 1919 tagenden zweiten und letzten Reichsrätekongress in Berlin (vgl. Ursula Büttner: Weimar – die überforderte Republik. 1918–1933. Handbuch der deutschen Geschichte, Band 18. Stuttgart 2010, S. 742) ist zu vermuten. Der schon vom Kabinett umgearbeitete Gesetzentwurf stellt den internationalen Aspekt des Tages zurück und betont den Gedanken des Völkerfriedens. Nach den Beratungen in der Nationalversammlung sollte der Tag Kundgebung sein für „gerechten Frieden", „Befreiung der Kriegsgefangenen", „Räumung besetzter Gebiete", sowie „volle Gleichberechtigung im Völkerbund". Hier wird früh der Zusammenhang zwischen Nationalfeiertag und den Folgen des Krieges deutlich, die die Weimarer Republik zu tragen hatte.

27 AdR: Kabinett Bauer, S. 463.

28 Vgl. Schellack: Nationalfeiertage, S. 157.

29 Vgl. Rossol: Gruppen, S. 327.

30 Vgl. Marcus Llanque: Die Weimarer Reichsverfassung und die Staatssymbole, in: Horst Dreier/Christian Waldhoff (Hrsg.): Das Wagnis der Demokratie. Eine Anatomie der Weimarer Reichsverfassung. München 2018, S. 87–110, hier S. 96.

ten nach den Wahlen keine Mehrheit mehr, und das einzige staatliche Symbol, das diese Idee symbolisierte, die schwarz-rot-goldene Flagge, war umstritten.

Das Kabinett Fehrenbach hielt eine eigene Selbstdarstellung und Formgebung von Symbolen, die dem Staat als äußere Erkennungsmerkmale dienen sollten, für notwendig. Es beschloss kurz nach Regierungsantritt am 29. Juni 1920 das Amt eines Reichskunstwartes zu schaffen[31], das mit dem Kunsthistoriker Gustav Redslob als ersten und einzigen Amtsinhaber besetzt wurde (1920–1933). Das Amt sollte die staatliche Repräsentation der Republik koordinieren und gestalten. Die junge Republik schuf damit eine „institutionelle Innovation"[32], deren Hauptaugenmerk auf den politischen Symbolen liegen sollte.[33] Wie zwiespältig andererseits die Situation im Kabinett Fehrenbach war, belegt die Tatsache, dass das Kabinett es ablehnte, den 11. August 1920 als Nationalfeiertag zu flaggen.[34]

Die neunzehn Regierungswechsel, die es in vierzehn Jahren Weimarer Republik gab, verdecken den Blick auf manche Kontinuität, denn in allen Kabinetten von Scheidemann bis zur Großen Koalition Stresemanns (23. November 1923) stellten jeweils Politiker der SPD oder DDP den Innen-, und damit den Verfassungsminister. Die Verwaltung hatte den politischen Systemwechsel personell weitgehend unverändert überstanden. Die Mehrheit der Beamten stand politisch rechts, trauerte dem Kaiserreich nach und konnte mit der parlamentarischen Verfassungsordnung und der zentralen Bedeutung politischer Parteien wenig anfangen. Ein neuer Verfassungstext bewirkte allein noch keine Veränderung in der Verwaltung. Gehandelt wurde nach dem „goldenen" Satz des Leipziger Staatsrechtlers Otto Meyer (1846–1924): „Verfassungsrecht vergeht, Verwaltungsrecht besteht" (1924).[35]

Neben dem im Reichsinnenministerium angesiedelten Amt des Reichskunstwartes spielte im Vorfeld der ersten offiziellen Verfassungsfeier Arnold Brecht eine aktive Rolle, dessen Anliegen es war, der Bevölkerung Sinn und Zweck der demokratischen Institutionen nahezubringen.[36]

31 Vgl. Historische Kommission bei der Bayerischen Akademie der Wissenschaften/Bundesarchiv (Hrsg.): Akten der Reichskanzlei (AdR). Das Kabinett Fehrenbach (25. Juni 1920 bis 4. Mai 1921). Boppard 1972, S. 18.

32 Llanque: Weimarer Reichsverfassung, S. 102.

33 Vgl. Rossol: Gruppen, S. 313; Llanque: Weimarer Reichsverfassung, S. 102–109; Christian Welzbacher: (Hrsg.): Der Reichskunstwart. Kulturpolitik und Staatsinszenierung in der Weimarer Republik 1918–1933. Weimar 2010.

34 Vgl. AdR: Kabinett Fehrenbach, S. 103. Die Ablehnung zeige die „Gebrochenheit des nationalen und staatlichen Bewusstseins in Deutschland" urteilt der Bearbeiter P. Wulf.

35 Vgl. Frieder Günther: Verfassung vergeht, Verwaltung besteht? Die vier deutschen Innenministerien 1919 bis 1970. In: Vierteljahrshefte für Zeitgeschichte 68 (2020), S. 217–246, hier S. 217.

36 Vgl. Buchner: Identität, S. 131; Arnold Brecht: Aus nächster Nähe. Lebenserinnerungen eines beteiligten Beobachters 1884–1927. Stuttgart 1966, S. 370. Brecht (1884 Lübeck–1977 Eutin) arbeitete von Oktober 1918 bis zum 21. Oktober 1921 unter sieben Reichskanzlern und leitete – den Wechsel hatte RIM Köster, SPD, veranlasst – seit Dezember 1921 bis April 1927 unter acht Innenministern die Abteilung für Politik und Verfassung im RIM. Prinz Max von Baden hatte ihn aus dem Reichsjustizamt in die Reichskanzlei geholt. Mit dem Übergang der bisherigen Reichsämter zu Ressortministerien und den mindestens einmal wöchentlich tagenden Kabinettssitzungen war die Regierung Max von Baden in institutioneller Form wie in ihrer Arbeitsweise gegenüber den bisherigen Regierungen des Kaiserreichs ein Novum (vgl. Lothar Machtan: Der Endzeitkanzler Prinz Max von Baden und der Untergang des Kaiserreiches. Darmstadt 2018). Diese Arbeitsform gilt bis heute. Parteipolitisch war Brecht nicht gebunden, nach eigenen Angaben hatte er 1919 SPD gewählt (vgl. Brecht: Nähe, S. 253). Seiner Versetzung 1927 in den

Anlässlich des 50. Jahrestages hatten am 18. Januar 1921 zahlreiche Reichsgründungsfeiern stattgefunden. Trotzdem entschied das Kabinett Wirth am 9. Juli, keine „Feier des 11. August" zu veranstalten[37]. Nur vier Tage später nach einem Gespräch zwischen Reichspräsident Ebert und Reichskanzler Wirth beschloss das Kabinett, eine Feier „im bescheidenen Rahmen" durchzuführen.[38] Das Kabinettsprotokoll lässt erkennen, wie schwierig der Umgang mit dem Nationalsymbol Reichsfarben war: Einen Erlass zur Beflaggung der Reichsbehörden in den Ländern sollte es nicht geben.[39] Dass das Symbol der Republik am Tag der Verfassung gezeigt werden konnte, war keineswegs selbstverständlich. Am 11. August 1921 fand die erste offizielle Verfassungsfeier im Reich statt. Reichskanzler Wirth hatte sich vergeblich um einen Festredner bemüht[40] und musste selbst die Ansprache halten, in deren Mittelpunkt er – Verfassungstag und Versailles verbindend – aktuelle Fragen der Gebietsabtretungen stellte. Wirth betonte stärker den kontinuierlichen Übergang als die revolutionären Neuerungen und sprach auch die mögliche Revidierbarkeit der Verfassung an.[41] Die Feier fand nicht im Reichstag statt, sondern in der Staatsoper Unter den Linden. Das Amt Redslob stattete das Rednerpult mit schwarzem Adler und mit roter Bewehrung auf goldenem Grund aus, die Bühne war mit den schwarz-rot-goldenen Reichsfarben geschmückt. Nach den parlamentarischen Auseinandersetzungen um die Flaggenverordnung vom Juni 1921 blieben befürchtete Provokationen von Republikgegnern aus. Deshalb hatte man die Staatsoper als Veranstaltungsort gewählt. Brecht kommentierte ironisch, es hätten sich Leute, die sich sonst nicht zur Weimarer Republik bekannten, beschwert, nicht eingeladen worden zu sein.[42]

Die Verfassungsfeier 1921 war der Auftakt, sich entschiedener zur Republik zu bekennen.[43] Zwei Wochen nach der ersten Feier wurde am 26. August 1921 der Zentrumspolitiker Matthias Erzberger – er hatte den Waffenstillstand am 11. November 1918 unterzeichnet – ermordet.[44] Politische Morde waren ein Mittel der politischen Auseinandersetzung.

---

einstweiligen Ruhestand und seine Ersetzung an der Spitze der Verfassungsabteilung durch einen Gegner der neuen Verfassungsordnung war eine Kampfansage an die Weimarer Republik. Der preußische Ministerpräsident Otto Braun übernahm Brecht ins preußische Finanzministerium und zeigte damit, dass ein demokratisch gesinnter Reichsbeamter in Preußen noch Rückhalt hatte. Brecht emigrierte 1934 in die USA, vgl. Schulze: Braun, S. 522.

37 Vgl. Historische Kommission bei der Bayerischen Akademie der Wissenschaften /Bundesarchiv (Hrsg.): Akten der Reichskanzlei (AdR). Die Kabinette Wirth I und II (10. Mai 1921 bis 26. Oktober 1921 und 26. Oktober 1921 bis 22. November 1922). Boppard 1973, S. 127.

38 Vgl. ebd.; Auch Brecht war auf dieser Kabinettssitzung anwesend.

39 Das Land Bayern sah darin einen Eingriff in die Länderhoheit, und Württemberg verwies auf die hohen Anschaffungskosten. Republikanische Repräsentation stand gegen schwäbische Sparsamkeit, vgl. Gotthard Jasper: Der Schutz der Republik. Studien zur staatlichen Sicherung der Demokratie in der Weimarer Republik 1922–1930. Tübingen 1963, S. 244.

40 Vgl. AdR: Kabinett Wirth I, S. 194. Aus gesundheitlichen Gründen hatten zwei Redner abgesagt.

41 Vgl. Buchner: Identität, S. 321; Hans-Andreas Kroiß: 22 Reden und Aufsätze zum Verfassungstag der Weimarer Republik. Ein Beitrag zur Erforschung der politischen Kultur der Zeit. Augsburg 1985, S. 138–149.

42 Vgl. Brecht: Nähe, S. 362.

43 Vgl. Buchner: Identität, S. 321.

44 Vgl. Jaschke, Hans-Gerd: Gewalt von rechts vor und nach Hitler. In: Aus Politik und Zeitgeschichte (1982) H. 23, S. 3-21, hier S. 5; Emil Julius Gumbel: Verschwörer. Zur Geschichte und Soziologie der deutschen nationalistischen Geheimbünde 1918–1924. Frankfurt a. Main 1984, S. 12; Zwischen Januar 1919 und Juni 1922 wurden 376 politische Morde gezählt, 22 durch linke und 354 durch rechte Täter.

Ein weiterer trauriger Höhepunkt war am 24. Juni 1922 die Ermordung des Reichsaußenministers Rathenau (DDP). Der Vorsitzende der SPD, Otto Wels, sagte am 25. Juni im Reichstag: „Heute ist für alle diese schwarz-weiß-rote Fahne zur Mörderfahne geworden."[45] Zwar löste diese Tat eine „gewaltige republikanische Sympathiewelle"[46] aus, führte aber im Reichstag nicht zu einer Mehrheit, den 11. August als „Reichsfeiertag"[47] einzuführen, um „konstruktiv die Bildung republikanischer Traditionen" zu stärken, wie Reichsinnenminister Adolf Köster forderte.[48] Als Ausweg blieben nur „behördliche Feiern" unter „obrigkeitlichen Fittichen".[49]

1922 fand die zweite Verfassungsfeier dort statt, wo sie hingehörte, im Reichstag. Die staatlichen Symbole waren die schwarz-rot-goldene Reichsflagge, der Reichsadler in den Wappenfarben[50] und das auch nicht unumstrittene Reichssymbol, die Nationalhymne. Ebert hatte das Lied der Deutschen von Hoffmann von Fallersleben unter Hervorhebung der dritten Strophe zur Nationalhymne erklärt. Die zentrale Feier prägten im ersten Teil die konventionellen Festelemente klassische Musik und Festansprache vor geladenem Publikum. Thema waren Gemeinsamkeiten von Reich und Ländern. Redslob, Köster und Brecht organisierten einen Auftritt der Teilnehmer auf den Stufen des Reichstages, vor denen eine militärische Parade stattfand.

Trotz der legislativen Misserfolge, einen nationalen Feiertag zu beschließen, blieben die offiziellen Feierlichkeiten, und die unterschiedlichen Regierungen hielten an der 1922 gefundenen Form fest. Als volkstümliches Element kam ab 1923 ein Volkssportfest hinzu, zu dem der Reichspräsident die Plaketten stiftete.[51] Der Verfassungstag war nur in Baden seit 1923 und in Hessen seit 1929, wo es eine breite Mehrheit der Weimarer Koalition im Landtag gab, gesetzlicher Feiertag. Weil diese in Preußen fehlte, blieb der Verfassungstag dort auf amtliche Veranstaltungen und Schulfeiern beschränkt.[52]

III. Die Kleinstadt Meldorf

1. Die Entwicklung seit der Reichsgründung

Industrielle Revolution und Reichsgründung setzten im 19. Jahrhundert vieles in Bewegung. Dithmarschen verlor sein „regionales Sonderdasein"[53], weil es 1867 preußisch und nach der Reichsgründung 1871 in den neuen Nationalstaat eingebunden wurde. Meldorf bekam 1869 wieder Stadtrecht. Die Einwohnerzahl stieg von 1845 mit 3.045 über 1910 mit 4.076 1932 auf

45 Llanque: Weimarer Reichsverfassung, S. 101.

46 Schulze: Weimar, S. 243f.

47 AdR: Kabinett Wirth II, S. 923f. Der 1. Mai war gesetzlicher Feiertag in Sachsen, Thüringen, Baden, Braunschweig, Lippe, Mecklenburg, der 9. November in Sachsen, Thüringen, Braunschweig und Anhalt.

48 Vgl. Jasper: Schutz, S. 229; Ralf Poscher (Hrsg.): Der Verfassungstag. Reden deutscher Gelehrter zur Feier der Weimarer Reichsverfassung. Baden-Baden 1999, S. 14.

49 Jasper: Schutz, S. 230f.

50 Die Weimarer Republik behielt diesen allerdings ohne die Insignien der Monarchie. Die Bundesrepublik übernahm ihn in Form und Farbe, vgl. Doris Blume/Ursula Breymayer/Bernd Ulrich (Hrsg.): Im Namen der Freiheit. Verfassung und Verfassungswirklichkeit in Deutschland 1848/1919/1949/1989. Dresden 2008, S. 235f.

51 Vgl. Poscher: Verfassungstag, S. 16.

52 Vgl. Jasper: Schutz, S. 237.

53 Nis Nissen: Kleine Geschichte Dithmarschens. Heide 1986, S. 91.

4.400 Einwohner an.[54] In Gemeinden mit 2.000 bis 10.000 Einwohnern lebten 1925 22 Prozent der Bevölkerung.[55] Durch die in der Verfassung von 1871 festgelegten Reichsaufgaben Eisenbahn-, Post- und Telegraphenwesen (Art. 4) erhielt Meldorf 1878 Eisenbahnanschluss, ein Bahnhofs- sowie 1894 ein Postgebäude. Der 1864 errichteten Telegraphenstation folgte 1899 der Anschluss an das öffentliche Telefonnetz.[56]

Zum Nachrichten- und Kommunikationswesen gehörte eine am Ort erscheinende Tageszeitung. Ihr Verleger Carl Argelander (1870–1924) kam 1896 zum Meldorfer Anzeigenblatt, kaufte Druckerei und Zeitung und nannte sie 1899 in Dithmarscher Landeszeitung (DLZ) um. Keine andere Zeitung in Dithmarschen bot zunächst vier Ausgaben pro Woche, ab 1915 erschien sie täglich, um aktuell über den Kriegsverlauf zu informieren. Die DLZ war mit 3.000 (1926) bis 3.500 (1929) Exemplaren die auflagenstärkste Zeitung in Dithmarschen. Sowohl in der Kaiserzeit als auch in der Weimarer Republik erfolgte eine nationalliberale und deutschnationale Sicht auf die politischen Ereignisse.[57] Argelander gehörte zu den Meldorfer Honoratioren und war von 1902 bis 1924 Stadtvertreter. 1924 führte er bei der Kommunalwahl die von DVP und DNVP unterstützte „Bürgerliste" an.[58] Öffentliche Repräsentationsbauten und neue Einrichtungen veränderten das Ortsbild vor dem Ersten Weltkrieg grundlegend: Der für die damalige Zeit „monumentale"[59] und „supermoderne"[60] Neubau der seit 1540 bestehenden Gelehrtenschule (1854–1859), der bis dahin einzigen weiterbildenden Schule Dithmarschens, gelegen zwischen Husum und Altona, das Amtsgerichtgebäude (1875), das Rathaus (1892) sowie der Neubau des 1872 gegründeten Museums für „Dithmarscher Altertümer" (1894), der bis heute älteste erhaltene Zweckbau für ein kulturgeschichtliches Museum in

---

54 Vgl. Klaus Gille/Nils Hansen/Karsten Schrum: Meldorf. Bilder einer alten Stadt. Heide 1995, S. 52; Gustav Frenssen: Führer durch die Stadt Meldorf: Die alte Landeshauptstadt Dithmarschens. Meldorf 1932, S. 8.

55 Vgl. Peter Wulf: Revolution, schwache Demokratie und Sieg in der „Nordmark" – Schleswig-Holstein in der Zeit der Weimarer Republik. In: Ulrich Lange (Hrsg.): Geschichte Schleswig-Holsteins. Neumünster 1996, S. 513–552, hier S. 532. 1925 betrug die Einwohnerzahl 4.108, davon 1.925 Männer und 2.183 Frauen, vgl. DLZ Nr. 168 vom 21. Juli 1925.

56 Vgl. Nis Nissen: Meldorf. Ein Führer durch die Stadt und ihre Geschichte. Heide 1977, S. 58f.; Jäger: Kaiserreich, S. 75.

57 Genutzt wurden Wolffs Telegraphenbüro, der liberale Nachrichtendienst des Ullstein Verlages und die Telegraphenunion des deutschnationalen Hugenberg Verlags, vgl. die Artikel von Holger Piening über die Zeitungslandschaft in Dithmarschen: DLZ vom 1. April 2020, S. 19 und DLZ vom 6. April 2020, S. 20. Nach Argelanders Tod (1924) ging die Zeitung in den Besitz der Witwe über, die sie 1935 an den Verleger Max Boyens (1900–1975) verkaufte. Dieser integrierte sie in den Heider Anzeiger, der zu den dreißig Zeitungsbetrieben in Schleswig-Holstein gehörte, die bis Mai 1945 erscheinen konnten, vgl. Dirk Meier: 150 Jahre Zeitungsgeschichte bei Boyens Medien. In: Dithmarschen (2020) H. 1, S. 5–12, hier S. 9. Der republikanisch eingestellte Regierungspräsident Wilhelm Abegg (1928–1932) urteilte, dass seit 1930 keine bürgerliche Zeitung gegen den Nationalsozialismus Stellung bezogen habe, vgl. Wulf: Revolution, S. 542.

58 Vgl. DLZ Nr. 89 vom 14. April 1924. 1919 war Argelander Schriftführer des Vaterländischen Frauenvereins, vgl. Karsten Schrum: Vereine, Clubs und ähnliche Gruppierungen in Meldorf. In: Dithmarschen (2015) H. 2/3, S. 32–39, hier S. 35.

59 Jürgen Jensen: Meldorf in alter Schönheit. DenkMale seiner 750jährigen Geschichte. Heide 2013, S. 14.

60 Nissen: Kleine Geschichte, S. 93.

Schleswig-Holstein.[61] Zu nennen sind außerdem das Kreisverwaltungsgebäude (1899), das E-Werk (1900) sowie Einrichtungen des Gesundheits- und Hygienewesens.[62]

Der Wandel des Stadtbildes spiegelt auch die veränderten Lebens- und Arbeitsweisen der Bevölkerung wider. Meldorf war bis 1870 ein Handwerkerort gewesen. Jetzt entstanden neue Berufe und Arbeitsstellen im Verkehrs-, Versorgungs-, Verwaltungs-, Bildungs- und Gesundheitswesen. Durch den Übergang von der Hand- zur Maschinenarbeit und der Umstellung auf Reparaturbetrieb gingen bisherige Berufe verloren. Die Zahl der Handwerker (1864: 287; 1912:116) und der Anteil der Handwerkerhaushalte sank von über vierzig auf siebzehn Prozent (1912).[63]

Die wirtschaftliche Grundlage bildeten die aufgezählten verschiedenen staatlichen Einrichtungen und Behörden, „eine Kunstweberei, eine Holzverarbeitungsfirma, eine Gärtnerei"[64]und die grüne Industrie (Meierei, Ziegelei). Die städtische Bevölkerung blieb eng verknüpft und in ihrer wirtschaftlichen Entwicklung abhängig und stark geprägt von der Situation der im Umland betriebenen Landwirtschaft.

Diese Entwicklungen führten zu verändertem Sozial- und Freizeitverhalten und einem Alltags-und Mentalitätswandel. Einerseits gab es eine Symbiose von Traditionsbewusstsein und Fortschrittsglauben, andererseits aber auch ein gespaltenes Verhältnis zu technischen Neuerungen. Kritik mit einem romantisierenden Blick auf die Vergangenheit kam von Geistlichen und Mitgliedern des Bildungsbürgertums.[65] Ein reges Vereins- und festliches Gruppenleben kennzeichnete das städtische Leben. Die Mitgliedschaft in Vereinen war jedoch gebunden an bestimmte soziale Gruppen und Schichten, wobei die Arbeitervereine der bürgerlichen Mittelschicht eine gegenüberstehende Kultur bildeten.[66] Auch wenn sich die Modernisierung insgesamt in sanfter evolutionärer Form vollzog, sorgten die zunehmend gegensätzlichen Interessen für mehr Auseinanderstreben und Gegeneinander vor dem Hintergrund des wirtschaftlichen Wandels.[67]

Das Wahlrecht im Kaiserreich zog „Trennungslinien" durch die Bevölkerung, bildete die Ungleichheit der Menschen ab und ließ nur geringe Mitwirkung an politischen Prozessen zu. Demokratisch gestaltet war noch das allgemeine Männerwahlrecht ab 25 Jahre (die Volljährigkeit galt ab 21 Jahren) für den nach absolutem Mehrheitswahlrecht gewählten Reichstag; restriktiver war die Beteiligung auf landesstaatlicher Ebene – in Preußen galt das an Steuerleistungen gebundene Dreiklassenwahlrecht (Mindestalter 24) – und auf kommunaler Ebene, wo das Wahlrecht ab dem 21. Lebensjahr in Preußen entweder an Hausbesitz, ein selbstständiges Gewerbe oder an ein bestimmtes Jahreseinkommen gebunden war.[68] Es gab keine Stimmengleichheit, Teile der Arbeiterschaft waren ausgeschlossen.

---

61 Vgl. Nissen: Meldorf, S. 42.

62 Vgl. Gille u.a.: Meldorf, S. 52f.; Nissen: Meldorf, S. 58f.

63 Vgl. Hansen: Meldorf, S. 74.

64 DLZ Nr. 279 vom 29. November 1926: Landrat Pauly bei der Amtseinführung von Bürgermeister Schmedtje, vgl. Hansen: Meldorf, S. 74–79.

65 Vgl. Gille/Hansen/Schrum: Meldorf, S. 74.

66 Vgl. Schrum: Vereine, S. 34.

67 Vgl. Nils Hansen: Meldorf 1900. Zum Alltags- und Mentalitätswandel in einer westholsteinischen Kleinstadt unter dem Einfluss der Industrialisierung. Neumünster 1993, S. 79–97, 218–222; vgl. auch die Angaben zu Einkommensverhältnissen und gesellschaftlicher Schichtung.

68 Vgl. Hansen: Meldorf, S. 58.

1900 waren 303 von 913 Haushalten in Meldorf ohne Stimmrecht, jedoch war die Anzahl der wahlberechtigten Haushalte seit 1870 von 400 auf 610 im Jahr 1900 gestiegen.[69] Mit der Revolution änderten sich grundlegend die Wahlrechtsbestimmungen: Fortan galt das allgemeine Wahlrecht für alle männlichen und weiblichen Personen, das Wahlalter wurde auf das 20. Lebensjahr gesenkt und das reine Verhältniswahlrecht eingeführt, das das gleiche Stimmengewicht für alle herstellte. Wie reagierte man auf örtlicher Ebene auf die grundlegenden Veränderungen? Wie entwickelte sich die kommunalpolitische Situation in der Kleinstadt Meldorf?

2. Die kommunalpolitische Situation

Bereits am 14. November wurden per Anzeige Beamte und Angestellte – in staatlichen und kommunalen Betrieben, bei Banken und Rechtsanwälten – „zur Wahrung ihrer Interessen zu einer Versammlung am 19. November aufgefordert".[70] Dies war der Auftakt zu einer Fülle von Aktivitäten, die die bürgerlichen politischen Kräfte aufgrund der gestiegenen Wählerschaft und der Furcht vor einer sozialdemokratischen Mehrheit entfalteten, denn nach der Revolution standen 1919 drei Wahlentscheidungen an: die Wahl zur Verfassunggebenden Nationalversammlung (19. Januar), zur preußischen Landesversammlung (26. Januar) sowie die Kommunalwahl (2. März). Die parteipolitische Neuformierung stand in der Kontinuität. Die linksliberale Fortschrittspartei erklärte sich im neuen Parteinamen für die neue Regierungsform und konstituierte sich reichsweit am 20. November als Deutsche Demokratische Partei (DDP). Die Rechtsliberalen dagegen, die die „Herrschaft der Massen" ablehnten und an der Monarchie festhalten wollten, gründeten am 15. Dezember 1918 die Deutsche Volkspartei (DVP).[71] Die konservativen Kräfte des Kaiserreichs gründeten die DNVP (Deutschnationale Volkspartei). Allein das katholische Zentrum (Z) und die Sozialdemokratie änderten ihre Namen nicht und konnten an bestehenden organisatorischen Verbindungen anknüpfen. Bis zum Jahresende versuchten die Liberalen vergeblich, eine gemeinsame Partei zu gründen. In Meldorf steht für diesen gescheiterten Versuch der „Volksverein für Meldorf und Umgebung".[72] Sowohl die National- wie auch Linksliberale sahen sich als Vertreter des „Gesamtliberalismus".[73] Besonders aktiv war der Rektor der Marner Realschule, Oskar Beber. Seine Rede über „Die deutsche Politik in Vergangenheit, Gegenwart und Zukunft" in Meldorf bewegte sich „auf den Grundsätzen des liberalen Freisinns", wie es in der DLZ kritisch hieß.[74] Entsprechend der politischen Einstellung des Herausgebers

69 Vgl. ebd., S. 89.

70 DLZ Nr. 268 vom 14. November 1918; leider gibt es keinen Bericht über die Veranstaltung, da die Zeitung vom 20. November fehlt.

71 Vgl. Büttner: Weimar, S. 524, 742.

72 DLZ Nr. 282 vom 2. Dezember 1918; Vertreter beider liberalen Richtungen bildeten den Vorstand.

73 DLZ Nr. 278 vom 27. November 1918.

74 Vgl. DLZ Nr. 282 vom 2. November 1918. Dr. Oskar Beber (1873–1964) leitete seit 1909 die Realschule und baute sie zur Oberrealschule aus (1927, 1. Abitur 1930). Er war aktives Mitglied der linksliberalen DDP, Kreisvorsitzender (DLZ Nr. 191 vom 18. August 1919), Abgeordneter im Kreistag Süderdithmarschen seit 1919 und in der Marner Stadtvertretung (1913–1933). 1933 wurde er vorzeitig pensioniert, weil er nicht in die NSDAP eintreten wollte, vgl. Karsten Schrum/Willy Schulz: Zur Geschichte des Vereins für Dithmarscher Landeskunde 1914–1932. In: Dithmarschen (2014) H. 1/2, S. 5–17, hier S. 13ff.

Argelander nahm dieser gescheiterte Versuch breiten Raum in der DLZ ein.[75] Auf lokaler Ebene gründete die DDP im Dezember eine Ortsgruppe[76], die DVP folgte am 6. Januar 1919[77] und am 9. Januar wurde auch die Geschäftsstelle der DNVP angezeigt.[78] Damit standen mit neuen Parteinamen die bürgerlichen, konservativen Parteigruppierungen aus dem Kaiserreich wieder im politischen Wettbewerb.[79] Politisch getrennt wurden die Frauen über das Wahlrecht informiert und als Wählerinnen umworben.[80] Besonders der Volksverein führte zusammen mit dem Verband norddeutscher Frauenvereine[81], deren Mitgliederverbände sich im Kaiserreich teilweise noch gegen das Wahlrecht von Frauen ausgesprochen hatten, Versammlungen zum „Frauenwahlrecht und wie wir es gebrauchen sollen" in Meldorf und den umliegenden Dörfern durch.[82] Neunzig Prozent der Frauen gingen zur Wahl der Nationalversammlung[83] und wählten weniger die Links-, sondern die Rechtsparteien, die von der Demokratisierung des Wahlrechts profitierten.[84] Das Meldorfer Ergebnis sah wie folgt aus: SPD 37,1 % (Reich 27,9 %, SH 45,7 %, SD 42,6 %), DDP 39,3 % (Reich 18,5 %, SH 27,2 %, SD 35,3 %), DVP 17,1 % (Reich 4,4 %, 8,0 SH %, 7,2 SD %) und DNVP 6,5 % (Reich 10,3 %, SH 7,3 %, SD 6,1 %).[85]

---

75 Vgl. DLZ vom 16.11; 18.11; 02.12; 18.12 1918. Eine Einigung scheiterte, weil nationalliberale Mitglieder, die bis zuletzt für das Dreiklassenwahlrecht und annexionistische Ziele eingetreten waren – dazu gehörte auch Gustav Stresemann – nicht zur neuen liberalen Partei gehören sollten. Politische Ziele und gesellschaftliche Leitvorstellungen gingen in demokratischer und nationaler Richtung auseinander, vgl. Büttner: Weimar, S. 320.

76 In der DLZ war kein genaues Datum zu finden. Laut Anzeige vom 31. Dezember 1918, DLZ Nr. 305, bestand eine Ortsgruppe.

77 Vgl. DLZ Nr. 4 vom 6. Januar 1919.

78 Vgl. DLZ Nr. 7 vom 9. Januar 1919; dies geschah durch Dr. Martin Fengler, Lehrer an der MGS (1900–1919), vgl. Peter Lambrecht/Henning Landgraf/Willy Schulz (Hrsg.): Meldorfer Gelehrtenschule 1540 – 1990 – „Eine gemeine Schole vor de Joget des gantzen Landes". Heide 1990, S. 320, Nr. 119.

79 Auf die regionale Besonderheit unter den Parteien, die partikularistisch und antipreußisch eingestellte „Schleswig- Holsteinische Bauern- und Landarbeiterdemokratie" (Anzeige zur Gründung DLZ Nr. 304 vom 30. Dezember 1918), die ihren Namen zur Wahl der Nationalversammlung und zur preußischen Landessammlung in „Schleswig- Holsteinische Landespartei" (SHLP) umwandelte, wird trotz ihres Wahlerfolges nicht weiter eingegangen, weil sie ab 1921 bedeutungslos wurde, vgl. Rudolf Rietzler: „Kampf in der Nordmark". Das Aufkommen des Nationalsozialismus in Schleswig-Holstein (1919–1928). Neumünster 1982, S. 93–100; Uwe Danker/Astrid Schwabe: Die Volksgemeinschaft in der Region. Schleswig-Holstein und der Nationalsozialismus. Husum 2022, S. 50f. Sie war die Vertretung kleinerer und mittlerer Bauern und versuchte an die Tradition von 1848 anzuknüpfen (vgl. Wulf: Revolution, S. 525), andererseits unterschied sie der Antisemitismus vom Liberalismus, vgl. Rudolf Heberle: Landbevölkerung und Nationalsozialismus. Eine soziologische Untersuchung der politischen Willensbildung in Schleswig-Holstein 1918–1932. Stuttgart 1963, S. 142.

80 Vgl. DVP: DLZ Nr. 301 vom 24. Dezember 1918; DDP: DLZ Nr. 303 vom 28. Dezember 1918; DNVP: DLZ Nr. 305 vom 31. Dezember 1918; SPD: DLZ Nr. 304 vom 29. Dezember 1918.

81 Vgl. DLZ Nr. 291 vom 12. Dezember 1918.

82 Für Einzelheiten zu den verschiedenen bürgerlichen Frauenverbänden vgl. Karsten Schrum: Die ersten Frauen in der Meldorfer Kommunalpolitik. In: Dithmarschen (2020) H. 1, S. 25–33, hier S. 25ff.

83 Vgl. Büttner: Weimar, S. 474.

84 Vgl. Hans Ulrich Wehler: Deutsche Gesellschaftsgeschichte, Band 4. München 2003, S. 353.

85 Vgl. DLZ Nr. 16 vom 20. Januar 1919; Büttner: Weimar, S. 718; Wulf: Revolution, S. 524; Verein für Dithmarscher Landeskunde (Hrsg.): Geschichte Dithmarschens. Das 20. Jahrhundert. Heide 2013, S. 14; Danker/Schwabe: Volksgemeinschaft, S. 55. Restzahlen für Kleinstparteien werden hier nicht angegeben.

Trotz des reinen Verhältniswahlrechts und der gestiegenen Zahl der Wahlberechtigten zeigt das Ergebnis der Wahl zur Nationalversammlung – unter Fortsetzung des Trends von vor 1914 nach links – eine gewisse Kontinuität zwischen 1912 und 1919.[86] Reichsweit stimmte die große Mehrheit der Wähler gegen eine Räterepublik (USPD 7,6 %, in Meldorf noch gar nicht vertreten) und gegen eine restaurierte Form der Monarchie[87] (reichsweit DNVP + DVP 14,7%, in Meldorf mit 23,6 % immerhin fast ein Viertel der Stimmenanteile). Das Ergebnis in der Region bestätigte im Grundsatz das reichsweite Ergebnis. Erfolgreich war die besonders aktive DDP gewesen, die mit dem Slogan „eine sozialistische Mehrheit verhindern und reaktionäre Strömungen" abwehren[88] für republikanische, bürgerlich demokratische Positionen geworben hatte. Der Deutsche Beamtenbund hatte eine Wahlempfehlung für DDP, DVP und DNVP gegeben.[89]

Vier Kommunalwahlen fanden von 1919 bis 1933 statt (2. März 1919; 4. Mai 1924; 17. November 1929; 12. März 1933). Im Kaiserreich waren zwölf bis sechzehn Prozent der Einwohner wahlberechtigt gewesen, ab 1919 über sechzig Prozent. Die Anzahl der Stadtvertreter wurde nach der Revolution von zehn auf achtzehn erhöht; von 1924 bis 1933 hatte die Stadtvertretung zwölf Mandate.[90] Trotz des eingeführten Frauenwahlrechts gehörten von 1919 bis 1933 nur vier Frauen der Stadtvertretung an.[91] „Parteipolitik gehöre nicht aufs Rathaus"[92] lautete die Parole der bürgerlichen Gruppierungen. Der folgte 1919 auch die SPD. Fünf Listenvorschläge standen zur Wahl, wobei die bürgerlichen vier Vorschläge verbunden wurden, um bei der Ermittlung des Wahlergebnisses gegenüber dem Wahlvorschlag der SPD als ein Wahlvorschlag zu gelten.[93] Ab 1924 kandidierten SPD und KPD mit ihren Parteinamen, erst 1933 auch die NSDAP. 1924 standen drei Listen zur Wahl: Die Bürgerliste (DDP, DVP, DNVP) war der nur teilweise gelungene Versuch, alle bürgerlichen Parteien und Verbände zusammenzufassen, um eine Zersplitterung zu vermeiden[94], Neutrale Liste (DDP) und die Liste Wohlfahrt. 1929 gab es vier Listen (Beamte und Angestellte, DDP; Wirtschaft DVP, DNVP; Rentnerliste und

86 Vgl. Lars-Broder Keil/Sven Felix Kellerhoff: Lob der Revolution. Die Geburt der deutschen Demokratie. Darmstadt 2018, S. 128.

87 Vgl. ebd., S. 129.

88 Vgl. Anzeigen in der DLZ Nr. 10 vom 13. Januar 1919 und Nr. 15 vom 18. Januar 1919; Wehler: Deutsche Gesellschaftsgeschichte, S. 353.

89 Vgl. DLZ Nr. 15 vom 18. Januar 1919.

90 Vgl. Archiv Dithmarscher Landesmuseum: Stadtarchiv: Aktennummer 15.300, Bd. 1 Stadtverordnetenwahlen. Stadtarchiv III Nr. 109: Stadtverordnetenwahlen 1919–1946. Für 1919 enthält die Mappe nur die Verordnungen, für 1924 keine Unterlagen, aber für 1929, 1933 und ausführlich für 1946.

91 1919–1924: Zwei (eine direkt gewählt, Liste Bürgerblock, DDP; eine SPD, 1920 nachgerückt). 1924 bis 1929 (Liste Wohlfahrt) und 1929 bis 1933 (SPD) jeweils eine Frau, vgl. Schrum: Frauen, S. 27.

92 DLZ Nr. 51 vom 1. März 1919.

93 Vgl. DLZ Nr. 47 vom 25. Februar 1919. Liste Frese: SPD; Liste Albers: DDP; Liste Kröger: DVP; Liste Wulf: DNVP. Die Verbindung blieb weiter zulässig. DLZ Nr. 71 vom 24. Mai 1923. Auf den Listen standen 1919 sechs, 1924 zwei, 1929 vier und 1933 sieben Frauen (SPD: Platz 3, 6, 9, 11; KPD: Platz 7, 10, 11).

94 Vgl. DLZ Nr. 89 vom 14. April 1924; auf der Bürgerliste standen ehemalige Kandidaten der DDP, DVP und der Schleswig- Holsteinischen Landespartei. Die gesamte Bürgerschaft umfasste der Zusammenschluss nicht. Neben den bürgerlichen Parteien gehörten dazu u.a. der Meldorfer Handelsverein, Handwerkerbund, Haus- und Grundbesitzverein und weitere wirtschaftliche Verbände. Spitzenkandidat war der Zeitungsverleger Argelander.

die Volksliste, NSDAP, auf der Kreisleiter Matthiessen an der Spitze stand[95]), und 1933 zwei Listen (Kampffront Schwarz-Weiß-Rot, DVP, DNVP und Rentnerliste). Die Listen sollten für ein formelles Bekenntnis zur Überparteilichkeit stehen. Gleichzeitig verhinderten sie eine dauerhaftere Bindung an Parteien und ab 1929 eine Ausgrenzung der NSDAP, was für diese letztlich förderlich war.[96]

Kommunalwahlen in Meldorf in der Weimarer Republik[97]

Parteien (Mandate)	1919	1924	1929	1933
SPD	33,4 (6)	20,8 (3)	25,4 (3)	11,2 (1)
KPD	-	6,8 (0)	5,3 (0)	4,1 (0)
DDP	35,9 (7)	15,6 (2)	19,4 (2)	
DVP	11,3 (2)	DVP, DNVP 40,6 (5)	DVP, DNVP 27,8 (4)	Kampffront SWR 25,1 (3)
DNVP	6,8 (1)			
NSDAP			Volksliste: 13,4 (2)	50,9 (8)
Liste Handwerk u. Kaufleute	11,5 (2)			
Liste Wohlfahrt		15,6 (2)		
Neutrale Liste		s. DDP		
Rentnerliste			6,7 (1)	4,8 (0)
Andere	1,1 (0)	0,6 (0)	2 (0)	3,9 (0)
Gesamt	100 (18)	100 (12)	100 (12)	100 (12)
Wahlbeteiligung	68,3	?[98]	68,7	78,5

1919 bis 1924 hatten SPD und DDP fast 81 Prozent Stimmenanteil, zu einer direkten Zusammenarbeit kam es aber nicht. Die Parteien, die versucht hatten, eine neue politische Ordnung zu schaffen, verloren ab 1924 deutlich an Zustimmung. Von der hohen Konzentration der Stimmen auf die DDP (sieben Mandate) war 1924 und 1929 nur noch wenig übriggeblieben (jeweils zwei). Gewinner waren die bürgerlichen Rechtsparteien; DVP und DNVP beseitigten die Vorrangstellung der DDP und übernahmen die Meinungsführerschaft in der Stadt. 1924

95 Kreisleiter Matthiessen beschreibt die Schwierigkeiten, eine Liste zusammenzustellen in einer Behördenstadt, in der Geschäftsleute Umsatzeinbußen befürchteten, wenn sie sich zur NSDAP bekannten, vgl. Martin Matthiessen: Erinnerungen. Meldorf 1980, S. 105.

96 Vgl. Frank Bösch: Militante Geselligkeit. Formierungsformen der bürgerlichen Vereinswelt zwischen Revolution und Nationalsozialismus, in: Geschichte und Gesellschaft (2005) Sonderheft 21, S. 151–182, hier S. 173.

97 Die Ergebnisse sind entnommen: DLZ Nr. 52 vom 3. Mai 1919, DLZ Nr. 105 vom 5. Mai 1924, DLZ Nr. 271 vom 18. November 1929, DLZ Nr. 61 vom 12. März 1933.

98 In der DLZ wird die Zahl der Wahlberechtigten nicht genannt.

und 1929 wird mehrheitlich nationalliberal bis konservativ-national gewählt bei einer schwächer werdenden sozialdemokratischen Minderheit (1919: sechs, 1924 und 1929: drei, 1933: ein Mandat).[99] Die Bindungen an lokale Gruppen hinderte 1929 noch, der NSDAP die Stimme zu geben. Die KPD errang kein Mandat.

3. Meldorf „unter neuer Flagge"[100]?

Die Fahnen mit ihren verschiedenen Farbsequenzen waren von Beginn der Republik Teil der politischen Auseinandersetzungen und der Bekenntniskultur. Die „in den ersten Revolutionstagen verpönten schwarz-weiß-roten Farben"[101] waren wieder da, hieß es im Dezember 1918, als die „heimgekehrten Krieger" unter der schwarz-weiß-roten Fahne begrüßt wurden.[102] Am 24. Juni 1919 wurden die schwarz-weiß-roten Fahnen heruntergerissen, die als „Trauerbeflaggung" (u.a. Amtsgericht, Landratsamt) gegen die Bestimmungen des Versailler Vertrages dienten.[103] Der Kommentar in der DLZ zum Beschluss der Nationalversammlung über die neuen Reichsfarben endete: „Ob die neuen Reichsfarben außerhalb der Behörden und der Mehrheitsparteien sich einbürgern werden, steht noch dahin."[104] Für Meldorf lautete die Antwort: Bis auf die Tage der Verfassungsfeiern sind die neuen Reichsfarben kaum gezeigt worden. Der DLZ ist nicht zu entnehmen, ob am Tag der Verabschiedung der neuen Verfassung die öffentlichen Gebäude Flaggenschmuck trugen, wie Reichsinnenminister Eduard David angeordnet hatte.[105] Die Frage ist, welche Farben überhaupt gezeigt werden konnten.

Zwei Berichte schildern deutlich die Situation in Meldorf: In einem Leserbrief im Auftrag des sozialdemokratischen Ortsvereins zum Kinderfest „Vogelschießen", das von den Schulen veranstaltet wurde, hieß es aus dem Jahr 1922: „Hier am Ort ist von einem Fahnenwechsel leider bisher kaum die Rede. Die verfassungsmäßige Reichsfahne wird von der Einwohnerschaft außerordentlich gemieden. In öffentlichen Umzügen ist sie unseres Wissens bisher nicht mitgeführt worden."[106]

Ein zweites Beispiel stammt aus dem Jahr 1928. Das Provinzialschulkollegium (PSK) hatte in einem als vertraulich gekennzeichneten Schreiben vom 18. Oktober 1928 angefragt, welche Fahnen die Gelehrtenschule bei Umzügen mitführe und ob es zu Angriffen in der Presse wegen der gezeigten Fahnen bzw. nicht mitgeführten Reichsfarben gekommen sei. Der Schulleiter Kruschka antwortete, dass die Schule bei öffentlichen Veranstaltungen (Beerdigungen und Kinderfest „Vogelschießen") nur die Schulfahne zeige. Angriffe in der Presse habe es nicht gegeben, weil die Volksschule beim Umzug des Kinderfestes die Reichsfahne mitgeführt habe, und er fügte hinzu: „Nach den örtlichen Verhältnissen halte ich es für das Beste, es bei dem

99 Vgl. Wulf: Revolution, S. 525ff.; Gille/Hansen/Schrum: Meldorf, S. 106.
100 DLZ Nr. 155 vom 7. Juli 1919.
101 DLZ Nr. 291 vom 12. Dezember 1918.
102 Vgl. DLZ Nr. 292 vom 14. Dezember 1918.
103 Vgl. Volker Gaul: Ein Landrat sieht rot – Die Auswirkungen der Novemberrevolution auf die Verwaltungsspitze in Süderdithmarschen in den Jahren 1918/19. In: Dithmarschen (2019) Heft 3, S. 6–17, hier S. 11. Der Vertrag wurde am 28. Juni 1919 unterzeichnet. DLZ Nr. 145 vom 25. Juni 1919.
104 DLZ Nr. 155 vom 7. Juli 1919.
105 Vgl. DLZ Nr. 178 vom 2. August 1919.
106 DLZ Nr. 152 vom 1. Juli 1922.

bisherigen Zustand zu belassen, da, wie auch dem PSK bekannt sein wird, die Einstellung der Bevölkerung zum großen Teil stark rechts ist."[107]

Nicht überraschend ist, dass am Tag der Einsetzung des neu gewählten Reichspräsidenten Hindenburg in der DLZ zu lesen war: „Lustig flattern die Farben – die des alten Reiches in der übergroßen Mehrzahl."[108] Und in der Berichterstattung zu Hindenburgs 80. Geburtstag hieß es, es sei „erfreulich festzustellen, dass auch die amtlichen Stellen sich am Flaggenschmuck beteiligten."[109] Das kann nur bedeuten, dass statt Schwarz-Rot-Gold Schwarz-Weiß-Rot geflaggt worden war.

Die Berichte in der DLZ über die Verfassungsfeiern in den Jahren 1922 und 1923 enthalten keine Angaben zur Beflaggung. 1924 gab es den Hinweis: „Die öffentlichen Gebäude tragen Flaggenschmuck"[110] und erstmals 1925 wurden die Reichsfarben genannt, die vereinzelt an Privathäusern, sonst nur an den öffentlichen Gebäuden zu sehen waren. „Sonst merkte man von dem Verfassungstage, der einst Nationalfeiertag werden sollte, bitter wenig." In der redaktionellen Notiz zum Verfassungstag 1925 hieß es weiter, dass „in der Flaggenfrage immer noch ein Riss durch das Volk"[111] gehe, obwohl die Parteien auf dem Boden der Verfassung stehen und der innenpolitische Friede Fortschritte gemacht habe. In den Berichten der DLZ wurde durchgehend betont, dass die Veranstaltungsräume festlich in den Reichsfarben geschmückt gewesen seien. Ansonsten gilt, dass nur die Reichs- und Kommunalbehörden die Reichsflagge setzten,[112] dazu kam die Landesflagge, wie Bürgermeister Schmedtje in einem Schreiben mitteilte[113] und Landrat Pauly zählte in seinem Bericht auf, wo in Süderdithmarschen nicht geflaggt wurde.[114] Die Reichsflagge wurde nicht allgemein anerkannt und wirkte nicht integrierend.

IV. Verfassungsfeiern in Meldorf

1. Die Feiern in der Meldorfer Gelehrtenschule

Von der Verfassung her verstand sich die Weimarer Republik als eine auf Dauer angelegte Demokratie. Die Artikel 17 und 148 der WRV bestimmten die republikanische Staatsform und die parlamentarische Demokratie im Reich und in den Ländern[115] und Staatsbürgerkunde als

---

107 Zit. n. Lambrecht/Landgraf/Schulz: Meldorfer Gelehrtenschule, S. 184.

108 DLZ Nr. 110 vom 12. Mai 1925.

109 DLZ Nr. 231 vom 3. Oktober 1927.

110 DLZ Nr. 188 vom 12. August 1924.

111 DLZ Nr. 187 vom 12. August 1925.

112 Vgl. DLZ Nr. 186 vom 11. August 1927.

113 Vgl. Schreiben vom 16. August 1928, LASH Abt. 309/Nr. 22717.

114 Vgl. Schreiben vom 17. August 1928, LASH Abt. 309/Nr. 22717. Brunsbüttel hatte sich zu flaggen geweigert, weil es die verlangte Berichterstattung über die Verfassungsfeier als Kontrolle ansah. Nicht geflaggt hatten: Friedrichskoog, Nordhastedt, Südermeldorf, Geest, Süderhastedt. Im Kronprinzenkoog hatte die Gemeinde noch keine Flagge gekauft. Regierungspräsident Wilhelm Abegg forderte eine noch genauere Aufstellung (Abt. 301/Nr. 4053), in der auch Barlt und Kudensee genannt wurden, die am Verfassungstag nicht geflaggt hatten.

115 Vgl. Wehler: Deutsche Gesellschaftsgeschichte, S. 350; Haardt/Clark: Weimarer Reichsverfassung, S. 25f. Die Wiedereinführung der Monarchie oder ein Rätesystem, das schon der Reichskongress der Arbeiter- und Soldatenräte am 19. Dezember abgelehnt hatte, sollte ausgeschlossen werden.

Lehrfach in den Schulen. Am Ende der Schulpflicht sollten die Schüler ein Exemplar der Verfassung erhalten.[116]

In den Jahresberichten der Meldorfer Gelehrtenschule hieß es lapidar: „Außer in den festgesetzten Lehraufgaben wurde die deutsche Reichsverfassung vom 11. August 1919 in den Klassen Prima-Untersekunda durchgenommen."[117]

Für die Schulen war angeordnet worden, dass „aus Anlass der Wiederkehr des Verfassungstages eine würdige Feier stattfindet, bei der die geschichtliche Bedeutung des Tages eingehend darzulegen ist."[118] In den Jahresberichten[119] und ab 1925 in kurzen Notizen der DLZ sind zu den Verfassungsfeiern knappe Angaben enthalten. Die Feiern fanden in der Regel in der ersten Stunde in der Aula statt. Zum Fahnenschmuck fehlen Hinweise, 1927 wurde erwähnt, dass Chor und vortragende Schüler und Schülerinnen mitgewirkt hätten.[120] Es fällt auf, dass häufig neu ins Kollegium eingetretene Lehrkräfte mit der Aufgabe betraut wurden, die Ansprache zu halten.

1923 zeigte der Redner die Entwicklung des Schulwesens auf, 1925 wurde herausgestellt, dass die Stellung der Reichseinheit und des Reichsgedankens durch die Verfassung gefestigt und gestärkt worden sei.[121] 1926 und 1927 wurde der Einheitsgedanke durch Rückgriff und Einbezug von Ludwig Jahn und Ernst Moritz Arndt noch vertieft.[122] Die beiden Hauptteile der Verfassung waren Thema 1928.[123] Die Verfassung sei geeignet, „dem Volk zu einem geeigneten Staatsleben"[124] zu verhelfen, die einzige positive Bemerkung zum zehnjährigen Jubiläum der Verfassung in den verschiedenen Angaben.

116 Vgl. Matthias Busch: Staatsbürgerkunde in der Weimarer Republik. Genese einer demokratischen Fachdidaktik. Bad Heilbrunn 2016, S. 13; das Fach Staatsbürgerkunde wurde während der Weimarer Republik nicht eingerichtet. Die erste Schülerin wurde 1922 aufgenommen, sie bestand das Abitur 1926/27, vgl. Lambrecht/Landgraf/Schulz: Meldorfer Gelehrtenschule, S. 224f.

117 Vgl. Archiv Meldorfer Gelehrtenschule (AMGS): Jahresbericht 1921 und 1922 jeweils S. 6, später wird die Behandlung nicht mehr erwähnt. Fraglich ist, inwieweit der Erlass für die Führung der Jugend in die Reichsverfassung hilfreich war. Es heißt, dass die „Schuljugend", die zu „staatsbürgerlichem Verständnis erst herausgebildet werden muss", von unfruchtbarem Zwist und von politischen Streitigkeiten freigehalten werden soll, vgl. Karin Kitowski: Wieder mal Verfassungsfeier? Zum Verfassungstag der Weimarer Republik in den Schulen, in: Dies./Rüdiger Wulf: Die Liebe zu Volk und Vaterland. Erziehung zum Staatsbürger in der Weimarer Republik. Dortmund 1999, S. 43–72, hier S. 45.

118 Schreiben vom 31. Juli 1922, LASH Abt. 302/Nr. 2929.

119 Vgl. AMGS: Jahresberichte 1921–1932. Der Bericht für das Schuljahr 1929/30 fehlt.

120 Vgl. AMGS: Jahresberichte 1927/28, S. 14.

121 Vgl. AMGS: Jahresberichte 1923/24, S. 11; Jahresberichte 1925/26, S. 16.

122 Vgl. AMGS: Jahresberichte 1926/27, S. 13; Jahresberichte 1927/28, S. 14; vgl. auch DLZ Nr. 188 vom 11. August 1927.

123 Vgl. AMGS: Jahresberichte 1928/29, S. 16; DLZ Nr. 188 vom 11. August 1928. An der MGS fand ein staatsbürgerlicher Bildungstag zur Ideenwelt des zweiten Teils der Reichsverfassung statt, vgl. DLZ Nr. 278 vom 26. November 1928.

124 DLZ Nr. 186 vom 10. August 1929. Der vortragende Lehrer war nach 1945 vorübergehend Leitender Studienrat der Marner Oberschule, vgl. Willy Schulz: „Staatsbürgerliche Erziehung und Geschichtsunterricht im neuen Staat." Ernst Voigts Referat im Jahr 1946 im Kontext des demokratischen Wiederaufbaus des Schulwesens in Dithmarschen. In: Demokratische Geschichte 31 (2021), S. 237–260, hier S. 244.

Der pädagogischen Konzeption und Praxis jener Jahre, Schüler und Schülerinnen am Schulleben zu beteiligen[125], entsprach 1930 und 1931, dass je ein Oberprimaner die Ansprache hielt. Überliefert ist nur der Titel der Rede von 1931: „Wir Jugendlichen und die Verfassung".[126] 1932 sprachen Schulleiter Kruschka über den Wert der Verfassung und ein Lehrer im Goethejahr 1932 über Weimar als die Stadt, in der die Verfassung beschlossen wurde.[127] Verfassungsfeiern gab es in den Klassen auch in der Bürgerschule und in der Höheren Mädchenschule.[128] Die schulischen Feiern wurden ab 1924 durch sportliche Veranstaltungen („Reichsjugendwettkämpfe") als volkstümliche Elemente popularisiert.[129]

Tagespolitische Auseinandersetzungen waren von der Schule nicht fernzuhalten. Kruschka richtete deshalb 1930 eine freiwillige Arbeitsgemeinschaft „Zeitungslektüre"[130] ein, 12 von 48 Schülern und Schülerinnen der Oberstufe nutzten das Angebot. Er erlaubte mit Auflagen die Teilnahme an politischen Versammlungen, ohne die damals noch üblichen Klassenmützen, Aufenthalt nur auf der Galerie, und keine Zwischenrufe und Beteiligung an Auseinandersetzungen. Die Anfragen der PSK wegen der Mitgliedschaft von Schülern in „Nationalsozialistischen Bünden" spielte Kruschka herunter.[131]

Auch die Schulen wurden 1922 in die allgemeinen Gesetze zum Schutz der Republik einbezogen. Der Erlass des Preußischen Kultusministers verbot „Mitgliedschaften von Schulvereinen, die gegen Staat und geltende Staatsform sind, die Grundrechte missachten und Glieder der deutschen Volksgemeinschaft wegen ihrer Abkunft, Glauben, ihres Bekenntnisses bekämpfen."[132] Ende 1932 wurde das Verbot einer Mitgliedschaft aufgehoben.[133]

---

125 Ausführlich dazu vgl. Lambrecht: Meldorfer Gelehrtenschule, S.181–186.

126 DLZ Nr. 186 vom 11. August 1930; Lambrecht/Landgraf/Schulz: Meldorfer Gelehrtenschule, S. 230. Dies bedeutet keine Distanzierung der Lehrkräfte gegenüber der Verfassungsfeier. Vgl. die Protokollnotiz der Allgemeinen Konferenz vom 2. Juni 1931: „Die OI und die UI sollen gefragt werden, ob sie die Verfassungsfeier übernehmen wollen. Bei Ablehnung hält (ein Lehrer) die Ansprache." (Zit. n. AMGS: Kladde Niederschriften 1930-1942, S. 42.)

127 Vgl. DLZ Nr. 186 vom 11. August 1932. Im Jahresbericht 1932/33 wird die Verfassungsfeier nicht mehr erwähnt.

128 Vgl. DLZ Nr. 186 vom 9. August 1928.

129 Zum ersten Mal beschrieben in: AGMS: Jahresbericht 1924, S. 11.

130 Visitatoren der Schule im Zeitalter der Aufklärung hatten so ein Projekt schon 1773 vorgeschlagen, vgl. Lambrecht/Landgraf/Schulz: Meldorfer Gelehrtenschule, S. 186; Matthias Busch: Demokratielernen in der Weimarer Republik. In: Aus Politik und Zeitgeschichte (2020) Heft 14/15, S. 28–34, hier S. 31f.

131 Vgl. AMGS: Schreiben in Akte „Geheim"; Lambrecht/Landgraf/Schulz: Meldorfer Gelehrtenschule S. 184–186; Otto Kruschka (1890–1944) ist als Lehrer sehr differenziert zu sehen: er leitete die Schule von 1926–1934 pädagogisch durchaus fortschrittlich; er war Mitglied der DNVP und des Stahlhelms (Teilnahme Erster Weltkrieg 1914 bis 1918) und übte bei Spielfesten und im Turnunterricht das Werfen von Handgranaten. Er stellte sich schützend vor einen Lehrer, wofür er in der Schleswig-Holsteinischen-Tageszeitung, der Zeitung der Nationalsozialisten, angegriffen wurde. (vgl. SHTZ vom 8. Januar 1933 und AMGS: Akte „Geheim"). Zwei in der HJ bzw. SA sehr aktive Schüler erhielten nicht die Zulassung zum Abitur, die ihnen erst nach dem 30. Januar zuerkannt wurde. In Meldorf fühlte er sich nicht mehr sicher, zweimal wurden ihm die Fenster eingeworfen. (vgl. DLZ Nr. 293 vom 15. Dezember 1932) Er übernahm 1934 die Leitung des größeren Gymnasiums in Wandsbek. Am 6. Juli 1944 fiel er in Minsk, vgl. Lambrecht/Landgraf/Schulz: Meldorfer Gelehrtenschule, S. 181–186, 252, 322; Mitteilungsblatt der Ehemaligenvereinigung 12/1957.

132 DLZ Nr. 186 vom 10. August 1922.

133 Vgl. Lambrecht/Landgraf/Schulz: Meldorfer Gelehrtenschule, S. 186.

Wie weit durch die Behandlung der Verfassung eine positive Gesinnung oder gar eine emotionale Wirkung und Bildung für den Staat erreicht wurde, lässt sich nicht sagen. Gedenktage heben sich vom Schulalltag ab. Unterrichtsfrei nach der Feier wäre ein mögliches und bewusst einzusetzendes Privileg gewesen, um die Wertschätzung des Verfassungstages zu erhöhen. Das geschah nur 1927 und 1929 zum zehnjährigen Jubiläum der Verfassung.[134] Schulfrei aber gab es 1922 nach dem Verlust eines Teils der Provinz Schlesiens als Zeichen der Trauer und 1925 anlässlich der Alliierten Räumung des Ruhrgebietes.[135] In den Berichten Ehemaliger über die Schulzeit (1926–1930) werden die Verfassungsfeiern nicht erwähnt, sie hinterließen keinen bleibenden Eindruck.[136] Erinnert wird, dass an der MGS – so ein Schüler – der Geschichtsunterricht meist „vaterländisch" ausgerichtet gewesen sei und nicht über das Jahr 1890 hinausginge.[137]

Die Verfassungsfeier war eine Schnittstelle, an der sich die Einstellungen der Lehrkräfte, der Eltern und der Schüler und Schülerinnen sowie staatlicher Entscheidungsträger treffen konnten. Die Angaben zu den Feiern lassen keine inhaltlichen Auseinandersetzungen erkennen, die vorgegebenen Anforderungen wurden umgesetzt. Die der neuen politischen Ordnung eher reserviert gegenüberstehenden Lehrkräfte boten keine Konfliktpunkte, konnten aber auch nur wenig für den neuen Staat begeistern. In den Berichten und Hinweisen wird allerdings der oberste Grundsatz der demokratischen Weimarer Republik – die Volkssouveränität – nicht genannt.

2. Die Feiern in der Stadt

Der preußische Innenminister Carl Severing teilte den Landesbehörden in einem Schreiben am 1. August 1922 mit, dass Reichsregierung und preußisches Staatsministerium beschlossen hätten, Festakte zum Verfassungstag nicht nur in der Reichs- und Landeshauptstadt, „sondern im ganzen Land in angemessener Weise zu begehen." Da es noch keinen Nationalfeiertag gebe, sei es Sache aller Behörden, der Bedeutung des Tages durch Wiederherstellung der deutschen Einheit in würdiger Weise zu gedenken. Angeordnet werde die Beflaggung in Reichs- und Landesfarben, aufgezogen werden können auch die Stadt- oder Provinzfahnen. Bei der Ausgestaltung der Feier habe man freie Hand. Vertreter der Behörden und der Bevölkerung seien einzuladen.[138] Anhand der Artikel und Anzeigen in der DLZ sowie der Berichte von Landrat Pauly an das Innenministerium werden die Verfassungsfeiern vorgestellt.[139]

---

134 Vgl. AGMS: Jahresberichte 1927/28; auch die Reichs- und die preußischen Behörden hatten dienstfrei. DLZ Nr. 186 vom 11. August 1927, erst ab 1927 wurde für den 11. August generell Sonntagsdienst angeordnet, vgl. Petra Weber: Goethe und der „Geist von Weimar". Die Rede Werner Thormanns bei der Verfassungsfeier in der Paulskirche am 11. August 1932. In: Vierteljahrshefte für Zeitgeschichte 46 (1998), S. 109–135, hier S. 111; DLZ Nr. 186 vom 10. August 1929.

135 Vgl. AGMS: Jahresberichte 1922/23, S. 11; Jahresberichte 1925/26, S. 16.

136 Vgl. Lambrecht/Landgraf/Schulz: Meldorfer Gelehrtenschule, S. 207–212.

137 Vgl. ebd., S. 208f.

138 Vgl. LASH Abt. 301/Nr. 4053; auch Abt. 309/Nr. 22717.

139 Vgl. LASH Abt. 301/Nr. 4053; Abt. 309/Nr. 22717. Die Mappe enthält für die Jahre 1922, 1924–1926 keine Berichte für Meldorf/Süderdithmarschen.

a.) Organisation und Teilnahme

Da der Antrag der Koalitionsparteien, den 11. August zum Feiertag zu erklären, nicht erledigt worden war, das Landratsamt auf den Erlass nicht reagiert hatte, ergriffen die Initiative für die erste Verfassungsfeier in Meldorf 1922 die Parteien SPD, DDP und SHLP.[140] Im nächsten Jahr

Verfassungsfeier
am Freitag, d. 11. August 1922
abends 8 Uhr in der Ditmarsia.
Zur Deckung der Unkosten wird ein Eintritt von 1 Mark erhoben Um zahlreiche Beteiligung bitten:
Ortsverein Meldorf der Sozialdemokratischen Partei Deutschlands
Deutsch Demokratische Ortsgruppe Meldorf.
Schleswig-Holsteinische Landespartei.

Aufruf zur ersten Verfassungsfeier am 11. August 1922. Es musste noch ein Unkostenbeitrag von 1 Mark bezahlt werden für den Eintritt. Die Einladung wurde durch die die Republik tragenden Parteien SPD, DDP und SHLP ausgesprochen. Bildnachweis: DLZ Nr. 186 vom 10. August 1922.

wurde dann auf örtlicher Ebene ein Festausschuss gebildet, der von 1923 bis 1932 unter Federführung des Landrates die Feiern organisierte. Über die genaue Zusammensetzung und die Arbeitsweise können keine Angaben gemacht werden. Mit einem Ausschuss für besondere Veranstaltungen hatte man kommunalpolitische Erfahrung und, politisch breit besetzt, örtlich die Protestkundgebungen gegen den Versailler Friedensvertrag[141], die Kundgebung nach dem Kapp-Putsch für die Republik[142] und die Reichsgründungsfeier 1921 vorbereitet.[143]

Die Verfassungsfeiern wurden unabhängig vom Wochentag durchweg abends ab 20 Uhr veranstaltet. Fünf davon fanden in öffentlichen Räumen (1924–1927 Aula MGS, 1932 Kreistagssaal) und sechs gleich verteilt auf die drei Gaststätten mit Sälen statt. Der Ablauf entsprach dem Modus, den die Feiern 1921 und 1922 auf Reichsebene vorgegeben hatten. Liedvorträge

---

140 Vgl. Anzeigen DLZ Nr. 186 vom 10. August 1922; DLZ Nr. 187 vom 11. August 1922.

141 Vgl. DLZ Nr. 110 vom 13. Mai 1919.

142 Vgl. DLZ Nr. 66 vom 19. Mai 1920.

143 Vgl. DLZ Nr. 12 vom 15. Januar 1921. In diesem Ausschuss war kein SPD- oder Gewerkschaftsmitglied vertreten.

Oeffentliche Kundgebung für die verfassungsmäßige Regierung Ebert–Bauer.

Zu Berlin hat eine Anzahl von reaktionären Putschisten versucht, unsere verfassungsmäßige Regierung zu stürzen. Die Regierung hat Berlin vorübergehend verlassen und leitet von Stuttgart aus die Reichsgeschäfte

Es gilt, mit allen Mitteln die verfassungsmäßige Regierung zu stützen, damit unser Volk vor dem Untergang bewahrt wird.

Die in der sozialdemokratischen Partei und in den Gewerkschaften organisierte Arbeiterschaft wird

am Freitag den 19. d. Mts. die Arbeit ruhen lassen.

Sie ersucht die Bürgerschaft Meldorfs, für diesen Tag ihre Werkstätten, Fabrikbetriebe, Büros und Geschäfte soweit wie irgend möglich gleichfalls zu schließen, um damit öffentlich zu bekunden, daß Bürger und Arbeiter zusammenstehen wollen, zum Schutz der verfassungsmäßigen Regierung.

Die unterzeichneten Parteivorstände fordern die Bewohner von Meldorf und Umgegend auf, sich

am Freitag, den 19., nachmittags 5 Uhr im Saale der „Erheiterung"

vollzählig zu versammeln zu einer

Kundgebung

für unsere verfassungsmäßige Regierung.

Die Ortsvorstände der Sozialdemokratischen Partei Deutschlands, der Deutschen Demokratischen Partei, der Schleswig-Holsteinischen Landespartei.

Aufruf zur Kundgebung zur Verteidigung der Weimarer Republik nach dem Kapp-Putsch. Bildnachweis: DLZ Nr. 66 vom 18. März 1920.

von Chören Meldorfer Schulen, für die „patriotische Lieder"[144] oder „Vaterlandslieder"[145] ausgewählt wurden: Eine Verbindung von Tradition und neuer Verfassung oder rückwärtsgerichtete Erinnerung an vermeintliche Größe?[146] Der Festvortrag war eingerahmt von Schleswig-Holstein, Lied und Nationalhymne. Mit der Begründung, dass Mittel für die Feier fehlten, wurde Eintritt erhoben: in den Jahren vor der Währungsreform 1922 und 1923 1 Mark bzw. 5.000 Mark, 1924 0,30 Pfennig, 1925, 26, und 1928, 29 je 0,20 Pfennig, 1927, 1930 bis 1932 war der Eintritt frei. Der Überschuss von 1923 (35.000 Mark)[147] sollte als Spende an die Rhein-Ruhr-Hilfe und der von 1924 an den Kreiswohlfahrtsausschuss gehen.

Die Berichte in der DLZ über die Verfassungsfeiern enthalten für die Jahre 1922, 1924, 1927 bis 1929 gar keine Angaben über die Besucherzahl, nur für die Jahre 1925 und 1931 heißt es „überfüllt" oder „bis auf den letzten Platz besetzt". In den anderen Jahren lauten die Bemerkungen „unregelmäßiger Besuch" (1923) „gut besetzt" (1926) über „dicht besetzt" (1930) zu „nahezu besetzt" (1932). Stereotyp heißt es sonst in den Berichten, dass „Zuhörer aus allen Kreisen der Bevölkerung anwesend waren".

Die Berichte Paulys stimmen damit nicht überein. 1927 schreibt Pauly an das preußische Innenministerium, dass zur Vorbereitung der Feier „sämtliche Behörden, Schulvorstände und Vertreter der Fachverbände" eingeladen worden seien.[148] Der Satz ist ein Indiz für das Bemü-

144 DLZ Nr. 188 vom 12. August 1922.

145 DLZ Nr. 187 vom 13. August 1923.

146 Vgl. DLZ Nr. 187 vom 13. August 1923: „Zuruf ans Vaterland: Stehe fest, Bleibe treu, Bleibe wach und werde stark oh Vaterland." von Gölting.

147 Vgl. Bericht Pauly vom 18. September 1923, LASH Abt. 309/Nr. 22717.

148 Vgl. LASH Abt. 309/Nr. 22717.

Bekanntmachung.

Feier des Verfassungstages

am 11. August 1923

verbunden mit einem Rhein und Ruhrtage im Saale der »Erheiterung.« 8¹/₄ Uhr abends.

1 Schleswig-Holhtein Lied, gesungen vom Chor der Bürgerschule Die Teilnehmer an der Feier singen mit.
2 Liedervortrag vom Gymnasialchor.
3 Vortrag von Herrn Pastor Bohnsack
4. Liedervortrag vom gemischten Chor.
5 Deutschland, Deutschland über alles.

Eintritt 5000 Mark.

Der Ueberschuss fliesst der Rhein- und Ruhrhilfe zu. Sämtliche Einwohner werden hierdurch zur Teilnahme eingeladen. **Der Festausschuss.**

Programm der Verfassungsfeier aus dem Jahr 1923. Der Auftritt des Gymnasialchors verweist auf den Veranstaltungsort. Bildnachweis: DLZ Nr. 180 vom 04. August 1923.

hen über Institutionen und Verbände, eine breite Beteiligung der Bevölkerung an der Feier zu erreichen. Pauly nennt für das Jahr 1927 160 bis 170 Teilnehmer – die Aula der MGS muss sehr dicht besetzt gewesen sein – und spricht von einer ständigen Zunahme der Teilnehmerzahl, was den Umzug in die Gaststätten in den folgenden Jahren erklären kann, ausgenommen der kleinere Kreistagssaal 1932.

Im Bericht zur Verfassungsfeier 1928 nennt Pauly die Zahl von 300 Teilnehmern, „die fast ausschließlich dem Reichsbanner und der sozialdemokratischen Partei angehören" und beklagt, dass es schwer sei, „eine Feier für alle Kreise der Bevölkerung zu organisieren", weil „bei der Stellungnahme der hiesigen Bevölkerung, insbesondere der politisch rechts orientierten Kreise" es nicht möglich sei, „eine von allen Kreisen der Bevölkerung gleichmäßig besuchte Verfassungsfeier zustande zu bringen".[149] Auch für 1931, in dem Jahr hat Pauly selbst die Rede gehalten, schreibt er von einer Teilnahme aus „allen Kreisen der Bevölkerung" und fügt hinzu," zur Hauptsache aber von Mitgliedern der republikanischen Verbände".[150] Die Verfassungsfeiern wurden nur von einem Teil der Stadtbevölkerung besucht.

b) Die Redner

In seinem Schreiben an das preußische Innenministerium aus dem Jahr 1928 beklagt Pauly, dass die „Auswahl der Festredner" schwierig sei.[151] Elf Verfassungsfeiern gab es von 1922 bis 1932. In den Jahren 1930 (Pastor Fellner, Marne) und 1932 (Rektor Paulsen, Tungendorf) kamen die Redner nicht aus Meldorf. 1931 (Landrat Pauly) und 1927 (Bürgermeister Schmedtje) sprachen zwei lokale Verwaltungsbeamte, 1929 (Stadtmedizinalrat Dr. Neumann) und 1924 (Kreisschulrat Rottgardt) zwei lokale Beamte, 1926 (Bünz) und 1923 (Bohnsack) zwei Meldorfer Pastoren. Nur zwei der elf Redner waren Mitglied der Parteien, die die Weimarer Republik politisch gestaltet hatten: 1922 (Frese, SPD) und 1925 (Wolff, DDP), beide Lehrer der Meldorfer Gelehrtenschule. Sie waren zwei von vier Rednern, die kommunalpolitisch aktiv waren, wie auch Fritz Heesch (SHLP, 1928) und August Rottgardt, der bei der Kommunalwahl 1924 auf Platz 2 der Neutralen Liste stand.[152]

149 Ebd.
150 Schreiben vom 15. August 1931, LASH Abt. 301/Nr. 3495.
151 Vgl. Bericht 1928, LASH Abt. 309/Nr. 22717.
152 Vgl. DLZ Nr. 102 vom 1. Mai 1924.

Abgesehen von 1928 (Heesch) gehörten ab 1926 die Redner eher zum national- oder rechtskonservativen Teil der Bürgerschaft, was der kommunalpolitischen Situation in der Stadt entsprach, während die Teilnehmer an den Veranstaltungen, den Berichten von Pauly nach, eher Anhänger der Republik gewesen seien. Bei Organisation und Durchführung der Feier entstanden daraus aber keine Konfliktsituationen oder eine Zweiteilung des Verfassungstages wie in Kiel oder Ratzeburg.[153] Das gilt auch für den zehnten Jahrestag der Unterzeichnung der Verfassungsurkunde. Samstagabend veranstaltete das Reichsbanner einen Fackelzug durch die Stadt, anschließend sprach auf dem Marktplatz das SPD-Mitglied Otto Ihm über die Verfassung und ihre Bedeutung. Am Sonntag folgten tagsüber die Sportwettkämpfe und abends fand die offizielle Veranstaltung mit dem Festredner Stadtmedizinalrat Dr. Neumann statt. Im Anschluss, so ist der kurzen Notiz zu entnehmen, trafen sich verschiedene Organisationen zu internen Feiern.[154] Über die Redner Neumann (1929), Fellner (1930), Paulsen (1932) sowie auch Wolff (1925)[155] und Rottgardt (1924) können keine zusätzlichen Angaben gemacht werden.

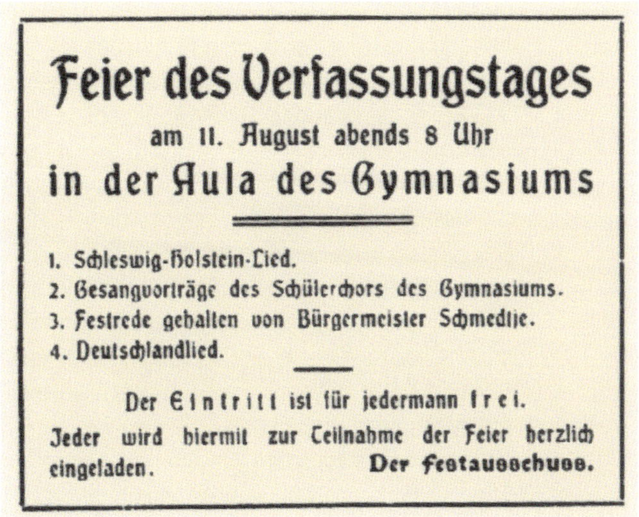
Feier des Verfassungstages
am 11. August abends 8 Uhr
in der Aula des Gymnasiums

1. Schleswig-Holstein-Lied.
2. Gesangvorträge des Schülerchors des Gymnasiums.
3. Festrede gehalten von Bürgermeister Schmedtje.
4. Deutschlandlied.

Der Eintritt ist für jedermann frei.
Jeder wird hiermit zur Teilnahme der Feier herzlich eingeladen.
Der Festausschuss.

Einladung des Festausschusses für das Jahr 1927 mit der Preisgabe der Festfolge. Bürgermeister Schmedtje sollte die Festrede halten. Bildnachweis: DLZ Nr. 183 vom 08. August 1927.

Pastor Christian Bohnsack (1923) hatte die zurückkehrenden Soldaten begrüßt[156] und auf der Veranstaltung gegen den Versailler Vertrag gesprochen.[157] Die evangelische Kirche brachte der Weimarer Republik von Anfang an wenig Sympathie entgegen. Die WRV hatte die enge Verbindung von Staat und Kirche gelöst (Art. 137: „Es besteht keine Staatskirche"). Aufgrund ihrer konservativen und antidemokratischen Grundhaltung hatten achtzig Prozent der Pastoren im Kaiserreich zur extrem nationalistischen Vaterlandspartei geneigt.[158] In der Weimarer Republik lautete ein geläufiger Reim: „Die Kirche ist politisch neutral, aber sie wählt deutschnational."[159] Bohnsack war von 1915 bis 1923 Pastor in Meldorf. Sein Nachfolger war Johann Martin Bünz (1888–1949), der 1926 die Rede hielt. Er war von 1923 Pastor in Meldorf und seit 1932 bis März 1949 Pastor in Meldorf und Propst in Süderdithmarschen. Auf der Propsteisyn-

153 Vgl. Zimmermann: Verfassungsfeiern, S. 145.
154 Vgl. DLZ Nr. 187 vom 12. August 1929.
155 Theodor Wolff, 1857–1928, Lehrer an der MGS 1905–1922, AGMS: Personalbogen Theodor Wolff; vgl. Lambrecht/Landgraf/Schulz: Meldorfer Gelehrtenschule, S. 321, Nr. 126.
156 Vgl. DLZ Nr. 294 vom 16. Dezember 1918.
157 Vgl. DLZ Nr. 110 vom 13. Mai 1919.
158 Vgl. Wehler: Deutsche Gesellschaftsgeschichte, S. 438.
159 Ebd., S. 437.

ode 1931 warb er dafür, mit dem Nationalsozialismus zusammenzuarbeiten, wobei er keine Abwägung zwischen christlichen Werten und NS -Ideologie traf.[160]

Mit der Autorität seines Amtes und seines Ansehens trug er zum Anwachsen der NSDAP vor 1933 bei.[161] Auf einer öffentlichen Kundgebung der Glaubensbewegung „Deutsche Christen" erklärte Bünz in einer Rede nach dem 30. Januar 1933: „Parteien gehören einem vergangenen Zeitalter an." Und „ Heute hat nur Lebensrecht, auch in der Kirche, nur das, was eine Bewegung ist."[162] Stark besucht waren die Festgottesdienste, die er am 20. April 1933 zum Geburtstag des Führers[163], am 1. Mai zum Tag der nationalen Arbeit , am 30. Januar 1934 zum ersten Gedenktag der nationalen Revolution, am 2. August 1934 zum Kriegsanfang 1914 und am 5. August 1934 zum Geburtstag von Hindenburg ausrichtete.[164] Während der NS-Zeit war er kirchenpolitisch Mitglied der Deutschen Christen und hatte folgende NS-Mitgliedschaften: NSDAP, NSKK 1934–1938, NSV 1933–1946, VDA, NS Reichsbürgerbund (Kyffhäuserbund) 1933–1946.[165]

Willy Schmedtje (1895–1944), Redner im Jahr 1927, geboren in Altona, dort ausgebildet und tätig in der städtischen Verwaltung, Kriegsteilnehmer, wurde im Oktober 1926 von den bürgerlich konservativen Gruppierungen mit 54,2 Prozent der Stimmen zum Bürgermeister gewählt.[166] Verbesserung der Infrastruktur und Förderung von Wirtschaft und Tourismus waren seine Arbeitsschwerpunkte als Bürgermeister. 1933 kandidierte er für die Kampffront SWR zur Kreistagswahl.[167] Er war nicht Mitglied der NSDAP, blieb bis 1937 im Amt, solange sich die NSDAP auf die erfahrenen, ihnen nahestehenden national konservativen Eliten stützte. Er wurde 1938 durch einen nationalsozialistischen Parteifunktionär ersetzt. Schmedtje fiel als Soldat im Zweiten Weltkrieg.[168]

Dr. Friedrich Pauly (1875–1954) wurde am 13. Oktober 1919 einstimmig zum Landrat des Kreises Süderdithmarschen gewählt.[169] Sein Lebenslauf weist zahlreiche Bezüge zu Dithmarschen auf: geboren in Heide, Besuch der Grund- und in Marne der Realschule, nach dem Studium u.a. Richter in Eddelak. Ab 1909 war er Stadtrat in Kiel mit den Aufgabenschwerpunkt Armenpflege und Gesundheitswesen.

Großes politisches Geschick zeigte er, als es ihm nach dem Kapp-Putsch gelang, eine Erklärung aller im Kreis vertretenen Parteien (d.h. von USPD bis DNVP) zu verabschieden. Sie erklärten, auf dem Boden der Verfassung zu stehen, jede gewaltsame Veränderung der Verfassung zu verurteilen und die Regierung gegen jeden gewaltsamen Umsturz zu schützen. Die Kundgebung hatte über 1.000 Teilnehmer.[170] Von einer Parteimitgliedschaft ist nichts bekannt.

160 Vgl. DLZ Nr. 129 vom 5. Juni 1932; AMGS: Matthias Clasen: Die Meldorfer Kirchengemeinde in den Jahren 1933–1945. Facharbeit im Fach Geschichte, Schuljahr 1988/89, S. 31.

161 Vgl. Verein für Dithmarscher Landeskunde: Geschichte, S. 53.

162 DLZ Nr. 162 vom 14. Juli 1933.

163 Vgl. DLZ Nr. 92 vom 20. April 1933: Hitlers Geburtstagsfeier in Meldorf.

164 Vgl. Clasen: Meldorfer Kirchengemeinde, S. 20.

165 Vgl. Helge-Fabien Hertz: Pastorenverzeichnis. Eintrag Johann-Martin Bünz. URL: https://pastorenverzeichnis.de/person/johann-martin-bunz/ (zuletzt aufgerufen: 8.5.2023).

166 Vgl. DLZ Nr. 238 vom 11. Oktober 1926. Die Anzeigen der unterstützenden Organisation in DLZ Nr. 234 und 237 vom 4. und 9. Oktober 1927.

167 Vgl. DLZ Nr. 52 vom 2. März 1933 und DLZ Nr. 61 vom 13. März 1933.

168 Vgl. ADLM: Handakte Schmedtje.

169 Vgl. DLZ Nr. 240 vom 14. Oktober 1919.

170 Vgl. DLZ Nr. 67 vom 20. März 1920.

Pauly verlor sein Landratsamt 1932 durch die kurzfristige Kreiszusammenlegung. Er war ab 1933 Direktor des Oberversicherungsamtes in Schleswig. Da er 1940, 65-jährig, nicht in Pension gegangen war, sondern bis 1945 weitergearbeitet hatte, musste er sich, weil er 1937 Parteimitglied geworden war, dem Entnazifizierungsverfahren unterziehen, das ihn entlastete und ihm bescheinigte, „kein Parteipolitiker im engeren Sinne" gewesen zu sein.[171]

Obgleich die Landespartei nach den ersten Wahlen zum Landtag und Reichstag bedeutungslos geworden war, wird der Redner des Jahres 1928, Fritz Heesch, Auhof, in der DLZ immer mit der Zuordnung SHLP genannt. Das betrifft seine Mitarbeit im Ausschuss für die Protestkundgebung gegen den Versailler Friedensvertrag[172], seine Loyalitätserklärung zur Republik auf der Demonstration nach dem Kapp-Putsch[173] und seine Mitwirkung bei der Gründung des Reichsbanners Schwarz-Rot-Gold am 16. August 1924 in Meldorf[174], dessen Mitglieder einen Großteil der Zuhörer bei den Verfassungsfeiern stellten. Als Heesch 1928 sprach, warb das Ortskartell des ADGB zusätzlich für die Verfassungsfeier.[175] Fritz Heesch gehörte zur „linksliberalen Minderheit" im Bauernverein, der Vertretung der Klein- und Mittelbauern, und schied dort 1924/25 zusammen mit Tiessen, in Meldorf, aus, als der Bauernverein zur DVP/DNVP tendierte und gründete den Kleinbauernbund.[176]

Ungewöhnlich ist, dass die Liste der SPD zur Kommunalwahl mit Dr. Karl Heinrich Frese (1870–1927) von einem Lehrer der Meldorfer Gelehrtenschule (1903–1924) angeführt wird.[177] Schon während des Kaiserreichs hatte er innerhalb des damals zwölf Lehrer umfassenden Kollegiums eine besondere Rolle eingenommen. Dem Formalismus des Schulalltags stand er distanziert-ironisch gegenüber und hinter dem aufdringlichen preußischen Patriotismus sah er die hohle Phrase. In seiner Festrede 1908 zum Geburtstag des Kaisers behandelte er (Dithmarscher) Volkslieder; er trug den Geist der Wandervogelbewegung in die MGS und machte die Schüler neben der Welt der Griechen und Römer mit ihrer unmittelbaren Umgebung bekannt. Er leitete eine den Schülern erlaubte Vereinigung zur Pflege von Heimatkunde und Heimatgeschichte, in der nicht nur Neocorus „Chronik des Landes Dithmarschen" und Heinrich Rantzaus „Wahre Beschreibung des Dithmarscher Krieges" gelesen, sondern auch Wanderungen und Naturbeobachtungen unternommen wurden und sogar Fußball gespielt wurde. Seine politischen Sympathien galten den sozialdemokratischen Gewerkschaften: „Das Beste und Zukunftsreiche, was wir in Deutschland haben" (28. Januar 1913). Und angesichts der Tatsache, dass die sozialdemokratisch organisierten Arbeiter an der Front kämpften, schrieb er: „Als Vaterlandsfeinde wird man diese Leute nach dem Krieg nicht mehr bezeichnen dürfen." (11. November 1914). Er engagierte sich für die Weimarer Demokratie in der SPD, für die er 1919 bis 1927 Stadtverordneter und ab 1925 Abgeordneter im Dithmarscher Kreistag war.[178]

171 Vgl. LASH Abt. 309/Nr. 27778; Schrum/Schulz: Verein, S. 17, Anm. 8/9.

172 Vgl. DLZ Nr. 110 vom 13. Mai 1919.

173 Vgl. DLZ Nr. 67 vom 20. März 1920.

174 Vgl. Anzeige DLZ Nr. 190 vom 14. August 1924; Bericht DLZ Nr. 193 vom 18. August 1924.

175 Vgl. DLZ Nr. 187 vom 10. August 1928.

176 Vgl. Wulf: Revolution, S. 528.

177 Vgl. DLZ Nr. 47 vom 25. Februar 1919; Lambrecht/Landgraf/Schulz: Meldorfer Gelehrtenschule, S. 320, Nr. 123.

178 Vgl. Lambrecht/Landgraf/Schulz: Meldorfer Gelehrtenschule, S. 94–106, 178–181.

Vier der elf Redner waren kommunalpolitisch im Sinne der Weimarer Republik engagiert (Frese 1922, Rottgardt 1924, Wolff 1925, Heesch 1928), sie hatten sich auf der Kundgebung nach dem Kapp-Putsch besonders für die Republik eingesetzt und drei von ihnen (Frese, Wolff, Heesch) hatten für die Gründung des Reichsbanners Schwarz-Rot-Gold geworben.[179] Dem Wandel der kommunalpolitischen Situation entsprechend waren die Redner ab 1926 (Bünz) rechtsnational zu verorten (Ausnahme Heesch) und standen der Entwicklung seit 1918 eher distanziert gegenüber.

Die Übernahme einer Festrede lässt ein öffentliches und persönliches Bekenntnis erwarten und außer der positiven Würdigung des Verfassungsinhalts auch ein positives Plädoyer für die staatsbürgerliche Verantwortung.

c.) Inhalte der Reden

Die Berichterstattung in der DLZ über die Verfassungsfeiern lässt nur eingeschränkt eine intensive Auseinandersetzung mit den Inhalten der Reden zu. Zwei sind ausführlicher (Schmedtje 1927, Heesch 1928) und nur zwei im Wortlaut (Bünz 1926, Pauly 1931) erhalten.

Die erste Festansprache hielt der Gymnasiallehrer Frese, der einzige Sozialdemokrat unter den Rednern. Er schilderte die Zeit der Entstehung der deutschen Republik, „in der Chaos hereinzubrechen drohte", den Zusammentritt der Nationalversammlung und verwies dann auf Artikel 1 der WRV: „Die Staatsgewalt geht vom Volke aus". Ausgehend von diesem Artikel begegne „man in der Verfassung immer und immer wieder dem Gedanken der Volkssouveränität, denn alle Macht sei in die Massen des Volkes gelegt worden".[180] Dem Prinzip der Volkssouveränität lag bisher in Deutschland nur die nicht in Kraft getretene Verfassung von 1848/49 zugrunde. Frese sprach damit Gesichtspunkte an, die auch in den folgenden Jahren neben außenpolitischen Ereignissen, einzelnen Verfassungsartikeln und vor allem der Präambel immer wieder thematisiert werden sollten.

Die Präambel erklärte die staatsrechtliche und politische Lage: Das „Deutsche Volk hat sich diese Verfassung gegeben", präzisiert in Artikel 181, „durch seine Nationalversammlung". Das bedeutete: Das Volk durch seine Nationalversammlung ordnet als Souverän seinen Staat, der nichts anderes ist als die Nation, die nach der selbstgeschaffenen Ordnung lebt. Zum deutschen Volk gehört, wer die Staatsangehörigkeit besitzt (Artikel 110 WRV). Daraus folgt mit „unerbittlicher Logik", dass die Ordnung geändert werden kann, wenn sie an Autorität verliert oder Teile der Nation sie als ungenügend ablehnen. Denn die Weimarer Republik war kein Bündnis von Gliedstaaten wie das Kaiserreich, sondern die Selbstorganisation seiner Staatsbürger. Im Vorspruch heißt es weiter, dass „einig in seinen Stämmen" (– keine staatlichen Einheiten, sondern historische Reminiszenz –) das „Reich in Freiheit und Gerechtigkeit" erneuert und gefestigt werden soll und „dem inneren und äußeren Frieden" gedient und „gesellschaftlicher Fortschritt" gefördert werden soll. Nach Apelt haben die Worte keine „politische und staatsrechtliche Wirkung", sind „gutgemeinte Verbeugung" und lassen die „Phraseologie des Liberalismus" des 19. Jahrhunderts anklingen.[181] Damit sind zentrale Aussagen genannt, die Grundlage sein sollen für die Beurteilung der Reden auf den Verfassungsfeiern.

---

179 Vgl. DLZ Nr. 190 vom 14. August 1924 und Nr. 193 vom 18. August 1924.

180 DLZ Nr. 188 vom 12. August 1922.

181 Vgl. Apelt: Geschichte, S. 127–131; Haardt/Clark: Weimarer Reichsverfassung, S. 18.

Auf die Entstehung der Republik und der Verfassung gingen wie Frese viele Redner ein (Rottgardt 1924, Heesch 1928, Neumann 1929, Pauly 1931, Paulsen 1932).

Heesch sagte 1928: „dass in einem Land mit stolzer monarchischer Vergangenheit viele sich nicht leichten Herzens zur deutschen Republik bekennen konnten, sei verständlich". Die Republik sei entstanden „als die einzig mögliche Form neuen staatlichen Lebens nach dem Zusammenbruch und Ende des Krieges".[182]

Rottgardt (1924) feierte die Verfassung „als ein Bollwerk gegen die Flut des Umsturzes"[183], Paulsen (1932) betonte, dass die Verfassung ein „Markstein der Rettung Deutschlands aus der höchsten vaterländischen Notlage" gewesen sei[184], und Pauly (1931) stellte heraus, dass die Verfassung im Zusammenbruch die Einheit gerettet habe und ihre Legalität auf der Bewahrung der Einheit der Nation beruhe.[185] Neumann (1929) bezeichnete die Republik als „Notwendigkeit der Geschichte".[186]

Diese vernunftrepublikanischen Bekenntnisse zur Verfassung waren historisch und entwicklungsgeschichtlich gedacht und begründeten ein funktionales Verhältnis zur Republik.[187] Dabei waren Staat und Nation die wichtigen und zentralen Kategorien, der Machtstaatsgedanke, nicht die parlamentarische Republik standen dabei im Vordergrund. Kaiserreich und Weimarer Republik konnten auch deshalb als Entwicklungsstufen des deutschen Nationalstaates gesehen werden, weil in der WRV gegen Verfassungsänderungen keine Grenzen gezogen waren und kein Teil der WRV gegen Verfassungsveränderungen geschützt war.[188] Einen festgelegten Verfassungskern gab es nicht. Das galt auch für „Verfassungsdurchbrechungen"[189], nach denen ein mit Zweidrittelmehrheiten (Art. 76: Zweidrittel Anwesende, Zweidrittel Zustimmung) beschlossenes Gesetz sich über die bestehende Verfassungsordnung hinwegsetzen konnte. Der Artikel 76, der das Verfahren für die Änderung der WRV bestimmte, sollte zugleich eine Absage an den bewaffneten Kampf um die Verfassung sein.[190]

Diese Bestimmung begründet vielleicht auch die breite Zustimmung, die Landrat Pauly 1920 für seine Resolution nach dem Kapp-Putsch erhielt, weil sie den gemeinsamen Schutz vor einem gewaltsamen Umsturz erklärte. Die als offen angesehene politische Staatsform in Grundfragen erleichterte es denjenigen, die mit der Entwicklung nicht einverstanden waren, diese Neuordnung vorläufig zu akzeptieren. Dass die Verfassung weiterentwickelt werden müsse, wird ganz besonders in den Reden von Bünz, Schmedtje, und Pauly hervorgehoben.

Wenn Kaiserreich und Weimarer Republik als Entwicklungsstufen des deutschen National-

182 DLZ Nr. 189 vom 13. August 1928.

183 DLZ Nr. 188 vom 12. August 1924.

184 Vgl. DLZ Nr. 187 vom 12. August 1932. Paulsen meinte damit den Bolschewismus und den Separatismus.

185 Vgl. DLZ Nr. 187 vom 12. August 1931.

186 DLZ Nr. 187 vom 12. August 1929.

187 Horst Möller: Friedrich Meinecke, Gustav Stresemann und Thomas Mann – drei Wege in der Weimarer Republik. In: Andreas Wirsching/Jürgen Eder (Hrsg.): Vernunftrepublikanismus in der Weimarer Republik. Stuttgart 2008, S. 257–274, S. 262f.

188 Büttner: Weimar, S. 340; Dieter Grimm: Die Historiker und die Verfassung. Ein Beitrag zur Wirkungsgeschichte des Grundgesetzes. München 2022, S. 53.

189 Apelt: Geschichte, S. 247.

190 Vgl. Christoph Gusy: Weimar – die wehrlose Republik? Verfassungsschutzrecht und Verfassungsschutz in der Weimarer Republik. Tübingen 1991, S. 29.

staates verstanden wurden, war es naheliegend, dass der Versailler Vertrag und seine Folgeprobleme auch Themen auf den Verfassungsfeiern waren. In Meldorf war das in den Jahren 1923 (Besetzung) und 1930 (Räumung der Rheinlande) der Fall, wobei die Ruhrfrage keinen mobilisierenden Effekt auf die Zuhörer hatte, obgleich ein Redner sogar über die „Not an Rhein und Ruhr" berichtete. Auf die Rede von Bohnsack geht der Bericht nicht ein. Regionalen Bezug hatte 1924 der Vortrag von Rektor Boysen über die Zeit vor der Abstimmung in Nordschleswig. Der Wunsch nach Revision des Versailler Vertrages war ein starker gemeinsamer Nenner fast aller politischen Kräfte; er „war der eigentliche Kitt, der das Staatswesen zusammenhielt."[191]

Diese außenpolitischen Fragen hatten innenpolitische Wirkung, weil sie, mit Einheit und Nation verbunden, die Reputation der Republik belasten konnten. Für die nationalistischen und antidemokratischen Kräfte war Versailles eine Möglichkeit, den Nationalismus mit einem konsensfähigen Thema zu verbinden. Revisionspolitik war auch Restaurationspolitik und mit Blick auf die vermeintlich zurückliegende Vergangenheit Flucht aus der Gegenwart.[192] Der Konsens wurde zerbrochen, als die letzte Große Koalition, die Regierung Müller, die als einzige Regierung der Weimarer Republik 21 Monate amtierte, politisch zerstört wurde, nachdem mit dem Gesetz zum Young-Plan (17. März 1930) die Reparationsfrage geklärt worden war. Konsequenterweise drängte die DNVP seit 1930 darauf, auf die Verfassungsfeiern zu verzichten.[193]

Mit der Bestürzung über den verlorenen Krieg und den Schrecken der Revolution endete die einheitliche Willensrichtung. Ein übergreifender Grundkonsens fehlte von Anfang an. Nicht die Staatsform oder das parlamentarische Regierungssystem, sondern Nation und Volk sollten Identität stiften, wie die Reden von Bünz (1926) und Schmedtje (1927) sehr deutlich zeigen.

„Eine Rechtsurkunde macht das Blut nicht warm"[194], leitet Bünz seine Rede ein und fügt an, dass über Wert und Unwert der Verfassung nicht der Augenblick, sondern die geschichtliche Entwicklung entscheide. Die Verfassung wird also als transitorisches Instrument gesehen. Aufgabe der Verfassungsfeier sei es nicht, die Verfassung zu preisen, sondern „Wege zu weisen, wie Verfassung und Volk sich finden." Der „wertvollste und wichtigste" Satz sei: „Die Abgeordneten sind Vertreter des ganzen Volkes" (Art. 21 WRV). Nach Bünz' Verständnis wird die Verfassung damit der „geschichtlichen Forderung gerecht, dass Politik von Persönlichkeiten gemacht" werden müsse. Stattdessen wähle man in der Praxis keine Persönlichkeiten, die „frei und nur ihrem Gewissen gebunden sind", sondern Programme der Parteien, auf deren Wahllisten „Vertreter von Wirtschafts- und Organisationsgruppen" stehen. Die 1918 zerbrochene „Staatsautorität" sei deshalb auch nicht wieder hergestellt. An die Art. 153 (Schutz und Verpflichtung des Eigentums) und 155 (Nutzung des Bodens) der WRV knüpft Bünz folgende Gedanken an: Diese Sätze drücken aus, „dass wir ein Volk, eine Lebensgemeinschaft sind, wo einer dem anderen verpflichtet ist. Die Volksgemeinschaft macht dem Einzelnen erst seinen

191 Michael Salewski: Das Weimarer Revisionssyndrom. In: Aus Politik und Zeitgeschichte (1980) Heft 2, S. 14–25, hier S. 18f.

192 Vgl. Haardt/Clark: Weimarer Reichsverfassung, S. 21.

193 Vgl. Friedrich Wilhelm Graf: Die Weimarer Reichsverfassung im deutschen Intellektuellendiskurs. In: Horst Dreier/Christian Waldhoff (Hrsg.): Das Wagnis der Demokratie. Eine Anatomie der Weimarer Reichsverfassung. Bonn 2019, S. 65–85, hier 82.

194 DLZ Nr. 187 vom 12. August 1926. Die folgenden Zitate sind auch hier entnommen.

Erwerb möglich, und deshalb ist der Einzelne auch der Volksgemeinschaft verpflichtet. (…) Lernen wir, dass wir keine zufällig zusammengewürfelte Gesellschaft sind, sondern dass wir eine Schicksalsgemeinschaft sind." Er schließt seine Rede: „Es geht ja nicht um die Verfassung. Diese Verfassung ist zeitlich, aber das Volk ist ewig. Es geht um das deutsche Volk."

Der Gedanke der Volkssouveränität (Präambel, Art.1 WRV), der allen Bevölkerungsteilen erstmals in Deutschland ermöglicht, am politischen Willensbildungsprozess mitzuwirken, spielt für Bünz keine Rolle. Diese Teilnahme organisieren die politischen Parteien, die unverzichtbar sind für eine demokratische Ordnung, weil sie unterschiedliche Auffassungen bündeln, Handlungsprogramme entwickeln und Führungspersonal auslesen, um die Voraussetzungen für eine Wahl zu schaffen.[195] Diesem liberalen Demokratiegedanken, der auf dem Staatsbürger gründet, stellt Bünz die Anonymität der Macht im parlamentarischen System und die summarische Verurteilung des Parteienpluralismus gegenüber. Für ihn sollen der Staat und das von ihm erfasste Volk als Nation eine geschlossene Einheit bilden. Der Mythos vom Volk wird verknüpft mit der Gemeinschaft, wobei die Gemeinschaft gut und die „zufällig zusammengewürfelte" (Bünz) Gesellschaft schlecht erscheint.[196]

Die Rede des neugewählten Bürgermeistes Schmedtje im nächsten Jahr führt den Gedanken von Bünz zum „geeinten Volk" weiter. Für Schmedtje sind die Begriffe der Präambel Einigkeit, Recht und Freiheit – die Nationalhymne erwähnt er nicht – Voraussetzungen für den Bestand des geeinten Volkes und die Grundgedanken der Verfassung. Im Streben um dieses Ziel „neigen wir uns vor dem nach der Reichsverfassung gewählten höchsten Führer Feldmarschall Hindenburg, als das hohe Beispiel im Streben nach Einigkeit und Recht und Freiheit unseres Volkes". Diese Eloge auf den bekennenden Monarchisten, keinen Republikaner, erinnert an die Trinitas Kaiser-Volk-Vaterland monarchistischer Feiern.

Anders als in Kiel[197] gab es in Meldorf auf den Verfassungsfeiern keine kritischen Worte gegenüber dem Reichspräsidenten. Schon Wolff hatte 1925 Hindenburg als Vorbild für alle Deutschen hervorgehoben, „sich ohne Vorbehalt in den Dienst dieses Staates" zu stellen.[198] Diese Elogen teilten allerdings nur gut die Hälfte aller Wählerinnen und Wähler in der Stadt, die Hindenburg mit 58,1 Prozent Stimmenanteil gewählt hatte.[199]

Die Wahl Hindenburgs ist durchaus eine Zäsur in der Geschichte der Weimarer Republik. Auf Reichsebene hatte er 48,3 Prozent, der Kandidat der Weimarer Koalition, der Zentrumspolitiker Marx 45,3 Prozent und der Kandidat der KPD, Thälmann 6,4 Prozent der Stimmen erhalten. Der Sieg Hindenburgs war das Ergebnis der Spaltung des politischen Katholizismus gewesen, weil die BVP die Wahl eines erzpreußischen protestantischen Generals empfohlen hatte, sowie die Spaltung der Arbeiterbewegung, weil die KPD nicht dem Wunsch der Moskauer Komintern Führung entsprochen hatte, auf den Kandidaten Thälmann zu verzichten.[200] Nach

195 Vgl. Grimm: Historiker, S. 206f.

196 Vgl. Kurt Sontheimer: Antidemokratisches Denken in der Weimarer Republik. München 1978, S. 161, 244–254.

197 Vgl. Zimmermann: Verfassungsfeiern, S. 154.

198 DLZ Nr. 187 vom 12. August 1925.

199 Vgl. DLZ Nr. 97 vom 27. April 1925.

200 Vgl. Arthur Rosenberg: Geschichte der Weimarer Republik. Frankfurt a. Main 1970, S. 184; Hermann Weber: Die Wandlung des deutschen Kommunismus. Die Stalinisierung der KPD in der Weimarer Republik. Frankfurt a. Main 1969, S. 106; Heinrich-August Winkler: Arbeiter und Arbeiterbewegung in

dem Sieg Hindenburgs 1925 stellten DVP und DNVP den Antrag, den 18. Januar zum Nationalfeiertag zu erklären, der von KPD, SPD, DDP, Z und BVP abgelehnt wurde.[201] Trotzdem zeigte der 2. Wahlgang der Reichspräsidentenwahl, dass eine republikfeindliche Mehrheit der Republik gegenüberstand.

Auch für Schmedtje ist die Verfassung „niemals etwas Ewiges. Das Ewige dagegen ist das Volk und der Entwicklung des Volkes wird sich die Verfassung stets anschmiegen müssen." Hochleben lässt er am Ende seiner Rede „das im Volksstaat von 1919 geeinte Volk!"[202]

Mit einem Regierungssystem, das geregelt Parteien- und Gruppenkonflikte auszutragen versuchte, hatten viele politisch Handelnde, die einem vorausgegangenen Ideal vom Staat über den Parteien anhingen, mental ein Problem.[203] Bei Bünz und Schmedtje konkurriert damit aber bereits eine Ordnung, die den Staat als Lebens- und Schicksalsgemeinschaft versteht, in der die Vision eines geeinten Volkes als Volksgemeinschaft angestrebt werden sollte. Das war 1926/1927 noch eine „deutungsoffene Projektionsfläche"[204], aber als Utopie durchaus populär und auch parteiübergreifend.[205] Ansatzweise wird diese Vision auch von anderen Rednern bedient. Schon Rottgardt mahnt 1924, „das Wohlergehen des Einzelnen müsse zurückstehen vor dem Ganzen". Die Entwicklung dieses Gemeinsinns brauche noch Zeit.[206] Und Heesch (1928) war der Ansicht, dass ein „demokratischer Volksstaat" die „erste deutsche Republik erst dann werde, wenn durch den sozialen Gedanken jeder Klassengeist überwunden werde."[207] Das waren konservative und antikapitalistische Wünsche nach gesellschaftlicher Weiterentwicklung des Staates, für Bünz und Schmedtje unabhängig von Staatsform und Parlamentarismus. Die Verfassung solle ein gesellschaftlicher Integrationsfaktor sein.[208] Realistisch ist Schmedtjes Urteil, dass „nicht alle Volkskreise und politischen Richtungen mit gleicher Begeisterung" den Verfassungstag begehen. „Dazu sind Gegensätze zu stark, die politischen Kampfmethoden zu schroff, es kann auch nicht Zweck einer behördlich angeordneten Feier sein, Begeisterung für die Verfassung zu wecken, und diejenigen, die ihr nicht zustimmen, zu belehren."[209]

Welche Reden bejahen die Republik? Hinweise dazu enthalten außer den Reden von Frese (1922) die Ansprachen aus den Jahren 1924 und 1925 sowie 1929 bis 1931. Mit Frese, Wolff, Rottgardt und Heesch sind es Redner, die kommunalpolitisch engagiert waren. Zwei Redner heben positiv das bislang Erreichte hervor:

Heesch erinnert daran, dass alle bisherigen Krisen Folgen des verlorenen Krieges gewesen

---

der Weimarer Republik 1924–1930. Berlin/Bonn 1988, S. 229–245. Der Stimmenunterschied im 2. Wahlgang zwischen Hindenburg und Marx betrug 900.000 Stimmen. Der Kandidat der BVP hatte im ersten Wahlgang eine Million und Thälmann im zweiten Wahlgang 1,9 Millionen Stimmen erhalten.

201 Vgl. Buchner: Identität, S. 315.

202 DLZ Nr. 187 vom 12. August 1927.

203 Vgl. Grimm: Historiker, S. 206f.

204 Busch: Staatsbürgerkunde, S. 218.

205 Vgl. Busch: Staatsbürgerkunde, S. 214–221; vgl. auch Frank Bajohr/Michael Wildt (Hrsg.): Volksgemeinschaft. Neue Forschungen zur Gesellschaft des Nationalsozialismus. Frankfurt a. Main 2009, S. 13–16.

206 Vgl. DLZ Nr. 188 vom 12. August 1924.

207 DLZ Nr. 189 vom 13. August 1928.

208 Vgl. Grimm: Historiker, S. 36.

209 DLZ Nr. 187 vom 12. August 1927.

seien. „Im Ganzen könne die noch junge deutsche Republik auf Leistungen zurückblicken, deren Bedeutung erst dann klar werde, wenn man sich die ungeheuer schwierige Lage der Nachkriegszeit vergegenwärtige."[210] An welche Leistungen Heesch dabei gedacht haben mag, geht aus dem Text nicht hervor. Und Wolff spricht das Grundproblem der Republik an und nimmt die Kritik an Bünz und Schmedtje vorweg: „Wie wenig Verständnis für den Staat in der Bevölkerung zu finden sei, die in schiefen und unrichtigen Parteivorstellungen befangen keinen Sinn habe für das, was unter schwierigen Verhältnissen die deutsche Republik geleistet hat."[211] Pastor Fellner hebt 1930 hervor, dass alles Trennende bei der Feier der Verfassung zurückstehen müsse und würdigt, dass die Verfassung den Staat zum Kulturstaat gemacht habe. Kunst und Wissenschaft seien frei und müssten vom Staat geschützt werden. Der moderne Staat sei neutral gegen das einzelne Bekenntnis.[212]

Über die Nationalsymbole wurde nur wenig gesprochen: Neumann sagte am zehnten Jahrestag der Verfassung, dass die alten Farben 1918 nicht beibehalten werden konnten und dass die neuen Farben von großer symbolischer Bedeutung seien.[213] Er sprach auch über das Deutschlandlied, das auf jeder Feier gesungen werde, wobei unter Einheit, Recht und Frieden sehr Unterschiedliches verstanden wurde. Für Heesch (1928) sei Schwarz-Rot-Gold nicht gegen Schwarz-Weiß-Rot gerichtet gewesen, sondern gegen „die rote Fahne der Zerstörung und des Umsturzes von links. Auch wer mit heißer Liebe an Schwarz-Weiß-Rot hänge, der sollte wenigstens das eine bekennen: Die gesetzlich festgelegten Reichsfarben müssen geachtet werden".[214]

Erstaunlich ist, wie wenig die zentrale Errungenschaft der Revolution, die Volkssouveränität, angesprochen wird. Nach Freses kurzem Hinweis ist es Rottgardt, der unter Bezug auf die Präambel hervorhebt, dass „zum ersten Mal in der Geschichte das deutsche Volk als Gesetzgeber aufgetreten" ist und dass die Verfassung „fünf Jahre allen Versuchen von rechts und links widerstanden"[215] habe. Nur Heesch und Pauly sprechen vom „Staatsbürger". Heesch hält als einziger Redner die Republik als Staatsform für „gesichert". Er ist optimistisch, dass über den Bestand der demokratischen Republik die Anhänger des republikanisch-demokratischen Staates entscheiden würden und nicht seine Gegner. Heesch sieht in seiner Zukunftsvorstellung den Staatsbürger als „Volksgenossen", der alle sozialen und politischen Gegensätze überwinden solle.

Die vorletzte Verfassungsfeier fand abends in der vollbesetzten Ditmarsia statt. „Alle Kreise der Bevölkerung waren vertreten", heißt es im redaktionellen Einleitungstext in der DLZ. Die Festrede hielt Landrat Dr. Friedrich Pauly.[216] Zweck der Zusammenkunft, so Pauly, sei, sich mit „männlichem Bekenntnis" (sic!) um die Rechtsgrundlage für das staatliche Leben, die Reichs-

210 Vgl. DLZ Nr. 189 vom 13. August 1928.
211 DLZ Nr. 187 vom 12. August 1925.
212 Vgl. DLZ Nr. 187 vom 12. August 1930. Das nationalsozialistische Regime beseitigte die Lehrfreiheit, die korporative Selbstverwaltung der Hochschule und korrumpierte die Wissenschaft, vgl. Apelt: Geschichte, S. 318.
213 Vgl. DLZ Nr. 187 vom 12. August 1929.
214 DLZ Nr. 189 vom 13. August 1928.
215 Vgl. DLZ Nr. 188 vom 12. August 1924.
216 Redaktionelle Notiz und Text der Rede in DLZ Nr. 187 vom 12. August 1931; Zitate dort aus dem Redetext.

verfassung, zu scharen und um sich „über den Rahmen der Parteien hinaus" auf das „Verhältnis zum Staat, auf unsere staatsbürgerliche Pflicht" zu besinnen. Pauly erinnert an Personen aus der Region wie den Landvogt von Sylt Uwe Jens Lornsen (1793–1838) mit seinem Verfassungsvorschlag einer repräsentativen Abgeordnetenversammlung mit Steuerbewilligungsrecht vom Juli 1830 und an den „demokratisch-republikanischen Bauernsohn" Hans Reimer Claussen, den die Dithmarscher als Abgeordneten in die Paulskirche nach Frankfurt 1848 gewählt hatten.

Ausführlich zitiert Pauly aus dem Katalog der Rechte und Pflichten von Bürgern, die im Schleswig-Holsteinischen Staatsgrundgesetz vom 15. September 1848 stehen: „Alle Staatsbürger sind vor dem Gesetz gleich. Alle Ämter sind allen zugänglich. Die Wehrpflicht ist für alle gleich. Die Freiheit der Person ist unverletzlich. Das Briefgeheimnis wird gesichert. Jedermann hat das Petitionsrecht. Versammlungs-, Vereins- und Pressefreiheit werden anerkannt. Die Landesversammlung hat das Steuerbewilligungsrecht und das Recht der Gesetzesinitiative. Die Minister sind für die Verwaltung ihrer Ämter strafrechtlich verantwortlich."

Der Übergang vom „absoluten Fürstentum zum Verfassungsstaat, von der Untertanentreue zum Staatsbürgertum" sei ohne „Interessenkonflikte" und „politische Sonderbestrebungen" erfolgt, weil durch den dänischen Druck" der „politische Gesamtwille" nicht beeinträchtigt worden sei, obwohl Abgeordnete „aus verschiedenen Bevölkerungsklassen, aus verschiedener Willensrichtung heraus handelten".

„Legalität", „Tradition" und „Bewährung" seien die drei „starken Pfeiler" jeder Verfassung. Keiner bezweifele, so Pauly, dass die Verfassung in „Zusammenbruch und Chaos" die Einheit gerettet habe und keiner wolle sie heute anders als auf gesetzmäßigem Weg verändern. Was der Verfassung fehle, sei die „Weihe einer langen Tradition". Die Reichsverfassung wecke zwar Erinnerung an die Verfassung von 1848/49, aber nach dem Zusammenbruch der großdeutschen Bewegung und dem Scheitern der schleswig-holsteinischen Erhebung, der Eingliederung in Preußen, den „glänzenden Bildern der Reichsgründung" und dem folgenden wirtschaftlichen Aufschwung sei nicht mehr versucht worden, die mit dem Staatsgrundgesetz eingeleitete demokratische Tradition lebendig zu halten, und auch die schwarz-rot-goldenen Farben seien verschwunden. Die Kriegskatastrophe habe den Bruch mit den alten Reichsinstitutionen gebracht, aber ungerecht sei es, die Gegenwart an der Vergangenheit zu messen, denn die Verfassung habe „im Zusammenbruch die Einheit gerettet", wiederholt Pauly noch einmal.

Zur Bewährung der Verfassung würden nach Pauly die „Wiedergewinnung" der „vollen außenpolitischen Souveränität", die „Gleichberechtigung unter den Völkern Europas" sowie die „Verwirklichung der sozialpolitischen Versprechungen in den Verfassungsartikeln 151 (Ordnung des Wirtschaftslebens) und 157 (Schutz der Arbeitskraft) gehören. Der Zugang zum Sinn der Verfassung stehe im ersten Artikel: „Die Staatsgewalt geht vom Volk aus". „Zu diesem Volk gehören aber nicht mehr nur die Bürger und Bauern, die 1848 nach der Staatsgewalt griffen, sondern die wachsende Industriearbeiterschaft", die als „emporsteigende Klasse im Besitz des allgemeinen Stimmrechts" nach „großer Macht" im Staat verlange. Die Wähler würden sie jedoch in den „Dienst verschiedener Ideen und Interessen" stellen, würden „Gesinnungsgemeinschaften, Parteien, die beanspruchen, für alle Staatsbürger zu handeln, bilden, um die Gruppeninteressen möglichst als ein allgemeines Interesse erscheinen zu lassen". Das Staatsleben werde zum rücksichtslosen Kampf von Interessenverbänden, bei dem nur zufällig das

Ergebnis in wohlverstandenem Interesse der Gesamtheit liege. Das entspreche, so Pauly, nicht dem Sinn des ersten Artikels der Reichsverfassung.

Die zentralen Sätze stehen am Ende des Vortrags: „Wenn sie (i.e. die Reichsverfassung) sagt, die Staatsgewalt geht vom Volke aus, so wollte sie damit eben betonen, dass jeder Einzelne, der doch nicht nur Bauer, Handwerker, Beamter oder Arbeiter, sondern auch Teil und Mitglied des deutschen Volkes ist, neben und über dem Parteimann den Staatsbürger in sich zu wecken und großzuziehen hat. Dann erst, wenn in entscheidenden Fragen in der Seele des Einzelnen der Staatsbürger über den Parteimann triumphiert und die Staatsbürger den hemmungslosen Lauf der Parteimaschine zügeln, dann erst ist den Interessengruppen der unheilvolle Einfluss genommen und das Wort der Verfassung stolze Wahrheit geworden: Die Staatsgewalt geht vom Volke aus. So spricht die Reichsverfassung (...) nicht eigentlich von etwas, das ist, sondern von etwas, was werden soll, sie spricht von einer sittlichen Aufgabe für jeden Einzelnen".

Die Idee der Volkssouveränität, im Naturrecht wurzelnd, in der Französischen Revolution 1789 erstmals verwirklicht, war eine politisch treibende Kraft im 19. Jahrhundert. Sie lag dem Staatsgrundgesetz vom 25. September 1848 und der Verfassung der Paulskirche vom 28. März 1849 zugrunde, die beide nicht in Kraft traten, sowie auch der Reichsverfassung.[217]

Pauly, der von 1921 bis 1932 Vorsitzender des Vereins für Dithmarscher Landeskunde war und sich mit lokaler Geschichte beschäftigte, erinnert nicht überraschend an bürgerlich-liberale Reformer wie Lornsen und Hans Reimer Claußen aus der Region. Es ist erstaunlich, dass er an die zitierte werterfüllte politische Ordnung von individueller Freiheit und damit verbundener Gewaltenteilung und Rechtsstaatlichkeit anknüpft, aber keinen Bezug zur WRV herstellt. Stattdessen wird durch Paulys Vortrag deutlich, welchen Sonderweg das politische Denken zur Zeit des Kaiserreichs und der Weimarer Republik nahm.

Pauly kommt nicht zurecht mit dem Gedanken, dass die durch industrielle Revolution veränderte Gesellschaft in konkurrierende Milieus geteilt ist, die ihre verschiedenen Anliegen und politischen Ansprüche in Interessengruppen und Parteien organisieren. Große Teile des Bürgertums wollten ihre Vormachtstellung aus der Kaiserzeit in der Weimarer Republik durch den Volksbegriff wieder herstellen, verleugneten dabei aber die liberalen Ideen, die dem Bürgertum zu seinem politischen Aufstieg geholfen hatten. „Der Staat müsse dem Interessenkampf von Parteien und Verbänden entzogen werden". Für Pauly geht die Staatsgewalt erst dann vom Volke aus, wenn den Parteien der Einfluss genommen ist. Diese Idee der volklichen Einheit steht gegen die liberale Demokratie, die sich auf das Individuum bezieht. Das Volk sei stärker als Partei, Klasse, Interessenvertretung. Diese Idee garantiere erst die nationale Einheit. So ein zentraler Volksbegriff erscheint nebulös, diffus, irrational, weil er letztlich von politischen und sozialen Unterschieden unberührt scheint. Er entfaltete allerdings politische Wirkung, weil die politische Zerrissenheit als bedrohlich empfunden wurde.[218]

Die letzte Verfassungsfeier in Meldorf verlief in den traditionellen Bahnen; der Umzug in den kleineren Kreistagsaal – „nahezu gefüllt" – kann mit dem Versammlungsverbot gegen das Reichsbanner zusammenhängen[219], verrät aber auf jeden Fall eine erwartete geringere Beteili-

217 Vgl. Apelt: Geschichte, S. 127–136.
218 Vgl. Rietzler: Kampf, S. 303.
219 Vgl. Weber: Goethe, S. 112.

gung als in den vorherigen Jahren. Der Redner Paulsen[220] gab der Verfassung – „die freiheitlichste der Welt" – nur noch eine geringe Lebensdauer; Ursachen dafür seien der Versailler Vertrag, das „politische Edelmenschentum", auf das die WRV zugeschnitten sei, und die Tatsache, dass allein mit dem Artikel 48 regiert werde, der ursprünglich als „Notbremse" gedacht gewesen sei. Paulsen dürfte damit meinen, dass seit der Änderung der Mehrheitsverhältnisse durch die Reichstagswahlen 1930 und 1932 der Artikel 48 seine Bedeutung als Instrument demokratischer Kontrolle – die Notverordnungen „sind auf Verlangen des Reichstags außer Kraft zu setzen" – keine praktische Relevanz mehr gegen ein diktatorisches Regime hatte.[221] Der letzte Gedanke mit dem Hinweis auf das „große deutsche Vaterland, dem schließlich alle Parteien dienen wollten", betont wieder das Element der historischen Kontinuität. Dieser Satz Paulsens kann auch auf die damalige aktuelle politische Situation bezogen werden und könnte auf Hitler als „Exponent der verhassten Parteienherrschaft"[222] gemünzt gewesen sein, weil in jenen Tagen 1932 das „stillschweigende Bündnis"[223] der Regierung von Papen und der NSDAP zerbrach. Hitler hatte nach seinem Wahlsieg im Juli 1932 am 13. August 1932 die ganze Macht gefordert, was Reichspräsident Hindenburg noch ablehnen sollte.

Die Feier des Verfassungstages
findet am 11. August 1932, 17 Uhr
im Kreistagssaal statt.
Die Festrede wird gehalten
von Herrn Rektor Paulsen aus Tungendorf.
Eintrittsgeld wird nicht erhoben.
Zur Teilnahme an dieser Feier wird jeder hiermit
freundlichst eingeladen
Am 21. ds. Mts. von 13 bis 17 Uhr finden auf dem
städtischen Sportplatz an den Anlagen sportliche
Wettkämpfe statt.

Nüchtern gehaltene Einladung zur letzten Verfassungsfeier, diesmal im Kreistagssaal. Die Festrede hielt der Tungendorfer Rektor Paulsen. Bildnachweis: DLZ Nr. 185 vom 10. August 1932.

Der „Vorwärts" schrieb, dass es nichts mehr zu feiern gebe[224], denn die letzte traditionelle Verfassungsfeier 1932 fand unter besonderen Bedingungen statt: Auf die Katastrophe des Altonaer Blutsonntags (17. Juli 1932) folgte am 20. Juli der Preußenschlag (die Enthebung der geschäftsführenden Regierung Braun in Preußen, seit der Landtagswahl vom 24. April 1932) und bei der Reichstagswahl am 31. Juli 1932 die Verdoppelung des Stimmenanteils der NSDAP: Die Wähler hatten insgesamt für Parteien gestimmt, die die Weimarer Republik ablehnten.[225] Gefeiert werden sollte eine Verfassung, deren Grundsätze

220 Vgl. DLZ Nr. 187 vom 12. August 1932.
221 Vgl. Gusy: Weimar, S. 91.
222 Büttner: Weimar, S. 680.
223 Schulze: Braun, S. 764.
224 Vgl. Graf: Weimarer Reichsverfassung, S. 82. Der Reichskunstwart Redslob hatte für die Feier den Bezug auf Goethe empfohlen. Die Verfassungsfeier in der MGS trug dem Rechnung.
225 Vgl. Danker/Schwabe: Volksgemeinschaft, S. 72; Weber: Goethe, S. 125; Büttner: Weimar, S. 675f.

das politische Leben nicht mehr bestimmte.[226]Auf Reichsebene hielt Innenminister von Gayl (DNVP) die Festrede und sprach gegen die WRV, deren pluralistische Interessen überwunden werden müssten[227], weil sie trennen und nicht einigen würden. Wegweisend ist, dass im Anschluss an die Feier Reichskanzler von Papen nicht wie bei den vorangegangenen Feiern üblich zu einem „Hoch auf das in der Deutschen Republik geeinte Volk" aufrief, sondern dazu aufforderte, des „im Deutschen Reich geeinten Volkes" zu gedenken.[228] Die in Artikel 1 WRV enthaltene Verschränkung von Kontinuität („Reich") und Neubeginn („Republik") wurde zugunsten des historischen Elements aufgelöst.

Die Verfassungsfeiern wurden nur von einem Teil der Stadtbevölkerung besucht.

V. Schlussbemerkung

Mit den Darstellungen zum „Hundert-Jahres-Jubiläum" 2018/19[229] ist die Kontinuität, in der Weimarer Republik und die Bundesrepublik stehen, deutlich betont worden. Zudem ist hervorgehoben worden, dass die Weimarer Republik ein oft und vielfach unterschätzter Versuch war, demokratische Willensbildung und parlamentarische Repräsentation mit republikanischen Institutionen zu verbinden.[230] Sie ist nicht zuletzt deshalb ein Erfolg der jüngeren Geschichte, weil erstmals persönliche Freiheiten und Mitsprachrechte etabliert wurden, die bis heute selbstverständlich erscheinen wie z.B. Grundrechte, Presse- und Versammlungsfreiheit, Wahlprinzipien, Anerkennung der Gewerkschaften, Mitbestimmung, kollektive Tarifverträge, Koalitionsfreiheit und eine Regierung, die auf Zustimmung der Abgeordneten angewiesen ist. Die Auseinandersetzungen um eine Symbolpolitik (Reichsfarben, Nationalfeiertag) sowie die Inhalte der Reden zum Verfassungstag zeigen, dass Dispositionen aus dem Kaiserreich Kontinuitätslinien zwischen Kaiserreich und Weimarer Republik herstellen, die ins nationalsozialistische Deutschland führen.

Diejenigen, die für „die Erhaltung des Bestehenden eintraten" und daher skeptisch und abwehrend bereits den Oktoberreformen 1918 gegenüberstanden, formulierten ihre Bedenken, dass die Beteiligung des Reichstags bei der Regierungsbildung „unbehagliche Gedanken" auslöse. Das deutsche Volk bestünde nicht nur aus Anhängern des katholischen Zentrums, der MSPD und der Linksliberalen. Man prophezeite, dass das „Wagnis der Parlamentarisierung und der Demokratisierung Deutschlands" nicht gelingen werde.[231] Hier deutet sich bereits der grundlegende Konflikt an, der die Weimarer Republik kennzeichnete. Es waren die „Reichsfeinde" des Bismarckreiches (SPD, Z), die zusammen mit den Linksliberalen die Staats- und Verfassungsgrundlage der Weimarer Republik schufen, während die bisherigen „gouvernementalen Kräfte" des Kaiserreiches nicht eine verfassungskonforme Opposition bildeten, sondern in prinzipieller Gegnerschaft zur Weimarer Republik standen.[232] Die

226 Vgl. Weber: Goethe, S. 109

227 Vgl. Kroiß: Reden, S. 416–425: Winkler: Weimar. S. 510; Weber: Goethe, S. 112.

228 Vgl. Weber: Goethe, S. 113.

229 Vgl. Gallus: Aufbrüche, S. 20.

230 Vgl. Siegfried Weichlein: Die Zerstörung der Weimarer Demokratie: Krisenverschärfung und Alternativverschleiß. In: Edgar Wolfrum (Hrsg.): Die Deutschen im 20. Jahrhundert. Darmstadt 2004, S. 3-13, hier S. 3.

231 DLZ Nr. 231–233 vom 2.–4.Oktober 1918, abgedruckte Kommentare zur Oktoberverfassung.

232 Vgl. Lehnert/Megerle: Identität, S. 11.

Weichenstellungen aus den Jahren 1917 und 1918 ließen keinen Gründungsmythos aufkommen[233], der als Legitimationsgrundlage für die neue Republik dienen konnte.

Die in Artikel 3 WRV beschlossenen Zweiflaggensysteme dokumentieren trotz versuchter Annäherung der verschiedenen Auffassungen die Spaltung der Bevölkerung, weil die umstrittenen Farbsequenzen für verschiedene Auffassungen vom Staat standen. Das Kaiserreich war bis 1918 „ein Machtstaat vor der Demokratie".[234] Dazu gehörte z.B. die Dominanz der Vorstellung von Nation und Volk und deren Macht und Einheit und nicht die Idee der Volkssouveränität und dem „parlamentarischen Zusammenschluss von Bürgern mit individuellen Rechten und Freiheiten".[235]

Verfassungen sollen ein politischer Integrationsfaktor sein. Es gelang nicht, einen Verfassungstag als Nationalfeiertag zu etablieren, um die besonderen Weichenstellungen und Errungenschaften durch die Revolution im öffentlichen Bewusstsein zu feiern. Das Ziel der Verfassungsfeiern, eine positive Staatsgesinnung durch Feiern und Symbole zu fördern, blieb erfolglos. Verfassungstag und Verfassungsinhalt konnten durch die Verfassungsfeier nicht im Bewusstsein der Bevölkerung verankert werden; die Verfassungsfeiern blieben letztlich ein wichtiger Punkt einer politischen Teilkultur. Die gegensätzlichen Vorstellungen, die sich mit den Reichsfarben verbanden, lassen nicht vermuten, dass bei längerer Dauer der Weimarer Republik eine allmähliche Hinwendung zu den neuen Symbolen erfolgt wäre. Nach 1945 stimmte erstmals 1961 eine Mehrheit der Farbkombination Schwarz-Rot-Gold zu.[236]

Das Volk als Handlungssubjekt gibt es erst seit dem 19. Jahrhundert. Kein Begriff spielte zwischen 1914 und 1945 eine so zentrale Rolle.[237] In der Verfassung von 1871 war das Volk noch Objekt politischen und sozialen Handelns gewesen, durch die Revolution und die WRV wurde es staatsrechtlich zum Souverän. Der Begriff Volksgemeinschaft, ein „affektives Signalwort"[238], gehörte schon zum Vokabular im ausgehenden Kaiserreich, vielleicht eine Fortschreibung der idealisierten Frontgemeinschaft. Er wurde mit Ausnahme der KPD von allen Parteien in der Weimarer Republik verwendet, verbunden mit der Hoffnung auf eine Lösung der gesellschaftlichen und politischen Konflikte. Er war Bestandteil der politischen Sprache und nicht nationalsozialistisch, aber Hitler, der ein sicheres Gespür für politische Gefühle besaß, verwandte den Begriff in „Mein Kampf" vierzigmal.[239]

Die breite politische Verwendung des Begriffs Volksgemeinschaft deutet auf viele Spannungen und Konflikte in der Gesellschaft, die überwunden werden sollten, hin. Im rechten Lager stand hinter dem Begriff die Ablehnung sozialer, kultureller Vielgestaltigkeit moderner Gesell-

233 Vgl. Angela Schwarz: 9. November 1918. Deutsche Revolution. In: Dirk Blasius/Wilfried Loth (Hrsg.): Tage deutscher Geschichte im 20. Jahrhundert. Göttingen 2006, S. 27–44., hier S. 36.

234 Eckart Conze: Jenseits des Sonderwegs. Autoritarismus und Nationalismus im Deutschen Kaiserreich. In: Geschichte für heute 16 (2023) Heft 1, S. 9–24, hier S. 11.

235 Conze: Sonderweg, S.12f.

236 Vgl. Llanque: Weimarer Reichsverfassung, S. 105.

237 Vgl. Reinhart Koselleck: Volk, Nation, Nationalismus, Masse. In: Ders./Otto Brunner/Werner Conze (Hrsg.): Geschichtliche Grundbegriffe. Historisches Lexikon zur politisch-sozialen Sprache in Deutschland, Band 7. Stuttgart 2004, S. 141–431, hier S. 389.

238 Hartmann u.a. (Hrsg.): Hitler, S. 61.

239 Vgl. Hartmann u.a. (Hrsg.): Hitler, S. 61; Danker/Schwabe: Volksgemeinschaft, S. 28; Hattenhauer: Deutsche Nationalsymbole, S. 31.

schaften sowie der liberalen, pluralistischen, republikanischen, auf Volkssouveränität beruhenden Staatsordnung. Im völkischen Lager wurde die Volksgemeinschaft rassenbiologisch verstanden für die Idee einer arisch-germanischen Abstammungsgemeinschaft.

Auf dem „Deutschen Tag der NSDAP" im Mai 1932 in Meldorf hielt Prinz August Wilhelm von Preußen eine Werbe- und Dankesrede für die NSDAP und Hitler. Wenn das Dritte Reich errichtet werden könne, werde dann eine „gefestigte Nation dastehen und nicht ein Haufe (sic!) von Staatsbürgern".[240] Der Satz zeigt noch einmal die Ablehnung des Zusammenschlusses von Bürgern mit individuellen Rechten und Freiheiten, und dass stattdessen in der Volksgemeinschaft die Einheit der Volksgenossen darin bestehen soll, die Klassen- und Standesschranken zu überwinden. Gleichzeitig weist das Wort „gefestigt" darauf hin, dass mit diesem Kampfbegriff „Gemeinschaftsfremde" aus der Mehrheitsgesellschaft ausgeschlossen und verfolgt werden können.

1918 steht zwischen 1871 und 1933. Dispositionen aus dem Kaiserreich stellen Kontinuitätslinien zwischen Kaiserreich, Weimarer Republik und Drittem Reich her. Es gab aber keinen Determinismus, der vom Kaiserreich ins nationalsozialistische Deutschland führte, sondern die geschichtliche Entwicklung hätte durch Zufälle, Handlungsspielräume, Weggabelungen auch einen anderen Verlauf nehmen können. Die Republik ging zugrunde, weil ihre Gegner zu stark waren.

Deutschland hatte den Weg in Demokratie und Volkssouveränität verspätet angetreten. Die Weimarer Republik war insofern eine Alternative zur bisherigen geschichtlichen Entwicklung. Die Ablehnung der Weimarer Demokratie als Partei- und Verbändestaat bedeutete die Ablehnung des repräsentativen Systems und des gesellschaftlichen Pluralismus. Die Verfassungsfeiern in der Weimarer Republik können eine Mahnung für das Misslingen des Anspruchs eines auf Freiheit und Gleichheit beruhenden Selbstverständnisses sein.

Die institutionelle Grundlage für den Streit um die Reichsfarben beseitigte Hindenburg, als er die Verfassung (WRV) brach, indem er zwölf Tage vor dem Ermächtigungsgesetz am 12. März 1933 den Artikel 3 WRV außer Kraft setzte und durch den Rundfunk bekannt geben ließ, „dass vom morgigen Tag an bis zur endgültigen Regelung der Reichsfarben die schwarz-weiß-rote Fahne und die Hakenkreuzflagge gemeinsam zu hissen sind. Diese Flaggen verbinden die ruhmreiche Vergangenheit des Deutschen Reiches und die kraftvolle Wiedergeburt der Deutschen Nation."[241]

1935 wurde die schwarz-weiß-rote Trikolore abgeschafft und die Anhänger dieser Farbsequenz konnten sich zu diesen Farben nur noch in ihrer neuen Gestalt bekennen: Das erste der drei Nürnberger Gesetze bestimmte in Artikel 1: „Die Reichsfarben sind schwarz-weiß-rot" und in Artikel 2: „Reichs- und Nationalflagge ist die Hakenkreuzfahne. Sie ist zugleich Handelsflagge."[242] Die Hakenkreuzfahne bestand aus dem roten Grundtuch und der weißen Scheibe; die Farben standen für das Soziale und Nationale und das schwarze Hakenkreuz in der Mitte für die „Mission des Kampfes."[243]

---

240 DLZ Nr. 113 vom 17. Mai 1932.

241 Historische Kommission bei der Bayerischen Akademie der Wissenschaften /Bundesarchiv (Hrsg.): Akten der Reichskanzlei. Die Regierung Hitler Teil I: 1933/34: Bd. 1 (30. Januar bis 31. August). Boppard 1983. S. 195, Anm. 10.

242 Zit. n. Hattenhauer: Deutsche Nationalsymbole, S. 33f.

243 Hartmann u.a. (Hrsg.): Hitler, S. 140f, 1253.

Sebastian Lotto-Kusche

17. Februar 1959 – Roma aus der Volksrepublik Polen erreichen den schleswig-holsteinischen Grenzbahnhof Büchen.

Bundesrepublikanische Bevölkerungs- und Migrationspolitik unter dem Brennglas

Ein Kamerateam der Nordschau, diverse Zeitungsjournalisten, mehrere Blaskapellen, hohe kirchliche sowie staatliche Würdenträger standen parat und wollten den historischen Moment zelebrieren:[1] Am 17. Februar 1959 sollte im Grenzbahnhof Büchen in Schleswig-Holstein der vorerst letzte Zug einfahren, der 664 Spätaussiedler aus den unter „polnischer Verwaltung stehenden" ehemaligen Ostgebieten des Deutschen Reiches in die Bundesrepublik transportierte. Doch der feierliche Anlass wurde von einem Zwischenfall überschattet. Eine Gruppe von 331 zeitgenössisch „Zigeuner" genannten Roma[2] aus dem polnischen Regierungsbezirk Katowice (Kattowitz) war in mehreren Waggons ebenfalls Teil des Zuges und löste nach Grenzübertritt einen Großeinsatz des Bundesgrenzschutzes aus.[3] Dies überschattete die inszenierte Freude über die Ankunft der Spätaussiedler. Das Bundesinnenministerium versandte noch am Ankunftstag eine Mitteilung an die Presse, in der sich die Behörde beeilte hervorzuheben, dass diese Personen nicht zum Personenkreis der Familienzusammenführung der Aussiedler zu rechnen seien, sondern dass es sich um „Ausländer" handle. Gleichzeitig betonte das Ministerium, dass allerdings vier ehemaligen Konzentrationslagerhäftlingen, die zur Gruppe zählten, die Einreise ins Bundesgebiet gewährt werde.[4]

1 Vgl. ARD-Mediathek: Nordschau vom 17. Februar 1959. URL: https://www.ardmediathek.de/video/nordschau/buechen-ankunft-cinti-und-roma-stumm/ndr/Y3JpZDovL25kci5kZS8wZWM3MjViZi0zM2E5LTRlYmQtYTRmMi04MDdlYjdhNDI3Yzk (zuletzt aufgerufen: 15.2.2023).

2 Für die seit dem 19. Jahrhundert auch im Deutschen Reich lebenden Roma haben sich die Begriffe Romni (weiblich) und Rom (männlich) durchgesetzt. Die Sinti leben dagegen bereits seit dem 15. Jahrhundert in Mitteleuropa; vgl. Karola Fings: Sinti und Roma. Geschichte einer Minderheit. München 2016, S. 11.

3 Vgl. Jann-Thorge Thöming: Bahnhofsmission Büchen. Ein Spalt im Eisernen Vorhang. Berlin 2020, S. 106–112.

4 Vgl. Mitteilung des Presse- und Informationsamtes der Bundesregierung Nr. 163/59 vom 17. Februar 1959, BArch B 106/63334.

Dieser Vorfall wirft in seiner zeitgeschichtlichen Dimension viele Fragen auf: Wie kam das Bundesministerium zu seiner Bewertung, dass die Roma nicht zum Personenkreis der Aussiedler gehören würden? Welche Rolle spielte die NS-Verfolgung von Sinti und Roma im Nationalsozialismus bei Entscheidungen der staatlichen Stellen über den Verbleib der Roma in der Bundesrepublik? Welche Positionen nahmen die bundespolitischen Akteure und die schleswig-holsteinische Landesregierung bezüglich der Frage ein, ob die Roma die Bundesrepublik wieder verlassen müssten, und wie begründeten sie diese? Welchen Einfluss hatte die Presseberichterstattung über die „Zigeuner" auf die Entscheidungen der staatlichen Verantwortungsträger? Und schließlich: Was lässt sich anhand dieses Vorfalls über die Migrationspolitik der frühen Bundesrepublik und ihre Haltung gegenüber Sinti und Roma aussagen? Der Vorfall ist zwar bereits mehrfach in einschlägigen lokal-, und regionalgeschichtlichen[5] sowie überregionalen Studien[6] herangezogen worden, um die Nachkriegspolitik gegenüber Sinti und Roma in der Bundesrepublik zu beschreiben. Bislang ausgeblieben ist jedoch, die regionale wie überregionale Aktenüberlieferung eingehender zu betrachten. Der vorliegende Artikel analysiert erstmals anhand umfangreichen Archivmaterials[7] die Entscheidungswege der staatlichen Akteure auf Ebene des Bundes und des für Büchen verantwortlichen Landes Schleswig-Holstein. Der Artikel gliedert sich zunächst in einen ereignisgeschichtlichen Teil, der die Abläufe des Vorfalls vor Ort beleuchtet, die Entscheidungswege nachvollzieht und der die Konzepte zur Zuwanderung – insbesondere von Aussiedlern – in die Bundesrepublik vorstellt und problematisiert. Dem folgt der Analyseteil, der sich mit der Presseberichterstattung auseinandersetzt und der zu einer zeitgeschichtlichen Bewertung des Vorfalls kommt, in dem die oben aufgeworfenen Fragen beantwortet werden. Schließlich werden Folgerungen dieses Ereignisses offengelegt, insbesondere im Hinblick auf die Professionalisierung des bundesdeutschen Grenzregimes.

1. Die Ankunft des Zuges am 17. Februar 1959 in Büchen

Das organisatorische Chaos hatte bereits in Polen begonnen. Laut Abwicklungsbericht des Roten Kreuzes startete der Transport am 16. Februar 1959 in Stettin gegen 15.00 Uhr bereits mit Verspätung, weil es zu einem Tumult gekommen war, nachdem zweihundert Aussiedler in den zehn standardmäßig zur Verfügung gestellten Waggons keinen Platz mehr gefunden hatten. Erst nachdem die Genehmigung aus Warschau gekommen war, drei weitere Waggons an den Zug anzuhängen, konnte die Reise starten. Nach mehrstündigen Kontrollen des Zuges in Bo-

5 Vgl. Heinz Bohlmann: Büchen im 19. und 20. Jahrhundert. Aus der Geschichte einer Gemeinde am Schienenstrang. Büchen 2009, S. 61–68; Thöming: Bahnhofsmission, S. 106–112.

6 Vgl. Wolfgang Benz: Feindbild und Vorurteil. Beiträge über Ausgrenzung und Verfolgung. München 1996, S. 192f.; Gilad Margalit: Die Nachkriegsdeutschen und „ihre Zigeuner". Die Behandlung der Sinti und Roma im Schatten von Auschwitz. Berlin 2001, S. 219f.; Yvonne Robel: Sinti und Roma in Hamburg. Zum Potenzial lokalgeschichtlicher Perspektiven auf Minderheiten. In: Forschungsstelle für Zeitgeschichte Hamburg (Hrsg.): Zeitgeschichte in Hamburg. Nachrichten aus der Forschungsstelle für Zeitgeschichte in Hamburg (FZH) 2018. Hamburg 2019, S. 32–51, hier S. 49f.

7 Einbezogen werden Bestände dieser Archive: Bundesarchiv (BArch), Politisches Archiv des Auswärtigen Amtes, Landesarchiv Schleswig-Holstein (LASH), Staatsarchiv Hamburg (StaHH). Im Stasi-Unterlagen-Archiv befinden sich keine für den Vorfall relevanten Akten, vgl. Auskunft des Bundesarchivs vom 2. September 2022.

bolin, Grambow und letztlich am Grenzübergang Schwanheide erreichten circa tausend Menschen am 17. Februar um 13.05 Uhr Büchen. Zur Feier dieses vorerst letzten Zuges waren Posaunenbläser zusammengezogen worden, das Deutsche Rote Kreuz hatte Vertreter aus Bonn und Kiel geschickt, die evangelische Kirche Landessuperintendent Matthiessen. Viele Presse- und Fernsehjournalisten füllten den Bahnsteig. Als die Passkontrolle die „Zigeuner" bemerkte und das alarmierte Bonner Innenministerium die Anweisung herausgab, die ungebetenen Passagiere in ihren vier Waggons mit einer Lokomotive zurück über die Zonengrenze zu schieben, eskalierte die Lage.[8]

Die ehemalige Leiterin der Mission erinnerte sich rückblickend: „Bei den Spätaussiedlertransporten [...] das mit den Zigeunern. [...] als die dann alle aus dem Zug sprangen und ihre Kinder aus den Fenstern rausschmissen, versuchten wegzulaufen."[9] Den Bundesgrenzschutzbeamten gelang es mit Mühe, die Flüchtenden einzufangen. Der vordere Teil des Zuges mit den anerkannten Spätaussiedlern konnte um 15.45 Uhr seine Fahrt in das Grenzdurchgangslager Friedland bei Göttingen fortsetzen.[10] Doch was sollte nun mit den über 300 Roma passieren? Für die Nacht wurden die Frauen und Kinder in der Betreuungsstelle der Bahnhofsmission untergebracht, weitere hundert Menschen kampierten im Wartesaal des Bahnhofs, der sich im Keller der auf dem Gelände befindlichen Gaststätte befand. Das Deutsche Rote Kreuz sammelte Decken aus benachbarten Einrichtungen, der Grenzschutz stellte am folgenden Tag zwei Feldküchen zur Versorgung der vielen Menschen auf. Die sanitären Anlagen waren schnell völlig überlastet.

Die Registrierung der Menschen durch das Passkontrollamt Hamburg und die Lübecker Kriminalpolizei startete am 19. Februar. Diese legten für jede Person einen erkennungsdienst-

Chaotische Szenen auf dem Bahnhof Büchen: Panik und Angst verbreiteten sich bei den Roma-Familien vor einer Abschiebung über die Zonengrenze zurück nach Polen. Bildnachweis: Amtsarchiv Büchen.

8 Vgl. Thöming: Bahnhofsmission, S. 107.
9 Zit. nach Bohlmann: Büchen, S. 65.
10 Vgl. Thöming: Bahnhofsmission, S. 107f.

Schwestern des Roten Kreuzes verteilen Lebensmittel an die angekommenen Roma aus Polen. Im Hintergrund bewachen Beamte des Bundesgrenzschutzes aufmerksam die Reisegruppe. Bildnachweis: Amtsarchiv Büchen.

lichen Erfassungsbogen an, fertigten Lichtbilder an und Ärzte des Gesundheitsamts Ratzeburg führten Untersuchungen auf ansteckende Krankheiten durch.[11] Die Landespolizei konnte dabei auf interne Experten zurückgreifen, die schon seit Jahrzehnten und systemübergreifend in der gesonderten Erfassung von Sinti und Roma geübt waren. Tätigkeiten, die im Massenmord an der Romabevölkerung im Deutschen Reich und in vielen besetzten Teilen Europas gegipfelt hatten.[12] Die nach 1945 nun Landfahrerüberwachung genannte verdachtsunabhängige Sondererfassung wurde durch die Landespolizei Schleswig-Holstein nach kurzer – durch die britische Besatzungsmacht initiierter – Zurückhaltung bereits 1948 wieder begonnen. Bundesweit einigten sich die Vertreter der Kriminalpolizeien der Länder bereits im September 1949 darauf, den Begriff „Zigeuner" durch „Landfahrer" zu ersetzen, um nicht in den Verdacht zu geraten, eine Bevölkerungsgruppe aus rassistischen Gründen zu verfolgen.[13] In Schleswig-Holstein galten polizeiliche Sonderregeln zur Überwachung von „Landfahrern" – wenn auch ohne Gesetzesgrundlage wie etwa in Bayern – bis 1977. Am 21. August 1948 trat ein Erlass zur „Bekämpfung des Zigeunerunwesens" in Kraft, der am 14. September 1957 um einen Erlass zur „Bekämpfung des Landfahrerunwesens" ergänzt wurde.[14]

---

11 Vgl. Bohlmann: Büchen, S. 66f.; Erkennungsdienstliche Bögen der Roma aus Büchen, LASH Abt. 627/Nr. 139.

12 Vgl. Leo Lucassen: Zigeuner. Die Geschichte eines polizeilichen Ordnungsbegriffes in Deutschland 1700–1945. Köln/Weimar/Wien 1996; Eveline Diener: Das Bayerische Landeskriminalamt und seine „Zigeunerpolizei". Kontinuitäten und Diskontinuitäten der bayerischen „Zigeunerermittlung" im 20. Jahrhundert. Frankfurt 2021.

13 Vgl. Stephan Linck: Der Ordnung verpflichtet. Deutsche Polizei 1933–1949. Der Fall Flensburg. Paderborn u.a. 2000, S. 324–327; Sebastian Lotto-Kusche: Der Völkermord an den Sinti und Roma und die Bundesrepublik. Der lange Weg zur Anerkennung 1949–1990. Berlin/Boston 2022, S. 39–59.

14 Vgl. Anweisung des Kriminalpolizeiamtes vom 19. Juli 1977, LASH Abt. 611/Nr. 8066.

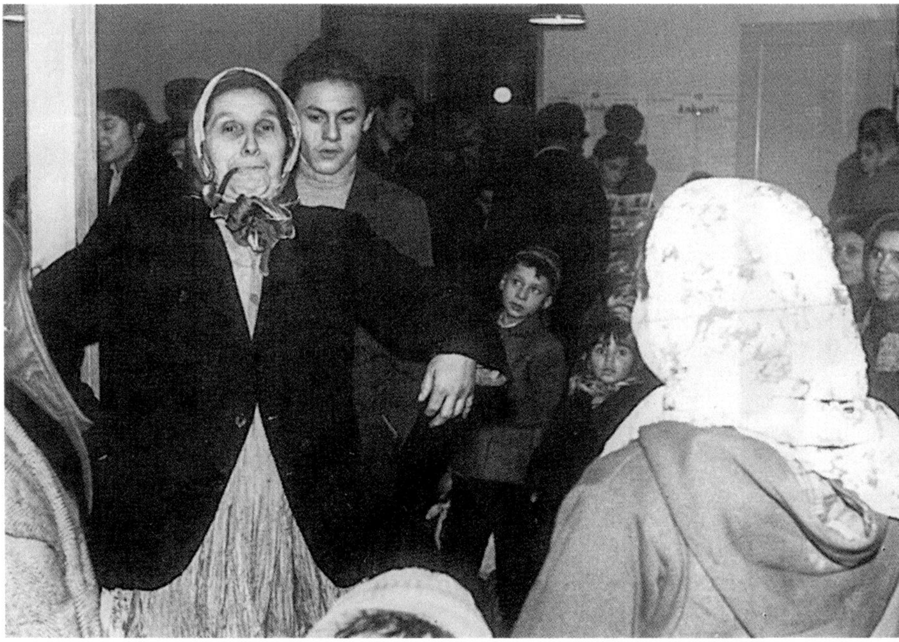

Nachdem der Schock nach dem Polizeieinsatz gewichen war, verbreiteten sich neben Ungewissheit auch Erleichterung unter den Reisenden. Bildnachweis: Amtsarchiv Büchen.

Familien in großer Enge in den Räumlichkeiten der Bahnhofsmission. Für die tagelange Unterbringung Hunderter Menschen gab es insbesondere keine ausreichenden Kapazitäten der sanitären Anlagen. Bildnachweis: Amtsarchiv Büchen.

2. Administratives Chaos und nicht abgesprochene Entscheidungen

Doch neben der Versorgung der Menschen vor Ort und der erkennungsdienstlichen Erfassung stellte sich nun immer drängender die Frage, was mit den Roma passieren sollte. Die Lösung dieser Frage oblag mehreren staatlichen Ebenen, was die Lage noch komplizierter machte. Das Bundesinnenministerium war für die Abwicklung der Aussiedlertransporte und den Bundesgrenzschutz zuständig, allerdings oblag es dem Landrat des Kreises Lauenburg als zuständiger Ausländerpolizeibehörde[15], sich um Rücknahme der als „Ausländer" angesehenen „Zigeuner" bei der polnischen Militärmission in Berlin zu bemühen. Dem schleswig-holsteinischen Innenministerium oblag – ohne Weisungsbefugnis des Bundes – die Entscheidungsgewalt darüber, was mit den Roma nach ihrer Ankunft geschehen sollte.[16] Ausweislich eines Vermerks des Chefs der Landeskanzlei entschieden in der Sache auf Seiten des Landes Innenminister Helmut Lemke und Justizminister Bernhard Leverenz über das Schicksal der Roma. Ministerpräsident Kai-Uwe von Hassel wurde erst am 20. Februar telefonisch über den Vorfall unterrichtet und somit quasi vor vollendete Tatsachen gestellt.[17]

Beide Minister hatten keine unerheblichen Rollen im Nationalsozialismus innegehabt. Helmut Lemke, dem die grundlegende Kontinuitätenstudie von Uwe Danker und Sebastian Lehmann-Himmel eine auf die NS-Zeit bezogene staatstragende Grundorientierung attestiert, war ab 1933 Bürgermeister in Eckernförde und ab 1937 im selben Amt in Schleswig tätig gewesen. Er war spätestens seit dem 1. April 1932 NSDAP-Mitglied gewesen und hatte kurz vor Kriegsende noch seine Überführung von der SA in die SS beantragt.[18] Bernhard Leverenz hatte – nach Danker und Lehmann-Himmel – gar eine exponierte Rolle im NS-Staat innegehabt, er war zwar erst am 1. Mai 1933 NSDAP-Mitglied geworden, hatte aber als Marinerichter mehrere Todesurteile zu verantworten. Vergangenheitspolitisch fiel er immer wieder durch apologetische Äußerungen auf und torpedierte die Schaffung der 1958 eingerichteten Zentralen Stelle der Landesjustizverwaltungen zur Aufklärung nationalsozialistischer Verbrechen in Ludwigsburg, die zunächst nur Vorermittlungen bezüglich im Ausland begangener NS-Verbrechen für die einzelnen deutschen Staatsanwaltschaften anstellen sollte. Gleichzeitig erwarb sich Leverenz jedoch Verdienste bei der Enttarnung und Verhaftung von Werner Heyde alias Fritz Sawade, des ehemaligen Obergutachters des nationalsozialistischen Mordprogramms der „Euthanasie" an behinderten Menschen, der in Schleswig-Holstein in den 1950er Jahren hatte untertauchen und als medizinischer Sachverständiger reüssieren können.[19] Wie entschieden diese beiden Akteure nun in dem vorliegenden Fall im Hinblick auf die Behandlung jener im NS-Staat diskriminierten und verfolgten Minderheit?

---

15 Dies war in der Ausländerpolizeiverordnung 1938 so festgelegt worden, die auch in der Bundesrepublik bis 1965 weiter galt, vgl. Dieter Gosewinkel/Anna Katzy-Reinshagen: Ausländer. In: Inventar der Migrationsbegriffe. URL: https://www.migrationsbegriffe.de/auslander (zuletzt aufgerufen: 20.5.2023).

16 Vgl. Kurzprotokoll der 33. Sitzung des Ausschusses für Inneres des Deutschen Bundestags vom 19. Februar 1959, S. 5f., LASH Abt. 605/Nr. 2420.

17 Vgl. Vermerk des Chefs der Landeskanzlei vom 27. Februar 1959, LASH Abt. 605/Nr. 2420.

18 Vgl. Uwe Danker/Sebastian Lehmann-Himmel: Landespolitik mit Vergangenheit. Geschichtswissenschaftliche Aufarbeitung der personellen und strukturellen Kontinuität nach 1945 in der schleswig-holsteinischen Legislative und Exekutive. Husum 2017, S. 270–271.

19 Vgl. ebd., S. 264–265, 489–495.

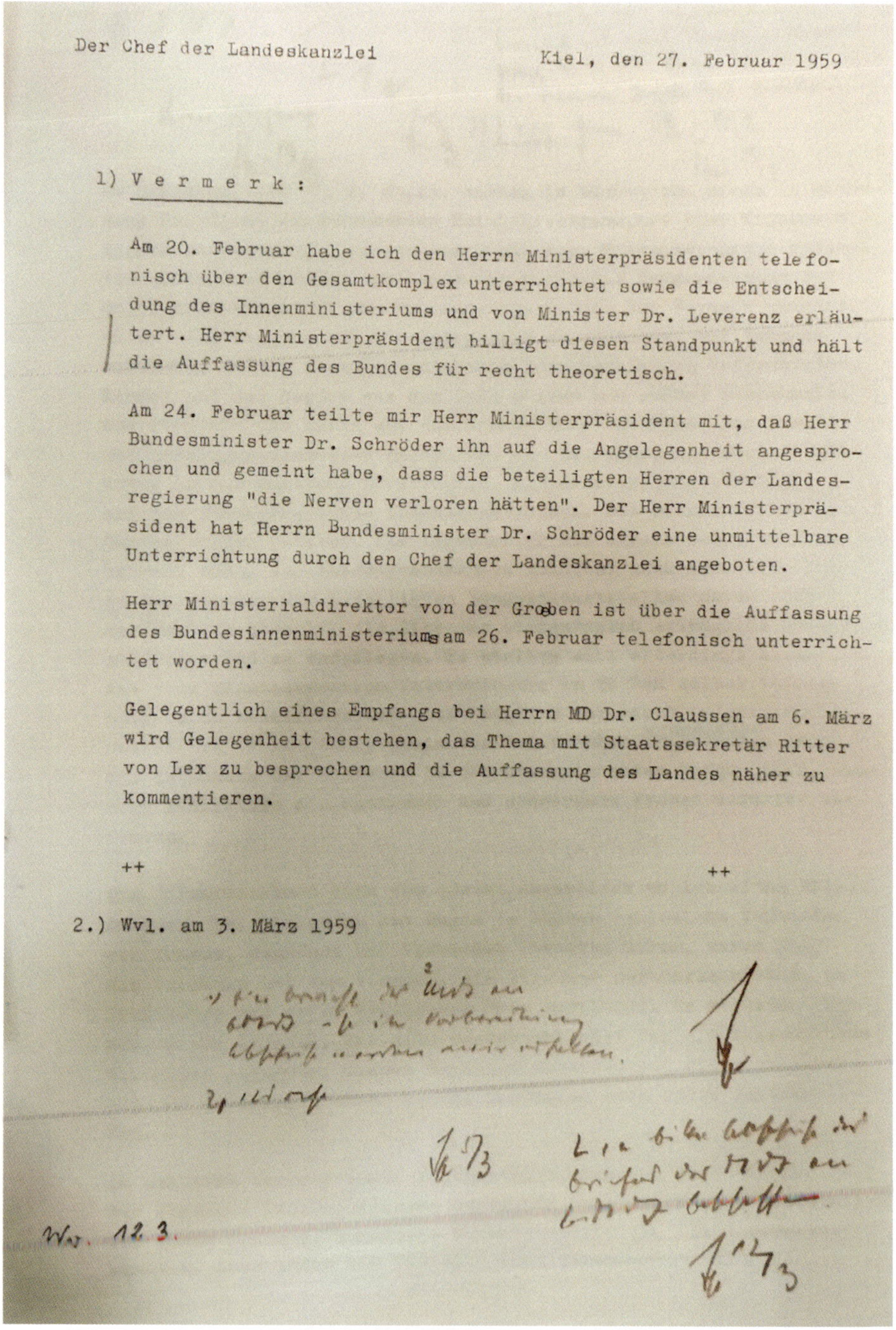

Der Chef der Landeskanzlei   Kiel, den 27. Februar 1959

1) Vermerk:

Am 20. Februar habe ich den Herrn Ministerpräsidenten telefonisch über den Gesamtkomplex unterrichtet sowie die Entscheidung des Innenministeriums und von Minister Dr. Leverenz erläutert. Herr Ministerpräsident billigt diesen Standpunkt und hält die Auffassung des Bundes für recht theoretisch.

Am 24. Februar teilte mir Herr Ministerpräsident mit, daß Herr Bundesminister Dr. Schröder ihn auf die Angelegenheit angesprochen und gemeint habe, dass die beteiligten Herren der Landesregierung "die Nerven verloren hätten". Der Herr Ministerpräsident hat Herrn Bundesminister Dr. Schröder eine unmittelbare Unterrichtung durch den Chef der Landeskanzlei angeboten.

Herr Ministerialdirektor von der Groben ist über die Auffassung des Bundesinnenministeriums am 26. Februar telefonisch unterrichtet worden.

Gelegentlich eines Empfangs bei Herrn MD Dr. Claussen am 6. März wird Gelegenheit bestehen, das Thema mit Staatssekretär Ritter von Lex zu besprechen und die Auffassung des Landes näher zu kommentieren.

++   ++

2.) Wvl. am 3. März 1959

Wv. 12.3.

Vermerk des Chefs der Landeskanzlei vom 27. Februar 1959 über den Ablauf der Unterrichtung des Ministerpräsidenten Kai-Uwe von Hassel und die Benennung der Verantwortlichen innerhalb der Landesregierung. Daraus geht weiterhin hervor, dass Bundesinnenminister Dr. Gerhard Schröder den verantwortlichen schleswig-holsteinischen Ministern vorwarf, „die Nerven verloren zu haben". Bildnachweis: LASH Abt. 605 / Nr. 2420.

In einer Presseerklärung vom 19. Februar 1959 teilte die schleswig-holsteinische Landesregierung mit, dass unter den „Zigeunern" keine deutschen Staatsangehörigen seien und dass die Einreise ohne gültige Einreisepapiere erfolgt sei. Gleichzeitig wurde die Auffassung vertreten, dass ein Abschieben über die Grenze gegen den Willen der Roma nicht möglich sei.[20] In einem Schreiben des Bundesinnenministeriums an die Sozialbehörde in Hamburg vom 4. Februar 1959 hatte dieses seine Rechtauffassung von Einreisen von „Zigeunern" über Büchen vor dem Hintergrund früherer Fälle deutlich gemacht: „Danach sind die Zigeuner zurückzuweisen, sofern sie nicht die deutsche Staatsangehörigkeit nachweisen können. (...) Soweit sie nicht deutsche Staatsangehörige sind, wird ihre Anerkennung als politische Flüchtlinge in aller Regel daran scheitern, daß ihr Übergang in das Bundesgebiet nicht auf politischen Gründen beruht. Sie können daher kein Asylrecht in Anspruch nehmen."[21] Dieser Linie folgend bat das Bundesinnenministerium in einem Fernschreiben vom 19. Februar den Ministerpräsidenten eindringlich darum, die Personengruppe weiter in geschlossener Obhut zu halten, um abzuwarten, bis die Rücknahmeverhandlungen mit den polnischen Behörden abgeschlossen seien.[22] Das Bundesinnenministerium teilte dem schleswig-holsteinischen Justizminister Leverenz schließlich am 20. Februar mit, dass die polnische Seite bereit sei, die „Zigeuner" zurückzunehmen, weshalb der Transport weiterhin in geschlossener Obhut gehalten werden sollte.[23] Die Realitäten vor Ort waren bereits andere. Bereits am 19. Februar hatte das schleswig-holsteinische Innenministerium die Roma einreisen lassen, die einen Familienanschluss in der Bundesrepublik nachweisen konnten. Deshalb warf Bundesinnenminister Gerhard Schröder am 24. Februar den beiden zuständigen schleswig-holsteinischen Ministern gegenüber Ministerpräsident Kai-Uwe von Hassel vor, „die Nerven verloren zu haben."[24] Schröder blieb daher bei seiner Einschätzung, dass die „Zigeuner" hätten zurückgeschickt werden müssen. Diese harte Haltung ist bemerkenswert, denn auch der CDU-Bundestagsabgeordnete für Lauenburg, Otto Fürst von Bismarck, warnte: „Eine solche Maßnahme würde grösstes Aufsehen erregen und sowohl in Deutschland als auch insbesondere im gesamten Ausland das Ansehen der Bundesrepublik auf das schwerste schädigen und der zur Zeit in der ganzen Welt vom Osten her genährten antideutschen Kampagne neue Nahrung geben."[25]

In einem rechtfertigenden Bericht der Landeskanzlei vom 6. März 1959 für das Bundesinnenministerium wurde der Vorfall rückblickend aus Sicht der schleswig-holsteinischen Landesregierung so dargestellt: Die Öffentlichkeit habe lebhaften Anteil an dem Ereignis genommen,

20 Vgl. Mitteilung Nr. 69/59 der Pressestelle der Landesregierung Schleswig-Holstein vom 19. Februar 1959, LASH Abt. 605/Nr. 2420.

21 Vgl. Schreiben der Abteilung II des BMI an die Sozialbehörde Hamburg vom 4. Februar 1959, StaHH 131-1II/Nr. 2634.

22 Vgl. Fernschreiben des Bundesinnenministeriums an den Herrn Ministerpräsidenten des Landes Schleswig-Holstein vom 19. Februar 1959, aufgenommen in der Fernschreibstelle des Innenministeriums Kiel am selben Tag um 19.45 Uhr, LASH Abt. 605/Nr. 2420.

23 Vgl. Fernschreiben des Bundesinnenministeriums an den stellv. Ministerpräsidenten und Justizminister des Landes Schleswig-Holstein vom 20. Februar 1959, aufgenommen in der Fernschreibstelle des Innenministeriums Kiel am selben Tag um 18.43 Uhr, LASH Abt. 605/Nr. 2420.

24 Vermerk des Chefs der Landeskanzlei vom 27. Februar 1959, LASH Abt. 605/Nr. 2420.

25 Aufzeichnung eines Telefonats von Herrn Scherpenberg mit Otto Fürst Bismarck vom 20. Februar 1959, vorzulegen dem Herrn Minister, Politisches Archiv des Auswärtigen Amtes B 2-B STS/88.

zumeist in kritischer Form. Deshalb habe sich die Landesregierung am 19. Februar – vor dem Hintergrund der verschärften humanitären Lage vor Ort und erneuten Presseberichten – dafür entschieden, die Personen, die bereits Familienangehörige oder Verwandte in der Bundesrepublik hatten, einreisen zu lassen. Erst am 20. Februar habe sie auch den dreißig verbliebenen Einzelpersonen den Aufenthalt in Schleswig-Holstein gestattet.[26] Die Landesregierung rechtfertigte ihre Entscheidungen mit den Worten: „Öffentlichkeit, Presse und politische Parteien nahmen erneut Stellung. Es wurde völlig einheitlich die Meinung vertreten; daß man für den Gesichtspunkt der Autorität zwar Verständnis haben müsse; daß aber nach den Vorgängen in Büchen die Frage der Menschlichkeit im Vordergrund stehe."[27] Auch nannte das Schreiben einen gewichtigen Grund für Einreisegenehmigung auch des Teils der „Zigeuner", der keine Verwandten in der Bundesrepublik angeben konnte: „…nach den gesamten Vorkommnissen (hätte) eine Rückführung vom Bahnhof Büchen aus über die Grenze größtes und für das deutsche Ansehen nachteiliges Aufsehen in der Weltöffentlichkeit erreg(t)".[28] Die Landesregierung habe „…dem Bunde nach Lage der Dinge jede nur mögliche Unterstützung erwiesen"[29], so wurde abschließend resümiert.

Nachdem die Entscheidungswege offengelegt und die administrativen Abläufe beleuchtet wurden, ist nun zunächst der Blick darauf zu richten, welcher Personenkreis mit „Aussiedler" zeitgenössisch gemeint war und ob die Roma aus Polen tatsächlich nicht zu dieser Personengruppe gezählt werden konnten bzw. sollten?

3. Aussiedler als Sonderkategorie bundesdeutscher Vertriebenenpolitik

Als „Aussiedler" kamen in den 1950er Jahren Personen deutscher Staatsangehörigkeit oder deutscher Volkszugehörigkeit in die Bundesrepublik, die entweder in den ehemaligen Gebieten des Deutschen Reiches lebten oder deutschen Minderheiten in Osteuropa angehörten. Die Größe dieser Gruppe umfasste circa vier Millionen Menschen.[30] Rechtsgrundlage war das 1953 erlassene Bundesvertriebenengesetz (BVG), dort war die Gleichstellung von Personen, die deutscher Staats- oder Volkszugehörigkeit waren und nach dem Ende der „allgemeinen Vertreibungsmaßnahmen" Osteuropa verlassen wollten, festgeschrieben. Bereits in den 1950er Jahren sprachen die deutschen Behörden von „Spätaussiedlern", erst 1993 wurde der Begriff zu einer Rechtskategorie und wird heute meist für die Bezeichnung von Menschen verwendet, die nach dem Zerfall der Sowjetunion die Bundesrepublik erreichten.[31] In der Regel genügte für den Grenzübertritt in die Bundesrepublik bis in die späten 1970er Jahre hinein, wenn eine

26 Vgl. Interner Bericht der Landesregierung Schleswig-Holstein für das Bundesinnenministerium vom 6. März 1959, LASH Abt. 605/Nr. 2420.

27 Ebd., S. 4.

28 Ebd., S. 5.

29 Ebd., S. 7.

30 Vgl. Tobias Korte: Zuwanderung und Eingliederung von Vertriebenen und Aussiedlern/Spätaussiedlern im Vergleich. Osnabrück 2005, S. 46.

31 Vgl. Jannis Panagiotidis: Staat, Zivilgesellschaft und Aussiedlermigration 1950–1989. In: Jochen Oltmer (Hrsg.): Handbuch Staat und Migration in Deutschland seit dem 17. Jahrhundert. Berlin/Boston 2016, S. 895–929, hier S. 899ff.

Person angab, Deutscher zu sein. Erst im Grenzdurchgangslager erfolgte die Überprüfung der Voraussetzungen.[32] Weil es in den 1950er Jahren noch keine diplomatischen Beziehungen zwischen der Bundesrepublik Deutschland und der Volksrepublik Polen gab, wurde die Migration über das Polnische und das Deutsche Rote Kreuz organisiert. Am 14. Dezember 1954 verließ der erste Transport mit deutschen Aussiedlern Polen in Richtung Bundesrepublik.[33]

Fast wortwörtlich in Anlehnung an das Rundschreiben des Reichsinnenministeriums vom März 1939, das zur Klassifizierung der Bevölkerung im „Protektorat Böhmen und Mähren" erlassen worden war, wurde ein deutscher Volkszugehöriger im BVG als Person definiert, die: „sich in seiner Heimat zum deutschen Volkstum bekannt hat, sofern dieses Bekenntnis durch bestimmte Merkmale wie Abstammung, Sprache, Erziehung, Kultur" bestätigt wird. Auch wenn diese abgewandelte Formulierung den früheren Ausschluss für „Personen artfremden Blutes, insbesondere Juden" nicht beinhaltete, so zeigt sich doch eine gewisse Kontinuität in der Definition von „Auslandsdeutschen".[34] Das zu bescheinigende Bekenntnis war somit eine fluide Kategorie, die es staatlicherseits zu bewerten galt. Die für das äußere Übernahmeverfahren der Aussiedler bis 1960 zuständige Bundesstelle für Verwaltungsangelegenheiten – eine Behörde des Bundesinnenministeriums – griff für die Entscheidung, ob jemand die deutsche „Volksgruppenzugehörigkeit" besaß oder nicht, auf Angaben der Antragsteller bzw. deren Angehöriger zurück. Dabei wurden etwa Geburtsorte, Staatsangehörigkeiten, Wohnorte in den Jahren 1938, 1941 und 1944, Mitgliedschaften in Wehrmacht, Waffen-SS, Polizei, Reichsarbeitsdienst oder der Organisation Todt sowie mögliche Kriegsgefangenschaft und Verwandtschaft in der Bundesrepublik Deutschland in die Beurteilung einbezogen. Für das innere Anerkennungsverfahren als Flüchtling bzw. Vertriebener waren die lokalen Vertriebenenbehörden zuständig, von deren Anerkennung die Zahlung von Sozialleistungen und die Zuerkennung der deutschen Staatsangehörigkeit abhängig war. Diese wiederum griffen für ihre Beurteilung auf zwei halb- bzw. nichtstaatliche Institutionen zurück, die „Heimatortskarteien" und die „Heimatauskunftstellen". Erstere erarbeiteten unter kirchlicher Verwaltung im Laufe der Zeit Einwohnermeldeverzeichnisse der verlassenen Orte in den ehemaligen Ostgebieten des Deutschen Reiches. Die Auskunftsstellen sollten dagegen den Lastenausgleichsämtern zuarbeiten, die mit der Entschädigung von Vertriebenen beauftragt waren. In der Praxis wurden aber auch diese zur Entscheidung herangezogen, ob eine Person einen Vertriebenen- bzw. Aussiedlerstatus bekam oder nicht. Oft stellten die Vertriebenenverbände das Personal der „Heimatauskunftstellen" und konnten somit indirekte Definitionsmacht darüber ausüben, wer als „Deutscher" anerkannt wurde.[35]

Büchen war einziger Ankunftsbahnhof der Aussiedlerzüge, von denen zwischen 1955 und 1959 insgesamt 517 Transporte mit circa 247.000 Menschen den kleinen Ort bei Hamburg erreichten. Die Aussiedlerzüge starteten immer in Szczecin (Stettin). Wenn diese nach mehreren Kontrollen auf DDR-Gebiet schließlich die Bundesrepublik erreichten, waren die Insassen meist nur noch schlecht mit Wasser und Lebensmitteln versorgt. Der eigentliche Aufenthalt in Büchen bis zur Weiterfahrt ins Grenzdurchgangslager Friedland bei Göttingen dauerte meist

32 Vgl. Korte: Zuwanderung, S. 50.

33 Vgl. Maren Hachtmeister: Selbstorganisation im Sozialismus. Das Rote Kreuz in Polen und der Tschechoslowakei 1945–1989. Göttingen 2019, S. 44f.

34 Vgl. Panagiotidis: Staat, S. 901.

35 Vgl. Panagiotidis: Staat, S. 905–908.

nur eine Stunde.[36] Jede Woche kamen etwa vier Züge und jedes Mal begrüßte ein Posaunenchor die Ankommenden mit dem Lied „Großer Gott, wir loben dich". Danach wurden die Neuankömmlinge zunächst von einem Vertreter des Roten Kreuzes begrüßt, woran sich Ansprachen des evangelischen und katholischen Pfarrers reihten, bevor die Reisenden von Mitarbeitenden des Roten Kreuzes versorgt wurden. Anschließend fuhren die Ankömmlinge weiter ins Grenzdurchgangslager Friedland, von wo die Menschen über die gesamte Bundesrepublik verteilt wurden.[37]

Überregionale Bedeutung hatte Büchen bereits durch den Interzonenverkehr mit der DDR erlangt. Dieser Sachverhalt und die ikonenhaften Bahnhofsmissionarinnen in ihren blauen Kitteln – Südfrüchte und Kaffee an die Reisenden nach dem Grenzübertritt verteilend – machten den kleinen Bahnhof kurz hinter der Grenze auch zu einem Zielobjekt für die Staatssicherheit der DDR, die dort sowohl den bundesdeutschen Zoll, den Bundesgrenzschutz, die Deutsche Bahn als auch die Bahnhofsmission intensiv observierte. In der DDR waren diese kirchlichen Einrichtungen nach einer Infiltrierungs- und Verhaftungswelle 1956 geschlossen worden. Welche Rolle spielte die Bahnhofsmission für die bundesdeutsche Politik gegenüber dem anderen Deutschland? Die Grenzbahnhofsmissionen waren deutschlandpolitisch von einiger Relevanz für die Bonner Regierung, die sich in den 1950er Jahren migrationspolitisch besonders auf die Einwohner der DDR fokussierte. Dafür erhielt die Büchener Mission während der deutschen Teilung vom Bundessozialministerium und dem Ministerium für innerdeutsche Beziehungen zwei Millionen Mark pro Jahr an Zuwendungen.[38]

Ausweislich der im Landesarchiv Schleswig-Holstein erhaltenen Erfassungsbögen des polizeilichen Erkennungsdienstes Lübeck besaß die weit überwiegende Zahl der Roma die polnische Staatsbürgerschaft, nur für zwei Personen wurde eine deutsche Staatsbürgerschaft vermerkt: für Josef und Maria Goman.[39] Gemäß einer von der Bezirkskriminalpolizeistelle Lübeck erstellten Liste sämtlicher Personen lägen die meisten Geburtsorte auf polnischem oder ungarischem Gebiet.[40] Einige Personen des Transports seien zwar mit Aussiedlerbescheinigungen des Roten Kreuzes in Gelsenkirchen ausgestattet gewesen, diese wurden jedoch vom Bundesinnenministerium nicht anerkannt, weil nur das Rote Kreuz in Hamburg entsprechende Schreiben für Aussiedler ausstellen durfte.[41] Leider sind die damaligen Papiere der Einreisenden in keinem Archiv erhalten geblieben und auch Bemühungen, in polnischen Archiven entsprechende Spuren zu finden, waren erfolglos. Daher muss die Bewertung darüber, ob einige der Personen einen legalen Aussiedlerstatus reklamieren konnten oder nicht, unbeantwortet bleiben. Verdächtig erscheint allerdings die anfänglich genannte Verlautbarung des Bundesin-

36 Vgl. Thöming: Bahnhofsmission, S. 103ff.

37 Vgl. Bohlmann: Büchen, S. 64.

38 Vgl. Jann-Thorge Thöming: „Feindobjekt Schiene". Schleswig-Holsteins Grenzübergänge im Visier der Stasi. In: Nina Gallion/Martin Göllnitz/Frederieke Maria Schnack (Hrsg.): Regionalgeschichte: Potenziale des historischen Raumbezugs. Göttingen 2021, S. 291–320, hier S. 297–303.

39 Vgl. Erkennungsdienstliche Bögen von Maria Goman, geb. 10. Mai 1931 in Lodz und Josef Goman, geb. 7. Januar 1933 in Krotoszyn, LASH Abt. 627/Nr. 139.

40 Vgl. Liste und Fotonummer der vom Erkennungsdienst Lübeck aufgenommenen Zigeuner anl. der erkennungsdienstlichen Behandlung in Lübeck vom 20. Februar 1959, LASH Abt. 627/Nr. 140.

41 Vgl. Kurzprotokoll der 33. Sitzung des Ausschusses für Inneres des Deutschen Bundestags vom 19. Februar 1959, S. 6, LASH Abt. 605/Nr. 2420.

nenministeriums bereits am Ankunftstag, dass es sich bei der Personengruppe – ohne gründliche Prüfung der individuellen Voraussetzungen – um „Ausländer" handele. Der Historiker Jannis Panagiotidis hat herausgearbeitet, dass in den 1950er Jahren der Begriff „Ausländer" genutzt wurde, um die „ethnisch" Deutschen – also die Aussiedler – von „nicht-deutschen" Zuwandernden begrifflich zu unterscheiden, um ein ethnisches Verständnis von Zugehörigkeit zu konsolidieren.[42] Dies ist im vorliegenden Fall so zu konstatieren, insbesondere wenn man betrachtet, wie die Roma als „Ausländer" im Vergleich mit den anderen „Aussiedlern" im Zug behandelt wurden.

Die rechtliche Kategorie „Ausländer" wurde 1932 ins preußische Polizeirecht aufgenommen, wodurch sie sich im Zuge der Vereinheitlichung der Polizei im Nationalsozialismus im ganzen Reich durchsetzte. Der NS-Staat schuf mit der „Ausländerpolizeiverordnung" 1938 eine Norm, mit der die Abwehr, die Kontrolle und die Entfernung von Ausländern zentral sichergestellt werden sollte. Vor dem Hintergrund der völkischen Bevölkerungspolitik der Diktatur wurde mit dem Begriff ebenfalls eine „Minderwertigkeit" transportiert. In den 1950er Jahren wurden die Begriffe „Ausländer" und „Fremde" im öffentlichen Sprachgebrauch genutzt. Als „Fremde" galten beispielsweise Flüchtlinge aus den ehemaligen Ostgebieten, „Ausländer" blieb dagegen eine Distanz vermittelnde juristische Kategorie.[43] Zwar sah das Grundgesetz ein Grundrecht auf Asyl vor und die Genfer Flüchtlingskonvention von 1951 stellte diesen Personenkreis unter besonderen Schutz. Die erste Asylverordnung der Bundesrepublik aus dem Jahr 1953 definierte allerdings keine Kriterien für politisch Verfolgte, sondern legte fest, dass sich die Behörden weiterhin an der „Ausländerpolizeiverordnung" aus dem Jahr 1938 zu orientieren hätten, die den Behörden einen weitreichenden Entscheidungsspielraum dafür einräumte und laut derer sich jene nur an inländischen Interessen zu richten hätten. Somit verstand man „Flüchtlinge" nicht im heutigen Sinne, sondern meinte damit überwiegend Personen aus den ehemaligen deutschen Ostgebieten.[44] Mit der frühen Benennung der Roma als „Ausländer" durch das Bundesinnenministerium wurde somit sehr schnell eine bestimmte Betrachtungsweise der Migration vorgegeben, noch bevor eine Prüfung der individuellen Voraussetzungen erfolgen konnte. Die Roma wurden mit einem Label versehen, dass auch die Presse aufgriff. So ist im folgenden Abschnitt zu fragen, wie die mediale Berichterstattung über den Vorfall in Büchen sich rückblickend darstellt und welchen Einfluss diese gehabt haben mag.

4. Vorurteile und leise Zwischentöne in der Presseberichterstattung

Die mediale Berichterstattung dieser Tage dominierte das Schicksal der ungebetenen Passagiere schon allein deshalb, weil Hunderte Menschen von Beamten des Bundesgrenzschutzes und der Landespolizei Schleswig-Holstein für bis zu vier Tage auf dem Bahnhofsgelände festgehalten wurden. Die *Bild-Zeitung* titelte etwa mit der Schlagzeile: „Zigeuner-Alarm in Büchen", das Blatt wusste zu berichten: „Die Zigeuner brauchten in Polen nur zu sagen, sie seien

---

42 Vgl. Jannis Panagiotidis: Aussiedler/Spätaussiedler. In: Inventar der Migrationsbegriffe. URL: https://www.migrationsbegriffe.de/spaetaussiedler (zuletzt aufgerufen: 20.5.2023).

43 Vgl. Gosewinkel/Katzy-Reinshagen: Ausländer.

44 Vgl. Patrice Poutrus: Asylsuchende. In: Inventar der Migrationsbegriffe. URL: https://www.migrationsbegriffe.de/asylsuchende (zuletzt aufgerufen: 20.5.2023).

Deutsche, schon konnten sie reisen".[45] Das Boulevardblatt unterstellte damit ohne Kenntnis der rechtlichen wie sozialen Verhältnisse der Roma-Familien, dass die Einreise auf jeden Fall unrechtmäßig abgelaufen sei. Die Hamburger Illustrierte *Kristall* wusste zu berichten: „Zigeuner werden immer wandern".[46] Eine Bildunterschrift unterstrich die vermeintliche Heimatlosigkeit der Roma: „Ein Jahrtausend lächelt uns an. Solange sind die Zigeuner aus ihrer indischen Urheimat unterwegs nach Westen".[47] Und bereits in der Unterüberschrift des Artikels wird ohne Quellenangabe pauschal vom Autor festgestellt: „Ein wildes, schreckliches und schmutziges Volk, klagen die Gastländer."[48] Diese pauschale Abwertung der Roma war voll von rassistischen Stereotypen, der Begriff „Gastland" sollte dem Lesenden suggerieren, dass die Roma keine Heimat besäßen. Somit dominierten in diesen Artikeln die Vorurteile des permanenten Wanderns der „Zigeuner" und der Kriminalität bzw. Rückständigkeit.

In der seriösen Presse wurde dagegen meist sachlicher über den Fall informiert. So berichtete die *Welt* zunächst neutral über die Vorkommnisse auf dem Bahnhof.[49] Der Reporter merkte zu Beginn des Artikels kritisch an: „Noch während des Chorals marschierten am Zug Grenzschutzbeamte auf. Während der Ansprache des Pfarrers mit Bibelzitaten und ergreifenden Worten über die christliche Nächstenliebe riegelten sie die letzten vier Wagen des Zuges ab. Andere Teile ihrer Einheit umzingelten das Bahngelände."[50] Auch benannte der Reporter die Problematik, dass es bei vielen Deutschen in Polen nach Kriegsende das Problem von ungeklärten Staatsangehörigkeiten gebe. Alles in allem war der Bericht eher kritisch gegenüber dem Agieren des Bundesgrenzschutzes und brachte viel Empathie für das Schicksal der Roma-Familien auf. Betont sachlich berichtete die *Frankfurter Allgemeine Zeitung* am 18. Februar über die Ankunft der „Zigeuner" und teilte mit, dass die bundesdeutschen Behörden noch mit der polnischen Militärmission in West-Berlin über eine Rücknahme des Transports verhandeln würden.[51] Dass es auch in der seriösen Presse anders ging, belegen die Überschriften der *Westdeutschen Allgemeinen Zeitung* vom 18. Februar 1959. Hier wurde getitelt: „Zigeuner kamen illegal nach Büchen" und „Temperamentvolle Begrüßung durch Stammesgenossen".[52] Damit nahm die Hauptüberschrift bereits die rechtliche Bewertung der Papiere der Reisenden vorweg und viel entscheidender: Die Unterüberschrift tradierte das antiziganistische Klischee vom wilden, freien „Zigeunerleben", und entmenschlichte die Verwandten der Reisenden mit dem Begriff „Stammesgenossen".

Im Magazin *Stern* erschien am 7. März 1959 eine mehrseitige Bildreportage unter der Überschrift „In die Freiheit abgeschoben".[53] Auf einem Bild hält eine alte Romni ein misstrauisch schauendes Kleinkind auf dem Arm und im Vordergrund ist die Schulter eines Beamten des Bundesgrenzschutzes mit seiner umgehängten Dienstwaffe zu sehen. Die Bildunterschrift lautete: „Die nackte Angst ist in den Blicken der Menschen, die sich unweit der Gleisanlagen von

45 Bild-Zeitung vom 18. Februar 1959.
46 Kristall 7/1959, S. 56–65.
47 Ebd.
48 Ebd., Unterüberschrift.
49 Vgl. Die Welt vom 18. Februar 1959.
50 Ebd.
51 Vgl. Frankfurter Allgemeine Zeitung vom 18. Februar 1959.
52 Vgl. Westdeutsche Allgemeine Zeitung vom 18. Februar 1959.
53 Vgl. Der Stern vom 7. März 1959.

einem Zug Bundesgrenzschutz umstellt sehen. Was haben diese schweigsamen Männer in den grünen Uniformen mit ihnen vor?"[54] Diese Worte erscheinen dem heutigen aufmerksamen Leser wie eine Anspielung auf die Rolle der Polizei im NS-Verfolgungsprozess gegen Sinti und Roma. Zeitgenössisch konnte dies noch nicht so gemeint gewesen sein, weil dieser Zusammenhang in diesen Details noch nicht erforscht oder gar öffentlich thematisiert worden war. In der nächsten Ausgabe des Sterns erschienen dagegen Leserbriefe, in denen die „Zigeuner" bezichtigt wurden, an Grausamkeiten gegenüber deutschen Flüchtlingen beteiligt gewesen zu sein und in denen behauptet wurde, dass drei Damen dieser Reisegruppe bereits wenige Tage nach Freilassung in Hamburg einer Hausfrau die Geldbörse entwendet hätten.[55] Das Bild vom zwanghaft kriminellen „Zigeuner" dominierte ganz offensichtlich noch immer das Denken vieler Menschen.

Mitten in die Tage der breiten Berichterstattung über den Büchener Vorfall platzierte die *Süddeutsche Zeitung* einen sehr ausführlichen Bericht über den „Zigeunerpastor" Georg Althaus[56], der sich in Bad Hersfeld dafür einsetzte, dass in der kleinen hessischen Stadt die erste „Zigeunersiedlung" der Bundesrepublik entstehen sollte.[57] Die Thematisierung der sozialen Situation der bereits vor Ort lebenden Sinti und Roma wurde hier von der Zeitung geschickt in den gerade geöffneten Resonanzraum für „Zigeuner" integriert. In der *Frankfurter Allgemeinen Zeitung* vom 19. Februar 1959 verfasste ein Kommentator die kritischen Zeilen: „Wenn Menschen, wie das jetzt mit den von Polen nach Westdeutschland ausgesiedelten Zigeunern geschieht, wie überflüssiges Gepäck hin- und hergeschoben werden, so hinterläßt das in unserer von den Gewaltmethoden der Diktatur heimgesuchten Zeit einen bitteren Nachgeschmack."[58] Damit sprach der FAZ-Redakteur eindeutig die nationalsozialistische Vergangenheit, aber auch das kommunistische System der Sowjetunion und der von ihr abhängigen Staaten an. Weiter schrieb er: „Man darf sicher sein, daß auch deutschen Amtsstellen dieser Zwischenfall unangenehm ist. Sie werden wissen, wie sehr unser Verhältnis zu den Zigeunern durch die Praktiken Hitlers belastet ist. Die Tatsache, daß man vier früher von den Nazis verfolgte Zigeuner ohne allzu strenges Pochen auf Einreiseformalitäten gleich weiterreisen ließ, spricht dafür."[59] Diese Information wurde in vielen Zeitungen, selbst in der Bild-Zeitung, erwähnt.[60]

Man kann die Presseberichterstattung grob einteilen in eine massiv antiziganistische Lesart des Vorfalls, die insbesondere von den großen Boulevardmedien getragen wurde, und in eine seriöse Betrachtungsweise, die zwar auch Vorurteile verbreitete, die jedoch auch Empathie für die Romafamilien aufbrachte und die mit leisen Zwischentönen sogar die noch bis wenige Jahre zuvor grassierende nationalsozialistische Verfolgung von Sinti und Roma zum Thema machte. Der Blick der Medien war also über mehrere Tage auf den kleinen Ort am Rande Schleswig-Holsteins gerichtet, doch welche Auswirkungen hatte dies auf die Entscheidungen vor Ort und was sagt dies über die bundesdeutsche Gesellschaft aus?

---

54 Ebd.
55 Vgl. Benz: Feindbild, S. 193.
56 Zur problematischen Rolle von Althaus vgl. Lotto-Kusche: Völkermord, S. 64, 86–89.
57 Vgl. Süddeutsche Zeitung vom 18. Februar 1959.
58 Frankfurter Allgemeine Zeitung vom 19. Februar 1959.
59 Ebd.
60 Vgl. Bild-Zeitung vom 18. Februar 1959.

5. Politik gegenüber „Zigeunern" in den 1950er Jahren und die Folgen des Vorfalls

Zunächst ist darzustellen, wie der Vorfall in der bisherigen Forschungsliteratur bewertet wird. Yvonne Robel betont in der Analyse des Vorfalls, dass durch die massiv vorgetragenen antiziganistischen Vorurteile insbesondere die Angst vor einer weiteren Zuwanderung aus Osteuropa geschürt worden sei. Sie sieht darin eine Verlinkung des Sprechens über Migration mit dem Sprechen über die Minderheit.[61] Wolfang Benz wertet das Ereignis in seiner frühen Analyse bereits als Beleg dafür, dass das „Zigeunerbild" in der Nachkriegsgesellschaft der Bundesrepublik sich nach dem nationalsozialistischen Genozid kaum verändert habe, er sieht darin die „Vermutung konstitutiver Kriminalität und »asozialen Verhaltens«"[62] aufscheinen. Diesen beiden Analysen ist im Grunde nach zunächst zuzustimmen. Doch nicht alle Interpretationen des Vorfalls gehen in diese Richtung. Gilad Margalit hat bei der Betrachtung des Vorfalls circa dreißig Telegramme ausgewertet, die Bundeskanzler Konrad Adenauer und Bundesinnenminister Gerhard Schröder zwischen dem 18. und dem 28. Februar erreichten. Ein Teil der Petenten forderte aus moralischen Gründen eine Asylgewährung mit Bezug auf die NS-Verfolgung im Nationalsozialismus, Margalit sieht darin die Verbreitung des von ihm so genannten „quasi-jüdischen" Narrativs der Verfolgung bereits zum Ende der 1950er Jahre. Auch aus den ablehnenden – in Teilen rechtsextrem argumentierenden – Zuschriften schließt Margalit, dass man im Hinblick auf den Vorfall in Büchen von einer beginnenden Gleichsetzung der „NS-Zigeunerverfolgung" mit der Verfolgung der Juden im Nationalsozialismus sprechen könne. Diesem Urteil muss auf Grundlage der ausgewerteten Akten widersprochen werden. Frieder Günther bewertet die Haltung des Bundesinnenministeriums dagegen als von einer rassistischen Grundhaltung geprägt.[63] Die „NS-Zigeunerverfolgung" war nur ganz am Rande Thema einzelner Pressenotizen und für die staatlichen Akteure war dieses Thema nicht handlungsleitend. Ich komme in meiner Studie zur Anerkennung des NS-Völkermords an Sinti und Roma in der Bundesrepublik zu dem Ergebnis, dass der „kriminalpräventive" Denkstil – der besagte, dass die NS-Verfolgung Kriminalität verhindern sollte und daher moralisch zu rechtfertigen gewesen sei – bis zum Ende der 1970er Jahre absolut vorherrschend blieb.[64] Allein die Tatsache, dass die Position im Fall Büchen der Bundesregierung 1959 unverändert blieb, ja dass den schleswig-holsteinischen Ministern sogar Vorhaltungen gemacht wurden, spricht gegen die Bewertung von Margalit. Auch die Lebensrealitäten für Sinti und Roma im nördlichsten Bundesland waren in der Regel von fortgesetzter Ablehnung bestimmt, auch wenn diese noch genauer erforscht werden müssen.[65]

Doch was waren die Motive der staatlichen Akteure für ihre Entscheidungen bzw. Positionen? Und welche Rolle spielte die Presse im Hinblick auf den Ausgang des Vorfalls?

---

61 Vgl. Robel: Sinti, S. 50.

62 Benz: Feindbild, S. 192.

63 Frieder Günther: Rechtsstaat, Justizstaat oder Verwaltungsstaat? Die Verfassungs- und Verwaltungspolitik. In: Frank Bösch/Andreas Wirsching (Hrsg.): Hüter der Ordnung. Die Innenministerien in Bonn und Ost-Berlin nach dem Nationalsozialismus. Göttingen 2018, S. 381–412, hier S. 407ff.

64 Vgl. Lotto-Kusche: Völkermord, S. 200–213.

65 Vgl. etwa Nils Fieselmann: Vom „Zigeunerlager Preetzer Straße" zur „Wohnstätte am Rundweg". Zur Lage der Kieler Sinti in der Nachkriegszeit. In: Demokratische Geschichte, Band 23 (2012), S. 127–152.

Schaut man sich die Berichterstattung über den Vorfall in Büchen an, so dominierte die Beschreibung von antiziganistischen Stereotypen, die Angst vor den zugewanderten Roma schürte und sich kaum für das Schicksal der Menschen interessierte. Nur ganz vereinzelt, zwischen den Zeilen, konnte man kritische Untertöne vernehmen. Paradoxerweise entfalteten die Pressevertreter – wie beschrieben zumeist ungewollt – dennoch einen unsichtbaren Schutzschild über die Roma, der eine gewaltvolle Rückschiebung in die DDR und weiter nach Polen verhinderte. In der ersten Presseerklärung des Bundesinnenministeriums wird deutlich, dass diesem die Problematik bewusst war, dass man es in Einzelfällen mit ehemaligen NS-Verfolgten zu tun hatte, die in die Bundesrepublik einreisen wollten. Diese wenige Einzelfälle ließ man daher schnell und unbürokratisch einreisen, um gegen den Rest der Gruppe die Position entfalten zu können, dass es sich um „Ausländer" handele, die keinen Bezug zur Bundesrepublik geltend machen könnten. Letztlich verhinderte somit nur das besondere Setting vor Ort und damit die Angst vor der Presse eine restriktivere Entscheidung, auch der schleswig-holsteinischen Landesregierung. Nicht Humanität, nicht fehlende Vollzugskräfte, nicht administrative Unsicherheiten über Zuständigkeiten verhinderten die Abschiebung, sondern nur die mediale Präsenz vor Ort.

Nach der Analyse des Sachverhalts bleibt zu fragen: Was passierte mit den Ankommenden Roma und was schlussfolgerten die staatlichen Behörden aus diesem Vorfall? Einige Roma wurden von ihren Angehörigen aus Nordrhein-Westfalen in Büchen abgeholt. Die Landesregierung von Nordrhein-Westfalen nahm im Mai 1959 von ihrem ursprünglichen Plan Abstand, die im Februar 1959 eingereisten „Zigeuner" wieder nach Polen abzuschieben, weil der vorgesehene Einsatz von Vollzugskräften öffentliches Aufsehen erregt hätte und man nur circa fünfzig bis siebzig Prozent der Personengruppe habhaft werden könne.[66] Nach Hamburg waren bereits im Oktober 1958 mehrere „Zigeunerfamilien" gekommen, die entweder einen polnischen Reisepass vorlegen konnten oder aber als staatenlos galten. Auch diese Familien seien laut des Hamburger Amtes für Vertriebene Teil von Aussiedlertransporten gewesen, auch wenn die Stelle schon damals negierte, dass es sich um Aussiedler gehandelt habe.[67] Die weitaus meisten der im Februar 1959 angekommenen Menschen wurden von ihren schon in Hamburg wohnenden Verwandten in Büchen abgeholt und kamen in die Hansestadt.[68]

Am 5. Juni 1959 gab Wladyalaw Karway gemeinsam mit drei weiteren Vertretern anderer Romafamilien vor dem Sozialamt des Bezirksamtes Altona eine Erklärung ab, dass sie für sich und ihre nun vergrößerten Familien zukünftig keine Fürsorgeunterstützung in Anspruch nehmen würden.[69] Die Senatsverwaltung stellte den Hamburger Ankömmlingen aus Büchen vorläufige Aufenthaltspapiere – unter anderem zur Erteilung einer Arbeitserlaubnis – aus. „Wiedergutmachungsansprüche werden nach neuerer Übersicht auch nach Erteilung der vorläufigen Aufenthaltserlaubnis in Hamburg für die Zigeuner zur Hauptsache deswegen nicht

66 Vgl. Schreiben des Innenministers des Landes Nordrhein-Westfalen an den Senat der Hansestadt Hamburg vom 4. Dezember 1958, StaHH 131-1II/Nr. 2634.

67 Vgl. Bericht über die zugewanderten Zigeuner aus Polen vom 4. Dezember 1958, StaHH 445-1/Nr. 1048.

68 Vgl. Bericht des Polizeiabschnitts II in Hamburg Altona vom 26. Februar 1959 betr. „Von Polen über Büchen eingetroffene Landfahrergruppen", StaHH 445-1/Nr. 1048.

69 Vgl. Erklärung der Herren Wladyalaw Karway, Michal Kwiek, Ludwik Lakatus und Teodor Gomann vom 5. Juni 1959 in den Amtsräumen des Bezirksamtes Altona, StaHH 445-1/Nr. 1048.

in großem Umfange in Betracht kommen, weil etwaige Antragsteller früher keinen Wohnsitz im Reichsgebiet nach dem Stand von 1937 besessen haben werden oder weil sie keine ausreichenden Nachweise über eine verfolgungsbedingte Haft erbringen könnten."[70] Aus dieser Bewertung wird deutlich, dass dem Hamburger Senat bekannt war, dass das deutsche Entschädigungsrecht die Stadt vor der Zahlung etwaiger Gelder schützte, auch wenn offensichtlich war, dass unter den Roma NS-Verfolgte waren. Die Roma sollten als billige Arbeitskraft herhalten. Hier zeigte sich bundesrepublikanische Arbeitsmarkt- und Migrationspolitik, die nicht an Menschen, sondern an ihrer Arbeitsleistung interessiert war, dies würde sich auch in der beginnenden Gastarbeiteranwerbung so fortsetzen.[71]

Gleichzeitig arbeitete das Bundesinnenministerium daran, sein Grenzregime zu professionalisieren. Nach dem Vorfall vom 17. Februar waren alle beteiligten staatlichen Stellen sensibilisiert und reagierten aktionistisch auf jedes Gerücht, wenn auch nur vermutet wurde, dass vermeintlich erneut „Zigeuner" über Büchen einreisen würden. So wurde am 26. Juni 1959 eine amtliche Warnung der Polizeidirektion Lübeck an das Kieler Innenministerium, das Landeskriminalpolizeiamt, die Bundeskriminalpolizeistelle und den Landrat in Ratzeburg übersandt, dass erneut hundert Zigeuner in die Bundesrepublik „eingeschleust" würden.[72] Das Bundesinnenministerium verschärfte in einer Anordnung für die Passkontrolldirektion in Koblenz und das Passkontrollamt in Hamburg noch einmal die Anweisungen hinsichtlich neu zu erwartender Transporte: „Den Zigeunern ist die Einreise ohne Rücksicht darauf, was für Grenzübertrittspapiere sie besitzen, zu verweigern."[73] Trotzdem ankommende „Zigeuner" sollten demnach in Zelten vor Ort untergebracht werden und mit Hilfe der polnischen Militärmission in die Sowjetische Besatzungszone durch Kraftfahrzeuge des Bundesgrenzschutz rücküberstellt werden.[74] Das Bundesinnenministerium hielt dafür ab dem 27. Juli 1959 vor Ort in Büchen einen verstärkten Zug des Grenzschutzkommandos Küste durchgehend einsatzbereit.[75] Das Innenministerium von Schleswig-Holstein betonte in einem Schreiben an den Herrn Bundesinnenminister am 28. August 1959, dass die Unterbringung in einem Zeltlager und die Zurückweisung durch den Bundesgrenzschutz die Öffentlichkeit sehr stark erregen werde und die schleswig-holsteinische Landesregierung dafür keine Verantwortung übernehmen werde.[76] Diese wiederum sehr direkt vertretene Position ist in dieser Diktion bemerkenswert, auch wenn humanitäre Gründe für diese Haltung ganz offenkundig wiederum nicht handlungsleitend waren.

70 Vgl. Vertraulicher Bericht von Senator Dr. Kröger für die Senatssitzung vom 18. Juni 1959, StaHH 131-1II/Nr. 2634.

71 Vgl. Jochen Oltmer/Axel Kreienbrink/Carlos Sanz Díaz (Hrsg.): Das „Gastarbeiter"-System. Arbeitsmigration und ihre Folgen in der Bundesrepublik Deutschland und Westeuropa. München 2012.

72 Vgl. Fernschreiben der Polizeidirektion Lübeck vom 26. Juni 1959 um 18.17 Uhr, LASH Abt. 627/Nr. 140.

73 Fernschreiben des Bundesinnenministerium an die Paßkontrolldirektion in Koblenz und das Paßkontrollamt in Hamburg vom 8. Juli 1959, BArch B 106/63334.

74 Vgl. ebd.

75 Vgl. Fernschreiben des Bundesinnenministerium an das Grenzschutzkommando vom 27. Juli 1959, BArch B 106/63334.

76 Vgl. Fernschreiben des Innenministeriums des Landes Schleswig-Holstein an den Herrn Bundesminister des Innern vom 28. August 1959, BArch B 106/63334.

Perke Heldt

„Meidet Westerland, so lange, bis dieser Massenmörder abgetreten ist"

Über den SS-General und Bürgermeister Heinz Reinefarth, die Meldung in einer Gewerkschaftszeitung und die Haltung von DGB und SPD (1956–58).

Die Stadt Westerland auf Sylt ist 1956 auf einem guten Weg. Feriengäste kommen wieder auf die Insel, um sich zu erholen. Seit dem letzten Jahr verzeichnen die Inselorte mehr als eine Million Übernachtungen. Die Arbeitslosigkeit nimmt ab, die Flüchtlingslage entspannt sich zusehends und auch die Infrastruktur verbessert sich durch Mittel aus finanziellen Förderprogrammen.[1] Die Parteien und Gewerkschaften laden zu Versammlungen ein, die gewählten Vertreter berichten von den Fortschritten ihrer Arbeit in den Gremien von Stadt und Kreis. Das Wirtschaftswunder zeichnet sich ab und die Demokratie hat Einzug gehalten. Krieg und Naziterror sind seit elf Jahren vorbei, die NS-Prominenz wurde zwar in Nürnberg verurteilt, aber eine öffentliche Auseinandersetzung oder die historische Aufarbeitung der Verbrechen sind noch nicht im Gange.

Und das ist gut für den Westerländer Bürgermeister Heinz Reinefarth, der 1951 in dieses Amt gewählt worden ist. Er ist eine schillernde Figur mit eindeutiger „brauner" Vergangenheit. Seine brutale Verstrickung in die Verbrechen der NS-Zeit hat er über Jahre verschleiern und schmälern können. Höfliche Umgangsformen und ein bescheidenes Auftreten trugen sicher dazu bei, seinen Relativierungen zu glauben, zumal die juristische Aufarbeitung seiner Taten beim Warschauer Aufstand 1944 bis zum Schluss ohne Verurteilung bleiben würde. Die lokalen Akteure und Institutionen haben – auch vor dem Hintergrund des wirtschaftlichen und touristischen Wiederauflebens der Stadt Westerland – kein Interesse, ernsthafte Nachforschungen über Reinefarths mörderische Rolle anzustellen. Dieses Wechselspiel ermöglicht es ihm, mehr als zehn Jahre im Amt des Bürgermeisters zu verbleiben und sogar in den Landtag einzuziehen. Seine Geschichte ist ein Lehrstück der bundesdeutschen Nachkriegsdemokratie.

Was aber passiert, wenn dieses funktionierende Wechselspiel gestört wird wie 1956 durch eine Mitteilung in der Gewerkschaftszeitung „Einigkeit" oder 1958 durch die überregionale Presse? Das soll hier erzählt werden. Für die beteiligten Gewerkschafts- und Parteienvertreter sind die Ereignisse kein Ruhmesblatt. Doch zurück zum Anfang und zu ein paar Lebens- und Karrieredaten des SS-Generals und Bürgermeisters Heinz Reinefarth:

---

1 Innerhalb Schleswig-Holsteins zeichnete sich in der wirtschaftlichen Entwicklung ein deutliches Gefälle zwischen dem Norden und dem Süden des Landes ab. Mit finanzieller Unterstützung des Bundes wurde das Programm Nord aufgelegt, mit dem Landgewinnung, Straßenbau und Flurbereinigung gefördert werden sollten. Dieses Programm wirkte überwiegend auf dem Festland, so dass es besondere Mittel „zur Stärkung der Wirtschaftskraft auf den Inseln" gab.

Heinz Reinefarth – ein „überzeugter Nationalsozialist"

1903 in Gnesen, im heutigen Polen, geboren, wächst Reinefarth in einem gutbürgerlichen Haushalt auf, sein Vater ist Landgerichtsrat. Sohn Heinz[2] studiert Jura und lässt sich 1932 in Cottbus als Rechtsanwalt nieder. Im gleichen Jahr wird er Mitglied der NSDAP und kurz darauf auch der SS. Er hat eine gutgehende Kanzlei und profiliert sich zum Beispiel mit der Verteidigung von SS-Männern, die ein Haus der „Jüdischen Siedlungs- und Heimstätten-Genossenschaft" in Groß Gaglow in die Luft gesprengt haben. Der Landgerichtspräsident von Cottbus charakterisiert Reinefarth als befähigten Rechtsanwalt mit tadelloser Führung: „Er hat einen festen Charakter, ist gerechtigkeitsliebend, entschlußkräftig, verantwortungsbewusst, gewissenhaft, kameradschaftlich. Er ist überzeugter Nationalsozialist".[3]

Bürgermeister Heinz Reinefarth auf der Westerländer Kurpromenade. (Quelle: Hansa-Photo/Sylter Archiv)

1939 wird Reinefarth zur Wehrmacht eingezogen. Er ist beim Überfall auf Polen dabei und wird für seinen Einsatz beim Westfeldzug mit dem Eisernen Kreuz erster Klasse sowie dem Ritterkreuz ausgezeichnet. An der Ostfront erleidet er 1941 Erfrierungen und wird vorerst dienstuntauglich. 1942 ernennt Hitler ihn auf Vorschlag von Heinrich Himmler, der längst auf ihn aufmerksam geworden ist und ihn fördert, zum SS-Brigadeführer und Generalmajor der Polizei. Es folgen verschiedene Verwaltungstätigkeiten und Aufgaben als Höherer SS- und Polizeiführer[4] im Reichsgau Wartheland. Dort setzen in allen wichtigen staatlichen Positionen

2 Reinefarths Karriere in der NS-Zeit, seine Rolle bei der Niederschlagung des Warschauer Aufstandes, die Nachkriegszeit als Bürgermeister und Landtagsabgeordneter sowie die Skandale der juristischen Aufarbeitung sind ausführlich beschrieben in: Philipp Marti: „Der Fall Reinefarth". Eine biografische Studie zum öffentlichen und juristischen Umgang mit der NS-Vergangenheit. Neumünster 2014. Sie können hier nur sehr verkürzt wiedergegeben werden.

3 Personal- und Befähigungsnachweisung Personalakte Heinz Reinefarth, Reichsjustizministerium, gefunden in der Personalakte Reinefarth, LASH 786 Nr. 1543.

4 Vgl. Ruth Bettina Birn: Die höheren SS- und Polizeiführer. Himmlers Vertreter im Reich und in den besetzten Gebieten. Düsseldorf 1986.

gesinnungstreue Nationalsozialisten die Germanisierungspolitik Himmlers brutal um: Die polnische Bevölkerung wird vertrieben oder zu Zwangsarbeit verpflichtet – volksdeutsche Gruppen aus dem Baltikum, Russland und Südosteuropa werden angesiedelt. Daran arbeitet Reinefarth aktiv mit.

Im Wartheland werden schon früh Ghettos und Zwangsarbeitslager für Juden eingerichtet. Mit dem Kommandanten des Vernichtungslager Kulmhof/Chełmno pflegt Reinefarth persönlichen Kontakt, von der Liquidierung des Ghettos Litzmannstadt/Łódź und dem Transport der dort verbliebenen 70.000 Juden nach Auschwitz hat er Kenntnis.[5]

Die Niederschlagung des Warschauer Aufstandes

Generalleutnant der Waffen-SS und Polizei Heinz Reinefarth in Warschau. Neben ihm Erich von dem Bach Zelewski, SS-Obergruppenführer, in Warschau. (Foto: LASH, Abt. 354 Nr. 11260)

Schon seit 1942 kämpft die polnische „Heimatarmee" gegen die deutsche Besatzung[6], allerdings unzureichend ausgestattet und nur zögerlich von der Roten Armee unterstützt. Als 1944 die deutsche Heeresgruppe Mitte zusammenbricht, erwartet die polnische „Heimatarmee" wohl deshalb den baldigen Zusammenbruch der gesamten Ostfront. Auch die Rote Armee ist auf dem Vormarsch. Es kommt am 1. August in Warschau zu schweren Kämpfen. Heinrich Himmler will ein Exempel statuieren. Sein Befehl lautet, die gesamte polnische Bevölkerung in Warschau umzubringen und die Stadt dem Erdboden gleich zu machen. Für die schonungslose Niederschlagung des Aufstandes holt er Heinz Reinefarth, den verdienten Frontkämpfer, um die deutschen Kampfgruppen zu befehligen.

Zu den Reinefarth unterstellten Einheiten gehören das SS-Sonderregiment Dirlewanger mit kriminellen Gewalttätern und die Kaminski-Brigade mit russischen Kollaborateuren. Sie gehen äußerst brutal und rücksichtslos vor. Es kommt zu Massenmorden und Gewaltexzessen, zu Plünderungen und Vergewaltigungen, denen Frauen, Minderjährige und Kinder zum Opfer

5 Vgl. Marti: Fall, S. 49. Philipp Marti schreibt Reinefarth keine zentrale Rolle bei der Ermordung der Juden zu. Dies entlaste ihn allerdings nicht von seiner Rolle als aktiver Mitwisser. Es gibt auch keine Hinweise, dass er die verbrecherischen Vorgänge nicht billigte, geschweige denn versuchte, sie zu verhindern. Vgl. Marti: Fall, S. 47–51.

6 Vgl. Bernhard Chiari: Die polnische Heimatarmee. Geschichte und Mythos der Armia Krajowa seit dem Zweiten Weltkrieg (Beiträge zur Militärgeschichte 57). Oldenburg/München 2003; Hanns von Krannhals: Der Warschauer Aufstand. Frankfurt/Main 1962.

fallen. Tausende von Zivilisten werden aus ihren Häusern gezerrt, zu improvisierten Hinrichtungsstätten gebracht und regelrecht abgeschlachtet. Mehrere zehntausend Zivilisten verlieren allein am 5. August durch die Reinefarth unterstellten Einheiten im Stadtteil Wola ihr Leben. Erich von dem Bach-Zelewski, der am Abend des gleichen Tages den Oberbefehl über die deutschen Kräfte übernimmt, folgt Himmlers Anweisungen nicht so wörtlich wie Reinefarth und beschränkt die Erschießungen auf die Männer. Frauen, Kinder und alte Leute sollen in Sammellager abgeschoben werden. Brutale Übergriffe gibt es jedoch weiterhin.

In Anlagebänden des Kriegstagebuches der 9. Armee findet sich Reinefarths zynischer Kommentar: „Was soll ich mit den Zivilisten machen? Ich habe weniger Munition als Gefangene."[7]

Die Kämpfe ziehen sich fast zwei Monate hin, bis am 2. Oktober 1944 der polnische Oberbefehlshaber Komorowski die Kapitulation unterzeichnet. Mehr als 100.000 Warschauer Bürgerinnen und Bürger werden zur Zwangsarbeit und in Konzentrationslager verschleppt, nach Schätzungen sind um die 200.000 Menschen umgekommen. Reinefarth wird als Held gefeiert und bekommt weitere Auszeichnungen.

Im Februar 1945 erhält Reinefarth von Hitler – die Rote Armee ist weiter auf dem Vormarsch – die Befehlsgewalt über die Festung Küstrin. Als diese nicht mehr zu halten ist, evakuiert er den Ort auf Drängen seines Stabes. Er rettet damit Leben, hat sich aber Hitlers Befehl widersetzt, wird verhaftet und soll vor ein Kriegsgericht gestellt werden. In den Wirren der letzten Kriegstage kommt er frei, gerät nach Kriegsende für drei Jahre in amerikanische Kriegsgefangenschaft. Er wird nicht an Polen ausgeliefert, wo ihm die Todesstrafe gedroht hätte.[8] Dabei kommen ihm seine höflichen und vertrauenerweckenden Umgangsformen zu Gute, er arbeitet freundlich mit, beantwortet alle Fragen und ist anpassungsfähig. Er stilisiert sich zum selbstlosen Retter der Küstriner Bevölkerung, der für seine Weigerung, den Befehl Hitlers auszuführen, sogar die Todesstrafe in Kauf genommen hätte. 1948 kommt er auf die Insel Sylt, wo seine Familie schon vor zwanzig Jahren ein Haus gekauft hat.

Im Spruchgerichts- und Entnazifizierungsverfahren freigesprochen

Im Verfahren 1949 vor einer Kammer des Spruchgerichts für die britische Zone in Hamburg-Bergedorf, die nur ein summarisches Verfahren durchführt, stellt sich Reinefarth geschickt als unwissend dar und schmälert seine Bedeutung.[9] Man glaubt seinen Aussagen, denen seines Vorgesetzten von dem Bach-Zelewski und weiterer Zeugen, ohne sie jedoch zu überprüfen. So mogelt sich Reinefarth durch – wie viele andere Nazi-Täter auch. Etwa ein Drittel aller Angeklagten ging damals straffrei aus, darunter viele Nazigrößen.[10] In Schleswig-Holstein gab es bei

7 Zit. nach Marti: Fall, S. 59; vgl. zum Vorgesagten ebd., S. 55–66.

8 Nach Marti wurde Reinefarth von den Amerikanern als Militär wahrgenommen, der für sie von Nutzen sein könnte. Die Spionage-Abwehr des US-Heeres, interessiert an der Sowjetunion und kommunistischen Bewegungen in Europa, setzte auf Reinefarths Erfahrung bei der „Bandenbekämpfung". Er konnte zwar nichts beitragen, wurde aber dennoch vor der Auslieferung geschützt. Vgl. Marti: Fall, S. 84ff.

9 Spruchgerichtsurteil Hamburg-Bergedorf vom 21. Juni 1949, IfZ München, Akte SP 50 (früher MC 37). Vgl. zu den Spruchgerichtsverfahren Friedrich Meyer-Abich: Die deutschen Spruchgerichte für die britische Zone. Hamburg 1947.

10 Die Spruchkammern der britischen Besatzungsmacht sahen vor, die Angehörigen der als „verbrecherisch" erklärten Organisationen als sogenannte „Kenntnisverbrecher" separat zu bestrafen. So sollte die

den Entnazifizierungsverfahren der Alliierten nicht einen einzigen, der in die Kategorie „Hauptbeschuldigter" oder „Schuldiger" fiel, die meisten waren „Mitläufer" oder „Entlastete".[11]

Vom deutschen Entnazifizierungshauptausschuss für den Bezirk Flensburg wird Reinefarth in die Kategorie IV „Mitläufer" eingestuft. Dagegen erhebt er erfolgreich Widerspruch und gilt fortan als „Entlasteter". Zur Begründung wird das Bergedorfer Verfahren herangezogen: „...ergibt klar, dass der Betroffene nicht nur in seiner militärischen, sondern auch in seiner ganzen politischen Gegeneinstellung zum Nationalsozialismus wiederholt Leben und Stellung aufs Spiel gesetzt hat. Unter ganz besonderer Schlusshervorhebung der Charaktereigenschaften des Betroffenen spricht das Spruchgericht ihn von jeglichen Verbrechen frei."[12]

Bisher läuft es also gut für den „gerechtigkeitsliebenden überzeugten Nationalsozialisten". Sein gesellschaftlicher Aufstieg geht weiter. Die Bescheide aus der Entnazifizierung prägen fortan Reinefarths Selbstbild vom Unbelasteten und Widerstandskämpfer, das er auch für die Öffentlichkeit verbindlich festlegen möchte. Er wird sich immer wieder auf diese Bescheide berufen und sie herumreichen. Ermutigt bewirbt er sich auf den Posten des Stadtdirektors in Westerland, wird aber abgewiesen. Er wird Mitglied beim BHE, dem Block der Heimatvertriebenen und Entrechteten. Dieser wurde 1950 in Schleswig-Holstein gegründet – dem Bundesland mit dem größten Anteil an Flüchtlingen und Vertriebenen – und vertritt deren Interessen. Im BHE organisieren sich aber auch ehemalige Nationalsozialisten, weshalb der Block eine zentrale Rolle bei deren Wiedereingliederung in den öffentlichen Dienst und dem Ende der Entnazifizierung spielt.[13]

Auch Reinefarth kümmert sich um die Nöte der zahlreichen Flüchtlinge auf der Insel. 1956 hat Westerland 8.518 Einwohner, darunter 2.150 Flüchtlinge, von denen einige immer noch in Lagern in Dikjen Deel, in der Schützen- und der Norderstraße untergebracht sind.[14] Es fehlt an Wohnraum, Arbeit und Lebensmitteln, aber auch am Verständnis der Einheimischen. Reinefarth, der von beiden Seiten respektiert wird, kann vermitteln und wird in die Stadtvertretung gewählt. Eine Zulassung als Rechtsanwalt zieht sich hin, wird aber im November 1951 ausgesprochen, Notar wird er nicht.[15] Als Anwalt praktiziert er nur kurze Zeit, denn Ende 1951 wird er zum Bürgermeister von Westerland gewählt.

NS-Elite abgeurteilt und die Justiz entlastet werden. Zu den „verbrecherischen" NS-Organisationen zählten Militär und Ordnungspolizei damals noch nicht. Vgl. Marti: Fall, S. 78–87.

11 Vgl. Karl Heinrich Pohl: Überlegungen zur „Vergangenheitsbewältigung" in Schleswig-Holstein nach 1945, in: Demokratische Geschichte Band 17 (2006), S. 209–220; Uwe Danker/Astrid Schwabe: Schleswig-Holstein und der Nationalsozialismus. Neumünster 2005, S. 175.

12 Spruchentscheidung vom 9. Dezember 1949, Kopie in der Akte DGB-Ortsausschuss Westerland 1956, F 31-12, Kreisarchiv Nordfriesland.

13 Der BHE erreichte bei den Landtagswahlen in SH 1950 aus dem Stand 23,4 Prozent der Stimmen, ab 1952 Gesamtdeutscher Block/Bund der Heimatlosen und Entrechteten. Vgl. Danker/Schwabe: Schleswig-Holstein, S. 166. Vgl. auch Franz Neumann: Der Block der Heimatvertriebenen und Entrechteten. Ein Beitrag zur Geschichte und Struktur einer politischen Partei. Meisenheim am Glan 1968.

14 Vgl. Sylter Rundschau vom 1. März 1956.

15 Vgl. Personalakte Reinefarth, Justizministerium, LASH 786 Nr. 1543.

Gegen die Stimmen von SPD und SSW zum Bürgermeister gewählt

Bei der Wahl, zu der mehrere Hundert Bürgerinnen und Bürger gekommen sind, spielt die Warschauer Mordaktion keine Rolle, vielmehr weist Reinefarth auf seine Laufbahn bei der Ordnungspolizei hin; das Spruchgericht Hamburg-Bergedorf habe ihn von der Anklage der Zugehörigkeit zur SS freigesprochen. Bürgervorsteher Schmidt lobt den angeblich mutigen Widerstandskämpfer: „Stadtrat Reinefarth hat in seiner bekannten Bescheidenheit bisher nie davon gesprochen, daß er aus Küstrin heraus nicht weniger als 22.000 Zivilisten herausgerettet habe. Ebenso habe er mit 800 Mann den Durchbruch erzielt. Aus diesem Grunde hat er unter Drohung der Todesstrafe, lange Zeit in Torgau gesessen und sollte vom Reichsgericht deshalb zum Tode verurteilt werden."[16] Gewählt wird Reinefarth mit den elf Ja-Stimmen des BHE, des Westerländer Ordnungsblocks (WOB) und des parteilosen Andreas Nielsen, vormals SPD. Die drei Sozialdemokraten und zwei SSW-Vertreter stimmen gegen ihn, zwei weitere SSW-Abgeordnete und Reinefarth selbst enthalten sich.

Er ist bei den Westerländer Bürgerinnen und Bürgern durchaus beliebt, geht Probleme pragmatisch an und verhält sich politisch ausgleichend. Ihm werden Tatkraft und Führungsstärke zugetraut, die es braucht, um die soziale Notlage und die Wohnungsnot zu lindern und die Stadt auch wirtschaftlich voranzubringen. In einem Artikel „Der Bürger und die Gemeinde" erläutert er die Arbeit der gewählten Stadtvertreter und des Magistrats und lädt zu Bürgerbeteiligung ein. Er will von Fall zu Fall die Vorsitzenden der maßgebenden Westerländer Organisationen zu Besprechungen einladen und so die offene Mitarbeit der Bürger fördern. Er weist auf die Saisonverlängerung, Milderung der Wohnungsnot und Arbeitsbeschaffung hin, für die die Finanzierung sichergestellt werden müsse. „Es ist also nicht allein damit getan, gute Einfälle zu haben, sondern die größte Schwierigkeit besteht darin, die praktische Durchführung zu gewährleisten. Diese Hindernisse zu überwinden, soll das Ziel unserer gemeinsamen Arbeit sein."[17] – Ein ehemaliger SS-General ist in der Demokratie der 1950er Jahre angekommen.

„Meidet Westerland, so lange, bis dieser Massenmörder abgetreten ist"

Reinefarths Vergangenheit spielt in den folgenden Jahren weder in der Westerländer Stadtvertretung noch im Kreistag Südtondern, wo er ebenfalls ein Mandat für den BHE wahrnimmt, eine Rolle. Und erst recht nicht in der Öffentlichkeit, bis im April 1956 völlig überraschend ein Artikel in der Mitgliederzeitschrift „Einigkeit" der Gewerkschaft Nahrung-Genuss-Gaststätten (NGG) für Aufregung sorgt. Darin heißt es:

„Von Warschau nach Westerland:

Sie sitzen wieder im Speck – die Maden mit dem Hakenkreuz, und mästen sich an der demokratischen Krippe. 1943 brach der Aufstand der Warschauer Bevölkerung aus – er wurde von Polizei, Wehrmacht und SS-Einheiten blutig niedergeschlagen, Kampfgruppenkommandeur war damals SS-Gruppenführer und General der Polizei Heinz Reinefarth. Er ist heute Bürgermeister des Badeortes Westerland auf der Insel Sylt. Unsere Mitglieder bitten wir, bei ihrer Ferienplanung diese Tatsache zu berücksichtigen. Meidet Westerland, so lange, bis dieser Massen-

16 Zit. nach Sylter Rundschau vom 6. November 1951.
17 Zit. nach Sylter Rundschau vom 5. Januar 1952.

mörder abgetreten ist." Dazu erscheint eine Zeichnung, die Reinefarth in SS-Uniform zeigen soll, er steht inmitten von Strandkörben und Sandburgen und wird zitiert: *„Westerland? Na ja, janz schön, aber Se hätten mich mal in Warschau sehen soll'n."*[18]

Der Artikel ist mit dem Kürzel H.N. gekennzeichnet. Das steht für Hans Nätscher, der seit 1951 Vorsitzender der Gewerkschaft Nahrung-Genuss-Gaststätten (NGG) ist. Er verantwortet gemeinsam mit dem Redakteur Wilhelm Sprenger die „Einigkeit".[19]

Der Vorsitzende der Gewerkschaft Nahrung-Genuss-Gaststätten Hans Nätscher. (Foto: Gewerkschaft NGG)

Regelmäßig erscheint dort seine Kolumne unter der Rubrik „Augen rechts", die sich mit der strafrechtlichen Verfolgung von NS-Verbrechen beschäftigt und die viel zu geringen Strafen für Mordtaten anprangert. Er warnt vor rechten Umtrieben und Netzwerken der „alten Kämpfer". Nätscher kritisiert auch die hohen Pensionen, die an ehemalige NS-Funktionäre gezahlt würden, während Opfer und Verfolgte um Wiedergutmachung kämpfen müssten. Die Artikel sind – so wie der über Reinefarth – meinungsstark und nicht zimperlich in der Wortwahl, immer werden Namen genannt. Als der ehemalige Polizeipräsident von Lübeck, Walther Schröder, 1956 Schadenersatz in Höhe von 53.000 DM einklagen will, weil die Briten seine Dienstvilla beschlagnahmt hatten, spricht Nätscher von „Nazi-Geschmeiß", dem das Handwerk gelegt werden müsse.[20] Und bei Martin Sommer, dem „Henker von Buchenwald", dessen Verfahren 1956 unterbrochen wird und der als Kriegsversehrter 10.000 DM Pensionsnachzahlung und 300 DM monatliche Rente beantragt, platzt Nätscher der Kragen:

„...Er war und ist einer der größten Naziverbrecher, die das tausendjährige Reich hervorgebracht hat. Mit schwarzen Handschuhen versah er sein fürchterliches Handwerk. Die einfachste Todesart, die Sommer wählte, war die, daß er dem Todeskandidaten einen Strick um den Hals legte und ihn eigenhändig am Heizkörper oder am Fensterkreuz aufhing. Viele Häftlinge wurden aber von Sommer auch einfach mit einem Dreikanteisen erschlagen. (...) Seit Juli 1955 ist Anklage erhoben, da aber ständige ärztliche Gutachten bescheinigen, dass Sommer verhand-

18 Einigkeit Nr. 7 vom 1. April 1956.

19 Hans Nätscher (1890–1984) war seit 1914 Mitglied der SPD. Bis zur Machtübernahme der Nazis war er Gewerkschaftssekretär beim Zentralverband der Fleischer in Nürnberg. Am 1. Mai 1933 wurde er verhaftet und verbrachte bis 1936 die meiste Zeit in Schutzhaft. 1939 wurde er zur Wehrmacht eingezogen und kurze Zeit später beim Technischen Notdienst als Totengräber eingesetzt. Nach dem Krieg engagiert er sich beim Wiederaufbau der Gewerkschaften. Vgl. 150 Jahre NGG. URL: https://150.ngg.net/menschen-in-der-ngg/hans-naetscher/index.htm, (zuletzt aufgerufen: 22.10.2021).

20 Einigkeit Nr. 3 vom 1. Februar 1956.

lungs- und haftunfähig ist, lebt dieser viehische Massenmörder in Freiheit und genießt sogar Stadturlaub. (…) Warum hat man keine Möglichkeit, den Prozeß auch ohne Sommer zu führen und warum hat man nach dem Zusammenbruch dieses Schwein nicht gleich aufgehängt?"[21]

So zugespitzt formulieren andere Gewerkschaften nicht. In der „Metall", der Mitgliederzeitung der IG Metall, finden sich unter der Rubrik „unter der Lupe" seltener Hinweise auf Altnazis. Der Fall Walther Schröders aus Lübeck ist hier viel geschmeidiger formuliert: „*… Mit einer Unverfrorenheit ohnegleichen fordern bereits seit längerer Zeit die Nutznießer des Dritten Reiches, die Mitverantwortlichen für Not und Elend eines ganzen Volkes, von den Behörden Wiedergutmachung. Und wofür? Für den ‚Schaden', den sie nach dem Zusammenbruch ihrer eigenen Schreckensherrschaft erlitten haben. Da verlangt ein NS-Polizeipräsident außer einer riesigen Pension jetzt eine ‚Wiedergutmachung' zwischen 50.000 und 100.000 DM."*[22]

Die Artikelserie „Augen rechts" entstand nach einer Diskussion auf dem Gewerkschaftstag 1953, wo verschiedene Redner darauf hingewiesen hatten, wie notwendig es sei, rechtsnationale und faschistische Tendenzen in der jungen Bundesrepublik zu bekämpfen.[23] Als Quellen für seine Rubrik nennt Nätscher die Tageszeitungen und amtliche Informationen. Im Fall von Reinefarth unterläuft ihm dabei ein Fehler. Den nationalpolnischen Aufstand verlegt er ins Jahr 1943. Da fand jedoch der Aufstand im Warschauer Ghetto statt, das 1940 im Stadtzentrum eingerichtet worden war. An dessen Niederschlagung war Reinefarth nicht beteiligt. Bis zu 450.000 Jüdinnen und Juden waren dort zusammengepfercht, lebten unter erbärmlichsten Bedingungen und von Mauern eingezäunt. Der Aufstand richtete sich 1943 gegen die täglichen Deportationen in Vernichtungslager. Völlig unzureichend bewaffnet kämpften die Jüdinnen und Juden dennoch wochenlang bis zur vollständigen Niederschlagung im Mai 1943. Die beiden Massaker werden bis in die heutige Zeit hinein verwechselt.[24]

Grund für Nätschers Gepolter ist die fehlgeschlagene Entnazifizierung, für die der Fall Reinefarth nur ein Beispiel bildete. Bereits 1951 ist sie durch entsprechende Gesetze des Bundes und der Länder gestoppt worden. Während Opfer des NS-Regimes oft jahrzehntelang um Wiedergutmachung kämpfen, erhalten Belastete nun Versorgungsansprüche und Arbeitsmöglichkeiten im öffentlichen Dienst zurück. Das führt in Schleswig-Holstein im Vergleich zu anderen Bundesländern zu extrem hohen Quoten: Schon 1947 ist bereits siebzig bis achtzig Prozent der mit Verbrechen belasteten Juristen zurück im Landesdienst.[25] Und in der Landesregierung gibt es 1950 nur einen Minister, der nicht Mitglied der NSDAP gewesen war – Innenminister

21 Einigkeit Nr. 21 vom 1. November 1956. Sommer wurde 1958 zu lebenslanger Haft verurteilt. Sein Verfahren wurde von der Presse begleitet und die Öffentlichkeit erfuhr zum ersten Mal von der unglaublichen Brutalität der KZ-Wachmannschaften. Das führte zu Diskussionen über die Strafverfolgung von NS-Verbrechen. Vgl. Thomas Greif: Martin Sommer (1915–1988) war der „Henker von Buchenwald". In: Thomas Greif (Hrsg.): Kaiser, Kanzler, Rummelsberger. 21 Fußnoten deutscher Geschichte. Begleitband zur Ausstellung im Diakoniemuseum Rummelsberg. Lindenberg 2017, S. 165–177.

22 Metall Nr. 4 vom 22. Februar 1956.

23 Jahrbuch der Gewerkschaft Nahrung-Genuss-Gaststätten, 1956–57, S. 271.

24 Frank Rosemann: Westerland. 100 Jahre Stadt, 150 Jahre Bad. Sylt 2005. Hier wird Reinefarth als „bewährter Kämpfer … auch im Warschauer Ghetto" erwähnt.

25 Holger Otten: „Die Kleinen hängt man, die Großen lässt man laufen!". In: Urs J. Diederichs/Hans-Hermann Wiebe (Hrsg.): Schleswig-Holstein unterm Hakenkreuz. Bad Segeberg 1985, S. 193–208. Siehe auch Uwe Danker (Hrsg.): Geteilte Verstrickung: Elitenkontinuität in Schleswig-Holstein. Husum 2021.

Paul Pagel von der CDU. „Schleswig-Holstein stellt fest, dass es in Deutschland nie einen Nationalsozialismus gegeben hat", ironisiert der sozialdemokratische Oppositionsführer im Kieler Landtag, Wilhelm Käber, das Scheitern der Entnazifizierung.[26] Von den Landtagsabgeordneten sind 1954 knapp 44 Prozent frühere NSDAP-Mitglieder, 1958 sogar 51 Prozent, darunter zwölf Prozent, die man als Stützen des NS-Regimes bezeichnen kann.[27]

Die NGG ist eine von sechszehn Gewerkschaften, die sich innerhalb des Deutschen Gewerkschaftsbundes (DGB) zusammengeschlossen haben, und sie ist mit 274.752 Mitgliedern im Jahr 1956 eine der kleinsten. Die Mitgliederzeitschrift „Einigkeit" wird zweimal im Monat an die Mitglieder und in die Betriebe verteilt, für die die NGG zuständig ist – Lebensmittelherstellung, Getränkeproduktion, Tabakindustrie, Gastgewerbe.

Der Westerländer DGB-Ortsausschuss ist nicht begeistert

Von der Ausgabe 7 mit dem Text über Reinefarth erhält auch der DGB-Ortsausschuss Westerland Kenntnis. Dort treffen sich ehrenamtliche Gewerkschaftsmitglieder, tauschen sich über ihre jeweiligen Branchen aus und organisieren die 1.-Mai-Veranstaltung. Vorsitzender ist Heinz Kroll von der IG Metall. Die Veröffentlichung in der „Einigkeit" sorgt für erhebliche Unruhe, so dass am 8. April 1956 eine außerordentliche Sitzung ohne die übliche Einladungsfrist und ohne schriftliche Einladung anberaumt wird.[28] Erschienen sind VertreterInnen der IG Metall, der IG Druck und Papier, der Deutschen Postgewerkschaft, der Gewerkschaft Öffentliche Dienste, Transport und Verkehr (ÖTV), der IG Bau-Steine-Erden und der Gewerkschaft Erziehung und Wissenschaft, aber niemand von der NGG.

Anwesend ist auch der hauptamtliche Gewerkschaftssekretär Hans Wilkens, der das Büro des DGB-Kreises Südtondern leitet, zu dem die Insel Sylt gehört. Er unterrichtet seine Kollegen über den Artikel über Reinefarth, der dem Bürgermeister von „Arbeitgeberseite in Hamburg zugestellt" worden sei. Wahrscheinlicher ist aber, dass er auf anderem Weg Kenntnis erhalten hat, denn: „ein grosses Plakat war an das Rathaus geheftet mit der Aufschrift: Lesen! Lesen ‚Zeitung Einigkeit' lesen, lesen – von Warschau nach Westerland."[29] Auch weitere BürgerInnen hätten die NGG-Zeitung gesehen, denn beim Magistrat seien anonyme Schreiben und offizielle Anrufe eingegangen, so dass auch dieses Gremium sich nunmehr mit dem Fall befassen werde.[30]

Die Gewerkschafter glauben nicht daran, dass ihr Bürgermeister sich schuldig gemacht haben könnte, weil „bei dem Vorwurf des Massenmordes der Staatsanwalt von sich aus zum Eingreifen verpflichtet sei". Reinefarth habe auch versichert, bei der Ghettoniederschlagung 1943 (!) in Warschau nicht dabei gewesen zu sein. Diese Notiz sei falsch. Immerhin habe der Weg Reinefarths über „Nürnberg" unter den seinerzeitigen Verhältnissen und den damaligen entscheidenden Gerichten geführt.

---

26 Zit. nach Robert Bohn: „Schleswig-Holstein stellt fest, dass es in Deutschland nie einen Nationalsozialismus gegeben hat". In: Demokratische Geschichte, Band 7 (2006), S. 173–186, hier S. 173.

27 Vgl. Uwe Danker/Sebastian Lehmann-Himmel: Landespolitik mit Vergangenheit. Husum 2017.

28 Protokoll der außerordentlichen Sitzung des Ortsausschusses des DGB am 8. April 1956, Kreisarchiv Nordfriesland.

29 So heißt es in einem Schreiben von Hans Wilkens an den DGB-Landesbezirk in Hamburg vom 10. April 1956, DGB-Ortsausschuss, Kreisarchiv Nordfriesland.

30 Ebd. Magistratsprotokolle aus dem Jahr 1956 sind leider nicht vorhanden.

„Und dann wird der Boykott Westerlands gefordert, ohne mit den örtlichen Organisationen Fühlung genommen zu haben!" Das finden die Gewerkschafter besonders empörend. Wilkens befürchtet Regressansprüche und weist auf die gute Zusammenarbeit mit Reinefarth im Verwaltungsausschuss des Arbeitsamtes Flensburg hin. „...seitdem falle nun nach dieser Notiz ein schlechtes Licht auf die örtlichen Funktionäre", denn der Bürgermeister habe geglaubt, daß die Notiz von ihnen aus politischen Gründen in die Zeitung lanciert worden sei.[31]

Das will man nicht auf sich sitzen lassen, zumal sich Hans Wilkens für die Sozialdemokraten auch im Kreistag Südtondern und in der Westerländer Stadtvertretung engagiert. Zwischen der SPD und Reinefarths BHE gibt es naturgemäß Unterschiede, aber Reinefarth verfügt über die Fähigkeit, mit allen politischen Partnern vertrauensvoll zusammenzuarbeiten. So wirken beide erfolgreich daran, vom Kreis Fördermittel für ein Jugendheim und die Modernisierung des Kursaals aus dem Topf zur „Steigerung der Wirtschaftskraft auf den Inseln" zu erhalten.[32]

Im Sinne der Beschäftigten stellen sich beispielsweise beide im Südtonderaner Kreisausschuss auch gegen die CDU-Mehrheit, als es um die Mitbestimmung des Personalrates bei Personalangelegenheiten geht. Der Kreisausschuss ist für Einstellungen, Entlassungen, Höhergruppierungen oder Versetzungen zuständig und Hans Wilkens beantragt, bei allen Beratungen den Personalrat anzuhören. Dem wollen die CDU-Vertreter nicht folgen und Reinefarth schlichtet mit dem Vorschlag, bei unterschiedlichen Meinungen in einer Personalsache nicht nur die Verwaltung, sondern auch den Personalrat zu hören und ihn darüber hinaus auch bei Versetzungen zu beteiligen. Der Kreisausschuss gehe „mit diesem Beschluß bewußt über die Regelung des Personalvertretungsgesetzes hinaus", heißt es im Protokoll.[33] Das ist ganz im Sinne des Gewerkschafters Hans Wilkens, der mit diesem Beschluss auch die Bedeutung des DGB unterstreicht, Arbeitnehmerinteressen in der Kommunalpolitik umzusetzen.

Kein Interesse an einer ernsthaften Beschäftigung mit der NS-Vergangenheit

In den 1950er Jahren ist der Zeitgeist geprägt vom Schweigen und Verdrängen der NS-Zeit, man hat mit der eigenen Not im Nachkriegsdeutschland zu kämpfen und ist schnell bereit, einen Schlussstrich zu ziehen. An einer ernsthaften Auseinandersetzung mit der NS-Vergangenheit ihres Bürgermeisters haben auch die Westerländer Gewerkschafter kein Interesse. Der ist ein allseits anerkannter Amtsinhaber, da will man nicht den ersten Stein werfen – und da ist ja auch der juristische Freispruch. Die Entnazifizierungsurkunde aus Flensburg wird von Reinefarth wieder einmal vorgelegt, diesmal auch mit einer eidesstattlichen Erklärung von Hermann von Hanneken. Der saß mit ihm kurze Zeit im Wehrmachtsgefängnis in Torgau und beschreibt die gemeinsame Zeit im April 1945 so:

„Bei unseren täglichen Spaziergangen wurden wir häufig an den Hinrichtungspfählen vorbeigeführt, wo zeitweilig noch die Leichen der Erschossenen lagen. Reinefarth war durch diesen Anblick besonders niedergeschlagen und erwartete, dass auch ihn das gleiche Los treffen werde.

31 Alle Zitate Protokoll DGB-Ortsausschuss vom 8. April 1956, Kreisarchiv Nordfriesland.

32 Sylter Rundschau vom 8. März 1956.

33 Protokoll des Kreisausschusses vom 6. Juni 1955, Kreisarchiv Nordfriesland, KANF B1 Südtondern.

Da mir selbst gegenüber der aufsichtsführende Offizier des Flügels der in Untersuchungshaft befindlichen Offiziere geäussert hatte, dass er es bei den derzeitigen Zuständen auf Grund der Einstellung des Gerichts für sehr wahrscheinlich halte, dass Reinefarth in einem Schnellverfahren abgeurteilt würde und mit Todesstrafe rechnen müsse, teilte ich seine Bedenken."[34]

Mit beiden Unterlagen soll offensichtlich noch einmal die gefährdete Lage des Bürgermeisters bei Kriegsende und seine angeblich saubere Weste hervorgehoben werden.

Die Westerländer Gewerkschafter sehen sich in der Defensive, fürchten innerhalb der Inselgemeinde um ihren Ruf und sehen sich gezwungen, innergewerkschaftlich zu handeln. Nur der Kollege von der IG Druck und Papier argumentiert, dass er nicht gegen die eigene Organisation – die NGG als eine Mitgliedsgewerkschaft des DGB – vorgehen möchte. Er sieht „in einer Klage (...) des Bürgermeisters gegen den Schreiber der Notiz den natürlichen Weg."[35] Er wird überstimmt und die Gewerkschafter nehmen zum Artikel „Augen rechts" wie folgt Stellung:

„1. Der Artikel ist erschienen ohne vorherige Rücksprache mit den örtlichen Gewerkschaften.

2. In der Sache selbst sind die örtlichen Gewerkschaften im Besitze gegenteiliger Unterlagen (Urteile). Darum bitten wir um Einsichtnahme in die Unterlagen, innerhalb von 4 Tagen, die dem Artikelschreiber für seine Behauptungen zur Verfügung standen.

3. Wir lehnen entschieden die Boykottaufforderung ab, die sich praktisch gegen ca. 1.200 organisierte Arbeitnehmer mit ihren Familien u. die gesamte Wirtschaft richtet."[36]

Sie wenden sich damit an den DGB-Landesbezirk in Hamburg. Schon einen Tag nach der außerordentlichen Sitzung wird die Sache in Niebüll dem Bezirksvorsitzenden Wilhelm Walter vorgetragen. Der sagt den Sylter DGB-Kollegen zu, mit Hans Nätscher eine Aussprache zu führen.

Hinter den Kulissen nimmt die Sache jetzt Fahrt auf. Gewerkschaftssekretär Wilkens wird davon unterrichtet, dass sich nicht nur der Magistrat mit dem Artikel über Reinefarth befasst habe, sondern wegen des Boykottaufrufes auch der Fremdenverkehrsverein, der Handels- und Gewerbeverein, das Hotel- und Gaststättengewerbe und die Kurverwaltung. Die Drohung steht im Raum, über den Landesverkehrsverein und den Deutschen Bäderverband öffentlich zu machen, dass die Gewerkschaft zu einem Boykott Westerlands aufgerufen habe. Die Verbände fordern auch den Magistrat auf, Strafanzeige zu stellen.[37]

Bei näherem Hinsehen ist das eine leere Drohung. Denn in diesem Fall würden nicht nur Reinefarth und seine tatsächliche Rolle beim Warschauer Aufstand 1944 in den Fokus geraten. Neugierige Journalisten könnten auch Nachforschungen über die Geschichte der Insel im „Dritten Reich" anstellen: Während im Reich 1932 bei der Wahl des Reichspräsidenten noch

34 Abschrift der Spruchentscheidung vom 9. Dezember 1949 und Erklärung von Hanneken vom 11. März 1950 in der Akte DGB-Ortsausschuss, Kreisarchiv Nordfriesland. General von Hanneken (1890–1981) war 1941 an der Hungerpolitik Görings gegen Polen und die Sowjetunion beteiligt und wurde 1942 Befehlshaber der deutschen Truppen in Dänemark. Er löste im August 1943 die Volksstreiks gegen die deutsche Besatzung aus. Im Januar 1945 wurde er wegen Korruptionsverdachts verhaftet, vor das Reichskriegsgericht gestellt und in Torgau gefangen gehalten. Siehe Ole Dostrop: Den haemmende kriger. Er portraet af general Hanneken (Der gehemmte Krieger. Ein Porträt des Generals von Hanneken). Odense 1997.

35 Protokoll vom 8. April 1956, DGB-Ortsausschuss, Kreisarchiv Nordfriesland.

36 Anlage zum Protokoll vom 8. April 1956, DGB-Ortsausschuss, Kreisarchiv Nordfriesland.

37 Vgl. Schreiben an den DGB-Landesbezirk Nordmark vom 10. April 1956, Kopie in der Akte DGB-Ortsausschuss, Kreisarchiv Nordfriesland.

Sie bestimmten 1956 die Politik in Westerland mit (von links): Walter Adelt, BHE, Peter Enkhardt, stv. Kurdirektor, Willi Schulz, SPD, Lorenz Jessen, CDU, Heinz Brauer, SSW, Heinz Reinefarth, Niko Ehlers, SPD, Dr. Richard Tamblé, SPD, Hugo Geertz, CDU, Karl Buchloh, Stadtbaumeister, Ernst-Wilhelm Stojan, SPD, Siegfried Hirschberger, SPD. (Foto: Hansa-Photo/Sylter Archiv)

Hindenburg die meisten Stimmen erhielt, stimmten alle Gemeinden auf Sylt schon mehrheitlich für Adolf Hitler.[38]

Im Gegensatz zu Wenningstedt, das sich schon früh antisemitisch profilierte, warb Westerland lange um jüdische Feriengäste. Vielleicht befolgte deshalb 1934 kaum jemand die offizielle Anweisung des damaligen Bürgermeisters Schuldt, wonach Juden das Bad nicht mehr besuchen durften. Die anderen Sylter Kurorte sprachen 1938 ein Aufenthaltsverbot aus. In der Reichspogromnacht am 9. November 1938 wurden von Juden geführte Geschäfte und Pensionen beschädigt und später zwangsversteigert oder an „Arier" verkauft.[39]

Das Kriegsgericht der Wehrmacht mit Sitz in Westerland fällte noch kurz vor Kriegsende Todesurteile, zum Beispiel gegen den zwanzigjährigen Soldaten Friedrich Rainer wegen Fahnenflucht. Er wurde am 16. April 1945 in einer Dünensenke südlich von Westerland erschossen. Die letzte Hinrichtung auf Sylt fand am 23. April statt. Entlastende Argumente wurden in den jeweiligen Urteilsbegründungen nicht vorgetragen, es kam den Marinerichtern auf Abschreckung an.[40]

38 Vgl. Harald Voigt: Der Sylter Weg ins Dritte Reich. Münsterdorf 1977. Im ersten Wahlgang erhält Hitler 1.598, Hindenburg 1.430 Stimmen, im zweiten Wahlgang: Hitler 1.798 und Hindenburg 1.593 Stimmen.

39 Vgl. ebd., S. 108; Frank Bajohr: „Unser Hotel ist judenfrei". Bäder-Antisemitismus im 19. und 20. Jahrhundert. Frankfurt 2003, S. 18, S. 122.

40 Vgl. Klaus Bästlein: Die Hinrichtung des Friedrich Rainer im April 1945 auf Sylt. Zur Rolle der deutschen Militärjustiz im Zweiten Weltkrieg. In: Grenzfriedenshefte 39 (1989) Heft 3, S. 110–125.

Sylt lebt im Wesentlichen vom Fremdenverkehr und einem guten Image. Westerland zählt 1956 schon wieder 47.140 kurtaxpflichtige Gäste mit 543.783 Übernachtungen, das ist eine ordentliche Steigerung zum Vorjahr. Die Aufenthaltsdauer beträgt durchschnittlich 11,5 Tage. Die meisten Gäste kommen aus Nordrhein-Westfalen und aus Hamburg. Sie verteilen sich auf die verschiedenen Berufsgruppen: Angestellte und Arbeiter: 17,2 Prozent, Selbständige und Kaufleute: 12,7 Prozent. Den größten Anteil stellen Ehefrauen und Frauen ohne Beruf: 22 Prozent.

Die Bahn befördert 22.271 Pkw und die Einnahmen aus den Strandkorbmieten betragen immerhin schon 216.656,01 DM.[41]

Die Insel gibt sich große Mühe, die Gäste bei Laune zu halten. In der Sylter „Kurzeitung" werden sie namentlich begrüßt, das Saisonprogramm mit Tanz und Konzerten wird vorgestellt. Prominente wie Curd Jürgens schildern ihr schönstes Urlaubserlebnis auf der Insel. Fotowettbewerbe mit Schnappschüssen der Badegäste finden auch in überregionalen Zeitungen Beachtung.[42] Dass es brummt, merken auch die Beschäftigten der Kurverwaltung. Die Gewerkschaft ÖTV handelt eine Erschwerniszulage für die Saisonbeschäftigten aus.[43] Der DGB-Landesbezirk Nordmark ist Träger des Jugenderholungsheimes am Mövenberg in List, wo jeweils hundert Jugendliche aus dem Bundesgebiet und Berlin einen vierzehntägigen Jahresurlaub verbringen können. Zur Einweihung im Mai sind dort bereits dreißig jugendliche Flüchtlinge ohne Angehörige untergebracht.[44]

Die Gewerkschaften sind also mittendrin und wollen um keinen Preis Aufsehen oder schlechte Presse riskieren, die Arbeitsplätze auf der Insel Sylt gefährden könnten. Gegen das Störfeuer von außen halten sie fest zu ihrem Bürgermeister.

Nach einem persönlichen Gespräch mit Hans Wilkens erklärt Reinefarth sich bereit, mit einer Strafanzeige zu warten, „solange wir bemüht wären, die Sache selbst zu bereinigen."[45] Er hat auch eine Bestätigung beigefügt, in der er erläutert, wo er sich in der Zeit von 1942 bis 1944 aufgehalten habe: „Unter Bezugnahme auf unsere gestrige Besprechung teile ich Ihnen mit, dass ich von Mitte 1942 bis Oktober 1943 als Generalinspekteur der Verwaltung in Prag und anschließend wieder als Chef des Rechtsamtes der Ordnungspolizei im Reichsministerium tätig war. Nach Warschau bin ich erstmalig am 10. August 1944 gekommen."[46]

An seine Ankunft in Warschau konnte Reinefarth sich schon bei den verschiedenen Vernehmungen nur vage erinnern und machte darüber sehr unterschiedliche Angaben. Die Daten schwanken zwischen dem 5. und 8. August. Nun ist es der 10. August und er entfernt sich immer weiter von seiner tatsächlichen Ankunft in den frühen Morgenstunden des 4. August 1944. Diesen Tag verbrachte er damit, den Angriff auf das Warschauer Stadtzentrum zu planen, sich mit der Wehrmacht abzustimmen und die verschiedenen Kompanien zu organisieren. Am 5. August erklärte Reinefarth seinen Einsatzkräften, dass man es mit einem erbitterten Feind zu tun habe, der Grausamkeiten an deutschen Soldaten begehe. Himmlers Vernichtungsbe-

41 Kurbericht 1956, Sylter Archiv.

42 Die Sylter Kurzeitung erscheint zweimal im Monat von März bis September, Ausgaben 1956.

43 Vgl. Protokoll der Stadtvertretersitzung vom 1. Februar 1957, Sylter Archiv.

44 Vgl. Sylter Rundschau vom 26. Mai 1956.

45 Schreiben von Hans Wilkens an den DGB-Landesbezirk Nord vom 10. April 1956, Kreisarchiv Nordfriesland.

46 Abschrift des Schreibens von Bürgermeister Reinefarth an Kreissekretär Wilkens vom 10. April 1956, Akte DGB-Ortsausschuss, Kreisarchiv Nordfriesland.

fehl solle daher rasch umgesetzt werden. Das wahllose Morden an der Zivilbevölkerung begann.[47]

Allerdings überprüfen weder die NGG noch der DGB-Landesbezirk diese falsche Angabe, aber sie wollen Nachforschungen anstellen und davon abhängig machen, ob der „gesamte Komplex in Bezug auf die Person des Bürgermeisters nochmals aufgerollt wird."[48] Ob oder wie das geschieht, lässt sich nicht mehr klären. Ein Ergebnis taucht in den vorliegenden Akten nicht auf.

Der Kurdirektor mischt sich ein

Mit einem Schreiben an das „Zentralorgan der Gewerkschaft Nahrung-Genuss-Gaststätten ,Einigkeit'", mischt sich der Kurdirektor der Stadt Westerland, Hans Petersen, in die Debatte ein. Er spricht von „der schweren und in ihrer Ungeheuerlichkeit nicht mehr zu überbietenden Beleidigung und Diffamierung der Person unseres Bürgermeisters." Den Appell zum Boykott der Insel sieht er auch gegen die fast ausschließlich vom Fremdenverkehr lebende und abhängige Bevölkerung der Stadt und der Insel gerichtet. Petersen hebt hervor, dass die Kommunalverwaltung, die Wirtschaftsorganisationen und auch der DGB-Kreisausschuss „in vorbildlichem Zusammenwirken alles in ihren Kräften stehende getan haben, um die schmale Existenzbasis der auf unserer Insel lebenden 20.000 Menschen allmählich wieder zu verbreitern." Nach dem Krieg habe der Fremdenverkehr fast zehn Jahre brach gelegen, der Prozess der Stabilisierung müsse weitergehen. So sei Kreissekretär Wilkens Vorsitzender des von Arbeitnehmern und Arbeitgebern gebildeten „Wirtschaftsrates der nordfriesischen Inseln" und mit Bürgermeister Reinefarth federführend beim „Programm zur Steigerung der Wirtschaftskraft auf den nordfriesischen Inseln" tätig. Alle seien bemüht, die verschiedenen Wirtschaftsprogramme zu einem erfolgreichen Abschluss zu bringen. „In alle diese Anstrengungen hinein platzt Ihre, in Verantwortungslosigkeit gegenüber 20.000 um ihre Existenz ringenden Menschen, kaum vorstellbare Aufforderung zum wirtschaftlichen Boykott der Insel!"[49]

Der Kurdirektor findet, dass die Diffamierungen in dem Artikel „Von Warschau nach Westerland" nicht nur den Rahmen jedes menschlichen Taktes sprengen, „sondern (…) in dieser Form auch eine Gefahr unserer noch jungen Demokratie" darstellten.[50] Er fordert zu einer umgehenden Stellungnahme auf und schickt Kopien seines Schreibens an den DGB-Landesbezirk, den Magistrat und die Landtagsabgeordneten sowie den Fraktionsvorsitzenden der SPD, Wilhelm Käber. Man merkt zwar, wie der Kurdirektor sich in Rage geschrieben hat, aber er schießt weit über das Ziel hinaus, wenn er in der Kritik der Gewerkschaften ein Problem für die Demokratie sieht und nicht darin, dass Westerlands Bürgermeister ein SS-General und hoher NS-Funktionär gewesen war. Eine völlige historische Unkenntnis über den Warschauer Aufstand offenbart er ebenfalls.

47 Vgl. Marti: Fall, S. 55–66.

48 Schreiben des DGB-Vorsitzenden Walter an den DGB-Südtondern vom 20. April 1956, DGB-Ortsausschuss, Kreisarchiv Nordfriesland. Der NGG-Hauptvorstand hat sich nicht mit dem Fall Reinefahrt beschäftigt, Protokolle des geschäftsführenden Hauptvorstandes aus dem Jahr 1956 gibt es nicht mehr.

49 Alle Zitate: Schreiben von Kurdirektor Petersen an die Gewerkschaft Nahrung-Genuss-Gaststätten in Hamburg vom 13. April 1956, Kopie in der Akte DGB-Ortsausschuss, Kreisarchiv Nordfriesland.

50 Ebd.

Gewerkschaft rudert zurück

Dennoch rudert die NGG zurück und der DGB-Landesbezirksvorsitzende Wilhelm Walter bemüht sich intern erfolgreich darum, einen Nachdruck des Nätscher-Artikels in der „Welt der Arbeit" des DGB oder anderen Gewerkschaftszeitungen zu stoppen.

In der Ausgabe Nr. 9 der „Einigkeit" erscheint auf der Seite 3 gut sichtbar über dem Aufruf des DGB zum 1. Mai folgende Berichtigung:

„Von Warschau nach Westerland

Unter dieser Rubrik brachte die Einigkeit Nr. 7 vom 1.4.56 eine Meldung, wonach der Bürgermeister von Westerland, Reinefarth, SS-Gruppenführer und Polizei-General, für die Unterwerfung des Aufstandes im Warschauer Getto 1943 verantwortlich war. Herr Reinefarth teilt uns mit, dass er erst im August 1944 nach Warschau gekommen sei, also an der Niederschlagung des Aufstandes 1943 nicht teilgenommen hat. Damit entfällt die an unsere Mitglieder gerichtete Empfehlung den Kurort Westerland zu meiden."

Nicht ganz ungeschickt formuliert und gesichtswahrend für die Gewerkschaft stellen die Redakteure nunmehr den Ghettoaufstand in den Mittelpunkt, an dem Reinefarth tatsächlich nicht beteiligt gewesen war. Allerdings war in dem ursprünglichen Artikel vom Aufstand der Warschauer Bevölkerung die Rede, dieser wurde nur fälschlicherweise ins Jahr 1943 verlegt.

Von Warschau nach Westerland

Sie sitzen wieder im Speck — die Maden mit dem Hakenkreuz, und mästen sich an der demokratischen Krippe. 1943 brach der Aufstand der Warschauer Bevölkerung aus — er wurde von Polizei, Wehrmacht und SS-Einheiten blutig niedergeschlagen. Kampfgruppenkommandeur war der SS-Gruppenführer und General der Polizei Heinz Reinefahrt. Er ist heute Bürgermeister des Badeortes Westerland auf der Insel Sylt. Unsere Mitglieder bitten wir, bei ihrer Ferienplanung diese Tatsache zu berücksichtigen. Meldet Westerland so lange, bis dieser Massenmörder abgetreten ist.

Artikel aus der Zeitschrift „Einigkeit" der Gewerkschaft Nahrung-Genuss-Gaststätten vom 1. April 1956.

Die Städtische Kurverwaltung erhält von Hans Nätscher eine Antwort, die ziemlich schmallippig klingt. Er weist darauf hin, dass die „Einigkeit" grundsätzlich nur Mitgliedern unentgeltlich zugestellt werde und keine Zeitung im Sinne der öffentlichen Presse sei. „Deshalb ist auch die von Ihnen beanstandete Notiz anders zu bewerten und kann von einer Aufforderung zum öffentlichen Boykott keine Rede sein."[51]

Die Quelle für die Mitteilung sei eine bekannte Tageszeitung gewesen, man könne die Angaben zurzeit nicht überprüfen, aber auch nicht diejenigen, die der Kurdirektor gemacht habe. „Müßig ist es, darauf hinzuweisen, dass die Gewerkschaften allen Grund haben, sich gegen die offizielle Tätigkeit und die Übertragung von Funktionen amtlicher Natur an „alte Kämpfer" – und das war Herr Reinefarth – zu wenden. Wir können uns nicht vorstellen, dass die von Ihnen erwähnte junge Demokratie von diesen Kräften gefördert werden könnte."[52]

---

51 Schreiben der NGG-Hauptverwaltung an die städtische Kurverwaltung vom 25. April 1956, Abschrift in DGB-Ortsausschuss, Kreisarchiv Nordfriesland.

52 Ebd.

Die GewerkschaftskollegInnen in Westerland sind nicht zufrieden. Denen hat Hans Nätscher gar nicht geantwortet und die geforderten Unterlagen wurden auch nicht zur Verfügung gestellt. „Von den Gauvertretern wurde die Angelegenheit bagatellisiert". Aber immerhin sei die Notiz in der „Einigkeit" dementiert worden. Etwas resigniert bleibt die Feststellung, „daß die Einwirkungsmöglichkeiten des DGB auf die einzelnen Gewerkschaften doch eine beschränkte ist".[53] Eine nochmalige Rücksprache des DGB-Vorsitzenden Wilhelm Walter mit Hans Nätscher ergibt denn auch, dass dieser nicht bereit ist, zu seiner bereits gemachten Erklärung noch eine weitere herauszugeben.[54]

Bürgermeister Heinz Reinefarth bekommt die Berichtigung zugesandt, mit der er jetzt eigentlich zufrieden sein könnte. Die regionale Öffentlichkeit hat keine Kenntnis von den Vorgängen, die Sylter Rundschau hat nicht berichtet. Dennoch stellt er gemeinsam mit dem Magistrat der Stadt Westerland am 28. Juni 1956, also fast zwei Monate nach Erscheinen der Berichtigung in der „Einigkeit", Strafanzeige wegen Beleidigung gegen Hans Nätscher als Vorsitzenden der NGG und den Redakteur Wilhelm Sprenger. Dem stimmen auch die beiden SPD-Mitglieder zu, weil Reinefarth ja nachweislich nicht an der Niederschlagung des Ghettoaufstandes teilgenommen hat.[55] Einer von ihnen ist Nikolaus (im Folgenden: Niko) Ehlers, der unter den Nazis aus dem Postdienst entlassen und wegen kritischer Äußerungen denunziert und verhaftet wurde. Nach strenger Einzelhaft in Kiel war er trotz eines gerichtlichen Freispruchs drei Jahre lang im KZ Sachsenhausen inhaftiert. Weil er fließend dänisch sprach, wurde er im Rahmen der Bernadotte-Mission, mit der skandinavische KZ-Häftlinge befreit wurden, gerettet und kam nach Dänemark.[56] Nach dem Krieg kehrte er auf die Insel zurück und engagierte sich in der SPD. Er wurde Kreisvorsitzender in Südtondern, Kreistagsabgeordneter und Westerländer Stadtrat.

Wilhelm Sprenger, Redakteur der „Einigkeit" und mitverantwortlich für die Serie „Augen rechts". (Foto: DGB/AdsD, Signatur 6/FOTA200752)

53 Protokoll der Ortsausschußsitzung am 22. April 1956, Kreisarchiv Nordfriesland.

54 Vgl. Notiz, abgezeichnet von Heinz Kroll am 27. Juni 1956 in der Akte DGB-Ortsausschuss, Kreisarchiv Nordfriesland.

55 Das ergibt sich aus einem Protokoll des SPD-Vorstandes vom 16. Januar 1958, Sylter Archiv.

56 Vgl. SPD-Geschichtswerkstatt: Nikolaus Ehlers. URL: www.spd-geschichtswerkstatt.de/wiki/Nkoluas_Ehlers (zuletzt aufgerufen: 16.12.2021); Nachruf aus „Schleswig-Holstein-Post" Der Weckruf, Februar 1959.

Das Verfahren wird in Hamburg geführt und endet mit einer Erklärung, die die beiden Beschuldigten auf Vorschlag der Gegenseite abgeben müssen:

„(...) Die Veröffentlichung in der Zeitschrift „Einigkeit" Nr. 7 vom 1. April 1956 Seite 83 über Herrn Oberbürgermeister Heinz Reinefarth, Westerland/Sylt, beruht, wie wir uns überzeugt haben, auf einer falschen Information. Wir bedauern daher Form und Inhalt dieses Artikels und insbesondere den Ausdruck ‚Massenmörder'. Etwa entstehende Verfahrenskosten übernehmen wir."[57]

SPD-Stadtrat Nikolaus Ehlers, der sich in seiner Fraktion vehemant für eine Beurlaubung Reinefarths einsetzte – und damit scheiterte. (Foto: Marianne Brinch Nielsen, Tochter von Niko Ehlers)

Daraufhin werden die Strafanträge von Reinefarth und dem Magistrat am 17. Dezember zurückgenommen, und das Verfahren wird im Januar 1957 eingestellt. – Nicht besonders gut gelaufen für die Gewerkschafter der NGG. Sie sind die ersten, die sich nach der Wahl des Bürgermeisters kritisch mit seinen Verbrechen in Warschau auseinandersetzen. Der ehemalige SS-General Reinefarth aber setzt auf die allgemeine Unkenntnis der Öffentlichkeit über die Aufstände in Warschau 1943 und 1944. Er droht trotz der von ihm verantworteten Massenverbrechen mit Verleumdungsklagen und stellt Strafanzeigen. Basis dafür sind abstruse Selbstentlastungen der „Ehemaligen" und Entnazifizierungsverfahren, in denen ein Massenmörder wie er am Ende als „Entlasteter" und sogar als Widerstandskämpfer eingestuft wurde.

SPD: Die Mehrheit ist für Reinefarth

Für Heinz Reinefarth ist der Zwischenfall nun abgehakt. Aber der vermeintliche Erfolg erweist sich als Pyrrhussieg, denn zur Ruhe wird er in den folgenden Jahren nicht mehr kommen. Er wird 1957 erneut einstimmig ins Bürgermeisteramt gewählt und für den BHE 1958 auch in den Schleswig-Holsteinischen Landtag. Aber im gleichen Jahr wird ein DDR-Film „Urlaub auf Sylt" des Ehepaares Thorndike gezeigt, der Archivmaterial des Warschauer Aufstandes mit Aufnahmen des Westerländer Bürgermeisters vermischt. Das ruft die überregionale Presse auf den Plan und auch „Der Spiegel" berichtet. Dort meldet sich der Rechtshistoriker Hans Thieme in einem Leserbrief zu Wort und schildert seine Begegnung mit Reinefarth in Warschau 1944. Vor allem erinnert er sich an dessen Sätze von der zu knappen Munition, die für die Zivilbevölkerung leider nicht ausreiche. Die Diskussion darüber zerreißt die Westerländer SPD.[58]

---

57 Das Verfahren wurde unter dem AZ 14a Js 1213/56 bei der Staatsanwaltschaft Hamburg geführt, die Akte ist nicht mehr vorhanden. Das Verfahren wird aber in einem Bericht von Oberstaatsanwalt Biermann an den schleswig-holsteinischen Justizminister Leverenz vom 3. Juli 1958 erwähnt und zitiert, LASH Abt. 354 Nr. 11223.

58 DER SPIEGEL, Nr. 2/1958. Der Vorgang war für den Umgang der SPD mit der NS-Vergangenheit nicht untypisch. Vgl. hierzu: Kristina Meyer: Die SPD und die NS-Vergangenheit 1945–1990. Göttingen 2015.

Reinefarth erstattet Strafanzeige wegen Beleidigung, übler Nachrede und Verleumdung gegen Thieme und teilt dies dem Magistrat mit. Darüber kommt es zu einem heftigen Schlagabtausch. Niko Ehlers findet, dass der Magistrat sich nicht anschließen sollte und: „... wenn der Bürgermeister noch einen Funken Ehrgefühl im Leibe habe, müßte er einen Antrag auf Beurlaubung stellen. Tue er das nicht, dann würde er, Stadtrat Ehlers, sich beurlauben lassen, da er vor Klärung der Angelegenheit nicht mit dem Bürgermeister zusammen arbeiten könne." Die Magistratsmitglieder wollen über Strafantrag und Beurlaubung in ihren Fraktionen beraten und danach in einer „dringenden vertraulichen" Stadtvertretersitzung entscheiden.[59]

Die Sozialdemokraten – Fraktion und Vorstand – treffen sich zwei Tage später. Heinz Kroll, Hans Petersen und Ernst-Wilhelm Stojan[60] sowie ein Vertreter des SPD-Landesverbandes nehmen teil. Gewerkschafter Hans Wilkens ist nicht mehr dabei, weil er aus dem Kreis Südtondern verzogen ist. Niko Ehlers berichtet:

„... Reinefarth habe bis zum letzten Augenblick zum engsten Führungsstab einer Verbrecherorganisation gehört und sei nach dem Kriege mit seiner Wahl zum Bürgermeister bald zum Hüter der demokratischen Grundrechte berufen worden. Man wisse, daß ihn zwei Gerichte freigesprochen hätten, aber ein Dr. Thieme sei nicht Zeuge gewesen, wie Reinefarth habe zugeben müssen. Thiemes Ausführungen seien so niederschmetternd, und das Ganze sei keine rein juristische, sondern eine moralische, hochpolitische Angelegenheit. Er selbst (Ehlers) habe zu vergessen versucht, aber nun sei alles Erlebte wieder lebendig geworden, alles wieder neu in ihm aufgebrochen."[61]

Niko Ehlers erwartet vom Bürgermeister, dass er Anzeige gegen Thieme erstattet und sich bis zu einem Urteil von seinem Amt beurlauben lässt. Das findet zwar die Unterstützung der Landespartei, aber nicht der Sozialdemokraten vor Ort. Denn hier ist man überzeugt, dass Reinefarth ein anständiger Kerl sei und hält Thiemes Anwürfe für eine Bagatelle und noch keinen Schuldbeweis. Eine Beurlaubung müsse den Eindruck erwecken, man wolle den Bürgermeister fallen lassen.

Der Vertreter des SPD-Landesverbandes, Schulz, berichtet, dass Oppositionsführer Wilhelm Käber in der nächsten Landtagssitzung die Anfrage an die Regierung stellen werde, was diese zu tun gedenke, falls Reinefarth bis dahin nicht freiwillig seine Beurlaubung betrieben habe.

Ernst-Wilhelm Stojan beruft sich auf den formalen Schutz durch das Beamtengesetz und befürchtet spätere Schadensersatzansprüche gegen die Stadt. Dem widerspricht Richard Langer, „die Angelegenheit sei nicht mit dem Diebstahlsverdacht silberner Löffel zu vergleichen". Stojan fragt Ehlers, warum dieser bei den alten Angriffen in der Gewerkschaftspresse die Ab-

59 Protokoll Magistratssitzung am 14. Januar 1958, Sylter Archiv.

60 Ernst-Wilhelm Stojan (1926–2018) war von 1959–1994 Stadtvertreter in Westerland und von 1964–1982 Landtagsabgeordneter für die SPD. Stojan wird 1944 NSDAP-Mitglied. Uwe Danker und Sebastian Lehmann-Himmel (Landespolitik mit Vergangenheit. Husum 2017) gehen von Freiwilligkeit aus, weisen aber auch auf Druck hin, der von der Hitler-Jugend ausging. In Stojans Entnazifizierungsbogen findet die Mitgliedschaft keine Erwähnung. Nach Aussagen Sylter Freunde hat er sie bis zuletzt bestritten. Stojan hat sich immer als Widersacher von Reinefarths gesehen. Vgl. Tagesspiegel vom 2. August 2014; SPD-Geschichtswerkstatt: Ernst-Wilhelm Stojan. URL: www.spd-geschichtswerkstatt.de/wiki/Ernst-Wilhelm_Stojan (zuletzt aufgerufen: 10.7.2023).

61 Zusammengefasst nach Protokoll Vorstand, Beisitzer und Fraktion der SPD vom 16. Januar 1958, Sylter Archiv.

wehr im Magistrat unterstützte – und gibt zu Protokoll: Ehlers hätte eine persönliche Aussprache mit dem Bürgermeister führen müssen, denn „als selbst NS-Geschädigter konnte er die Angelegenheit ruhiger anfassen".[62] Auch der SPD-Bundestagsabgeordnete Dr. Tamblé[63] sei der Meinung, man solle sich der Klage anschließen, „wenn es dem Bürgermeister helfe." Für Hans Petersen geht es auf Landesebene darum, die „großpolitischen Aspekte zu sehen" und vielleicht um die Zerschlagung des BHE. „Für uns geht es um einen Menschen und um das Recht. Reinefarth habe zwei Freisprüche in der Tasche, und dagegen stände nur die Beschuldigung in einem Leserbrief."

Die Stimmung ist angespannt und geprägt von Vorwürfen und Unterstellungen. Nico Ehlers fühlt sich als Angeklagter. Er scheint sich mit seiner Argumentation, dass es hier nicht nur um eine rechtliche Auseinandersetzung gehe, sondern um die Frage der Moral und der politischen Gesinnung, nicht durchsetzen zu können. Nach zermürbender Diskussion wird folgender Antrag zur Abstimmung gestellt:

„Bei der besonderen Art der gegen Bürgermeister Reinefarth erhobenen schweren Beschuldigungen ist die sozialdemokratische Fraktion zwar der Meinung, daß sich der Bürgermeister von den erhobenen Verdächtigungen durch eine Klage reinigen muß, sie muß es jedoch, entsprechend der Empfehlung des Innenministers ablehnen[64], daß die Stadt sich der Klage anschließt.

Sie würde es begrüßen, wenn der Bürgermeister bis zum Abschluß seiner Klage auf die Ausübung seiner Amtsgeschäfte verzichtet."[65]

Der erste Absatz wird angenommen, der zweite gestrichen. In der nicht öffentlichen Stadtvertretung am 29. Januar enthalten sich die Sozialdemokraten, mit elf zu fünf Stimmen schließt sich die Stadt Westerland der Strafanzeige von Reinefarth an.[66]

Trotz dieses Rückschlages bleibt Ehlers in Sachen Beurlaubung unerbittlich und erhält dafür auch die Unterstützung des SPD-Oppositionsführers im Landtag, Wilhelm Käber. Vorstand, Fraktion und Ausschussmitglieder beraten erneut. Ehlers will wissen, ob die Genossen ihn unterstützen.[67]

Er schäme sich heute seiner Duzfreundschaft mit dem Bürgermeister, denn der sei ein politischer Gegner und nicht mehr tragbar als Bürgermeister. Er selbst, Ehlers, glaube im Namen Tausender Märtyrer zu sprechen. Wieder wird heftig gestritten. Beide Lager stehen sich unversöhnlich gegenüber. Ernst-Wilhelm Stojan und andere ersuchen Ehlers, keinen erneuten Antrag auf Beurlaubung des Bürgermeisters zu stellen, sondern eine persönliche Erklärung abzugeben.

---

62 Ebd.

63 Dr. Richard Tamblé (1913–1982) war 1955–1962 Bürgervorsteher der Stadt Westerland und von 1960–1972 SPD-Bundestagsabgeordneter.

64 Es gibt keine Empfehlung des Innenministers Lemke. Er hält sich zurück und will den Ausgang von Reinefarths Klage abwarten, vgl. Marti: Fall, S. 130.

65 Protokoll Vorstand, Fraktion und Ausschussmitglieder der SPD vom 16. Januar 1958, Sylter Archiv.

66 Die Beleidigungsklage wird von der Staatsanwaltschaft Freiburg abgewiesen und Reinefarth auf den Weg der Privatklage verwiesen, den er wiederum mit Unterstützung des Magistrats beschreitet. Später wird Thieme seine Anschuldigung zurücknehmen. Vgl. Marti: Fall, S. 134ff.

67 Zusammengefasst nach Protokoll von Vorstand, Fraktion und Ausschussmitgliedern am 4. Februar 1958, Sylter Archiv.

Das kommt für ihn nicht in Frage. Immer wieder wird Ehlers vorgeworfen, an Vorstand und Fraktion vorbei gehandelt zu haben und sich jetzt auch noch bockbeinig zu stellen. Unterbezirkssekretär Lurgenstein appelliert, einen tragbaren Kompromiss zu finden und zusammenzubleiben. „Man sollte keinen Genossen allein lassen. Wenn Ehlers ausscheide, würden sich in der Öffentlichkeit Fragen erheben. Wie gedenke man diese aufzuklären?"

Die Nerven liegen blank. Im Protokoll wird festgehalten: „Gen. Ehlers wiederholte: Wenn sich die Fraktion nicht hinter ihn stelle, sei ihm die politische Basis entzogen. In der Vergangenheit habe er sich um ordentliche positive Mitarbeit bemüht. Mit dem Ausscheiden würde ihm ein Stück Leben genommen, denn im Dienste der Sache habe er sein eigenes und sein Familienleben aufs Spiel gesetzt. In großen Schlagzeilen stehe vielleicht in den Zeitungen: SPD entscheidet sich gegen einen Verfolgten und für einen SS-General."[68] Noch vor der Abstimmung und zutiefst betroffen verlässt Niko Ehlers die Sitzung.

Die Entscheidung ist denkbar knapp: mit sechs zu fünf Stimmen bei einer Enthaltung lehnen die Sozialdemokraten eine Beurlaubung von Heinz Reinefarth ab.[69] Ehlers bekommt keinen Beistand, dennoch sollen zwei Genossen Fühlung mit ihm aufnehmen, um eine Brücke für die Rückkehr bauen. Aber das gelingt nicht mehr. Niko Ehlers tritt von allen Ämtern zurück. Er lässt sich sogar aufs Festland versetzen und arbeitet fortan in Eckernförde.

Sein Kreistagsmandat behält er zunächst. Auch dort sitzt er Reinefarth gegenüber, im Dezember kommt es zum Eklat. Der SSW hatte bereits im August beim Kreispräsidenten angefragt, ob Reinefarth, gegen den ein Ermittlungsverfahren laufe und der als Bürgermeister freigestellt sei, Abgeordneter im Kreistag bleiben könne. Reinefarth empört sich und sagt, „daß wir weit gekommen seien, wenn wir uns vor allen aus sowjetzonaler Quelle kommenden schmutzigen und gefälschten Anwürfen verkriechen würden." Dafür erhält er spontanen starken Beifall und so wird es auch ins Protokoll geschrieben. Dagegen wendet sich Nico Ehlers in der folgenden Sitzung und wirft Reinefarth vor, nicht zur Klärung der gegen ihn erhobenen Vorwürfe beigetragen zu haben. Folglich „ist es mir nicht mehr möglich, in diesem Kreistag mit Herrn Reinefarth zusammen eine objektive Arbeit zu leisten. Ich lege deshalb unter Protest mein Kreistagsmandat nieder." Ehlers verlässt den Saal – weder der Kreispräsident noch die Abgeordneten reagieren.[70] Reinefarths Presseerklärung, in der er Ehlers Verleumdung vorwirft, wird in der Sylter Rundschau wörtlich abgedruckt.

Knapp zwei Wochen später hat Nico Ehlers auf der Rückfahrt nach Sylt einen Autounfall und verstirbt am 27. Dezember 1958 an den Folgen. Er wurde nur 51 Jahre alt.[71]

Während die Sylter treu zu Reinefarth halten und auch die Sylter Rundschau bisher keine Nachforschungen zu Reinefarths Vergangenheit angestellt hat, werden genau dazu die Fragen jetzt in der in- und ausländischen Presse immer lauter. Es kommt tatsächlich zu einem Ermittlungsverfahren, in dessen Verlauf Reinefarth im Juli 1958 selbst den Antrag auf seine Beurlau-

68 Ebd.

69 Ebd.

70 Zusammengefasst und zit. nach Berichten der Sylter Rundschau vom 27. August 1958 und 15. Dezember 1958 über die Kreistagssitzungen am 26. August 1958 und 12. Dezember 1958.

71 Vgl. SPD-Geschichtswerkstatt: Nikolaus Ehlers. URL: www.spd-geschichtswerkstatt.de/wiki/Nkoluas_Ehlers (zuletzt aufgerufen: 16.12.2021).

bung einbringt. Bereits im Oktober wird das Verfahren eingestellt, allerdings 1961 neu aufgerollt und Reinefarths Immunität als Landtagsabgeordneter aufgehoben. Es wird sich bis 1967 hinziehen. Die komplizierten Befehlsverhältnisse damals hätten keine sichere Beweislast erbracht, heißt es in der Begründung zur Einstellung auch dieses Verfahrens. Mittlerweile ist der öffentliche Druck aber so groß geworden, dass die Westerländer Stadtvertreter ihren Bürgermeister im Juli 1963 einstimmig abwählen, allerdings erst nach Intervention des Landrates und der Kommunalaufsicht des Innenministeriums.[72]

Reinefarth lässt sich als Rechtsanwalt nieder und kämpft um seine Zulassung als Notar. Doch der Zeitgeist hat sich verändert. Das Notariat wird ihm verweigert, der schleswig-holsteinische Justizminister schreibt in seiner Begründung:

„Wenngleich feststeht, dass die gegen Sie geführten strafrechtlichen Ermittlungen einen konkreten Tatverdacht nicht ergeben haben, halte ich Sie aber unabhängig davon allein wegen Ihrer herausragenden Funktionen im nationalsozialistischen Staat zur Ausübung des öffentlichen Notaramtes für objektiv nicht geeignet."[73]

Als Rechtsanwalt kann Heinz Reinefarth weiterhin unbehelligt praktizieren. Er stirbt 1979 im Alter von 75 Jahren.

Lokalpolitische Nachlese

Eine Westerländer Delegation nahm 2014 am Jahrestag des Aufstandes an den Feierlichkeiten in Warschau teil. Die Idee kam auf, eine Gedenktafel zu installieren. Die sollte auf die Niederschlagung des Warschauer Aufstandes hinweisen, aber wegen der Persönlichkeitsrechte nicht den Namen Reinefarth enthalten und auf dem Friedhof aufgestellt werden. Es ist der Intervention des SPD-Stadtverordneten Gerd Nielsen zu verdanken, dass heute eine Tafel neben dem Eingang zum Westerländer Rathaus angebracht ist mit der Inschrift:

„Warschau 1. August 1944. Polnische Widerstandskämpfer stehen auf gegen die deutschen Besatzer. Das nationalsozialistische Regime lässt den Aufstand niederschlagen. Mehr als 150.000 Menschen werden ermordet, unzählige Männer, Frauen und Kinder geschändet und verletzt. Heinz Reinefarth, von 1951 bis 1963 Bürgermeister von Westerland, war als Kommandeur einer Kampfgruppe mitverantwortlich für dieses Verbrechen. Beschämt verneigen wir uns vor den Opfern und hoffen auf Versöhnung."

An Niko Ehlers, den Verfolgten des Nazi-Regimes und Sozialdemokraten, erinnert seit dem 1. Juli 2020 ein Stolperstein vor dem Rathaus, den der Künstler Gunter Demnig gestaltet hat.

Persönliche Nachlese

Ich bin in Westerland geboren und absolvierte 1969 bis 1972 meine Ausbildung als Rechtsanwalts- und Notargehilfin in der Kanzlei Platzbecker und Reinefarth. Mein Vater hatte das

---

72 Vgl. Marti: Fall, S. 221f.; Philipp Marti: Der Fall Heinz Reinefarth: SS-General, Kriegsverbrecher, Bürgermeister, Volksvertreter. In: Uwe Danker/Sebastian Lehmann-Himmel: Landespolitik mit Vergangenheit. Husum 2017, S. 450–476.

73 Bescheid des schleswig-holsteinischen Justizministers vom 11. Dezember 1969, Personalakte Reinefarth, LASH 786 Nr. 1543.

vermittelt. Er war als Gerätewart der Feuerwehr bei der Stadt angestellt und Heinz Reinefarth hatte ihn durch seine Bescheidenheit beeindruckt. Ich widersetzte mich nicht, obwohl die Vorwürfe gegen Reinefarth längst bekannt waren. Auch ich tat so, als sei nichts gewesen. Das laste ich mir bis heute an. Obwohl ich jung und unbedarft war, hätte ich eine andere Entscheidung treffen können.

Vielleicht sprach mich deshalb Ralph Giordano mit seinem 1987 erschienenen Buch „Die zweite Schuld - von der Last ein Deutscher zu sein" so an.[74] Er kritisiert darin die fehlende Bereitschaft und den Unwillen der deutschen Öffentlichkeit, die Verbrechen der Nazis aufzuarbeiten. Er beschreibt auch die vielen politischen Entscheidungen, die es Tätern und Mittätern möglich machten, nach 1945 wieder in hohe Ämter der demokratischen Institutionen Einzug zu halten. Unser Wegsehen und Nichtwissenwollen erleichterte auch die Nachkriegskarriere von Heinz Reinefarth. Über diese „Zweite Schuld" sollten wir immer wieder nachdenken.

Kein schleswig-holsteinischer Historiker, sondern Phillip Marti aus der Schweiz, machte sich die Mühe, die Biografie von Heinz Reinefarth zu recherchieren und darüber eine Dissertation zu schreiben. Danach war klar: Er war einer der großen Kriegsverbrecher des Zweiten Weltkrieges gewesen. Die Gewerkschaft NGG müsste ihre Behauptung, Reinefarth sei ein Massenmörder, heute nicht mehr zurücknehmen. Sie sprach damals völlig zu Recht vom „Schlächter von Warschau".

74 Vgl. Ralph Giordano: Die zweite Schuld - oder - Von der Last, Deutscher zu sein. Hamburg/Zürich 1987.

Jürgen Dierkes

Wie Rendsburgs Ruf in der Welt Schaden nahm: die HIAG-Treffen in den 1960er Jahren

„Wir protestieren dagegen, dass eine verbrecherische Organisation wie die Waffen-SS heute in neuer Form aktiv werden kann und damit unsere junge Demokratie und ihr Ansehen im Ausland aufs Schwerste belastet."[1]

Protestschreiben wie dieser Auszug aus einem Telegramm der Humanistischen Union, Ortsverband Heidelberg – Ludwigshafen – Mannheim, trafen im Herbst 1965 in größerer Zahl im Rendsburger Rathaus ein. Die Empfänger drückten ihre Empörung über ein Treffen ehemaliger Angehöriger der Waffen-SS aus, das am 24. Oktober 1965 in der Kreisstadt im Herzen Schleswig-Holsteins stattfinden sollte. Bereits seit 1954 veranstaltete die Hilfsgemeinschaft auf Gegenseitigkeit der ehemaligen Angehörigen der Waffen-SS e.V. (HIAG)[2] einmal im Jahr in

Veteranen der Waffen-SS kamen in den 1950er und 1960er Jahren in Rendsburg zu großen Jahrestreffen zusammen. 1965 stellte der Senat der Stadt Rendsburg für die Zusammenkunft die städtische Nordmarkhalle zur Verfügung. (Nachweis: AGIS-Pressedienst Hamburg, StA Rendsburg, F 262 HIAG „Sonderakte" 1954–68)

1 Telegramm Humanistische Union Ortsverband Heidelberg – Ludwigshafen – Mannheim an den Bürgermeister und Senat der Stadt Rendsburg, 23. Oktober 1965, StA Rendsburg, F 262 HIAG „Sonderakte" 1954–68. Die Humanistische Union versteht sich als linksliberale Organisation, die sich seit ihrer Gründung 1961 für die Durchsetzung von Bürgerrechten stark macht. Dazu ausführlich Thymian Bussemer/Alexander Camman (Hrsg.): Freiheitsrechte durchsetzen, Grundrechte einfordern, in Freiheit leben. Der Humanistischen Union zum 40. Gründungsjubiläum. Berlin 2001.

2 Nachdem die HIAG von der Wissenschaft lange Zeit eher stiefmütterlich behandelt worden war, setzte sich Karsten Wilke intensiv mit dieser Organisation auseinander. Herzstück seiner Forschungen ist die

Rendsburg weitgehend unbehelligt die Zusammenkünfte. Lediglich am ganz linken Rand regten sich Proteste. Das änderte sich mit dem Treffen 1964, das vor allem zu lokalen Auseinandersetzungen führte, und insbesondere 1965: Bereits im Vorfeld der Veranstaltung kam es zu massiven Protesten im In- und Ausland. Entsprechend groß war das mediale Interesse: Das Treffen fand unter großem Aufgebot in- und ausländischer Journalisten statt. In den Folgetagen berichteten Zeitungen und TV-Sender in Europa und in den USA ausführlich darüber. Rendsburg wurde darin oftmals – wenig schmeichelhaft – als die „Hochburg der Waffen-SS" charakterisiert. – Die Rendsburger HIAG-Treffen sind ein Musterbeispiel für eine lokale Auseinandersetzung, die internationale Dimensionen erlangte.

Dieser Beitrag will die Debatten nachzeichnen, ihre Dynamik ergründen und die auslösenden Faktoren unter die Lupe nehmen. Am Beispiel der HIAG-Treffen soll außerdem ergründet werden, wie Teile von Politik und Gesellschaft stärkere Sensibilität für die NS-Verbrechen erlangten und die Zeit von 1933 bis 1945 zunehmend kritisch hinterfragten.

Abschließend soll am konfliktbeladenen Beispiel der Städtepartnerschaft zwischen Rendsburg und dem französischen Vierzon aufgezeigt werden, welche Auswirkungen die Auseinandersetzungen auf die von Rendsburg gepflegten internationalen Beziehungen zeitigte – immerhin hatte sich die Stadt an der Eider schon im ersten Nachkriegsjahrzehnt für die Völkerverständigung stark gemacht und war als eine der ersten Kommunen nördlich der Elbe eine deutsch-französische Städtepartnerschaft eingegangen.

Die Treffen der HIAG: Politische Forderungen und Kameradschaftspflege

Ab Ende der 1940er Jahre entstanden in Westdeutschland die ersten lokalen und regionalen Organisationen von Veteranen der ehemaligen Waffen-SS. Die Keimzelle war Hamburg, wo 1948/49 die erste „Hilfsgemeinschaft auf Gegenseitigkeit" entstand.[3] In Schleswig-Holstein wurde 1953 ein Landesverband gegründet.[4] Fortan zählte das nördlichste Bundesland zu den bundesweiten Organisationsschwerpunkten der HIAG:[5] Ab dem Folgejahr lud der Verband

Monographie Karsten Wilke: Die „Hilfsgemeinschaft auf Gegenseitigkeit" (HIAG) 1950–1990. Veteranen der Waffen-SS in der Bundesrepublik. Paderborn u. a. 2011. Daneben verfasste er mehrere Aufsätze, u. a. Karsten Wilke: Veteranen der Waffen-SS in der frühen Bundesrepublik. Aufbau, gesellschaftliche Einbindung und Netzwerke der „Hilfsgemeinschaft auf Gegenseitigkeit". In: Jan Erik Schulte/Michael Wildt (Hrsg.): Die SS nach 1945. Entschuldungsnarrative, populäre Mythen, europäische Erinnerungsdiskurse. Göttingen 2018, S. 75–97; des Weiteren Karsten Wilke: Die Waffen-SS. Deutungsmuster der „Hilfsgemeinschaft auf Gegenseitigkeit" (HIAG) und andere Apologien. In: Martin Langebach/Michael Sturm (Hrsg.): Erinnerungsorte der extremen Rechten. Wiesbaden 2015, S. 157–175; sowie Karsten Wilke: Geistige Regeneration der Schutzstaffel in der frühen Bundesrepublik? Die „Hilfsgemeinschaft auf Gegenseitigkeit der Angehörigen der ehemaligen Waffen-SS" (HIAG). In: Jan Erik Schulte (Hrsg.): Die SS, Himmler und die Wewelsburg. Paderborn u. a. 2009, S. 433–448.

3 Vgl. Wilke: Hilfsgemeinschaft, S. 37–50. Wilke stellt auch die Organisationsgeschichte von dezentralen Einheiten über die Einrichtung einer Bundesverbindungsstelle bis zur Schaffung eines gemeinnützigen Vereins, den „Bundesverband der Soldaten der ehemaligen Waffen-SS e.V.", in Kurzform „HIAG-Bundesverband", dar.

4 Vgl. ebd., S. 47.

5 Vgl. ebd., S. 39.

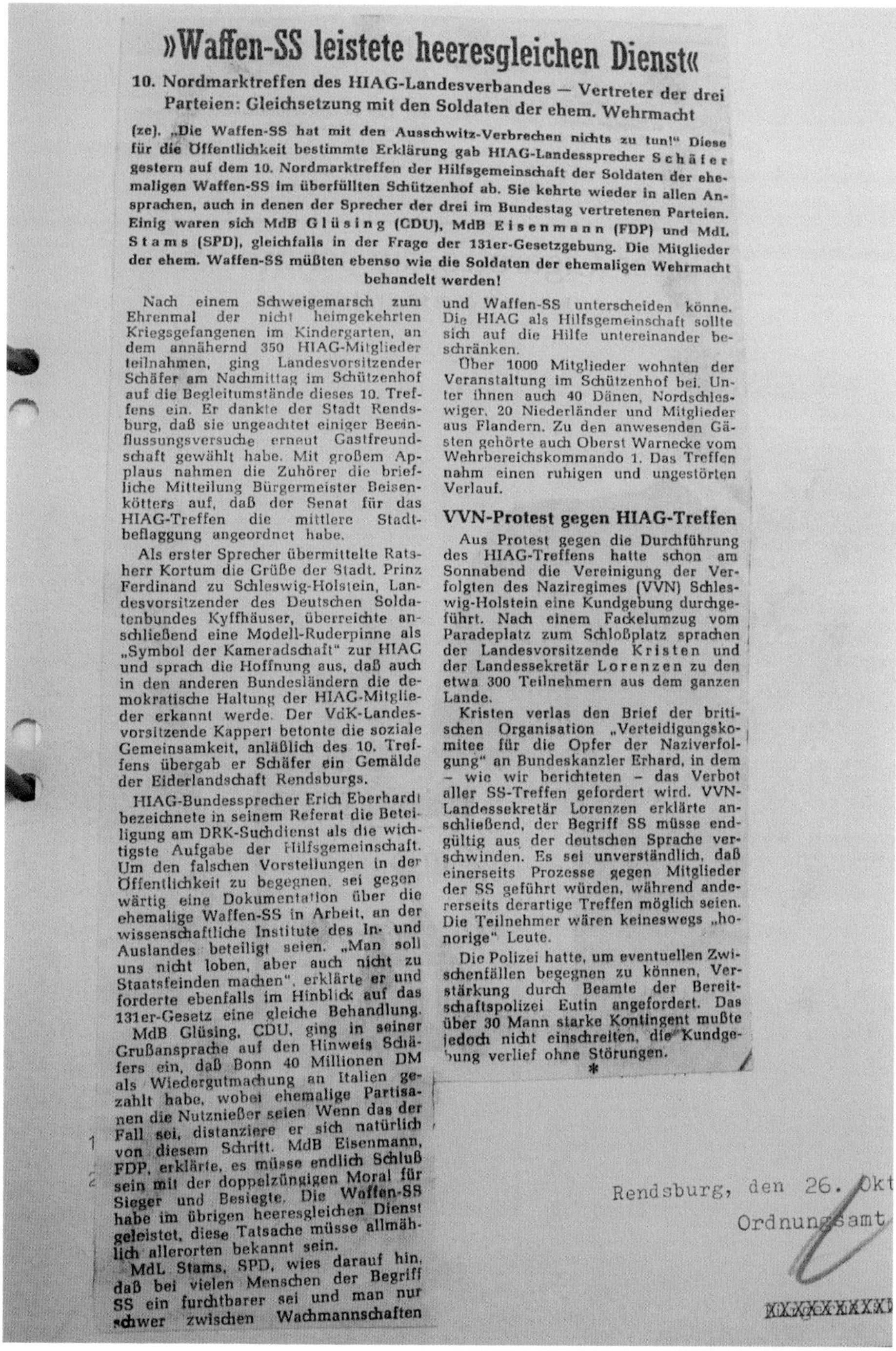

»Waffen-SS leistete heeresgleichen Dienst«

10. Nordmarktreffen des HIAG-Landesverbandes — Vertreter der drei Parteien: Gleichsetzung mit den Soldaten der ehem. Wehrmacht

(ze). „Die Waffen-SS hat mit den Auschwitz-Verbrechen nichts zu tun!" Diese für die Öffentlichkeit bestimmte Erklärung gab HIAG-Landessprecher Schäfer gestern auf dem 10. Nordmarktreffen der Hilfsgemeinschaft der Soldaten der ehemaligen Waffen-SS im überfüllten Schützenhof ab. Sie kehrte wieder in allen Ansprachen, auch in denen der Sprecher der drei im Bundestag vertretenen Parteien. Einig waren sich MdB Glüsing (CDU), MdB Eisenmann (FDP) und MdL Stams (SPD), gleichfalls in der Frage der 131er-Gesetzgebung. Die Mitglieder der ehem. Waffen-SS müßten ebenso wie die Soldaten der ehemaligen Wehrmacht behandelt werden!

Nach einem Schweigemarsch zum Ehrenmal der nicht heimgekehrten Kriegsgefangenen im Kindergarten, an dem annähernd 350 HIAG-Mitglieder teilnahmen, ging Landesvorsitzender Schäfer am Nachmittag im Schützenhof auf die Begleitumstände dieses 10. Treffens ein. Er dankte der Stadt Rendsburg, daß sie ungeachtet einiger Beeinflussungsversuche erneut Gastfreundschaft gewählt habe. Mit großem Applaus nahmen die Zuhörer die briefliche Mitteilung Bürgermeister Beisenkötters auf, daß der Senat für das HIAG-Treffen die mittlere Stadtbeflaggung angeordnet habe.

Als erster Sprecher übermittelte Ratsherr Kortum die Grüße der Stadt. Prinz Ferdinand zu Schleswig-Holstein, Landesvorsitzender des Deutschen Soldatenbundes Kyffhäuser, überreichte anschließend eine Modell-Ruderpinne als „Symbol der Kameradschaft" zur HIAG und sprach die Hoffnung aus, daß auch in den anderen Bundesländern die demokratische Haltung der HIAG-Mitglieder erkannt werde. Der VdK-Landesvorsitzende Kappert betonte die soziale Gemeinsamkeit, anläßlich des 10. Treffens übergab er Schäfer ein Gemälde der Eiderlandschaft Rendsburgs.

HIAG-Bundessprecher Erich Eberhardt bezeichnete in seinem Referat die Beteiligung am DRK-Suchdienst als die wichtigste Aufgabe der Hilfsgemeinschaft. Um den falschen Vorstellungen in der Öffentlichkeit zu begegnen, sei gegenwärtig eine Dokumentation über die ehemalige Waffen-SS in Arbeit, an der wissenschaftliche Institute des In- und Auslandes beteiligt seien. „Man soll uns nicht loben, aber auch nicht zu Staatsfeinden machen", erklärte er und forderte ebenfalls im Hinblick auf das 131er-Gesetz eine gleiche Behandlung.

MdB Glüsing, CDU, ging in seiner Grußansprache auf den Hinweis Schäfers ein, daß Bonn 40 Millionen DM als Wiedergutmachung an Italien gezahlt habe, wobei ehemalige Partisanen die Nutznießer seien. Wenn das der Fall sei, distanziere er sich natürlich von diesem Schritt. MdB Eisenmann, FDP, erklärte, es müsse endlich Schluß sein mit der doppelzüngigen Moral für Sieger und Besiegte. Die Waffen-SS habe im übrigen heeresgleichen Dienst geleistet, diese Tatsache müsse allmählich allerorten bekannt sein.

MdL Stams, SPD, wies darauf hin, daß bei vielen Menschen der Begriff SS ein furchtbarer sei und man nur schwer zwischen Wachmannschaften und Waffen-SS unterscheiden könne. Die HIAG als Hilfsgemeinschaft sollte sich auf die Hilfe untereinander beschränken.

Über 1000 Mitglieder wohnten der Veranstaltung im Schützenhof bei. Unter ihnen auch 40 Dänen, Nordschleswiger, 20 Niederländer und Mitglieder aus Flandern. Zu den anwesenden Gästen gehörte auch Oberst Warnecke vom Wehrbereichskommando 1. Das Treffen nahm einen ruhigen und ungestörten Verlauf.

VVN-Protest gegen HIAG-Treffen

Aus Protest gegen die Durchführung des HIAG-Treffens hatte schon am Sonnabend die Vereinigung der Verfolgten des Naziregimes (VVN) Schleswig-Holstein eine Kundgebung durchgeführt. Nach einem Fackelumzug vom Paradeplatz zum Schloßplatz sprachen der Landesvorsitzende Kristen und der Landessekretär Lorenzen zu den etwa 300 Teilnehmern aus dem ganzen Lande.

Kristen verlas den Brief der britischen Organisation „Verteidigungskomitee für die Opfer der Naziverfolgung" an Bundeskanzler Erhard, in dem – wie wir berichteten – das Verbot aller SS-Treffen gefordert wird. VVN-Landessekretär Lorenzen erklärte anschließend, der Begriff SS müsse endgültig aus der deutschen Sprache verschwinden. Es sei unverständlich, daß einerseits Prozesse gegen Mitglieder der SS geführt würden, während andererseits derartige Treffen möglich seien. Die Teilnehmer wären keineswegs „honorige" Leute.

Die Polizei hatte, um eventuellen Zwischenfällen begegnen zu können, Verstärkung durch Beamte der Bereitschaftspolizei Eutin angefordert. Das über 30 Mann starke Kontingent mußte jedoch nicht einschreiten, die Kundgebung verlief ohne Störungen.

*

Rendsburg, den 26. Okt
Ordnungsamt

Ausschnitt aus der Schleswig-Holsteinischen Landeszeitung *vom 26. Oktober 1964: Mit der Formel „Waffen-SS leistete heeresgleichen Dienst" schuf die HIAG den Mythos, nicht mit den SS-Verbrechen in Einklang zu stehen. (Nachweis (wie alle im Folgenden zitierten Zeitungsartikel): StA Rendsburg, F 262 HIAG „Sonderakte" 1954–68)* jährlich im Herbst zu den so genannten „Nordmarktreffen" in die zentral im Land gelegene Kreisstadt Rendsburg ein.[6] Sie fanden von 1954 bis 1965 in Rendsburg statt. 1966 und 1967 wurde die Veranstaltung auf dem in der Nachbargemeinde Osterrönfeld liegenden Messegelände der Stadt Rendsburg durchgeführt, bevor sie 1968 nach Husum umzog.[7]

Die Treffen liefen stets nach einem ähnlichen Muster ab: Nach einem Schweigemarsch[8] zum Mahnmal der Stadt Rendsburg am Sonntagvormittag um 11 Uhr, für den die mittlere Stadtbeflaggung angeordnet wurde,[9] folgte ein Mittagessen im Schützenhof, wo sich auch das offizielle Programm mit Grußworten und einem Hauptreferat, das üblicherweise der Bundessprecher der HIAG übernahm, anschloss.[10] Das Treffen wurde regelmäßig genutzt, um politische Ziele zu artikulieren. Vornehmlich ging es um die Forderung nach Gleichstellung mit den Soldaten der Wehrmacht, um eine finanzielle Besserstellung der ehemaligen Mitglieder der Waffen-SS zu erreichen. Gleichzeitig dienten die Zusammenkünfte der „Lobbyarbeit" für die eigene Reputation. Für beide Ziele wurde die Formel „Waffen-SS leistete heeresgleichen Dienst"[11] herangezogen und der Versuch einer klaren Abgrenzung von der gesamten SS unternommen.[12] So betonte HIAG-Landessprecher Willy Schäfer auf dem „Nordmarktreffen" 1964: „Die Waffen-SS hat mit den Auschwitz-Verbrechen nichts zu tun."[13] Durch den Urteilsspruch der

6 Vgl. Schreiben HIAG Landesverband Schleswig-Holstein an die Stadtverwaltung Rendsburg, 5. September 1954; sowie Stadt Rendsburg, Örtliche Ordnungsbehörde, Erlaubnis, StA Rendsburg, F 262 HIAG „Sonderakte" 1954–68. Im zuletzt angeführten Dokument wurde der HIAG genehmigt, einen Umzug durch die Stadt durchzuführen.

7 Die Rendsburger HIAG-Treffen, insbesondere die Auseinandersetzungen Mitte der 1960er Jahre, sind sehr gut dokumentiert in StA Rendsburg, F 262 HIAG „Sonderakte" 1954–68. Soweit nicht näher präzisiert, beziehen sich die Informationen dieses Textes auf diverse Dokumente dieser Akte.

8 Zur Eroberung des öffentlichen Raumes durch die HIAG mit dem Rendsburger Schweigemarsch, dessen potenzielle bedrohliche Wirkung und die Erinnerung an die Propagandaumzüge der SA siehe Wilke: Hilfsgemeinschaft, S. 254–261, insbesondere S. 260f.

9 Für das Jahr 1964 ist dies zweifelsfrei belegt: Bürgermeister Beisenkötter bat den Senat um Zustimmung und informierte anschließend HIAG-Landessprecher Schäfer, dass er die Beflaggung angeordnet habe. Die Quellen suggerieren, dass hier einem guten Brauch früherer Jahre gefolgt wurde. Vgl. Sitzung des Senats der Stadt Rendsburg vom 19. Oktober 1964; sowie Schreiben Bürgermeister von Rendsburg an HIAG-Landessprecher Willy Schäfer, 23. Oktober 1964, StA Rendsburg, F 262 HIAG „Sonderakte" 1954–68.

10 Diese Informationen lassen sich aus der Korrespondenz zu den Veranstaltungen ableiten. Für die Jahre 1962 und 1963 liegt außerdem je ein Exemplar der Einladungskarte vor; siehe StA Rendsburg, F 262 HIAG „Sonderakte" 1954–68.

11 Diese Überschrift eines Presseberichts über das „Nordmarktreffen" 1964 gab laut Verfasser nicht nur die Forderung der HIAG wieder, sondern soll gleichzeitig Konsens unter den anwesenden Bundestagsabgeordneten Glüsing (CDU) und Eisenmann (FDP) sowie SPD-MdL Stams gewesen sein. Vgl. (ze): „Waffen-SS leistete heeresgleichen Dienst", Schleswig-Holsteinische Landeszeitung vom 26. Oktober 1964. Genauso die Darstellung in den Kieler Nachrichten; vgl. (G): Waffen-SS will nur ihr Recht, Kieler Nachrichten vom 26. Oktober 1964.

12 Zur Geschichte des bis heute in Deutschland präsenten Mythos, die Waffen-SS sei eine militärische Elitetruppe ohne Berührungspunkte mit den Verbrechen der SS gewesen, siehe Jens Westermeier: „Soldaten wie andere auch!" Der Einfluss von SS-Veteranen auf die öffentliche Wahrnehmung der Waffen-SS. In: Schulte/Wildt (Hrsg.): SS, S. 271–288.

13 (ze): „Waffen-SS leistete heeresgleichen Dienst", Schleswig-Holsteinische Landeszeitung vom 26. Oktober 1964.

Nürnberger Kriegsprozesse fühlten sich die Mitglieder der HIAG laut Wilke diffamiert,[14] da die Waffen-SS dadurch als Teil der SS kollektiv zu einer „verbrecherischen Organisation" deklariert wurde: Sie betrachteten sich in ihrem Selbstverständnis als Opfer, als „Paria(s)"[15], als eine „Schicksalsgemeinschaft"[16], die sich über prominente Unterstützer in der Politik freuen durfte. Laut Manfred Kittel bemühten sich in den ersten Jahren der Bundesrepublik Bundeskanzler Konrad Adenauer und Oppositionsführer Kurt Schumacher unisono im Sinne einer Stabilisierung der jungen Demokratie um eine Einbindung der HIAG, die ein großes systemoppositionelles Potenzial barg.[17] In Rendsburg kam diese politische Unterstützung durch die Präsenz von Politikern von CDU, SPD und FDP und somit der drei wichtigsten politischen Parteien der frühen Bundesrepublik zum Ausdruck.

Auch in der Zivilgesellschaft erfuhr die HIAG Unterstützung. Das belegt exemplarisch die

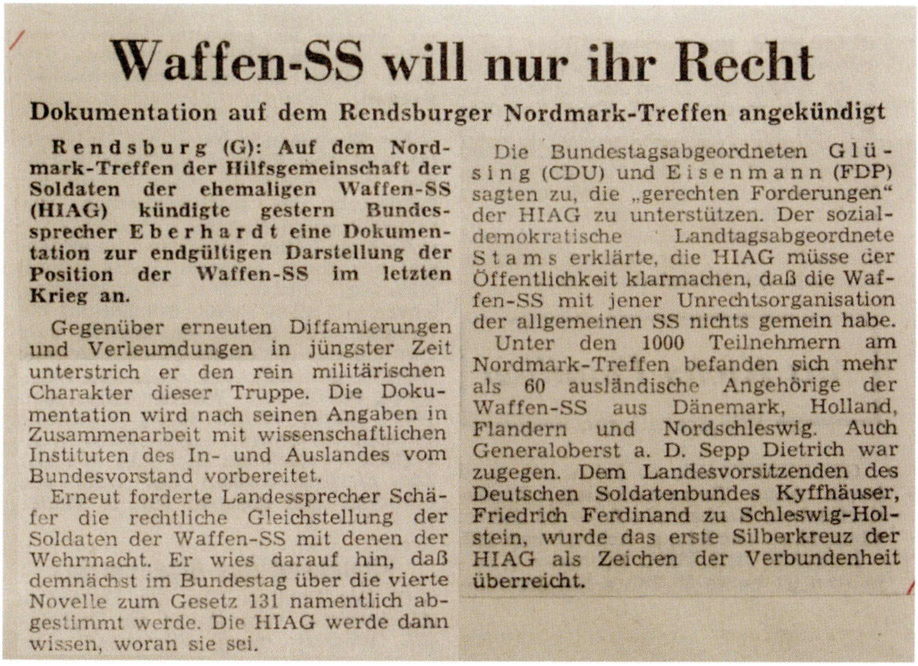

Waffen-SS will nur ihr Recht

Dokumentation auf dem Rendsburger Nordmark-Treffen angekündigt

Rendsburg (G): Auf dem Nordmark-Treffen der Hilfsgemeinschaft der Soldaten der ehemaligen Waffen-SS (HIAG) kündigte gestern Bundessprecher Eberhardt eine Dokumentation zur endgültigen Darstellung der Position der Waffen-SS im letzten Krieg an.

Gegenüber erneuten Diffamierungen und Verleumdungen in jüngster Zeit unterstrich er den rein militärischen Charakter dieser Truppe. Die Dokumentation wird nach seinen Angaben in Zusammenarbeit mit wissenschaftlichen Instituten des In- und Auslandes vom Bundesvorstand vorbereitet.

Erneut forderte Landessprecher Schäfer die rechtliche Gleichstellung der Soldaten der Waffen-SS mit denen der Wehrmacht. Er wies darauf hin, daß demnächst im Bundestag über die vierte Novelle zum Gesetz 131 namentlich abgestimmt werde. Die HIAG werde dann wissen, woran sie sei.

Die Bundestagsabgeordneten Glüsing (CDU) und Eisenmann (FDP) sagten zu, die „gerechten Forderungen" der HIAG zu unterstützen. Der sozialdemokratische Landtagsabgeordnete Stams erklärte, die HIAG müsse der Öffentlichkeit klarmachen, daß die Waffen-SS mit jener Unrechtsorganisation der allgemeinen SS nichts gemein habe.

Unter den 1000 Teilnehmern am Nordmark-Treffen befanden sich mehr als 60 ausländische Angehörige der Waffen-SS aus Dänemark, Holland, Flandern und Nordschleswig. Auch Generaloberst a. D. Sepp Dietrich war zugegen. Dem Landesvorsitzenden des Deutschen Soldatenbundes Kyffhäuser, Friedrich Ferdinand zu Schleswig-Holstein, wurde das erste Silberkreuz der HIAG als Zeichen der Verbundenheit überreicht.

Ausschnitt aus den Kieler Nachrichten *vom 26. Oktober 1964: Der Artikel belegt, wie gut der von der HIAG gepflegte Opfer-Diskurs verfing. Der Verfasser schrieb von „Diffamierungen und Verleumdungen in jüngster Zeit", ohne die Worte als Zitat zu kennzeichnen.*

---

14 Dies wird auch durch Beispiele aus Rendsburg gestützt. In einem Bericht der Kieler Nachrichten heißt es über den Redebeitrag von HIAG-Bundessprecher Eberhardt zusammenfassend: „Gegenüber erneuten Diffamierungen und Verleumdungen in jüngster Zeit unterstrich er den rein militärischen Charakter dieser Truppe." (G): Waffen-SS will nur ihr Recht, Kieler Nachrichten vom 26. Oktober 1964.

15 Wilke: Waffen-SS, S. 161.

16 Wilke: Regeneration, S. 434.

17 Vgl. Manfred Kittel: Die Legende von der „zweiten Schuld". Vergangenheitsbewältigung in der Ära Adenauer. Berlin/Frankfurt 1993, S. 147–157, insbesondere S. 148f. Zum Umgang von CDU und SPD mit der HIAG im ersten Jahrzehnt der Bundesrepublik siehe auch Bert-Oliver Manig: Die Politik der Ehre. Die Rehabilitierung der Berufssoldaten in der frühen Bundesrepublik. Göttingen 2004, S. 517–584.

Veranstaltung des Jahres 1964, bei der der VdK-Landesvorsitzende Kappert sowie der Landesvorsitzende des Deutschen Soldatenbundes Kyffhäuser, Prinz Ferdinand zu Schleswig-Holstein, anwesend waren. Letzterer überreichte laut Presse als „Symbol der Kameradschaft" das Modell einer Ruderpinne[18] und wurde „als Zeichen der Verbundenheit" mit dem ersten Silberkreuz der HIAG ausgezeichnet.[19]

Daneben dienten die Treffen der Suche nach Vermissten[20] – so war der DRK-Suchdienst regelmäßig auf den „Nordmarktreffen" vertreten – und der Kameradschaftspflege.[21] An den Treffen in Rendsburg nahmen auch Mitglieder der Waffen-SS aus europäischen Nachbarländern teil: 1964 waren 60 ehemalige Waffen-SS-Mitglieder aus Dänemark, den Niederlanden und Belgien zu Gast.[22] Aus dieser transnationalen Komponente leitete die HIAG ein sehr spezielles Verständnis eines geeinten Europas ab. So unterstrich sie in einer Presseerklärung: „Gerade die Waffen-SS war ja eine erste übernationale, europäische Truppe."[23] Es war sicher nicht geeignet, die NS-Opfer zu integrieren, wie ein Blick in die Satzung der HIAG Schleswig-Holstein belegt. Dort heißt es in Paragraf 2 unter Zweck und Aufgaben:

„7. Die Vertiefung der menschlichen Beziehungen mit der Frontgeneration aller europäischen Völker auf der Grundlage des gemeinsamen Fronterlebnisses im Sinne einer europäischen Verständigung."[24]

Auch alle anderen geschilderten Aktivitäten im Rahmen der „Nordmarktreffen" entsprachen den satzungsmäßigen Zielsetzungen der HIAG.[25]

---

18 Vgl. (ze): „Waffen-SS leistete heeresgleichen Dienst", Schleswig-Holsteinische Landeszeitung, 26. Oktober 1964.

19 Vgl. (G): Waffen-SS will nur ihr Recht, Kieler Nachrichten vom 26. Oktober 1964.

20 Siehe dazu exemplarisch Bernd Nellessen: Es war nicht nur der Sepp Dietrich da..., Die Welt vom 26. Oktober 1965, StA Rendsburg, F 262 HIAG „Sonderakte" 1954–68.

21 Dies wird besonders plastisch in einigen Berichten über das „Nordmarktreffen" dargestellt, etwa in Dietrich Strothmann: Sepp Dietrich saß auf der Empore, Die Zeit vom 29. Oktober 1965; oder in Nellessen: Es war nicht nur der Sepp Dietrich da..., Die Welt vom 26. Oktober 1965.

22 Vgl. (G): Waffen-SS will nur ihr Recht, Kieler Nachrichten vom 26. Oktober 1964; sowie (ze): „Waffen-SS leistete heeresgleichen Dienst", Schleswig-Holsteinische Landeszeitung vom 26. Oktober 1964.

23 Willy Schäfer/Hans Drucklieb/HIAG Schleswig-Holstein: HIAG nimmt Europa ernst, Schleswig-Holsteinische Volkszeitung vom 1. Oktober 1966, StA Rendsburg, F 262 HIAG „Sonderakte" 1954–68.

24 Satzung der HIAG Schleswig-Holstein, § 2, StA Rendsburg, F 262 HIAG „Sonderakte" 1954–68.

25 In der Satzung der HIAG-Bundesstelle wurden als Zielsetzungen beispielsweise genannt: die „staatsbürgerliche Gleichstellung der Soldaten der ehemaligen Waffen-SS mit den Soldaten anderer Wehrmachtsteile", „rechtliche und soziale Eingliederung [...] in die Versorgungsgesetzgebung der Bundesrepublik", „Durchführung des vermißten-Suchdienstes in Zusammenarbeit mit dem Deutschen Roten Kreuz", „Pflege der soldatischen Frontkameradschaft", Satzung der Hilfsgemeinschaft auf Gegenseitigkeit der Soldaten der ehem. Waffen-SS HIAG Bundesverbindungsstelle, § 4, StA Rendsburg, F 262 HIAG „Sonderakte" 1954–68.
In der Satzung der HIAG Schleswig-Holstein wurden unter § 2 Zweck und Aufgabe ähnliche Punkte verankert, dabei aber stärker auf den Aspekt der Kameradschaft abgehoben. Auch ist die Wortwahl pathetischer. Beispielsweise ist von der „Wiederherstellung der Ehre und des Ansehens des deutschen Soldaten" die Rede. Satzung der HIAG Schleswig-Holstein, § 2, StA Rendsburg, F 262 HIAG „Sonderakte" 1954–68.

Allmählich wachsende Proteste gegen die Treffen

In den ersten Jahren verliefen die Treffen weitgehend unbeachtet von einer größeren Öffentlichkeit. Lediglich im Jahr 1955 kam es zu einigen schriftlichen Protesten aus dem kommunistischen Milieu – diverse KPD-Gliederungen in Schleswig-Holstein genauso wie die kommunistische Tageszeitung „Norddeutsches Echo" schickten Protestschreiben nach Rendsburg[26] – und der Vereinigung der Verfolgten des Nazi-Regimes (VVN) im Kreis Stormarn.[27] Die VVN[28] war es auch, die am 19. Oktober 1963, dem Vorabend des neunten „Nordmarktreffens", zu einer Demonstration in Rendsburg aufrief.[29] Mit aller Regelmäßigkeit berichtete ferner das SED-Zentralorgan *Neues Deutschland* über die Treffen der „SS-Organisation Hiag".[30] Das vierte „Nordmarktreffen" im Jahr 1957 stellte die Zeitung beispielsweise als die „größte militaristische und faschistische Provokation der Nachkriegszeit" heraus.[31]

Bis einschließlich 1963 blieben die Proteste insgesamt recht überschaubar. Das sollte sich 1964, zehn Jahre nach dem ersten „Nordmarktreffen", ändern. Neben den Aktivitäten der VVN nach ähnlichem Muster wie im Vorjahr[32] meldete sich ein britischer Nazi-Opfer-Verband[33] mit

26 Vgl. Schreiben folgender KPD-Gliederungen an den Bürgermeister von Rendsburg: Kreis Pinneberg, 9. August 1955; Ortsgruppe St. Peter, Nordsee, 14. August 1955; Kreisleitung Rendsburg, 28. August 1955; Kreis Schleswig, 1. September 1955; sowie Schreiben Norddeutsches Echo an den Bürgermeister von Rendsburg, 9. August 1955, StA Rendsburg, F 262 HIAG „Sonderakte" 1954–68.
Der Senat der Stadt behandelte die Schreiben der KPD Kreis Pinneberg und des Norddeutschen Echos in seiner Sitzung am 16. August 1955. Da das Treffen des Vorjahres „normal verlaufen" sei, sah der Senat „keinen Grund, das Treffen untersagen." Sitzung des Senats der Stadt Rendsburg vom 16. August 1955, StA Rendsburg, F 262 HIAG „Sonderakte" 1954–68.

27 Vgl. Schreiben VVN Kreis Stormarn an den Bürgermeister von Rendsburg, 7. September 1955, StA Rendsburg, F 262 HIAG „Sonderakte" 1954–68.

28 Um welche Gliederung es sich handelte, ist nicht ganz klar. In einem Dokument des Rendsburger Ordnungsamtes ist lediglich von der VVN Kiel die Rede: Es könnte sich um eine landesweite Gliederung oder aber um eine lediglich auf der lokalen Ebene der schleswig-holsteinischen Landeshauptstadt angesiedelte Organisation gehandelt haben. Vgl. Vfg. Ordnungsamt Stadt Rendsburg vom 16. Oktober 1963, StA Rendsburg, F 262 HIAG „Sonderakte" 1954–68.

29 Vgl. ebd.

30 So in den folgenden Artikeln, bei denen nie ein expliziter Verfasser, sondern als Quelle die staatliche DDR-Nachrichtenagentur ADN angegeben ist: ADN/ND: SS macht Führungsansprüche geltend, Neues Deutschland vom 1. Oktober 1957. ADN/ND: Rasner fordert Posten für SS-Angehörige, Neues Deutschland vom 23. September 1958. ADN/ND: Revanchegeschrei im Auftrage Bonns, Neues Deutschland vom 31. Oktober 1961; ADN: SS-Aufmarsch in Rendsburg Neues Deutschland vom 22. Oktober 1962, oder ADN: Empörendes SS-Treffen, Neues Deutschland vom 26. Oktober 1964.

31 ADN/ND: SS macht Führungsansprüche geltend, Neues Deutschland vom 1. Oktober 1957.

32 Vgl. VVN, Landesverband Schleswig-Holstein, an den Landrat des Kreises Rendsburg; sowie Flugblatt der VVN „Hört auf damit", StA Rendsburg, F 262 HIAG „Sonderakte" 1954–68.
Darüber hinaus ist eine Antwort der Stadt Rendsburg an den VVN-Landesverband Hamburg archiviert, die belegt, dass diese Gliederung das Verbot der Veranstaltung gefordert hatte; vgl. Abschrift Schreiben Bürgermeister von Rendsburg an den VVN-Landesverband Hamburg, Datum nicht überliefert, StA Rendsburg, F 262 HIAG „Sonderakte" 1954–68.

33 Es handelte sich um das *Defence Comittee for Victims of Nazi Persecution*, in der deutschsprachigen Presse üblicherweise als „Verteidigungskomitee für Opfer der Naziverfolgung" bezeichnet. So in (lno): Britischer Protest gegen HIAG-Treffen in Rendsburg, Schleswig-Holsteinische Landeszeitung vom 19.

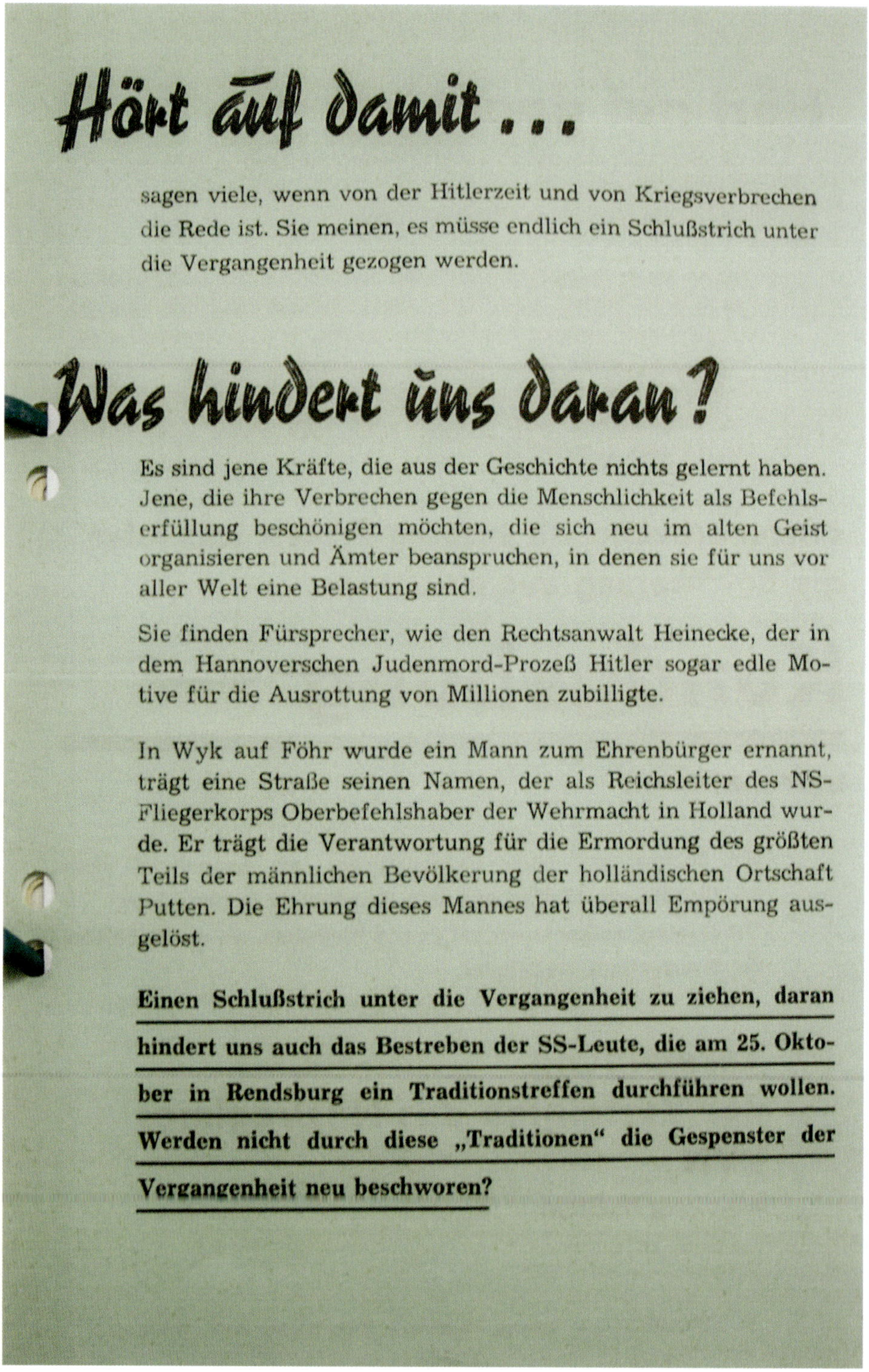

Hört auf damit ...

sagen viele, wenn von der Hitlerzeit und von Kriegsverbrechen die Rede ist. Sie meinen, es müsse endlich ein Schlußstrich unter die Vergangenheit gezogen werden.

Was hindert uns daran?

Es sind jene Kräfte, die aus der Geschichte nichts gelernt haben. Jene, die ihre Verbrechen gegen die Menschlichkeit als Befehlserfüllung beschönigen möchten, die sich neu im alten Geist organisieren und Ämter beanspruchen, in denen sie für uns vor aller Welt eine Belastung sind.

Sie finden Fürsprecher, wie den Rechtsanwalt Heinecke, der in dem Hannoverschen Judenmord-Prozeß Hitler sogar edle Motive für die Ausrottung von Millionen zubilligte.

In Wyk auf Föhr wurde ein Mann zum Ehrenbürger ernannt, trägt eine Straße seinen Namen, der als Reichsleiter des NS-Fliegerkorps Oberbefehlshaber der Wehrmacht in Holland wurde. Er trägt die Verantwortung für die Ermordung des größten Teils der männlichen Bevölkerung der holländischen Ortschaft Putten. Die Ehrung dieses Mannes hat überall Empörung ausgelöst.

Einen Schlußstrich unter die Vergangenheit zu ziehen, daran hindert uns auch das Bestreben der SS-Leute, die am 25. Oktober in Rendsburg ein Traditionstreffen durchführen wollen. Werden nicht durch diese „Traditionen" die Gespenster der Vergangenheit neu beschworen?

Als eine der ersten Organisationen überhaupt protestierte die Vereinigung der Verfolgten des Nazi-Regimes (VVN) bereits in den 1950er Jahren gegen die Rendsburger HIAG-Treffen …

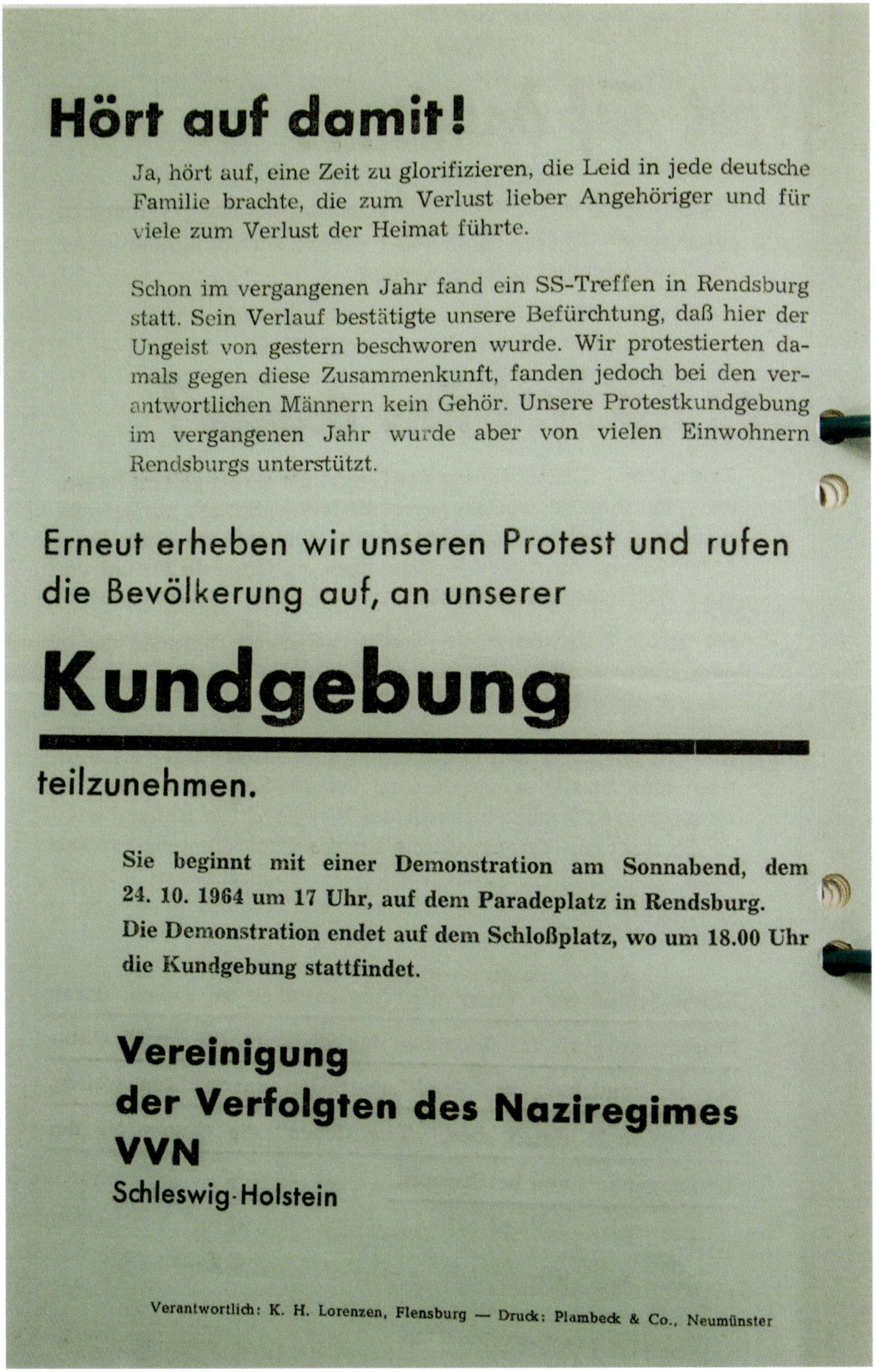

Hört auf damit!

Ja, hört auf, eine Zeit zu glorifizieren, die Leid in jede deutsche Familie brachte, die zum Verlust lieber Angehöriger und für viele zum Verlust der Heimat führte.

Schon im vergangenen Jahr fand ein SS-Treffen in Rendsburg statt. Sein Verlauf bestätigte unsere Befürchtung, daß hier der Ungeist von gestern beschworen wurde. Wir protestierten damals gegen diese Zusammenkunft, fanden jedoch bei den verantwortlichen Männern kein Gehör. Unsere Protestkundgebung im vergangenen Jahr wurde aber von vielen Einwohnern Rendsburgs unterstützt.

Erneut erheben wir unseren Protest und rufen die Bevölkerung auf, an unserer

Kundgebung

teilzunehmen.

Sie beginnt mit einer Demonstration am Sonnabend, dem 24. 10. 1964 um 17 Uhr, auf dem Paradeplatz in Rendsburg. Die Demonstration endet auf dem Schloßplatz, wo um 18.00 Uhr die Kundgebung stattfindet.

Vereinigung der Verfolgten des Naziregimes VVN
Schleswig-Holstein

Verantwortlich: K. H. Lorenzen, Flensburg — Druck: Plambeck & Co., Neumünster

… 1964 verteilte sie ein Flugblatt mit der Forderung „Hört auf damit!" (Nachweis: StA Rendsburg, F 262 HIAG „Sonderakte" 1954–68)

prominenten Förderern[34] zu Wort, der sich jedoch nicht an den Rendsburger Bürgermeister, sondern direkt an Bundeskanzler Erhard mit der Forderung wandte, „alle SS-Treffen zu verbieten".[35]

Auch in Rendsburg selbst regte sich mit dem Veranstaltungstag Protest gegen die HIAG. So beschrieb der Rendsburger Bürger Ernst von Rosenbladt der Verwaltung unter Bezugnahme auf Schreiben, die er aus den skandinavischen Staaten sowie aus England erhalten habe, fast prophetisch die Befürchtung, „daß solche Treffen dem Ruf unserer Stadt sehr abträglich sind, daß Rendsburg durch sie eine traurige Berühmtheit erlangen kann."[36] Mit Hinweis auf die Rolle der Waffen-SS, die sich, anders als von der HIAG vertreten, von der Gesamt-SS nicht separieren lasse, brachten elf Lehrkräfte der Rendsburger Herderschule dieselbe Sorge zum Ausdruck. In ihrem Schreiben verwiesen sie überdies auf die Rezeption der Treffen in Rendsburgs französischer Partnerstadt: „Der Senat möge bedenken, wie man es beispielsweise in Vierzon auffassen wird, daß angesichts des Auschwitz-Prozesses in Frankfurt zur Feier eines SS-Treffens in Rendsburg vom Senat die mittlere Stadtbeflaggung angeordnet wird."[37]

Darüber hinaus entbrannte in den Schulen und – ausgelöst durch einen Protest-Leserbrief einer Gruppe überwiegend junger Menschen – eine Debatte in der Presse, in der sich verschiedene Meinungen diametral gegenüberstanden. Beredtes Beispiel ist die am 14. November 1964 in der *Schleswig-Holsteinischen Landeszeitung* erschienene Leserbriefseite „Wir JUNGEN schreiben", die vollständig der HIAG-Diskussion gewidmet war.[38] Ganz allgemein zeigen die Beispiele, dass die nationalsozialistische Vergangenheit – auch sensibilisiert durch den Frankfurter Auschwitz-Prozess[39] – vor allem von der jüngeren Generation zunehmend kritisch hinter-

---

Oktober 1964; sowie in diversen Artikeln in Neues Deutschland, zum Beispiel: ADN-Korr./ND.: Naziopfer rufen Öffentlichkeit zum Protest gegen Hetzkundgebungen auf, Neues Deutschland vom 19. April 1964; ADN: Gegen Knorr-Prozeß, Neues Deutschland vom 4. Mai 1964; oder ADN-Korr./ND: Verjährungsproteste aus England, Neues Deutschland vom 12. April 1965.

34 So die Friedensnobelpreisträger Lord Russell und Lord Boyd-Orr, der Dramatiker Arnold Wesker sowie nicht näher benannte „linksgerichtete Labour-Abgeordnete"; vgl. (Ino): Britischer Protest gegen HIAG-Treffen in Rendsburg, Schleswig-Holsteinische Landeszeitung vom 19. Oktober 1964; fast wortgleich im auf identischem Ino-Material basierenden Bericht O. V.: Briten protestieren, Kieler Nachrichten vom 22. Oktober 1964.

35 Vgl. (Ino): Britischer Protest gegen HIAG-Treffen in Rendsburg, Schleswig-Holsteinische Landeszeitung vom 19. Oktober 1964.

36 Schreiben Ernst von Rosenbladt an den Bürgermeister von Rendsburg, 25. Oktober 1964, StA Rendsburg, F 262 HIAG „Sonderakte" 1954–68.

37 Schreiben Studienrat Dr. Edward Hoop und zehn weitere Unterzeichner an den Bürgermeister von Rendsburg, 29. Oktober 1964, StA Rendsburg, F 262 HIAG „Sonderakte" 1954–68.

38 (Leserbrief-)Seite „Wir JUNGEN schreiben": Die HIAG-Diskussion geht weiter, Schleswig-Holsteinische Landeszeitung vom 14. November 1964. Nicht alle Briefe der Seite stammen von jungen Lesern, wie die Redaktion in den einleitenden Worten unterstreicht. Darin geht sie ebenfalls auf die virulente Debatte ein, die sich insbesondere unter jungen Menschen, so auch in den Schulen, entwickelt hatte.

39 Aleida Assmann spricht von einem „Crescendo der Holocaust-Erinnerung", die stetig zugenommen habe. Assmann macht alle 20 Jahre bedeutende Wegmarken aus. Den Frankfurter Auschwitz-Prozess 1963–65 wertet sie nach dem Kriegsende 1945 als zweite Stufe des Crescendos; vgl. Aleida Assmann: Das neue Unbehagen an der Erinnerungskultur. Eine Intervention. 2. Aufl., München 2016, S. 56f. Ausführlich zum Prozess und die zeitgenössische ambivalente Haltung der deutschen Bevölkerung siehe Devin Owen Pendas: The Frankfurt Auschwitz Trial, 1963–1965: Genocide, History, and the Limits of the Law. Cambridge 2006.

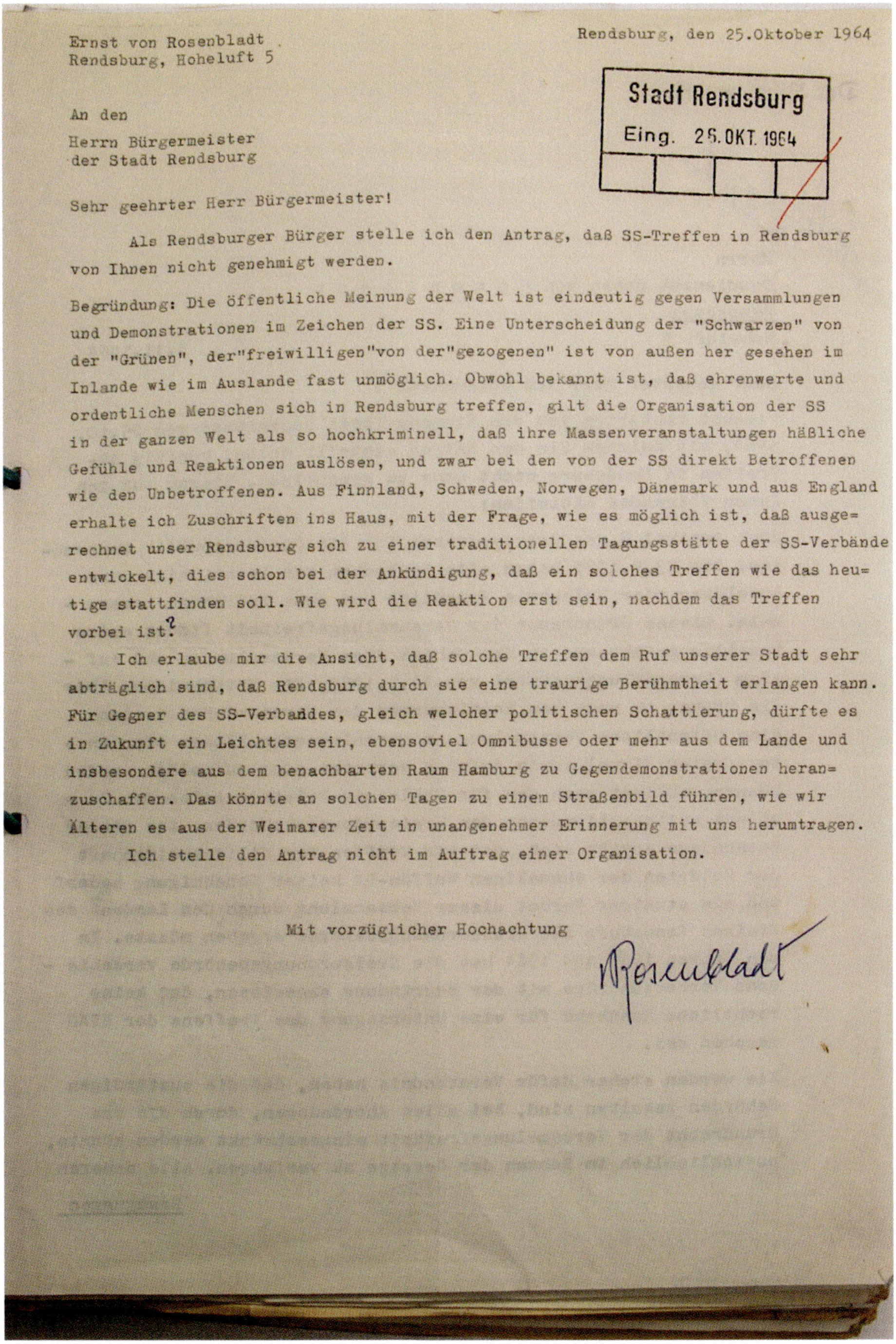

Ernst von Rosenbladt
Rendsburg, Hoheluft 5

Rendsburg, den 25.Oktober 1964

Stadt Rendsburg
Eing. 26.OKT.1964

An den
Herrn Bürgermeister
der Stadt Rendsburg

Sehr geehrter Herr Bürgermeister!

Als Rendsburger Bürger stelle ich den Antrag, daß SS-Treffen in Rendsburg von Ihnen nicht genehmigt werden.

Begründung: Die öffentliche Meinung der Welt ist eindeutig gegen Versammlungen und Demonstrationen im Zeichen der SS. Eine Unterscheidung der "Schwarzen" von der "Grünen", der"freiwilligen"von der"gezogenen" ist von außen her gesehen im Inlande wie im Auslande fast unmöglich. Obwohl bekannt ist, daß ehrenwerte und ordentliche Menschen sich in Rendsburg treffen, gilt die Organisation der SS in der ganzen Welt als so hochkriminell, daß ihre Massenveranstaltungen häßliche Gefühle und Reaktionen auslösen, und zwar bei den von der SS direkt Betroffenen wie den Unbetroffenen. Aus Finnland, Schweden, Norwegen, Dänemark und aus England erhalte ich Zuschriften ins Haus, mit der Frage, wie es möglich ist, daß ausgerechnet unser Rendsburg sich zu einer traditionellen Tagungsstätte der SS-Verbände entwickelt, dies schon bei der Ankündigung, daß ein solches Treffen wie das heutige stattfinden soll. Wie wird die Reaktion erst sein, nachdem das Treffen vorbei ist?

Ich erlaube mir die Ansicht, daß solche Treffen dem Ruf unserer Stadt sehr abträglich sind, daß Rendsburg durch sie eine traurige Berühmtheit erlangen kann. Für Gegner des SS-Verbandes, gleich welcher politischen Schattierung, dürfte es in Zukunft ein Leichtes sein, ebensoviel Omnibusse oder mehr aus dem Lande und insbesondere aus dem benachbarten Raum Hamburg zu Gegendemonstrationen heranzuschaffen. Das könnte an solchen Tagen zu einem Straßenbild führen, wie wir Älteren es aus der Weimarer Zeit in unangenehmer Erinnerung mit uns herumtragen.

Ich stelle den Antrag nicht im Auftrag einer Organisation.

Mit vorzüglicher Hochachtung

Rosenbladt

Der Rendsburger Bürger Ernst von Rosenbladt wandte sich mit einem Antrag an den Bürgermeister, die HIAG-Treffen nicht zu genehmigen. Als Begründung führte er die Sorge an, Rendsburgs Ruf könne international beschädigt werden: „Die öffentliche Meinung der Welt ist eindeutig gegen Versammlungen und Demonstrationen im Zeichen der SS." (Nachweis: StA Rendsburg, F 262 HIAG „Sonderakte" 1954–68) fragt wurde: In Rendsburg bestätigt sich, was Peter Graf Kielmannsegg auf der Basis von Umfragen in den 1960er Jahren für Deutschland insgesamt konstatiert: Die Nachkriegsgeneration beurteilte den Nationalsozialismus deutlich kritischer als die älteren Generationen.[40] Dennoch decken die in den Leserbriefen geäußerten Meinungen eine breite Palette ab. Sie reichen vom Hinweis auf die Waffen-SS „mit ihrem einsatzfreudigen, tapferen Verhalten während des ganzen Krieges"[41] bis hin zum flammenden Appell: „Nicht noch einmal soll ein SS-Treffen in

WIR JUNGEN schreiben – WIR JUNGEN schreiben – WIR JUNGEN schreiben – WIR JUNGEN schreiben – WIR

Die HIAG-Diskussion geht weiter

Am Sonntag, dem 25. Oktober, traf sich die „Hilfsgemeinschaft der Soldaten der Waffen-SS" (HIAG) zum 10. Male zu ihrem Nordmarktreffen in Rendsburg. Am Montag darauf veröffentlichte die Landeszeitung auf der Lokal-Seite einen Bericht über diese Veranstaltung. Einige als Zitate kenntlich gemachte Passagen – „Waffen-SS leistete heeresgleichen Dienst" oder „Die Waffen-SS hat mit den Auschwitz-Verbrechen nichts zu tun" – veranlaßte eine Gruppe vornehmlich junger Leute zum Schreiben eines Leserbriefes. Drei ihrer Sprecher suchten sogar die LZ-Redaktion auf. Einerseits, um der Landeszeitung „Beschönigung" vorzuwerfen, andererseits, um die Gründe für den Leserbrief zu erläutern. Das Schreiben wurde am Sonnabend, dem 31. Oktober, im Lokalteil veröffentlicht. Die „Beschönigung" nahmen die Delegierten zurück. Weil sie dahinterkamen, daß die oben angeführten Aussprüche lediglich zitiert worden waren. In den darauffolgenden Tagen trafen weitere Leserzuschriften ein. Und in den Schulen wurde (und wird?) unter den jungen Leuten heftig über das HIAG-Treffen diskutiert. Weil sich besonders die Jugend zu Wort meldete, bringen wir heute auf der Seite WIR JUNGEN Auszüge aus den Briefen. Obwohl sie nicht nur von Jugendlichen stammen.

Schlußfolgerung geradezu grotesk

Herr Peter Schmidt, Student, glaubt im Namen weiterer 18 seiner Kommilitonen (trifft nicht zu – Red.) gegen das Treffen der Waffen-SS in Rendsburg Stellung nehmen zu müssen. Er geht dabei von der Überlegung aus, daß viele dieser ehemaligen SS-Soldaten zwar Idealisten waren, andere jedoch auch in den Konzentrationslagern Dienst getan hätten und daß daher auch der Name der Waffen-SS mit den dort verübten Greueln unauslöschlich verbunden sei. Seine weiteren Ausführungen lassen seine Aversion gegenüber Männern der Waffen-SS erkennen.

Dazu wäre von mir folgendes zu sagen: Es gibt m. W. ca. 900 000 Angehörige der Waffen-SS, von welchen ca. 300 000 gefallen sind. Allein diese beiden Zahlen beweisen den sehr hohen Blutzoll, den die Männer der Waffen-SS gebracht haben, und sie beweisen weiterhin die hervorragende kämpferische Haltung dieser Verbände. Die Zahl der Männer der Waffen-SS, die in Konzentrationslager abkommandiert oder sich freiwillig dorthin gemeldet haben, dürfte gegenüber den 900 000 Angehörigen dieser Elitetruppe sehr gering sein. Daraus den Schluß zu ziehen – wie Herr Schmidt es tut – daß darum der Name der Waffen-SS „unauslöschlich" mit den Geueln in den Konzentrationslagern verbunden sei, ist geradezu grotesk!

Der Name der Waffen-SS ist vielmehr mit ihrem einsatzfreudigen, tapferen Verhalten während des ganzen Krieges unauslöschlich verbunden. Aber das festzustellen, dürfte es Herrn Schmidt und seinen Mitstudenten wohl an den notwendigen Kenntnissen – ganz zu schweigen von persönlichen Erfahrungen – mangeln. Herr Schmidt sollte bedenken, daß es unbillig ist, den Männern der Waffen-SS nicht zuzugestehen, daß sie in den 19 Jahren seit der Beendigung des Krieges nicht zu guten Demokraten geworden wären. Wir gestehen eine Wandlung in den politischen Anschauungen – und das sehr mit Recht – jedem zu, der von einer Partei zur anderen überwechselt, auch denen, die früher einmal für eine kommunistische Diktatur eintraten. Beispiele brauche ich wohl nicht anzuführen.

Gerade von Studenten erwartet man doch logisches Denken, allerdings vorausgesetzt, daß sie eine Sache auch bis zum Ende durchdenken. Es ist bedauerlich, wenn man sich darin getäuscht sieht.

Rudolf Sinnhuber, Hohenwestedt

In einer Demokratie ungefährlich

Meines Wissens besteht dieses Treffen seit mehreren Jahren in Rendsburg. Aber in diesem Jahr gab es erhitzte Diskussionen durch den Protest des VVN und des englischen „Verteidigungskomitees für Opfer der Naziverfolgung". Ein Leserbrief erschien, mit dem ich nicht einverstanden bin.

Ich zitiere: „Im Ausland lösen diese Namen noch heute bittere Erinnerungen und Empörungen aus, und sie beleben immer wieder Ressentiments gegenüber unserer demokratischen Haltung." Wäre es nicht logischer, wenn das Ausland Ressentiments gegen unsere Demokratie bei einem Verbot dieser Treffen hätte? Es wäre ausgesprochen gegen die demokratische Ordnung, in der wir Versammlungsfreiheit haben, jeder, ein Verbot zu erlassen. Schon das Verbot der KP war ein Verstoß. Da wir in einer Demokratie leben, sind diese Herren ungefährlich, solang wir Demokraten sind. Selbstverständlich bindet diese Männer die Idee und die Vergangenheit zusammen, und sie wird es immer tun, bis diese Idee durch das Nachwachsen unserer Generation nicht mehr ist.

Dieser „Ungeist" von gestern lebt nicht mit unserer Hilfe weiter, er lebt neben uns her, und das können wir nicht vermeiden.

Hinrich Eichmeier, Rendsburg

Auszug aus der Leserbriefseite „Wir Jungen schreiben", Schleswig-Holsteinische Landeszeitung vom 14. November 1964: Das HIAG-Treffen 1964 entfachte in Rendsburg eine virulente Debatte über den Umgang mit der NS-Vergangenheit, an der sich vor allem junge Leser mit Leserbriefen beteiligten.

40 Vgl. Peter Graf Kielmannsegg: Lange Schatten. Vom Umgang der Deutschen mit der nationalsozialistischen Vergangenheit. Berlin 1989, S. 74.

41 Leserbrief von Rudolf Sinnhuber: Schlußfolgerung geradezu grotesk.

Rendsburg stattfinden! Wissen Sie nicht, daß Schleswig-Holstein das Dorado für ehemalige Nazis ist? Muß Rendsburg die Hochburg sein?"[42]

Der Verfasser dieses Briefes spielte auf den Ruf des Bundeslandes an, mit der NS-Vergangenheit besonders nachlässig umgegangen und ein beliebtes Rückzugsgebiet für Alt-Nazis geworden zu sein. Eine derartige „Sonderentwicklung" Schleswig-Holsteins, ausgelöst durch die starke Migrationsbewegung 1944 bis 1948 mit etwaigen vergangenheitspolitischen Folgen, lässt sich laut Uwe Danker und Astrid Schwabe nicht zweifelsfrei belegen:

„Ob Schleswig-Holstein dabei wirklich die oft behauptete ‚Sonderentwicklung' durchmachte, [...] lässt sich empirisch abgesichert nicht abschließend beantworten, allenfalls vermuten. Aber dass das Land in den 1950er und 1960er Jahren besonders konsequent umsetzte, was die westdeutsche Gesellschaft insgesamt auszeichnete, nämliche personelle Kontinuitäten und entsprechende Verdrängung der Vergangenheit, ist offenkundig."[43]

Für die These des Sonderwegs wiederum spricht die Tatsache, dass der Schleswig-Holsteinische Landtag in den 1950er und 1960er Jahren eine deutlich höhere Quote ehemaliger NSDAP-Mitglieder aufwies als die Parlamente der anderen Bundesländer.[44]

Aufgrund der auch in der jungen Generation virulent geführten Debatten nahm sich der Stadtjugendring Rendsburg des Themas an: Es wurde ein Arbeitskreis „HIAG" gegründet,[45] um den Dingen jenseits von „tendenziöser Forschung" auf den Grund zu gehen.[46] Wie ein Brief des 1. Vorsitzenden Olaf Follster an HIAG-Landessprecher Willy Schäfer belegt, setzte sich der Arbeitskreis mit verschiedenen Facetten des Themas auseinander, kam jedoch zu keinem klaren Ergebnis. „Im Grunde bleibt ein Schleier der Ungewissheit", so Follsters Fazit.

Diese konkreten Rendsburger Beispiele stützen die Aussage von Karsten Wilke, die Veteranen der Waffen-SS hätten in weiten Bevölkerungskreisen der Bundesrepublik lange Zeit den Ruf, „Soldaten wie andere auch" gewesen zu sein[47], besessen – ein Bild, das die HIAG selbst auch immer wieder propagierte. Im Lauf der 1960er Jahre, und somit genau zu der Zeit, als auch in Rendsburg die ersten nennenswerten Proteste zu verzeichnen waren, wandelte sich allmählich das Bild der Waffen-SS in breiten Teilen der Bevölkerung zu der Ansicht, wie sie bis heute vorherrschend ist: Wie keine andere militärische Organisation symbolisiert die Waffen-SS als Teilmenge der gesamten SS die Verbrechen des Nationalsozialismus.[48] Die HIAG stand, entgegen ihrer eigenen Bekundungen, längst nicht vollständig auf dem Boden des Grund-

---

42 Anonymer Leserbrief, der Name des Verfassers war nur der Redaktion bekannt: O. V.: Rendsburg die Hochburg?

43 Dazu ausführlicher Uwe Danker/Astrid Schwabe: Volksgemeinschaft in der Region. Schleswig-Holstein und der Nationalsozialismus. Husum 2022, S. 468–486, Zitat S. 486.

44 Dazu ausführlich Uwe Danker/Sebastian Lehmann-Himmel (Hrsg.): Landespolitik mit Vergangenheit. Geschichtswissenschaftliche Aufarbeitung der personellen und strukturellen Kontinuität nach 1945 in der schleswig-holsteinischen Legislative und Exekutive. Husum 2017.

45 Vgl. O. V.: Jetzt HIAG-Arbeitskreis, Schleswig-Holsteinische Landeszeitung vom 23. Januar 1965. Im Bericht wird der 2. Vorsitzende des Stadtjugendrings Rendsburg, Olaf Follster, zitiert, dem das sehr ehrgeizige Ziel des Arbeitskreises bewusst war: „Wir wollen nur Klarheit – soweit wir sie zu schaffen vermögen."

46 Vgl. Schreiben Stadtjugendring Rendsburg, 1. Vorsitzender, an HIAG-Landessprecher Willy Schäfer, 5. August 1965, StA Rendsburg, F 262 HIAG „Sonderakte" 1954–68.

47 Vgl. Wilke: Waffen-SS, S. 158.

48 Vgl. ebd., S. 157.

gesetzes. Wie Hermann Weiß empirisch nachgewiesen hat, waren bis zur Auflösung der Organisation im Jahr 1992 rechtsextreme, systemoppositionelle und antisemitische Einstellungen sehr weit verbreitet.[49] Diese Erkenntnis wird ebenfalls zur Distanzierung der breiten Bevölkerung und von Teilen der politischen Eliten von der HIAG beigetragen haben.

Die Haltung der politischen Eliten zur HIAG

Im Rendsburger Beispiel manifestiert sich dieser Wandel besonders deutlich am Verhalten der Sozialdemokratie: War der SPD-Landtagsabgeordnete Walter Stams 1964 noch der Ansicht, „die HIAG müsse der Öffentlichkeit klarmachen, daß die Waffen-SS mit jener Unrechtsorganisation der allgemeinen SS nichts gemein habe"[50], votierte die SPD-Fraktion im Rendsburger Senat ein Jahr später gegen die Vermietung der Nordmarkhalle an die HIAG[51] und forderte ferner ein Verbot des Schweigemarsches.[52] Auch der engere Landesvorstand der SPD Schleswig-Holstein nahm sich des HIAG-Themas an und forderte unmittelbar vor dem „Nordmarktreffen" 1965 die HIAG in der Presse auf, „unmißverständlich Stellung" zu nehmen und „von Deutschen begangene Kriegsverbrechen und Verbrechen gegen die Menschlichkeit zu verurteilen"[53], um sich im Anschluss an das „Nordmarktreffen" bei der HIAG erneut über die Presse für die klaren Äußerungen zu bedanken.[54] Im Zuge der Berichterstattung über dieses Treffen entbrannte zudem eine Debatte über ein vermeintliches Grußtelegramm des Hamburger Bundestagsabgeordneten und stellvertretenden SPD-Fraktionsvorsitzenden Helmut Schmidt, dem späteren Bundeskanzler: Nachdem mehrere Medien, unter anderem *Die Zeit*, die *Schleswig-Holsteini-*

49 Vgl. Hermann Weiß: Alte Kameraden von der Waffen-SS. Ist die HIAG rechtsextrem? In: Wolfgang Benz: Rechtsextremismus in der Bundesrepublik. Voraussetzungen, Zusammenhänge, Wirkungen. Aktual. Neuausgabe, Frankfurt 1993, S. 202–212. Weiß stellt die Ambivalenz der Organisation heraus: das Bekenntnis zum bundesdeutschen Staat bei gleichzeitiger Pflege von Kontinuitäten sowie ein aus Leserbriefen abzuleitendes, mutmaßlich weit verbreitetes rechtsextremes Gedankengut unter ihren Mitgliedern. Zu diesem Thema auch Wilke: Hilfsgemeinschaft, S. 426f.

50 (G): Waffen-SS will nur ihr Recht, Kieler Nachrichten vom 26. Oktober 1964.

51 Vgl. Sitzung des Senats der Stadt Rendsburg vom 11. Oktober 1965, StA Rendsburg, F 262 HIAG „Sonderakte" 1954–68.

52 Gleichzeitig forderte die Fraktion, die Stadtbeflaggung nicht durchzuführen, was aber hinfällig war, da die Stadt wegen eines anderen Ereignisses – 75-jähriges Jubiläum des Stenografenvereins – ohnehin beflaggt werden sollte; vgl. Sitzung des Senats der Stadt Rendsburg vom 18. Oktober 1965, StA Rendsburg, F 262 HIAG „Sonderakte" 1954–68.

53 (SIB): HIAG soll Stellung nehmen, Schleswig-Holsteinische Volkszeitung vom 21. Oktober 1965; sowie – etwas gekürzt – O. V.: Klare Verhältnisse schaffen, Schleswig-Holsteinische Landeszeitung vom 21. Oktober 1965.

54 Die Schleswig-Holsteinische Landeszeitung berichtete unter Nennung der dpa als Quelle, der SPD-Pressedient habe „die Distanzierung der Waffen-SS von den KZ-Verbrechen als ein ‚gutes, ja erlösendes Wort' bezeichnet." O. V./dpa: SPD: Erfreuliche Distanzierung, Schleswig-Holsteinische Landeszeitung, 28. Oktober 1965. HIAG-Landessprecher Schäfer hatte auf dem Treffen nach übereinstimmenden Medienberichten erklärt: „Dort, wo das Verbrechen beginnt, hört für uns grundsätzlich die Kameradschaft auf." So direkt zitiert in (hpj): „Scham über die Verbrechen", Schleswig-Holsteinische Volkszeitung vom 25. Oktober 1965; sowie in (lz): Völlig ruhiger Verlauf des HIAG-Treffens, Schleswig-Holsteinische Landeszeitung vom 25. Oktober 1965; als indirektes Zitat im Konjunktiv in (G): Von Gewaltverbrechen distanziert, Kieler Nachrichten vom 25. Oktober 1965.

sche Landeszeitung und die US-amerikanische Nachrichtenagentur *United Press International* berichtet hatten, auf dem HIAG-Treffen sei ein Grußtelegramm, das Schmidt gemeinsam mit Parteifreundin MdB Annemarie Renger verfasst habe, verlesen worden,[55] empörte sich hierüber nicht nur das *Neue Deutschland*,[56] sondern auch namhafte ausländische Tageszeitungen. Die HIAG sah sich daher veranlasst, in der November-Ausgabe von *Der Freiwillige*[57], in dem auf rund 20 Seiten ausführlich über das „Nordmarktreffen" berichtet wurde, klarzustellen:

„Von ausländischer Seite – wir nennen hier die französische Zeitung ‚Le Monde' und die belgische Zeitung ‚Le Peuple' – wurde mit Empörung festgestellt, der ehemalige Hamburger Senator Helmut Schmidt und jetzige stellvertretende Fraktionsvorsitzende der SPD habe sich zum 11. Nordmarktreffen mit einem Grußtelegramm eingestellt. Wir nehmen diese Meldung zum Anlaß festzustellen, daß Herr Senator a. D. Helmut Schmidt kein Grußtelegramm geschickt hat."[58]

Schmidts Beispiel zeigt deutlich die Distanz, die sich zwischen der Organisation der Veteranen der Waffen-SS und Teilen der Politik allmählich aufgebaut hatte: Sein Umgang mit der HIAG war in früheren Jahren viel unbefangener gewesen: Er trat in den 1950er Jahren häufiger als Redner bei HIAG-Veranstaltungen auf, da die Veteranen der Waffen-SS die Fachkenntnis des ehemaligen Offiziers der Wehrmacht schätzten.[59]

Doch längst nicht alle politischen Repräsentanten änderten ihre Haltung zur HIAG. Der langjährige CDU-Bundestagsabgeordnete aus Dithmarschen, das frühere NSDAP-Mitglied Hermann Glüsing, überbrachte auf dem HIAG-Treffen 1968 in Husum die Grüße des schleswig-holsteinischen Ministerpräsidenten Lemke (CDU)[60] und forderte in einem Redebeitrag erneut,

---

55 Die US-amerikanische Nachrichtenagentur berichtete von diversen Grußtelegrammen: „nicht nur die cdu-bundestagsabgeordneten will rassner, gerhard stoltenberg, detlef struve und olaf von wrangel entsandten grusstelegramme mit artiger entschuldigung, dass dienstliche geschaefte das persoenliche erscheinen verhindere, auch telegramme, die zur [!] optimistischer betrachtung der fuenften novelle zum 131er gesetz verlockten, trafen ein. ihre absender: annemarie renger und parteifreund helmut schmidt, moeglicher spd-kanzlerkandidat bei den naechsten bundestagswahlen." upi: ss in rundumverteidigung, upi 71 inland, StA Rendsburg, F 262 HIAG „Sonderakte" 1954–68. Mehrere Medien thematisierten die Telegramme ebenfalls. Unter anderem *Die Zeit*: „Zuvor waren ‚Grußtelegramme des CDU-Wissenschaftsministers *Gerhard Stoltenberg*, des SPD-Wehrexperten *Helmut Schmidt* und des neuen CDU-Abgeordneten *Olaf von Wrangel* verlesen worden." [Hervorhebungen im Original] Strothmann: Sepp Dietrich saß auf der Empore, Die Zeit vom 29. Oktober 1965; oder – ausführlicher – die Schleswig-Holsteinische Volkszeitung: „MdB Annemarie Renger versprach objektive Prüfung der Argumente der HIAG bei der Beratung der 5. Novelle zum 131er Gesetz, MdB Helmuth [!] Schmidt Wirksamkeit ‚für gleichmäßige Gerechtigkeit zugunsten aller ehemaligen Soldaten'." (hpj): „Scham über die Verbrechen", Schleswig-Holsteinische Volkszeitung vom 25. Oktober 1965.

56 Das Neue Deutschland unterstrich die Empörung von „so angesehene[n] ausländischen[n] Zeitungen wie *Le Monde* und *Le Peuple*. Ferner berichtete die Zeitung über die Kritik am Telegramm innerhalb der SPD. Vgl. ADN: Helmut Schmidt grüßte die SS, Neues Deutschland vom 30. Oktober 1965.

57 Die Zeitschrift richtete sich an die Veteranen der Waffen-SS, unabhängig davon, ob sie in der HIAG organisiert waren. Dazu ausführlicher sowie zur Genese der Zeitschrift Wilke: Hilfsgemeinschaft, S. 56–59.

58 O. V.: Einsicht und Verständnis wachsen!, Der Freiwillige, Nr. 11, November 1965, S. 4. Sodann folgt ein Zitat aus dem Schreiben, das dieselbe Passage wie die oben erwähnte der Schleswig-Holsteinischen Volkszeitung anführt.

59 Zur Haltung von Helmut Schmidt gegenüber der Wehrmacht siehe ausführlich Wilke: Hilfsgemeinschaft, S. 339–344.

60 Helmut Lemke war selbst langjähriges NSDAP-Mitglied und als Bürgermeister von Eckernförde und Schleswig eine tragende Säule des NS-Regimes; vgl. Jessica von Seggern: Alte und neue Demokraten in

„daß zwischen den Soldaten der Waffen-SS und der politischen SS-Organisation ein Unterschied in der Beurteilung gemacht würde."[61]

Ganz ähnlich stellt sich der Fall des damaligen FDP-Landesvorsitzenden in Schleswig-Holstein, Otto Eisenmann, dar: Er blieb regelmäßiger Gast der Treffen und auf Landesebene wohl vehementester Unterstützer der HIAG-Anliegen. 1965 kritisierte er die unten thematisierte Entscheidung des Senats der Stadt Rendsburg, der HIAG nicht die Nordmark-Halle zur Verfügung zu stellen, laut Pressebericht mit den Worten: „Es ist eigenartig, wenn eine Organisation, die sich auf den Boden der Demokratie stellt, 20 Jahre nach Kriegsende vom Senat einer Stadt so diffamiert wird."[62] Noch 1968 erklärte Eisenmann, inzwischen schleswig-holsteinischer Landesminister für Arbeit, Soziales und Vertriebene, auf dem HIAG-Treffen in Husum:

„Es muß endlich Schluß gemacht werden mit der Diffamierung der Angehörigen der Hilfsgemeinschaft der ehemaligen Waffen-SS; denn sie haben nichts gemein mit denen, die sich vielleicht noch heute als Mörder vor Gericht zu verantworten hätten."[63]

Am Beispiel der Liberalen wird auch die in den 1960er Jahren vorherrschende Zerrissenheit der Bevölkerung gegenüber der HIAG deutlich: Während Eisenmann die HIAG hoffierte, protestierte der Liberale Studentenbund in der Bundeshauptstadt Bonn mit einer Erklärung gegen das Rendsburger HIAG-Treffen des Jahres 1965, in der er unter anderem bedauerte, „dass vertreter von bundesparteien [...] grußbotschaften verlasen." Ferner ließ er verlauten: „der liberale studentenbund widersprach [...] der Auffassung, die waffen-ss sei ein rein militaerischer verband gewesen. die neuere forschung habe diese these widerlegt."[64]

Das Treffen 1965 – Höhepunkt der Proteste im In- und Ausland

Das Rendsburger HIAG-Treffen 1965 erfuhr immenses öffentliches Interesse im In- und Ausland: Nachdem die Debatte einmal losgetreten war, sollte sie Ausmaße annehmen, die im Jahr 1964 wohl weder HIAG-Sprecher Schäfer, der sich in einem Brief an Bürgermeister Beisenkötter dafür bedankte, trotz der Proteste standhaft geblieben zu sein,[65] noch der Empfänger des Schreibens vorausgeahnt hatten. Befeuert wurde sie durch die simple Frage des Veranstaltungsortes: Da der frühere Tagungsort nicht zur Verfügung stand, stellte HIAG-Landessprecher

Schleswig-Holstein. Demokratisierung und Neubildung einer politischen Elite auf Kreis- und Landesebene 1945 bis 1950, Stuttgart 2005, S. 214.

61 O. V.: Waffen-SS der früheren Wehrmacht gleichstellen, Schleswig-Holsteinische Landeszeitung vom 8. Oktober 1968.

62 Der Bericht basiert auf Ino-Material, ein expliziter Verfasser wird jedoch nicht angegeben. O. V.: Eisenmann bedauert „Fehlentscheidung", Schleswig-Holsteinische Volkszeitung vom 10. September 1965.

63 O. V.: „Schluß mit Diffamierung der Angehörigen der ehemaligen Waffen-SS", Schleswig-Holsteinische Landeszeitung vom 12. Oktober 1968; zur politischen Biografie Eisenmanns siehe Landtagsinformationssystem Schleswig Holstein, http://lissh.lvn.ltsh.de/cgi-bin/starfinder/0?path=samtflmore.txt&id=fastlink&pass=&search=ID%3D1371&format=WEBVOLLLANG (zuletzt aufgerufen: 29. Mai 2023).

64 dpa: liberaler studentenbund kritisiert hiag-treffen, dpa 80 id, StA Rendsburg, F 262 HIAG „Sonderakte" 1954–68.

65 Vgl. Schreiben HIAG-Landessprecher Schäfer an den Bürgermeister von Rendsburg, 29. Oktober 1964, StA Rendsburg, F 262 HIAG „Sonderakte" 1954–68. Das Schreiben wurde auch im Senat verlesen; vgl. Sitzung des Senats der Stadt Rendsburg vom 2. November 1964, StA Rendsburg, F 262 HIAG „Sonderakte" 1954–68.

Gegen das HIAG-Treffen 1965 fanden öffentliche Proteste statt. Die Demonstranten, die laut Polizeibericht aus Hamburg und den großen Städten Schleswig-Holsteins kamen, erinnerten an die von der SS begangenen Verbrechen: Viele von ihnen trugen Protest-Schilder mit der Anzahl der Toten in den einzelnen Konzentrationslagern. (Nachweis: AGIS-Pressedienst Hamburg, StA Rendsburg, F 262 HIAG „Sonderakte" 1954–68)

Schäfer den Antrag an die Stadt Rendsburg, das „Nordmarktreffen" in der städtischen Nordmarkhalle durchführen zu dürfen.[66] Der Senat lehnte den Antrag zunächst mit vier zu vier Stimmen ab,[67] revidierte seine Entscheidung aber nach einer Intervention des Ersten Sprechers der Arbeitsgemeinschaft der Kriegsopfer- und der Kriegsteilnehmer-Verbände Schleswig-Holstein, Friedrich Ferdinand Prinz zu Schleswig-Holstein,[68] einer Pressemitteilung des FDP-Landesvorsitzenden Otto Eisenmann, in der dieser die „Fehlentscheidung" monierte,[69] und eines Schreibens von HIAG-Sprecher Schäfer, in dem dieser darum bat, die Entscheidung noch einmal zu überprüfen.[70] Schließlich votierte der Senat der Stadt Rendsburg mit fünf zu vier Stimmen dafür, der HIAG doch die Nordmarkhalle zu überlassen.[71]

Die Episode löste eine wahre Flut an Protesten aus: Nicht weniger als 78[72] Schreiben gegen die HIAG-Veranstaltung des Jahres 1965 erreichten das Rendsburger Rathaus.[73] Lediglich gut 30 Briefe stammten aus Westdeutschland. Die anderen kamen aus west- und osteuropäischen Ländern, aus der DDR und aus Israel.[74] Die Verfasser waren Privatpersonen, Vereine und Verbände von NS-Opfergruppen oder Widerstandskämpfern[75] und ausschließlich im Falle Ost-

66 Vgl. Schreiben HIAG-Landessprecher Schäfer an den Bürgermeister von Rendsburg, 25. August 1965, StA Rendsburg, F 262 HIAG „Sonderakte" 1954–68.

67 Vgl. Sitzung des Senats der Stadt Rendsburg vom 30. August 1965, StA Rendsburg, F 262 HIAG „Sonderakte" 1954–68.

68 Siehe Schreiben Friedrich Ferdinand zu Schleswig-Holstein an den Bürgermeister von Rendsburg, 8. September 1965, StA Rendsburg, F 262 HIAG „Sonderakte" 1954–68.

69 Vgl. O. V.: Eisenmann bedauert „Fehlentscheidung", Schleswig-Holsteinische Volkszeitung vom 10. September 1965.

70 Vgl. Schreiben HIAG-Landessprecher Schäfer an den Bürgermeister von Rendsburg, 25. August 1965, StA Rendsburg, F 262 HIAG „Sonderakte" 1954–68.

71 Vgl. Sitzung des Senats der Stadt Rendsburg vom 13. September 1965, StA Rendsburg, F 262 HIAG „Sonderakte" 1954–68.

72 Die von Wilke angeführte Zahl von mehr als 20 Vereinigungen, die laut *Neue Ruhr Zeitung* ein Verbot des Treffens gefordert hatten, ist stark untertrieben. Vgl. Wilke: Hilfsgemeinschaft, S. 341. Die Unterlagen aus dem Stadtarchiv Rendsburg belegen, dass sich rund 50 Organisationen zu Wort gemeldet hatten, die fast alle forderten, das Nordmarktreffen zu untersagen; siehe Jürgen Dierkes: „Ménage à trois" im Ost-West-Konflikt: Städtepartnerschaften zwischen westdeutschen, französischen und ostdeutschen Kommunen von den 1950er Jahren bis zum Fall der Mauer. Stuttgart, im Ersch., Anhang II.14. Statistik: Protestschreiben gegen die HIAG-Treffen an die Stadt Rendsburg: Die statistischen Daten wurden aus StA Rendsburg, F 262 HIAG „Sonderakte" 1954–68 systematisch zusammengetragen.

73 Diese Briefe sind teilweise in der Sonderakte HIAG des Stadtarchivs Rendsburg dokumentiert. Die meisten Briefe trafen vor der Veranstaltung ein, weitere – wohl eine direkte Folge der breiten medialen Aufarbeitung des Ereignisses – erst nach dem Treffen. Das Rathaus registrierte die Absender, die fast alle eine Antwort erhielten, in einer Liste. Dennoch ist nicht vollkommen auszuschließen, dass es neben den dokumentierten weitere Briefe gab, die in der Sonderakte nicht erfasst wurden. Siehe StA Rendsburg, F 262 HIAG „Sonderakte" 1954–68.

74 Siehe Dierkes: Ménage, Anhang II.14. Statistik: Protestschreiben.

75 Einige Beispiele: Niederlande: Verenigt Verzet 1940–45, Nederlands Auschwitz Comité; Großbritannien: Defence Comittee for Victims of Nazi Persecution; Österreich: Bund der Opfer des politischen Freiheitskampfes in Tirol, KZ-Gemeinschaft Dachau, Bundesverband Österreichischer Widerstandskämpfer und Opfer des Faschismus; Polen: Hauptvorstand des Verbandes der Kämpfer für Freiheit und Demokratie; Ungarn: Magyar Partizán Szövetség; Frankreich: Union des Juifs pour la Résistance et L'Entr'Aide, Association des Déportés et Internés Résistants et Patriotes de l'Yonne et des Familles des Disparus, Association Départementale des Familles des Fusillés et Disparus des Déportés et Internés Résistants et

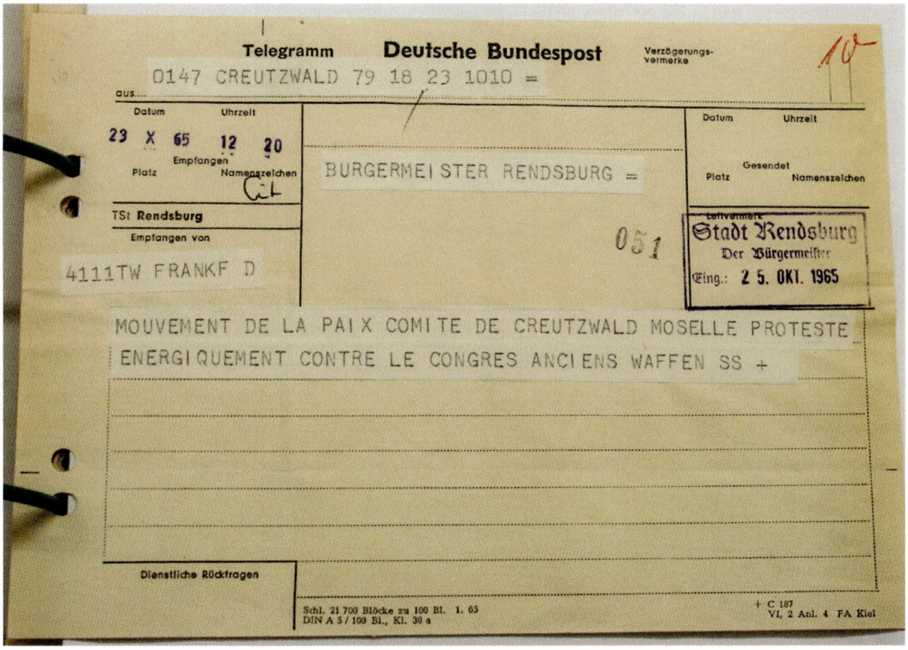

Telegramm Deutsche Bundespost
Verzögerungs-vermerke
aus 0147 CREUTZWALD 79 18 23 1010 =
Datum Uhrzeit
23 X 65 12 20
Empfangen
Platz Namenszeichen
TSt Rendsburg
Empfangen von
4111TW FRANKF D
BURGERMEISTER RENDSBURG =
051
Datum Uhrzeit
Gesendet
Platz Namenszeichen
Stadt Rendsburg
Der Bürgermeister
Eing.: 25. OKT. 1965
MOUVEMENT DE LA PAIX COMITE DE CREUTZWALD MOSELLE PROTESTE ENERGIQUEMENT CONTRE LE CONGRES ANCIENS WAFFEN SS +
Dienstliche Rückfragen
Schl. 21 700 Blöcke zu 100 Bl. 1. 65
DIN A 5 / 100 Bl., Kl. 30 a
C 187
VI, 2 Anl. 4 FA Kiel

Rendsburgs Engagement für die deutsch-französische Verständigung litt unter der HIAG-Debatte erheblich. Das belegt exemplarisch ein Telegramm aus dem lothringischen Creutzwald an den Rendsburger Bürgermeister: Das örtliche Komitee des Mouvement de la paix, einer französischen Friedensbewegung, in der sich vor allem ehemalige kommunistische Widerstandskämpfer engagierten, protestierte „energisch gegen den Kongress der ehemaligen Waffen-SS". (Nachweis: StA Rendsburg, F 262 HIAG „Sonderakte" 1954–68)

deutschlands auch Personen mit einem offiziellen Amt.[76] So schickten beispielsweise Bürgermeister Schmidt, Pasewalk,[77] und Bürgermeister Hahn, Friedland in Mecklenburg (DDR), Protestbriefe, letzterer auch mit persönlicher Ansprache an Bürgermeister Beisenkötter, dass er ihn „auf Grund unseres persönlichen Kennenlernens [...] als einen real-denkenden und humanistisch-handelnden Menschen schätze"[78]. Die Schreiben fielen ganz unterschiedlich aus: mal kurz und knapp, mal ausführlich, mal sachlich-argumentativ, mal polemisch-emotional. So machte beispielsweise der Verfasser eines Briefes aus den Niederlanden seinem Ärger Luft:

Patriotes du Rhône; Luxemburg: Reveil de la Résistance; Dänemark: Sammenslutningen if Erhvervshaenmede fra Frihedskampfen; Israel: Union Antinazistischer Kämpfer Israels; DDR: Komitee der Antifaschistischen Widerstandskämpfer in der Deutschen Demokratischen Republik; Bundesrepublik: Verband demokratischer Widerstandskämpfer und Verfolgter, Landesverband Schleswig-Holstein. Vereinzelt meldeten sich auch Vereinigungen zu Wort, die keinen derart unmittelbaren Bezug zum Zweiten Weltkrieg oder zum Nationalsozialismus hatten, so zum Beispiel die Naturfreundejugend Deutschlands, Bezirk Hamburg, oder die National Union of Mineworkers, South Wales Area (Großbritannien), StA Rendsburg, F 262 HIAG „Sonderakte" 1954–68.

76 Vgl. Dierkes: Ménage, Anhang II.14. Statistik: Protestschreiben.

77 Vgl. Schreiben Bürgermeister Stadt Pasewalk an den Bürgermeister von Rendsburg, 12. September 1966.

78 Schreiben Bürgermeister der Gemeinde Friedland i. M. an den Bürgermeister von Rendsburg, 19. Oktober 1965, StA Rendsburg, F 262 HIAG „Sonderakte" 1954–68.

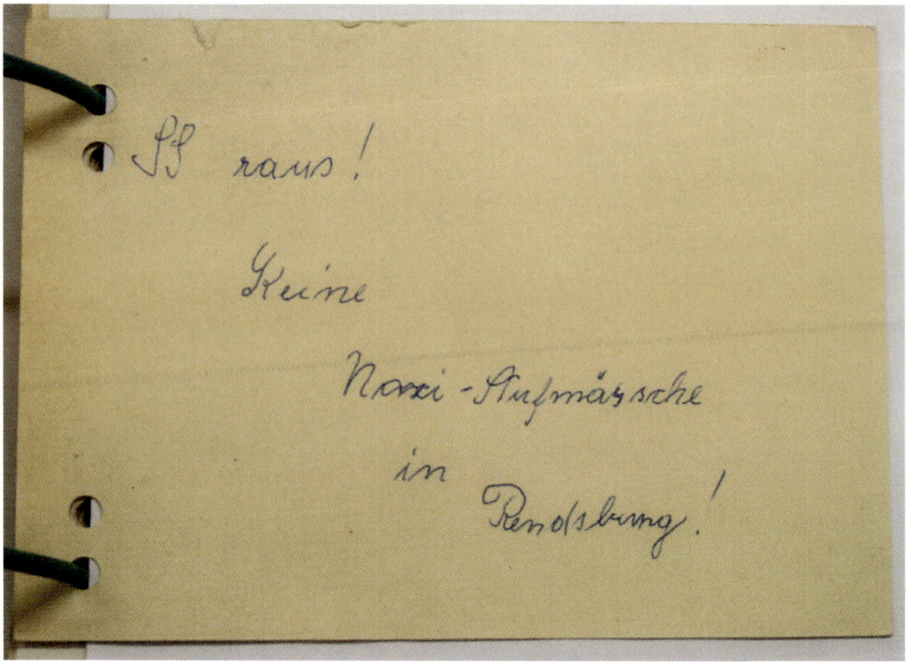

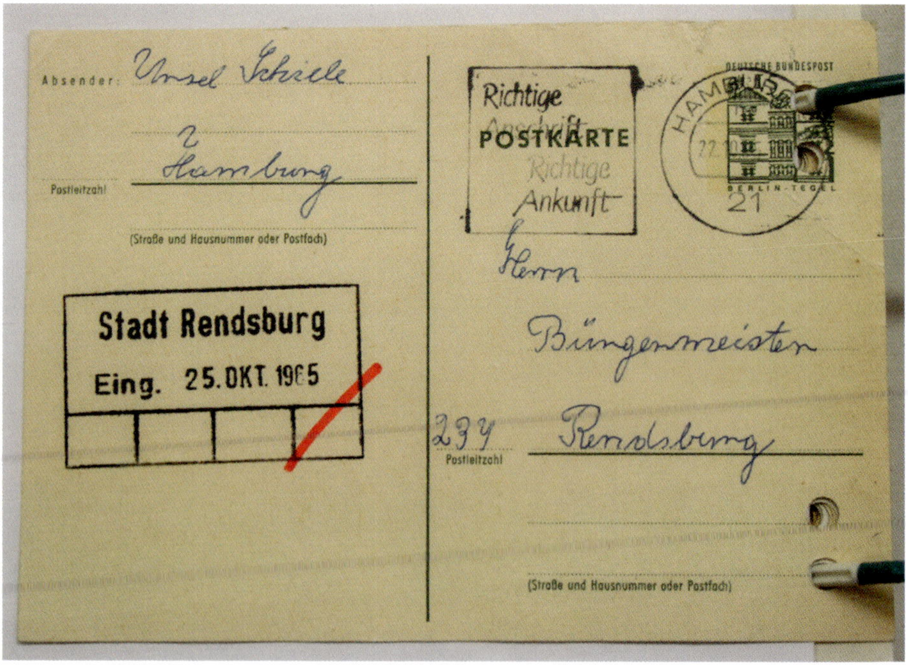

Zahlreiche Protestschreiben aus dem In- und Ausland trafen in Rendsburg ein. Sie waren sehr unterschiedlicher Natur: ausführlich argumentiert oder kurz und knapp, sachlich gehalten oder polemisch. Die Hamburgerin Ursel Schiele entschied sich für zwei emotionale Aufforderungssätze, in denen sie die HIAG mit der SS und den Nazis gleichsetzte. (Nachweis: StA Rendsburg, F 262 HIAG „Sonderakte" 1954–68)

„Herr Bürgermeister, bleiben Sie bitte in Ihre [!] Gemeinde und kommen niemals nach den Niederlanden. [...] Wir sind bereit zu vergessen, Herr Bürgermeister, aber in Ihrem Fall ist ‚not the right man on the right place' [...]."[79]

Ein Deutsch-Amerikaner wies Beisenkötter darauf hin, dass die im Ausland lebenden Deutschen unter der Rendsburger Entscheidung, das HIAG-Treffen „von Nazi-Schweinen, welche Deutschland verunreinigt, entehrt und beschaemt haben", zuzulassen, zu leiden hätten und forderte ihn auf, eine Stellungnahme wenn nicht in der amerikanischen Presse, so doch in der dortigen deutschsprachigen Presse abzugeben, „[...] wenn Sie nicht derselben Meinung sind wie diese Nazis welche in Ihrer Stadt Revancheluesterne [!] Reden gehalten haben."[80] Die verheerende Wirkung der Treffen im Ausland thematisierte auch ein in den USA lebender Student aus Münster:

„Da wagt ausgerechnet die SS, in aller Oeffentlichkeit zu behaupten, sie haette von nichts gewusst! Welche Reaktionen das im Ausland hervorrufen muss, war doch wohl im Voraus abzusehen. Wir verhaften junge Kommunisten, die aus der Zone in die BRD einreisen, und schieben sie ab; aber ein Treffen dieser KZ-Bewacher und Hitlertreuen wird gestattet. Durch dieses Treffen ist wieder ein kleines Stueck aus unserem so schwer errungenen Ansehen in der Welt herausgebrochen worden."[81]

Ganz anders fiel die Meinung einiger Claqueure aus, die sich ebenfalls – wenn auch in geringer Anzahl – zu Wort meldeten. So dankte ein Mann aus Senden im Bayern dem Rendsburger Bürgermeister, „daß mir Ihr in der BRD einmaliges und deshalb so beachtliches und schätzenswertes Verhalten Hoffnung gibt, daß wieder Recht und Anständigkeit in unsrem Volke wirksam wird."[82] Ähnlich äußerte sich ein Schweizer:

„Deutschland muss einmal aufhören mit den ‚Kriegsverbrechen'. Deutschland kämpfte um seine Existenz. [...] Deutschland muss sich rein waschen von der Kriegsschuld. Die heutige Generation ist daran nicht schuld, so wenig wie ein Sohn für die Taten des Vaters. Dies damit es nicht ewig das Odium der Kriegsschuld mit sich, auf sich herumschleppt."

Eine Frau aus dem benachbarten Eckernförde bot schriftlich an, ein oder zwei Teilnehmer des HIAG-Treffens bei sich zu Hause zu beherbergen,[83] und eine Frau aus der Nähe des westfälischen Lübbecke fragte im Sommer 1966 schriftlich an, ob in diesem Jahr wieder ein „Treffen von der Waffen SS" [Schreibweise in den von der SS verwendeten Siegesrunen, der Verfasser] stattfinde, da sie ihren vermissten Bruder suche, der bei der SS gewesen sei.[84]

---

79 Schreiben C. J. Damme, Kortgene, Niederlande, an den Bürgermeister von Rendsburg, 26. Oktober 1965, StA Rendsburg, F 262 HIAG „Sonderakte" 1954–68.

80 Schreiben N. v. Th., ohne Absenderangabe, abgestempelt in Yonkers, USA, an den Bürgermeister von Rendsburg, 31. Oktober 1965, StA Rendsburg, F 262 HIAG „Sonderakte" 1954–68.

81 Schreiben Franz-J. Schwaag, Kalamazoo, USA, an den Bürgermeister von Rendsburg, 25. Oktober 1965, StA Rendsburg, F 262 HIAG „Sonderakte" 1954–68.

82 Schreiben Emil Frisch, Senden/Iller, an den Bürgermeister von Rendsburg, 25. Oktober 1965, StA Rendsburg, F 262 HIAG „Sonderakte" 1954–68.

83 Vgl. Schreiben Bürgermeister von Rendsburg an Erika Janzen, Eckernförde, 21. Oktober 1965, StA Rendsburg, F 262 HIAG „Sonderakte" 1954–68.

84 Vgl. Schreiben Alma Finke, Büscherheide, an den Bürgermeister von Rendsburg, 30. August 1966, StA Rendsburg, F 262 HIAG „Sonderakte" 1954–68.

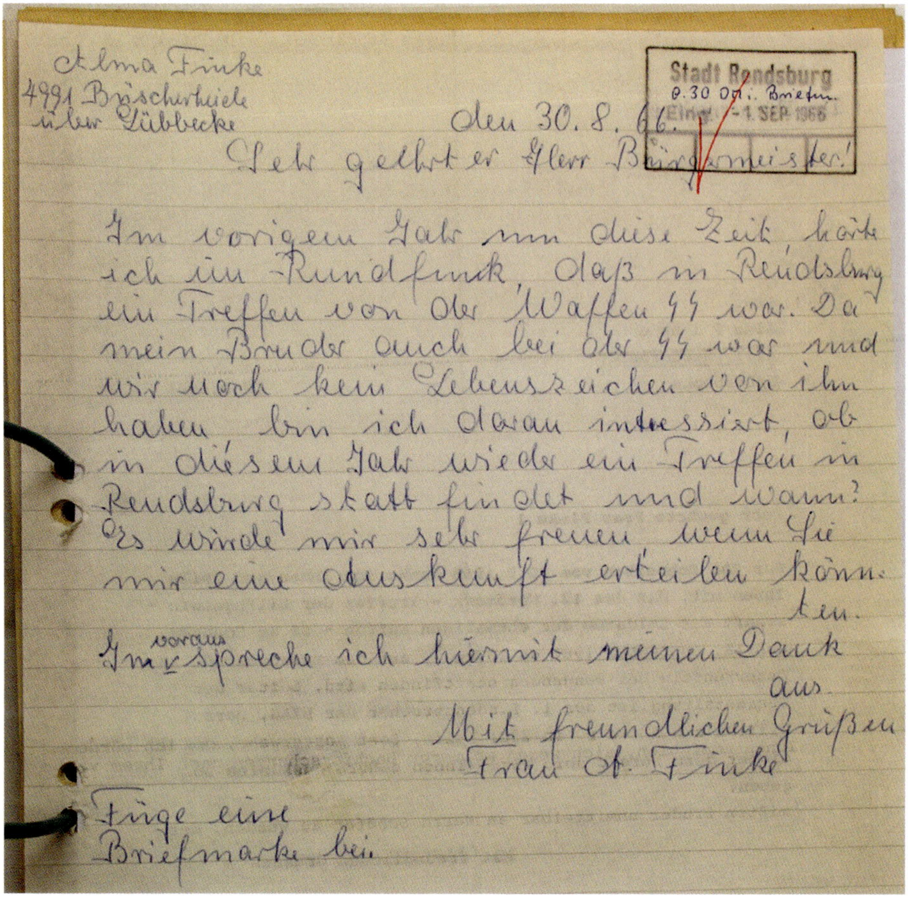
Alma Finke
4991 Brüscherheide
über Lübbecke

Stadt Rendsburg
0.30 Ord. Briefm.
Eing.: 1. SEP 1966

den 30. 8. 66.

Sehr geehrter Herr Bürgermeister!

Im vorigen Jahr um diese Zeit, hörte ich im Rundfunk, daß in Rendsburg ein Treffen von der Waffen SS war. Da mein Bruder auch bei der SS war und wir noch kein Lebenszeichen von ihm haben bin ich daran interessiert, ob in diesem Jahr wieder ein Treffen in Rendsburg statt findet und wann? Es würde mir sehr freuen wenn Sie mir eine Auskunft erteilen können.

Im voraus spreche ich hiermit meinen Dank aus.

Mit freundlichen Grüßen
Frau A. Finke

Füge eine Briefmarke bei.

Eine Frau erkundigte sich im Sommer 1966 beim Rendsburger Bürgermeister, ob in diesem Jahr wieder ein „Treffen von der Waffen SS" stattfinde.
In dem handschriftlichen Brief verwendete die Frau – vermutlich unreflektiert – die zur NS-Zeit übliche Schreibweise der SS in germanischen Siegesrunen: ein Beleg, wie sehr die NS-Zeit die Frau geprägt und wie wenig Distanz sie in den 20 Jahren seit Kriegsende zum Nationalsozialismus aufgebaut hatte.
(Nachweis: StA Rendsburg, F 262 HIAG „Sonderakte" 1954–68)

An den Protesten gegen die HIAG-Treffen beteiligten sich Massenorganisationen wie die Gewerkschaft ÖTV und der DGB im Kreis Rendsburg. Die ÖTV hob in einem Schreiben ihre breite Basis hervor, in dem sie auf „tausende von Gewerkschaftsmitgliedern in Rendsburg" hinwies, die ggf. nicht davon abgehalten werden könnten, eine Protestkundgebung gegen die HIAG zu veranstalten. Sie teilte ferner mit, das Schreiben der Presse zukommen zu lassen.[85] Der DGB-Kreisvorstand kritisierte in einem Pressebericht die Revision der Senatsentscheidung. Er erinnerte an Presse-, Rundfunk- und Fernsehkampagnen zu früheren HIAG-Treffen in Rends-

85 Vgl. Schreiben ÖTV, Kreisverwaltung Neumünster/Rendsburg, 27. September 1965, StA Rendsburg, F 262 HIAG „Sonderakte" 1954–68.

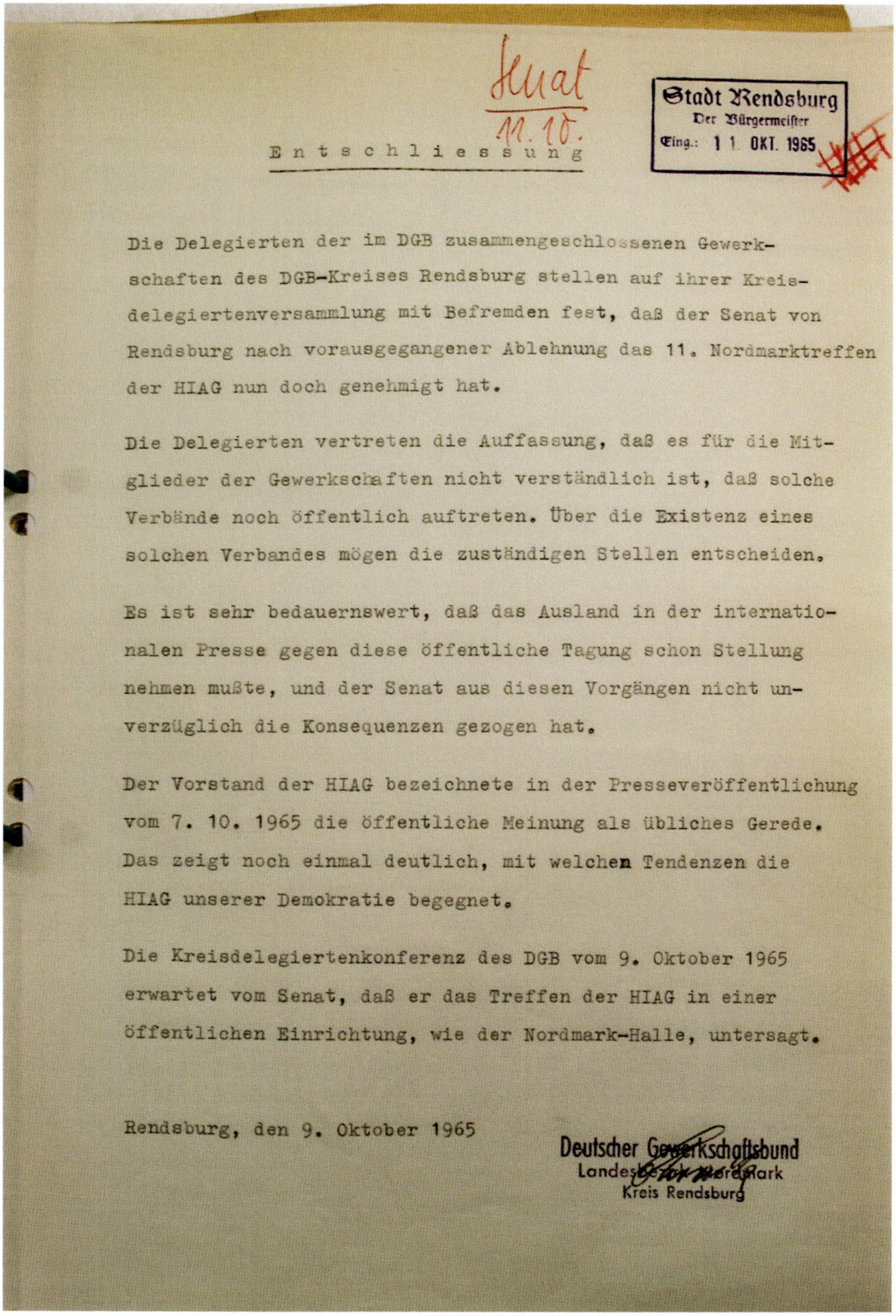

Senat 11.10.

Stadt Rendsburg
Der Bürgermeister
Eing.: 11. OKT. 1965

Entschliessung

Die Delegierten der im DGB zusammengeschlossenen Gewerkschaften des DGB-Kreises Rendsburg stellen auf ihrer Kreisdelegiertenversammlung mit Befremden fest, daß der Senat von Rendsburg nach vorausgegangener Ablehnung das 11. Nordmarktreffen der HIAG nun doch genehmigt hat.

Die Delegierten vertreten die Auffassung, daß es für die Mitglieder der Gewerkschaften nicht verständlich ist, daß solche Verbände noch öffentlich auftreten. Über die Existenz eines solchen Verbandes mögen die zuständigen Stellen entscheiden.

Es ist sehr bedauernswert, daß das Ausland in der internationalen Presse gegen diese öffentliche Tagung schon Stellung nehmen mußte, und der Senat aus diesen Vorgängen nicht unverzüglich die Konsequenzen gezogen hat.

Der Vorstand der HIAG bezeichnete in der Presseveröffentlichung vom 7. 10. 1965 die öffentliche Meinung als übliches Gerede. Das zeigt noch einmal deutlich, mit welchen Tendenzen die HIAG unserer Demokratie begegnet.

Die Kreisdelegiertenkonferenz des DGB vom 9. Oktober 1965 erwartet vom Senat, daß er das Treffen der HIAG in einer öffentlichen Einrichtung, wie der Nordmark-Halle, untersagt.

Rendsburg, den 9. Oktober 1965

Deutscher Gewerkschaftsbund
Landesbezirk Nordmark
Kreis Rendsburg

Die DGB-Delegiertenkonferenz im Kreis Rendsburg drückte 1965 ihr Befremden über dem Beschluss des Senats der Stadt Rendsburg aus, die Nordmarkhalle nach ursprünglicher Ablehnung doch für das HIAG-Treffen bereitzustellen. Sie forderte, derartige Treffen in öffentlichen Einrichtungen zu untersagen. Der gewerkschaftliche Protest belegt, dass die kritische Auseinandersetzung mit der NS-Vergangenheit die Mitte der Gesellschaft erreicht hatte. (Nachweis: StA Rendsburg, F 262 HIAG „Sonderakte" 1954–68) burg, die „nicht zum Vorteil der Stadt" gewesen seien.[86] Die Delegierten des DGB-Kreises Rendsburg verabschiedeten zudem eine Entschließung, in der gefordert wurde, das HIAG-Treffen in der Nordmarkhalle zu untersagen.[87] Ferner traf sich der DGB-Kreisvorsitzende Karl Noack zu einem Gespräch mit Bürgermeister Beisenkötter im Rathaus. Im Anschluss gab er eine kritische Pressemitteilung heraus, in der sich nicht nur um den Ruf Rendsburgs sorgte, das auf dem besten Wege sei, „Hauptstadt der HIAG" zu werden, sondern überdies dem Senat der Stadt fehlenden „Mut zur politischen Entscheidung" vorwarf.[88] Scharf fiel auch das Urteil der IG Metall aus, die in einem Artikel in ihrer Mitgliederzeitung das „SS-Treffen in Rendsburg" geißelte und mit Blick auf die kritische Berichterstattung ausländischer Journalisten anmerkte: „In diesen Tagen können wir in ihren Blättern lesen, was man von der Bundesrepublik und ihrer unbewältigten Vergangenheit hält."[89] Das gewerkschaftliche Engagement belegt anschaulich, wie sehr der Widerstand gegen die HIAG vom linken politischen Rand auch in Rendsburg schlagartig in die Mitte der Gesellschaft vorgerückt war.

Die Stadt Rendsburg reagierte auf die Forderungen nach Unterbindung des Treffens, wie sie in vielen der Schreiben erhoben wurde, mit einer Stellungnahme des Senats,[90] die sowohl an die Presse[91] als auch an die Verfasser der eingegangenen Protestbriefe[92] versandt wurde. Darin wurde sinngemäß erklärt, die HIAG sei ein eingetragener Verein, der nicht von den zuständigen Bundes- oder Landesministerien verboten worden sei. Da bislang noch keiner Organisation die Nutzung der Nordmarkhalle verwehrt worden sei, werde der HIAG dieses Recht ebenfalls zugestanden. Für das geforderte Verbot der Veranstaltung sei nicht die Stadt, sondern der Landrat des Kreises Rendsburg zuständig, dem die eingegangenen Protestschreiben weitergeleitet worden seien. Dabei stützte sich die Stadt Rendsburg auf die juristische Einschätzung des städtischen Oberrechtsrats[93] und hielt am revidierten Beschluss zur Überlassung der Nordmarkhalle an die HIAG fest. Gleichzeitig machte sie sich für eine Absage des polarisierenden Schweigemarsches stark. Wie sehr dieser die Gemüter erhitzte, belegt ein Pressekommentar: „Es bedarf nicht dieser Demonstration, die in unserer Zeit, milde gesagt, unpassend wirkt und unnötig ist, weil sie, wie es die Beispiele gezeigt haben, provozierend

86 Vgl. (eg): HIAG-Diskussion geht weiter, Schleswig-Holsteinische Landeszeitung vom 22. September 1965, StA Rendsburg, F 262 HIAG „Sonderakte" 1954–68.

87 Vgl. Entschließung, DGB, Kreis Rendsburg, StA Rendsburg, F 262 HIAG „Sonderakte" 1954–68.

88 Vgl. Abschrift Pressemitteilung Deutscher Gewerkschaftsbund, Kreis Rendsburg: Der Rendsburger Senat hatte keinen Mut zur politischen Entscheidung, StA Rendsburg, F 262 HIAG „Sonderakte" 1954–68.

89 O. V.: Sie wollen weiter marschieren…, Zeitung der IG Metall für die BR Deutschland, Nr. 22 vom 2. November 1965.

90 Beschlossen in der Sitzung des Senats des Senats der Stadt Rendsburg vom 18. Oktober 1965, StA Rendsburg, F 262 HIAG „Sonderakte" 1954–68. Die folgenden Informationen beziehen sich, soweit nicht anders angegeben, ebenfalls auf diese Quelle.

91 Die Erklärung wurde am 20. Oktober 1965 in der Schleswig-Holsteinischen Landeszeitung abgedruckt: Senat der Stadt Rendsburg: Vom Staat zugelassene Vereinigung. Erklärung des Rendsburger Senats zum HIAG-Treffen, Schleswig-Holsteinische Landeszeitung vom 20. Oktober 1965, StA Rendsburg, F 262 HIAG „Sonderakte" 1954–68.

92 Die Stadtverwaltung Rendsburg verfasste hierfür ein Standard-Anschreiben, dem die Stellungnahme als Anlage beigelegt wurde; siehe StA Rendsburg, F 262 HIAG „Sonderakte" 1954–68.

93 Siehe Städtischer Oberrechtsrat Dr. Reck, Vermerk vom 15. Oktober 1965, StA Rendsburg, F 262 HIAG „Sonderakte" 1954–68.

wirkt."[94] Den Stein hatte die SPD-Fraktion mit ihrem Antrag im Senat ins Rollen gebracht, den Schweigemarsch zu untersagen. Die Verwaltung entschied sich lieber für den diplomatischen Weg und schlug vor, ein Gespräch mit Landessprecher Schäfer zu führen, um eine Absage des Schweigemarschs zu erwirken.[95] Darauf ließ sich die HIAG schließlich ein.[96]

Das „11. Nordmarktreffen" am 24. Oktober 1965 verlief schließlich laut Polizeibericht „ruhig und diszipliniert"[97]. Im Bericht ist davon die Rede, dass Schauspieler des Rendsburger Stadttheaters vor der Halle demonstrierten. Am Vorabend der Veranstaltung trafen sich wie im Vorjahr auf Einladung der VVN 570 Personen, die mit Bussen aus Hamburg und den großen Städten Schleswig-Holsteins gebracht worden seien, zu einer Kundgebung. Mit dem Satz „Lediglich ein Teilnehmer wurde als Rendsburger Bürger erkannt" suggerierte der Verfasser, dass die Rendsburger Bevölkerung sich durch die Aktivität nicht angesprochen gefühlt habe.

Rendsburg und die HIAG: großes Medien-Echo in aller Welt

Die Medien im In- und Ausland hatten ein immer gößeres Interesse an dem Thema entwickelt, sodass Rendsburg eine ungewollte Aufmerksamkeit bis über den Atlantik erfuhr: Beim HIAG-Treffen 1965 war laut *Schleswig-Holsteinischer Landeszeitung* die stattliche Anzahl von rund 50 Journalisten anwesend.[98] Die ausländischen Journalisten kamen laut Bericht vorwiegend aus Skandinavien, England und den Niederlanden. Auch das Fernsehen interessierte sich für die Veranstaltung: amerikanische, englische, dänische, niederländische und deutsche Fernsehsender waren mit Teams in Rendsburg präsent. Entsprechend breit und überwiegend kritisch wurde über das Treffen berichtet.[99] So wurde in der *New York Times* der Ruf Schleswig-Hol-

94 (hn): Die Demonstration des Schweigemarsches, Schleswig-Holsteinische Landeszeitung vom 8. Oktober 1965. Zur HIAG selbst blieb der Verfasser dagegen indifferent: Er lehnte ein Pauschalurteil über die Organisation ab.

95 Vgl. Sitzung des Senats der Stadt Rendsburg vom 11. Oktober 1965, StA Rendsburg, F 262 HIAG „Sonderakte" 1954–68. In der nächsten Sitzung des Senats berichtete Beisenkötter von dem Gespräch, in dem Schäfer selbst angeboten habe, auf den Schweigemarsch zu verzichten; vgl. Sitzung des Senats der Stadt Rendsburg vom 18. Oktober 1965, StA Rendsburg, F 262 HIAG „Sonderakte" 1954–68.

96 Vgl. (G): HIAG verzichtet auf den Schweigemarsch, Kieler Nachrichten vom 20. Oktober 1965.

97 Bericht Polizeiabteilung Rendsburg-Stadt, Polizeiinspektion Rendsburg, an den Leiter der Polizeiinspektion Rendsburg, 26. Oktober 1965, StA Rendsburg, F 262 HIAG „Sonderakte" 1954–68.

98 Vgl. (lz): Völlig ruhiger Verlauf des HIAG-Treffens, Schleswig-Holsteinische Landeszeitung vom 25. Oktober 1965. Im Polizeibericht war „nur" von 30 bis 40 Reportern die Rede, darunter seien die „großen Tageszeitungen aus Kopenhagen, Amsterdam, Brüssel, Paris, London und New York sowie aus den deutschen Großstädten" gewesen. Namentlich wurden die Zeitungen New York Times, Dayly [!] Telegraph, Dagens Nyeter [!] und Amsterdamer Telegraph genannt. Vgl. Bericht Polizeiabteilung Rendsburg-Stadt, Polizeiinspektion Rendsburg, an den Leiter der Polizeiinspektion Rendsburg, 26. Oktober 1965, StA Rendsburg, F 262 HIAG „Sonderakte" 1954–68.

99 Die Stadt Rendsburg hat einige der Berichte archiviert, siehe die in diesem Beitrag genannten bzw. zitierten deutsch-, englisch- und dänischsprachigen Artikel aus dem Zeitraum vom 25. Oktober bis Anfang November 1965. Archiviert sind in Rendsburg ferner Meldungen der Nachrichtenagenturen vom 24. Oktober und 25. Oktober 1965 zum HIAG-Treffen, siehe lno: liberale studenten kritisieren hiag-treffen, lno 15; lno: hiag-treffen verlief ruhig, lno 73, lno: bundessprecher: hiag will soldatenehre wiederherstellen, lno 59/15, lno: hiag verzichtet auf totenehrung mit trommelwirbel, lno 61/15; dpa: liberaler studentenbund kritisert hiag-treffen, dpa 80 id; dpa: keine vorzensur durch hiag, dpa 177 id;

Nazi SS Veterans Cheer Former General at Meeting

Demonstrators carrying signs bearing names of Nazi concentration camps picketing reunion in Rendsburg, West Germany, of former members of northern group of Waffen SS.

Associated Press Cablephotos

Sepp Dietrich, former Nazi general, arriving at the reunion where he was cheered.

By PHILIP SHABECOFF

Special to The New York Times

RENDSBURG, Germany, Oct. 24—Eugene Schlotter, a former lieutenant colonel in the Waffen SS, the combat branch of the Nazi Elite Guard, placed a wreath this morning at an unmarked stone cross in the small cemetery here.

The inscription on the wreath said, "to our fallen comrades of the Waffen SS."

The former officer also made a short speech. "We honor our comrades who fought for their country in its darkest hour," he said, "and who died fighting for their fatherland and for freedom."

With this solemn ceremony began the annual meeting of the Mutual Assistance Society of Former Members of the Waffen SS, an organization supposedly devoted to helping the widows and orphans of members who fell during the war.

When Sepp Dietrich, a former division commander and a hero of the SS, walked into the hall, he was greeted with thunderous cheers.

The meeting, held in a cattle market hall in this small city in Schleswig-Holstein, was not primarly concerned with benevolent work. It was a nostalgic and enthusiastic

Continued on Page 9, Column 1

1965 berichteten international bekannte Tageszeitungen groß über das Rendsburger HIAG-Treffen. Die New York Times rückte die Begeisterung, die 20 Jahre nach dem Ende des Zweiten Weltkriegs für das NS-Regime immer noch bestand, in den Mittelpunkt. Das veranschaulicht bereits die Überschrift, die den Jubel der „Nazi-SS-Veteranen" für ihren ehemaligen Generaloberst Sepp Dietrich thematisierte. (Nachweis: StA Rendsburg, F 262 HIAG „Sonderakte" 1954–68) steins als „El Dorado" für Nationalsozialisten thematisiert: „[...] there had been repeated incidents involving Nazi sympathizers or ultra-nationalists in Schleswig-Holstein in recent years."[100] Die bundesdeutsche Wochenzeitung *Die Zeit* schloss ihren Bericht mit einem vernichtenden Fazit ab, in dem sie an die Verbrechen der Waffen-SS erinnerte und die von der HIAG mühsam konstruierte Trennung zwischen Waffen-SS und Gesamt-SS in Abrede stellte:

„Sie kämpften nicht nur an der Front. Viele von ihnen waren Bewacher in den Konzentrationslagern, gehörten den Mordkommandos der Einsatzgruppen an, legten das Warschauer Getto nieder, führten einen grausamen Partisanen-Rachekampf, übten in Oradour eine brutale Lynchjustiz. Auch das war die Waffen-SS. Und wenn sie heute, wie damals die erste [Hervorhebung im Original; der Verfasser] Strophe des Deutschlandliedes anstimmen [...], dann meinen sie die ‚besten Botschafter des Friedens und der Verständigung' zu sein. Was sie singen und sagen, welche Bücher sie anpreisen und welchen Vorbildern sie huldigen – zur Verständigung leisten sie nichts, und darauf, daß sie verstanden werden, warten sie darum wohl vergebens."[101]

Genauso wie Strothmann, der Verfasser des *Zeit*-Artikels, hoben auch andere Medien auf die Kontinuitäten zur NS-Zeit ab. Fast alle thematisierten den begeisterten Empfang für Sepp Dietrich, Chef der Leibstandarte Adolf Hitler.[102] Besonders deutlich wurde an die Vergangenheit in einem Bericht in der mit Rendsburg eng verbundenen dänischen Stadt Aalborg[103] erscheinenden Zeitung *Ny Tid* angeknüpft: Den Artikel über das Rendsburger HIAG-Treffen begleitete ein Foto von Heinrich Himmler und Adolf Hitler mit der Unterschrift „Fra ‚de store dage', SS-chefen Himmler i samtale med sin forer."[104]

Weitere dänischsprachige Presseorgane interessierten sich für die HIAG,[105] darunter auch die Tageszeitung der dänischen Minderheit in Schleswig-Holstein: Der *Flensborg Avis* berich-

dpa: hiag-treffen verlief ruhig, dpa 195 id; upi: ss in rundumverteidigung, upi 65 inland, upi 67 inland, upi 69 inland, upi 71 inland, StA Rendsburg, F 262 HIAG „Sonderakte" 1954–68. Ein Blick auf weitere Publikationen bundesdeutscher Medien findet sich unter Pressestimmen zum Nordmarktreffen der HIAG in Rendsburg, Der Freiwillige, Nr. 11, November 1965, S. 21–23.

100 Philip Shabecoff: Nazi SS Veterans Cheer Former General at Meeting, New York Times vom 25. Oktober 1965.

101 Strothmann: Sepp Dietrich saß auf der Empore, Die Zeit vom 29. Oktober 1965.

102 Exemplarisch siehe Nellessen: Es war nicht nur der Sepp Dietrich da..., Die Welt vom 26. Oktober 1965; Strothmann: Sepp Dietrich saß auf der Empore, Die Zeit vom 29. Oktober 1965; O. V.: Sie wollen weiter marschieren..., Zeitung der IG Metall für die BR Deutschland, Nr. 22 vom 2. November 1965; sowie Shabecoff: Nazi SS Veterans Cheer Former General at Meeting, New York Times vom 25. Oktober 1965; O. V./AP: German SS Veterans Rally Amid Protests, The Miami News vom 25. Oktober 1965.

103 Rendsburg und Aalborg arbeiteten bereits in den 1950er Jahren in der Arbeitsgemeinschaft Europastraße 3 eng zusammen. Daraus erwuchsen freundschaftliche Beziehungen zwischen beiden Städten. Vgl. Schreiben Kommunaldirektøren der Stadt Aalborg an Staatsrat Augustin Lusser, 10. Januar 1968 [aufgrund des Kontextes und des Eingangsstempels muss es sich jedoch um den 10. Januar 1969 handeln; der Verfasser]; sowie Schreiben Bürgermeister von Rendsburg an MdB Gerhard Flämig, 20. September 1968, StA Rendsburg, F 231 Europafahne 1967–73.

104 Übersetzung: „Der große Tag": SS-Chef Himmler beim Zusammentreffen mit seinem Führer. (hr): I det hyggelige Rendsborg, Ny Tid vom 31. Oktober 1965.

105 So etwa die in Kopenhagen erscheinende Tageszeitung Berlingske Tidende: O. V.: Alte SS-Kameraden til møde og festlig dans, Berlingske Tidende vom 25. Oktober 1965; oder die süddänische Jydske Tidende: O. V.: „Badenweiler"-toner til Rendsborg-mødet, Jydske Tidende vom 26. Oktober 1965.

Side 16 NY TID

I det hyggelige Rendsborg -

— og en dag kom der pludselig gæster – 1500 stk. i samlet trop til jubilæumsfest . . .

Engang var den »1. station« for mange nordjyder, der i ferierne drager sydpå. For besindige mennesker, der ikke er [illegible]efter at køre 500-600 km den [illegible]ste dag og ikke har det som [illegible] princip at nå »syd for Ham[illegible]rg«, var Rendsborg bekvem som overnatningsby. Så kom tunnelen under Ejderen, og i vor bilturismes tid gør det »kår i programmerne at skulle dreje af . . så nu kører danskerne durk igennem — eller forbi Rendsborg. For man kommer slet ikke ind i staden mere. Man sætter farten op, dykker ned i den brede, flotte tunnel og kommer ubesværet af al flodtrafik op på den anden [illegible] Ejderen og er »for alvor i Tyskland« . . Forleden [illegible] der 1500 turister, som ikke [illegible] udenom. Også en del danskere. 1500 tidligere SS-soldater mødtes i Rendsborg for at drøfte gamle minder og lytte til den klokkeklang, der klæber til bedrifter, som tiden sjældent gør mindre.

Men Rendsborg er en hyggelig by.

Den var Danmarks sydligste grænseby engang, og den er stadig det sydligste Sydslesvig. Ejderen — Danmark grænse i 1000 år, siger man, når debatten om Danmarkshistorien får et lidt patetisk tilsnit. Forøvrigt er det jo historisk rigtigt! Den danske skole i Rendsborg hedder „Ejder-skolen" og navnet ligesom understreger „Ejderen"s betydning i den grænsepolitiske terminologi. Rendsborg har meget.

Den har hygge — som f. eks. på venskabsforbindelse, der har givet mange personlige kontakter mellem de to byer. En slags besegling af et venskab, der også skulle sige, at verden og udviklingen går sin gang — også om der i perioder har været mørke punkter og måske direkte strid. For folk med stærke nationale æresfølelser og lang hukommelse kunne der måske dog være „noget" netop i forholdet til Rendsborg, hvor holstenske oprøreres erobring af den danske fæstning i 1848 gav anledning til første slesvigske krig — og hvad deraf fulgte – 1864 inclusive.

En jubilæumsdag

Men det var nutidshistorie, Hans udskilt fra det SA-bøllekorps, Hitler havde etableret med det formål at lave ballade, gadeoptøjer, jødechikaner osv. SA'erne var „de brune", der havde et hovedsæde i „Det brune Hus", som tyske industriherrer gav Hitler som hovedkvarter i München, endnu inden nazismen havde betydning i Tyskland. SS'erne blev „de sorte". I sort fra top til tå. Ifølge „Knauers Lexikon" fra 1938 blev SS i 1934 en selvstændig afdeling af det nationalsocialistiske parti i Tyskland. Himmler blev chef, korpset skulle være et elitekorps, og korpsets uniform var sort, sort lædertøj og sort uniformshue — med et sølvblank dødningshoved som „våbenartmærke". Samvittigheden hos de en-

Fra „de store dage", SS-chefen Himmler i samtale med sin fører

1.

2. Zum Vorga

HIAG

Rendsburg, den 2.11.1965

Bürgermeister

Ausschnitt aus der dänischen Zeitung *Ny Tid* mit Himmler/Hitler-Bild und handschriftlichen Grüßen, unterzeichnet mit Hans. Höchstwahrscheinlich handelte es sich um Aalborgs Kommunaldirektør Hans Nielsen. (Nachweis: StA Rendsburg, F 262 HIAG „Sonderakte" 1954–68.)

tete in den Folgetagen ausführlich über das Treffen.[106] Der Veteranenverband der Dänen in Südschleswig, Dansksindede Sydslesvigske Krigsdeltagere (DSK), veröffentlichte in dem Blatt eine Resolution, die es an klaren Worten nicht fehlen ließ:

„2. Sowohl mit Verwunderung als auch mit Widerwillen sehen wir, daß eine südschleswigsche Stadt wie Rendsburg, die an der modernen Europastraße 3 und an dem völkerverbinden-

106 Siehe Semper: „Kammerater af i går, men statsborgere af i dag", Flensborg Avis vom 25. Oktober 1965, und O. V.: Stævnet i Rendsborg, Flensborg Avis vom 26. Oktober 1965.

den Kanal liegt, eine Stadt die darüber hinaus der Sitz einer NATO-Organisation ist und damit dänische Soldaten beherbergt, sich nicht davon abhalten läßt, eine feste Versammlungsstätte für Mitglieder ehemaliger SS-Formationen zu sein. Eine Stadt in welcher – wie es leider in Rendsburg geschehen konnte – ein SS-General wie der Hitler sehr nahe stehende Sepp Dietrich als Ehrengast bei einer SS-Veranstaltung auftreten kann, kann kaum damit rechnen, daß sie einen positiven Beitrag zu einem echten europäischen Gemeinschaftswerk leistet."[107]

Die Resolution spiegelt die Widersprüche wider, die sich bei einem Blick von außen auf das Rendsburg der 1960er Jahre aufdrängen: auf der einen Seite die Stadt der „SS-Veranstaltungen" und somit der Pflege lebendiger Kontinuitäten zum dunkelsten Kapitel deutscher Geschichte, auf der anderen Seite das Ansinnen Rendsburgs, durch die aktive Mitarbeit im Projekt „Europastraße 3"[108] und seine Pionierrolle in der deutsch-französischen Verständigung den europäischen Einigungsprozess aktiv mitzugestalten und voranzubringen. Schon 1955, nur zehn Jahre nach Kriegsende, und als eine der ersten norddeutschen Kommunen überhaupt, schloss Rendsburg eine Städtepartnerschaft mit einer französischen Kommune, der in Zentralfrankreich gelegenen Industriestadt Vierzon. In diesem Zuge wurde außerdem ein Jugendaustausch ins Leben gerufen.[109]

Der DSK legte mit seinem Fazit, in dem er Rendsburg diesen angestrebten „positiven Beitrag" absprach, den Finger in eine offene Wunde. Vor allem im Ausland konnten die Berichte über die HIAG-Veranstaltungen einen Eindruck mit bitterem Beigeschmack mit dem Tenor, der Nationalsozialismus ist in Westdeutschland wieder auf dem Vormarsch und die Stadt Rendsburg ist die Hochburg, erzeugen. Wie es Rendsburger Bürger 1964 vorausgesagt hatten, hatte die Reputation der Kreisstadt am Nord-Ostsee-Kanal über die Grenzen Deutschlands und gar Europas hinaus erheblichen Schaden genommen. Zu dieser Erkenntnis kam auch Bürgermeister Beisenkötter selbst. In einem Vermerk über ein Gespräch mit HIAG-Landessprecher Willy Schäfer im Juli 1966 wird er wie folgt wiedergegeben:

„In der in- und ausländischen Presse sei der Name unserer Stadt ständig in negativer Form erwähnt worden. Dadurch seien die Beziehungen zu unseren ausländischen Schwesterstädten getrübt worden; auch hätten Rendsburger Touristen und Kaufleute wiederholt berichtet, daß sie private und geschäftliche Nachteile dadurch erlitten hätten, daß sie aus der ‚neuen Hauptstadt der Bewegung' stammten."[110]

In dem Gespräch wurde vor allem geklärt, dass die HIAG für das Treffen des Jahres 1966 eine Lokalität suchen werde, die „nicht im Hoheitsgebiet der Stadt Rendsburg" liegt.[111] Die Treffen der HIAG fanden schließlich in den Jahren 1966 und 1967 in einer privat bewirtschafteten Halle auf dem in der Gemeinde Osterrönfeld gelegenen Messegelände der Stadt Rends-

107 DSK: Resolution zu Hinrichtungen, Rendsburger SS-Treffen und Dönitz, Südschleswig'sche Heimatzeitung vom 13. November 1965. In dänischer Sprache wurde sie im Flensborg Avis abgedruckt. Siehe DSK: Eksekutioner, Rensborg, Dönitz, Flensborg Avis vom 12. November 1965.

108 Siehe dazu die sehr ausführliche Dokumentation im StA Rendsburg, Rep-E 216 bis Rep-E 245a Europastraße.

109 Dazu ausführlich Pfeil: Rendsburg (wie FN 117); sowie die Kapitel II. 1.1. ,1.2. In: Dierkes: Ménage.

110 Aktenvermerk Bürgermeister Beisenkötter, 14. Juli 1966, StA Rendsburg, Städtepartnerschaft Vierzon F 636 Bd. 1.

111 Vgl. ebd.

burg statt.[112] Trotz des Ortswechsels trafen im Jahr 1966 erneut viele Protestschreiben gegen das Treffen beim Bürgermeister der Stadt Rendsburg ein,[113] da Außenstehende nicht ohne Weiteres ersehen konnten, dass der Tagungsort im Rendsburger Messegelände nicht auf Rendsburger Terrain lag. Die HIAG verzichtete selbst auf diesen Hinweis: Sie kündigte in den Einladungen zu den Nordmarktreffen der Jahre 1966 und 1967 an, dass das Treffen „in Rendsburg" stattfinde.[114] Richtig aufatmen konnte die Rendsburger Stadtverwaltung wohl erst im Jahr 1968: Bürgermeister Beisenkötter teilte dem Senat in einer Sitzung mit, dass das HIAG-Treffen in diesem Jahr in Husum stattgefunden habe.[115]

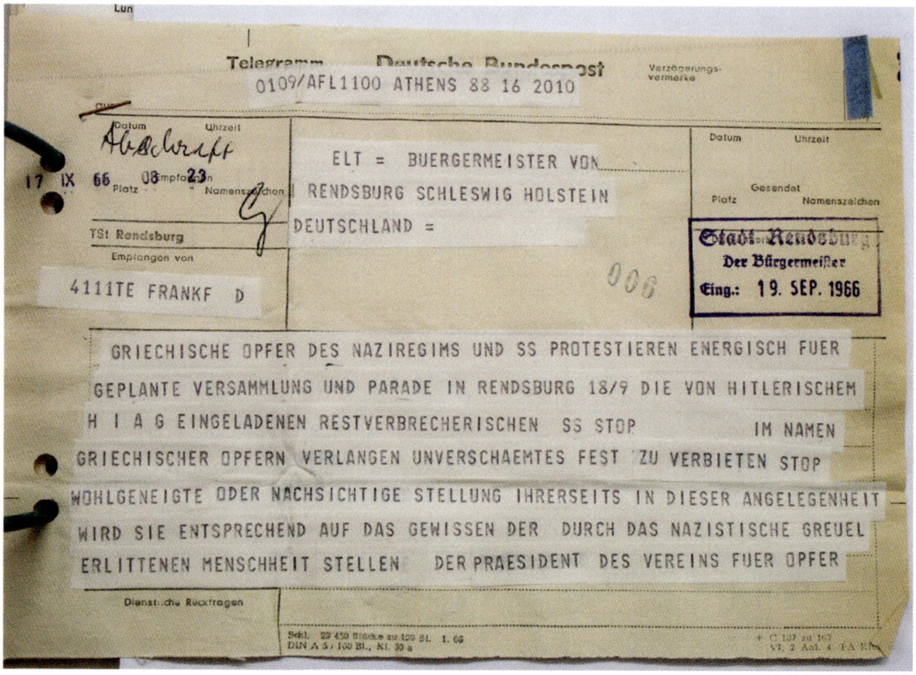
Telegramm Deutsche Bundespost
0109/AFL1100 ATHENS 88 16 2010
ELT = BUERGERMEISTER VON
RENDSBURG SCHLESWIG HOLSTEIN
DEUTSCHLAND =
TSt Rendsburg
4111TE FRANKF D
Stadt Rendsburg
Der Bürgermeister
Eing.: 19. SEP. 1966
GRIECHISCHE OPFER DES NAZIREGIMS UND SS PROTESTIEREN ENERGISCH FUER GEPLANTE VERSAMMLUNG UND PARADE IN RENDSBURG 18/9 DIE VON HITLERISCHEM H I A G EINGELADENEN RESTVERBRECHERISCHEN SS STOP IM NAMEN GRIECHISCHER OPFERN VERLANGEN UNVERSCHAEMTES FEST ZU VERBIETEN STOP WOHLGENEIGTE ODER NACHSICHTIGE STELLUNG IHRERSEITS IN DIESER ANGELEGENHEIT WIRD SIE ENTSPRECHEND AUF DAS GEWISSEN DER DURCH DAS NAZISTISCHE GREUEL ERLITTENEN MENSCHHEIT STELLEN DER PRAESIDENT DES VEREINS FUER OPFER

Trotz des Umzugs der HIAG-Treffen ins benachbarte Osterrönfeld setzte sich der Protest 1966 fort. Es trafen erneut Schreiben aus dem In- und Ausland in Rendsburg ein, wie dieses Telegramm der griechischen Opfer des Nazi-Regimes beispielhaft belegt. (Nachweis: StA Rendsburg, F 262 HIAG „Sonderakte" 1954–68)

112 Siehe dazu diverse Dokumente in StA Rendsburg, F 262 HIAG „Sonderakte" 1954–68.

113 Unzweifelhaft belegt sind 29 Schreiben. Davon stammte knapp die Hälfte – 14 – aus Frankreich. Auf dem zweiten Platz lag die DDR mit fünf Schreiben, Westdeutschland folgte mit vier Schreiben auf Platz 3. Siehe dazu die Auflistung in: Dierkes: Ménage, Anhang II.14. Statistik: Protestschreiben.

114 Vgl. Einladung 12. Nordmarktreffen 1966; sowie Einladung 13. Nordmarktreffen 1967, StA Rendsburg, F 262 HIAG „Sonderakte" 1954–68.

115 Vgl. Sitzung des Senats der Stadt Rendsburg vom 14. Oktober 1968, StA Rendsburg, F 262 HIAG „Sonderakte" 1954–68.

Die HIAG-Treffen als schwere Belastungsprobe für die Städtepartnerschaft Rendsburg – Vierzon[116]

Kurz nachdem das HIAG-Treffen des Jahres 1965 mit all seinen Protesten und ausführlichen internationalen Berichten über die Bühne gegangen war und die Stadtspitze um Bürgermeister Beisenkötter wohl der Hoffnung war, das Schlimmste überstanden zu haben, geriet Rendsburgs Städtepartnerschaft mit dem französischen Vierzon über das Thema in eine schwere Beziehungskrise.[117] Die Berichte, die im Herbst 1965 um die Welt gingen, wurden auch von der Stadtspitze in Vierzon – seit 1959 bestimmte ein Linksbündnis unter Führung des PCF[118]-Politikers und ehemaligen Widerstandskämpfers Dr. Léo Mérigot die Geschicke der Stadt – wahrgenommen. Die Rendsburger Stadtspitze erfuhr lediglich auf einem Umweg davon: Der in Poitiers wohnende, aus Rendsburg stammende Gerd-Olaf Wilken schickte einen Brief mit Eindrücken über einen Besuch in Vierzon an den Rendsburger Bürgermeister, um ihn zu informieren, dass die HIAG-Treffen in der französischen Partnerstadt sehr negativ aufgenommen worden seien. Seine Freunde hätten die Befürchtung geäußert, dass die Städtepartnerschaft nun zu Ende sei.[119] In seinem Antwortschreiben wischte Beisenkötter die Sorgen unter Hinweis auf die Fehleinschätzung der Sachlage in den Medien beiseite.[120] Mag er mit seiner formaljuristischen Beurteilung des Vorgangs in oberlehrerhaftem Duktus prinzipiell im Recht gewesen sein,[121] so war Wilken mit seiner Einschätzung der Lage in Vierzon, die er hautnah vor Ort erfahren hatte, deutlich näher an der Realität als der Rendsburger Bürgermeister. Die im Antwortbrief unterschwellig anklingende Einschätzung, das werde sich gegenüber der Stadtspitze Vierzons alles erklären lassen, ist auch deshalb erstaunlich, weil Gerd-Olaf Wilken seinem Brief eine von der Stadt Vierzon veröffentlichte Stellungnahme beigelegt hatte,[122] die es an deutli-

116 Kurzzusammenfassung des Kapitels II. 3.1.2. In: Dierkes: Ménage.

117 Eine erste Nagelprobe erfuhr das Bündnis mit dem politischen Wechsel 1959 in Vierzon: In der Folge schloss die neue Stadtspitze unter kommunistischer Führung „Freundschaftsvereinbarungen" mit dem ostdeutschen Bitterfeld. Dazu ausführlich Ulrich Pfeil: Rendsburg – Vierzon – Bitterfeld. Ein Fallbeispiel deutsch-französischer Städtepartnerschaften im Kalten Krieg. In: Henning Unverhau (Hrsg.): Zeitschrift für Schleswig-Holsteinische Geschichte 129 (2004), S. 141–161; sowie die Kapitel II. 2.1., 3.1.1. In: Dierkes: Ménage.

118 Parti Communiste Français, kommunistische Partei Frankreichs.

119 Vgl. Schreiben Gerd-Olaf Wilken an den Bürgermeister von Rendsburg, 3. November 1965, StA Rendsburg, F 262 HIAG „Sonderakte" 1954–1968.

120 Vgl. Schreiben Bürgermeister von Rendsburg an Gerd-Olaf Wilken, 3. Dezember 1965, StA Rendsburg, F 262 HIAG „Sonderakte" 1954–68. Im Schreiben legte der Bürgermeister nochmal den juristischen Standpunkt dar, dass es erstens keiner Genehmigung der Veranstaltung dieses eingetragenen Vereins bedurft hätte und dass die Vermietung per Senatsbeschluss erfolgt sei, weil dieser der Ansicht gewesen sei, alle Organisationen seien gleich zu behandeln.

121 Das belegt die Analogie zum Oberverwaltungsgerichtsurteil, das die NRW-Landeshauptstadt Düsseldorf verpflichtete, der NPD städtische Räumlichkeiten zur Verfügung zu stellen; vgl. Urteil des III. Senats des Oberverwaltungsgerichts für das Land Nordrhein-Westfalen, III A 47/68, 26. Juni 1968, StA Rendsburg, F 262 HIAG „Sonderakte" 1954–68.

122 Die Resolution ist mehrfach verbreitet worden: auf offiziellem Briefbogen der Stadt Vierzon: Protestation contre la rencontre des anciens Waffen SS à Rendsburg, ohne Datum; Municipalité de Vierzon: La municipalité proteste contre la rencontre des anciens Waffen SS à Rendsburg, Le Berry Républicain vom 28. Oktober 1965; sowie Municipalité de Vierzon: VIERZON RENDSBURG, Bulletin

chen Worten zu den HIAG-Treffen nicht mangeln ließ. Mit etwas Empathie[123] hätte Beisenkötter klar werden müssen, dass hier erheblicher Klärungsbedarf bestand.

In der Stellungnahme nahm die Stadt Vierzon Bezug zum Nürnberger Kollektivurteil über die Waffen-SS als Teil einer verbrecherischen Organisation und erinnerte an das Leid, das die Waffen-SS auch in Vierzon angerichtet hatte. Ferner ging sie auf die Vergabe der städtischen Räumlichkeiten nach ursprünglicher Ablehnung an die „Hitler Alte Garde" [!] ein. Sehr aufschlussreich ist der – vermutlich aus Unkenntnis des richtigen Namens heraus – verwandte Spottname der HIAG anstelle der Abkürzung oder der korrekten Bezeichnung. Er unterstreicht viel deutlicher die Kontinuitäten zum so genannten „Dritten Reich", inklusive Pflege nationalsozialistischer Wertvorstellungen und Gedankenguts. Ein weiterer brisanter Punkt: Im Text wird fälschlicherweise behauptet, im Vorjahr sei das Treffen verboten worden Das suggeriert einen lascheren Umgang mit der aufstrebenden extremen Rechten – 1964 war die NPD gegründet worden und hatte bei der Bundestagswahl im Jahr darauf zwei Prozent der Wählerstimmen erzielt – und legt überdies nahe, dass der Rechtsextremismus in Westdeutschland auch dank des lapidaren Umgangs der Autoritäten mit diesem Thema ein leichtes Spiel haben werde.

Wie sehr das Tischtuch zwischen Vierzon und Rendsburg zerschnitten war, wird vor allem daran deutlich, dass Bürgermeister Mérigot nicht das direkte Gespräch mit seinem Rendsburger Amtskollegen suchte, sondern ankündigte, höchste politische Ebenen in den Konflikt einzuschalten: Die kommunistisch dominierte Stadtspitze von Vierzon war nicht an einer geräuschlosen Klärung der Angelegenheit interessiert. Sie verband die Rendsburger HIAG-Treffen von Beginn an gedanklich mit den damals auch in Frankreich, insbesondere im PCF-Milieu, diskutierten Kontinuitäten von Militarismus und Nationalsozialismus in der Bundesrepublik,[124] vornehmlich durch die Präsenz von ehemaligen NSDAP-Mitgliedern in Staatsapparat und Regierung.[125]

Municipal de Vierzon, November 1965. Die folgenden Informationen entstammen diesen Quellen, soweit nicht anders angegeben.

123 Auch Ulrich Pfeil bescheinigt dem Rendsburger Bürgermeister ein „unbekümmerte[s] und [...] nicht von großer Sensibilität geprägte[s] Verhalten"; Pfeil: Rendsburg, S. 151.

124 Neben den auch in Westdeutschland durch z. B. die Auschwitz-Prozesse und die Aufarbeitung der NS-Zeit durch die Wissenschaft zunehmenden Debatten über die NS-Vergangenheit – siehe dazu überblicksartig Ulrich Herbert: Geschichte Deutschlands im 20. Jahrhundert. Bonn 2014, S. 769–777 – trug zur Rezeption der Thematik im kommunistischen Milieu in Frankreich insbesondere das Verhältnis von SED und PCF bei. Die beiden Parteien legten als Grundlage ihrer Beziehungen ihre antifaschistische Vergangenheit fest, woraus sich konsequenterweise das Bild der antifaschistischen DDR ergab. Zur Stärkung dieses Konstrukts half die Abgrenzung von der Bundesrepublik, in der für erhebliche Teile der politischen und gesellschaftlichen Eliten eine NS-Vergangenheit belegt war. Dazu ausführlich Norbert Frei: Karrieren im Zwielicht. Hitlers Eliten nach 1945. Frankfurt/New York 2001. Das Thema wurde von der SED, auch über ihre Kontakte nach Frankreich, propagandistisch ausgeschlachtet. Dazu ausführlich Ulrich Pfeil: Die „anderen" deutsch-französischen Beziehungen. Köln 2004, S. 216–227.

125 Wörtlich: „Les nazis sont toujours dans l'appareil d'Etat et au sein même du gouvernement de l'Allemagne de Bonn." Municipalité de Vierzon: Les relations amicales nouées il y a 6 ans entre Vierzon et Bitterfeld ville de la République Démocratique Allemande se poursuivent, Bulletin Municipal de Vierzon, November 1965.
Siehe dazu beispielsweise Herbert: Geschichte, S. 657–669; sowie Norbert Frei: Hitlers Eliten nach 1945 – eine Bilanz. In: Frei: Karrieren, S. 303–335.

Später verknüpfte die Stadt Vierzon die Erfolge der NPD bei westdeutschen Landtagswahlen ab 1966[126] ebenfalls mit den Rendsburger HIAG-Treffen.[127] Dieser Gedankenzug erhielt weitere Brisanz dadurch, dass sie die Vorgänge in der Partnerstadt auf die vereinfachte Formel „HIAG gleich Teil der NPD" brachte.[128] Auch wenn rechtsextremes Gedankengut, wie oben herausgestellt, innerhalb der HIAG weit verbreitet war, handelt es sich hierbei um eine Verkürzung, die nicht exakt die komplexen Realitäten abbildet.

Die Stadtspitzen von Vierzon und von Rendsburg betonten wiederholt, trotz des Konflikts um die HIAG die Partnerschaft wegen der intensiven zivilgesellschaftlichen Kontakte fortsetzen zu wollen,[129] was schließlich auch gelang: Der Jugendaustausch wurde nie unterbrochen. Allerdings agierten die beiden Stadtspitzen derart ungeschickt, dass das Städtebündnis wiederholt auf Messers Schneide stand. In Rendsburg wurde 1966 und 1969 über einen Abbruch der Beziehungen diskutiert.[130] Auslöser für die erste Debatte hierüber im Senat war ein Schreiben von Bürgermeister Mérigot vom 5. Oktober 1966, in dem dieser gegen das erneute HIAG-Treffen in Rendsburg protestierte[131] und den geplanten Besuch einer offiziellen Delegation in Vierzon verschob.[132] Es war einem Besuch des Ehrenvorsitzenden des *Comité de jumelage de*

126 Unter den Vorzeichen von Wirtschaftskrise und Großer Koalition im Bund schaffte die NPD mit zum Teil deutlich über der Fünfprozenthürde liegenden Ergebnissen den Sprung in die Landtage von Hessen (7,9 Prozent, 1966), Bayern (7,4 Prozent, 1966), Rheinland-Pfalz (6,9 Prozent, 1967), Schleswig-Holstein (5,8 Prozent, 1967), Niedersachsen (7,0 Prozent, 1967), Bremen (8,8 Prozent, 1967) und Baden-Württemberg (9,8 Prozent, 1968); vgl. Eckhard Jesse: Das Auf und Ab der NPD, in: APuZ 42 (2005), S. 31–38, hier S. 32.
Die Rendsburger Bevölkerung war gegenüber den Verlockungen der extremen Rechten indes nicht empfänglicher als die restliche Bevölkerung Schleswig-Holsteins. Bei der Landtagswahl 1967, bei der die NPD dank eines landesweiten Ergebnisses von 5,8 Prozent der Wählerstimmen mit vier Abgeordneten in den Kieler Landtag einzog, erzielte sie im Wahlkreis Rendsburg-Nord, der ganz überwiegend aus der Kreisstadt bestand, ein unterlandesdurchschnittliches Ergebnis von 4,7 Prozent. Zur Wahlkreiseinteilung vgl. Andreas Kohlsche: Wählerverhalten und Sozialstruktur in Schleswig-Holstein und Hamburg 1947–1983, Opladen 1985, S. 131,133; zu den Wahlergebnissen vgl. O. V.: So wählten die 44 Wahlkreise, Schleswig-Holsteinische Landeszeitung vom 24. April 1967.

127 Nachweis durch Ulrich Pfeil anhand des Berichts O. V.: Une ombre dans nos relations avec nos villes jumelées : La montée du nazisme en Allemagne fédérale, Bulletin Municipal de Vierzon, Mai 1968; vgl. Pfeil: Rendsburg, S. 154.

128 Wörtlich: „ces anciens Waffen SS, rassemblées au sein du NPD, ont repris à leur compte les idées revanchardes chères à Hitler, de sinistre mémoire", O. V.: Une ombre dans nos relations avec nos villes jumelées : La montée du nazisme en Allemagne fédérale, Bulletin Municipal de Vierzon, Mai 1968.

129 Vgl. etwa Municipalité de Vierzon: VIERZON RENDSBURG, Bulletin Municipal de Vierzon, November 1965 ; O. V.: Une ombre dans nos relations avec nos villes jumelées : La montée du nazisme en Allemagne fédérale, Bulletin Municipal de Vierzon, Mai 1968 ; Sitzung des Senats der Stadt Rendsburg vom 17. Oktober 1966, StA Rendsburg, Städtepartnerschaft Vierzon F 636 Bd. 2; sowie Sitzung des Kulturausschusses der Stadt Rendsburg vom 19. März 1968, StA Rendsburg, Städtepartnerschaft Vierzon F 636 Bd. 2.

130 Vgl. Pfeil: Rendsburg, S. 152, 155.

131 Schreiben Bürgermeister von Vierzon an den Bürgermeister von Rendsburg vom 5. Oktober 1966, StA Rendsburg, Städtepartnerschaft Vierzon F 636 Bd. 2.

132 Pfeil stellt einen anderen Aspekt als Auslöser für die Debatte in den Fokus, nämlich die vermeintliche Verwendung von der Partnerschaft Rendsburg – Vierzon zustehenden Geldern für das Bündnis mit Bitterfeld; vgl. Pfeil: Rendsburg, S. 152.

Vierzon und früheren Bürgermeisters, Maurice Caron, in Schleswig-Holstein zu verdanken, dass die Missstimmigkeiten zunächst aus der Welt geschafft werden konnten:[133] Mérigot und Caron schrieben Ende 1966 gemeinsam an Beisenkötter, es sei dank des Berichts von Caron in Vierzon klar geworden, dass die HIAG-Treffen aus rein geografischen Gründen in Rendsburg und Umgebung stattgefunden hätten. Für die beiden Verfasser war die Angelegenheit soweit vom Tisch, dass sie unter Nennung eines konkreten Zeitraums – die zweite Aprilhälfte – eine offizielle Delegation der Stadt Rendsburg nach Vierzon einluden.[134] Doch jetzt zeigten sich die politischen Vertreter der schleswig-holsteinischen Kreisstadt reichlich reserviert.[135] Die zuständigen politischen Gremien sprachen sich dafür aus, „ein wenig Zurückhaltung zu zeigen"[136], woraufhin Beisenkötter in einem Schreiben an Mérigot den vorgeschlagenen Besuch unter vorgeschobenen Gründen – die bevorstehende Landtagswahl in Schleswig-Holstein und weitere Termine – auf das Frühjahr 1968 verschob.[137] Damit bahnte sich eine neue Eiszeit an, die dem Brief aus Rendsburg, verstärkt durch den Einzug der NPD in den schleswig-holsteinischen Landtag wenige Wochen später, oder möglicherweise sogar nur irgendwelchen Unregelmäßigkeiten auf dem Post-Beförderungsweg zwischen den Schreibtischen der beiden Stadtoberhäupter geschuldet gewesen sein könnte:[138] Bürgermeister Beisenkötter schickte im Zeitraum von zwei Jahren – Frühjahr 1967 bis Frühjahr 1969 – fünf Briefe unterschiedlichen Inhalts an Bürgermeister Mérigot und drei weitere an dessen *Adjoint* Fernand Micouraud nach Vierzon, die allesamt unbeantwortet blieben.[139] In seinem letzten Schreiben forderte Beisenkötter eine klare Stellungnahme ein, ob Vierzon die Partnerschaft beenden oder fortsetzen wolle.[140] Da

133 Vgl. ebd.

134 Vgl. Schreiben Bürgermeister von Vierzon und des Président d'honneur du Comité de Jumelage an den Bürgermeister von Rendsburg vom 30. Dezember 1966, StA Rendsburg, Städtepartnerschaft Vierzon F 636 Bd. 2.

135 Vgl. Pfeil: Rendsburg, S. 152.

136 Sitzung des Kulturausschusses der Stadt Rendsburg vom 17. Februar 1967, StA Rendsburg, Städtepartnerschaft Vierzon F 636 Bd. 2. Der Senat hatte sich vorher ähnlich artikuliert; vgl. Sitzung des Senats der Stadt Rendsburg vom 9. Januar 1967, StA Rendsburg, Städtepartnerschaft Vierzon F 636 Bd. 2.

137 Vgl. Schreiben Bürgermeister von Rendsburg an den Bürgermeister von Vierzon vom 8. März 1967, StA Rendsburg, Städtepartnerschaft Vierzon F 636 Bd. 2.

138 Beisenkötter nahm in einem Schreiben Bezug auf eine Information Micourauds, dass die Verantwortlichen im Rathaus von Vierzon den Eingang der diversen Schreiben aus Rendsburg „nicht verzeichnen konnten"; Schreiben Bürgermeister von Rendsburg an Fernand Micouraud, Adjoint délégué du Maire vom 8. April 1969, StA Rendsburg, Städtepartnerschaft Vierzon F 636 Bd. 2.

139 Siehe die Auflistung der Briefe an Dr. Mérigot im Schreiben Bürgermeister von Rendsburg an Fernand Micouraud, Adjoint délégué du Maire vom 8. April 1969. Dieser Brief an Micouraud blieb ebenso unbeantwortet wie zwei Antwortschreiben zu Protesten, in denen sich Beisenkötter unter anderem darüber beklagte, dass die übersandten Resolutionen von falschen Fakten ausgingen; vgl. Schreiben Bürgermeister von Rendsburg an Fernand Micouraud, Adjoint délégué du Maire vom 9. Januar 1968; sowie Schreiben Bürgermeister von Rendsburg an Fernand Micouraud, Adjoint délégué du Maire vom 27. Februar 1968, StA Rendsburg, Städtepartnerschaft Vierzon F 636 Bd. 2.

140 Wörtlich schrieb er: „Falls die Stadt Vierzon nicht mehr an einer Fortsetzung des Freundschaftsverhältnisses interessiert sein sollte, wäre ich dankbar, wenn mir, anstatt sich einfach in Schweigen zu hüllen, diese Tatsache offen mitgeteilt würde." Schreiben Bürgermeister von Rendsburg an Fernand Micouraud, Adjoint délégué du Maire vom 8. April 1969, StA Rendsburg, Städtepartnerschaft Vierzon F 636 Bd. 2.

auch dieser Brief unbeantwortet blieb,[141] setzte eine Phase absoluter Funkstille zwischen den Stadtverwaltungen ein, die bis nach den französischen Kommunalwahlen 1971 anhielt. Nach der Wahl, aus der erneut eine von Mérigot angeführte Linksunion als Sieger hervorging, übertrug der im Amt bestätigte Bürgermeister dem Sozialisten Roger Faletto die Zuständigkeit für die Städtepartnerschaften. Insbesondere dessen Engagement ist es zu verdanken, dass eine *Relance* der Beziehungen zwischen Rendsburg und Vierzon gelang und die Partnerschaft ab den frühen 1970er Jahren eine neue Blütezeit erlebte.[142]

Fazit und Ausblick

Ab 1954 führte die HIAG über einen Zeitraum von rund zehn Jahren alljährlich in Rendsburg stets nach demselben Muster ihre Treffen durch: mit Schweigemarsch, mit politischen Forderungen und der konsequenten Pflege des Mythos: „Die Waffen-SS leistete heeresgleichen Dienst und hatte mit den SS-Verbrechen nichts zu tun". Die Teilnehmer schwelgten in alten Zeiten und betrieben Kameradschaftspflege. Dagegen regte sich nur ein laues Lüftchen des Protests – am ganz linken Rand in Westdeutschland und in der jungen DDR mit ihrem antifaschistischem Gründungsmythos. In der frühen Bundesrepublik konnte sich die HIAG dagegen über die Unterstützung von CDU, SPD und FDP – somit der drei wichtigsten Parteien jener Zeit – freuen, die mit Mandatsträgern auf den Treffen zu Gast waren und die politischen Forderungen der HIAG bereitwillig unterstützten.

Erst im Zuge der in der Bundesrepublik, in der DDR und im Ausland aufflammenden Debatten über die „braunen" Eliten in Westdeutschland und die bestehenden nationalsozialistischen Kontinuitäten gelangten die HIAG-Treffen zunehmend in den Fokus einer kritischen Öffentlichkeit. Neben vereinzelten Protesten vornehmlich aus dem Ausland war es in Rendsburg selbst vor allem die junge Generation, die sich ab 1964 mit den HIAG-Treffen auseinandersetzte und kritische Fragen stellte. Die Debatten waren – im Sinne einer prä-68er Auseinandersetzung – geprägt von der Deutungshoheit der Vergangenheit von 1933 bis 1945. Die zunehmende Intensität der Debatten auf der Makroebene beeinflusste maßgeblich die Diskurse und gab den Auseinandersetzungen um die HIAG-Treffen weiteren Auftrieb. Sie erreichten die Mitte Gesellschaft, was vor allem durch den massiven gewerkschaftlichen Protest gegen das HIAG-Treffen 1965 und die zunehmend kritische Haltung der SPD gegenüber der HIAG deutlich wird.

Gleichzeitig gaben die Auseinandersetzungen um die HIAG den großen Debatten auf der Makroebene weitere Nahrung: Medien in West und Ost berichteten ausführlich über die „Treffen der Waffen-SS" in Rendsburg – der eigentlich lokale Konflikt erfuhr eine immense internationale Öffentlichkeit – und förderten in Europa und darüber hinaus die Diskussionen über die vergangenheitspolitischen Versäumnisse Westdeutschlands und insbesondere Schleswig-Holsteins, über die Rolle der NS-Eliten im bundesdeutschen Staatsapparat und in der Bundesregierung und verhalfen in einer Zeit, in der die gerade gegründete NPD von Erfolg zu Erfolg eilte, dem wiederauferstandenen politischen Rechtsextremismus in der Bundesrepublik zu weiterer Aufmerksamkeit.

141 Vgl. Schreiben Bürgermeister von Rendsburg an Maurice Caron vom 14. Juli 1969, StA Rendsburg, Städtepartnerschaft Vierzon F 636 Bd. 2.

142 Dazu ausführlich das Kapitel II. 3.1.3. In: Dierkes: Ménage.

Für die politisch Verantwortlichen und auch für viele Rendsburger Bürger war es bitter, dass sich die beschauliche Kreisstadt international den zweifelhaften Ruf erwarb, eine „Hochburg der Waffen-SS" im „Nazi-Dorado" Schleswig-Holstein zu sein. Schließlich hatte Rendsburg sich schon früh der Völkerverständigung verschrieben: durch aktive Mitarbeit in der Arbeitsgemeinschaft Europastraße 3 und durch Städtefreundschaften mit Lancaster in Großbritannien, Aalborg in Dänemark sowie eine Städtepartnerschaft mit dem französischen Vierzon. Letzteres Bündnis geriet über die massiven Auseinandersetzungen um die „Waffen-SS" in schwere Fahrwasser und überlebte eher trotz und nicht wegen des Agierens der beiden Rathäuser und ihrer Chefs, das mitunter äußerst ungeschickt war.

Um seinen weltweit ramponierten Ruf aufzupolieren, bewarb sich Rendsburg 1968 für die Europafahne.[143] Die begehrte Auszeichnung des Europarates würdigte „stetiges Bemühen um Völkerverständigung"[144] und erfreute sich einer hohen Zahl an Bewerbern. Obwohl Beisenkötter nichts dem Zufall überließ und seine guten internationalen Kontakte nutzte, sollte es noch einige Jahre dauern, bis die erhoffte Nachricht aus Straßburg eintraf: Am 6. Oktober 1972 überreichte der österreichische Nationalratsabgeordnete Dr. Alois Leitner der Stadt Rendsburg in Anwesenheit von Delegationen aus Aalborg, Lancaster und Vierzon die Europafahne und unterstrich, „[d]ie Stadt der Brücken habe ihre regionale Brückenfunktion zu einem verbindenden Wirken genutzt."[145] Die Episode belegt: Rendsburg gelang es mit Hilfe der Zeit, seinen berüchtigten Ruf als „Hochburg der Waffen-SS" vergessen zu machen und auch dank der symbolträchtigen Auszeichnung des Europarats aus der „braunen Schmuddelecke" herauszufinden.

143 Dazu ausführlich das Kapitel II. 3.1.3. In: Dierkes: Ménage.

144 Vgl. Schreiben RGE, Deutsche Sektion, Geschäftsführender Präsident Muntzke, an den Bürgermeister von Rendsburg vom 5. Februar 1968, StA Rendsburg, F 231 Europafahne 1967–73.

145 (wg): Der Weg nach Europa geht über die Gemeinden, Schleswig-Holsteinische Landeszeitung vom 9. Oktober 1972.

Quellen- und Literaturverzeichnis

Literaturverzeichnis

Assmann, Aleida: Das neue Unbehagen an der Erinnerungskultur. Eine Intervention. 2. Aufl., München 2016.

Bussemer, Thymian/Camman, Alexander (Hrsg.): Freiheitsrechte durchsetzen, Grundrechte einfordern, in Freiheit leben. Der Humanistischen Union zum 40. Gründungsjubiläum. Berlin 2001.

Danker, Uwe/Lehmann-Himmel, Sebastian (Hrsg.): Landespolitik mit Vergangenheit. Geschichtswissenschaftliche Aufarbeitung der personellen und strukturellen Kontinuität nach 1945 in der schleswig-holsteinischen Legislative und Exekutive. Husum 2017.

Danker, Uwe/Schwabe, Astrid: Volksgemeinschaft in der Region. Schleswig-Holstein und der Nationalsozialismus. Husum 2022.

Dierkes, Jürgen: „Ménage à trois" im Ost-West-Konflikt: Städtepartnerschaften zwischen westdeutschen, französischen und ostdeutschen Kommunen von den 1950er Jahren bis zum Fall der Mauer. Stuttgart, im Erscheinen.

Frei, Norbert: Karrieren im Zwielicht. Hitlers Eliten nach 1945, Frankfurt/New York 2001.

Frei, Norbert: Hitlers Eliten nach 1945 – eine Bilanz. In: Frei, Norbert: Karrieren im Zwielicht. Hitlers Eliten nach 1945, Frankfurt/New York 2001, S. 303–335.

Herbert, Ulrich: Geschichte Deutschlands im 20. Jahrhundert. Bonn 2014.

Jesse, Eckhard: Das Auf und Ab der NPD. In: APuZ 42 (2005), S. 31–38.

Kielmannsegg, Peter Graf: Lange Schatten. Vom Umgang der Deutschen mit der nationalsozialistischen Vergangenheit. Berlin 1989.

Kittel, Manfred: Die Legende von der „Zweiten Schuld". Vergangenheitsbewältigung in der Ära Adenauer. Berlin/Frankfurt 1993.

Kohlsche, Andreas: Wählerverhalten und Sozialstruktur in Schleswig-Holstein und Hamburg 1947–1983. Opladen 1985.

Manig, Bert-Oliver: Die Politik der Ehre. Die Rehabilitierung der Berufssoldaten in der frühen Bundesrepublik. Göttingen 2004.

Pendas, Devin Owen: The Frankfurt Auschwitz Trial, 1963–1965: Genocide, History, and the Limits of the Law. Cambridge 2006.

Pfeil, Ulrich: Die „anderen" deutsch-französischen Beziehungen. Köln 2004.

Pfeil, Ulrich: Rendsburg – Vierzon – Bitterfeld. Ein Fallbeispiel deutsch-französischer Städtepartnerschaften im Kalten Krieg. In: Unverhau, Henning (Hrsg.): Zeitschrift für Schleswig-Holsteinische Geschichte 129 (2004), S. 141–161.

Seggern, Jessica von: Alte und neue Demokraten in Schleswig-Holstein. Demokratisierung und Neubildung einer politischen Elite auf Kreis- und Landesebene 1945 bis 1950. Stuttgart 2005.

Weiß, Hermann: Alte Kameraden von der Waffen-SS. Ist die HIAG rechtsextrem?. In: Wolfgang Benz: Rechtsextremismus in der Bundesrepublik. Voraussetzungen, Zusammenhänge, Wirkungen. Aktual. Neuausgabe, Frankfurt 1993, S. 202–212.

Westermeier, Jens: „Soldaten wie andere auch!" Der Einfluss von SS-Veteranen auf die öffentliche Wahrnehmung der Waffen-SS. In: Jan Erik Schulte/Michael Wildt (Hg.): Die SS nach 1945. Entschuldungsnarrative, populäre Mythen, europäische Erinnerungsdiskurse. Göttingen 2018, S. 271–288.

Wilke, Karsten: Die „Hilfsgemeinschaft auf Gegenseitigkeit" (HIAG) 1950–1990. Veteranen der Waffen-SS in der Bundesrepublik. Paderborn u. a. 2011.

Wilke, Karsten: Veteranen der Waffen-SS in der frühen Bundesrepublik. Aufbau, gesellschaftliche Einbindung und Netzwerke der „Hilfsgemeinschaft auf Gegenseitigkeit". In: Jan Erik Schulte/Michael Wildt (Hrsg.): Die SS nach 1945. Entschuldungsnarrative, populäre Mythen, europäische Erinnerungsdiskurse. Göttingen 2018, S. 75–97.

Wilke, Karsten: Die Waffen-SS. Deutungsmuster der „Hilfsgemeinschaft auf Gegenseitigkeit" (HIAG) und andere Apologien. In: Martin Langebach/Michael Sturm (Hrsg.): Erinnerungsorte der extremen Rechten. Wiesbaden 2015, S. 157–175.

Wilke, Karsten: Geistige Regeneration der Schutzstaffel in der frühen Bundesrepublik? Die „Hilfsgemeinschaft auf Gegenseitigkeit der Angehörigen der ehemaligen Waffen-SS" (HIAG). In: Jan Erik Schulte (Hrsg.): Die SS, Himmler und die Wewelsburg. Paderborn u. a. 2009, S. 433–448.

Quellenverzeichnis

Veröffentlichte Quellen: Presse, Agenturmeldungen

ADN: Empörendes SS-Treffen, Neues Deutschland vom 26. Oktober 1964.

ADN: Gegen Knorr-Prozeß, Neues Deutschland vom 04. Mai 1964.

ADN: Helmut Schmidt grüßte die SS, Neues Deutschland vom 30. Oktober 1965.

ADN: SS-Aufmarsch in Rendsburg, Neues Deutschland vom 22. Oktober 1962.

ADN-Korr./ND: Naziopfer rufen Öffentlichkeit zum Protest gegen Hetzkundgebungen auf, Neues Deutschland vom 19. April 1964.

ADN-Korr./ND: Verjährungsproteste aus England, Neues Deutschland vom 12. April 1965.

ADN/ND: Rasner fordert Posten für SS-Angehörige, Neues Deutschland vom 23. September 1958.

ADN/ND: Revanchegeschrei im Auftrage Bonns, Neues Deutschland vom 31. Oktober 1961.

ADN/ND: SS macht Führungsansprüche geltend, Neues Deutschland vom 1. Oktober 1957.

dpa: hiag-treffen verlief ruhig, dpa 195 id, StA Rendsburg, F 262 HIAG „Sonderakte" 1954–68.

dpa: keine vorzensur durch hiag, dpa 177 id, StA Rendsburg, F 262 HIAG „Sonderakte" 1954–68.

dpa: liberaler studentenbund kritisiert hiag-treffen, dpa 80 id, StA Rendsburg, F 262 HIAG „Sonderakte" 1954–68.

DSK: Eksekutioner, Rensborg, Dönitz, Flensborg Avis vom 12. November 1965, StA Rendsburg, F 262 HIAG „Sonderakte" 1954–68.

DSK: Resolution zu Hinrichtungen, Rendsburger SS-Treffen und Dönitz, Südschleswig'sche Heimatzeitung vom 13. November 1965, StA Rendsburg, F 262 HIAG „Sonderakte" 1954–68.

(eg): HIAG-Diskussion geht weiter, Schleswig-Holsteinische Landeszeitung vom 22. September 1965, StA Rendsburg, F 262 HIAG „Sonderakte" 1954–68.

(G): HIAG verzichtet auf den Schweigemarsch, Kieler Nachrichten vom 20. Oktober 1965, StA Rendsburg, F 262 HIAG „Sonderakte" 1954–68.

(G): Von Gewaltverbrechen distanziert, Kieler Nachrichten vom 25. Oktober 1965, StA Rendsburg, F 262 HIAG „Sonderakte" 1954–68.

(G): Waffen-SS will nur ihr Recht, Kieler Nachrichten vom 26. Oktober 1964, StA Rendsburg, F 262 HIAG „Sonderakte" 1954–68.

(hn): Die Demonstration des Schweigemarsches, Schleswig-Holsteinische Landeszeitung vom 8. Oktober 1965, StA Rendsburg, F 262 HIAG „Sonderakte" 1954–68.

(hpj): „Scham über die Verbrechen", Schleswig-Holsteinische Volkszeitung vom 25. Oktober 1965, StA Rendsburg, F 262 HIAG „Sonderakte" 1954–68.

(hr): I det hyggelige Rendsborg, Ny Tid vom 31. Oktober 1965, StA Rendsburg, F 262 HIAG „Sonderakte" 1954–68.

Landtagsinformationssystem Schleswig Holstein: Eisenmann, Otto, http://lissh.lvn.ltsh.de/cgi-bin/starfinder/0?path=samtflmore.txt&id=fastlink&pass=&search=ID%3D1371&format=WEBVOLLLANG (zuletzt aufgerufen: 29.05.2023).

Leserbriefseite „Wir JUNGEN schreiben": Die HIAG-Diskussion geht weiter, Schleswig-Holsteinische Landeszeitung vom 14. November 1964, StA Rendsburg, F 262 HIAG „Sonderakte" 1954–68.

(lno): Britischer Protest gegen HIAG-Treffen in Rendsburg, Schleswig-Holsteinische Landeszeitung vom 19. Oktober 1964, StA Rendsburg, F 262 HIAG „Sonderakte" 1954–68.

lno: bundessprecher: hiag will soldatenehre wiederherstellen, lno 59/15, StA Rendsburg, F 262 HIAG „Sonderakte" 1954–68.

lno: hiag-treffen verlief ruhig, lno 73, StA Rendsburg, F 262 HIAG „Sonderakte" 1954–68.

lno: hiag verzichtet auf totenehrung mit trommelwirbel, lno 61/15, StA Rendsburg, F 262 HIAG „Sonderakte" 1954–68.

(lz): Völlig ruhiger Verlauf des HIAG-Treffens, Schleswig-Holsteinische Landeszeitung vom 25. Oktober 1965, StA Rendsburg, F 262 HIAG „Sonderakte" 1954–68.

Municipalité de Vierzon: La municipalité proteste contre la rencontre des anciens Waffen SS à Rendsburg, Le Berry Républicain vom 28. Oktober 1965, StA Rendsburg, F 262 HIAG „Sonderakte" 1954–68.

Municipalité de Vierzon: Les relations amicales nouées il y a 6 ans entre Vierzon et Bitterfeld ville de la République Démocratique Allemande se poursuivent, Bulletin Municipal de Vierzon, November 1965, AM Vierzon.

Municipalité de Vierzon: VIERZON RENDSBURG, Bulletin Municipal de Vierzon, November 1965, AM Vierzon.

Nellessen, Bernd: Es war nicht nur der Sepp Dietrich da…, Die Welt vom 26. Oktober 1965, StA Rendsburg, F 262 HIAG „Sonderakte" 1954–68.

O. V.: Alte SS-Kameraden til møde og festlig dans, Berlingske Tidende vom 25. Oktober 1965, StA Rendsburg, F 262 HIAG „Sonderakte" 1954–68.

O. V.: „Badenweiler"-toner til Rendsborg-mødet, Jydske Tidende vom 26. Oktober 1965, StA Rendsburg, F 262 HIAG „Sonderakte" 1954–68.

O. V.: Briten protestieren, Kieler Nachrichten vom 22. Oktober 1964, StA Rendsburg, F 262

HIAG „Sonderakte“ 1954–68.
O. V.: Einsicht und Verständnis wachsen!, Der Freiwillige, November 1965, StA Rendsburg, F 262 HIAG „Sonderakte“ 1954–68.
O. V.: Eisenmann bedauert „Fehlentscheidung“, Schleswig-Holsteinische Volkszeitung vom 10. September 1965, StA Rendsburg, F 262 HIAG „Sonderakte“ 1954–68.
O. V.: Jetzt HIAG-Arbeitskreis, Schleswig-Holsteinische Landeszeitung vom 23. Januar 1965, StA Rendsburg, F 262 HIAG „Sonderakte“ 1954–68.
O. V.: Klare Verhältnisse schaffen, Schleswig-Holsteinische Landeszeitung vom 21. Oktober 1965, StA Rendsburg, F 262 HIAG „Sonderakte“ 1954–68.
O. V.: Rendsburg die Hochburg?, (Leserbrief-)Seite „Wir JUNGEN schreiben“: Die HIAG-Diskussion geht weiter, Schleswig-Holsteinische Landeszeitung vom 14. November 1964, StA Rendsburg, F 262 HIAG „Sonderakte“ 1954–68.
O. V.: „Schluß mit Diffamierung der Angehörigen der ehemaligen Waffen-SS“, Schleswig-Holsteinische Landeszeitung vom 12. Oktober 1968, StA Rendsburg, F 262 HIAG „Sonderakte“ 1954–68.
O. V.: Sie wollen weiter marschieren..., Zeitung der IG Metall für die BR Deutschland vom 2. November 1965, StA Rendsburg, F 262 HIAG „Sonderakte“ 1954–68.
O. V.: So wählten die 44 Wahlkreise, Schleswig-Holsteinische Landeszeitung vom 24. April 1967, F 262 HIAG „Sonderakte“ 1954–68.
O. V.: Stævnet i Rendsborg, Flensborg Avis vom 26. Oktober 1965, StA Rendsburg, F 262 HIAG „Sonderakte“ 1954–68.
O. V.: Une ombre dans nos relations avec nos villes jumelées : La montée du nazisme en Allemagne fédérale, Bulletin Municipal de Vierzon, Mai 1968, AM Vierzon.
O. V.: Waffen-SS der früheren Wehrmacht gleichstellen, Schleswig-Holsteinische Landeszeitung vom 8. Oktober 1968, StA Rendsburg, F 262 HIAG „Sonderakte“ 1954–68.
O. V. / AP: German SS Veterans Rally Amid Protests, The Miami News vom 25. Oktober 1965, StA Rendsburg, F 262 HIAG „Sonderakte“ 1954–68.
O. V./dpa: SPD: Erfreuliche Distanzierung, Schleswig-Holsteinische Landeszeitung vom 28. Oktober 1965, StA Rendsburg, F 262 HIAG „Sonderakte“ 1954–68.
Pressestimmen zum Nordmarktreffen der HIAG in Rendsburg, Der Freiwillige, Nr. 11, November 1965, StA Rendsburg, F 262 HIAG „Sonderakte“ 1954–68.
Schäfer, Willy/Drucklieb, Hans/HIAG Schleswig-Holstein: HIAG nimmt Europa ernst, Schleswig-Holsteinische Volkszeitung vom 1. Oktober 1966, StA Rendsburg, F 262 HIAG „Sonderakte“ 1954–68.
Semper: „Kammerater af i går, men statsborgere af i dag“, Flensborg Avis vom 25. Oktober 1965, StA Rendsburg, F 262 HIAG „Sonderakte“ 1954–68.
Senat der Stadt Rendsburg: Vom Staat zugelassene Vereinigung. Erklärung des Rendsburger Senats zum HIAG-Treffen, Schleswig-Holsteinische Landeszeitung vom 20. Oktober 1965, StA Rendsburg, F 262 HIAG „Sonderakte“ 1954–68.
Shabecoff, Philip: Nazi SS Veterans Cheer Former General at Meeting, New York Times vom 25. Oktober 1965, StA Rendsburg, F 262 HIAG „Sonderakte“ 1954–68.
(SIB): HIAG soll Stellung nehmen, Schleswig-Holsteinische Volkszeitung vom 21. Oktober 1965, StA Rendsburg, F 262 HIAG „Sonderakte“ 1954–68.
Sinnhuber, Rudolf: Schlußfolgerung geradezu grotesk, (Leserbrief-)Seite „Wir JUNGEN schrei-

ben“: Die HIAG-Diskussion geht weiter, Schleswig-Holsteinische Landeszeitung vom 14. November 1964, StA Rendsburg, F 262 HIAG „Sonderakte“ 1954–68.
Strothmann, Dietrich: Sepp Dietrich saß auf der Empore, Die Zeit vom 29. Oktober 1965, StA Rendsburg, F 262 HIAG „Sonderakte“ 1954–68.
upi: ss in rundumverteidigung, upi 65 inland, upi 67 inland, upi 69 inland, upi 71 inland, StA Rendsburg, F 262 HIAG „Sonderakte“ 1954–68.
(wg): Der Weg nach Europa geht über die Gemeinden, Schleswig-Holsteinische Landeszeitung vom 9. Oktober 1972, F 231 Europafahne 1967–73.
(ze): „Waffen-SS leistete heeresgleichen Dienst“, Schleswig-Holsteinische Landeszeitung vom 26. Oktober 1964.

Rechtsquellen

Satzung der HIAG Schleswig-Holstein
Satzung der HIAG Bundesverbindungsstelle

Nichtveröffentlichte Quellen – Archive

Stadtarchiv Rendsburg (StA Rendsburg):
F 231 Europafahne 1967–1973.
F 262 HIAG „Sonderakte“ 1954–1968.
F 636 Städtepartnerschaft Vierzon Bd. 1 u. Bd. 2.
Rep-E 216 bis Rep-E 245a Europastraße
Archives Municipales de Vierzon (AM Vierzon):
Bulletin Municipal

Robert Bohn, Uwe Danker

Wurzeln der Freiheit

Editorischer Hinweis

Die nachstehenden Bildtafeln entstanden vor rund zehn Jahren. Sie sind das Ergebnis einer geschichtsdidaktischen Zusammenarbeit des damaligen Instituts für schleswig-holsteinische Zeit- und Regionalgeschichte / izrg (die heutige Forschungsstelle für regionale Zeitgeschichte und Public History / frzph) und der schleswig-holsteinischen Landeszentrale für Politische Bildung (heute Der Landesbeauftragte für Politische Bildung). Es ging um die Vermittlung von schleswig-holsteinischer Landesgeschichte an einem prominenten Ort, nämlich dem Landeshaus am Düsternbrooker Weg, dem Sitz des Landesparlaments. Dessen Foyer bot sich geradezu an, in Form von Stellwänden ein Thema zu behandeln, das zu den zentralen Gegenständen in den dortigen parlamentarischen Debatten gehört. Gemeint ist der Begriff der Freiheit und deren rechtlich-politische Gestaltung, wie sie durch unser Grundgesetz und die Landesverfassung vorgegeben ist. Dass sich unsere heutigen Freiheitsrechte allerdings historisch entwickelt haben, sollte anhand von konkreten Beispielen aus verschiedenen Jahrhunderten dargestellt werden. Durch sie sollte deutlich werden, wie sich einzelne Formen individueller und kollektiver Freiheit unter unterschiedlichen gesellschaftlichen und politischen Voraussetzungen herausgebildet haben, wem sie zu Gute kamen, wer von der Teilhabe ausgeschlossen war, welche Dauer sie hatten, ob sie in spätere Ausgestaltungen von Freiheitsrechten einflossen oder nur noch folkloristische Erinnerung geblieben sind. Da die Geschichte Schleswig-Holsteins bekanntlich, wie man immer wieder liest, recht kompliziert sein soll, drehten sich unsere Diskussionen am Anfang in erster Linie darum, welche Beispiele in die engere Wahl kommen könnten, um der Diversität der Landesgeschichte gerecht zu werden. Allerdings war ihre Anzahl von vornherein durch die zur Verfügung stehende Ausstellungsfläche begrenzt. Wir haben uns angesichts dessen auf die sechs Themen beschränkt, die nachstehend wiedergegeben werden. Die Bildauswahl und Textherstellung wurden vom izrg, das heißt von den beiden Autoren dieses Beitrags, vorgenommen. Die Landeszentrale war organisatorisch tätig. Sie vermittelte auch die Gestaltung des Layouts sowie die Herstellung der Stellwände (Rollups) durch die Kieler Agentur ‚neuekoordinaten'. Die fertigen sechs Rollups wurden im August 2013 im Foyer des Landeshauses aufgestellt, wo sie dann einige Monate verblieben. Danach fand sich kein weiterer Aufstellungsort, so dass sie seitdem im izrg bzw. frzph archiviert aufbewahrt werden. Wir denken, dass ihre Inhalte weiterhin aktuell sind und unverändert in PDFs umgewandelt eine geschichtsdidaktische Bereicherung dieses Jahrbuchs darstellen.

Beispiel 1: 1848 Schleswig-Holsteinische Erhebung

Aufruhr in Schleswig-Holstein

Wir schreiben den 24. März 1848. In Kiel ruft sich eine „Provisorische Regierung" aus. Die Mitglieder, liberaldemokratische und konservative Schleswig-Holsteiner, verlangen von ihrem Landesherrn, dem dänischen König Friedrich VII., das Herzogtum Schleswig entlang einer nationalen Trennlinie zu teilen, das restliche „Schleswigholstein" zur deutschen Nation gehörig zu erklären. Das ist Aufruhr. Schleswig und Holstein gehören seit Jahrhunderten zum dänischen Herrschaftsgebiet.

Der Konflikt ist Teil der europäischen Revolutionen des Jahres 1848. Träume von Freiheit und Verfassung fallen mit Wünschen nach geeinten Nationen zusammen. Revolutionäre aller Länder denken liberal und national, also sehr ähnlich. Aber: Ein geeinter dänischer Nationalstaat würde bis zur Eider reichen, Schleswig von Holstein trennen, auch deutsche Schleswiger einbeziehen. Umgekehrt würde ein fast bis Kolding reichendes deutsches „Schleswigholstein" dänische Schleswiger einbeziehen.

Das Scheitern

Die „Erhebung" hatte einen mehrjährigen Krieg zur Folge. Am Ende war 1852 wieder alles wie vorher. Dafür gab es viele Gründe: Uneinigkeit, Fehleinschätzungen, militärisches Unvermögen, Nichteinbeziehen der „einfachen Menschen", vor allem aber Einmischung von außen. Denn die europäischen Großmächte wollten keine Veränderung. Auch das mächtige Preußen verfolgte nach dem Niederschlagen der Revolution im eigenen Land wieder reine Machtinteressen und die Restauration.

Proklamation der Provisorischen Regierung vor dem Kieler Rathaus am 24. März 1848. Die in dem Gemälde von Hans Olde (1912) abgebildete Inschrift „up ewig ungedeelt" auf dem Torbogen existierte dort nie. (Bildnachweis: Schleswig-Holsteinische Landesbibliothek)

Freiheitlichste Verfassung in Europa

Ein Scheitern, und trotzdem: 1848 arbeitete in Kiel eine „Landesversammlung" an der Verfassung für Schleswig-Holstein. Diese recht demokratisch, direkt und allgemein, allerdings nur von Männern gewählte Versammlung, beschloss Reformen: Versammlungs- und Vereinigungsfreiheit, Presse- und Meinungsfreiheit, Volksbewaffnung und Wehrpflicht, Abschaffung einiger Steuern und Privilegien. Das am 15. September 1848 verabschiedete „Staatsgrundgesetz" wurde später als die „demokratischste Verfassung, die man in Europa bis dahin gesehen hatte" bezeichnet. – Damit sind freiheitliche Vorstellungen in der Welt, die weit in die Zukunft weisen!

Sie verstanden sich nicht als Revolutionäre oder Aufständische, sondern nur als übergangsweise Regierende, bis der Herzog – wie sie vorgaben – wieder frei und unabhängig entscheiden könnte: Die Mitglieder der Provisorischen Regierung in einer Lithographie von Wilhelm Heuer (1848). (Bildnachweis: Schleswig-Holsteinische Landesbibliothek)

Beispiel 2: 1453 Stadtluft macht frei

... nach Jahr und Tag

Hans Muhl, Knecht in Seedorf, schnürt 1453 sein Bündel und schleicht frühmorgens davon. Er ist 23 Jahre alt, ledig und in vielerlei Hinsicht abhängig: Kirchgang ist Pflicht, Heirat an Bedingungen geknüpft, vieles mehr regelt sein adliger Grundherr – obwohl er ihn nur vom Ansehen kennt. Seine unmittelbare „Herrschaft" ist eine wohlhabende bäuerliche Familie. Das bedeutet für ihn: Feldarbeit und Viehversorgung vom Morgengrauen bis zur Dämmerung, gefesselt an den Hof, der Hausherr darf ihn sogar strafen. Der Lohn ist karg, freie Zeit selten, aber er hat ein Bett und leidet keinen Hunger. Doch das reicht ihm nicht. Er will seine Freiheit, wandert nach Lübeck, passiert das Holstentor, sucht Arbeit.

Hans Muhl hat gehört: „Stadtluft macht frei" und zwar „nach Jahr und Tag", wie der mittelalterliche Rechtsgrundsatz lautet. Er ist entstanden, als Landesherren aus wirtschaftlichen Motiven Gründung und Ausbau von Städten fördern. Diese Städte brauchen Arbeitskräfte. Sie bieten unfreien Landbewohnern die Chance, vor ihren Herren unterzutauchen. So wird es üblich, Entlaufene nur im ersten Jahr auszuliefern.

Einwohner und Bürger

Allgemeines Recht war das jedoch nie, sondern als Gewohnheitsrecht ein immer strittiges Privileg für einige Städte. Wirklich frei machte die Stadtluft auch nur jene Minderheit, die das Bürgerrecht besaß. Denn man unterschied Einwohner und Bürger, und das Bürgerrecht war an Besitz und Vermögen gebunden. Selbst Bürger waren nicht alle gleich. In Lübeck, der größten mittelalterlichen Stadt Norddeutschlands, einer freien Reichsstadt mit eigener Rechtsetzung und Gerichtsbarkeit, bestimmte der aus der reichen Kaufmannschaft hervorgegangene Rat die Geschicke der Stadt.

Mehr Freiheit

Trotzdem: Anders als das Land wies die Stadt mit ihrer arbeitsteiligen Wirtschaft überhaupt Möglichkeiten des sozialen Aufstiegs auf. Wer tüchtig war, konnte sogar Bürger werden. Auch Einwohnern bot das von „feudalen Fesseln" gelöste Leben in der Stadt mehr Freizügigkeit. Die Stadt war Geburtsstätte eines erweiterten Begriffs von Freiheit: wirtschaftlich und sozial, politisch und rechtlich sowie schließlich auch kulturell. – Unser umfassender, moderner Freiheitsbegriff hat hier seine Wurzel.

Stadt bedeutet Handel und Transport. Neben Handwerkern prägen vor allem Kaufleute und ihre Gilden das städtische Leben. Der Marktplatz von Lübeck auf einem Kupferstich von ca. 1580 (Ausschnitt). (Bildnachweis: Stadtbibliothek Lübeck)

Mittelalterliche Stadtansicht Lübecks (Ausschnitt). Lübeck wird 1226 durch ein kaiserliches Privileg Freie Reichsstadt – und bleibt es bis 1937. Die Bürger der Stadt bestimmen ihre Geschicke selbst. (Bildnachweis: Abdruck in Georg Braun/Franz Hogenberg: Städte der Welt – Civitates Orbis Terrarum. Hong Kong 2008, S. 84f.)

Beispiel 3: 1480 Friesische Freiheit

„Liewer düd as Slav"

1480, der genaue Tag ist unklar, reist der königlich-dänische Amtmann von Tondern, Henning Pogwisch, auf die Insel Sylt. Er will landesherrliche Steuern eintreiben. Der Fischer Pidder Lüng tritt ihm entgegen. Mit den Worten „Liewer düd as Slav" („Lieber tot als Sklave") pocht er auf alte friesische Freiheitsrechte. Im Streit ertränkt der erzürnte Friese den Amtmann in seinem Grütztopf – einem Topf, in dem Getreidebrei angerichtet wird. Darauf machen die Knechte des Pogwisch den Fischer nieder.

Die am Ende des 19. Jahrhunderts vom (nichtfriesischen) Dichter Detlev von Liliencron geschaffene Ballade des Pidder Lüng personifiziert das Selbstverständnis der Nordfriesen. Wie andere Nationen und Volksgruppen auch, suchen sie in dieser Zeit verstärkt nach ihren Wurzeln: Traditionelle Bauern- und Seefahrerfreiheiten werden Ausgangspunkte der nordfriesischen Identität. Legenden helfen dabei. Zum Grütztopf gibt es eine weitere: In einem Kampf gegen die Dänen seien friesische Frauen ihren Männern mit Töpfen voller Brei zur Hilfe gekommen, mit Erfolg!

Karls Privilegien

Vermeintliche und wirkliche mittelalterliche Freiheitsrechte der Friesen sollen ihren Ursprung in Privilegien haben, die Karl der Große ihnen für Küstenschutzmaßnahmen in Westfriesland, den heutigen Niederlanden, verlieh. An die Westküste Schleswigs zogen Friesen erst später. Innerfriesische Konflikte höhlten die Freiheiten aus. Die im 19. Jahrhundert mit den Idealen der Französischen Revolution „Freiheit – Gleichheit – Brüderlichkeit" aufgeladene „friesische Freiheit", für die der Grütztopf seither im nordfriesischen Wappen steht, war eine Vorstellung und nicht Wirklichkeit.

Deichbau, Seefahrt und Freiheit

Dennoch: In Nordfriesland setzte sich adlige Herrschaft nie durch. Die fürstlichen Landesherren – der dänische König und der Gottorfer Herzog – beschränkten sich auf die Erhebung von Steuern. Innere Angelegenheiten regelten die Nordfriesen selbst. Um an der Nordsee zu überleben, drückte sich das Gemeinwohl vor allem in den gemeinsam entwickelten Ordnungen des Deichwesens aus. – Friesische Freiheiten kamen von Küstenschutz und Seefahrt, also vom Meer.

„Liewer düd, as Slav" – der zu Beginn der 1840er Jahre geprägte und gegen dänische Ansprüche gerichtete Wappenspruch steht als Bekenntnis zur „friesischen Freiheit". Er findet sich auf der ältesten Fahne mit dem Nordfriesen-Wappen, die wahrscheinlich beim ersten Volksfest der Nordfriesen 1844 in Bredstedt gehisst wurde. (Bildnachweis: Nordfriisk Instituut)

Das inoffizielle nordfriesische Wappen mit dem Grütztopf als sagenumwobenes Symbol für die friesische Freiheit. Gold-Rot-Blau steht für die friesische Landschaft. Seit 1970 existiert der Landkreis Nordfriesland. Als offizielles Wappen wurde nicht das nordfriesische ausgewählt.(Bildnachweis: Nordfriisk Instituut)

Beispiel 4: 1500 Dithmarscher Freiheit

Die „Schlacht bei Hemmingstedt"

Am 17. Februar 1500 zieht eine große Streitmacht gegen Dithmarschen. Noch nie war die kleine „Bauernrepublik" einer fürstlichen Oberhoheit unterworfen. Sie ist eine selbstverwaltete Agrargesellschaft mit persönlicher Freiheit für alle – vom grundbesitzenden Großbauern bis zum Landarbeiter oder Tagelöhner. Jetzt aber wollen meist holsteinische Adlige mit Dänemarks König Johann und seinem Bruder, Herzog Friedrich von Gottorf, an der Spitze die Unter-

Ein Sieg der „Freiheit" – die Schlacht bei Hemmingstedt am 17. Februar 1500. Gut vorbereitet schlägt das Dithmarscher Bauernaufgebot (rechts) das Ritter- und Landsknechteheer der verbündeten Fürsten (links) in die Flucht. Im Hintergrund das brennende und geplünderte Meldorf. Ein Holzschnitt von 1599, der also 100 Jahre zurückblickt. (Bildnachweis: Hermannus Hamelmanns Oldenburgische Chronik von 1599)

werfung erzwingen. Doch es kommt noch einmal anders: Das Dithmarscher Bauernaufgebot schlägt sie in der „Schlacht von Hemmingstedt" vernichtend. Ihr Schlachtruf: „Wor di Gar, de Bur de kümmt!" („Hüte dich, Garde, der Bauer, der kommt!").

Für zwei weitere Generationen ist die Unabhängigkeit gesichert. Im nächsten Feldzug 1559 aber unterwerfen die Herzöge von Schleswig und Holstein die Bauernrepublik. Dennoch können die Dithmarscher einige Freiheits- und Sonderrechte bewahren. Ergebnis: In Schleswig und Holstein verbreitete Formen von Grund-, Guts- und Leibherrschaft über unfreie bäuerliche Untertanen wird es auch später in Dithmarschen nicht geben.

Mythos Bauernrepublik

War Dithmarschen bis 1559 eine freie demokratische Bauernrepublik? Im heutigen Sinn gewiss nicht. Denn von einer Gesellschaft der Gleichen und einer freiheitlich-demokratischen Herrschaft konnte auch in Dithmarschen noch nicht die Rede sein. Die Beteiligung an Politik, Recht und Besitz war sehr ungleich verteilt. Fast adelsgleich bestimmte eine Schicht von Großbauern seit Jahrhunderten die Geschicke der ungleichen „Republik Dithmarschen".

Persönliche Freiheit für alle!

Dennoch: Im Vergleich mit ganz anderen Verhältnissen bei den Nachbarn in Stormarn, Holstein und Schleswig gewinnt die „Dithmarscher Freiheit" ihren Glanz; erst recht gilt das mit Blick auf die ostholsteinische Gutsherrschaft. Denn alle Dithmarscher, auch die Unterschichten, bewahrten ihre persönliche Freiheit. Sie waren nicht gebunden an Grund, Gutshof oder Herren, sondern freie Menschen. Und das ist ein hohes Gut, zu allen Zeiten!

„Hemmingstedt" ist im Dithmarscher Selbstverständnis das Symbol der eigenen Freiheit und Unabhängigkeit. Das Monumentalgemälde von Max Koch (1859–1930) ziert seit 1910 das ehemalige Kreishaus in Meldorf. Im Mittelpunkt steht die Sagengestalt der Telse von Kampen. Als fahnenschwingende Jungfrau von Hemmingstedt erscheint sie in vielen Darstellungen der Schlacht und weckt Assoziationen an die Marianne der Französischen Revolution oder an die Jungfrau von Orleans. (Bildnachweis: Wikimedia Commons)

Beispiel 5: 1918 Kiels Signal zur Novemberrevolution

Meuterei in Kiel

Wilhelmshaven, Ende Oktober 1918: Der Erste Weltkrieg ist für Deutschland verloren. Aber die Marineführung will ihre Flotte in einer letzten Schlacht „ehrenvoll" untergehen lassen. Kriegsmüde Matrosen verweigern den unsinnigen Befehl zum Auslaufen. Darauf werden Schiffe nach Kiel verlegt, 47 „Rädelsführer" in der Schleuse Holtenau verhaftet. Das bringt das Fass zum Überlaufen: Landgänge geraten zu Demonstrationen, am 3. November 1918 meutern Matrosen der Kaiserlichen Marine im Reichskriegshafen Kiel. Vertreter der Kieler Arbeiterbewegung unterstützen sie. Ein „Soldatenrat" und ein „Arbeiterrat" entstehen. Die Meuterei wächst zur Revolution.

Am 7. November ist hier die Machtfrage entschieden. Die revolutionäre Welle erreicht viele andere Städte, am 9. November auch Berlin, wo Philipp Scheidemann (SPD) die Republik ausruft. Am Tag darauf wird mit dem „Rat der Volksbeauftragten" die revolutionäre Reichsregierung gebildet. In den Räten geben gemäßigte Sozialdemokraten den Ton an. Sie sorgen dafür, dass die Macht in die Hände einer frei gewählten, vom ganzen Volk legitimierten Nationalversammlung übergeht. Am 19. Januar 1919 sind Wahlen. Die „Weimarer Republik" entsteht.

Republik ohne Republikaner

Die Novemberrevolution schuf einen demokratischen Verfassungsstaat. Aber die Neuordnung blieb stecken. Eigentumsverhältnisse wurden nicht angetastet, die alten Eliten behielten ihre Ämter, und die hergebrachten staatlichen Einrichtungen blieben bestehen. Schon bald lehnte die Mehrheit der Bevölkerung den demokratischen Staat ab. Es war eine „Republik ohne Republikaner", die deshalb auch scheiterte.

Das gemeinsame Ziel ist erreicht, die Republik ist ausgerufen. Eine Gruppe von Arbeitern und Soldaten posiert am 10. November 1918 in Kiel für eine Aufnahme. (Bildnachweis: Hedwig Sievert: Kieler Ereignisse in Wort und Bild, Kiel 1973)

Erste deutsche Demokratie

Dennoch: Mit der von Kiel ausgehenden Revolution wurde ein mörderischer Weltkrieg beendet und das autoritäre Kaiserreich von 1871 zu Grabe getragen. Das allgemeine, gleiche, freie und geheime Wahlrecht – auch für Frauen – beteiligte nun auch jene an der politischen Willensbildung, die bis her ausgeschlossen oder benachteiligt wurden. Erstmals gab es in Deutschland eine parlamentarische Demokratie. Und diese war bedeutend besser und viel bunter als ihr Ruf!

Bereits unmittelbar nach der Revolution versuchen zwei der Akteure ihre Deutung der Ereignisse unter die Menschen zu bringen: Von Kiel aus wurde die Welt verändert – so die Botschaft des Titelbilds. Die Broschüre erschien wenige Wochen nach dem Matrosenaufstand im Dezember 1918, verbunden mit dem Wunsch, die „historische Rolle" der „Unabhängigen Sozialdemokratischen Partei Deutschlands" zu zeigen und „das Klassenbewußtsein innerhalb der Arbeiterschaft zu wecken". (Bildnachweis: Lothar Popp: Ursprung und Entwicklung der November-Revolution 1918. Wie die deutsche Republik entstand. (Unter Mitarbeit von Karl Artelt) Kiel 1918)

Beispiel 6: 1990 Schleswig-Holsteinische Landesverfassung

Stärkung des Parlaments

Unter dem Schock der Barschel-Pfeiffer-Affäre 1987, in der zum Machterhalt aus der Staatskanzlei kriminelle Machenschaften gesteuert wurden, beschließt der Landtag im Juni 1988, eine Verfassungsreform für Schleswig-Holstein einzuleiten. Zunächst auch beraten von Experten in einer „Enquetekommission", anschließend in einem parlamentarischen Sonderausschuss erarbeiten die Abgeordneten die neue Landesverfassung. Das Hauptziel lautet, Machtmissbrauch von Regierungen auszuschließen. Die klare Gewaltenteilung zwischen Parlament, Regierung und Justiz soll wiederhergestellt werden.

Zukünftig soll das Parlament als „das vom Volk gewählte oberste Organ der politischen Willensbildung" verankert sein. Der Landtag als demokratische Volksvertretung holt sich seine volle Rolle zurück. Die Rechte der Abgeordneten und der Opposition werden ausgebaut, direkte demokratische Einflussnahmen des Volkes durch Volksbegehren und Volksentscheide eingeführt.

Der 30. Mai 1990 ist eine Sternstunde des Landesparlaments. Einstimmig verabschiedet der 12. Landtag, in dem SPD, CDU und SSW vertreten sind, die Landesverfassung. Drei Jahre nach der Erschütterung des politischen Systems ist das eine eindringliche Demonstration von Lernbereitschaft und demokratischer Gemeinsamkeit.

Die Landessatzung – ebenso wie das Grundgesetz ausdrücklich als Provisorium gedacht – war die Vorläuferin der Landesverfassung von 1990, beschlossen vom ersten gewählten Landtag am 13. Dezember 1949. Die Aufnahme zeigt den Landtag im damaligen Festsaal der Pädagogischen Hochschule in Kiel-Hassee. (Bildnachweis: Rudolf Titzck (Hrsg.): Landtage in Schleswig-Holstein. Gestern – heute – morgen. Husum 1987, S. 95)

Verfassungsgrenzen

Mit guten Gründen wurde eingewandt, dass eine Verfassung Machtmissbrauch nicht unmöglich machen könne. Demokratie muss gelebt und von allen Beteiligten – Regierung, Parlament, Justiz und nicht zuletzt auch Bevölkerung – geachtet werden. Eine noch so gute Verfassung allein macht noch keine Demokratie.

Vorbild für andere

Dennoch: Die Demokratie benötigt eine gute Verfassung. 1990 stellte der Landtag die Balance zwischen Parlament und Regierung wieder her. Und: In Schleswig-Holstein sind seither die „Gleichstellung von Frauen und Männern", die „Rechte von nationalen Minderheiten und Volksgruppen" sowie der „Schutz der natürlichen Grundlagen des Lebens" Staatsziele. Nicht aus Zufall wurde die Verfassung auch für einige neue Bundesländer zum Vorbild. – Denn: Auch eine gute Verfassung verteidigt unsere Freiheit.

Am 30. Mai 1990 beschließt der Schleswig-Holsteinische Landtag über die neue Landesverfassung. Einhellig demonstriert das Parlament, dass es aus der Erfahrung der Barschel-Pfeiffer-Affäre Lehren zieht. (Bildnachweis: Der Landtag. Ein Monat im Landesparlament 5/90, S. 3)

Michael Gehler

Landes- und Regionalgeschichte im Kontext von Region, Nation, Europa und Welt[1]

Vorbemerkung

Dieser Aufsatz wendet sich, ausgehend von einem ursprünglich entwickelten Konzept einer „Zeitgeschichte überschaubarer Räume", einer Geschichtsschreibung zu, die im Zeichen veränderter Kontexte von Region, Nationalstaat und seiner Europäisierung sowie der Globalisierung mehrere räumliche Ebenen einzubeziehen versucht. Lokal- und Stadtgeschichte werden als Mikroebene, Landes- und Regionalgeschichte als Mesoebene begriffen. Der Nationalstaat befindet sich je nach Größe auf der Meso- oder Makrobene oder bewegt sich dazwischen, wodurch seine Abhängigkeit von Geschehnissen auf höheren Ebenen und seine politische Relativierung zum Ausdruck kommt. Dieses mehrstufige Modell mit einer subnationalen (lokalen, regionalen), nationalen (staatlichen) sowie supranationalen (europäischen und globalen) Dimension ermöglicht es Geschichtsforschenden, sich an Kombinationen und Variationen von Begriffen, Befunden und Zustandsbeschreibungen wie Region, Regionalisierung, Regionalität, Nation, Nationalstaat, Renationalisierung, Europa, Europäisierung sowie Globalisierung, Globalität und Weltgesellschaft abzuarbeiten sowie sich mit gleichzeitigen Phänomenen, teils gleichgerichteten, teils gegenläufigen Entwicklungen auf den genannten Ebenen zu befassen.

Dieser Beitrag gliedert sich in drei Kapitel. Erstens geht es darum, grundlegende Fragen zu stellen, nämlich ob Zeitgeschichte für eine Regionalgeschichte ausreicht und Landesgeschichte zu ihr einen Gegensatz darstellt. Zweitens werden grundlegende Begriffsbestimmungen vorgenommen wie zu Region, Regionalisierung, Regionalismus, Regionalität, Nation, Nationalstaat, (Re-)Nationalisierung sowie Europa, Europäisierung und Europäistik, um dann der Frage nachzugehen, ob Weltgesellschaft noch eine Chimäre oder doch bereits eine Realität ist. Drittens werden neuere und neueste entwicklungsbedingte Befunde, Quellenfragen und anwendungsspezifische Konsequenzen für Landes- und Regionalgeschichtsschreibung im Mehrebenen-Modell thematisiert, um mit einem konkreten Beispiel zu enden.

1 Dieser Beitrag ist eine um die Hälfe gekürzte und leicht ergänzte Fassung des Beitrags des Autors: Begriffe und Entwicklungen zur Hintergrunderfassung von Landes- und Regionalgeschichte in Europa. In: Geschichte und Region/Storia e Regione (Sondernummer Regionen der Geschichte/Ragioni della storia, Festschrift für/Scritti in onore di Helmut Alexander) 31 (2022), S. 99–132.

1. Grundlegende Fragen zur Begriffsbestimmung des Themas: Reicht Zeitgeschichte aus? Sind Landes- und Regionalgeschichte Gegensätze?

„Zeitgeschichte" ist an deutschsprachigen Universitäten nach 1945 als (Teil-)Disziplin der Geschichtswissenschaft im Zuge der Spezialisierung des Fachs zunehmend institutionalisiert und zusätzlich zur Neuzeitgeschichte etabliert worden. Zeitgeschichte ist als Geschichtsschreibung so alt wie die Historiographie selbst. Ihre Charakteristika sind unverändert: Gegenwärtigkeit, Unabgeschlossenheit, Vorläufigkeit und Zeitzeugenschaft.[2] Im Unterschied zu anderen (Teil-)Disziplinen der Geschichtswissenschaften besitzt Zeitgeschichte besondere Optionen: Sie befasst sich mit teils offenen Entwicklungen, teils aktuellen Fragen und bietet mehr Möglichkeiten der Zukunftsorientierung. Sie greift auf Zeitzeugen als lebende Quellen wie auch moderne Kommunikationsmittel zurück, obwohl diese schwierig zu erfassen und zugänglich zu machen wie auch ihre Aussagen nur temporär verfügbar sind. Von einer Neueren und Neuesten Geschichte auszugehen, erscheint in vielerlei Hinsicht nicht nur angemessener, sondern auch ergebnisträchtiger und erkenntnisfördernder. Ein solcher Ansatz ist umfassender, zumal die Vorgeschichte der „Vorgeschichte der Gegenwart"[3] weiteren Erklärungsstoff bereithält. So ist die Einbeziehung der Erfahrungshorizonte früherer Generationen ebenso wichtig wie jene der „Mitlebenden". Sie reichen weiter zurück als die jüngere oder gar die jüngste Zeitgeschichte. Vor diesem Hintergrund ist auch statt von „Zeitgeschichte im dynamischen Mehrebenensystem"[4] treffender, inhaltlich breiter und methodisch weiterführender von „Geschichte dynamischer Mehrebenen" auszugehen.

Es bleibt nach wie vor sinnvoll, das Konzept, die Methodik und die Theorie von „Regionalgeschichte"[5] weiter zu verfolgen. Ihre Einbeziehung auch für das Mittelalter sowie die Neuere und Neueste Geschichte kann die markanten Abweichungen, Bruchlinien und Diskontinuitäten im Vergleich zur regionalen „Zeitgeschichte" verdeutlichen: Diversifizierung von Sozialstrukturen durch allmählich einsetzenden Bedeutungsverlust des Primärsektors (Landwirtschaft), Aufstieg der Industrialisierung, gefolgt von Deindustrialisierung, gestiegene Ausprägung von Dienstleistungsgesellschaften, erhöhte soziale Mobilität und zunehmende Fluktuation, der Übergang von ständischen zu neuen Gesellschaftsformationen; Prozesse, die spätestens seit dem 19. Jahrhundert einsetzten, können eine „zeitgeschichtliche" Regionalgeschichte relativieren, v.a. aber bereichern und erweitern. Hinzu treten vermehrt die Auswei-

2 Gabriele Metzler: Einführung in das Studium der Zeitgeschichte. Paderborn u.a. 2004; Michael Gehler: Zeitgeschichte. In: Helmut Reinalter/Peter J. Brenner (Hrsg.): Internationales Lexikon der Geisteswissenschaften. Wien/Köln/Weimar 2011, S. 1127–1133; Michael Fröhlich: Zeitgeschichte. Konstanz 2009.

3 So der wenig weit zurückgreifende Zugang bei Anselm Doering-Manteuffel/Lutz Raphael/Thomas Schlemmer (Hrsg.): Vorgeschichte der Gegenwart. Dimensionen des Strukturbruchs nach dem Boom. Göttingen 2016.

4 So die eigene aktualisierungs-, erweiterungs- und überarbeitungsbedürftige Darstellung: Michael Gehler: Zeitgeschichte im dynamischen Mehrebenensystem. Zwischen Regionalisierung, Nationalstaat, Europäisierung, internationaler Arena und Globalisierung. Bochum 2001; über ein hierarchisches Mehrebenensystem hinausgehend durch konzentrische Kreise und verflochtene Orte: Ernst Langthaler: Orte in Beziehung. Mikrogeschichte nach dem Spatial Turn. In: Geschichte und Region/Storia e Regione 21 (2012), H. 1/2, S. 27–34; Christian Jansen: Region – Province – Municipality. Spatial Planning and Spatial Policy in Italy, 1860–2016. In: Historical Social Research 42 (2017), H. 2, S. 267–294.

5 Nina Gallion u.a. (Hrsg.): Regionalgeschichte. Potentiale des historischen Raumbezugs. Göttingen 2021.

tung von Bildungsangeboten und -chancen (seit 1918), steigender Lebensstandard, aber auch soziale Desorientierung durch Massenarbeitslosigkeit im Zuge von Weltwirtschaftskrise und Depression der 1930er oder der Rezessionen der 1970er und 2010er Jahre. Zentral ist die Aufweichung religiöser Bindungen und gesellschaftlicher Wertvorstellungen im Zeichen von Säkularisierungsschüben seit dem 18. Jahrhundert wie durch den Konfessionskonflikt seit der „Gegenreformation", den Modernismusstreit im katholischen Kirchenmilieu nach der Wende zum 20. Jahrhundert und die Forderung nach Trennung von Kirche und Staat durch Liberalismus und Sozialdemokratie. Die Ursprünge der genannten Entwicklungen setzen lange vor der „neuesten" Zeitgeschichte ein.

„Regionalgeschichte" besitzt als Labor zur Beobachtung von Entwicklungen auf anderen Ebenen nach wie vor erkenntnistheoretische Indikatorenfunktion.[6] Sie ist Experimentier- und Prüffeld für Methoden zur Untersuchung von Veränderungen auf höheren und ihrer Rückwirkungen auf untere Ebenen. Da „Regionalgeschichte" keine reine „Herrschaftsgeschichte" repräsentieren wollte, rückte sie oft auch in die Nähe von Alltagsgeschichte. So traten einfache Individuen, die „Sprachlosen", bisher unbeachtete Personengruppen, in ihren Fokus, die lange nicht oder kaum von der Forschung betrachtet wurden, wie die Rolle von Randgruppen, Unterschichten oder Minderheiten als „Vergessene" der Geschichte. Als Quellengrundlage dienten nicht nur klassische Akten, sondern auch Ego-Dokumente wie Briefe, Fotoalben oder Tagebücher.

So sinnvoll eine Abgrenzung der „Regionalgeschichte" von „Heimatgeschichte" oft erscheinen mochte, so ist nicht zu übersehen, dass Heimat auch Teil der Geschichte von Identitäten ist.[7] Zudem ist vor Arroganz und Überheblichkeit gegenüber landes- und lokalgeschichtlichen Heimatforschenden, wie z.B. den Dorfchronisten, zu warnen. Diese verfügen über mehr Material, bessere Kenntnisse „vor Ort" und leisten praktisch Pionier- und Vorarbeit bei der Erfassung und Erschließung von Quellen. Eine Distanzierung der „Regionalgeschichte" vom Begriff der „Landesgeschichte" erscheint nicht mehr einsichtig, geschweige denn notwendig, zumal sich erstere längst erfolgreich etabliert hat.[8] Der Begriff „Land" hat sowohl etymologisch-historische Bedeutung und damit feste Legitimation als auch aktuelle Relevanz durch fortbestehende „Bundesländer"[9] wie in Deutschland und Österreich. Bedauerlicherweise sinkt durch Einsparungszwänge die Zahl der Lehrstühle für Landesgeschichte an Universitäten, aber es gibt sie weiterhin.[10]

Eine Kombination aus Landes- und Regionalgeschichte überschaubarer Räume erfüllt neben den Gegensatz-Begriffspaaren „Zentrum versus Peripherie", „Zentralismus versus Födera-

6 Martin Knoll/Katharina Scharf: Europäische Regionalgeschichte. Eine Einführung. Wien/Köln 2021.

7 Winfried Müller/Martina Steber: „Heimat". Region und Identitätskonstruktionen im 19. und 20. Jahrhundert: Sachsen/Bayerisches Schwaben. In: Werner Freitag u.a. (Hrsg.): Handbuch Landesgeschichte. Berlin/Boston 2018, S. 646–677.

8 Für viele Geschichtsforschende scheint aber sowohl Landes- als auch Regionalgeschichte gar nicht auf dem Schirm: siehe Marcus Gräser/Dirk Rupnow (Hrsg.): Österreichische Zeitgeschichte – Zeitgeschichte in Österreich. Eine Standortbestimmung in Zeiten des Umbruchs. Wien/Köln 2021, worin sich kein eigener Beitrag zur Landes- oder Regionalgeschichte Österreichs findet.

9 Ferdinand Kramer: Landesgeschichte als Geschichte der Länder der Bundesrepublik und europäischer Regionen. In: Hessisches Jahrbuch für Geschichte 70 (2020), S. 37–53.

10 So den Lehrstuhl für Bayerische Geschichte und Vergleichende Landesgeschichte mit besonderer Berücksichtigung der Neuzeit an der LMU München, vertreten durch Ferdinand Kramer. Url: https://www.bg.geschichte.uni-muenchen.de/personen/lehrstuhlinhaber/kramer_ferdinand/index.html (zuletzt aufgerufen: 7.1.2022).

lismus", „zentrale Herrschaft versus regionale Resistenz" und der Problematik doppelter Peripherisierungen („Staat versus Land"/„Stadt versus Land") auch bezüglich (mehr) „geschlossener" und (weniger) „offener" Gesellschaften wichtige Funktionen. Die genannten Aspekte sind jedoch keineswegs neuartig, sondern ältere historische Phänomene. Das Zentrum-Peripherie-Verhältnis stellte sich schon für Imperien der Antike und sodann für die entstehende europäische Staatenwelt der Neuzeit. Es wurde zuletzt spürbar in Regionen und Ländern in EU-Mitgliedstaaten mit abgelegenen Gemeinden (Bergdörfer) und Abwanderungsräumen (Randgebiete), die sich als „abgehängt" empfinden und fallweise ein extremistisch-radikalisiertes Wählerpotential generieren können.

2. Kontextspezifische und themenrelevante Begriffe

2.1 Region – Regionalisierung – Regionalismus – Regionalität

„Region" transportiert als facettenreiches Konstrukt verschiedene Inhalte: Sie meint einen mehr oder weniger festumrissenen Lebensraum, einen historisch gewachsenen Kulturraum mit Außen- und Binnenwirkung sowie eine gesellschaftliche Organisationsform mit verschiedenen Institutionen und Verwaltungsstrukturen. Sie kann fallweise auch losgelöst sein von Raumvorstellungen und angenähert an einen identitätsspezifischen Begriff im Sinne mentalitäts- und wirkungsgeschichtlicher Dimensionen. Beide Tendenzen schließen sich nicht aus. Übereinstimmungen bestehen mit behaupteter „Homogenität" aufgrund geographischer, ethnischer, kultureller, religiöser und sprachlicher „Gemeinschaft" sowie spezifischer Gewerbe-, Handels-, Industrie- und mithin Wirtschaftsstrukturen. Der Bezug und die Selbstdefinition gegenüber einer übergeordneten „Einheit" spielen eine Rolle,[11] wobei eine möglichst geschlossene Vorgehensweise bei der Verfolgung gemeinsamer Ziele angestrebt wird.[12]

Ersttagsbriefe aus Finnland und Dänemark aus dem Jahr 1977 zur Feier der Nordischen Zusammenarbeit. (Bildnachweis: Gehler/May (Hrsg.) 2019, Abb. 400/401.)

11 Robert Kriechbaumer (Hrsg.): Liebe auf den zweiten Blick. Landes- und Österreichbewußtsein nach 1945. Wien/Köln/Weimar 1998.

12 Jean-Paul Lehners: Region in Westeuropa: Am Beispiel der grenzüberschreitenden Region Saar-Lor-Lux. In: Beiträge zur historischen Sozialkunde 27 (April-Juni 1997), Nr. 2, S. 64–73, hier S. 64–66.

Unter „Region" wird demzufolge wie bei allen identitätsbildenden Gemeinschaftsformen auch Abgrenzung von zentraler Herrschaft und staatlicher Ordnung, aber ebenso eine gewisse Sonderstellung beziehungsweise Distanzierung von übergeordneten, nationalen, europäischen wie globalen Strukturen verstanden. Die von „Region" abgeleiteten Begriffe „Regionalisierung", „Regionalismus" und „Regionalität" werden unterschiedlich ausprobiert. Gerd Junne verwendet zum Beispiel den Begriff der „Lokalisierung" zur Vermeidung von Missverständnissen, da „Regionalisierung" oft zur Umschreibung intensiverer „‚übernationaler' Zusammenarbeit und Arbeitsteilung in den verschiedenen Weltregionen (wie Westeuropa, Nordamerika oder Südostasien) herangezogen wird". Nach Ansicht des Verfassers kann der Begriff „Lokalisierung" aber auch zu Missverständnissen führen. Es ist daher die Begrifflichkeit je nach Verwendungsbereich vorher festzulegen und zu definieren. Mit Blick auf die politische Programmatik des „Europa der Regionen" und der „Euregio"-Terminologie ergibt es auch mehr Sinn, von Regionen bzw. Regionalisierung zu sprechen.[13]

Bei „Regionalisierung" geht es um Aufteilung oder Differenzierung eines Raumes in kleinere Einheiten nach einem zweckbestimmten System. Dabei handelt es sich in technischer Hinsicht um Untergliederungen eines Staatsgebietes in Regionen oder die Verteilung des Staatsbudgets mittels Subventionen für bestimmte Wirtschaftszweige auf territoriale Einheiten eines größeren Raums. Im weiteren Sinne meint „Regionalisierung" die Entstehung regionaler Integration als Begleiterscheinung oder Folge von Globalisierung sowie kleinräumige Vernetzung von Aktivitäten unter Betonung regionaler Qualitäten, in einem Prozess der Zuordnung unterschiedlicher Produkte, Systeme und Teile zu verschiedenen Regionen eines Territoriums.[14]

Unter „Regionalismus" versteht man die Herausbildung landschaftlicher Eigenarten in Politik, Kultur, Ökonomie und Sprache in Kombination mit dem Ziel des Aufbaus, der Bewahrung und Förderung von Selbständigkeit, verbunden mit der Etablierung von Institutionen in einer geographischen Region, die sich zu Autonomie berechtigt fühlt und ihre Kompetenzen auszuweiten versucht. Hand in Hand geht damit – fallweise zum Missfallen übergeordneter politischer Einheiten – die verstärkte Identifikation mit einer Region bis zur Überbetonung dieser Einstellung.[15]

„Regionalismus" steigert sich bisweilen zu einem regionalen Nationalismus, mitunter gar bis hin zu Separatismus und Sezessionismus mit verschiedenen Hintergründen und Erscheinungsformen: Ausgangspunkt kann die Kritik an einer als „ungerecht" empfundenen steuerpolitischen Belastung oder „schlechteren" wirtschaftlichen Behandlung durch die „politisch dominante" Zentrale oder an der Unterdrückung von regionalspezifischer Eigenart wie Kultur und Sprache durch zentralstaatliche Bürokratien sein.[16]

13 Gerd Junne: Integration unter den Bedingungen von Globalisierung und Lokalisierung. In: Markus Jachtenfuchs/Beate Kohler-Koch (Hrsg.): Europäische Integration. Opladen 1996, S. 513–530, hier S. 514.

14 Arthur Benz u.a.: Regionalisierung. Theorie – Praxis – Perspektiven. Opladen 1999; Simon-Martin Neumair: Regionalisierung. URL: https://wirtschaftslexikon.gabler.de/definition/regionalisierung-53737 (zuletzt aufgerufen: 15.11.2021).

15 Dirk Gerdes u.a. (Redaktion): Regionen und Regionalismus in Westeuropa. Stuttgart 1987; Winfried Böttcher (Hrsg.): Subsidiarität – Regionalismus – Föderalismus. Münster 2004; Peter Hilpold (Hrsg.): Autonomie und Selbstbestimmung in Europa und im internationalen Vergleich. Wien 2016.

16 Michael Mäs: Regionalismus, Nationalismus und Fremdenfeindlichkeit. Wiesbaden 2005.

Durch den partiell eingetretenen Bedeutungsverlust der Nationalstaaten im Zeichen einer entgrenzten Wirtschaft der Globalisierung von multi- und transnationalen Unternehmen sowie der Verflechtungen der Weltökonomie erlangten regionale und lokale Räume mehr Beachtung in der politischen Debatte, wobei internationale Vernetzungen frühzeitig zu verfolgen sind. Lokal und regional fest verankerte Firmen und Unternehmen konnten und können weit über die Region und den Nationalstaat hinaus international präsent und global wirksam sein, wobei sich die Mikro- mit der Globalisierungsgeschichte verbinden lässt, was an Fallbeispielen bereits eindrucksvoll demonstriert wurde. Die Kölner Familienfirma Stollwerck war beispielsweise eine Schokoladen-Großmacht in Europa und einer der größten Süßwaren-Produzenten in den Vereinigten Staaten sowie damit auch Teil einer globalisierten Schoko-Produktion.[17]

Der Europäische Rat der Staats- und Regierungschefs wie der Rat der EU halten sich auf der Ebene der Fachminister ganz bewusst aus Regionalkonflikten heraus beziehungsweise bleiben neutral, zum Beispiel im Fall von Katalonien und Schottland. Aus Transregionalismus[18] kann Transregionalität erwachsen wie für die Koordination und Kooperation zwischen autonomen Partnerregionen oder Metropolregionen in einem Staat oder auch staatsübergreifende für auf europäischer und globaler Ebene zusammenarbeitende Regionen.

Das schwer durchschaubare Gefüge der EU im Zeichen des Unionsvertrags von Lissabon, der einen eigenen zusätzlichen Vertrag über die Arbeitsweise der Union erforderlich machte, 2007 unterzeichnet wurde, 2009 in Kraft treten konnte und bis heute gültig ist, verleiht Regionen als überschaubaren Räumen neue Bedeutung. Der seit Maastricht schon bestehende „Ausschuss der Regionen" (AdR) in Brüssel verfügt als nur beratendes Organ über zu wenig Einfluss, besitzt aber mittlerweile ein Klagerecht beim Europäischen Gerichtshof (EuGH) in Luxemburg. Neben dem AdR ist auch der Europarat mit dem Rat der Städte und Gemeinden zu erwähnen und nicht zuletzt die schon um 1950 grenzüberschreitend entstandenen Kontakträume[19] und später aktiv gewordene Euregios.[20] Das Madrider Rahmenabkommen von 1980 sowie der seit 2006 bestehende Europäische Verbund Territorialer Zusammenarbeit (EVTZ)[21]

17 Siehe Angelika Epple: Das Unternehmen Stollwerck. Eine Mikrogeschichte der Globalisierung (1839–1932). Frankfurt/New York 2010; Dies.: Relationale Geschichtsschreibung: Gegenstand, Erkenntnisinteresse und Methode globaler und weltregionaler Geschichtsschreibung. URL: www.hsozkult.de/debate/id/diskussionen-4291 (zuletzt aufgerufen: 25.4.2022).

18 Zahlreiche Beiträge finden sich in: Matthias Middell (Hrsg.): The Routledge Handbook of transregional Studies, London/New York 2019.

19 Christoph Brüll u.a. (Hrsg.): Belgisch-deutsche Kontakträume in Rheinland und Westfalen 1945–1995. Baden-Baden 2020.

20 Paolo Magagnotti: Geschichtliche Entwicklungen und die Rolle der Mikrodiplomatie beim Aufbau des „Europa der Regionen". Europagespräche des Instituts für Geschichte der Universität Hildesheim, 30. September 2009. URL: http://www.uni-hildesheim.de/index.php?id=4898#c19721 (zuletzt aufgerufen: 15.11.2021); siehe auch ders.: Die Euregio-Projekte mit Blick auf das Verhältnis zwischen der Schweiz, Österreich und Deutschland. In: Thomas Fischer/Michael Gehler (Hrsg. unter Mitarbeit von Claudia Schmidt-Hahn): Tür an Tür. Vergleichende Aspekte zu Schweiz, Liechtenstein, Österreich und Deutschland/ Next Door. Aspects of Switzerland, Liechtenstein, Austria and Germany in Comparison. Wien/Köln/Weimar 2014, S. 113–151.

21 Europa, Zusammenfassung der europäischen Gesetzgebung, Europäischer Verbund für territoriale Zusammenarbeit 2006. URL: http://europa.eu/legislation_summaries/agriculture/general_framework/g24235_de.htm (zuletzt aufgerufen: 15.11.2021); siehe auch Peter Bußjäger u.a. (Hrsg.): Der

eröffnen zwar mehr regionalpolitische Möglichkeiten, er muss sich aber wie alle anderen Formate den Jurisdiktionen der Mitgliedsstaaten gegenüber konform verhalten.

Mit dem Schlagwort eines „Europa der Regionen" versuchte Brüssel seit den 1990er Jahren vom Widerspruch zwischen realer ökonomischer Potenz und bescheidener politischer Repräsentanz der Regionen im institutionellen Meinungsfindungs- und Entscheidungsbildungsprozess der EU abzulenken, um gleichzeitig ihre Bedenken einzufangen und ihre Strukturen einzubinden. Dabei spielte die Formel des „Subsidiaritätsprinzips" eine wesentliche Rolle, wobei die Unterschiede zwischen Anspruch und Wirklichkeit beziehungsweise Theorie und Praxis auf regionaler Ebene erforschenswert sind, gleichwohl sie groß blieben. Bei der erfolgreichen Verhinderung von regionalpolitischen Eskalations- und Kollisionspotentialen kam den nationalen wie überstaatlichen Zentralen die stark ausgeprägte Heterogenität von Regionen, Regionalismus und Regionalität Europas zugute, die Solidarisierungseffekte und Koalitionsbildungen unter ihnen eher blockierte als ermöglichte.

Die Begriffe Region, Regionalisierung, Regionalismus und Regionalität stellen also nach wie vor sehr lohnende Herausforderungen für Geschichtsforschende dar, zumal dann, wenn nationalstaats-, europäisch-integrations- und globalgeschichtliche Entwicklungen einbezogen werden: Vor diesem Hintergrund ist es historisch nicht begründ- und belegbar, bei Regionen noch von geschlossenen Räumen zu sprechen, sie isoliert voneinander zu untersuchen und deren Geschichte als kollektive Erfahrung zu präsentieren, ganz abgesehen von der Gefahr der Funktionalisierung zu landespolitischer Legitimationsarbeit. In diesem Zusammenhang ist es von besonderer historiographischer Bedeutung, Motive und Interessenlagen von Regional-, Regionalisierungs- und Regionalismuspolitik zu ermitteln und damit verschiedene Formen von Regionalität zu bestimmen. Das berührt auch die Fragen nach ihrer Basis und ihren Trägern. Differenziert zu erforschen sind hierbei wirtschaftlich potente und weniger potente Regionen mit unterschiedlichen Zielsetzungen. Reiche wünschen in der Regel weniger, schwächere mehr Staatsinterventionismus. In reichen Regionen werden Dezentralisierungstendenzen von weltmarkt-orientierten Wirtschaftsbranchen getragen, in weniger reichen eher von regional beziehungsweise national ausgerichteten Unternehmen. Zielen reichere Regionen eher auf eine verbesserte Position in der internationalen Arbeitsteilung, so setzen weniger reiche eher auf Stärkung relativ geschlossener Systeme, um vorerst das eigene Potential zu entwickeln. Für reiche Regionen ist der Wettbewerbsdruck aus dem (EU-)„Ausland" maßgeblich, für rückständigere eher der aus dem Inland. Neben solchen unterschiedlichen wirtschaftlichen Strukturen und politischen Interessenlagen sind auch die identitätsbildenden beziehungsweise sinnstiftenden Elemente verschiedener Regionalpolitiken und Regionalismen zu differenzieren. Es ist zudem fraglich und daher zu diskutieren, ob ein „Europa der Regionen" tatsächlich funktionaler, konfliktärmer und harmonischer wirken würde als ein „Europa der Nationen", wenngleich dieser Gedanke spekulativ bleibt.[22]

Wie es im Rahmen der globalen Geschichte keine international verbindliche Periodisierung gibt, wobei sich Zäsuren und Einschnitte immer noch stark „nationalgeschichtlich" konstituieren, hängen die Epochenbildungen beziehungsweise Periodisierungen bei untergeordneten

Europäische Verbund Territorialer Zusammenarbeit (EVTZ). Neue Chancen für die Europaregion Tirol-Südtirol-Trentino. Wien 2011.

22 Junne: Integration, S. 526–529.

Räumen von lokal und regional bedingten Konstellationen ab, die mitunter losgelöst von staatlicher Geschichte eigene Zeitabschnittseinteilungen verlangen. Die Geschichte einer dörflichen Gemeinde, eines Landes oder einer Region kann von ganz anderen Einschnitten geprägt sein als die des Staates, wie zum Beispiel von skandalträchtigem Fehlverhalten, politischen Fehlentscheidungen oder abweichenden sozioökonomischen Strukturen auf den jeweiligen Feldern der Gemeinde-, Landes- und Regionalpolitik bis hin zu Naturkatastrophen, was für die „Gleichzeitigkeit des Ungleichzeitigen" spricht. „Landes-" und „Regionalgeschichte" werfen als „Testfälle" für National- und Staatsgeschichte gleichsam neue Fragen auf, die sie an die „größere" Geschichte richten, um entsprechende Antworten erwarten zu können.

Ein wichtiges Desiderat von „Landes-" und „Regionalgeschichte" ist die vergleichende Methode, die genauso für die nationale, europäische und globale Ebene notwendig ist, zumal mit ihrer Hilfe erst typische Merkmale und spezifische Unterschiede herausgearbeitet werden können, um sowohl im exemplarischen als auch generalisierendem Sinne Erträge zu generieren.

2.2 Nation – Nationalstaat – (Re-)Nationalisierung

Aus Nationsbildungen[23] ging nach vormoderner Staatsentwicklung sowie daraus erwachsend der moderne Territorial- und Nationalstaat in Europa hervor. Er entwickelte sich in der Neueren Geschichte zum Interventions-, Sozial- und Wohlfahrtsstaat mit Selbstregulierungsfähigkeit und Steuerungsanspruch, bis hin zum Dirigismus und zur Subventionspraxis. In der Geschichte Europas ist er nur ein Baustein. Weit umfassender waren Hegemonialreiche und Imperien sowie den Nationalstaaten vorausgehend Städte und Regionen als erste Gemeinwesen.[24] Asturien und Andalusien sind älter als die spanische sowie die Lombardei und die Toskana älter als die italienische Nation. Kärnten und Tirol sind älter als die Habsburgermonarchie oder die Republik Österreich.[25] Ihre politische Dynamik sollte nicht unterschätzt werden, was die jüngeren Beispiele von Katalonien und Schottland bis Kurdistan mit Tendenzen von Unabhängigkeitsbestrebungen, Separatismus und Sezessionismus zeigen.[26]

---

23 Karl W. Deutsch: Nationenbildung, Nationalstaat, Integration. Düsseldorf 1972; Peter Alter: Nationalismus. Ein Essay über Europa. Stuttgart 2016, S. 18–19, 32–34, 43–45; Philipp Ther, Die dunkle Seite der Nationalstaaten. „Ethnische Säuberungen" im modernen Europa. Göttingen 2011; Michael Schwartz: „Ethnische „Säuberungen" in der Moderne. Globale Wechselwirkungen nationalistischer und rassistischer Gewaltpolitik im 19. und 20. Jahrhundert. München 2013; nach wie vor lesenswert: Reinhart Koselleck u.a.: Volk, Nation, Nationalismus, Masse. In: Reinhart Koselleck/Otto Brunner/Werner Conze (Hrsg.): Geschichtliche Grundbegriffe Bd. 7. Stuttgart 1972, S. 141–431.

24 Siehe die Einleitung, in: Michael Gehler (Hrsg. unter Mitarbeit von Imke Scharlemann): Die Macht der Städte. Von der Antike bis zur Gegenwart. Hildesheim/Zürich/New York 2010, S. 11–42.

25 Michael Gehler: Stadt – Region – Nation – Union: Herrschaftsbildungen, Kompetenzverlagerungen und Machtverschiebungen. In: Walter Obwexer u.a. (Hrsg.), Integration oder Desintegration? Herausforderungen für die Regionen in Europa. Baden-Baden 2018, S. 19–53.

26 Christopher H. Wellman: A Theory of Secession. The Case for Political Self-Determination. New York 2005; Anna Gamper, Regionalismus und Sezession – verfassungsrechtliche Herausforderungen und Antworten im europäischen Vergleich. In: Obwexer u.a. (Hrsg.): Integration, S. 59–94; Peter Hilpold: Self-determination and autonomy between secession and internal self-determination. In: Ders. (ed.): Autonomy and Self-Determination. Between Legal Assertions and Utopian Aspirations, Cheltenham 2017, S. 7–55; Ders.: Von Katalonien bis Kurdistan: Territoriale Integrität versus Selbstbestimmung. In: Zeitschrift für öffentliches Recht 74 (2019), S. 3–20.

Der Nationalstaatsgedanke stellte sich dem europäischen Einigungsgedanken im 19. und in der ersten Hälfte des 20. Jahrhunderts noch entgegen. Oft positionierte er sich gegen die „Idee Europa" gerade im Zeichen des aufkommenden Nationalismus. Nach 1945 avancierten jedoch die verbliebenen und geschwächten Nationalstaaten zu Begründern der Europäischen Gemeinschaften, wenn auch nur unter innen- und außenpolitischen Zwängen. Der britische Wirtschaftshistoriker Alan S. Milward sah in der westeuropäischen Integration nach dem Zweiten Weltkrieg den Versuch zur Rettung des europäischen Nationalstaats.[27] Die wieder erstarkten EU-Mitgliedstaaten verstehen sich seither nicht von ungefähr als die „Herren der Verträge", während Städte und Regionen – obwohl meist ältere Gemeinwesen und Herrschaftsräume – im Rahmen der Union mit ihrem politischen Einfluss stark zurückgedrängt und unterrepräsentiert sind: Sie spielen im Institutionengefüge der EU zunächst keine und erst spät eine nur bescheidene Rolle. Dagegen existiert bis heute eine von Nationalstaaten geschaffene, verspätet demokratisierte, aber multipräsidiale sowie höchst komplexe EU-Rechts- und Vertragsgemeinschaft als postmodernes Imperium mit unterschiedlichsten Regionen und prekären Peripherien.[28]

Auf verschiedene Integrationsschritte erfolgten relativ regelmäßig Bestrebungen und Tendenzen der Renationalisierung als Gegenreaktionen. Eine erste Welle (1953/54) führte ausgehend vom aufkommenden Gaullismus in Frankreich zum Scheitern der Europäischen Verteidigungsgemeinschaft (EVG) und zum Rücktritt von Jean Monnet als Präsident der Hohen Behörde der Europäischen Gemeinschaft für Kohle und Stahl (EGKS) (1954/55). Einem kurzen Rückschlag folgte eine entsprechend rasche Antwort mittels eines Schwenks zur Wirtschaftsintegration durch Vorbereitung und Unterzeichnung der Römischen Verträge (1955–1957). Eine zweite Welle erfolgte ausgehend von de Gaulles „Politik des leeren Stuhls" zur Verhinderung von Mehrheitsentscheidungen im EWG-Ministerrat (1965/66) durch die Vetobehauptung Frankreichs in Fragen vitaler nationaler Interessen im Luxemburger Kompromiss (1966). Sie führte zum Rückzug des Europaföderalisten Walter Hallstein als EWG-Kommissionspräsident (1967) und mit längerer Nachwirkung zur Vertagung von supranationaler Politik für zwei Jahrzehnte. Eine dritte Welle (ab 1989/90) begann mit der Öffnung des Ostens und der deutschen Einigung, die zwar eine Lösung der Stabilitätskrise in Europa durch den Vertrag von Maastricht (1993) ermöglichte, aber durch frustrierende Transformationserfahrungen und lange Wartezeiten auf den EU-Beitritt (2004/07) Renationalisierungen in Mittel- und Osteuropa zur Folge hatte. Eine vierte Welle erfolgte ausgehend von wiederkehrenden Ratifizierungskrisen der EU-Verträge durch Mitgliedsländer (Nizza: Irland 2002–2003; Verfassungsvertrag: Frankreich und die Niederlande 2005; Lissabon: Irland 2008–2009) und verhinderte bis zuletzt erfolgreiche Anläufe zu einem neuen Unionsvertrag.[29] Die fünfte Welle entstand im Kontext der „Eurokrise", zumal mit der Grexit-Debatte im Zuge der Banken- und Finanzmarktkrise

27 Alan S. Milward: The European Rescue of the Nation State. Berkeley/Los Angeles 1992.

28 Michael Gehler: Die Europäische Union – ein postmodernes Imperium? In: Michael Gehler/Robert Rollinger (Hrsg. unter Mitwirkung von Sabine Fick und Simone Pittl): Imperien und Reiche in der Weltgeschichte. Epochenübergreifende und globalhistorische Vergleiche, Band 2. Wiesbaden 2014, S. 1255–1307; ders., The European Union: A Short-Term Empire?. In: Robert Rollinger/Julian Degen/Michael Gehler (eds.): Short-term Empires in World History. Wiesbaden 2020, S. 23–55.

29 Michael Gehler: From Crisis to Crisis – from Success to Success? European Integration Challenges and Opportunities in Light of Europe's History (1918–2009). In: Ders./Xuewu Gu/Andreas Schimmelpfennig (Eds.): EU – China. Global Players in a Complex World. Hildesheim/Zürich/New York 2012, S. 45–74.

(ab 2007/08) und einer Staatsverschuldungskrise mit raschen Reaktionen durch völkerrechtliche Verträge mit Europäischem Stabilitätsmechanismus (ESM), Fiskalpakt, Bankenunion und der Europäischen Zentralbank als zentralem Krisenmanager (2010–2012). Eine sechste Welle rollte seit 2015 im Zuge der „Flüchtlingskrise" an, bedingt durch deutsche Forderung nach Aufnahme von Kontingenten und Verweigerungshaltung der mittelosteuropäischen EU-Mitglieder bis hin zu ihren Klagen beim EuGH gegen bereits getroffene Mehrheitsentscheidungen im Rat. Bis heute scheitert eine gemeinschaftliche Asylpolitik an mitgliedstaatlicher Haltung, sodass bislang nur ein vorläufiger Kompromiss zwischen dosierter Flüchtlingsaufnahme oder Finanzierung eines verstärkten Außengrenzschutzes erfolgt ist.[30] Wie weit diese Phasen der Renationalisierungen auf lokaler und regionaler Ebene durchschlugen, ist ein spannendes Untersuchungsfeld für Wahrnehmungs- und Folgenforschung der Landes- und Regionalgeschichte.

Gedenkbriefe zur Unabhängigkeit Litauens 1990 rsp. 1991. (Bildnachweis: Gehler/May (Hrsg.) 2019, Abb. 725/26)

Neben Renationalisierungen sind in der Zwischenzeit tief gespaltene Nationen in Europa kaum mehr zu übersehen, uneins in der Entscheidung zwischen der Forderung nach Bewahrung nationalstaatlicher Souveränität, der Bewältigung der Globalisierung und der fortschreitenden Logik der Europäisierung. Neben starken regionalen Unterschieden durchzieht das gesellschaftliche und soziale Stadt-Land-Gefälle nahezu alle Staaten Europas. Traditionelle Arbeiter- und klassische Volksparteien sind in der Defensive, dagegen Ein-Mann-, Mobilisierungs- und Protest-Bewegungsparteien im Anwachsen, die im Bereich der Nicht-Wähler punkten. Klare absolute Mehrheiten sind zunehmend eine Seltenheit, während ein polarisiertes Elektorat im Trend liegt. Im EU-Europa gibt es alte und neue Problemfälle auseinanderdriftender Mitgliedstaaten. Italien ist ökono-

30 Ludger Kühnhardt: Europa und das Weltflüchtlingsproblem. In: Manuel Becker/Volker Kronenberg/Hedwig Pompe (Hrsg.): Fluchtpunkt Integration. Panorama eines Problemfelds. Wiesbaden 2018, S. 101–132.

misch traditionell zwischen reicherem Norden und abgehängtem Süden getrennt. Perry Anderson sprach drastisch vom „italienischen Desaster".[31] Spanien ist traditionell ethnisch und sprachlich geteilt mit Basken und Katalanen als Protagonisten, Belgien zwischen Flamen und Wallonen. Gebeutelt von einer Politik der „Rettungspakete" ist Griechenland seit 2010 zerrissen zwischen Reformnotwendigkeit, Sparmaßnahmen und Verarmung weiter Teile der Bevölkerung. Das Vereinige Königreich steht zwischen Engländern und Walisern einerseits sowie Nordiren und Schotten andererseits nach dem Brexit-Referendum mehr als zuvor unter Druck. Frankreich ist gelähmt durch Reformstau und Streiks, ohnmächtig angesichts terroristischer Bedrohung und stagnierender Verhältnisse. Deutschland weist ein anhaltendes Ost-West-Gefälle auf. CDU und CSU waren uneins in der Flüchtlingsfrage. Österreich stand und steht vor innenpolitischen Auseinandersetzungen eines volatilen Parteiensystems mit einer korrupten Proporz-Kultur. Wie zerrissen die Türkei ist, zeigte der Militärputsch von 2016, der in einen kalten Staatsstreich mündete. Nicht nur die Staaten Europas, sondern auch die Vereinigten Staaten sind gespalten.[32] Wie sich diese Verhältnisse auf der regionalen Ebene niederschlagen und inwieweit die Regionen gleichfalls polarisiert sind, ist ebenso ein lohnenswertes Untersuchungsfeld.

2.3 Europa – Europäisierung – Europäistik

Inzwischen hat sich in verschiedenen Wissenschaftsdisziplinen ein Ansatz gebildet, der unter dem Sammelbegriff „Europäistik" gefasst wird. Der seit Langem schon eingeführte Begriff „Europäisierung" meint das „Europäisiertwerden", sich europäischer Lebensart und Kultur anzugleichen und anzupassen, aber auch den jahrhundertelangen, zum Teil zwanghaften Export europäischer kultureller „Werte", Rechtsformen und politischer Vorstellungen in andere Kontinente.[33] Grundsätzlich geht es darum, sich nach europäischem Muster auszurichten beziehungsweise nach Vorgaben des EU-Rechts zu handeln. Der Begriff der „Europäisierung" führt aber über europäische Integrationspolitik historisch und räumlich weit über die EU hinaus.[34] Dazu zählen auch Kolonialismus und Imperialismus als Formen der Europäisierung der Welt mit all ihren negativen Folgen.

---

31 Perry Anderson: Das italienische Desaster. Berlin 2015, S. 7–65; Ralph Bollmann. Die italienische Misere. Italien hat Jahrzehnte des Abstiegs hinter sich. Die Wirtschaft wächst schon seit 25 Jahren nicht mehr. Was läuft da schief? In: Frankfurter Allgemeine Zeitung vom 17. Juni 2016; zuletzt: Oskar Peterlini: Italien – Abkehr von Europa? In: Gilbert H. Gornig/Peter Hilpold (Hrsg.): Europas Grundrechte auf dem Prüfstand. Unter besonderer Berücksichtigung der Länder Mittel- und Osteuropas. Berlin 2021, S. 139–204.

32 Michael Gehler: Gespaltene Nationen – zerbrochene Welt. Solange die gesellschaftlichen Missverhältnisse fortbestehen und sich verschärfen, ist die europäische Identitätsfindung gefährdet. Auf globaler Ebene rückt die Herausbildung einer zivilisierten Weltgesellschaft in weite Ferne (Gastkommentar). In: Die Presse vom 2. August 2016.

33 Kevin Featherstone: In the Name of Europe. In: Ders./Claudio M. Radelli (Eds.): The Politics of Europeanization. Oxford 2003, 6–12; Michael Gehler: „Europe", Europeanizations and their Meaning for European Integration Historiography. In: Journal of European Integration History (JEIH) Vol. 22 (2016), No. 1, S. 141–174.

34 Siehe die Einleitung. In: Michael Gehler/Silvio Vietta (Hrsg. unter Mitarbeit von Theda Bader, Imke Scharlemann und Sanne Ziethen): Europa – Europäisierung – Europäistik. Neue wissenschaftliche Ansätze, Methoden und Inhalte. Wien/Köln/Weimar 2010, S. 9–36.

Die europäische Integration nimmt noch keinen herausragenden Platz in den etablierten und professoralen nationalen Geschichtsschreibungen ein. Die Realisierung einer „Europäistik" der europäischen Integrationsgeschichte sollte daher nicht nur die nationale und bilaterale Perspektive um die gemeinschaftlich-europäische, multilaterale und globale Perspektive im Sinne einer Mehrebenendynamik bespielen, sondern diese auch um die landesgeschichtliche und regionalpolitische Dimension erweitern. Seit Maastricht und dem Binnenmarkt sind nationale und europäische, das heißt staatliche und gemeinschaftsspezifische Interessen[35] stärker miteinander verbunden, zumal seit den Verträgen von Nizza (2003) bis Lissabon (2009) so eng, dass sie nur mit erheblichen Schwierigkeiten auseinander zu dividieren sind, wie der „Brexit" beispielhaft gezeigt hat.[36]

Zu den Motiven nationalbezogener Europapolitik lässt sich konstatieren, dass Erneuerung, Schutz und Stabilisierung nicht nur von staatlichen Einrichtungen, Industrien und Sozialsystemen, sondern auch von Strukturen des ländlichen Raums und von Regionen (u.a. „Ziel 1-Födergebiete") eine Rolle spielen. Die seit den 1970er Jahren stetig erfolgte Europäisierung nationalen Rechts durch Urteile des EuGH, aber auch durch die ständige Übernahme des gemeinschaftlichen Rechtsbestands („acquis communautaire") durch die Gerichte und Verfassungsorgane der Mitgliedstaaten führten zu mehr gemeinschaftsrechtlicher Konvergenz im EG- und EU-Rahmen, was sich auf die Länder und Regionen im staatlichen Rahmen auswirkte.[37] Die Außenwirtschaft von Ländern und Regionen der Europäischen Gemeinschaften ist vor den 1980er Jahren fallweise noch untersuchenswert.[38] Im Anschluss ging sie zunehmend in der gemeinsamen EG-Außenhandelspolitik auf.

Die Umbruchjahre 1989/91 mit dem Ende der real-existierenden sozialistischen Herrschaftsformen im Baltikum, in Mittel-Ost- und Südosteuropa sowie der Implosion der UdSSR sind im Hinblick auf die landes- und regionalgeschichtlichen Folgen in West-, wie Mittel- und Osteuropa von Geschichtsforschenden auf einer vergleichenden Länder- und Regionalebene noch nicht hinreichend erfasst und untersucht.[39]

Verrechtlichungsprozesse auf vertrags- und gemeinschaftsrechtlicher sowie auf menschen- und grundrechtlicher Ebene (EMRK, EuGH, EU, Kopenhagener Kriterien und Grundrechte-Charta[40] als Anhang des Vertrags von Lissabon) erfordern eine stärkere europarechts- und

35 Rainer Eising/Beate Kohler-Koch: Interessenpolitik in Europa. Baden-Baden 2005.

36 Michael Gehler: Vom Selbst- und Fremdausschluss zur EG-Mitgliedschaft bis zum EU-Austritt. Britische Europapolitik oder die längere und kürzere Vorgeschichte des „Brexit" 1945–2020. In: Franziska Bartl/Frank-Lothar Kroll/Stefan Schieren (Hrsg.): Britannien und Europa/Britain and Europe. Entwicklungslinien und Perspektiven vom Mittelalter bis in das 21. Jahrhundert. Berlin 2022, S. 95–132, hier S. 118–128.

37 Jörg Gerkrath: L'émergence d'un droit constitutionnel pour l'Europe. Modes de formation et sources d'inspiration de la constitution des Communautés et de l'Union européenne. Bruxelles 1997.

38 Rudolf Himpsl: Europäische Integration und internationalisierte Märkte. Die Außenwirtschaftspolitik des Freistaats Bayern 1957–1982. München 2020.

39 So ein erstes laufendes Projekt von Andrea Brait/Michael Gehler: „Von der Öffnung des Ostens bis zum Zerfall der Sowjetunion 1989–1991 und die österreichischen Bundesländer. Ursachen, Folgen und Wirkungen", im Rahmen der Dr. Wilfried Haslauer-Bibliothek.

40 Jürgen Meyer (Hrsg.): Kommentar zur Charta der Grundrechte der Europäischen Union. Baden-Baden 2003.

verfassungsgeschichtliche Ausrichtung der europäischen Geschichtsschreibung.[41] Von allen diesen Entscheidungen und Entwicklungen waren die landes- und regionalgeschichtliche Ebene ebenso betroffen, wie Fallstudien zeigen können. Mit Binnenmarkt, Euro und Schengen setzten eine verstärkte Europäisierung der Landes- und Regionalpolitik ein wie auch gleichzeitig eine Politisierung EU-Europas. Das Ende der automatisch „gegebenen Zustimmung" – von „permissivem Konsensus" spricht die Politikwissenschaft – seitens der Bevölkerungen wurde durch das Europa der Volksabstimmungen[42] spätestens mit den Vetos in Frankreich und den Niederlanden 2005 gegen den „Verfassungsvertrag" allen Beobachtern auch auf der regionalen Ebene deutlich. Die Unterzeichnung des Abkommens über eine „Comprehensive Economic and Free Trade Association" (CETA) der EU mit Kanada drohte 2016 am Einspruch der Region Wallonien zu scheitern.[43]

Limitierter französischer Erinnerungsbrief, der an die Vereinbarung von Schengen der Staaten Belgien, Deutschland, Italien, Luxemburg, den Niederlanden und Frankreich erinnert, das die Vereinbarung über die Personenfreizügigkeit als erster Staat ratifiziert hatte. (Bildnachweis: Gehler/May (Hrsg.) 2019, Abb. 580.)

Arbeiten wie jene von Hartmut Kaelble zur Sozial- und Gesellschaftsgeschichte Europas[44] sollten auch verstärkt unter regionalen Gesichtspunkten betrieben, in Relation gesetzt und verbunden werden. Kaelble fragte zuletzt, ob wir es neben der europäischen Gesellschaft nicht schon mit einem verkannten europäischen Bürger[45] zu tun haben, was im Sinne einer Europabewusstseinsforschung der Menschen auch auf Landes- und regionaler Ebene zu untersuchen wäre. Regionale und europäische Identitäten schließen einander nicht aus. Im Kontext von Globalisierung und Weltgesellschaftswerdung (siehe unten) bestehen auf der Ebene auch der

41 Nina Philippi: Die Charta der Grundrechte der Europäischen Union. Entstehung, Inhalt und Konsequenzen für den Grundrechtsschutz in Europa. Baden-Baden 2002.

42 Für Österreich eine beispielhafte Studie: Franz Heschl: Drinnen oder draußen? Die öffentliche österreichische EU-Beitrittsdebatte vor der Volksabstimmung 1994. Wien/Köln/Weimar 2002; Frédéric Esposito: Vers un nouveau pouvoir citoyen? Des référendums nationaux au référendum européen. Genève 2007; Wolf J. Schünemann: In Vielfalt verneint. Referenden in über Europa von Maastricht bis Brexit. Wiesbaden 2017.

43 Freihandelsabkommen Ceta: Wallonien gegen den Rest Europas. URL: https://www.faz.net/aktuell/wirtschaft/ttip-und-freihandel/warum-stellt-sich-wallonien-gegen-ceta-14492186.html (zuletzt aufgerufen: 20.12.2021).

44 Hartmut Kaelble: Sozialgeschichte Europas 1945 bis zur Gegenwart. München 2007; ders.: Eine europäische Gesellschaft? In: Gunnar F. Schuppert/Ingolf Pernice/Ulrich Haltern (Hrsg.): Europawissenschaft. Baden-Baden 2005, S. 299–330.

45 Hartmut Kaelble: Der verkannte Bürger. Eine andere Geschichte der europäischen Integration seit 1950, Frankfurt am Main 2019.

Landes- und Regionalpolitik regionale Identitäten weiter und entstehen europäische Identitäten stärker.[46]

Nach den genannten Befunden wird deutlich, dass eine Europäistik der Landes- und Regionalgeschichte auf bereits vorhandene, gegenwärtige und zukünftige Trends setzen kann: auf den Übergang von nationaler und staatszentrierter Europa- und Integrationsgeschichte zu mehr gemeinschaftsorientierter Europa- und Integrationsgeschichte, erweitert um räumliche, inhaltlich-materielle sowie akteurs- und institutionsspezifische Betrachtungsmöglichkeiten und Handlungsoptionen. Von Bedeutung sind politische Funktions- und Entscheidungsträger auch unter Einbeziehung ihrer Berater und Netzwerke. Letztlich erscheint die Überwindung von additiven Einzelbefunden hin zu einer integrierten, interdisziplinären (geschichts-, politik- und sozialwissenschaftlich angelegten) Historiographie im Sinne einer landes- und regionalspezifischen Europa-Geschichtswissenschaft ein erstrebenswertes Anliegen.[47]

2.4 Globalisierung – Glokalisierung – Globalität

Mit dem Auftauchen des Begriffs „Globalisierung"[48] im Zeichen entgrenzter und konkurrierender Wirtschaftsgroßräume und ihrer Imperien, stärker verbundener Kulturkreise, neuer Kommunikationsräume, multi- und transnationaler Unternehmenskooperationen sowie der Neuverteilung von Arbeit, Gütern, Kapital, Produktion und Steuern stellten sich erhebliche Herausforderungen für die Geschichtswissenschaft. Die jüngste Form der „Globalisierung" entfaltet sich seit den 1970er Jahren und erfasst in ihren Auswirkungen spätestens seit den 1980er Jahren den klassischen Territorial- und nationalen Verwaltungsstaat, dessen Souveränität sie erheblich einschränkt. Dasselbe gilt für Regionen im nationalstaatlichen Verband; zudem stehen nationale und regionale Identitäten seither unter erheblichem Druck und haben Mühe, sich zu behaupten.

Abgesehen davon steht eine Historiographie der Globalisierung auf verschiedenen Ebenen vor neuen Problemen bei der Quellenerfassung in globalisiertem Ausmaß und in außereuropäischen Sprachen, aber auch in der Darstellung, Vermittlung und Visualisierung ihrer Befunde und Ergebnisse. Ein Ausspielen der Globalgeschichte gegen Landes- bzw. Regionalgeschichte hilft jedoch weder weiter noch funktioniert es. Globalisierung und Regionalisierung hängen miteinander zusammen wie das Globale, Regionale und das Lokale[49] sowie daraus erwachsend Globalität, Regionalität und Lokalität.

---

46 Alexander Wegmaier: „Europäer sein und Bayern bleiben". Die Idee Europa und die bayerische Europapolitik 1945–1979. München 2018.

47 Gunnar F. Schuppert: „Theorizing Europe" oder von der Überfälligkeit einer disziplinenübergreifenden Europawissenschaft. In: Schuppert/Pernice/Haltern (Hrsg.): Europawissenschaft, S. 3–35.

48 Sebastian Conrad: Globalgeschichte. Eine Einführung. München 2012; Peter Nitschke: Formate der Globalisierung. Über die Gleichzeitigkeit des Ungleichen. Frankfurt am Main u.a. 2012, S. 15–23; Akira Irye (Hrsg.): Die globalisierte Welt. 1945 bis heute. München 2013; Ewald Frie: Die Geschichte der Welt. München 2017; Julia Angster: Nationalgeschichte und Globalgeschichte. Wege zu einer „Denationalisierung" des historischen Blicks. In: Aus Politik und Zeitgeschichte 48 (2018), H. 10, S. 10–17; Christian Henrich-Franke: Globale Welt (1970–2018). Stuttgart 2019, S. 12–34; zum Ungleichzeitigen in der Globalisierung zuletzt: Peter Nitschke: Antinomien der Globalisierung. Über die Gleichzeitigkeit des Ungleichen. Berlin u.a. 2021, S. 15–43.

49 Benedikt Stuchtey: Das Globale, das Regionale und die Zeit in der Landesgeschichte. In: Sabine Mecking (Hrsg.): Landeszeitgeschichte. Marburg 2020, S. 111–132, hier S. 111–113.

Regionen sind Ausgangspunkte für Innovation (Silicon Valley), politische Krisen (Brotpreis-Unruhen am Tahrir-Platz in Kairo), Energiewenden (Tschernobyl oder Fukushima), den Ausbruch von Pandemien (Wuhan und Ischgl), die Welten verändern können,[50] aber auch für Minderheitenkonflike (Kosovo), Gebietskonflikte (Donbass) beziehungsweise Regionalismus und Separatismus mit Selbstbestimmungstendenzen (Katalonien, Schottland oder die sogenannten „Volksrepubliken" von Donezk und Luhansk). Dies bedeutet auch ein Plädoyer für eine regionale „Ereignisgeschichte" oder, in der Diktion von Thomas Küster, für die Erforschung von lokalen oder regionalen „Manifestationen".[51] Politische Ereignisse auf der regionalen Ebene gleichzeitig mit dem Auftreten europäischer Akteure und ihrer Ebene in Verbindung zu bringen, erscheint reizvoll. Die regionale mit der europäischen Politik sowohl zu kombinieren als auch zu kontrastieren, kann als zukünftige Forschungsaufgabe begriffen werden.[52]

Der durch die Global- und Weltgeschichte drohende Raumverlust kann somit durch den Gewinn überschaubarer Räume der Landes- und Regionalgeschichte kompensiert und wettgemacht werden. Hinzu kommen Lokalität und Munizipalität als Bestandteile der Landes- und Regionalgeschichte: Der Stadtgeschichte ist in ihrem Rahmen ein gebührender Platz einzuräumen und auch die Notwendigkeit der Unterscheidung von Landeshauptstädten[53] in einer wie auch immer zu definierenden Region und regionalen Peripheriestädten idealerweise im Rahmen vergleichender Studien zu beachten.[54]

Weitere Begriffsvariationen sind auf ihre Anwendungsmöglichkeiten zu prüfen: „Deglobalisierung" äußert sich als eine Form der Wirtschaftspolitik von Staaten oder Staatenkoalitionen, die sich von der Weltmarktintegration absetzen und eine Strategie der Dezentralisierung und Kommunalisierung verfolgen.[55] Dabei stellt sich sogleich die Frage, ob sich dies auch für Regionen nachweisen lässt.

„Glokalisierung", verstanden als ein Zusammenwirken von Globalisierung und Lokalisierung, erscheint als Kategorie ebenfalls nützlich für Landes- und Regionalgeschichtsschreibung. Sie beschreibt das Verhältnis zwischen der globalen Ausrichtung von Unternehmen (Beschaffung und Absatz) und der regional begrenzten Verortung der industriellen Produktion. Glokalisierung äußert sich in Form von lokalen Produktionskomplexen als Knotenpunkte in globalen Netzwerken und lokal angepassten Produktionsstrategien transnationaler Unternehmungen.[56]

50 Manfried Rauchensteiner/Michael Gehler (Hrsg.): Corona und die Welt von gestern. Wien 2021.

51 Thomas Küster: Die Region als Handlungs- und Erfahrungsebene. Globale Perspektiven einer erweiterten Landes- und regionalen Zeitgeschichte. In: Mecking (Hrsg.): Landeszeitgeschichte, S. 133–150.

52 Ferdinand Kramer: „Roads to Europe". Research on Contemporary Bavarian History, Stand: 17. Dezember 2019. URL: www.bavarian-studies.org/2019/kramer (zuletzt aufgerufen: 20.12.2020).

53 Beispielhaft Hans Heiss: Europäische Stadt der Übergänge Bozen/Bolzano im 20. Jahrhundert. In: Gehler (Hrsg.): Macht, S. 545–574.

54 Exemplarisch Bettina Gartner: Wie Städte ihre Geschichte schreiben: Eine Fallstudie zu Bruneck (Südtirol) und Weißenburg (Elsass) in der Zwischenkriegszeit. In: Gehler (Hrsg.): Macht, S. 515–542, für eine transterritoriale Mikrogeschichte siehe auch Langthaler: Orte, S. 34–36.

55 Küster: Region, S. 142–143; Jochen Hörisch: Erstauntes Innehalten. De-Globalisierung – ein globales und avantgardistisches Brems-Projekt. In: Forschung & Lehre 27 (2020), S. 406–407.

56 Hans-Dieter Haas: Glokalisierung. URL: https://wirtschaftslexikon.gabler.de/definition/glokalisierung-32822 (zuletzt aufgerufen: 15.11.2021).

2.5 Weltgesellschaft – Chimäre oder Realität?

Das Konstrukt der Weltgesellschaft wird seit geraumer Zeit in kulturgeschichtlichen, philosophischen und soziologischen Theorie- und Praxis-Kontexten diskutiert. Während der Kultur- und Sozialwissenschaftler Peter Heintz sie als „Konglomerat verschiedener Kulturen"[57] bezeichnete, verstand sie der Philosoph Niklas Luhmann als „weltweit sinnstiftende Interaktion" und Begriff eines „funktionell differenzierten Systems", das grenzübergreifend funktioniere und durch seine Umwelt mitdefiniert werde. Sie sei ein interdependentes System, die reale Einheit des Welthorizonts sowie die Beherrschung und Unumkehrbarkeit der globalen Verkehrsformen. Den Begriff des „Weltstaats" verstand Luhmann als „globale Manifestation des idealtypischen Nationalstaates", wiewohl das dafür notwendige Idealbild noch nicht existiere.[58] Kein „Weltstaat" kann aber nach meiner Ansicht real so wie ein moderner Nationalstaat mit globaler Ausdehnung verstanden werden.

Der Soziologe Rudolf Stichweh knüpfte in diesem Sinne an Luhmann an, indem er zwar Weltgesellschaft als System globaler Vernetzung mit Diffusion und Dezentralisierung beschrieb, ohne aber einen „Weltstaat" zu prognostizieren.[59] Die Soziologin Veronika Wittmann rekonstruierte die Debatte über Weltgesellschaft und kritisierte die mangelnde Fähigkeit der eigenen Disziplin, die über den nationalen Rahmen hinausgehenden, globalen gesellschaftlichen Strukturen und Prozesse angemessen zu begreifen. Das gilt auch für weite Teile der traditionellen Zeitgeschichtsschreibung. Weltgesellschaft sei, so die Autorin weiter, letztlich ein „Diskurs des Nordens", quasi eine Erblast des Kolonialismus, und diese auch zu heterogen und kulturell zu divergent, wobei die sozioökonomische Inhomogenität innerhalb der Weltgesellschaft noch nicht bedeute, dass sie deshalb nicht existiere.[60] Dabei haben jüngere und jüngste Entwicklungen vor Augen geführt, dass es auf diesen umfassenden Feldern nicht nur zahlreiche politische Probleme gibt, sondern bereits geschichtswissenschaftlich relevante Fragen, zum Beispiel des Handels, der Finanzen und der Migration[61], die sich längst auf die Ebene der Landes- und Regionalgeschichte ausgewirkt und niedergeschlagen haben sowie zu erforschen sind.[62] Themenkomplexe wie Armut und Reichtum, Gender Diversity, Menschenrechte, Religion sowie Staats- und Länderrecht sind ebenso davon berührt.

Nach dem Ende der mehr oder weniger stark ausgeprägten bipolaren Weltordnung zwischen den Vereinigten Staaten und der UdSSR 1989/91 (der politische Faktor des bereits seit den 1970er Jahren erfolgten Aufstiegs Chinas bleibt dabei häufig unbeachtet) und der unipolaren Phase der USA von 1991 bis 2001 stellt sich seither die Bedeutung von neuen Ballungs- und Großräumen, ebenso die Frage nach der Verantwortung der Groß-, Super- und Weltmächte für die Weltordnung wie auch hinsichtlich einer sich formierenden Weltgesell-

57 Peter Heintz: Die Weltgesellschaft im Spiegel von Ereignissen. Diessenhofen 1982, S. 11–13, 17–18.

58 Niklas Luhmann: Die Weltgesellschaft. In: Ders.: Soziologische Aufklärung, Band 2. Aufsätze zur Theorie der Gesellschaft. Opladen 1982, S. 51–71, hier S. 55, 65.

59 Rudolf Stichweh: Die Weltgesellschaft. Soziologische Analysen. Frankfurt am Main 2000, S. 170–183; ders.: Weltgesellschaft. In: Ludger Kühnhardt/Tilman Mayer (Hrsg.): Bonner Enzyklopädie der Globalität, Band 1. Wiesbaden 2017, S. 549–560.

60 Veronika Wittmann: Weltgesellschaft. Rekonstruktion eines wissenschaftlichen Diskurses. Baden-Baden 2014, S. 50–51, 55.

61 Sylvia Hahn: Historische Migrationsforschung. Frankfurt/New York 2012.

62 Siehe dazu bereits Kurt Gritsch: Vom Kommen und Gehen. Arbeitsmigration in Südtirol. Bozen 2016.

schaft mit zivilgesellschaftlichen Tendenzen, zumal für China, Indien, Kanada, Russland, die USA und nicht zuletzt auch für die EU.[63]

Ob „Weltgesellschaft" nun existiert oder nicht – sie bildet entweder eine imaginierte oder eine reale Folie, vor der sich politische Entscheidungen, ökonomische Interessen, öffentliche Rechtfertigungen und wissenschaftliche Theorien verantworten müssen.[64]

Die Zahl der zivilgesellschaftlichen Nicht-Regierungsorganisationen (NGOs) jenseits von Amnesty International, Greenpeace, Oxfam etc. ist seit den 1990er Jahren explosiv angewachsen. Die globale Schülerbewegung „Fridays for Future" widmete sich dem Klimaschutz und Umweltprotest, auch im Gefolge zahlreicher älterer Foren ökologischen Protests. Nicht zu ignorieren sind (Teil-)Gegengesellschaften wie die „Neue Rechte", u.a. PEGIDA, „Identitäre" und „Reichsbürger" als untersuchungswürdige Gruppenbildungen gerade auf lokal-, landes- und regionalgeschichtlicher Ebene, weil sie von dort ihren Ausgang nehmen. Für landes- und regionalgeschichtliche Untersuchungen stellt sich dazu gleichzeitig die Frage, inwieweit weltgesellschaftliche Erscheinungen erkennbar sind, indem sich nicht nur die Welt im Dorf, sondern vielmehr noch in der Stadt, aber auch in der Region wiederfindet.[65] Stichwörter hierfür sind Importgüter, Gastronomie, Konsumverhalten, Tourismus und Studierende an Fachhochschulen oder Universitäten.

3. Neuere und neueste entwicklungsbedingte Befunde, Quellenfragen und anwendungsspezifische Konsequenzen für Landes- und Regionalgeschichtsschreibung im Mehrebenen-Modell

Landes- und Regionalgeschichte unterhalb der national- und zentralstaatlichen Ebene im Kontext der europäischen Integration werden neben klassisch-politikgeschichtlichen Brüchen wie 1945 und 1989/90 zusätzlich weitere Zäsuren zu berücksichtigen haben, so für die sechs EWG-Gründerstaaten (Benelux, Bundesrepublik, Frankreich, Italien) die Bildung der Zollunion 1968. Damit allein ist es jedoch unter Berücksichtigung einer gesamteuropäischen Entwicklung nicht getan. Das Jahr 1968 steht auch im Zeichen der studentischen Protestbewegung einerseits und der Niederschlagung des „Prager Frühlings" andererseits, verbunden mit der enttäuschten Hoffnung auf einen Sozialismus mit „menschlichem Antlitz" und den weltanschaulichen Konsequenzen für den westlichen Teil des Kontinents. Zu den Folgen zählen für die Linke auch die Rolle des „Eurokommunismus"[66] in den 1970er Jahren und die Frage seiner regionalen Ausformungen durch Anhänger, Mitglieder und Wähler entsprechender Parteien oder sei es nur durch bestimmte Mikrogruppen.[67]

63 Siehe Beiträge über China, Russland, die USA und EU in: Michael Gehler/Silvio Vietta/Sanne Ziethen (Hrsg.): Dimensionen einer Weltgesellschaft. Fragen, Probleme, Erkenntnisse, Forschungsansätze und Theorien. Wien/Köln/Weimar 2018.

64 Jürgen Nielsen-Sikora: Weltgesellschaft. Dimensionen und Perspektiven der Weltgesellschaft. Schlusskommentar. In: Gehler/Vietta/Ziethen (Hrsg.): Dimensionen, S. 467–480.

65 Francesca Brunet/Marcus Gräser/Ernst Langthaler (Hrsg.): Region und Welt/Regione e mondo. Geschichte und Region/Storia e Regione 30 (2021), H. 1.

66 Francesco Di Palma/Wolfgang Mueller (Hrsg.): Kommunismus und Europa. Europapolitik und -vorstellungen europäischer kommunistischer Parteien im Kalten Krieg. Paderborn 2016.

67 Als ein Beispiel dafür: Karlo Ruzicic-Kessler: Der Kommunismus in Südtirol und die etwas anderen

Für eine Landes- und Regionalgeschichte „nach dem Boom"[68] wird auch die historische Entwicklung vor den Ölpreisschocks 1973/79 einzuarbeiten sein, gerade um diese Zäsuren näher zu bestimmen und die Unterschiede zwischen „bevor" und „danach" zu verdeutlichen. Das Spezifikum einer Landes- bzw. Regionalgeschichte der Jahre ab 1972 wird erst erkennbar durch den Blick auf ihre längere und umfassende Vorgeschichte.[69]

Für die wirtschaftliche Lage der Europäischen Gemeinschaften waren die 1970er Jahre konjunkturgeschichtlich ein Einbruch, aber kein Zusammenbruch. Entscheidend war, dass die EG-Staaten nicht zum Protektionismus übergingen und zusammenhielten. Zwar musste die Bildung einer Wirtschafts- und Währungsunion auf Ebene der EG-Mitgliedstaaten um Jahrzehnte verschoben werden, doch waren das Europäische Währungssystem (EWS) 1979 und die „Süderweiterung" mit Griechenland (1981), Portugal und Spanien (1986) eingeleitet worden. Während das Europäische Parlament 1979 erstmals direkt gewählt und durch Parlamentarier auch aus den

Nach der "Süderweiterung" in den 1980er Jahren korrespondierte das Europäische Symbol der 12 Sterne mit der Anzahl der Mitgliedsstaaten. Karten der in den 1990er Jahren entstandenen französischen Serie „Les Clés pour L-Europe, die die Situation Europas in den 1980er Jahren darstellen. (Bildnachweise: Gehler/May 2019, Abb. 577-79.)

transnationalen Beziehungen. In: Institut für Geschichte der Stiftung Universität Hildesheim (Hrsg.): In Europa zu Hause. Festschrift für Michael Gehler zum 60. Geburtstag. Hildesheim 2022, S. 427–435.

68 Doering-Manteuffel/Raphael/Schlemmer (Hrsg.), Vorgeschichte.

69 Hans Heiss: Geschichte Südtirols 1972–2024 (in Vorbereitung), siehe in diesem Kontext auch dessen Rezension des Buchs von Brigitte Mazohl/Rolf Steininger: Geschichte Südtirols. München 2020. In: Geschichte & Region 29 (2020), H. 2, S. 205–209.

Ländern und Regionen beschickt wurde, setzte der Europäische Gerichtshof (EuGH) Rechtsnormen und entwickelte diese weiter – mit allen Umsetzungserfordernissen für die Mitgliedstaaten. Studien zu Auswirkungen des Europarechts auf ihre Länder und Regionen – auch solche mit autonomierechtlich nicht immer integrationskompatiblem Sonderstatut – erscheinen ebenfalls lohnenswert. Die Schaffung des Binnenmarkts traf sodann für 12 EG-Mitglieder ab 1993 und für 15 EU-Staaten ab 1995 zu. Die Entscheidung der EU-„Osterweiterung" um zehn bzw. 12 neue EU-Kandidatenländer wurde 2004/07 umgesetzt. Mit der Öffnung des Ostens 1989 und spätestens mit der „Osterweiterung" ergaben sich für die nationalen und regionalen Arbeitsmärkte im Norden, Westen und Süden Europas neue Chancen, aber auch Herausforderungen. Dies zeigte auch die hitzige Debatte um die Aussetzung oder Befristung der Gültigkeit der Arbeitnehmerfreizügigkeit, der EU-Dienstleistungsrichtlinie, benannt nach dem Niederländer und EU-Kommissar Frits Bolkestein, in den Mitgliedsländern.[70] Der Konflikt war für Deutschland und Österreich insgesamt, aber vor allem in den Grenzregionen Bayern, Sachsen oder dem Burgenland und Niederösterreich nur mithilfe von mehrjährigen Übergangsfristen beizulegen.

Der Ausbruch der Banken- und Finanzmarktkrise, verstärkt durch den Lehman-Crash 2008 in New York, betraf dann als Folgewirkung des Neoliberalismus[71] über die EU-Mitglieder und ihre weniger wachstumsstarken Regionen hinaus die gesamte Welt mit teilweise dramatischen Vermögensverlusten privater Anleger. Ausmaß und Auswirkung der Krise mit dem „Rettungsschirm" auf die betroffenen Länder Griechenland, Irland, Italien, Spanien und Portugal würden eine eigene europäisch-vergleichende regionalhistorische Studie erforderlich machen.

Flucht und Migration hatten Italien und Griechenland schon mehr als ein Jahrzehnt vor der „Flüchtlingskrise" 2015 betroffen.[72] Daraus erwuchsen zahlreiche Aufgabenfelder auf kommunaler, städtischer und regionaler Ebene bei der Unterbringung, Versorgung und Vermittlung von Arbeit. Nach dem Abflachen einer euphorischen „Willkommenskultur"[73] bildete auch ein gestiegenes Bedürfnis an innerer Sicherheit eine weitere Herausforderung. Wie weit die „Flüchtlingskrise" auf der unteren Entscheidungsebene lokale und regionale Krisenbewältigungsfähigkeit steigerte oder schwächte, bleibt einzelnen Falluntersuchungen vorbehalten. Die Bewältigung der Pandemie (2020–23) mit all ihren gesellschaftlichen, ökonomischen und sozialen Verwerfungen sowie psychischen und psychologischen Negativfolgen ist eine Kernfrage künftiger Untersuchungen. Diese werden Fragen zur Verteilung des Impfstoffes und zur Wirksamkeit der Corona-Rettungsmaßnahmen sowie der EU-Wiederaufbauhilfen für die von Covid-19 besonders hart betroffenen Länder und ihrer Regionen zu untersuchen haben, vor allem auch um die Unterschiede im Vergleich zur „Welt von gestern" stärker in den Blick zu nehmen.[74]

---

70 Verdeutlicht wurde diese Konfliktlinie am Beispiel der Erfahrungs- und Lebensgeschichte eines Europaparlamentariers. Michael Gehler/Marcus Gonschor: Ein europäisches Gewissen. Hans-Gert Pöttering – Biographie (mit einem Vorwort von Donald Tusk). Freiburg/Basel/Wien 2020, S. 414–417.

71 Frank Bösch/Thomas Hertfelder/Gabriele Metzler (Hrsg.): Grenzen des Neoliberalismus. Der Wandel des Liberalismus im späten 20. Jahrhundert. Stuttgart 2018.

72 Wolfgang Grenz/Julian Lehmann/Stefan Keßler: Schiffbruch. Das Versagen der europäischen Flüchtlingspolitik. München 2015.

73 Matthias Frese/Julia Paulus (Hrsg.): Willkommenskulturen? Re-Aktionen auf Flucht und Vertreibung in der Aufnahmegesellschaft der Bundesrepublik. Paderborn 2020.

74 Malte Thießen: Landesgeschichte als jüngste Zeitgeschichte. Programm und Perspektiven einer Geschichte der Gegenwart vor Ort. In: Mecking (Hrsg.): Landeszeitgeschichte, S. 151–170, hier S. 156.

In einer gesellschaftsgeschichtlichen Langzeitperspektive sind Länder und Regionen vor allem vom Abbau und Verlust des agrarischen Primärsektors betroffen, der mit einer Ausweitung der Dienstleistungsgesellschaft Hand in Hand ging. Wie sich die die einzelnen Mitgliedstaaten hochsubventionierende wie auch die sich wandelnde Gemeinsame Agrarpolitik (GAP) der Europäischen Gemeinschaften mit der jeweiligen regionalen Landwirtschaftspolitik vertrug und diese auch darauf reagierte, ist bereits als Forschungsfeld erkannt worden.[75]

Der lange bestimmende Einfluss des Christentums mit Katholizismus und Protestantismus ist längst verblasst. Die Auflösung von Kirchengemeinden und religiösen Milieus, das Aussterben von Klostergemeinschaften, die Schwäche kirchlicher Autoritäten, verstärkt aufgrund des Verlusts an Glaubwürdigkeit ihrer Amtsträger sowie verbunden mit einer Erosion von Konfessionalität und Religiosität, haben vielfältige Folgen. Historischer Hintergrund ist das Ausklingen von der Vorstellung eines „christlichen Abendlandes" mit dem gleichzeitigen Anwachsen anderer Glaubensgemeinschaften vom Islam bis zum Hinduismus sowie mit ihren Ansprüchen nach Gleichbehandlung und Gleichstellung. Parallel zu diesen Entwicklungstrends verlief das Schwinden der Volksparteien und ihrer Wählerelektorate mit zwingenden Koalitionsnotwendigkeiten zur Aufrechterhaltung ihrer Regierungsfähigkeit mit Parteien, mit denen lange keine Verbindung vorstellbar schien.[76] Dies alles ist auch auf der regionalen Ebene zu konstatieren.

Eine weitgehende Leerstelle von Landes- und Regionalgeschichte ist die vielfach fehlende maritime und überseeische Dimension in der europäischen Geschichtsschreibung[77] auch mit Blick auf die jeweiligen Küstengebiete unter Einbeziehung von Hafenstadt-, Insel- und Seeregionen, gleichwohl die Behebung dieses Defizits zuletzt schon überzeugend in Angriff genommen worden ist.[78] Zu guter Letzt ist die deutlich gestiegene Präsenz und die damit erfolgte Penetration des Investitions-, Kapital- und Wirtschaftspotentials der Volksrepublik China neben Afrika auch in mittel- und südosteuropäischen EU-Staaten und ihren Regionen zu berücksichtigen. Die historische Dimension dieser Entwicklung wurde nicht nur von der nationalen und europäischen Politik, sondern auch von der (Zeit-)Geschichtsforschung weitgehend verschlafen.

Gesellschaftliche Veränderungen zeichneten sich verstärkt seit Beginn des 21. Jahrhunderts durch den politisch sanktionierten Wandel von neuen Lebensstilen ab, gekennzeichnet durch Lebensabschnittspartnerschaften, Nichteheliche Lebensgemeinschaften sowie „Lesbian, Gay, Bisexual and Transgender" (LGBT), die für Untersuchungen auch auf der Ebene der Landes- und Regionalgeschichte von Interesse sind,[79] weil sie abgesichert durch die Rechts- und Wertegemeinschaft der EU (Grundrechte-Charta, 2009 und nationale Rechtsprechungen), auch

75 Raphael Gerhardt: Agrarmodernisierung und europäische Integration. Das bayerische Landwirtschaftsministerium als politischer Akteur 1945–1975. München 2019.

76 Eveline Hermannseder: Europas letzte große Volksparteien. Die Christlichsoziale Union und die Südtiroler Volkspartei im Vergleich. Baden-Baden 2014.

77 Siehe hierzu Jürgen Elvert: Europa, das Meer und die Welt. Eine maritime Geschichte der Neuzeit. München 2018. Eine neue Disziplin kann weiter Abhilfe schaffen: Mihran Dabag u.a. (Hrsg.): Handbuch der Mediterranistik. Systematische Mittelmeerforschung und disziplinäre Zugänge. Paderborn 2015.

78 Oliver Auge: Schleswig-Holstein und die Welt. Globale Bezüge einer Regionalgeschichte 2021. Kiel/Hamburg 2021.

79 Küster: Region, S. 143–144.

Indikatoren für die Offenheit regionaler Gesellschaften sind, einmal abgesehen von innen-, partei- und regierungspolitisch motivierten Widerständen in Mittel- und Osteuropa.

Vor aller Themenbearbeitung und Theorie-Bedürftigkeit[80] besteht allerdings vorderhand die Frage der Quellenlage. Daran existiert tendenziell kein Mangel, sondern vielmehr Überfluss. Der Durchbruch des Computerzeitalters mit E-Mail und Internet seit den 1990er Jahren hatte nicht nur für Global-, Europa- und Nationalgeschichte, sondern auch für Länder und Regionen explosive Ausmaße zur Folge und der digitale Wandel ist auch für die jeweiligen Verwaltungen von größter Bedeutung. Es wird fortan für das 21. Jahrhundert auch eine Computer-Datenträger-, Handy- und Smartphone-Quellenforschung geben müssen, wenn man noch historische Ereignisse und Entscheidungen rekonstruieren will, die dann auch den halböffentlichen und privaten Raum einigermaßen erschließen. Ob sich die zukünftigen Geschichtsforschenden über all das Ausmaß an Quellen neuer Kommunikationsmittel glücklich schätzen, mag dahingestellt bleiben.

Fragen neuer Quellenerschließung, -erfassung, -ordnung, -analyse und -zugänglichkeit werden auch für Geschichtstheorien bestimmend sein, wobei Hypothesenbildung unverzichtbar ist, aber stets mit dem Vetorecht der Quellen konfrontiert wird. Ein neuer wie verstärkter Rückgriff auf Archive in enger Absprache und im Einvernehmen mit Archivarinnen und Archivaren in der Frage der Aufbewahrung und Konservierung neuer Quellengattungen scheint unabdingbar.

Als Fazit lässt sich festhalten, dass moderne Landes- und Regionalgeschichte ohne Nationalstaats-, europäische Integrations- und Globalgeschichte nicht mehr auskommen können. Das Gleiche gilt aber auch umgekehrt: Regionalität erfährt zunehmend Globalität und vice versa. Dabei ist eine stärkere Rückbeziehung der Landes- und Regionalgeschichte auf die Neuere und Neueste Geschichte einerseits und eine viel stärkere Einbeziehung des gegenwärtigen Geschehens andererseits weiterführend.

Zuletzt sei auf die Chancen der vergleichenden Landes- und Regionalgeschichte Europas verwiesen, die neue Erkenntnisse vermitteln kann, z.B. wenn es um Schutzmaßnahmen in europäischen Grenzregionen geht, oder darum zu zeigen, wie Minderheitenkonflikte im 19. bzw. 20. Jahrhundert entstanden sind, problematisiert wurden, ungelöst blieben oder gelöst worden sind. Dabei geht es auch um die Frage, welche Bedeutung die europäische Integration, z.B. mit dem Binnenmarkt, dem Schengen-Modell und dem Euro, für deren Lösung und Überwindung haben konnte. Das zeigt exemplarisch der Vergleich der dänischen Minderheit in Schleswig-Holstein einerseits sowie der deutsch- und ladinisch-sprachigen Minorität in Südtirol andererseits. Dabei ist auch die national- bzw. zwischenstaatliche Ebene zu berücksichtigen, wie das zwischen Österreich und Italien geschlossene Pariser Abkommen von 5. September 1946 über eine Autonomiegewährung für die Südtiroler (auch wenn die Umsetzung konfliktreich und nur schleppend verlief) oder die zwei getrennten Bonn-Kopenhagener Regierungserklärungen der Bundesrepublik und Dänemark, die 1955 die Anerkennung der Minderheit im jeweiligen Staat, d.h. der dänischen Minderheit in Deutschland und der deutschen Minderheit in Dänemark, festlegten. Wieweit auf der europäischen Ebene der Unionsvertrag von Lissabon von 2009 diese Modelle unterstützen konnte, wäre eine weitere wichtige

80 Zweifel gegenüber Vertrauen in die unbedingte Anwendbarkeit von Theorien in der modernen Landesgeschichte: Stuchtey: Globale, S. 119.

Dimension der Thematik. Mit Blick auf das Fortschreiten der europäischen Integration konnten an diesen beiden Fallbeispielen bereits Analogien sowie Differenzen der Entwicklungen herausgearbeitet werden. Die Konflikte setzten zeitlich unterschiedlich ein, einmal nach 1871, im zweiten Fall nach 1918. Im Zeichen des „europäischen Bürgerkriegs" (1919–1939/45) gab es erhebliche Abweichungen, während die Nachkriegszeit in beiden Grenzräumen Versuche zu substantiellen Schutzmaßnahmen erkennen ließen, die allerdings in Südtirol nicht ausreichten, um Bombenanschläge und Gewaltausbrüche seit Ende der 1950er und in den 1960er Jahren zu verhindern. Während die Lösung des deutsch-dänischen Minderheitenkonflikts auf Gegenseitigkeit aufbaut, ist die Südtiroler Lösung der Autonomiefrage innerstaatlich geregelt, was ein zentrales Unterscheidungsmerkmal zwischen beiden Fällen ausmacht. Die erzielten Minderheitsschutzbestimmungen weisen Gemeinsamkeiten auf, wobei die Bedingungsfaktoren und Voraussetzungen Abweichungen deutlich machen.[81] Wie genau der europäische Integrationsprozess der EU nach Lissabon auf die verschiedenen minoritären Bevölkerungsgruppen abmildernd und mäßigend einwirkte, wäre noch durch weitere Forschungen zu klären wie ebenso die grenzüberschreitende Kooperation mit anderen Regionen, also ausgehend von Südtirol im Alpenraum und für Schleswig-Holstein im Ostseeraum.

81 Malte Sprengel: Minderheitenschutz in zwei europäischen Grenzregionen. Die dänische Minderheit in Schleswig-Holstein und die deutsch-ladinische in Südtirol. Ein Vergleich aus rechts- und politikhistorischer Perspektive, erscheint voraussichtlich 2024 im Universitätsverlag Hildesheim.

Uwe Danker

„*damnatio memoriae*" oder historischer Abenteuerspielplatz?

Ein pragmatischer Hinweis zum Umgang mit problematischen Straßennamen

0.

Nationalsozialistische Ehrungen und realsozialistische Memoriale, auch antidemokratische Traditionsbildungen der wilhelminischen Monarchie, insbesondere die koloniale Vergangenheit, haben in der jüngeren Geschichte – beider deutscher Staaten – hinreichend Anlass gegeben, immer mal wieder Denkmäler zu stürzen, Straßen und Plätze umzubenennen. Dass 1945 eine Adolf-Hitler-Straße und 1961 eine Stalinallee untragbar waren, ist einleuchtend, unstrittig und erzeugt keinen Erläuterungsbedarf. Insbesondere bei Herrschaftswechseln 1918, 1933, 1945 und 1989 stellten sich die Fragen nach Korrekturen des Straßenbilds. Massive Eingriffe fanden 1933 und 1945 statt, weniger rigoros handelte man 1989 und kaum im Jahr 1918. Im Rahmen der in den letzten Jahrzehnten drastisch zunehmenden Sensibilitäten auf den Feldern Kommunikation, Sprache und Erinnerung haben Debatten eine derartige Dynamik entfaltet, dass mitunter förmliche Tugendwächter in ungebremster Konsequenz und Radikalität die meist kommunalpolitische Bühne und das Feuilleton majorisieren.

Bereits in der Antike gehörte die Sicherstellung ehrender Erinnerungen an große Taten zur kulturellen Praxis, die sich beispielsweise in Triumphbögen ausdrückte. Aber man praktizierte auch bereits das absolute Gegenteil, die *abolitio nominis* respektive *damnatio memoriae*, das ausdrückliche und herrschaftlich verordnete Löschen der Erinnerung an in Ungnade gefallene Akteure.[1] Indes wurde – anders als bei kunstfertigen fotografischen Retuschen des 20. Jahrhunderts – aus der Entfernung kein Hehl gemacht, eher im Gegenteil: die Leerstellen blieben erkennbar, die Verdammten bekannt.

Und in der Tat stellt sich auch in unserer Gegenwart die triviale Frage, ob denn die vollständige Beseitigung aller Relikte, die unserer gegenwärtigen Moralität nicht entsprechen, ja die Säuberung der (geschichtskulturellen) Umwelt wirklich den einzig denkbaren Umgang mit problematischen Vergangenheitszeichen wie Denkmälern oder Straßennamen darstellt?

Da kommunale Konflikte um Straßen(um)benennungen meist prozeduralen Reaktionsmustern folgen, zu denen oft die gutachterliche Einbeziehung von Historiker:innen(kommissionen) gehört,[2] hat das Themenfeld längst auch die Fachdebatte erreicht und einschlägige Publikationen ausgelöst. 2012 gab Matthias Frese einen Band zu „Straßennamen als Instru-

1 Vgl. Christian Gizewski/Alexander Mlasowsky: damnatio memoriae. In: Konrad Ziegler/Walther Sontheimer (Hrsg.): Der Kleine Pauly. Lexikon der Antike, Band 1. Stuttgart 1964, Sp. 1374. Vgl. ebd., die weiteren 17 Treffer, die von der damnatio memoriae Betroffene benennen.

2 Vgl. Florian Wenninger: Widmung und Umwidmung öffentlicher Räume. Eine Analyse des Spektrums der Debatten in österreichischen Gemeinden. In: zeitgeschichte 46 (2019), S. 123–138.

Mehrheit steht: Neuer Name für Kieler Hindenburgufer

Vorzeige-Promenade soll Kiellinie heißen – Auch Ehrenbürgerwürde wird aberkannt

Kieler Historiker zoffen sich um Kuhnt

Soll die Fläche an der Düppelstraße nach Schleswig-Holsteins erstem Justizminister benannt werden?

CDU gibt NS-Dichter den Vorzug

Stadt lässt Straßennamen überprüfen

Ratsversammlung stimmt für Einsetzung einer Kommission aus Verwaltung, Politik und Historiker

Straßen sollen umbenannt werden

Seit Dezember 2013 diskutiert eine Arbeitsgruppe der Bürgerschaft über Straßen, die nach Nazis und Antisemiten benannt wurden. Erste Ergebnisse zeichnen sich nun ab.

Letzter Akt im Schilderstreich

Straßen-Namen: Keine Lösung in Sicht

Anwohner von Pfitznerstraße, Lenardweg und Hindenburgplatz waren ins Rathaus geladen – Politik trotz Experten-Empfehlung uneins – Stadtarchivar hofft auf Entscheidung der Bürgerschaft in 2017

Der nächste Schilder-Streich

Auch in der Presse spiegelten sich die Diskussionen um Straßenumbenennungen, wie Artikel aus den Jahren 2014 bis 1016 zu Straßenumbenennungen in Kiel, Neumünster, Hohenweststedt und Lübeck zeigen. (Bildnachweise: KN 11.1.2014, KN 13.12.2017, KN 14.12.2017, KN 30.5.2014, Landeszeitung 30.6.2017, LN 13.7.2014, LN 18.12.2016) ment von Geschichtspolitik und Erinnerungskultur" heraus,[3] der eine Reihe instruktiver Beiträge versammelt, unter anderen die Einführung des Herausgebers[4] sowie Aufsätze von Rainer Pöppinghege[5] und Hans-Ulrich Thamer[6]. Wieder Frese verantwortet 2018 zusammen mit Marcus Weidner den inhaltlich erweiterten Sammelband zum „Umgang mit Ehrungen, Denkmälern und Gedenkorten nach 1945",[7] der einen Abschnitt zur „Revision von Straßennamen" enthält, in dem Dietmar von Reeken „Oldenburger Konflikte um Straßennamen" schildert,[8] Alfons Kenkmann vom „Widmungsgetümmel in Münster" berichtet,[9] Florian Wenninger „kommunalpolitische Handlungsspielräume" in Österreich analysiert[10] und Saskia Handro einige Hinweise zur „Straßennamenforschung" liefert und darauf verweist, dass die Debatte bereits seit den 1980er Jahren virulent ist.[11] Auch die Auseinandersetzungen in Hamburg,[12] Hannover[13] und weiteren Städten sind dokumentiert, zu kolonialen Straßennamen liegt eine linguistische Dissertation vor,[14] ebenso existieren erste Schlaglichter auf europäische Nachbarländer wie Spanien, Niederlande, Ungarn und Österreich.[15] Selbst der – für Zurückhaltung plädierende – Deutsche Städtetag hat 2021 Empfehlungen einer Fachkommission zum rechtlichen und geschichtspolitischen Umgang mit Debatten um Straßennamen publiziert, in die auch 23 eingegangene kommunale Erfahrungsberichte und einige juristische Auseinandersetzungen Eingang fanden.[16] Ein Blick in den Sammelband von Dietmar von Reeken und Malte

3 Vgl. Matthias Frese (Hrsg.): Fragwürdige Ehrungen? Straßennamen als Instrumente von Geschichtspolitik und Erinnerungskultur. Münster 2012.

4 Vgl. Matthias Frese: Straßennamen als Instrument der Geschichtskultur und Erinnerungskultur. Fragestellungen und Diskussionspunkte. In: Ders. (Hrsg.): Ehrungen, S. 9–19.

5 Vgl. Rainer Pöppinghege: Geschichtspolitik per Stadtplan. Kontroversen zu historisch-politischen Straßennamen. In: Frese (Hrsg.): Ehrungen, S. 21–40.

6 Vgl. Hans-Ulrich Thamer: Straßennamen in der öffentlichen Diskussion: Der Fall Hindenburg. In: Frese (Hrsg.): Ehrungen, S. 251–264.

7 Vgl. Matthias Frese/Marcus Weidner (Hrsg.): Verhandelte Erinnerungen. Der Umgang mit Ehrungen, Denkmälern und Gedenkorten nach 1945. Paderborn 2018.

8 Vgl. Dietmar von Reeken: Heyl, Hindenburg, Hinrichs. Oldenburger Konflikte um Straßennamen zwischen Vergangenheitsdeutung, Wissenschaft und Politik. In: Frese/Weidner (Hrsg.): Erinnerungen, S. 291–319.

9 Vgl. Alfons Kenkmann: „Anstößige Krieger" unter dem „Diktat des Zeitgeistes"? Widmungsgetümmel in Münster. In: Frese/Weidner (Hrsg.): Erinnerungen, S. 279–291.

10 Vgl. Florian Wenninger: Kommunalpolitische Handlungsspielräume im Umgang mit belasteten Straßennamen. Das Beispiel Österreich. In: Frese/Weidner (Hrsg.): Erinnerungen S. 319–361.

11 Vgl. Saskia Handro: Historische Orientierung gesucht! Straßennamendebatten als Forschungsgegenstand und geschichtskulturelle Praxis. In: Frese/Weidner (Hrsg.): Erinnerungen, S. 253–278, hier S. 267.

12 Vgl. David Templin: Wissenschaftliche Untersuchung zur NS-Belastung von Straßennamen. Abschlussbericht. Hamburg 2017.

13 Vgl. Helmut Donat: Wider den fragwürdigen Umgang mit der Vergangenheit. Theodor Lessing und die Umbenennung der Hindenburgstraße in Hannover. Bremen 2022.

14 Vgl. Verena Ebert: Koloniale Straßennamen. Benennungspraktiken im Kontext kolonialer Raumaneignung in der deutschen Metropole von 1884–1945. Berlin/Boston 2021.

15 Vgl. Birgit Nemec/Florian Wenninger (Hrsg.): Geschichtspolitik im öffentlichen Raum. Zur Benennung und Umbenennung von Straßen im internationalen Vergleich. In: zeitgeschichte 46 (2019).

16 Vgl. Deutscher Städtetag (Hrsg.): Straßennamen im Fokus einer veränderten Wertediskussion. Handreichung des Deutschen Städtetages zur Aufstellung eines Kriterienkataloges zur Straßenbenennung. Berlin/Köln 2021, Rückmeldungen S. 23; Rechtsgrundlagen und Urteile S. 8f., S. 27–47.

Thießen:[17] In ihrer Einleitung über Ehrungen, die kollektive Normen spiegelten oder Normsetzungen formulierten, skizzieren sie ein Forschungskonzept.[18] Insbesondere der bilanzierende Beitrag von Winfried Speitkamp über „Verlorene Ehre" liefert neben einer Historie der Ehrungen bedeutsame Einsichten, unter anderem den Hinweis darauf, dass das Wechselspiel von „Ehrung und Entehrung" als per se vereinfachende „Symbolpolitik" kaum in eine plurale demokratische Kultur, die Multiperspektivität und Multikulturalität verlange, passe.[19]

Derart breit ist dieser Beitrag nicht angelegt, wird aber den letzten Gedanken aufgreifen: Es sollen Ehrungen und im Konkreten insbesondere Entehrungen in einer demokratischen Kultur hinterfragt und auf ihre Sinnhaftigkeit überprüft werden. Ich will einen Praxisbericht liefern, der auf gutachterlicher Beteiligung an der lokalen Debatte um Straßenumbenennungen in der schleswig-holsteinischen Stadt Neumünster basiert – und zu einem erstaunlichen kommunalen geschichtspolitischen Ergebnis respektive Experiment führte. Stilistisch bleibt in Teilen der Charakter der geschichtskulturellen Intervention belassen.

1.

Straßennamen sind eigentümliche Objekte: Ihre Hauptfunktion ist geografische Orientierung respektive eindeutige Adressierung. Deshalb gibt es auch hin und wieder Modelle wie Straßenordnungen nach Zahlen oder dergleichen. Meist aber überwiegt die Buntheit: Straßen werden beispielsweise nach Orten, Regionen, Vögeln, örtlichen Besonderheiten benannt; solche Namen wird man in der Regel als neutral werten. Aber das gilt nicht immer: Adressen wie „Am Galgenberg", „Dänische Straße" oder auch (in den 1950er Jahren boomende) Namen wie „Schlesische Straße" oder „Pommernring" führen unmittelbar in die Vergangenheit sowie in die – auch strittige – „Geschichtskultur", den öffentlichen Umgang mit modellierter Vergangenheit.

In besonderer Weise gilt das für Straßen, die nach Personen benannt wurden und werden: Sie sollen Erinnerung sichern, eine Ehrung darstellen für Verdienste, die sich aus einem Lebenswerk, aus nachhaltigem Einsatz für die Allgemeinheit oder auch aus einer einzelnen Großtat speisen können. Abgesehen davon, dass das dahinter liegende Konzept für per se problematische Personalisierungen im historischen Denken steht, unterliegen Bewertungen von Heldentaten, Gemeinschaftsleistungen und „vorbildlichen Biografien" dem massiven historischen Wandel.

Tatsächlich ist der Befund in einer Stadt meist sehr heterogen: Wir finden vieles nebeneinander und es wurzelt in unterschiedlichen Zeiten. Auch wenn – gerade im ländlichen Bereich – Namen aus alltäglicher Traditionsbildung resultieren: Zur formalen – ja formaljuristisch korrekten – Benennung einer Straße bedarf es der notwendigen Autorität, also der Macht. Denn Straßenbenennungen sind folglich immer herrschaftliche Äußerungen, die auf zukünftige Dauer angelegt werden.

---

17 Dietmar von Reeken/Malte Thießen (Hrsg.): Ehrregime. Akteure, Praktiken und Medien lokaler Ehrungen in der Moderne. Göttingen 2016.

18 Dies.: Ehrregime. Perspektiven, Potenziale und Befunde eines Forschungskonzepts. In: Dies. (Hrsg.): Ehrregime, S. 11–29.

19 Vgl. Winfried Speitkamp: Verlorene Ehre. Ehrungen im politischen Streit um Vergangenheit und Gegenwart. In: Reeken/Thießen (Hrsg.): Ehrregime, S. 311–343, hier insbesondere (auch Zitate) Fazit, S. 340f.

Schleswig-Holsteins Industriestädte wie Neumünster sind seit der zweiten Hälfte des 19. Jahrhunderts drastisch gewachsen und ausgebaut worden. Die meisten nicht einfach tradierten Namen wie „Großflecken", sondern bewusst durchgeführte und prinzipiell freie Benennungen, stammen folglich überwiegend aus vier unterschiedlichen Herrschaftsformen: der preußisch-deutschen Monarchie, der Weimarer Republik, der NS-Herrschaft oder der (bald) bundesrepublikanischen Zeit nach 1945.

Jedenfalls auf der kommunalen Ebene war die Monarchie bis 1918 keineswegs demokratisch, sondern autoritär verfasst, die Weimarer Republik bildete bezogen auf ihren Umgang mit Geschichte ein eher kompliziertes Zwitterwesen zwischen undifferenzierter (nationaler und überkommener) Traditionsbildung und radikal-demokratischem Aufbruch. In der NS-Zeit wurden demokratische und emanzipatorische Straßennamen getilgt, der neue antidemokratische Staat bei Benennungen überbordend fleißig bedacht, insbesondere durch Adolf-Hitler-Plätze, (neue) Hindenburgstraßen und ausgesuchte „Märtyrer der Bewegung". Nach 1945 tilgte man allzu offensichtlich problematische Namensgebungen der NS-Diktatur und verfolgte bei Um- und Neubenennungen sehr unterschiedliche symbolische Absichten: Häufig wählte man völlig „unverdächtige" Namen aus Tierwelt und Geografie, allerorten aber auch erinnerungspolitische – und gewiss oft auch revanchistische – Ausrufe wie Benennungen nach „verlorenen Ostgebieten" und je nach Konjunktur oder geschichtskultureller Entwicklung auch nach großen Europäern und auch lokalen Persönlichkeiten sowie hin und wieder – und seit den 1980ern zunehmend – nach NS-Verfolgten, Widerstandskämpfer:innen oder verdienten Demokrat:innen. Der demokratischen Herrschaftsform folgend handelt es sich dabei um die Ergebnisse von Aushandlungsprozessen in kommunalen Parlamenten oder deren Ausschüssen, entsprechend breit und konjunkturell bestimmt ist die inhaltliche Palette, die Vielfalt der Namen – auch in einer Kommune wie Neumünster.

2.

Kurzum: Straßennamen sind jeweils Kinder ihrer Zeit. Straßennamen führen uns in die örtliche und in die „große" Geschichte, sie sind Spiegel anderer Zeiten, Kulturen, Mentalitäten, Ansichten und Herrschaftsformen. – Auch wenn wir in aller Regel diese Neben-Funktion der Straßennamen kaum wahrnehmen.

All das kann für Historiker:innen und Geschichtsdidaktiker:innen, für Geschichtslehrkräfte sowie ihre Schüler:innen aller Schularten und für alle Geschichtsinteressierten ein weites Feld bilden für spannende Recherchen und Erfahrungen: Geschichte lässt sich quer durch die Begriffe, Räume und Zeiten begehen. – Stadtpläne wollen wir also verstehen als große historische Abenteuerspielplätze!

Aber: Möchte man in einer „Bismarckstraße", an einem „Hindenburgufer", im „Kaiser-Wilhelm-Koog" wohnen? Fühlt man sich als Individuum seiner Adresse mental verbunden, wird man von Dritten mit ihr verknüpft, oder eher nicht? Und wieweit sollte demokratische Toleranz von Kommunen gehen, wo sind Grenzen zu ziehen und/oder zu verändern? Wieweit reicht, wo also endet die Achtung vor ehemaligen ehrenden Würdigungen? Wer ist (noch) der Ehre würdig, wo lassen wir die Spur der Geschichte bewusst sichtbar, wo sehen wir uns zur Korrektur, zur Umbenennung aufgefordert? Wo endet unsere ethische Toleranz, unsere Bereitschaft, in einer Tradition zu stehen, wann kommt der Punkt, an dem eine demokratisch ausgehandelte, unsere aktuellen Wertvorstellungen spiegelnde Neubenennung notwendig erscheint? Und zuletzt: Gibt es gegebenenfalls Alternativen zu diesem Vorgehen?

3.

Das alles sind komplexe Fragen, die nicht eindeutig und absolut beantwortet werden können. Auch der Fachdiskurs verläuft durchaus kontrovers. Beispielsweise gibt es auf die relevante Frage, ob eine Mitläuferrolle während der NS-Zeit eine Biografie unabhängig von sonstigen Lebensleistungen so sehr beschädige, dass eine ehrende Straßenbenennung ausgeschlossen sei, in der Literatur sehr unterschiedliche Antworten: Die Differenzierung in Mitläufer:innen oder Aktivist:innen trage nicht, denn beide hätten die allgemein gültigen Werte gebrochen, so Rainer Pöppinghege;[20] unabhängig von dieser Differenzierung möge man bei der Bewertung vor allem darauf achten, ob und wie Menschen nach 1945 Selbstreflexion gezeigt hätten, so Adolf Thamer,[21] um nur zwei Beispiele zu erwähnen.

Bezogen auf die ostpreußische Autorin Agnes Miegel scheint die Antwort der Geschichtswissenschaft recht klar: Miegel war nicht nur Mitläuferin, sondern überzeugte und agierende Nationalsozialistin, die nach 1945 keinerlei Reflexion, Einsicht oder Läuterung zeigte. Deshalb plädieren Steffen Stadthaus[22] und Thorsten Harbeke[23] ausdrücklich für Namenskorrekturen.

Symbolische Umbenennung des Kieler Hindenburgufers durch den Akens am 18. April 2010. (Foto: Kay Dohnke/Akens)

20 Vgl. Pöppinghege: Geschichtspolitik, hier S. 37.
21 Vgl. Thamer: Straßennamen, hier S. 256.
22 Vgl. Steffen Stadthaus: Agnes Miegel – fragwürdige Ehrung einer nationalsozialistischen Dichterin. Eine Rekonstruktion ihres Wirkens im Dritten Reich und in der Nachkriegszeit. In: Frese (Hrsg.): Ehrungen, S. 151–178.
23 Vgl. Thorsten Harbeke: Agnes Miegel, Gustav Frenssen und Ina Seidel. NamensgeberInnen für Straßen in Heiligenhafen vor dem Hintergrund der erinnerungskulturellen Debatte um Straßenumbenennungen. In: Demokratische Geschichte Band 27 (2017), S. 247–280.

Betrachten wir das etwas komplexere Beispiel Paul von Hindenburg (1847–1934): Spätestens seit der wichtigen Biografie von Wolfram Pyta ist zwar unstrittig, dass Hindenburg in den 1930ern aktiv und strategisch das Ende der Weimarer Demokratie, deren höchster Repräsentant er zugleich war, betrieb.[24] Sein Schulterschluss mit Hitler, das demonstrative Zusammengehen des alten und des neuen Deutschlands, offenbarte seine Rolle als „Totengräber" der Weimarer Republik.[25] Und selbst seine Rolle bei der unnützen und so viele Todesopfer fordernden Verlängerung des Ersten Weltkriegs darf man heute sehr, sehr kritisch sehen. – Das historische Urteil über Hindenburg ist inzwischen recht einhellig und ziemlich negativ. Aber ob das hinreicht, um Straßen und Plätze umzubenennen, wird von Kommune zu Kommune durchaus unterschiedlich bewertet. So kann man sich mit guter Berechtigung die Frage stellen, ob möglicherweise der historische Zeitpunkt der ursprünglichen Benennung Relevanz besitzt, denn gewiss macht es einen Unterschied, ob die Benennung 1927 oder 1928 – wie beim Hindenburgdamm[26] – während der demokratieverträglichen Amtsphase des Reichspräsidenten, also höchsten Repräsentanten der Weimarer Republik, oder erst 1933/1934 während seiner Rolle im jungen NS-Staat erfolgte. Gelassene Historiker halten sich eher zurück, plädieren für Aufklärung und Auseinandersetzung.[27]

Und dann das Exempel Nolde: Niemand, wirklich niemand kam bis 2019 auf die Idee, ihn ehrende Benennungen zu widerrufen. Dabei war jenen, die es wissen wollten, seit Längerem hinreichend bekannt, dass „Nazi-Emil", wie ihn sein Kunstmalerkollege Karl Hofer titulierte, tatsächlich ein überzeugter Nationalsozialist gewesen war, der 1933/34 beinah sogar als einer der beiden Hauptrepräsentanten einer „neuen nordischen deutschen Kunst" reüssiert hätte, wie es nationalsozialistische Studierende und nicht zuletzt auch Joseph Goebbels intendiert hatten, allerdings am Spießergeschmack Hitlers gescheitert waren und Nolde darauf umso eifriger verfemten.[28] Noch 1944 fühlte sich Nolde lediglich von der NS-Spitze verkannt und bemühte sich um Rehabilitation. Zugleich aber wurde er als „Entarteter Künstler" geächtet. Er war ein NS-Opfer wider Willen. Nach 1945 akzentuierte Nolde seine Opferrolle und stilisierte gar immer wieder sein angeblich abweichendes Verhalten; aber das von ihm selbst propagierte und ausdrücklich gelebte ns-ideologische Denken reflektierte er niemals. Selbstkritik blieb ihm fern. Sein „Glück" allein war, dass die Nationalsozialisten seine Kunst verachtet hatten.

Das vom Autor 2001 noch ohne den freien Zugang zum Nachlass des Künstlers durchgeführte „Nachdenken über Emil Nolde in der NS-Zeit" präsentierte Nolde bereits zugleich als „Vorkämpfer des Deutschtums" *und* als „entarteten Künstler". Nicht mehr haltbar scheint im Licht der aktuellen Forschung aber die – Walter Jens folgende – Aufspaltung in den konsequenten Künstler und den nationalsozialistischen Menschen; das Finale des Aufsatzes würde man heute so nicht mehr schreiben können.[29] Denn die 2019 erschienene Studie von Bernhard Fulda und Aya Soika weist auf neuer und breiter Quellenlage – insbesondere dem geöffneten

24 Vgl. Wolfram Pyta: Hindenburg. Herrschaft zwischen Hohenzollern und Hitler. Berlin 2007; vgl. Thamer: Straßennamen, S. 257f.

25 Pyta: Hindenburg, S. 267.

26 Vgl. Alexander Preker: Hindernis Hindenburg. In: Der Spiegel vom 8. Februar 2019.

27 Vgl. Thamer: Straßennamen, S. 254, 263f.

28 Vgl. Uwe Danker: „Vorkämpfer des Deutschtums" oder „entarteter Künstler"? Nachdenken über Emil Nolde in der NS-Zeit. In: Demokratische Geschichte, Band 14 (2001), S. 149–188.

29 Vgl. ebd., S. 183–188.

Nachlass – schlüssig nach, dass verinnerlichte NS-Ideologeme und der tiefe Antisemitismus bis ins Werk und die eigene Ausstellungspraxis in Seebüll strahlten,[30] „dass Wort und Bild, Werk und Biographie nur schwerlich voneinander getrennt werden können".[31] – Aber was bedeutet das für eine „Noldestraße" in Neumünster?

4.

Historiker:innen können und sollten nicht entscheiden, ob Straßen und Plätze umzubenennen sind oder nicht. Das liegt allein in der Verantwortung der kommunalen und demokratischen Politik, die sich auf Kriterien und Bandbreiten verständigen sollte.

Geschichtswissenschaft kann aber auf zwei Feldern helfen:

Sie kann und sollte im ganz konkreten Fall das aktuelle Wissen, die Interpretations- und Beurteilungsangebote der in Rede stehenden Biografie bereitstellen und so das politische Urteil möglich machen.

Sie kann zudem für den allgemeinen Fall Angebote von Kriterien formulieren und zusammenstellen. Dabei wäre meines Erachtens indes zu unterscheiden zwischen Umbenennung und Neubenennung.

Aber: Auch bezogen auf wissenschaftliche Dienstleistungen für konkrete Einzelfälle sollten Wissenschaftler:innen ihre Maßstäbe und Bewertungskriterien offenlegen, damit die adressierte Kommunalpolitik in einem klaren und transparenten Rahmen handelt – und gegebenenfalls die Argumentation oder Meinungsäußerung aus der Wissenschaft kritisieren und verneinen kann. Beispiel: Im Fall von Agnes Miegel wird deren mangelnde Selbstreflexion vor dem faktischen Hintergrund ernsthafter Verstrickung in den Nationalsozialismus in den Fokus der Bewertungen gerückt. Zu dieser Argumentation kann man sich verhalten und politisch entscheiden.

Die Ratsversammlung der Stadt Neumünster ernannte zur Jahreswende 2018/2019 eine „Kommission Straßenbenennung", der Vertreter:innen der Fraktionen SPD, CDU, FDP, Bündnis 90/Die Grünen, Die Linke und zeitweise auch des „Bündnisses für Bürger" und der NPD angehörten sowie ein Stadtrat, eine leitende Beamtin und als Fachgutachter der Autor dieses Beitrags. Die Kommission vereinbarte, *vor* der konkreten Befassung mit schließlich fünf als problematisch angesehenen Straßennamen allgemeingültige Kriterien für Umbenennungen sowie für (Neu-)Benennungen zu entwickeln. Der Historiker wurde um einen Vorschlag gebeten, der die Grundlage der Erörterungen bilden würde.

Dieser lautete:

„Bei Debatten um potenzielle *Umbenennungen* wäre zu fragen: Hat die Person

- überzeitliche und transkulturelle Menschenrechte abgelehnt und gebrochen,
- hat sie aktiv teilgenommen an nationalistischen, rassistischen, völkischen oder antisemitischen Aktivitäten oder diese befördert,
- liegen von ihr retrospektive (Selbst-)Reflexionen vor, und

30 Vgl. Bernhard Fulda: Emil Nolde. Eine deutsche Legende. Der Künstler im Nationalsozialismus, Essay- und Bildband. München 2019; vgl. Aya Soika/Bernhard Fulda: Emil Nolde. Eine deutsche Legende. Der Künstler im Nationalsozialismus. Chronik und Dokumente. München 2019; vgl. Christian Ring (Hrsg.): Emil Nolde in seiner Zeit im Nationalsozialismus, München 2019.

31 Bernhard Fulda: Nolde in seiner Zeit. Der ›historische Nolde‹ und der ›Künstler Nolde‹, in: Ring (Hrsg.): Nolde, S. 184–205, hier S. 201.

- wie steht es mit ihrer (späteren) Demokratieverträglichkeit?[32]
- (...) Bei *Neubenennungen* wäre – ergänzend zur Bewertung der zu würdigenden Lebensleistung etc. – zu beachten, ob die Person
- unserem gegenwärtigen Normensystem genügt,
- also über zeitlose Werte hinaus beispielsweise weder nationalistisch, rassistisch, völkisch, kolonialistisch, antisemitisch noch antidemokratisch agierte respektive derartiges Gedankengut propagierte
- und aktiv für das Wertesystem, Völkerfreundschaft und Demokratie eintrat.

Eine Neubenennung sollte meines Erachtens als gegenwärtige erinnerungspolitische Intention also mehr und schärfere Kriterien erfüllen als eine Umbenennung, in die – eingeschränkt – der Respekt vor vergangenen Normensystemen und Weltdeutungen eingehen sollte, sofern überzeitliche und transkulturelle Werte nicht relativiert werden. Die paradox klingende Folge lautet: Die Hürde zur Umbenennung ist höher."[33]

Leicht modifiziert fanden diese Formulierungen im Februar 2019 Eingang in einen Beschluss der Ratsversammlung.[34]

Aus der Perspektive der Geschichtsdidaktik sei zudem im konkreten Einzelfall zu bewerten, ob die Umbenennung alternativlos anmute, oder ob historisch einordnende Hinweise auf Hinweistafeln mit Vertiefungslinks als der geeignetere Weg erscheinen könnten. Allerdings müsse beachtet werden, dass ergänzende Hinweise weder ein Adresszusatz sind, noch im Navigationssystem oder auf dem kommerziellen Stadtplan auftauchen, lediglich am Ort selbst oder auf einem öffentlich-rechtlich entstandenen Stadtplan.

Zumindest sei unter dem Fokus historischen Denkens zu empfehlen, in einem demokratischen Gemeinwesen *unterhalb* der benannten, recht scharfen Normierung ein Höchstmaß an Pluralität zuzulassen, was die Kraft und Integrationsstärke der demokratischen Herrschaftsform nur unterstreiche.

Schließlich seien Debatten um Straßennamen an sich wertvoll und produzierten historisches Lernen, wenn sie öffentlich und transparent ausgetragen werden. Denn: Was (und wen) man aus der Erinnerung lösche, könne nicht mehr reflektiert und in seinem historischen Kontext kritisch erörtert werden. – Deshalb neige der Gutachter dazu, im Zweifelsfall auch problematische Straßennamen zu erhalten und mit Informations- und Bewertungsangeboten zu versehen, um mündigen Bürger:innen die kritische Auseinandersetzung zu ermöglichen.

---

32 Die in der Tat unglückliche Formulierung „Demokratieverträglichkeit" lautet im Ratsbeschluss in verbesserter Version: „Stand die Person zuletzt zu Freiheit, Rechts- und Verfassungsstaat, Demokratie und Pluralismus?"

33 Uwe Danker: Vorlage für Sitzung der Kommission zur Straßenumbenennung der Stadt Neumünster am 17. Januar 2019, S. 5f.

34 Vgl. Stadt Neumünster: Drucksache Nr. 0296/2018/DS vom 20. Februar 2019 mit Anlage DS Formulierungsvorschläge für Kriterien vom 2. April 2019. URL: https://www.neumuenster.de/kultur-freizeit/stadtgeschichte/problematische-strassennamen (zuletzt aufgerufen: 4.2.2023).

5.

Das war der Beginn einer anregenden Auseinandersetzung im Gremium. Der Historiker stellte auftragsgemäß Dossiers zu fünf Biografien zusammen und bot Wertungen an: In Anwendung der von der Ratsversammlung beschlossenen Kriterien sei die Umbenennung vorzunehmen bei jenen vier Straßen, die nach Agnes Miegel, Emil Nolde, Karl Keding und Julius Brecht benannt sind. In Berücksichtigung der Gesamtbiografie und Abwägung aller Aspekte sei im Fall von Carl Bosch eine erklärende Ergänzung zu erörtern.[35]

Er wolle aber noch einmal unterstreichen: Unter dem Aspekt des historischen Lernens seien eigentlich gebotene Umbenennungen nicht zwingend, sondern, wie in der Kommission mehrfach erörtert, möglicherweise gar schädlich. Denn auf gewisse Weise zählten die Personen auch zur Geschichtskultur Neumünsters und könne man auch einwenden:

Emil Nolde wird seiner endgültigen Entzauberung zum Trotz als Künstler fortexistieren; auf seine Legendenbildung fiel auch Neumünster herein – wie (fast) die ganze Welt.

Julius Brecht und Karl Keding wurden für außergewöhnliches gemeinnütziges Engagement nach 1945 gewürdigt, ohne dass man in Neumünster nach ihrer biografischen Vergangenheit gefragt hätte – wie so oft in der bundesrepublikanischen Nachkriegszeit.

Agnes Miegel wurde als „Heimatdichterin" vertriebener Ostpreußen als Teil ihrer Identität begriffen – ohne dass nach ihrer Biografie – und der Vorgeschichte der eigenen Vertreibung – gefragt wurde.

Carl Bosch war Nobelpreisträger *und* ein Zahnrad im NS-Getriebe – was wiegt mehr?

Der Gutachter wisse darum, „dass derartige Überlegungen derzeit als politisch unkorrekt gelten. Aber als Geschichtsdidaktiker will ich wenigstens diese in allen fünf Fällen vorhandene Option benannt haben."[36]

Die Abschlussdiskussion der Kommission brachte eine überraschende Wende: Einstimmig beschloss das Gremium, statt der nach den geltenden Kriterien eigentlich vorzunehmenden Umbenennungen, auf diese – vorerst – zu verzichten und stattdessen mit erklärenden Straßenschildern und via QR-Code unmittelbar verknüpften ergänzenden Materialien kritische historische Auseinandersetzungen anzuregen. Schließlich beschloss auch die Ratsversammlung im Juni 2021 diesen Weg,[37] der allerdings von einzelnen Ratsmitgliedern, die nicht der Kommission angehört hatten, hinterfragt wurde. Alle fünf Straßenschilder sind ausgetauscht, tragen kurze biografische Texte und den Link auf umfängliche Unterlagen, die uniform strukturiert sind: belegte Texte, ausgewählte Quellen und Standardfragen, die zum historischen Nachdenken animieren und auch Widerspruch auslösen sollen.

Vorgeführt sei das an einem Beispiel. Das Straßenschild der „Noldestraße" trägt heute folgenden Kurztext:

---

35 Vgl. Stadt Neumünster: Alle Dossiers zu den fünf Straßennamen. URL: https://www.neumuenster.de/kultur-freizeit/stadtgeschichte/problematische-strassennamen (zuletzt aufgerufen: 4.2.2023).

36 Uwe Danker: Vorlage für die Sitzung der Kommission zur Umbenennung von Straßen der Stadt Neumünster am 12. November 2019, S. 3.

37 Vgl. Stadt Neumünster: Beschlussfassung der Ratsversammlung: 08. Juni 2021, Drucksache Nr.: 0831/2018/DS vom 30. April 2021. URL: https://www.neumuenster.de/kultur-freizeit/stadtgeschichte/problematische-strassennamen (zuletzt aufgerufen: 4.2.2023).

„Der schleswig-holsteinische Kunstmaler *Emil Nolde (1867–1956)* schuf ein expressionistisches Werk von Weltrang. Er begriff sich als ‚nordischer Künstler', war Antisemit und Nationalsozialist. Dennoch galt seine Kunst in der NS-Zeit als ‚entartet'. Nolde sah sich irrtümlich verfemt und kämpfte um die Korrektur. Nach 1945 stilisierte er sich erfolgreich als reines NS-Opfer."

Das Schild der „Noldestraße" in Neumünster mit Erläuterungen. (Foto: Uwe Danker)

Die Verantwortlichen haben als Schlusssatz ergänzt: „Heute würde eine Straße so nicht mehr benannt werden." Wer mit seinem Smartphone den integrierten QR-Code nutzt, wird zu einem fünfseitigen Text geleitet mit Daten zu Noldes Lebenslauf und einer transparenten sowie kontrovers angelegten Darstellung, die ebenfalls unmittelbar zu Quellen und Beiträgen verlinkt und kontroverse Bewertungsangebote enthält. Der Text endet mit dem Rekurs auf den Ratsversammlungsbeschluss und mit der in allen fünf Fällen stereotyp formulierten Frage nach Handlungsoptionen:

„Heute würde die Ratsversammlung von Neumünster keine Straße mehr nach Emil Nolde benennen. Denn er hat mit seinem gelebten Antisemitismus ‚überzeitliche und transkulturelle Menschenrechte abgelehnt und gebrochen' und nach 1945 die Chance, ‚retrospektive (Selbst-) Reflexionen' vorzulegen zugunsten der bequemen Legendenbildung verstreichen lassen.[38]

Was ist zu tun?

Umbenennung der Straße und Tilgung der Erinnerung an die ehemals geehrte Person? Oder kritische Auseinandersetzung mit ihrer Biografie und der zurückliegenden, heute kaum nachvollziehbaren Ehrung? Lauten die Alternativen ‚Geschichte löschen' oder ‚Geschichte lernen'? Oder geht es einfach um unsere (heutigen) Werte und Ansprüche an angemessene Erinnerung?

Auf diese Fragen gibt es keine allgemeingültigen Antworten."[39]

38 Im Text zitiert aus Beschluss der Ratsversammlung, Anlage vom 2. April 2019.

39 Stadt Neumünster: Informationsseite zur Noldestraße. URL: https://www.neumuenster.de/kultur-freizeit/stadtgeschichte/problematische-strassennamen#c4190 (zuletzt aufgerufen: 4.2.2023).

6.
Das geschichtskulturelle Experiment soll nach fünf Jahren evaluiert und die Debatte um Umbenennungen neu aufgerufen werden. Man darf gespannt sein.

Straßenschild mit Erläuterungsschild der „Agnes-Miegel-Straße" in Neumünster. (Foto: Uwe Danker)

Benjamin Stello

Der Nationalsozialismus in Schleswig-Holstein

Eine erweiterte Buchvorstellung mit Gedanken zum Einsatz des Werkes an Schulen

1. Einleitung

Im Herbst 2022 erschien ein voluminöses Werk der Historiographie, das schon durch seinen Titel einen umfassenden Anspruch aufwirft: „Die Volksgemeinschaft in der Region. Schleswig-Holstein und der Nationalsozialismus" der beiden Flensburger Professor:innen Uwe Danker und Astrid Schwabe.[1] Auf über 550 Seiten möchte diese komplette Neubearbeitung eines früher erschienenen Werks den durch den Titel umrissenen Themenkomplex darstellen, dabei auf viele Vorarbeiten auch zur Nachgeschichte und Aufarbeitung des Nationalsozialismus zurückgreifend und vor allem allgemein verständlich. Die Geschichte der Jahre 1933 bis 1945 wird dabei in ihre Vorbedingungen und Nachwirkungen eingebettet verstanden, vor allem unter dem Aspekt und Blickwinkel der „Volksgemeinschaft" als prägendem Element und erklärendem Ansatz betrachtet sowie konsequent lokal gedacht: Die Geschichte im Großen soll im Regionalen sichtbar werden.

Buchcover „Volksgemeinschaft in der Region" von Uwe Danker und Astrid Schwabe. (Ausgabe für Schulen)

Dank der Unterstützung der schleswig-holsteinischen Sparkassen konnten ebenfalls ab Herbst 2022 viele tausend Bände kostenfrei an Schulen für den Einsatz ebendort verteilt werden. Damit wird auch der Anspruch der Autor:innen deutlich, allgemein verständlich und relevant zu sein, während gleichzeitig wissenschaftliche Standards beachtet werden sollen: Ein Buch also für die Wissenschaft, die interessierte Allgemeinheit und Schulen. Im Folgenden soll es nicht nur (aber auch) um eine Re-

1 Vgl. Uwe Danker/Astrid Schwabe: Die Volksgemeinschaft in der Region. Schleswig-Holstein und der Nationalsozialismus. Husum 2022.

zension gehen, sondern zunächst auch um die Vorstellung eines Buches und schließlich einige Gedanken zum möglichen Einsatz desselben an Schulen.

2. Buchvorstellung

Wer das Werk das erste Mal in den Händen hält, ist mindestens im übertragenen Sinne erschlagen: Mit mehr als 550 recht großformatigen Seiten ist das Buch schon ein Schwergewicht. Es existiert in zwei inhaltlich identischen Fassungen, einer für die Allgemeinheit mit festem, gebundenem Cover[2] und einer weniger luxuriös ausgestatteten für die Verteilung an Schulen[3]. Farblich ist es auch am Rand in einzelne Abschnitte gegliedert, wie auch insgesamt viel Farbe beim Blättern zu finden ist: Auf fast jeder Seite gibt es neben Text auch Abbildungen: Bilder, Fotos, Plakate, Graphiken – das Buch lädt schon vom Layout her zusätzlich zum eigentlichen Lesen sehr zum Betrachten ein.

Inhaltlich unterteilt sich das Werk (neben Einleitungen und Anhang) in fünf große Teile mit insgesamt sieben Kapiteln, die weniger chronologisch als vielmehr sachlich gegliedert und auch sehr unterschiedlich umfangreich sind. Alle Materialien und Texte sind dabei an das Gebiet des späteren Bundeslandes Schleswig-Holstein angebunden, sodass das Große, Allgemeine aus dem Regionalen zu entwickeln gesucht wird.

1. DER WEG ZUM NEUEN STAAT

Ein dänisches und ein deutsches Abstimmungsplakat im Vorfeld der Volksabstimmungen 1920, die um das nationale Bekenntnis werben. Beide Plakate appellieren an (mütterliche) Gefühle und operieren nach moderner Werbepsychologie mit dem Unterbewusstsein der Adressatinnen und auch Adressaten.

Selbstbestimmungsrecht der Völker forderte, hatte die dänische Regierung das „Schleswig-Problem", die Frage der staatlichen Zugehörigkeit der Schleswiger, auf die Tagesordnung der Verhandlungen gebracht. Bereits von heftigen Konflikten begleitet regelten die Artikel 109–114 des „Versailler Vertrages" vom 28. Juni 1919 die Volksabstimmung in zwei Zonen unter Aufsicht der „Internationalen Schleswig-Kommission" (CIS): In Nordschleswig sollte die Entscheidung en-bloc, in Mittelschleswig dagegen gemeindeweise fallen, und die Staatsgrenze entsprechend gezogen werden.

Damit war der nationale Gegensatz in der Grenzregion wiederbelebt worden, was sich auch in aufwändiger Propaganda auf beiden Seiten spiegelte. Die Abstimmungen hatten am 10. Februar 1920 (nördliche Zone) und 14. März (südliche Zone) stattgefunden und für die Nordzone mit drei Viertel aller Stimmen eine klare Entscheidung für Dänemark, für die südliche Zone ein ebenso deutliches Votum für Deutschland gebracht. Deutsche Stimmenmehrheiten in Tondern/ Tønder, Sonderburg/ Sønderborg und Apenrade/ Åbenrå zählten beim En-bloc-Prinzip nicht, die dänische Mehrheit der Stimmen in drei Gemeinden auf der Insel Föhr hatte man unter den Tisch fallen lassen.

Entlang der neuen, noch heute geltenden Staatsgrenze entstanden auf diese Weise nationale Minderheiten. Beide waren mit den Ergebnissen der Abstimmungen nicht zufrieden. Vor allem bei den deutschen Nordschleswigern (1920 rund 26.000 Erwachsene) entstand bald ein ausgeprägter Grenzrevanchismus, der später mit dem Aufstieg der Nationalsozialisten große Hoffnungen verband, weil die Grenzrevision in der Pro-

38

1.1 GESELLSCHAFTLICHER UND IDEOLOGISCHER NÄHRBODEN

Arbeitslosigkeit Schleswig-Holstein 1929–1933

Jahr (31. Januar)	Arbeitslose (absolut)	Wohlfahrtserwerbslose (absolut)	Summe
1929	56.687	–	–
1930	60.678	–	–
1931 (31. März)	80.866	25.463	106.329
1932	119.894	53.028	172.922
1933	119.934	86.760	206.694

Vgl. Statistisches Landesamt Schleswig-Holstein 1967, S. 84

Wirtschaftsstruktur
in Schleswig-Holstein 1925

Vgl. Statistisches Landesamt Schleswig Holstein 1967, S. 82.

Landwirtschaftliche Betriebsgrößen
in Schleswig-Holstein 1925

Vgl. Statistisches Landesamt Schleswig Holstein 1967, S. 87.

paganda der schleswig-holsteinischen Nationalsozialisten einen bedeutenden Platz einnahm. ◂ – Für viele Schleswig-Holsteiner stand jedenfalls der Schuldige für den Verlust Nordschleswigs fest: das angeblich vor den alliierten Siegern buckelnde „Weimarer System".

◂ Siehe Fallbeispiel „Niederdeutsche Pastoren und nationale Propaganda" Seite 44

WIRTSCHAFTSSTRUKTUR UND -ENTWICKLUNG

Sonderbewusstsein und antimoderne Stimmungslagen korrespondierten teilweise mit ganz realen Erfahrungen, teilweise auch gerade nicht. Schleswig-Holsteins Wirtschaftsstruktur war vergleichsweise stark agrarisch ausgerichtet: Jeder dritte Beschäftigte arbeitete in der Landwirtschaft. Im gewerblichen Bereich dominierte der Klein- und Mittelbetrieb, großindustrielle Unternehmen wie Werften, Metall- und Textilfabriken produzierten hier in einigen industriellen Zentren wie Altona (als größte Stadt noch zu Schleswig-Holstein gehörend), Kiel, Lübeck (als noch freie Hansestadt), Neumünster, Flensburg, Itzehoe und Rendsburg. Obwohl die deutsche Wirtschaft einen Nachkriegsboom erlebte, erfuhr man die Phase 1918 bis 1923 auch in Schleswig-Holstein als wirtschaftlich krisenhaft. Zunächst blieben bereits kriegsbedingt verzögerte Modernisierungsinvestitionen aus. In-

Arbeitsstätten und Beschäftigte
in Gewerbe- und Industriebetrieben in Schleswig-Holstein 1925 (insgesamt ca. 38.000 Betriebe mit 226.0000 Beschäftigten)

Vgl. Statistisches Landesamt Schleswig Holstein 1967, S. 132.

39

Auszug aus dem Kapitel „1. Der Weg zum neuen Staat" und dem Unterkapitel „1.1 Gesellschaftlicher und ideologischer Nährboden". (Bildnachweis: Danker/Schwabe: Volksgemeinschaft, S. 38f.)

2 ISBN 978-3-96717-007-8, gebundener Buchhandelspreis 49,95€.
3 ISBN 978-3-96717-123-5, außerhalb von Schulen nicht regulär erhältlich.

Im ersten Teil, der mit „Dynamische Verheißungen: NS-Bewegung" überschrieben ist[4], widmen sich die Verfassenden insbesondere dem Aufstieg der nationalsozialistischen Bewegung von den Anfängen bis 1933. Dieses Kapitel, das chronologisch dementsprechend noch vor der Machtübernahme angesiedelt ist und den Auftakt für die Beschäftigung mit dem Nationalsozialismus selbst bildet, rahmt gemeinsam mit dem abschließenden fünften Abschnitt zur NS-Nachgeschichte quasi den Hauptteil des Werkes ein. Danker und Schwabe beschreiben einerseits sozialgeschichtlich die Umstände während der Weimarer Republik, die sie als „Nährboden" des Nationalsozialismus sowohl in gesellschaftlicher wie ideologischer Hinsicht bezeichnen, wie den Aufstieg der NSDAP sowie deren finale Machtübernahme im Jahre 1933. Gerade der Parteiaufbau wie der Aspekt der Gewalt, der schon früh als ein konstituierendes Element angelegt war, machen deutlich, dass die kommenden Jahre nicht unvorbereitet gewesen sind und bereits vor 1933 sowohl planvoll als auch zielgerichtet agiert wurde. Zahlreiche Beispiele illustrieren diese These, so sind insbesondere aus der Region Dithmarschen zahlreiche Quellen und Geschehnisse im Buch enthalten, welche eine frühe Zustimmung der Bevölkerung zum Nationalsozialismus mehr als deutlich zeigen (Büsum, Wöhrden etc.).

Der zweite Teil des Bandes ist mit „Säulen und Strukturen der NS-Herrschaft" überschrieben.[5] Hier beschäftigen sich die Autor:innen insbesondere mit den Aspekten „Herrschaft", „Gewaltstrukturen" und „Widerstand". Am Beispiel Schleswig-Holsteins wird hier besonders deutlich, dass es tatsächlich eine „NS-Zustimmungsdiktatur", so Danker und Schwabe, gegeben hat: Die Bevölkerung hat in weiten Teilen recht offensichtlich durchaus erkannt, was grundsätzlich vor sich ging, hat das aber aktiv oder passiv mitgetragen. Widerstand gab es zwar, auch in Schleswig-Holstein, aber er blieb eher marginal und entfaltete kaum Breitenwirkung. Das wiederum lag den Autor:innen zufolge vor allem auch an den Gewaltstrukturen der nationalsozialistischen Herrschaft, die wirkungsvoll überwachte und über Verfolgung wie Terror Exempel statuierte, die dazu führten, dass die – ohnehin weit vorhandene – Zustimmung besonders sichtbar und die – kaum vorhandenen – Einzelfälle des Widerstands eher noch zusätzlich abschreckend wirkten. Bisher wenig erschlossene regionale Quellen und Darstellungen sind hier zahlreich zu finden, die neben der Visualisierung etwa durch Fotos auch illustrieren, wie der Nationalsozialismus in Schleswig-Holstein nicht eben langsam Fuß fasste (Beispiel: Das „Nordmarktreffen" 1937).

Im dritten Teil handelt das vorliegende Werk von „Inklusion und Exklusion als Motor der NS-Volksgemeinschaft".[6] Es ist in ein erstes allgemeines Kapitel („NS-Volksgemeinschaft: Zusammenrücken und Ausschließen 1933–1945") und in ein zweites, verschiedene thematische Bereiche abdeckendes Kapitel zur Gesellschaft im nationalsozialistischen Herrschaftssystem unterteilt, das sich beispielsweise der Jugend, Religion, Kultur oder Wirtschaft widmet. Die beiden Autor:innen verfassen in diesem Kernkapitel ihrer umfangreichen Darstellung eine Alltagsgeschichte der damaligen Zeit, die strukturell angelegt ist und in jeder Ausprägung auf die Kernthese des Bandes, dass das Konzept der Volksgemeinschaft den Schlüssel zum Verständnis der damaligen Verhältnisse bilde, zurückzuführen ist. Ob es nun um eine Art Gleichschaltung der Kirchen oder die Ausweitung des Einflusses auf die Erziehung Heranwachsender

4 Vgl. Danker/Schwabe: Volksgemeinschaft, S. 26–89.
5 Vgl. ebd., S. 90–171.
6 Vgl. ebd., S. 172–359.

geht: Stets stand laut Danker und Schwabe das Ziel im Mittelpunkt, den Nationalsozialismus zu verankern und gesellschaftlich durchzusetzen, und zwar einerseits mit Angeboten, andererseits auch mit der Ausgrenzung Andersdenkender, vor allem aber auch über einen umfassenden und totalitär zu nennenden Anspruch, das Leben möglichst vieler Menschen in möglichst vielen Facetten zu bestimmen oder zumindest mitzubestimmen.

Der vierte Teil des Werks widmet sich der Zeit des Zweiten Weltkriegs und ist „Kulminierende Bewährung: »Volksgemeinschaft im Krieg«" betitelt.[7] Danker und Schwabe befassen sich hier einerseits mit dem Kriegsgeschehen selbst, welches vor allem über Vorkommnisse im „Reichskommissariat Ostland" erschlossen wird. Hier waren viele Menschen aus Schleswig-Holstein verantwortlich tätig und trugen während der Besatzung oder auch im Konzentrationslager Stutthof (Baltikum) große Verantwortung. Somit kann an diesem Fallbeispiel, das sich wie der Rest des Buches weiterhin auf Schleswig-Holstein bezieht, auch dieser übergeordnete Aspekt grausamer nationalsozialistischer Geschichte verdeutlicht werden, der nicht direkt in Schleswig-Holstein stattfand. Andererseits wird aber auch das Kernland selbst betrachtet, also die sogenannte „Heimatfront" und Auswirkungen des Krieges auf die Menschen in Schleswig-Holstein. Und bezeichnenderweise kann ein mögliches Kriegsende als Endpunkt des nationalsozialistischen Regimes ebenfalls mit dem Norden verknüpft werden: Die nach Hitlers Selbstmord letzten Herrschenden des Nationalsozialismus um Karl Dönitz wurden 1945 in Flensburg verhaftet.

Im abschließenden fünften Teil des Werkes beschreiben die beiden Autor:innen die Nachwirkungen: „Kontinuität und beständige Präsenz: NS-Nachgeschichte" heißt der in zwei Kapiteln zur Zeit nach 1945 und erinnerungskulturellen Überlegungen zum NS-Gedenken unterteilte abschließende Teil.[8] Hier gehen die beiden Autor:innen insbesondere auf die unmittelbare Nachkriegszeit ein: Britische Besatzung, Entnazifizierung, Gründung des Bundeslandes Schleswig-Holstein, aber auch Migrationsbewegungen. Danker und Schwabe zeigen hier, unter anderem mit einer eindrücklichen Graphik[9], wie viele Flüchtlinge und Vertriebene tatsächlich in den Norden kamen. Anschließend befasst sich das Werk mit der Auseinandersetzung um die Aufarbeitungen, in der Kapitelüberschrift als „Vergangenheitspolitik und Kontinuitäten" betitelt, welche aufzeigt, dass Schleswig-Holstein auch hier als paradigmatisches Beispiel stehen kann für Dinge, die aus heutiger Sicht vielleicht besser anders getan oder anders angegangen hätten werden sollen. Die „Gegenwärtige Vergangenheit" als geschichtskultureller Abschluss des Bandes zeigt insbesondere am Beispiel des von Danker mit seinem Team maßgeblich konzipierten und erarbeiteten Historischen Lernorts Neulandhalle (Dieksanderkoog / Dithmarschen), wie ein möglicher Umgang mit der Geschichte heute aussehen könnte.

Ein reichhaltiger Anhang[10] beschließt das Werk dann und bietet neben einer Chronik diverse Register und Verzeichnisse, die bei der Erschließung des umfangreichen Buches sehr hilfreich sein werden.

7 Vgl. ebd., S. 360–431.
8 Vgl. ebd., S. 432–507.
9 Vgl. ebd., S. 457.
10 Vgl. ebd., S. 509–559.

3. Einordnung

Die Autor:innen legen mit diesem Werk einen beeindruckenden Rundumschlag vor, und das auf mehreren Ebenen. Zunächst ist das Buch wohl derzeit die aktuellste Gesamtdarstellung des nationalsozialistischen Regimes und der Zeit zwischen 1933 und 1945 (sowie einordnend auch der Vorgeschichte und eines Ausblicks). Unabhängig vom regionalen Fokus werden die wesentlichen Zusammenhänge deutlich, was auch zeigt, dass die Autor:innen ihren selbstgesteckten Anspruch insgesamt einlösen: Sie zeigen das Große im Kleinen, nämlich die Geschichte Deutschlands im Nationalsozialismus und der von diesem beeinflussten Welt anhand der Region Schleswig-Holstein. Die Kernthese, dass nämlich die Volksgemeinschaft das wesentliche Erklärungsmodell für die Frage darstelle, wie das alles möglich war, kann man in ihrer teilweise formulierten Ausschließlichkeit vielleicht hinterfragen, nicht aber in ihrer grundsätzlichen Bedeutung. Sie wird außerdem stringent und durchgehend nachvollziehbar vorgetragen, und schon anhand der schieren Fülle an Materialien in einer Form untermauert, dass die große und besondere Relevanz wohl kaum noch bestritten werden kann. Sie steht außerdem in einer Linie mit anderen wissenschaftlichen Veröffentlichungen und ist damit auch im Diskurs am Puls der Zeit. Die Zukunft wird zeigen, inwieweit die These oder vielmehr das schon sehr elaborierte Erklärungsmodell sich weiter durchsetzen oder doch wieder etwas relativiert werden wird, aber für den Moment ist jedenfalls festzustellen, dass die Argumentation der Autor:innen insgesamt überzeugend, umfassend und weitgehend lückenlos ist. Sie hilft außerdem, zu erklären, warum das nationalsozialistische Regime so erfolgreich sein konnte:

2. DER NS-STAAT

Vier „Schutzhäftlinge" aus Eckernförde unter Bewachung. Die Aufnahme stammt aus Schleswig, das Datum ist unbekannt. Vieles deutet aber auf die Phase der wilden Gegnerverfolgungen im Jahr 1933 hin.

▶ Siehe Fallbeispiel „Schauprozess vor dem Sondergericht" Seite 132

▶ Siehe Kapitel 2.3

▶ Siehe Kapitel 1.3 Seite 75

FRAENKELS „DOPPELSTAAT"

Der sozialdemokratische Jurist Ernst Fraenkel (1898–1975), der 1938 aus Deutschland floh, charakterisierte den NS-Staat schon in einer Anfang 1941 in den USA erschienenen Studie als „Doppelstaat"[52]: Er beschrieb das Nebeneinander eines „Normen-" und eines „Maßnahmenstaates". Vor allem um die kapitalistische Wirtschaftsordnung zu stützen, galten im Bereich des *Normenstaates* weiterhin klassische Rechtsnormen in Form bereits existierender oder neuer Gesetze, Richtlinien, Vorschriften und Gerichtsurteile – allerdings nur, soweit sie politisch annehmbar erschienen. Um die totalitäre Diktatur durchzusetzen, schufen die Nationalsozialisten gleichzeitig einen beständig wachsenden Sektor außerhalb der Rechtsordnung. Der *Maßnahmenstaat* richtete sich allein nach politischem Nutzen, nach „Lage der Sache", basierte statt auf Recht und Gesetz auf Entscheidung und Befehl. Er konnte seine Kompetenzen jederzeit zulasten des Normenstaates ausweiten und unterhöhlte diesen zunehmend. So wurden beispielsweise drei der Angeklagten in einem – sowieso schon politisch gelenkten – Prozess zum „Altonaer Blutsonntag" ▶ vom Sondergericht im Juli 1933 freigesprochen. Im Rahmen des Maßnahmenstaates wurden sie nach Ende des Prozesses dennoch in „Schutzhaft" genommen und in ein Konzentrationslager eingeliefert. Fraenkel betonte, dass sein *Doppelstaat* gerade nicht allein die Existenz immer mächtigerer NS-Parteiorganisationen auf der einen und staatlicher Bürokratie auf der anderen Seite beschrieb. Auch die staatlichen Institutionen wurden in Folge eines tiefgreifenden politischen und gesellschaftlichen Veränderungsprozesses Bestandteile sowohl des Normen- als auch des Maßnahmenstaates. Und die Errichtung rechtsfreier Räume zunächst für die SA, später für SS und Gestapo, zeigten die Verachtung, mit der die nationalsozialistischen Machthaber auf die aus Kaiserreich und Weimarer Republik überlieferten Rechtsnormen und den Rechtsstaat blickten.

PSEUDOLEGALE GRUNDLAGEN STAATLICHER VERFOLGUNG

Hoch- und Landesverrat wie auch die Vorbereitung eines „hochverräterischen Unternehmens" (§ 86 StGB) galten schon vor dem 30. Januar 1933 als Straftaten. Weil sie entscheidende Grundlagen für die Zerschlagung des politischen Widerstands ▶ bildeten, wurden im NS-Staat jedoch deutlich mehr Taten unter die betreffenden Paragrafen gefasst. Dies galt vor allem nach einer deutlichen Verschärfung im April 1934, die den Tatbestand der Vorbereitung eines „hochverräterischen Unternehmens" erheblich erweiterte. Gerade widerständische Aktionen der KPD wurden oft in diesem Sinne bewertet, da, so die Begründung, die Partei ein anderes politisches System anstrebte. Zudem bildeten die „Reichstagsbrandverordnung" ▶ vom 28. Februar 1933 und die „Heimtückeverordnung" vom 21. März 1933, ab Dezember 1934 das daraus hervorgegangene „Heimtückegesetz", frühe formalrechtliche Grundlagen, gegen abweichendes Verhalten vorzugehen: Beide Verordnungen stellten jegliche Kritik an der NS-Regierung beziehungsweise NS-Organisationen unter Strafe – handelte es sich

52 Ernst Fraenkel: The Dual State. A Contribution to the Theory of Dictatorship. New York u.a. 1941. Deutsche Erstausgabe 1974. Vgl. hier Ernst Fraenkel: Der Doppelstaat. 3. Aufl. Hamburg 2012 (Zitat S. 113). Vgl. auch Wildt Transformation 2011; Ders. Geschichte 2008, S. 88f.

116

2.2. GEWALTSTRUKTUREN: ÜBERWACHUNG, TERROR UND VERFOLGUNG

auch nur um eine scherzhafte Bemerkung. So sollten die in der Bevölkerung herrschenden Meinungen über die Machthaber kontrolliert werden.[53]

Um im Krieg die „innere Front" ◀ aufrecht zu erhalten, also einen Zusammenbruch von Recht und Ordnung in der Heimat – wie vorgeblich 1918 geschehen – unbedingt zu verhindern, griffen nach Kriegsbeginn weitere Verordnungen in den Alltag der „Volksgenossinnen" und „Volksgenossen" ein. Das „Kriegssonderstrafrecht" radikalisierte das Strafrecht: Während bis 1933 nur drei Verbrechen eine Todesstrafe nach sich ziehen konnten, war dies 1944 bei 46 Tatbeständen möglich. Auf das Hören ausländischer Rundfunksender drohte Zuchthaus, die Verbreitung ausländischer Nachrichten konnte mit dem Tode bestraft werden, wenn sie „die Widerstandskraft des deutschen Volkes" gefährdete. Die „Kriegswirtschaftsverordnung" vom 4. September 1939 (KWVO) stellte Verstöße gegen Rationierungsmaßnahmen unter drakonische Strafen, beispielsweise so genannte „Schwarzschlachtungen" oder das Horten von Lebensmitteln. Auch „Wehrkraftzersetzung" konnte mit hohen Strafen bis zur Todesstrafe geahndet werden: Gemeint waren neben persönlichen Kontakten zu Kriegsgefangenen („verbotener Umgang") auch defätistische Bemerkungen wie Zweifel am „Endsieg". Vor allem die „Volksschädlingsverordnung" vom 5. September 1939 (VVO) bot im Kriegsalltag die Handhabe, für Vergehen jeder Art Strafverschärfungen umzusetzen. Insbesondere sollte sie Delikte verhindern, bei denen Kriegsumstände ausgenutzt wurden, indem sie hierfür teilweise die Todesstrafe vorsah. Hierzu zählten Diebstähle und Plünderungen bei Bombenangriffen oder Verdunkelungen. Ein tschechischer „Fremdarbeiter" in Kiel bezahlte den Diebstahl von einigen Päckchen feuchten Tabaks bei Löscharbeiten eines Schuppens nach einem Bombenangriff im Dezember 1943 mit dem Leben.[54] Vor allem § 4 der VVO war weit dehnbar, indem er Staatsanwälten und Richtern die Macht gab, nach dem „gesunden Volksempfinden" zu entscheiden, ob eine Tat „besonders verwerf-

◀ Siehe Kapitel 5.2

53 Vgl. hier und auch im Folgenden Gimm Sondergericht 1998; Danker Schutz 1998; Ritter Justiz 1998, auch Bohn Sondergerichtsbarkeit 1998; Seeger Schwerstverbrecher 1998; Ingwersen Sondergericht 1998; Oddey Esser 2001.

54 Vgl. Bohn Sondergerichtsbarkeit 1998, S. 27; auch Bästlein „Rechts"-Praxis 1992, S. 142f.

Ein Plakat der Oberstaatsanwaltschaft Kiel vom 24. August 1942, das die Vollstreckung eines Todesurteils des Schleswig-Holsteinischen Sondergerichts verkündet; mit vollem Namen des Getöten (Schwärzung durch die Autoren). Der 23-jährige tschechische Zwangsarbeiter S. ist nach der „Volksschädlingsverordnung" als „gefährlicher Gewohnheitsverbrecher" eingestuft worden, „dessen Ausmerzung der Schutz der Volksgemeinschaft erfordert". S. hat unter Ausnutzung der Verdunklung wiederholt Kofferdiebstähle begangen. Die Bekanntmachung der Hinrichtung soll der Abschreckung dienen.

117

Auszug aus dem Kapitel „2. Der NS-Staat" und dem Unterkapitel „2.2. Gewaltstrukturen: Überwachung, Terror und Verfolgung". (Bildnachweis: Danker/Schwabe: Volksgemeinschaft, S. 116f.)

4. DIE NS-GESELLSCHAFT

4.1 FAMILIEN- UND FRAUENPOLITIK

4.DIE NS-GESELLSCHAFT: BILDUNG, KULTUR, WIRTSCHAFT UND SOZIALES (1933–1945)

4.1 Familien- und Frauenpolitik

▶ Siehe Kapitel 3.2

Im nationalsozialistischen Gesellschaftsentwurf genoss die Familie vorgeblich besondere Wertschätzung. In dieser „Keimzelle der Volksgemeinschaft", so die ideologische Aufladung, sollten möglichst viele Nachkommen geboren und im Sinne des Nationalsozialismus erzogen werden. Dies galt indes nur für die „erbgesunde", arische und „politisch zuverlässige" Familie. Die Fortpflanzung „Minderwertiger" sollte verhindert werden, unter anderem durch das Zwangssterilisationen vorsehende „Gesetz zur Verhütung erbkranken Nachwuchses" 1933 und die „Nürnberger Gesetzen" 1935, die Eheschließungen und sexuellen Kontakt zwischen „Ariern" und Juden verboten. ▶ Zu diesen repressiven Maßnahmen zählten auch das gesetzliche Eheverbot für Nicht-Sterilisierte mit Zwangssterilisierten und die Verpflichtung aller Heiratswilligen, sich einer Gesundheitsprüfung zu unterziehen: Nur wer ein Ehegesundheitszeugnis vorlegen konnte, durfte eine förderungswürdige Familie gründen. Auch die Familien- und Geschlechterpolitik im NS-Staat war eng mit Rassenpolitik verknüpft.[1]

Vater und Söhne einer „deutschen" Familie posieren für das Familienalbum in NSDAP- beziehungsweise HJ-Uniformen. Hierin lässt sich neben einem Bekenntnis zu Partei und NS-Staat auch der Hinweis auf das Ideal des männlichen Geschlechterbilds, das Soldatentum, ablesen.

ROLLENBILDER: SOLDATENTUM UND MUTTERKULT

Grundsätzlich stützte sich die Familien- und Frauenpolitik in der NS-Gesellschaft auf eine Ideologie, die Männern und Frauen eindeutige Bestimmungen in getrennten Sphären zuschrieb.[2] Während das Soldatentum die anzustrebende Rolle des Mannes war, galt für die Frau die Mutterschaft als höchstes Gut. Während Männer Staat und Welt gestalteten, sollten sich Frauen als Ehefrauen tüchtig und diszipliniert um ihre kleine Welt kümmern, bestehend aus dem erwerbstätigen Mann, den Nachkommen und ihrem Hausstand. Außerfamiliäre Tätigkeiten waren für sie nicht vorgesehen. Diese Vorstellungen einer strengen geschlechtsspezifischen Rollenteilung,

1 Vgl. Bock Zwangssterilisation 1986. Zudem zentral für das Kapitel: Süß Gesellschaft 2017, S. 98–108; Grüttner Reich 2014, S. 400–414; Flemming Frau 2009; Wildt Geschichte 2008, S. 98–103; Frevert Frauen 1998; Bock Geschlechterpolitik 1995. Für Schleswig-Holstein: Hartwig Frauenarbeit 1998; Hoffmann/ Lommer/ Marx/ Oertel/ Zeidler Handlungsräume 2021.
2 Vgl. auch im Folgenden Grüttner Reich 2014, S. 401f.

248

„Die Jungen werden zu politischen Soldaten, die Mädel zu starken und tapferen Frauen erzogen, die diesen politischen Soldaten Kameradinnen sein sollen, und unsere nationalsozialistische Weltanschauung später in ihrer Familie als Frauen und Mütter leben und gestalten – und so wieder eine neue Generation der Härte und des Stolzes großziehen. (...) Wir wollen Mädels formen, die stolz sind, damit sie sich einmal einen Kämpfer zum Schicksalsgefährten erwählen. Wir wollen Mädel, die bedingungslos an Deutschland und den Führer glauben, und diesen Glauben einst in das Herz ihrer Kinder legen; dann wird der Nationalsozialismus und dadurch Deutschland für immer bestehen."

Die BDM-Reichsreferentin Jutta Rüdiger im Mai 1938 über die Ziele der nationalsozialistischen Mädchenerziehung. (Zit. nach Miller-Kipp (Hrsg.) BDM 2002, S. 76f.)

die auf angeblich natürlichen Gegensätzen der Geschlechter beruhte, griffen das Modell der bürgerlichen Familie auf, das sich seit dem späten 18. Jahrhundert durchgesetzt hatte. Gerade während der Weltwirtschaftskrise, in Zeiten hoher Arbeitslosigkeit, hatten neben der NSDAP auch konservative und rechtsliberale Parteien einschließlich des Zentrums gegen die Erwerbsarbeit verheirateter Frauen gekämpft. Die Anti-Doppelverdiener-Kampagne war gegen die erwerbstätige Ehefrau gerichtet und seit Frühjahr 1932 erlaubte beispielweise ein Gesetz die Entlassung von durch eine Ehe versorgten Beamtinnen.[3] Die nationalsozialistische Ideologie wertete Mutterschaft und häusliche Arbeit der „Volksgenossin"[4] – also der gesunden, „arischen" und politisch zuverlässigen Frau – als zentrale Leistung in der NS-Volksgemeinschaft auf.

IDEOLOGIE VERSUS WIRKLICHKEIT

Dabei erwies sich die vollständige Verdrängung von Frauen aus dem Arbeitsleben als unrealistisch, waren doch 1933 immerhin 48 Prozent der Frauen zwischen 16 und 60 Jahren im Deutschen Reich erwerbstätig und trugen – oft notwendigerweise – zum Haushaltseinkommen bei.[5] In Schleswig-Holstein bildeten helfende Familienangehörige in der Landwirtschaft den größten Anteil unter erwerbstätigen Frauen, doch nahm die weibliche Erwerbsarbeit in Industrie und im Angestelltenbereich beständig zu; ein Trend, den

Wann besuchen Sie die Wanderausstellung „Mutter und Kind"
27. Februar – 1. März 1938
In der Doppeleiche, Bad Bramstedt
Inhaber Kruse
Eintritt frei! Geöffnet von 10–12 und von 15–21 Uhr

Werbung für die Wanderausstellung „Mutter und Kind", die im Frühjahr 1938 in Bad Bramstedt gastiert. Sie dient, inhaltlich breit gefächert, der Agitation für die rassistische Ideologie, verbunden mit praktischen Tipps für Mütter und Hausfrauen. Ein Spiegel der nationalsozialistischen Familien- und Frauenpolitik.

3 Vgl. Hartwig Frauenarbeit 1998, S. 15f.
4 Vgl. hierzu ausführlich Kramer Volksgenossinnen 2011.
5 Vgl. Grüttner Reich 2014, S. 402f.

249

Auszug aus dem Kapitel „4. Die NS-Gesellschaft: Bildung, Kultur, Wirtschaft und Soziales" und dem Unterkapitel „4.1. Familien- und Frauenpolitik". (Bildnachweis: Danker/Schwabe: Volksgemeinschaft, S. 248f.)

Es schuf ein attraktives Angebot für eine große Mehrheit in der Bevölkerung, das aber zwingend die (auch gewalttätige) Ausgrenzung anderer beinhalten musste, um stringent zu sein. Danker und Schwabe verdeutlichen überzeugend, dass es sich hier um zwei Seiten derselben Medaille handelt, dass das eine ohne das andere also nicht zu haben war – und dass das weiten Teilen der Bevölkerung auch bewusst gewesen ist, sie aber nicht weiter störte. So kann auch das Phänomen erklärt werden, das nach dem Zweiten Weltkrieg immer wieder diskutiert wurde: Die Grenzen zwischen Täter und Zuschauer, zwischen Betrachtung und aktiver Mitarbeit konnten so während der nationalsozialistischen Herrschaft verschwimmen, aber auch nach deren Ende wurde es so für viele Menschen erleichtert, sich als „Mitläufer" zu inszenieren. Dass das Regime insgesamt nur aufgrund vieler einzelner „Mitläufer" funktionierte, dass sein Gelingen also gerade auf dieser teilweise impliziten, teilweise offenen Zustimmung weiter Teile der Bevölkerung beruhte, ist eine wesentliche Erkenntnis auch nach der Lektüre des vorliegenden Bandes.

Fraglich bleibt in diesem Zusammenhang dann aber, warum dem Widerstand vergleichsweise viel Raum gegeben wird. Wenn der oben skizzierten Kernthese gefolgt wird, hat er vor allem zwei Funktionen: In der Zeit selbst als abschreckendes Beispiel, aus heutiger Sicht als Möglichkeit, auch unter totalitärer Herrschaft abweichend zu handeln. Danker und Schwabe räumen ihm aber mehr Platz ein, als sie der „NS-Zustimmungsdiktatur" geben, sogar mehr als doppelt so viel als sie den unterschiedlichen strukturellen Aspekten der „NS-Gesellschaft" im vierten Kapitel durchschnittlich zubilligen. Keine Frage, gerade im Aspekt des Widerstands

2.2. GEWALTSTRUKTUREN: ÜBERWACHUNG, TERROR UND VERFOLGUNG

2.

ARBEITSERZIEHUNGSLAGER

Schon im Mai 1944 hatte das Reichssicherheitshauptamt auf Antrag des neuen Kieler Gestapo-Chefs ein eigenes „Arbeitserziehungslager" (AEL) für Schleswig-Holstein beschlossen. In den reichsweit etwa 80 dieser Lager sollten Personen, denen man Verstöße gegen die Arbeitsdisziplin vorwarf, über einige Wochen durch schwerste körperliche Arbeit „erzogen" werden, bevor sie zu ihren Arbeitsstellen zurückkehrten. Bei Misserfolg der Maßnahme drohte den Häftlingen das KZ. Das AEL Nordmark ◄ sollte der mit der Bekämpfung von „Ausländerkriminalität" ausgelasteten Gestapo Haftraum für die „Umerziehung" von „vertragsbrüchigen" oder undisziplinierten Zwangsarbeiterinnen und Zwangsarbeitern bieten. Arbeitsniederlegungen von Zwangsarbeitern traten vor allem nach der Kriegswende 1942/ 43 vermehrt auf; im Juni 1943 waren 70 Prozent der 441 in Schleswig-Holstein verhafteten Personen Ausländer.[90] Das AEL entwickelte sich zur Willkürstätte der Kieler Gestapo und zum Hinrichtungsort: Von den insgesamt etwa 5.000 Häftlingen starben circa 600.

90 Vgl. Paul Gestapo 1997, S. 47.

Eine Gefangenenstube im Frøslev-Lager.

Grundsätzlich lässt sich im Kriegsverlauf, erst recht ab 1944, ein deutlicher Anstieg der Gewalt (auch) hier an der „Heimatfront" in Schleswig-Holstein feststellen. Das Sondergericht strafte noch härter, die Gestapo richtete zahlreiche Personen, vor allem „Fremdvölkische", hin, erst recht, nachdem ab Februar 1945 die regionalen Gestapo-Leiter ohne Genehmigung des Reichssicherheitshauptamtes „Sonderbehandlungen" eigenständig anordnen konnten. In der absoluten Endphase der NS-Herrschaft, in den letzten Monaten im Frühjahr 1945, zeigt sich die Gewalteskalation noch deutlicher. ►

◄ Siehe Fallbeispiel „Arbeitserziehungslager Nordmark" Seite 146

► Siehe Kapitel 5.4

Außenlager des KZ Neuengamme
auf schleswig-holsteinischem Gebiet

Ort	bestand von bis	Durchschnittliche Belegung*	hauptsächlich verrichtete Arbeit
Breitenfelde/Mölln	10.11.1944–30.4.1945	20 Männer	Arbeit im Sägewerk Gülzow
Husum-Schwesing	26.9.–29.12.1944	1.500 Männer	Bau von Panzergräben
Kaltenkirchen	Aug. 1944–17.4.1945	500 Männer	Ausbau eines Militärflugplatzes der Luftwaffe
Kiel	25.7.1944–Ende Sept. 1944	50 Männer	Aufräumarbeiten im Auftrag der Stadt Kiel
Ladelund	1.11.–16.12.1944	2.000 Männer	Bau von Panzergräben
Lütjenburg-Hohwacht	16.11.1944–19.4.1945	ca. 200 Männer	Produktion von Navigationsgeräten im Auftrag der Fa. Anschütz & Co.
Neustadt/Holstein	Dez. 1944–1.5.1945	15 Männer	Bau von Baracken für ein SS-Lazarett
Wedel	13.–27.9.1944; 17.10.–20.11.1944	500 Frauen; 500 Männer	Aufräumarbeiten im Auftrag der Stadt Hamburg; Bau von Panzergräben

* (die tatsächlichen Häftlingszahlen können deutlich höher liegen)

Vgl. Buggeln Arbeit 2009, S. 718–740.

131

Auszug aus dem Unterkapitel „2.2. Gewaltstrukturen: Überwachung, Terror und Verfolgung. (Bildnachweis: Danker/Schwabe: Volksgemeinschaft, S. 131.)

liegt viel Erkenntnispotenzial und er weist einen hohen Bildungs- und Erziehungswert auf – aber dennoch.

Auch die Beschränkung auf Schleswig-Holstein, das es als Bundesland damals noch gar nicht gab, wird teilweise sehr landesgeschichtlich verstanden. Zwar gibt es einzelne Erweiterungen, etwa um den „Altonaer Blutsonntag" (heute Hamburg) oder vor allem eben das „Reichskommissariat Ostland" im vierten Teil des Bandes, aber die Verflechtung der norddeutschen Gebiete kommt so manchmal etwas zu kurz. Das System der Konzentrationslager ging im Norden beispielsweise bekanntermaßen von (Hamburg-) Neuengamme als dem Hauptlager aus, das vielleicht mehr als kurze Bemerkungen verdient gehabt hätte und etwa auf der entsprechenden Graphik als Vergleichsgröße hätte aufgeführt werden können.[11] Auch insgesamt klingt es an manchen Stellen des Werkes so, als hätte die heutige Bezeichnung „Schleswig-Holstein" dem Werk den Rahmen gegeben, während die nationalsozialistische Herrschaft offenbar eher von einer Art „norddeutschem Raum" ausging.

Dennoch bleibt schon die schiere Fülle von regionalem Material ausgesprochen beeindruckend, das die beiden Autor:innen darbieten. Natürlich lockert es den Lesefluss auch ungemein auf, wenn auf praktisch jeder Seite Fotografien, Graphiken, Statistiken, Karikaturen, Zeitungsartikel etc. zu finden sind, aber es macht im Buch eben auch noch eine zweite Ebene auf. Neben dem – insgesamt kompetent verfassten und gut lesbaren – Text finden sich so Elemente, die jenseits des wissenschaftlichen Diskurses anregen können. Häufig gehen diese graphischen Teile auch deutlich über die Illustration hinaus und weisen auf weitere Ebenen hin, die im Text eher angerissen werden. Beispielsweise zeigt ein Plakat wie das der Lebensmittel[12] die Mangelwirtschaft im Krieg eben sehr viel deutlicher, als ein Text es je leisten könnte. Gleiches gilt für die diversen Fallbeispiele und Biographien, die im Kleinen hervorragend veranschaulichen, was verallgemeinert im Text beschrieben wird, so etwa auf das „Landjahr" aus Sicht eines Heranwachsenden.[13]

Zwischen den Texten eingestreut gibt es immer wieder „Autorenkommentare", die eine deutliche Meinung vertreten, die der Lesende dann teilen oder verwerfen kann. Ihre Funktion ist klar – und zugleich doch auch problematisch. Wenn davon ausgegangen wird, dass „Geschichte" immer eine Rekonstruktion von der Gegenwart aus ist und sein muss, weil die Vergangenheit eben vorbei ist, dann wird klar, dass es „die Geschichte" nicht geben kann und dass

11 Vgl. ebd., S. 131.
12 Vgl. ebd., S. 318.
13 Vgl. ebd., S. 271.

sie immer standpunktbezogen zu demjenigen ist, der sie schreibt. Das gilt auch für die gesamte Darstellung im Buch von Danker und Schwabe und spricht keinesfalls gegen sie – wie oben erwähnt, erscheint der Text insgesamt durchgehend ausgewogen und auf dem Stand der Wissenschaft. Dennoch bleibt sie die Geschichte, wie Danker und Schwabe sie schreiben, und es gibt demzufolge auch im Text diverse Stellen, die auf diesen Sachverhalt deutlich hinweisen, wie es auch anders gar nicht sein kann. Wendungen wie „Mit Dönitz' Hinhaltetaktik"[14], „Die Christian-Albrechts-Universität tat sich lange schwer mit einer kritischen Auseinandersetzung mit ihrer eigenen Geschichte"[15], „Das Regime nahm Rache für den gescheiterten Staatsstreich"[16] und viele weitere Formulierungen beinhalten klare Wertungen der Autor:innen. Der Unterschied zu den „Autorenkommentaren" erscheint hier fragwürdig – letztere mögen noch etwas expliziter sein, aber der nicht gekennzeichnete Text ist eben auch deutlich meinungsbildend und -ausstrahlend. Noch einmal: das ist keinesfalls eine Kritik am Werk! So erschließt sich die Funktion der „Autorenkommentare" dem Lesenden aber jedenfalls nicht ganz.

Insgesamt steht mit dem vorliegenden Buch aber ein Werk in den Bibliotheken und Bücherregalen, das den im Vorwort formulierten eigenen Anspruch sicherlich mit Bravour einhalten kann: Menschen mit Vorwissen finden Vertiefungsmöglichkeiten und sicherlich auch viele

4. DIE NS-GESELLSCHAFT

4.

„Es werden folgende Erzeugerhöchstpreise festgesetzt, die unterschritten werden können. Die Preise gelten frei Erzeugerstation für je 50 kg:
Kleeheu, lose, 1. Schnitt, gut gesund, trocken: 2,90 RM
Haferbundstroh oder bundfadengepresst: 1,25 RM (...)
Der Kleinhandel ist berechtigt, bei Lieferung frei Haus folgende Handelsspannen aufzuschlagen:
- für Heu bis 50 kg bis 1,5 RM je 50 kg
- für Stroh über 5 Ztn. Bis zu 10 Ztn. 0,8 RM je 50 kg (...).

Auszug aus einer „Anordnung des Oberpräsidenten der Provinz Schleswig-Holstein über Höchstpreise für Rauhfutter" (Zit. nach Cramer Erbhof 2013, S. 54).

„Gut kochen mit dem was es gibt". Propagandakampagnen und Ratgeber versuchten Hausfrauen dabei zu unterstützen, mit der durchaus eingeschränkten Lebensmittelauswahl die Familie schmackhaft zu ernähren. Hier eine Broschüre um 1940.

Gut kochen mit dem, was es gibt

frühen 1930er Jahren.[217] Die Landwirtschaft profitierte nach 1933 von der – an die „gute alte Zeit" des monarchischen Deutschland erinnernden – interventionistischen NS-Landwirtschaftspolitik, die, eingepasst in die „Vierjahrespläne" im Rahmen der Kriegsvorbereitung, vor allem ein Ziel anstrebte: die „Nahrungsfreiheit", also die Autarkie in der Lebensmittel- und Textilrohstoffversorgung. Einige Maßnahmen, die die NSDAP schon 1930 in ihrem agrarpolitischen Programm formuliert hatte, setze man nun um: Besonders symbolträchtige Entschuldungen durch Stundungen und Umschuldungen senkten die Zinsbelastungen für – hier im Gau 14.000[218] – verschuldete Höfe, außerdem schützten Außenzölle vor Importen von Waren ausländischer Konkurrenz. Der sogenannte „Reichsnährstand" unter der Leitung von Richard W. Darré (1895–1953) als staatlich gelenkte Einheitsorganisation aller Erzeuger, verarbeitenden Betriebe und des Handels mit Zwangsmitgliedschaft kontrollierte mit entsprechenden Maßnahmen die gesamte Ernährungsbranche. Er lenkte die Produktion über die massive propagandistische Förderung bestimmter wirtschaftlicher Bereiche durch inszenierte landwirtschaftliche „Erzeugungsschlachten" mit zu erreichenden Zielvorgaben zur Leistungssteigerung, Schulungen und großem Medieneinsatz. Zahlreiche Druckerzeugnisse wie die „NS-Landpost", das „Wochenblatt der Landesbauernschaft", das „Landwirtschaftliche Wochenblatt für die Provinz Schleswig-Holstein" oder der „Schleswig-Holsteinische Bauernkalender" erläuterten den Erzeugern und Veredlern in der „Nordmark", was sie wie produzieren sollten; abgestimmt mit entsprechenden Nahrungsmittelkampagnen zur Lenkung des (sparsamen) Verbrauchs, die auf die Änderung der Essgewohnheiten der „Volksgenossinnen" und „Volksgenossen" entsprechend der vorhandenen, möglichst einheimischen Lebensmittel abzielten.[219] Auch effizient greifende Marktregulierungen, wie flexibel angewandte Festpreiserlasse,

217 Zit. nach Grüttner Reich 2014, S. 273 und 272; vgl. auch Münkel Landfrau 1998, S. 146. Zum „Neubauerntum" vgl. u.a. Smit Neubildung 1983. Zur Statistik vgl. Statistisches Landesamt Schleswig-Holstein 1967, S. 92.
218 Vgl. Cramer Erbhof 2013, S. 165.
219 Vgl. Tillmann Kanonen 2006; vgl. überregional aktuell Gerhard Ernährungspolitik 2018.

318

Auszug aus dem Kapitel „4. Die NS-Gesellschaft" und dem Unterkapitel „4.5. Wirtschaft". (Bildnachweis: Danker/Schwabe: Volksgemeinschaft, S. 318.)

3.2 AUSSCHLUSS UND VERFOLGUNG

3.

te ab Anfang 1940 selektierte Patienten in grauen Bussen oder per Reichsbahn – zum Verwischen der Spuren oft über Zwischenanstalten – in die Anstalten Bernburg an der Saale, Brandenburg/ Havel, Grafeneck (Württemberg), Hadamar (bei Limburg), Hartheim (bei Linz) oder Sonnenstein (Sachsen),

Autorenkommentar: Die Erkenntnisse über Leben und Sterben in den psychiatrischen Anstalten in Schleswig-Holstein zwischen 1933 und 1945 sind weiterhin lückenhaft. Einerseits sind zahlreiche relevante Akten vor Kriegsende bewusst vernichtet worden, andererseits sind grundsätzlich relevante Vorgänge wie Medikamentenüberdosierungen nicht in den Krankenakten vermerkt worden. Zudem gilt es bei Patientenakten immer zu berücksichtigen, dass diese einseitig die institutionelle, obrigkeitliche Perspektive spiegeln. Die Sichtweise der einzelnen Patientin oder des Patienten ist dort massiv unterrepräsentiert. Entsprechende Quellen sind extrem selten überliefert. Staatsanwaltliche Ermittlungsakten wiederum sind als Quellen besonders sensibel zu interpretieren, da die Aussagen von Beschuldigten und Zeugen in der Regel mit Entlastungsabsicht getätigt werden.

nachdem erste Patienten im Oktober 1939 in Polen mit Gas getötet worden waren. In diesen sechs „Tötungsanstalten" ermordeten Anstaltsmitarbeiter die Opfer in als Duschräumen getarnten Gaskammern durch Kohlenmonoxyd.

Im September 1940 wurden zunächst knapp 50 jüdische Patienten – und damit die Mehrheit – aus acht schleswig-holsteinischen Heil- und Pflegeanstalten über Hamburg-Langenhorn nach Brandenburg/ Havel verbracht und dort ermordet.[88] Nachdem die T4-Zentrale die Provinzialverwaltung über die verbrecherischen Pläne informiert hatte, gingen im Mai und August 1941 des Jahres fünf Transporte aus Schleswig und zwei aus Neustadt mit etwa 700 Patienten nach Bernburg bzw. Uchtspringe, teilweise über die Zwischenanstalt Königslutter, und nach Hadamar.[89] Die Angehörigen erhielten Benachrichtigungen mit gefälschten Todesursachen. Neben den Verantwortlichen der Provinzialbehörden wussten auch die Anstaltsleitungen, welches Schicksal ihre Patienten erwartete. Während einige Anstalten im Reich die Mitarbeit verweigerten, ist aus Schleswig-Holstein keine entschlossene Verweigerung überliefert. Die Zusammenarbeit verlief meist reibungslos; nur einzelne Verwaltungskräfte und Ärzte nutzten ihre durchaus vorhandenen Handlungsspielräume, um Patienten zu schützen. So rettete mutmaßlich der Direktor in Strecknitz, Dr. Enge, einige Patienten durch Entlassungen vor der „Verlegung".[90] Ärzte und Diakonissen in Nordfriesland sollen von der Euthanasie Bedrohte im Sanatorium der Breklumer Mission untergebracht haben.[91] Und ein – bisher nicht namentlich bekannter – Beamter des Kreises Südtondern

88 Vgl. Wille Transport 2017.

89 Vgl. zum Folgenden v.a. Jenner Geschichte 1995, hier S. 100–109; Ders. Euthanasie-Verbrechen 1996; Ders./ Klieme (Hrsg.) Euthanasieverbrechen 1997, bes. S. 13–32, S. 195–202; Faulstich Hungersterben 1998, S. 443–452; Delius Ende 1988; Zijverden Euthanasiegeschichte 2000; Heesch Marylene 2004; Ders. Frieda 2007; Ders. Kriegsmedizin 2008; Ders. Überlebenswahrscheinlichkeits-Analyse 2015; Struve Aktion 2016.
90 Vgl. Schepermann/ Dilling Schicksale 2005, S. 173ff.
91 Vgl. Schmeitz Staatsgewalt 2001, S. 187f.

Plötzlich und unerwartet verstarb unsere liebe, herzensgute und unvergeßliche Tochter und Schwester

Anneliese

im Alter von 17 Jahren.

In stiller Trauer
Frau Karla Thiemann, verw. Gerike, geb. Sterien,
Ernst Thiemann, z. Zt. Wehrmacht,
und alle Angehörigen.

Kiel-G., Norddeutsche Straße 54, z. Zt. Blitzstraße 23.

Die Beisetzung der Urne hat in aller Stille stattgefunden.

Familiäre Todesanzeige für eine aus Kiel stammende *Patientin, die in der Tötungsanstalt Bernburg an der Saale ermordet worden ist.*

229

Auszug aus Kapitel 3. Die NS-Volksgemeinschaft" und dem Unterkapitel „3.2. Ausschluss und Verfolgung." (Bildnachweis: Danker/Schwabe: Volksgemeinschaft, S. 229.)

14 Vgl. ebd., S. 411.
15 Vgl. ebd., S. 293.
16 Vgl. ebd., S. 155.

ihnen dennoch unbekannte Aspekte, Menschen ohne größeres Vorwissen finden eine umfassende Darstellung der Geschichte des Nationalsozialismus am regionalen Beispiel, Menschen auf Materialsuche werden gar nicht wissen, wo sie angesichts der Fülle anfangen sollen. Das Buch lässt sich elegant durchlesen, es kann aber genauso in einzelnen Abschnitten rezipiert werden. Je nachdem, wie genau man die zur Verfügung gestellten Materialien studiert, wird man bei vielen Aspekten sehr in die Tiefe arbeiten können. Und dank des ausufernden Literaturverzeichnisses werden selbst Kundige immer noch Bereiche finden, in denen sie weiterarbeiten können, so sie das denn möchten. Die deutliche Unterscheidung in einführende „Obertexte", darstellende „Basistexte" und daran anknüpfende Materialien, Quellen, Kommentare etc. ist dabei sehr geeignet, sich als Lesender trotz der Fülle der zur Verfügung stehenden Masse an Informationen schnell zurecht zu finden.

Aus Sicht des historisch Interessierten und aus Sicht des historisch Lernenden ist das vorliegende Werk damit insgesamt sicherlich einer klaren Empfehlung wert: Mit der Lektüre dieses Buches kann man sicher nichts falsch machen. Aber eignet es sich auch für die Schule, wie die Autor:innen es planten? Das soll der nachfolgende Abschnitt klären.

4. Implikationen für den Einsatz in der Schule

Dass Regionalgeschichte in der Schule einen festen Platz haben sollte, ist wohl unstrittig – sowohl von der Seite der Lehrenden wie der Lernenden aus.[17] Noch deutlicher wird es für den Bereich des Nationalsozialismus, der aus gutem Grund jedes didaktische Prinzip[18] und Relevanzkriterium[19] der Fachanforderungen oder didaktischer Analysen erfüllt respektive besteht und in Lehrplänen wie Schulbüchern einen unumstrittenen und festen Platz einnimmt. Als Beleg für diese Aussagen kann hierfür die repräsentative Umfrage der Wochenzeitung „Die Zeit" aus dem Jahre 2020 herangezogen werden, in der das Item „Die Masse der Deutschen hatte keine Schuld, es waren nur einige Verbrecher, die den Krieg angezettelt und die Juden umgebracht haben" eine Zustimmung von 53 Prozent erhielt („voll und ganz", „eher"), während in der gleichen Umfrage das Item „Das Wissen über die Vergangenheit kann verhindern, dass Verbrechen, wie sie im Namen des Nationalsozialismus verübt wurden, wieder passieren" aber mit 76 Prozent Zustimmung aufwarten konnte („voll und ganz", „eher").[20] Geschichtsunter-

---

17 Vgl. hierzu beispielsweise Benjamin Stello: Regionalgeschichte und Schule. In: Robert Bohn/Jürgen Weber (Hrsg.): Wortmeldungen zur Zeit- und Regionalgeschichte. Festschrift für Uwe Danker. Husum 2022, S. 277–287.

18 Es können eigentlich alle neun genannten didaktischen Prinzipien angelegt werden, je nach Ausrichtung des Unterrichts, insbesondere aber Gegenwarts- und Zukunftsbezug sowie Wissenschaftsorientierung und Multiperspektivität, vgl. Ministerium für Schule und Berufsbildung des Landes Schleswig-Holstein: Fachanforderungen Geschichte. Kiel 2016, S. 13.

19 Auch hier sind eigentlich alle Auswahlkriterien als erfüllt anzusehen. Zu nennen wären aber insbesondere, erneut abhängig von der Ausrichtung des Unterrichts, vor allem die ersten Punkte, nämlich eine Berücksichtigung „grundlegende[r] Inhalte, die im kollektiven Gedächtnis und der Geschichtskultur unserer Gesellschaft präsent sind", sowie die Relevanz „für die Diskursfähigkeit der Lernenden und deren kulturelle Anschlussfähigkeit", natürlich aber auch das Behandeln von Schlüssel- und Kernproblemen sowie die exemplarische Bedeutung, vgl. Ministerium für Schule und Berufsbildung des Landes Schleswig-Holstein: Fachanforderungen Geschichte. Kiel 2016, S. 13.

20 Vgl. Policy matters – Gesellschaft für Politikforschung und Politikberatung: Die Haltung der Deutschen

richt, gerade zu diesem inhaltlichen Aspekt, erscheint in diesem Zusammenhang als diskursive und von demokratischen Werten getragene Auseinandersetzung mit dem Nationalsozialismus nicht nur wünschenswert, sondern zwingend notwendig.

Die Fachanforderungen Geschichte, der Lehrplan für Schleswig-Holstein, verorten das Thema in der Sekundarstufe I am Ende der achten bzw. am Anfang der neunten Jahrgangsstufe im Komplex des Themenblocks „Deutschland 1918–1945: Zwischen Demokratie und Diktatur, internationaler Verständigung und Verbrechen", sie geben hier Inhalte wie „Das nationalsozialistische Deutschland" und „Zweiter Weltkrieg und Holocaust" vor.[21] Auch der „Leitfaden" zu den Fachanforderungen beschäftigt sich ausführlich mit der Frage, wann und wie dieses Geschehen thematisiert werden könnte und sollte.[22]

In der Sekundarstufe II wird in Schleswig-Holstein themenzentriert unterrichtet, sodass hier grundsätzlich viele Anknüpfungspunkte existieren, insbesondere sind diese aber sicherlich im Semester Q2.1 „Diktatur und Demokratie im Zeitalter der Extreme" zu finden. Hier bestehen inhaltliche Vorgaben mit direktem Bezug zum in diesem Beitrag vorgestellten Werk wie beispielsweise „Weltanschauungen und Gesellschaftskonzeptionen des 19. und 20. Jahrhunderts: [...] Faschismus" und „Nationalsozialistische Diktatur". Bei den fakultativen Bereichen wäre das Buch von Danker und Schwabe sicherlich etwa bei „Herrschaft und Ideologie im NS-Staat", „Volksgemeinschaft", „Ausgrenzung und Verfolgung", „Holocaust", „Faschismus als europäisches Phänomen" und „Nationalsozialismus in der Geschichtskultur" mehr als nützlich.[23]

Auch für im Fach Weltkunde unterrichtende Gemeinschaftsschulen, an denen Geschichte in der Sekundarstufe I zu Lasten des integrierten Faches entfällt, sind Anknüpfungspunkte in den entsprechenden Fachanforderungen leicht zu finden: Für die neunte Jahrgangsstufe ist „Der Nationalsozialismus – eine Frage der Verantwortung?" als Thema vorgegeben, darüber hinaus sind die Inhalte „Aufstieg des Nationalsozialismus", „Volksgemeinschaft", „Propaganda", „Schoah / Holocaust", „Zweiter Weltkrieg / Vernichtungskrieg", „Erinnerungskultur" bestimmt.[24] Insgesamt kann die Verwendung des Buches in Schulen also aufgrund sowohl der administrativen Vorgaben als auch der didaktischen Begründungen und der Bedeutung für die Lernenden grundsätzlich klar befürwortet werden.

Es gibt mithin viele gute Gründe und Argumente für die Annahme, dass das vorliegende Werk auch für den schulischen Bereich einige Relevanz aufweist, und die Autor:innen vertreiben es mit Unterstützung des Sparkassenverbandes dementsprechend auch in kostenfreien Klassensätzen, für die sich Schulen bewerben konnten und die gut angenommen wurden. Was aber ist in der und für die Schule mit einem solchen wissenschaftlichen Werk nun anzufangen?

---

zum Nationalsozialismus. Januar 2020 im Auftrag von DIE ZEIT. Ergebnisse einer repräsentativen Erhebung. Berlin 2020. URL: https://www.zeit.de/2020/19/zeit-umfrage-erinnerungskultur.pdf (zuletzt aufgerufen: 15. Februar 2023).

21 Vgl. Ministerium für Schule und Berufsbildung des Landes Schleswig-Holstein: Fachanforderungen Geschichte. Kiel 2016, S. 21.

22 Vgl. Ministerium für Schule und Berufsbildung des Landes Schleswig-Holstein: Leitfaden zu den Fachanforderungen Geschichte. Kiel 2018, S. 18ff.

23 Vgl. Ministerium für Schule und Berufsbildung des Landes Schleswig-Holstein: Fachanforderungen Geschichte. Kiel 2016, S. 32.

24 Vgl. Ministerium für Schule und Berufsbildung des Landes Schleswig-Holstein: Fachanforderungen Weltkunde. Kiel 2015, S. 36.

Zunächst einmal kann es als Handbuch dienen, dies vermutlich insbesondere für Lehrkräfte. Wie oben dargestellt, findet sich im Werk von Danker und Schwabe eine begründete Auswahl des Relevanten und Wissenswerten zum Nationalsozialismus in Schleswig-Holstein, eingebunden in den überregionalen Kontext, auf dem aktuellen Stand der Forschung und mit zahlreichen Literaturangaben und -verweisen. Für die Vorbereitung des Unterrichts in der Sekundarstufe I wie II kann sich eine Lehrkraft kaum eine bessere Grundlage wünschen. Hinzu kommen die zahlreichen in hervorragender Qualität vorliegenden Abbildungen, Quellen und Materialien, die eine Grundlage für zahlreiche Arbeitsblätter und -aufträge bilden können (und sollten).

Die Materialien wiederum stehen zwar immer in Bezug zu den Texten des Bandes, können aber auch losgelöst von diesen wirksam werden, was wiederum zum Aspekt des „Fundus" führen würde: Eine solche Zusammenstellung von nunmehr leicht zugänglichen Quellen existiert für Schleswig-Holstein bisher nicht, sodass es sicherlich eine massive Arbeitserleichterung für Lehrkräfte darstellt, sich hier bedienen zu können.

Durch den Aspekt, dass Danker und Schwabe in ihrem Werk das Wissenswerte zu ihrem historischen Gegenstand umfassend darstellen, bietet es sich insbesondere für die gymnasiale Oberstufe auch in Bezug auf Lernende an. Sie könnten sich beispielsweise selbstständig verschiedene Aspekte erarbeiten oder in projektorientierten Unterrichtsformen eigene Erkenntnisse gewinnen, sofern die Lehrkraft vorstrukturierend tätig wird. Ohne diese Bedingung könnte die Fülle des zur Verfügung Stehenden vielleicht auch erschlagend wirken – das käme aber selbstverständlich auf die konkreten Lernenden und Gruppen an.

Jeder Sinnabschnitt des hier vorgestellten Buches wurde von Danker und Schwabe mit einem Einstieg versehen, der sich mindestens bei geübten Lerngruppen auch zur Problematisierung des Folgenden anbietet. Gerade die vielfach gewählten großformatigen Fotos scheinen hierfür besonders geeignet zu sein, weil ihre Wirkung in diesem Kontext besonders deutlich wird. Sowohl für einen diese Bilder als Quelle analysierenden Unterrichtsteil wie auch für eine mögliche affektive Einstimmung der Lernenden auf das Kommende eignen diese sich sehr.

Die im Band ebenfalls enthaltenen „Fallbeispiele" bieten sich für eine Vertiefung geradezu an: Sie könnten beispielsweise als nachbereitende Hausaufgabe das in der Stunde Behandelte wiederholend vertiefen, ohne redundant zu sein, und konkretisieren die allgemeinen Aussagen der Forschenden für Lernende. Damit wird das historische Geschehen vorstellbarer, persönlicher und in seiner Perspektive leichter wahrnehmbar. Ähnlich könnte mit den Zitaten umgegangen werden, die hier vermutlich für den Unterricht viel hergeben würden, da sie nicht nur aus Textschnipseln bestehen, sondern vielfach lang genug sind, um eine Beschäftigung mit ihnen herausfordernd, vielfältig und interessant zu gestalten.

Was das Werk allerdings nicht erfüllen kann, sind weitergehende Anforderungen, die üblicherweise an ein „echtes" Schulbuch gestellt werden. Diese sind naturgemäß nicht abschließend verbindlich geregelt, aber ein Blick in die wissenschaftliche Literatur zeigt, dass eine grundsätzliche Einigkeit vorherrscht.[25] Danker und Schwabe erfüllen einige Punkte klar, etwa

25 Vgl. hierzu beispielsweise Peter Gautschi: Anforderungen an heutige und künftige Schulgeschichtsbücher. In: Beiträge zur Lehrerbildung 28 (2010) H. 1, S. 125–137 sowie Michael Sauer: Geschichte unterrichten. Eine Einführung in die Didaktik und Methodik. Seelze 2021, S. 254–263, hier insbesondere S. 260, und zuletzt auch im Kontext einer Analyse von Lehrwerken für Geflüchtete Alfons Kenkmann/

die Orientierung am Stand der Forschung oder auch das Angebot an Auswahlmöglichkeiten, andere hingegen ebenso deutlich nicht: Differenzierung, Arbeitsaufträge etc. fehlen komplett. Ein direkter Einsatz als klassisches Schulbuch scheidet also vermutlich aus: Das in den jeweiligen Bildungseinrichtungen eingeführte Werk oder eigenständig erstellte Materialien der Lehrenden werden weiterhin genutzt werden müssen, das vorliegende Buch kann allenfalls ergänzen und erweitern. Auch der Umfang ist selbstverständlich viel zu umfangreich: Ein verbreitetes schleswig-holsteinisches Oberstufenschulbuch benötigt für die gesamte Qualifikationsphase weniger Seiten als Danker und Schwabe nur für die Behandlung des Nationalsozialismus, dessen Thematisierung in der Schule wiederum nur ein Teilthema von einem der insgesamt vier Halbjahre darstellt (455 zu 506 Seiten, im Schulbuch erhält der Nationalsozialismus 53 Seiten).[26]

3. DIE NS-VOLKSGEMEINSCHAFT

FALLBEISPIELE 3.2

3.

Der Lynchmord an Friedrich Schumm

Samstag, 1. April 1933, Kiel: Gegen elf Uhr sucht der in Ostpreußen lebende jüdische Rechtsanwalt Dr. Friedrich Schumm (geb. 1901) das Möbelgeschäft seiner Eltern Georg und Hedwig Schumm in der Kehdenstraße 16 auf.[98] Doch zwei uniformierte SS-Männer weisen ihn an, er solle nur in deutschen Geschäften kaufen – die NSDAP hat für den heutigen Tag zum Boykott aller jüdischen Geschäfte aufgerufen. Schumm betritt daraufhin das Gebäude durch den Hintereingang. Nach einem kurzen Gespräch mit seinem Vater verlässt er das Haus wieder. Sein Vater tritt vor das Geschäft und stellt ihn als seinen Sohn vor, worauf beide das Geschäft demonstrativ durch den Haupteingang betreten.

Friedrich Schumm (1901–1933)

Als Friedrich Schumm das Geschäft nach einer Weile wieder verlässt, kommt es zu einer verbalen Auseinandersetzung mit den beiden SS-Männern, die in ein Gerangel mündet. Der Rechtsanwalt zieht eine Pistole, einer der SS-Männer fällt ihm in den Arm. Im Handgemenge fällt ein Schuss, der SS-Angehörige Asthalter wird in den Bauch getroffen. Schumm flieht, stellt sich allerdings auf dem nächsten Polizeirevier. Unterdessen stürmen SS-Männer das Geschäft der Eltern und schlagen alles kurz und klein.

Wenig später, gegen 12 Uhr 30, wird Friedrich Schumm in das Polizeigefängnis Blumenstraße/Ecke Gartenstraße in Kiel gebracht. Die NSDAP-Kreisleitung fordert vom Polizeipräsidenten seine sofortige Auslieferung an die SS. Die Polizei will ihn daraufhin nach Rendsburg verlegen. Zu dieser Zeit, es ist circa 13 Uhr 45, haben bewaffnete SA- und SS-Männer das Gebäude in der Gartenstraße bereits umstellt. Polizeipräsident Otto Graf zu Rantzau lehnt den Einsatz einer Hundertschaft gegen die „nationale Menge" ab. Als die Situation vor dem Gebäude eskaliert, entschließt er sich, das Gefängnis zu öffnen. Etwa 30 bis 40 Nationalsozialisten stürmen die Zellen, erschießen Friedrich Schumm und verlassen unbehelligt das Gebäude.

Der genaue zeitliche Ablauf ist bis heute unklar; einige Manipulationen an den Akten lassen den Schluss zu, dass die Polizeispitze die rettende Verlegung Schumms bewusst verzögerte. Rechtliche Ermittlungen gegen die Schützen wurden nicht eingeleitet. Auch nach 1945 gelang es der Justiz nicht, auch nur einen der Mörder zu identifizieren. Das Verbrechen blieb ungesühnt.

FALLBEISPIELE

98 Literaturbasis für dieses Fallbeispiel: Hauschildt Judenboykott 1983; Goldberg Bevölkerung 2008.

232

Fallbeispiel „Der Lynchmord an Fridrich Schumm" aus dem Kapitel „3. Die NS-Volksgemeinschaft". (Bildnachweis: Danker/Schwabe: Volksgemeinschaft, S. 232.)

Der Anspruch der Texte scheint zumindest für die Sekundarstufe I darüber hinaus teilweise sehr hoch zu sein. Ein beliebig ausgewählter Abschnitt mag dies verdeutlichen: „Der Totalitätsanspruch des Nationalsozialismus duldete keine weltanschauliche Konkurrenz. Dennoch setzte die NSDAP-Führung nach 1930/31 auf dem Weg zur Macht aus taktischen Gründen auf einen pragmatischen religionspolitischen Kurs. Um eine offensichtliche Gegnerschaft zu den großen christlichen Kirchen zu vermeiden, drängte sie antichristlich-völkische Strömungen in den eigenen Reihen zunehmend in den Hintergrund."[27] Der Text setzt ein erhebliches Konzeptwissen voraus, etwa bei den Begriffen „Totalitätsanspruch" oder „pragmatisch", dazu verwendet er schwierige Vokabeln wie beispielsweise „weltanschauliche Konkurrenz" sowie eine kompliziert gegliederte Satzstruktur. Das mag sogar manchen Lernenden in der Sekundarstufe II vor Probleme stellen, die Entschlüsselung und „Übersetzung" ist aber für Schüler:innen der Sekundarstufe I ohne Scaffolding durch die Lehrenden wohl schlicht nicht zu leisten.

Das macht das Werk aber ausdrücklich keineswegs ungeeignet für den Einsatz an Schulen, weil die oben benannten Punkte dennoch alle erhalten bleiben. Regionale Fallbeispiele wie zur Napola Plön[28] oder der Arbeitslosigkeit und Wirtschaftsstruktur in Schleswig-Holstein 1929

Martin Liepach/Sophia Tölle: „Leben in Deutschland". Historische Bildung in den Orientierungskursen für Geflüchtete. In: Geschichte in Wissenschaft und Unterricht 74 (2023) H. 1/2, S. 41–60.

26 Vgl. Rolf Schulte/Benjamin Stello (Hrsg.): Buchners Kolleg Oberstufe Schleswig-Holstein. Qualifikationsphase. Bamberg 2017.

27 Danker/Schwabe: Volksgemeinschaft, S. 298.

28 Vgl. ebd., S. 296f.

bis 1933[29] bieten reichhaltige Beschäftigungs- und Regionalisierungsmöglichkeiten. Insbesondere kann aber auch sehr anschaulich dekonstruierend gearbeitet werden, wie das folgende Beispiel zeigen und illustrieren soll.

Die folgende Textstelle ist wiederum zufällig gewählt. Sie lautet: „Doch wir können davon ausgehen, dass die Erfahrungen der HJ-Mitgliedschaft oder des Landjahrs viele junge Menschen stark geprägt haben. Sie standen nach dem Zusammenbruch der NS-Herrschaft vor der schwierigen Aufgabe, sich in einer neuen Welt zurechtzufinden und ihre Werte zu hinterfragen."[30] Inhaltlich ist die Aussage zweifelsohne wenig fragwürdig oder gar kontrovers. Ihr ist problemlos und uneingeschränkt zuzustimmen. Trotzdem stecken in ihr eine Menge Setzungen und Wertungen der Autor:innen, die Lernende recht leicht erkennen können. Beispielsweise ist zu hinterfragen, wer ganz am Anfang eigentlich „wir" sind: Danker und Schwabe? Alle, die dies lesen? Alle Menschen überhaupt? Das bringt Lernende recht direkt zu einer Quellenkritik, deren Sinn ihnen aber sofort einleuchten wird, weil Kernelemente der Aussage davon betroffen sind. Weiter: Warum kann man davon ausgehen, dass eine starke Prägung vorlag? Hier müssen Lernende also Begründungen liefern, warum diese Aussage stimmen wird (positive Gefühle, Dauer, prägende Zeit der Jugend, …). Warum sind nach Meinung der Autor:innen danach Werte der damaligen Bevölkerung zu hinterfragen (Wertewandel, Diktatur vs. Demokratie etc.)? Schon allein aus der Beschäftigung mit diesen zwei Sätzen können Lernende also eine Menge mitnehmen, für das Fach allgemein (etwa die Quellenkritik), für NS-Geschichte im Besonderen (starker und so auch empfundener Bruch nach 1945), aber auch für das Entstehen und die Beharrlichkeit einmal erworbener Einstellungen (auch heute, auch für die Lernenden selbst?).

Auftaktseite „Kulminierende Bewährung: Volksgemeinschaft im Krieg". (Bildnachweis: Danker/Schwabe: Volksgemeinschaft, S. 360f.)

Natürlich werden aber vor allem die vielen regionalen bildlichen und schriftlichen Quellen am Ende das sein, was in einem kompetenzorientierten und quellenbasierten Geschichtsunterricht von diesem Buch am wichtigsten bleiben wird, weshalb diese am Abschluss dieses Kapitels noch einmal hervorgehoben werden sollen: Eine derart reichhaltige Auswahl in so guter Qualität gibt es schlicht nirgendwo sonst, es ist nicht das einzige, aber für die Schule wohl wichtigste Alleinstellungsmerkmal des Werkes von Danker und Schwabe.

29 Vgl. ebd., S. 39.
30 Ebd., S. 269.

5. Abschluss

Insgesamt betrachtet lässt sich in Bezug auf das Buch von Danker und Schwabe also nur ein positives Fazit auf mehreren Ebenen ziehen. Das hier vorgestellte und besprochene Werk kann dem wissenschaftlich Interessierten ebenso viele Anregungen geben wie dem Studierenden Basisinformationen liefern. In der Schule können Lehrende wie Lernende mit dem Buch arbeiten, wenn auch letztere vermutlich eher in der gymnasialen Oberstufe, und es vor allem entweder als „Steinbruch" für Quellen oder zur punktuellen Vertiefung bereits behandelter Sachverhalte nutzen. Inhaltlich ist das Werk auf dem Stand der Wissenschaft. Seine Kernthese, dass die Volksgemeinschaft ein wesentlicher Schlüssel zum Verständnis des Nationalsozialismus sei, wird vielfach aufgenommen und überzeugend immer weiter ausdifferenziert. Die durchgehende Regionalisierung bleibt ebenso nachvollziehbar und lobenswert, da das Weltgeschehen im Kleinen stets sichtbar wird und bleibt. Insbesondere handelt es sich aber auch um ein ästhetisch schönes Buch, das dank sorgfältigen Layouts und reichhaltiger Materialauswahl jenseits des Textes gerne zur Hand genommen werden wird. Wenn in diesem Beitrag Einschränkungen formuliert werden, so betrifft das stets Marginalien: Der Kern bleibt, dass Danker und Schwabe hier ein auf sehr vielen Ebenen überzeugendes Werk vorgelegt haben, das seinen Platz nicht nur in schleswig-holsteinischen Bücherregalen finden wird, sondern auch darüber hinaus, weil es neben dem Inhalt auch im methodischen Vorgehen durchgehend überzeugen kann und ein Erklärungsmodell für nationalsozialistische Verhältnisse und Gegebenheiten liefert, das über die engen Grenzen des Bundeslandes weit hinausweist.

Persönlich kann ich ein Fazit ziehend sagen, dass ich das Buch gerne und mit Gewinn gelesen habe. Ich habe zahlreiche Anregungen erhalten und Sachverhalte neu entdeckt oder in andere Zusammenhänge gebracht. Vor allem aber habe ich viele Materialien gefunden, die sicherlich auch meinen eigenen Unterricht bereichern werden. Vielen Dank für die sicherlich nicht unerhebliche Mühe bei der Erstellung des Bandes daher abschließend an die beiden Autor:innen!

Karl Heinrich Pohl

Orte des Widerspruchs?

Gedenkstättenarbeit und Erinnerungskultur zwischen Demokratieerziehung, Erinnerungszwang und Staatsraison[1]

Mit der heutigen Tagung wird die langjährige Tätigkeit der Landesarbeitsgemeinschaft der Gedenkstätten und der Bürgerstiftung in Schleswig-Holstein zu Recht gewürdigt. Ausführungen zu solchen Jubiläen können allerdings höchst verschieden ausfallen. Sie können Lob und Dank, manchmal auch Sentimentalitäten und Rührungen in den Mittelpunkt stellen, sie können aber auch einer eher kritischen Rückschau dienen und Hinweise für die Zukunft geben. Ich möchte bewusst diesen zweiten Weg wählen. Es geht mir vor allem um eine sehr deutliche Kritik, verbunden mit etwas Polemik. Ziel ist es, eine intensive Diskussion anzuregen. Aus diesem Grunde werde ich in meinen Ausführungen die Kritikpunkte zum Teil erheblich überziehen, Positives dagegen etwas verkürzen – und insofern oftmals „ungerecht" argumentieren.

Viele Gründe sprechen gegenwärtig für eine solche Auseinandersetzung, allein schon deswegen, weil sich die Zeiten seit Gründung der Gedenkstätten in Schleswig-Holstein erheblich verändert haben. Das Erinnern an die Opfer, aber auch an Täter und Mitläufer steht nicht mehr – wie in den Jahrzehnten nach dem Kriege – im Mittelpunkt. Die Zeitzeuginnen und Zeitzeugen jeglicher Couleur sind meist verstorben. Auf sie können die Gedenkstätten in Zukunft nicht mehr zählen und diese können auch nichts mehr selber erzählen. Zudem ist auch in der historischen Aufarbeitung vor Ort viel, aber längst noch nicht genug, geleistet worden, auch dank der guten Arbeit vieler Gedenkstätten. Beide Aspekte – Gedenken und kritische historische Aufarbeitung und Aufklärung – waren jedoch Hauptarbeitsfelder der Gedenkstätten. Sie sind jetzt gewissermaßen minimiert worden – wenn man das in diesem Zusammenhang so sagen darf.

Zudem hat sich auch das politische Klima in den letzten Jahrzehnten erheblich verändert. Gedenkstätten haben – zumindest nach außen hin – keinen Gegner mehr, der ihren Botschaften offen widersprechen würde. Im Gegenteil: Sie haben offensichtlich fast nur noch Freunde. Sie müssen daher kaum noch jemanden für ihre Anliegen gewinnen, müssen darum nicht mehr kämpfen, sondern im Gegenteil, sie werden gewissermaßen von der Gesellschaft und dem Staat umarmt. Kurzum: Es fehlt die Gegnerschaft.

---

1 Es handelt sich hier um die sprachlich nur minimal geglättete Fassung eines Einstiegsreferats, das ich anlässlich des 20jährigen Bestehens der Bürgerstiftung Schleswig-Holsteinische Gedenkstätten und des 10jährigen Jubiläums der Landesarbeitsgemeinschaft Schleswig-Holsteinische Gedenkstätten am 1. September 2022 im Rahmen der Tagung „Erinnern am historischen Ort. Geschichte und Zukunft der Gedenkstättenarbeit und -förderung in Schleswig-Holstein" in der Universität Kiel gehalten habe. Der Vortragsstil wurde für diese Druckversion beibehalten, die wesentliche Literaturgrundlage aufgelistet.

Der Angriffskrieg Russlands auf die Ukraine hat zudem die Notwendigkeit einer kritischen (Selbst-)Reflexion noch verstärkt. Wenn für fast alle Gedenkstätten in Schleswig-Holstein bislang die gängige gemeinsame – und höchst einprägsame – Formel „Nie wieder Krieg" mit handlungsleitend war, dürfte sie wohl so nicht mehr bestehen bleiben. Muss dieser Slogan unter den gegenwärtigen Umständen vielleicht sogar als eine Leerformel bezeichnet werden, die wir jetzt mit neuem Inhalt füllen müssen – und wenn ja, mit welchem?

Trotz dieser Großwetterlage scheint jedoch eine generelle Kritik an der Gedenkstättenarbeit – zumindest auf den ersten Blick – nicht wirklich dringlich zu sein. Grundsätzliche Kritik wird auch von den Gedenkstätten selber – so meine Erfahrung – weder gesucht noch ist sie besonders erwünscht. Denn ihre Arbeit war intensiv und gut – so die Selbstwahrnehmung der meisten Gedenkstätten. Ihre Arbeit wird mittlerweile im ganzen Lande höchst positiv konnotiert und gilt gemeinhin – bei Staat und Gesellschaft – als eine große und wichtige Erfolgsgeschichte. Wozu dann noch Kritik?

In der Tat: Die Arbeit von wenigen Engagierten – das dürfte keine Übertreibung sein – hat Ende des vergangenen Jahrhunderts entscheidend mit dazu beigetragen, dass zu guter Letzt auch in Schleswig-Holstein akzeptiert wurde, dass es gerade hier besonders viele Anhänger des Nationalsozialismus gegeben hatte. Dieser zum Teil heftig umkämpfte Aufklärungsprozess war (auch) ein großer Erfolg der Arbeit der Gedenkstätten, der fast ohne staatliche Unterstützung, ja zum Teil gegen den Staat, von sehr wenigen Engagierten erzielt wurde. Allerdings beschränkten sich viele Gedenkstätten lange Zeit oft auf die Verbreitung und Umsetzung von Erkenntnissen, die von der Fachwissenschaft – allerdings lange Zeit noch nicht sehr umfangreich – erarbeitet wurde.

Trotzdem: Die meisten Älteren von uns – die meist nicht mehr im aktiven Arbeitsprozess stehen und aus der Gedenkstättenarbeit nach und nach auch ausscheiden – könnten zu den Kämpfen der Gedenkstätten eine eigene Geschichte erzählen. Als Prototyp dieses Kampfes dürfte wohl Gerhard Hoch gelten, der – natürlich nicht alleine – das Lager Springhirsch bei Kaltenkirchen ins öffentliche Bewusstsein transportiert hat. Ein langer und leidvoller Weg.

Mit diesem leidvollen Weg scheint es allerdings vorbei zu sein; auch dank des Wachsens der Bürgerstiftung. Die neue staatliche Achtung und vor allem auch die damit verbundene Subventionierung, ob indirekt über die Bürgerstiftung oder direkt durch Bund und Land, führt jedoch – auch wenn man es leugnet oder nicht sehen will – zu einer deutlich erkennbaren allmählichen staatlichen Vereinnahmung der ursprünglich eher wildwüchsigen, aber vielleicht gerade deswegen so erfolgreichen, Gedenkstättenarbeit.

Wir „Gedenkstättenaufklärer und -aufklärerinnen" müssen nun nicht mehr fürchten, mit unseren Anliegen und Zielen – welche sind das eigentlich nach der Erledigung unserer wichtigsten Hausaufgaben, um bereits an dieser Stelle ein ganz wichtiges Problem nur kurz zu streifen? – an den Rand gedrängt, politisch ins Abseits gestellt oder in unserer Arbeit behindert zu werden. Im Gegenteil: Gedenkstättenarbeit gehört jetzt zum elementaren Selbstverständnis der Republik, auch in Schleswig-Holstein. Fast überall hat sich der Staat des Gedenkens an den Nationalsozialismus angenommen, hat es zu seiner Aufgabe gemacht; mit allen positiven, aber leider auch einigen negativen Konsequenzen.

Gedenken an den Nationalsozialismus gehört nun offenbar, anders als früher, in die Mitte der Gesellschaft, ist ein wichtiger Pfeiler der Geschichtspolitik, scheint geradezu reif dafür zu sein, um es etwas übertrieben und ironisch zu formulieren, ein Schulpflichtfach zu werden.

Heute wird – im Gegensatz zu vergangenen Zeiten – nun nicht nur die moralische Schuld Deutschlands und „der" Deutschen an den Verbrechen zur nationalsozialistischen Zeit bei jeder passenden – und noch öfter bei jeder unpassenden – Gelegenheit öffentlich bekannt. Das Holocaust-Gedenken ist geradezu – anders als noch zu den Gründungszeiten der Gedenkstätten – zur deutschen Staatsdoktrin geworden. Darin sind sich alle demokratischen Parteien einig, was nicht immer so war.

Diese moralische Doktrin, bei der man sich immer wieder auf die besonders intensive Aufarbeitung der Vergangenheit (gerade auch durch die Gedenkstätten) berufen kann, gilt manchen, und nicht nur manchen Politikern, mittlerweile geradezu als deutsches Alleinstellungsmerkmal, ist selbstverständlich und gesellschaftlich inhaliert, fast so wie das geschriebene Grundgesetz. Im Gegensatz zu anderen Ländern, so die Selbstwahrnehmung, können wir stolz darauf sein. Unsere Aufarbeitung der Vergangenheit empfiehlt sich daher – so wird es manchmal gefordert – sogar als Exportartikel und wird anderen Ländern nahe gebracht. Und wo, so die Politik weiter, geschieht diese immer währende moralische Erziehung, die Erkenntnis der Verbrechen, die den Deutschen gewissermaßen vererbt wird, am besten? Natürlich am authentischen Ort, in den Gedenkstätten.

Das neue Ziel und die neue Aufgabe der Gedenkstätten innerhalb der staatlichen Gedenkdoktrin ist jetzt, die Demokratie gegen alle Angriffe zu schützen, die Menschen in diesem Sinne zu beeinflussen und besonders die jungen Menschen in diesem Sinne anzuleiten. Für uns von großer Bedeutung ist, dass wir Gedenkstätten mehrheitlich nahezu vorbehaltlos, so meine Wahrnehmung, auf diesen staatlichen Zug aufspringen. Das ist offenbar die von vielen von uns gewünschte neue große Aufgabe.

Wir machen uns damit allerdings auch zu Trägern der staatlichen Initiativen und Ideen. Ich warte nur darauf, dass als Krönung der Vereinnahmung unserer Arbeit und angesichts der neuen Schwerpunktsetzung, der schülergerechte Zugang zum Thema sei mindestens so wichtig wie historische Aufklärung selber, dass also in Zukunft auch „Gedenkstättenkompetenz" von den Schülerinnen und Schülern als Pflicht abgefordert und abgefragt wird. Dabei stellt sich leicht heraus, wie man aus den Empfehlungen der KMK[2] und verschiedenen Ministerien entnehmen kann, dass es dabei um vieles – auch Nützliches – geht, am wenigsten allerdings um historisches Denken und Lernen. Und: Wie erwirbt man diese gewünschte Kompetenz? Natürlich, so der staatliche Wunsch, durch den Besuch von Gedenkstätten, möglichst als allgemeiner Pflichtbesuch.

Diese Strategie strebt an, die Gedenkstätte zu den besten und geeignetsten Lernorten für die Vertiefung dieses neuen, sehr breiten Verständnisses von Gedenken zu etablieren, das nun gewissermaßen als ein öffentliches Kulturgut gilt. Die Gedenkstätten sollen dieses Gedenken didaktisch gut aufbereitet und pädagogisch höchst ausgefeilt unter die Bevölkerung, besonders die junge, bringen.

Wie erwähnt nehmen die Gedenkstätten das Angebot gerne an. Es scheint schließlich eine große Chance für sie zu sein. Es gibt nun neue Aufgaben, mit anscheinend neuen Chancen und erhebliche Ressourcen – und wir, wir Gedenkstätten – sind (Mit)Träger dieser neuen staatlichen Politik, können sogar Vorreiter werden. Da möchte man wohl dabei sein. Aber sollte man über

2 Kultusministerkonferenz: Demokratie als Ziel, Gegenstand und Praxis historisch-politischer Bildung und Erziehung in der Schule. Beschluss vom 6. März 2009.

diesen Paradigmenwechsel, diese neue staatliche Inanspruchnahme, nicht einmal intensiv diskutieren?

Einige generelle Überlegungen zur Situation der Gedenkstätten, die das Problem der staatlichen Vereinnahmung verdeutlichen mögen:

Musste vor nicht einmal zwei Jahrzehnten um wenige staatliche und nichtstaatliche Mittel geradezu „gebettelt" werden, so haben einige Gedenkstätten nun bereits fest angestellte Mitarbeiter, sind aus manchen inzwischen sogar schon kleinere Betriebe mit stabilen und sich allmählich vergrößernden Haushalten geworden. Diese Entwicklung ist zweifellos ein großer Erfolg für alle Beteiligten, auch wenn der Bedarf noch längst nicht gedeckt ist; so die allgemeine Meinung in den Gedenkstätten. In jedem Fall wird ihre Arbeit nun nicht nur anerkannt und mit guten Worten abgespeist, sondern auch tatsächlich materiell honoriert.

Das ist einerseits nur gerecht, denn die Gedenkstätten leisten im Sinne der staatlichen Zielsetzung ja auch einiges. Diese Entwicklung führt zudem zu einer deutlichen Professionalisierung der Gedenkstättenarbeit, auch dagegen ist wenig einzuwenden. Die kürzlich zugesagte Finanzierung der Cap Arcona Gedenkstätte mit fünf Millionen Euro aus dem Etat des Bundes ist unter diesem Gesichtspunkt ein enormer Erfolg, zu dem man nur gratulieren kann.

Die staatliche Finanzierung hat andererseits aber auch ihre andere, eine wie ich finde, bedenkliche Seite. Der Staat finanziert nämlich nicht nur und macht sich gewissermaßen die Ideen der Gedenkstätten uneigennützig zu eigen, sondern er verfolgt dabei auch eigene Interessen: Wer das Geld gibt, handelt schließlich in der Regel nicht nur selbstlos. Scharf gesagt: Er vereinnahmt die Arbeit der Gedenkstätten für seine Zwecke. Das heißt aber auch, er normiert die Erinnerung in seinem Sinne, er gibt vor, was und vor allem auch wie erinnert werden soll.

Dieser Einfluss zeigt sich bereits bei gewissen Formen des Gedenkens und der ständigen Ermahnung, wachsam zu sein und die Demokratie zu schützen. So setzt der Staat etwa – und mit ihm auch oft die Gedenkstätten – besonders gern auf feierliche Rituale, auf immer wiederkehrende Beschwörungen und, jedenfalls oft, auf gebetsmühlenartiges Schuldbekenntnis. Das monumentale und mittlerweile geradezu moralinsaure „Nie wieder"-Schlagwort, wird in den verschiedensten Variationen betont. Besonders bei Gedenktagen können gut alle möglichen staatstragenden Formen inszeniert werden und wir Gedenkstätten dürfen mitmitmachen, sind Teil dieses Gedenksystems.

Fazit: Der Staat instrumentalisiert die Gedenkstätten politisch für seine Zwecke, erklärt sie zum Schutzwall gegen Antisemitismus und Rechtsextremismus, erwartet antiziganistische und antihomophobe Aufklärung, erwartet Kampf gegen Rassismus und vielerlei mehr. Zugleich kann der Staat sich auf diese Weise relativ elegant aus der eigenen Verantwortung für all diese Probleme stehlen und sie wenigstens teilweise auslagern. Und wir sind selbstverständlich auch dazu bereit.

Der Staat erwartet von den Gedenkstätten also generell – etwas verkürzt gesagt – Demokratieerziehung, ja, er fördert indirekt und direkt demokratische Gesinnungserziehung. Gesinnungserziehung – selbst für eine gute Sache – scheint mir allerdings immer etwas fraglich oder sogar gefährlich zu sein. Gedenkstätten sollen entsprechend dieser Vorstellungen möglichst gegen alles Böse und Undemokratische und überhaupt gegen alle Missstände immunisieren. Sie sollen für „das Gute" stehen und dafür alle Möglichkeiten einer gezielten Vermittlung einsetzen, in diesem positiven Sinne pädagogisch geradezu „überwältigen". Manche Richter verordnen straffällig Gewordenen sogar schon Sozialstunden in den Gedenkstätten, ganz offenbar mit dem Ziel einer demokratischen Besserung. Wollen wir da wirklich mitmachen, ohne das Problem gründlich zu diskutieren?

Ich will im Folgenden auf regionaler schleswig-holsteinischer Ebene einige konkrete Beispiele für diese staatliche Instrumentalisierung und den Eingriff in die scheinbar freie Gedenkstättenarbeit anführen, gemäß dem Grundsatz, wer das Geld gibt, bestimmt die Richtung. Dabei geht es um zwei verschiedene Ebenen, die praktische und die ideologische.

Zum Punkt eins, der praktischen Steuerung durch den Staat:

Der sinnvolle Gang bei dem Aufbau einer Gedenkstätte, so meine persönliche Vorstellung, wäre etwa folgender: Die Gedenkstätte wird entdeckt, ihre Geschichte dann gründlich erforscht und allgemein auch vor Ort als wichtig erkannt. Dann könnte überlegt werden, welche Aktionen über den authentischen Ort hinaus die Bedeutung dieses Ortes sinnvoll erschließen, zusätzlich ergänzen oder vertiefen könnten – falls das sinnvoll erscheint. Vor allem sollte darüber nachgedacht werden, wo die spezielle Besonderheit liegt, die man betonen könnte. Wäre das geklärt, könnte schließlich, wenn es sinnvoll erscheint, eine Ausstellung geplant werden, wobei die entsprechenden, zu bauenden Räumlichkeiten dann der geplanten Ausstellung angepasst sein sollten. Dann wird gebaut – wenn das Geld vorhanden ist.

Wie verläuft das aber praktisch? Ich nenne ein konkretes Beispiel, ohne den Namen zu nennen. Urplötzlich, geradezu ohne Vorwarnung, kommt aus einem staatlichen Topf Geld für den Bau eines Hauses. Da war gerade noch etwas im Landeshaushalt übrig, so die konkrete Sachlage. Das ist sehr schön und nützlich, aber ein wenig unverhofft. Jede Gedenkstätte könnte es sich in einer solchen Situation allerdings nur einmal leisten, ein solches Angebot abzulehnen, auch wenn sie sich noch nicht so weit fühlt, die Funktion des Hauses noch nicht genau überlegt oder etwa bereits ein konkretes Ausstellungskonzept geplant wären. Also wird gebaut. Was man hat, das hat man erst einmal. Da noch kein Konzept für eine Ausstellung vorliegt, gibt es für den Architekten viel Freiraum. Schön für ihn. Betont sei: Es gibt hier sehr gute Architekten, denen man für ihre Arbeit dankbar sein muss.

Nach dem Bau wird ein Ausstellungskonzept erarbeitet, nachdem ein erfolgreicher Antrag dafür vorliegt. Das Ausstellungskonzept aber richtet sich nun nicht mehr überwiegend nach den sachlichen historischen Gegebenheiten und didaktischen Notwendigkeiten, sondern orientiert sich notgedrungen in vielem auch an dem vorhandenen Bau – wenn es gut läuft. Manchmal aber – auch dafür gibt es Beispiele – ist zwar urplötzlich Geld für das Haus vorhanden, die Geschichte der Gedenkstätte ist aber wissenschaftlich noch gar nicht erarbeitet. Trotzdem aber muss erst einmal in dem neuen Haus ausgestellt werden, es kann ja nicht leer stehen. Dass dies nur eingeschränkt Sinn ergibt, dürfte klar sein. Ich belasse es bei diesen Beispielen, denen man noch einige hinzufügen könnte.

Nun zur ideologischen Beeinflussung:

Diese scheint mir noch deutlich gefährlicher zu sein. Auch hier bestimmt das Geld die Richtung. Ausgangspunkt ist, dass, im Gegensatz zu früheren Zeiten, der Staat und seine Organe die Zielsetzungen der Gedenkstättenarbeit in ihrem Sinne beeinflussen oder gar steuern, und nicht mehr behindern wollen. Denn aus staatlicher Sicht ist ja praktisch jedes Gedenken an den Nationalsozialismus zugleich gutes und sinnvolles Gedenken und nützlich; so scheint es ihm jedenfalls. Es ist gut für die Staatsräson, bindet die Nation ideologisch aneinander, usurpiert damit allerdings auch manch bei den Akteuren vorhandene gute Absicht, die vielleicht nicht in diese – staatlich verordnete – Richtung passen würde. Denn es ist dem Staat wichtig, vor allem auch die Jugend von Anfang an mit auf dieses staatliche „Gedenkboot" (oder besser: „Gedenkgebot") zu nehmen. Da sollen alle mitmachen. Denn: Es könnten sich dem ja sonst vielleicht sogar einige entziehen wollen.

Also bietet der Staat den Gedenkstätten entsprechende, von ihm finanzierte und inhaltlich gesteuerte, jugendgerechte Programme an, über deren Sinn man vielleicht ebenfalls einmal gründlich nachdenken sollte. Diesen Möglichkeiten aber kann sich ebenfalls keine Gedenkstätte verweigern. Eine Verweigerung führt ja oftmals dazu, dass in Zukunft kein Geld mehr fließen wird. Das aber kann sich keine Gedenkstätte in Schleswig-Holstein leisten.

Zu solchen Programmen gehören z.B. „Jugend erinnert". An was soll sich die Jugend eigentlich persönlich erinnern, könnte man polemisch fragen. Das wäre doch wohl der erste und der wichtigste Aspekt. Ferner fördert der Staat die generelle Ausbildung – so wird es jedenfalls genannt – von „Vermittlungstechnikern". Was, also welche konkreten Inhalte, sollen denn vermittelt werden, wenn doch die Geschichte einiger Gedenkstätte noch gar nicht wissenschaftlich erforscht worden ist?

Vor allem wäre doch zu fragen, ob ein noch so qualifizierter kurzer Workshop wirklich eine tragfähige Ausbildung sein kann, wie es derzeit offensichtlich praktiziert wird. Andere Menschen müssen und sollen allein für die Vermittlung von Geschichte schließlich lange Studieren – und das zu Recht. Von der Forschung, die dem vorangehen sollte, einmal ganz abgesehen. Denn: So einfach ist das nicht, Geschichte sinnvoll, kenntnisreich und entlang dem Stand der Forschung anderen Menschen nahezubringen.

Weiter gehören dazu Projekte wie: „Was geht uns das an"? In der Tat ist das eine sehr sinnvolle Frage, wenn das Ergebnis nicht inhaltlich bereits vorbestimmt wäre. Na klar geht uns das ganz viel an. Das ist die (einzig) richtige Antwort. Kann und darf man das wirklich infrage stellen? Doch wohl nicht! Finanziert wird durch den Staat auch das Projekt „Erinnerung ins Land tragen". An was aber sollen sich Schülerinnen und Schüler wohl erinnern und was soll ins Land getragen werden? Mit welcher Zielsetzung sollen die staatlich finanzierten Erinnerungsbeauftragten ausschwärmen, um Erinnerungswillige zu rekrutieren?

Hinzu kommen weitere staatlich finanzierte Workshops, ich nenne nur die über „Rap, Poetry und Slam auf der Gedenkstätte" oder offensichtlich weniger modern, über „Rechtsextremismus" oder „Antisemitismus". Alles dies sind offenbar aus staatlicher Sicht ganz wichtige Veranstaltungen, auch wenn sie zum Teil mit dem, was in den Gedenkstätten geschehen ist, kaum etwas zu tun haben. Alle sind in jedem Fall aber demokratiefördernd. Alle weisen zudem auf den Gegenwartsbezug hin, die die Beschäftigung mit dem Nationalsozialismus aus staatlicher Sicht haben sollte, und gehen besonders auf die Jugend zu. Alle scheinen offenbar (fach)wissenschaftlich sehr fundiert. Dem ist wenig hinzuzufügen, denn wer wollte widersprechen?

Im Folgenden stelle ich kurz zwei Beispiele vor, die zum Nachdenken nicht nur über die Vergangenheit, sondern auch über unsere gegenwärtige Rolle in der staatlichen Geschichtspolitik anregen, zur kritischen Reflexion ermuntern sollen:

Schaut man sich etwa die Ergebnisse der Wettbewerbe „Jugend erinnert" an, hat der Staat mit ihnen genau das erreicht, was er sich wünscht. Er ist am Ziel seiner – natürlich überspitzt ausgedrückten – „demokratischen Indoktrination": Lammfromme Schüler und Schülerinnen, die sich voll hinter die freiheitlich demokratische Grundordnung stellen, die Rassismus und Ausgrenzung verabscheuen, sich Pluralismus wünschen und Antisemitismus und Rechtsextremismus hassen. Er erlebt Schüler und Schülerinnen, die überhaupt das Gedenken an die NS-

Zeit für fast das Wichtigste auf der Welt und ihr persönliches Leben halten und die daher auch in Zukunft – das wird besonders begrüßt, weil es auch didaktisch hervorragend ist – Straßen mit weiteren „Stolpersteinen" zupflastern, oder doch zumindest die bereits bestehenden weiter pflegen. Ein Beitrag hingegen, der etwa solches gewünschtes Gedenken und dessen produzierte Formen kritisch infrage stellen würde, habe ich noch nie erlebt. Auch nicht eine Frage danach, „was geht mich das eigentlich an"? Ein wirklich offener Ansatz, der nicht allein Erwünschtes fokussiert, scheint in diesen Projekten eher selten thematisiert worden zu sein. Gibt es wirklich keine Kritik?

Es sei betont: Das alles ist nicht den Jugendlichen anzulasten, die engagiert und mit viel Mühe und auch Kenntnissen bei der Sache sind, sondern vor allem denjenigen, die diese Ziele setzen und umsetzen; also auch uns Gedenkstätten. Um es erneut festzustellen: Die Konzeption ist bedenklich, hingegen ist die mühevolle Arbeit und das hohe Engagement der Schülerinnen und Schüler nicht zu kritisieren. Im Gegenteil.

Preisträger solcher Projekte werden dann, wie staatlich gewünscht und erhofft, Klassen, in denen möglichst staatsfromm und demokratiefördernd gedacht wird. Schön ist auch, wenn der Anteil der Schüler und Schülerinnen mit Migrationshintergrund groß ist. Auch sie wären somit in die große nationale deutsche Gedenkgemeinschaft integriert. Ein solches Projekt kann dann übereinstimmend von allen demokratischen Institutionen und Stiftungen gelobt und prämiert werden.

In diesen Kontext passt auch ein zweites Beispiel: der staatlich geförderte Kampf gegen die Idee, einen Schlussstrich unter der Geschichte des Nationalsozialismus ziehen zu wollen. Ein solches Anliegen wird in der Regel von den Veranstaltern eines staatlich geförderten Workshops von vorherein als geradezu absurd, mindestens aber als rechtsextrem und undemokratisch, und daher als diskussionsunwürdig eingestuft. Denkverbot könnte man das auch nennen.

Stattdessen bekennt man sich in wohliger sozialer Gemeinsamkeit, wissend, dass man zu den Guten gehört, lieber zu hehren, unbestritten höchst moralischen und allseits anerkannten, positiv konnotierten Zielen, unter dem Motto, ich zitiere: „Die Auseinandersetzung mit den Verbrechen des Nationalsozialismus ist ein Baustein zum Schutz der Menschen von heute". (Ankündigung eines Workshops mit dem Titel „Mehr als Vergangenheit"). Wie schön und überzeugend, wie moralisch eindeutig ist das. Da muss man ja einfach mitmachen. Wenn das man alles so einfach ginge. Die Ergebnisse dieser Volkserziehung durch die Arbeit der Gedenkstätten scheinen mir nämlich insgesamt noch deutlich verbesserungsfähig zu sein, wir haben da noch erheblich Luft nach oben.

In jedem Fall aber folgt im Programm solcher Veranstaltungen das Bekenntnis zu einer guten Welt, in der Form geradezu Glaubensbekenntnissen nachempfunden: „Wir stehen für einen respektvollen und wertschätzenden Umgang miteinander ein. [...] Wir setzen uns für eine pluralistische, demokratische und freiheitliche Gesellschaft ein und positionieren uns klar gegen jede Form von Rassismus und Sexismus", so die dazugehörige Ankündigung eines Workshops mit dem Titel „Mehr als Vergangenheit". Wer wollte all diese positiven Werte wirklich infrage stellen? Man kann sich mit diesem Bekenntnis zudem gut auf die Schulter klopfen und sich gegenseitig bestätigen, wie moralisch und gut man sei, nach dem Motto: Wir sind die Träger der Freiheit, die guten Demokratiebeschützer.

Die anders Denkenden, also die, die eigentlich bekehrt werden sollen, werden allerdings von vornherein von der Teilnahme an solchen Veranstaltungen ausgeschlossen. Sie könnten die Gemeinsamkeit stören. Man bleibt lieber unter sich. So eigenwillig wird hier offenbar das offene Geschichtsbild, das die Geschichtsdidaktik ja grundsätzlich fordert, interpretiert. Klar ist es schwer, manchmal gar unmöglich, in einen sinnvollen Gedankenaustauch mit den Gegnern aller dieser Werte zu kommen. Aber muss es nicht das Ziel sein, es wenigstens zu versuchen? Darf man sie von vornherein ausschließen?

Alle diese Aktivitäten werden staatlich gefördert – und jede Gedenkstätte wäre unflexibel und würde sich in jedem Fall schaden, wenn sie sich daran nicht beteiligen würde. Und dass dabei im Einzelnen gute Arbeit gemacht werden kann, will ich hier gar nicht bestreiten, im Gegenteil vielmehr ausdrücklich betonen. Die Frage bleibt aber doch: Wofür und in wessen Sinne? Ist das die zukünftige Gedenkstättenarbeit, in der die Aufklärung vor und über den konkreten Ort wenn überhaupt, dann erst an zweiter Stelle steht, erst geradezu sekundär nach den Überlegungen eingeordnet wird, wie erreiche ich meine Zielgruppe? Ist es wirklich gut, dass der Staat darüber bestimmt, was und wie und mit welchen Zielen aufgeklärt werden soll?

Faktisch wird auf diese Weise das, was vom Staat als Aufgabe der Gedenkstätten gewünscht wird, ob wissentlich oder unwissentlich, von diesen klaglos akzeptiert und auch konkret umgesetzt. Mit großem Engagement, guter Arbeit und vielen didaktischen Innovationen, insbesondere mit Projektarbeit, das sei ausdrücklich hervorgehoben und anerkannt. Wo aber bleibt die Selbstbestimmung? An die Stelle der freien wissenschaftlichen Aufklärung, des freien Diskurses, droht, so scheint mir, die politische Funktionalisierung zu treten, natürlich immer im Sinn der FDGO, meint freiheitlich, demokratische Grundordnung.

Noch ein weiterer Aspekt ist in diesem Kontext sehr wichtig: Mit der Fülle dieser Projekte ist der Staat ja zugleich auch ein neuer, wichtiger Arbeitgeber geworden, denn alle diese Projekte kosten einerseits Geld, brauchen aber andererseits auch kompetente Begleiter und Begleiterinnen, Leiter und Leiterinnen, die möglichst auch weiterhin bei staatlich geförderten Projekten arbeiten wollen und sollen. Dieser Aspekt gilt für alle Arten von „Gedenkstättenarbeitenden", für direkt Beteiligte – und das sind im Laufe der Zeit immer mehr geworden – aber auch für Architekten und Bauunternehmer, nicht zuletzt für Designer und für Kreative jeder Art.

Denn der Staat unterstützt nicht nur das klassische Personal, die Anstellung von Historikern und Historikerinnen oder gar Archivaren oder Archivarinnen, eher selten. Der Staat unterstützt lieber „Progressives". Neben den altbekannten Gedenkstättenarbeitenden fördert er auch die Bildung neuer Berufsprofile an Gedenkstätten, wie etwa „Wortwerker", Tanztherapeut, Psychologe und gestaltender Künstler. Die sollen auf die Jugend zugehen und sie für das Gedenkstättenanliegen animieren. Sie sind allerdings auch – da der Markt für ihre Arbeit sonst schlecht ist – besonders von den staatlichen Programmen abhängig und daher vielleicht auch besonders biegsam, staatlichen Wünschen zu entsprechen? Das ist, um es zu betonen, mehr als verständlich. Und um ein wenig Selbstkritik zu betreiben. Aus einer festen und gesicherten Position heraus lassen sich solche Sätze leicht sagen.

Trotzdem bleibt aber kritisch zu fragen, ob die meisten von uns, die auf solche Art vom Staat alimentiert werden, wirklich in der Lage sein können, trotz – ich unterstelle einmal – guten Willens fundamentale Kritik an der gegenwärtigen Erinnerungskultur und speziell der Gedenkstättenarbeit, also unserer eigenen Arbeit, auch nur ansatzweise zu leisten? Können wir unter diesen Umständen bereit sein, in Frage zu stellen, was uns ernährt? Nur ungern sägt man schließlich an dem Ast, auf dem man selber sitzt. Und die Hoffnung, weitere Stellen zu generieren, auf die arbeitslose, hochqualifizierte Kulturwissenschaftler und Kulturwissenschaftlerinnen gelangen könnten, ist ja nicht gering. Diese Zielsetzung ist ja auch ehrenwert und ist auch absolut notwendig. Sie bedarf also nahezu selbstverständlich weiterer Förderung, aber eben auch – das gehört auch dazu – der Kritik. Um es zu wiederholen: Das alles lässt sich leicht sagen, wenn man selber finanziell abgesichert und durch das Grundgesetz in seiner freien Meinungsäußerung rechtlich geschützt ist. An den Fakten ändert das aber nichts.

Die Frage sollte daher wohl trotzdem diskutiert werden: Welche Zielsetzungen sind mit all diesen Programmen verbunden? Wohin soll das führen? Worum geht es dabei eigentlich im Kern? Wo bleibt dabei das eindeutig vordringliche Ziel der wissenschaftlichen Aufklärung vor und über den konkreten Ort, wenn man über Antisemitismus diskutiert, der vor Ort konkret höchstens eine eher untergeordnete oder gar keine Rolle gespielt hat? Das Geschehen vor Ort aber müsste doch wohl unser Wichtigstes sein, müsste auch vor der Überlegung stehen, wie genau dieses sehr konkrete Wissen, und nicht allgemeine schreckliche und entsetzliche Dinge, weitervermittelt werden soll.

Auf dem Gebiet der konkreten Forschung ist nämlich noch viel zu tun. Wären wir nicht klug beraten, diese Arbeit in den Mittelpunkt zu stellen und uns nicht mit einer der Vielzahl von Aufgaben zu überheben, zu „Demokratiewerkern" und „Volksgedenkstättenwerkern" statt zu „Aufklärern" zu werden? Wollen wir unsere Arbeit wirklich so sehr ausweiten und somit zugleich aufweichen? Vor allem aber: Wollen wir dem Staat und der Politik die Auseinandersetzung mit diesen Problemen abnehmen?

Was also müssen wir tun, um frei, kritisch und offen zu bleiben, um konkret Aufklärung zu leisten?

Wir müssen aus unserer Befangenheit und Abhängigkeit heraus, müssen uns, vielleicht auch gegen staatliche Zielsetzungen, neu fragen, was unsere eigentlichen Aufgaben sind, müssen uns auf sie zurückbesinnen. Müssen wir tatsächlich ein Bollwerk gegen Antisemitismus bilden? Sind wir für politische Demokratiebildung im Sinne des politischen Systems da? Glauben wir wirklich daran, dass wir damit erfolgreich sind? Wäre das – wenn es denn überhaupt sinnvoll ist – nicht Hauptaufgabe anderer Institutionen? Sollten wir nicht wieder mehr auf Aufklärung statt Gesinnung, mehr auf Wissenschaft als auf Emotionen, mehr auf Forschung statt auf nur geringe Sachkenntnisse aufbauende, relativ unspezifische Vermittlung zu setzen? Am Anfang sollte doch immer – neben dem Gedenken – die genaue und vor allem sachlich fundierte Forschung und Aufklärung vor Ort stehen, was nicht ausschließt, dass auch Empathie eine Rolle spielen kann.

Sollten wir also nicht zurückkehren zu unseren Wurzeln: an authentischen Orten zeigen, was dort geschehen ist, dort aufklären; nicht mehr, aber auch nicht weniger. Mit diesem Ansatz waren wir – gewissermaßen als Stachel in der Gesellschaft – am Notwendigsten, am Wirksamsten und am Wichtigsten. Ich glaube, wir sind das auch heute noch, und wir sollten wieder zu einem Stachel werden. Das aber ist, wie man vielleicht monieren könnte, keine Nostalgie, keine Bewunderung des Schönen und Alten, sondern ein ernstzunehmendes Problem.

Dieser Weg aber scheint mehr als schwierig und auch kaum noch offen zu sein: Denn wie kann man etwas wirklich kritisch infrage stellen, was – anders als vor Jahrzehnten – im gesellschaftlichen Konsens geradezu der Verteidigung unserer Demokratie dient, also staatstragend ist? Wie soll man sich grundsätzlich über Formen und Inhalte des Gedenkens kritisch auseinandersetzen, wenn doch bereits jedes Gedenken an das „Dritte Reich" moralisch positiv konnotiert ist? Eine grundsätzliche Infragestellung der erinnerungskulturellen Praxis ist bereits aus diesen Gründen schwierig, selbst bei gutem Willen. Bei einer solchen moralischen Überhöhung scheint jede Kritik unlauter. Vor vierzig Jahren hatten wir es da definitiv leichter.

Wir stehen daher vor grundsätzlichen Entscheidungen, müssen um unseren Sinn, aber zugleich auch um unsere Unabhängigkeit kämpfen; persönlich und vor allem institutionell. Und: Wir dürfen uns von niemanden, sei er auch besten Willens, in unserer Arbeit vereinnahmen lassen. Diese Gefahr aber ist extrem groß – und die Gefahr, ihr zu erliegen, ebenfalls.

Ich danke Ihnen – und wünsche mir eine lebhafte und kontroverse Diskussion.

Literaturverzeichnis

Aus der dem Vortrag zu Grunde liegenden Literatur seien nur einige Titel genannt. Zeitungs-, Zeitschriften- und Internetartikel sowie Broschüren werden nicht berücksichtigt.

Dana Giesecke/Harald Welzer: Das Menschenmögliche. Zur Renovierung der deutschen Erinnerungskultur. Hamburg 2012.

Elke Gryglewski/Hans-Christian Jasch/David Zolldann (Hrsg.): Design für Alle. Standard? Experiment? Notwendigkeit? Das making of zur 3. Dauerausstellung in der Gedenk- und Bildungsstätte Haus der Wannsee-Konferenz. Berlin 2021.

Elke Gryglewski/Verana Haug/Gottfried Kößler (Hrsg.): Gedenkstättenpädagogik. Kontext, Theorie und Praxis der Bildungsarbeit zu NS-Verbrechen. Berlin 2015.

Katrin Hammerstein (Hrg.): Aufarbeitung der Diktatur – Diktat der Aufarbeitung. Normierungsprozesse beim Umgang mit diktatorischer Vergangenheit. Göttingen 2009.

Ulrike Jureit/Christian Schneider: Illusionen der Vergangenheitsbewältigung. Bonn 2010.

Christa Kaletzsch: Demokratietraining in der Einwanderungsgesellschaft. Aktive Schülervertretung für Schüler, Lehrer und Eltern. Schwalbach/Ts 2013.

Dominik Kimmel/Stefan Brüggerhoff (Hrsg.): Museen – Orte des Authentischen? Museums – Places of Authenticity? Heidelberg 2020.

Volkhard Knigge/Norbert Frei (Hrsg.): Verbrechen erinnern. Die Auseinandersetzung mit Holocaust und Völkermord. München 2002.

Habbo Knoche: Geschichte in Gedenkstätten. Theorie, Praxis, Berufsfelder. Tübingen 2020.

Christian Meier: Das Gebot zu vergessen und die Unabweisbarkeit des Erinnerns. Vom öffentlichen Umgang mit schlimmer Vergangenheit. Bonn 2010.

Michael Parak: Demokratiegeschichte. Als Beitrag zur Demokratiestärkung. Berlin 2018.

Peter Reichel/Harald Schmid/Peter Steinbach (Hrsg.): Der Nationalsozialismus – Die zweite Geschichte. Überwindung – Deutung – Erinnerung. München 2009.

Peter Reichel: Vergangenheitsbewältigung in Deutschland. Die politisch-justitielle Auseinandersetzung mit der NS-Diktatur nach 1945. München 2001.

Selbstdarstellung der Arbeitsgruppe Erinnerung ins Land tragen: Erinnerung ins Land tragen: Einblicke in Theorie und Praxis. Projekt zur Aus- und Fortbildung von Multiplikator:innen an NS-Gedenkstätten. Kaltenkirchen 2022.
Selbstdarstellung der Arbeitsgruppe Jugend erinnert: Mehr als Vergangenheit. Konzepte und Ideen für zeitgemäße Vermittlungsarbeit an KZ-Gedenkstätten. Leck 2022.
(Beide Broschüren sind nach dem 1. September 2022 erschienen.)

Philipp Cordts, Janine Doerry und Charlotte Haugg

„Zurück in die Zukunft"[1] – zur Modernisierung und Professionalisierung der schleswig-holsteinischen Gedenkstättenarbeit

Sehr geehrte Damen und Herren,

heute feiern wir den Internationalen Tag des Gedenkens an die Opfer des Holocausts. Der 27. Januar ist der Tag, an dem 1945 das Konzentrationslager Auschwitz befreit wurde und die Welt erfuhr, welche Gräueltaten dort stattgefunden hatten.

Es ist wichtig, dass wir uns an diesem Tag an die Millionen von Menschen erinnern, die während des Holocausts ermordet wurden. Juden, Romani, Homosexuelle und politische Gefangene wurden systematisch verfolgt und ermordet, nur weil sie anders waren. Das darf niemals wieder passieren.

Der 27. Januar ist auch ein Tag des Gedenkens an die Überlebenden des Holocausts. Sie haben unbeschreibliche Leiden erduldet und sind dennoch stark genug gewesen, um weiterzumachen und ihr Leben wieder aufzubauen. Sie sind eine Inspiration für uns alle.

Wir müssen uns der Verantwortung bewusst sein, dass wir niemals wieder zulassen dürfen, dass solche Gräueltaten stattfinden. Wir müssen Vorurteile und Diskriminierung in all ihren Formen entgegentreten und uns für eine inklusive und tolerante Gesellschaft einsetzen.

Lasst uns heute also an die Opfer und Überlebenden des Holocausts denken und uns bemühen, eine bessere Welt zu schaffen, in der solche Gräueltaten niemals wieder möglich sind.

Vielen Dank.

Beauftragt man den KI-Chatbot *ChatGPT*, eine Gedenkrede anlässlich des Internationalen Holocaust-Gedenktages am 27. Januar zu schreiben, fällt die Antwort durchaus gesellschaftskonform aus: Das durch Adorno propagierte „daß nie wieder Auschwitz sei!" findet darin seinen Platz, genauso wie an unser Verantwortungsbewusstsein appelliert wird, sich auch in Zukunft für eine „[...] inklusive und tolerante Gesellschaft ein[zu]setzen." ChatGPT ist ein KI-Sprachmodell[2], das seine Antworten aus einem Datensatz, bestehend aus vielfältigen Quellen (darunter Wikipedia, wissenschaftliche Aufsätze, Nachrichten, etc.), bezieht. Dass diese KI in der Lage ist, eine auf den ersten Blick passabel scheinende Ansprache für einen Gedenktag zu verfassen, deutet darauf hin, dass die Erinnerung an die Verbrechen und das Gedenken der Opfer des Nationalsozialismus fest in unserer Gesellschaft etabliert ist. Auf den zweiten Blick fällt auf,

1 Misanthrop: Zurück in die Zukunft. In: Aphorismen, Nova Tune 2004.

2 Für die kursiv gesetzten Passagen in diesem Text wurde ChatGPT in der Version GPT-3.5 mit dem Stand von September 2021 genutzt.

dass zwar von (Todes-)Opfern und Überlebenden die Rede ist und dass verschiedene Gruppen Verfolgter benannt werden. Das Sprechen über die „Gräueltaten" aber bleibt passivisch: Menschen wurden verfolgt. Sofern in der Fragestellung nicht explizit benannt, sind Täter*innenschaft[3] und Tatbeteiligung, Mitwissen und Profitieren im Kontext des 27. Januars für ChatGPT kein Thema. Anstatt historische Verantwortlichkeit zu benennen, richtet sich der Appell, „eine bessere Welt zu schaffen", auf die Zukunft. Somit wirft der per KI generierte Redetext Fragen auf, was das Verhältnis der gesellschaftlichen Mehrheit zu Gedenkstätten, ihrem Auftrag und ihrer Tätigkeit betrifft: Besteht tatsächlich ein gesellschaftlicher Konsens über die Relevanz des Erinnerns, der über die jährlich wiederkehrenden Gedenktage hinaus gilt? Wie steht es um die Bewahrung und Zugänglichkeit der historischen Orte, um die Einrichtung arbeitender Gedenkstätten, um deren Finanzierung und ihren – gesellschaftlichen und politischen – Auftrag? Wie viel Einigkeit herrscht tatsächlich – und wo enden Entgegenkommen, Unterstützung und Rückhalt?

Gedenkstätten, das sagt der Name, sind Orte des Gedenkens und Erinnerns. Inzwischen haben sie weitere Aufgaben: zu forschen, zu informieren, zu dokumentieren. Die Existenz von Gedenkstätten scheint heute als selbstverständlich zu gelten und ruft nur wenig offene Gegner*innenschaft hervor. Dass das nicht immer so war und die einzelnen Orte – im Westen und im Osten Deutschlands, aber auch regional und lokal auf ganz unterschiedliche Weise – über Jahrzehnte hinweg erkämpft werden mussten, ist inzwischen selbst Gegenstand der Zeitgeschichte.[4] Gedenkstätten als Orte des Gedenkens und Erinnerns sind – so scheint es – im Mainstream angekommen. Das schließt jedoch nicht aus, dass die Existenz kleinerer Gedenkstätten oftmals vor allem durch eine fehlende Finanzierung bedroht ist.

Dieser Aufsatz entsteht im Mai 2023. Anlässe wie der 27. Januar und 8. Mai sind bereits verstrichen und bis zum Volkstrauertag am 19. November liegt noch ein halbes Jahr vor uns. Doch was passiert an Gedenkstätten jenseits der Rituale zum Jahrestag der Befreiung und weiteren einschlägigen Terminen? Welcher darüberhinausgehenden Aufgaben nehmen sich Gedenkstätten an und welche Rolle spielen dabei die Erwartungshaltungen, die von außen an sie herangetragen werden? Welchen Einfluss üben äußere Bewertungsinstanzen auf den eigenen Anspruch aus, den jede Gedenkstätte für sich selbst definieren sollte? Wie gesellschaftskonform muss, wie sozialkritisch kann Gedenkstättenarbeit in Anbetracht ihres staatlichen Auftrags sein?

Um diese Fragen im Folgenden bearbeiten zu können, soll zunächst ein Blick auf die gesellschaftlichen Rahmenbedingungen geworfen werden, in denen sich Gedenkstätten bewegen.

---

3 Die Autor*innen dieses Textes verwenden das Gendersternchen (*) als Hinweis, dass es sich bei den genannten Personen oder Gruppen nicht ausschließlich um Männer handelt. Das impliziert nicht, dass immer nonbinäre Personen in den genannten Gruppen enthalten sind.

4 Vgl. Habbo Knoch: Geschichte in Gedenkstätten. Theorie – Praxis – Berufsfelder. Tübingen 2020; Cornelia Siebeck: 50 Jahre „arbeitende" Gedenkstätten in der Bundesrepublik. Vom gegenkulturellen Projekt zur staatlichen Gedenkstättenkonzeption – und wie weiter? In: Elke Gryglewski u.a. (Hrsg.): Gedenkstättenpädagogik. Kontext, Theorie und Praxis der Bildungsarbeit zu NS-Verbrechen. Berlin 2015, S. 19–43.

„The Times They Are a-Changin"[5]

Seit dem Ende des Zweiten Weltkrieges hat es in allen Bereichen unserer Gesellschaft fundamentale Veränderungsprozesse gegeben. Die ersten Gedenkstätten zur Erinnerung an die nationalsozialistischen Verbrechen entstanden noch vor Gründung der BRD und DDR. Ihre weitere Entwicklung war nicht zuletzt durch das unterschiedliche Geschichtsverständnis der beiden deutschen Staaten, den Gegensatz der Gesellschaftssysteme und den Kalten Krieg geprägt. Das Ende der Blockkonfrontation stellte die ost- und die westdeutschen Gedenkstätten vor neue Herausforderungen. Im Zuge der Wiedervereinigung wurde um ihre Zukunft und Bestimmung gerungen, so bei der Ausarbeitung einer bundesweiten Gedenkstättenkonzeption, die sich nunmehr programmatisch sowohl auf nationalsozialistische Verbrechen als auch auf DDR-Unrecht bezieht. Zur anstehenden Aktualisierung dieser Konzeption haben sich Vertreter*innen großer deutscher KZ-Gedenkstätten im vergangenen Jahr wiederholt geäußert.[6]

Ebenso wenig wie die gesellschaftliche Entwicklung kann die von Gedenkstätten jemals abgeschlossen sein. Ohne Anspruch auf Vollständigkeit seien hier der technologische Fortschritt mit all seinen – nicht nur positiven – Folgen und die fortgesetzten Veränderungen der Arbeitswelt genannt. Neben einer Flexibilisierung und Ausdifferenzierung von Arbeitsfeldern erleben wir einen zunehmenden Trend zu befristeten und anderweitig prekären Arbeitsverhältnissen mit entsprechenden Konsequenzen für familiäre und soziale Strukturen. Der umstrittene Umgang mit der globalen Klimakrise und den weltweiten Fluchtbewegungen bilden bereits länger den Hintergrund, vor dem die COVID-19-Pandemie und der russische Krieg gegen die Ukraine bisherige gesellschaftliche Selbstverständlichkeiten in Frage stellen.

Dieser Wandel gesellschaftlicher Rahmenbedingungen lässt sich auch anhand veränderter Herausforderungen und Ansprüche an Gedenkstätten nachvollziehen: Der technologische Fortschritt und die damit einhergehende Mediatisierung führen dazu, dass Geschichtsdeutungen nicht mehr allein dem direkten familiären und sozialen Umfeld sowie Bildungs- oder Forschungseinrichtungen obliegen, sondern in der Alltagskultur verankert sind. Oftmals kommen (junge) Menschen bereits durch Filme, soziale Medien oder Videospiele bewusst oder unbewusst mit der Geschichte des Nationalsozialismus in Berührung – oder mit dem, was die Produzent*innen daraus machen. Ein Erinnerungsdiskurs, der seine Adressat*innen erreichen will, muss der Heterogenität der Gesellschaft Rechnung tragen.[7] Gedenkstättenpädagogik hatte lange Zeit vor allem die Nachfahren von Täter*innen und Tatbeteiligten, Mitwissenden und Zuschauenden im Blick. Aus dem Adressat*innenkreis wurden nicht nur die Nachkommen von Verfolgten oder Helfenden ausgeblendet, sondern auch „nicht-deutsche" Menschen. In der Einwanderungsgesellschaft kann ein (familien-)biografischer Bezug zum Nationalsozialismus jedoch immer weniger vorausgesetzt werden. In Anbetracht der Globalisierung hätte eine allein auf die – damalige oder heutige – Nation bezogene Erinnerungskultur zu enge Grenzen. Gedenkstätten zur Erinnerung an die nationalsozialistischen Verbrechen sind, insbesondere in

5 Bob Dylan: The Times They Are A-Changin'. In: The Times They Are A-Changin', Columbia Records 1964.

6 Vgl. zusammenfassend Detlef Garbe: Die Gedenkstättenkonzeption des Bundes. Rückblick, Bilanz und Erwartungen an eine Aktualisierung. In: Gedenkstättenrundbrief 208 (12/2022), S. 3–12.

7 Vgl. Elke Gryglewski: Gedenkstättenarbeit in der heterogenen Gesellschaft. In: Dies. u.a. (Hrsg.): Gedenkstättenpädagogik, S. 166–178.

Anbetracht der Verfolgten, transnationale Orte und somit berufen, eine Erinnerung über Ländergrenzen hinweg zu gestalten.

Der Selbstanspruch von Gedenkstätten, die an die nationalsozialistischen Verbrechen erinnern, war, ein „Stachel im Fleisch der Gesellschaft" zu sein – und sollte es weiterhin sein. Die Forderung, sich mit der Vergangenheit zu beschäftigen, die Geschichte zu erforschen und die Verantwortung zu benennen, beinhaltete zunächst erhebliches gesellschaftliches Konfliktpotenzial. Die von den Alliierten begonnene Strafverfolgung der Täter*innen verlor nach der Übergabe an deutsche Instanzen weitgehend an Wirkung. Zahlreiche Tatbeteiligte behielten ihre Stellung oder waren nach der Entnazifizierung bald wieder in Amt und Würden. Später schieden sie zwar aus dem Berufsleben aus, waren aber immer noch gegenwärtig, inzwischen sind sie das nur noch in wenigen Fällen. Wer den Nationalsozialismus lokalhistorisch thematisiert, begegnet nicht mehr unbedingt dem Vorwurf, das eigene Nest zu beschmutzen. Auf kommunaler, Landes- und Bundesebene lassen öffentliche Behörden ihre Geschichte in den Jahren 1933 bis 1945 aufarbeiten und auch in Firmenchroniken bleibt die „dunkle" Zeit nicht mehr generell ein blinder Fleck. Indem deutsche Staatsanwaltschaften vereinzelte Prozesse gegen hochbetagte Tatbeteiligte der nationalsozialistischen Verbrechen führen, grenzt sich die heutige gegen die damalige Gesellschaft ab.

Doch die allermeisten Täter*innen und Tatbeteiligten sind verstorben – ebenso wie die Überlebenden von KZ-Haft, Zwangsarbeit und Kriegsgefangenschaft. Inzwischen sind es für viele Besucher*innen von Gedenkstätten die Urgroßeltern, die den Nationalsozialismus bewusst miterlebt haben – sofern ihre Herkunftsfamilie damals in Deutschland lebte, oder in den Ländern, die von hier aus mit Krieg und Vernichtung überzogen wurden. Zu den Faktoren, die es den Gedenkstätten ermöglichten, (mehrheits-)gesellschaftsfähig zu werden, zählt auch der generationelle Abstand.

Gedenkstätten sind mehr als Orte der in Stein gemeißelten Mahnung, an wen dort gedacht und erinnert werden soll. Aufgrund der an ihnen begangenen nationalsozialistischen Verbrechen handelt es sich um politische Orte, die sich unweigerlich zur gesellschaftlichen Entwicklung verhalten müssen, mit der sie konfrontiert werden. Ihre Aufgabe ist, dafür zu sorgen, dass das nationale und transnationale Gedenken und Erinnern nicht zur kollektiven Selbstvergewisserung instrumentalisiert wird, dass wir inzwischen in einer ganz anderen und viel besseren Gesellschaft leben.

Gedenkstätten können heute weiterhin unbequem und provozierend sein, aber auf eine andere Art und Weise als bisher. Ihre Aufgabe ist auch, in einer komplexen Gesellschaft die Defizite eines demokratisch verfassten Staates zur Sprache zu bringen. Manche Akteur*innen der schleswig-holsteinischen Gedenkstättenlandschaft mögen mit einer – ihnen beliebig erscheinenden – Öffnung hadern. Doch anders werden die „von der Peripherie in das Zentrum der Geschichtskultur"[8] gerückten Gedenkstätten ihr kritisches Potential nicht zurückgewinnen können. Grenzen auszuloten und wunde Punkte zu treffen ist wichtig, damit der Konsens des Gedenkens und der Erinnerung nicht zu wohlig wird.

8 Detlef Garbe: Von der Peripherie in das Zentrum der Geschichtskultur. Tendenzen der Gedenkstättenentwicklung. In: Bernd Faulenbach/Franz-Josef Jelich (Hrsg.): „Asymmetrisch verflochtene Parallelgeschichte?" Die Geschichte der Bundesrepublik und der DDR in Ausstellungen, Museen und Gedenkstätten. Essen 2005, S. 59–84.

„I'm not a part of your system"[9]

Gedenkstätten haben sich aus der Marginalität in die Mitte der Gesellschaft durchgekämpft und müssen die errungene Position festigen und verteidigen. Insbesondere die großen Gedenkstätten sind finanziell und personell konsolidiert worden. Die mit der gesellschaftlichen Anerkennung einhergehende Finanzierung durch Bund, Länder und Kommunen reicht – zumal in den kleinen und mittleren Gedenkstätten – jedoch nicht aus.

Die staatliche Förderung und gesellschaftliche Anerkennung hat ihren Preis in Gestalt politischer Erwartungshaltungen an Gedenkstätten – als Instanzen der Selbstvergewisserung, dass Deutschland seine Vergangenheit vorbildlich aufgearbeitet hat, als außerschulische Bildungseinrichtungen, die den besseren Unterricht über den Holocaust machen (und den Lehrkräften das heikle Thema abnehmen) sollen, als Orte von Prävention gegen Rechtsextremismus, Antisemitismus, Antiziganismus und Rassismus, als Orte, deren Geschichte humanitäres Eingreifen auch in Gestalt militärischer Schritte rechtfertigt…

Gedenkstätten als politische Orte

Viele der schleswig-holsteinischen Gedenkstätten erinnern an nationalsozialistische Zwangslager, die erst während des Zweiten Weltkriegs oder gegen dessen Ende eingerichtet wurden. Mit dieser historischen Feststellung zu begründen, dass die dortige Vermittlungsarbeit sich auf die letzten oder das letzte Kriegsjahr(e) beschränken solle, erscheint grotesk: Das Ende der NS-Herrschaft und ihrer Unmenschlichkeiten zu betrachten, wirft zwangsläufig die Frage nach dem Anfang auf. Ausgrenzung, Verfolgung, Diskriminierung und weitere Mechanismen, die sich als Aspekte gruppenbezogener Menschenfeindlichkeit[10] klassifizieren lassen, waren politisch und ideologisch konstitutiv für alle Entwicklungsphasen des Nationalsozialismus. Deswegen erscheint es geradezu zwingend, sich an Gedenkstätten mit diesen Phänomenen der Gegenwartsgesellschaft zu befassen. Wir erleben in Deutschland eine seit Jahren steigende Gewaltbereitschaft politisch rechter Akteur*innen, seit 2017 sitzt eine Partei im Bundestag, die offen rechtsextreme und faschistische Mitglieder duldet. Hier sind deutliche Traditionslinien seit dem Ende der NS-Herrschaft zu sehen. Dass Gedenkstätten sich gegen aktuelle Formen von Menschenfeindlichkeit positionieren und sich für eine demokratische und pluralistische Gesellschaft stark machen, ist ein logisches Erbe ihrer Entstehungs- und Entwicklungsgeschichten.

Gedenkstättenarbeit deswegen als „demokratische Gesinnungserziehung"[11] zu bezeichnen, ist nicht nur eine verkürzte Sichtweise, sondern öffnet diese Orte argumentativ für Ideologien, die (in letzter Konsequenz) einst ursächlich für die nationalsozialistischen Verbrechen waren. Gedenkstätten sollten der Demokratie verpflichtet sein – aber nicht im Sinne der jeweils regierenden Parteien, sondern im Sinne eines gesellschaftlichen Organisations- und Grund-

9 The Lonely Island: Threw It on the Ground. In: Turtleneck & Chain, Republic Records/Universal Music Group 2011.

10 Vgl. grundlegend: Wilhelm Heitmeyer: Gruppenbezogene Menschenfeindlichkeit. Die theoretische Konzeption und empirische Ergebnisse aus 2002 sowie 2003. In: Ders. (Hrsg.): Deutsche Zustände. Folge 2. Frankfurt am Main 2003, S. 13–32.

11 Siehe in diesem Band den Beitrag von Karl Heinrich Pohl.

satzprinzips. Anzuerkennen, dass die demokratische Verfasstheit Deutschlands weder selbstverständlich war noch selbstverständlich fortbesteht, sondern Angriffen und Gefahren ausgesetzt ist, stärkt die Verbundenheit mit und die Verantwortung für diese Gesellschaft. Das schließt die Analyse von und die Kritik an heutigen Entscheidungen in der parlamentarischen Demokratie ein, ohne dabei die demokratischen Grundprinzipien in Frage zu stellen. Beispiele dafür, dass Akteur*innen von rechtsaußen die Demokratie und ihre Vertreter*innen ablehnen, ziehen sich durch die deutsche Nachkriegsgeschichte bis in die Gegenwart. Die Allianzen, die im Zuge der Proteste gegen die Corona-Maßnahmen zu beobachten waren, zeigen dabei erschreckend aktuell, wie schnell Menschen aus bisher (für die Mehrheitsgesellschaft) unverdächtig erscheinenden Milieus bereit sind, Hand in Hand mit Nazis und Rechtsextremen zu gehen. In der seit Jahren wachsenden Szene rund um die sogenannten Reichsbürger*innen ist die Ablehnung der BRD ein gemeinsamer Nenner, immer verbunden mit dem Wunsch nach einem undemokratischen Gesellschaftssystem, etwa einer Rückkehr ins Kaiserreich. Es wäre fahrlässig, diese Prozesse, Szenen und Akteur*innen an Gedenkstätten mit dem Hinweis auf die angeblich fehlende historische Dimension als irrelevant einzuordnen und aus der Vermittlungsarbeit auszuklammern. Konsequenterweise auszuschließen ist hingegen, dass Menschen mit einem antidemokratischen und exkludierenden Weltbild als Vermittler*innen auf Gedenkstätten tätig werden.

Gedenkstätten sind Orte, die es geradezu herausfordern, eine eigene Haltung zu gesellschaftlichen Prozessen und Wertvorstellungen zu entwickeln. Dazu gehört auch, dass Themen wie der Rassismus der Mehrheitsgesellschaft, die Menschenrechtsverletzungen an den europäischen Außengrenzen und Zusammenhänge von Wirtschaftspraktiken und globalen Migrationsbewegungen dort an- und besprechbar sein sollten: Die Besucher*innen bringen sie mit.

Eigene Schwerpunktsetzung

Gedenkstätten sind Orte der Auseinandersetzung mit Geschichte und Gegenwart. Gedenkstättenarbeit umfasst Gedenken und Erinnern, Forschen, Sammeln und Dokumentieren, Bilden, Lernen und Begegnung… Beim Auf- oder Ausbau einer arbeitenden Gedenkstätte eine feste Ab- oder Rangfolge dieser Tätigkeitsbereiche zu verlangen, würde die Aktivitäten lähmen – und wäre „gedenkstättengeschichtsvergessen".

Es gibt ein breites Spektrum politischer und sozialer Erwartungshaltungen, mit dem sich arbeitende Gedenkstätten auseinandersetzen müssen. Anstatt möglichst viele Anforderungen bedienen zu wollen, sollten die kleinen und mittleren Einrichtungen jeweils eigene Profile bilden, sich bewusst für oder gegen die Nutzung von Fördermöglichkeiten entscheiden und dort, wo es sinnvoll erscheint, mit anderen zusammenarbeiten. Das kann über die Kooperation von kleinen Initiativen mit mittleren und großen Gedenkstätten hinaus diverse Bildungs- und Kultureinrichtungen umfassen. Anstatt sich zu Beauftragten für gesellschaftliche Probleme aller Art machen zu lassen, ist Selbstbewusstsein und Selbstbehauptung gefragt.

Die – im Bundesvergleich durchgehend kleinen und mittleren – schleswig-holsteinischen Gedenkstätten können in Zusammenarbeit mit anderen Institutionen regionale Schwerpunkte setzen. Anstatt die Geschichte des Nationalsozialismus an einem einzigen Ort allumfassend darzustellen, erscheint es sinnvoll, lokale Phänomene und Entwicklungen zu betrachten und mit Blick auf das Ganze zu bearbeiten. An solchen Beispielen lässt sich zeigen, wie ausgrenzend und vereinnahmend die sogenannte Volksgemeinschaft war, welche Rolle staatliche Repression spielte und welche Bedeutung regionales Handeln und Engagement haben konnte – im Negativen wie im Positiven.

Gedenkstätten sollten sich nicht auf die Beschäftigung mit der jeweiligen Ortsgeschichte während des Nationalsozialismus beschränken – sonst würden sie sich dazu anbieten, die heutige Gesellschaft ungebrochen positiv hervorzuheben, und würden der kollektiven Selbstvergewisserung, dass sich das damalige Geschehen dank der demokratischen Verfasstheit der Bundesrepublik Deutschland nicht wiederholen kann, dienen. Eine noch engere Fokussierung, etwa auf die wenigen Monate, in denen ein KZ-Außenlager wie Husum-Schwesing oder Ladelund bestand, würde den Besucher*innen die Beschäftigung mit den nationalsozialistischen Verbrechen sehr bequem machen. Die bis in die Gegenwart reichenden Kontinuitäten und Folgen würden ausgeblendet werden. Einer solchen Reduktion und Vereinnahmung gegenüber müssen Gedenkstätten sich als Orte eines kritischen, reflexiven Geschichtsbewusstseins behaupten.[12]

Das Repertoire von Gedenkstätten, die an die nationalsozialistischen Verbrechen erinnern, muss auch die Auseinandersetzung mit historischem und gegenwärtigem Antisemitismus umfassen. An manchen schleswig-holsteinischen KZ-Gedenkstätten gibt es die Auffassung, sich nicht damit auseinandersetzen zu müssen, weil es weder in den dortigen Zwangslagern noch in der Bevölkerung jüdische Menschen gegeben habe. Die KZ-Außenlager seien Arbeitslager und keine Vernichtungslager gewesen. Aus dieser – vermeintlichen – Abwesenheit zu folgern, es hätte in Schleswig-Holstein weniger oder keinen Antisemitismus gegeben, ist schlichtweg falsch. Zutreffend ist, dass Besucher*innen den Holocaust als absoluten Bezugspunkt für die Beschäftigung mit den nationalsozialistischen Verbrechen wahrnehmen, was eine Herausforderung für die Vermittlungsarbeit darstellt. Auf die weit verbreitete Gleichsetzung von Nationalsozialismus, Hitler und Holocaust mit einer Zurückweisung des Themas Antisemitismus zu antworten, würde gesellschaftliche Zusammenhänge in Geschichte und Gegenwart ausblenden. Stattdessen wäre zu fragen, aus welchen Gründen und mit welchen Folgen eine solche Reduzierung des Nationalsozialismus auf eine kleine Führungselite und die Verfolgung von jüdischen Menschen stattfindet. Zu dieser einseitigen Verkürzung müssen Gedenkstätten sich verhalten.

Generationenwechsel und Professionalisierung

Die schleswig-holsteinischen Gedenkstätten stehen vor der Herausforderung, sowohl die angelaufene Professionalisierung als auch den bevorstehenden Generationenwechsel zu meistern. Die Auseinandersetzung mit diesen Notwendigkeiten ist ein Zeichen funktionierender Gedenkstättenarbeit, von Seriosität und Professionalität. Das gilt sowohl für Haupt- als auch für Ehrenamtlichkeit.

Die Konsolidierung der Gedenkstättenarbeit durch Stellen für hauptamtliche Mitarbeiter*innen ist zu begrüßen, sie führt aber oft zu Konflikten mit angestammter Ehrenamtlichkeit.

12 Vgl. Cornelia Siebeck: Nach der „Erfolgsgeschichte". Die Gedenkstättenarbeit zu den NS-Verbrechen muss ihre Zukunft zurückgewinnen. In: Volkhard Knigge (Hrsg.): Jenseits der Erinnerung – Verbrechensgeschichte begreifen. Göttingen 2022, S. 120–136, hier S. 121f.

Hört man sich unter (ehren- und hauptamtlich) Aktiven in der Gedenkstättenarbeit um, so ist der Nachwuchs – bzw. das Fehlen von ebendiesem – eines der großen Themen. Die Aussagen schwanken hier zwischen einem Unverständnis („Warum kommen die jungen Menschen nicht zu uns?") und dem generellen Absprechen von sozialem und politischem Engagement („Die sitzen doch eh nur vor Social Media"). Einigkeit scheint dahingehend zu bestehen, dass die eigene Gedenkstätte offen sei für neue (gemeint sind junge) Menschen, die sich engagieren wollen. Mit der Aussage, dass junge Menschen sich engagieren sollen, ist leider häufig doch noch gemeint, dass sie das genauso tun sollen, wie es die bisher Aktiven in den letzten Jahrzehnten getan haben. In diesen Strukturen sind junge Menschen durchaus willkommen – aber nicht, um sie zu verändern, sondern um sich in das Bestehende einzufinden und sich in Bahnen lenken zu lassen, die zum jeweiligen Status Quo der Gedenkstätte passen. Und diese sind oft eine Domäne älterer, seit langem aktiver Menschen. Dass es hier einen Wissensvorsprung gibt, was Historie und Organisation von Strukturen angeht, ist da erst einmal die logische Konsequenz. Leider ist darüber hinaus oftmals ein großes Misstrauen gegenüber jungen Menschen zu erkennen, das oft aus einem Nicht-Verstehen oder Nicht-Wahrhaben-Wollen von veränderten gesellschaftlichen Themen und Strukturen gespeist wird.

Die Generation der Gedenkstättenpionier*innen sieht sich jüngeren Menschen gegenüber, die sich zum Beispiel im sozialen – kulturellen oder politischen – Freiwilligendienst für Gedenkstättenarbeit interessieren, dabei aber ganz neue Formate einbringen. So haben FSJler*innen der KZ-Gedenkstätte Husum-Schwesing in den letzten Jahren einen Videotrailer und einen Podcast realisiert, eine Sonderausstellung mitentwickelt und an einem Filmprojekt mitgearbeitet.[13] Andere – vor allem junge – Erwachsene, Studierende oder Berufstätige steigen nach der „Jugend erinnert"-Fortbildung „Mehr als Vergangenheit" neu in die Ehrenamtlichkeit ein. Neben den FSJler*innen und Ehrenamtlichen besteht das Personal der KZ-Gedenkstätte aus mehreren hauptamtlichen Mitarbeitenden, darunter Historiker*innen und Pädagog*innen. Die Tendenz zu mehr Hauptamtlichkeit, die sich in Husum-Schwesing ebenso zeigt wie an anderen schleswig-holsteinischen Gedenkstätten, treibt die Professionalisierung voran und ist insofern durchaus positiv zu bewerten. Dabei geht es nicht darum, arbeitslosen Kulturwissenschaftler*innen, die auf dem freien Arbeitsmarkt angeblich keine Chance hätten, einen Job zu sichern, sondern um die Weiterentwicklung der Angebote unter Berücksichtigung gedenkstättenpädagogischer Standards.[14] Inhalte und Methoden zu verändern, bedeutet nicht zwangsläufig, die bisherige Praxis abzuschaffen, sondern das Spektrum der Möglichkeiten zu erweitern.

Öffnung und neue Aufgabenfelder

Eine weitere Herausforderung ist die Öffnung von Gedenkstätten für ein breiteres Publikum, verbunden mit den daraus folgenden Anpassungen der Angebote.[15] Das bricht mit dem bis-

13 Für eine Übersicht laufender und abgeschlossener Projekte siehe: https://kz-gedenkstaette-husum-schwesing.de/.

14 Als Überblick über diese Standards siehe Verena Haug: Am „authentischen" Ort. Paradoxien der Gedenkstättenpädagogik. Berlin 2015, S. 47–88.

15 Zum Aufgabenspektrum vgl. das Papier der Interessengemeinschaft niedersächsischer Gedenkstätten und Initiativen zur Erinnerung an die NS-Verbrechen: Stärkung der Demokratiekompetenz durch

herigen Selbstverständnis einiger Akteur*innen der schleswig-holsteinischen Gedenkstättenlandschaft. Eine alleinige Fokussierung auf das historische Wissen und dessen (möglichst detaillierte) Aneignung bzw. Weitergabe an Besucher*innen blendet viele Aspekte moderner Gedenkstättenarbeit aus. Insbesondere kleine und mittlere Gedenkstätten sind nicht mit historischen oder geschichtsdidaktischen Instituten zu verwechseln. Sofern die Grundzüge der Geschichte und Nachgeschichte der Orte nicht schon erforscht wurden, können kleinere Gedenkstätten diese Aufgabe in der Regel nur mit Unterstützung größerer Einrichtungen leisten, etwa großer KZ-Gedenkstätten, Universitäten oder spezialisierter Forschungseinrichtungen. Eine Ausnahme bilden Sonderzuwendungen, die beispielsweise zur Vorbereitung von (Dauer-) Ausstellungen oder für Publikationen bereitgestellt werden. Auch für das Sammeln und Dokumentieren fehlen meist sowohl personelle als auch materielle Ressourcen. Die Zeit der Gedenkstätten-Historiker*innen reicht oft kaum, um Anfragen von Angehörigen der Verfolgten – inzwischen in der zweiten oder dritten Generation – zu beantworten und die vielen anderen Aktivitäten – Veranstaltungen, Publikationen, Bildungs- und Begegnungsformate – fachwissenschaftlich zu begleiten. Eine bessere Ausstattung des historischen und dokumentarischen Arbeitsbereichs darf jedoch nicht zu Lasten der anderen, vielfältigen Aufgaben von Gedenkstätten gehen, die an nationalsozialistische Verbrechen erinnern.

Eine Hierarchisierung der Aktivitäten von Gedenkstätten zu fordern, erscheint weder unter inhaltlichen noch zeitlichen Gesichtspunkten sinnvoll. Ausgehend von der Erkenntnis, dass historische Forschung niemals „fertig" sein kann, besteht von jeher eine Gleichzeitigkeit von Forschung und Vermittlung. Es wird immer Bereiche geben, die noch präziser, feiner und fokussierter oder aus neuen Perspektiven erforscht werden können, ohne dass dieser Umstand praktische Vermittlung und Auseinandersetzung ausschließt. Offen mit dieser Prozesshaftigkeit umzugehen und es auszuhalten, keine abschließenden Antworten geben zu können, kann ein produktiver und erhellender Moment sein – sowohl für die Vermittler*innen als auch die Besucher*innen. Das ist nicht immer bequem und führt auch nicht immer zu einer unmittelbaren Zufriedenheit – als Metapher für unsere gesellschaftlichen Prozesse passt es nur zu gut. So wird den Besucher*innen nicht der Gefallen getan, sich in eine reine Konsument*innenrolle (von Wissen, Angeboten und seit Neuestem „Experiences") zu begeben, sondern sich durch die offenen Fragen und Möglichkeiten mit der eigenen Haltung und Position auseinanderzusetzen.

Insbesondere im pädagogischen Bereich können neue Zugänge gewonnen werden, die eine Erinnerungsarbeit über das historische Fachwissen hinaus ermöglichen. Beispiele dafür sind künstlerische oder mediale Arbeitsweisen wie Poetry Slam, Podcasts, Videos, Performance.[16] Diese bieten die große Chance, sich den Ortsgeschichten multiperspektivisch zu nähern und werden umso wichtiger, wenn Gedenkstätten sich als Orte reflexiven Geschichtsbewusstseins und somit der Verunsicherung verstehen, deren Aufgabe sich nicht allein aus der Vermittlung

---

kritisches Geschichtsbewusstsein. URL: https://gedenkstaetten-niedersachsen.de/ht/en/aktivitaeten/aktuelle-mitteilungen (zuletzt aufgerufen: 31.05.2023).

16 Für eine Zusammenfassung von Konzepten und Ideen aus dem Projekt „Mehr als Vergangenheit" siehe: Charlotte Haugg/Philipp Cordts: Mehr als Vergangenheit. Konzepte und Ideen für zeitgemäße Vermittlungsarbeit an KZ-Gedenkstätten. o. O. 2022. Download unter: https://mehr-als-vergangenheit.de/wp-content/uploads/2023/04/Mehr-als-Vergangenheit-Konzepte-und-Ideen.pdf.

von vorhandenen Quellen zusammensetzt. Dieses Wissen kann zwar durch geführte Rundgänge, Ausstellungen und Vorträge an Besucher*innen weitervermittelt werden – es bildet aber zwangsläufig die Perspektive von Täter*innen und Überlebenden ab. Verloren gehen dabei die Erfahrungen all jener, die keine Möglichkeit hatten, die an ihnen verübten Verbrechen zu dokumentieren. Ein Mittel, dieser Grenze zu begegnen, ist, für die Besucher*innen die Gelegenheit zu einer ganz eigenen, subjektiven Beschäftigung mit dem Ort zu schaffen.

Freiräume nutzen – „Mehr als Vergangenheit" als Beispiel aus Nordfriesland

Die Bildungs- und Vermittlungsarbeit in Gedenkstätten bietet einen Freiraum, in dem Neues ausprobiert werden kann. Ein Beispiel dafür liefert die Ausrichtung und Organisation der Multiplikator*innenausbildung „Mehr als Vergangenheit", die von den beiden KZ-Gedenkstätten Husum-Schwesing und Ladelund sowie der Nordsee Akademie in Leck entwickelt und durchgeführt wurde.[17]

Trotz aller Problematik von Förderprogrammen (Innovationszwang, begrenzte Laufzeit, prekäre Beschäftigungsverhältnisse, keine finanziellen Mittel für eine wirkliche Nachhaltigkeit) ist es sinnvoll, solche Gelegenheiten zu nutzen. Ihre Anschubfinanzierung gibt gerade kleinen Gedenkstätten, die sonst mit dem Erhalt des Status Quo schon komplett ausgelastet sind, viel Raum zum Erproben und Weiterentwickeln. Sie stoßen Professionalisierung an, erhöhen die Sichtweite und schaffen die Möglichkeit, sich zu vernetzen und neue Impulse zu erhalten.

Im Zuge von „Mehr als Vergangenheit" kamen Menschen unterschiedlichen Alters und beruflicher Hintergründe in Nordfriesland zusammen, um die Gedenkstättenarbeit vor Ort kennenlernen und weiterdenken zu können. Innerhalb von Fortbildungsreihen und Summerschools machten sie sich mit den Gedenkstätten und den bereits vorhandenen Bildungsangeboten in Husum-Schwesing und Ladelund vertraut und setzten sich mit der Frage auseinander, wie eine „ideale NS-Gedenkstätte" aussehen könnte. Um Voraussetzungen für eine gemeinsame Diskussion zu schaffen, wurden in Workshops Grundlagen von Gedenkstättenpädagogik und Bildungsarbeit gegen Rassismus, Antisemitismus und Antiziganismus vermittelt. Gleichzeitig konnten sich die Teilnehmenden Methodenkenntnisse für künstlerische oder digitale Arbeitsweisen aneignen. Auf Grundlage dieser weitgefächerten Themen- und Methodenauswahl fanden sich die künftigen Multiplikator*innen entsprechend eigener Interessen und Expertisen zusammen und entwickelten gemeinsam kleinere bis größere Konzepte für digitale, künstlerische oder partizipative Bildungsformate an den nordfriesischen Gedenkstätten.

Ein Grundgedanke der Fortbildung war, Schwellen abzubauen und Gedenkstätten als Möglichkeitsorte vorzustellen. Durch Teilnehmer*innen aus ganz Deutschland war klar, dass nicht alle sich im Anschluss in Ladelund oder Husum-Schwesing engagieren würden. Indem sie sich

17 Das Projekt „Mehr als Vergangenheit" wurde im Zuge des Bundesförderprogramms „Jugend erinnert" mit einer Laufzeit von drei Jahren (Februar 2020 – Dezember 2022) gefördert. Innerhalb des Projekts wurden knapp 90 Multiplikator*innen aus ganz Deutschland aus- und fortgebildet. Die Autor*innen dieses Textes waren gemeinsam mit Dr. Katja Happe (KZ-Gedenk- und Begegnungsstätte Ladelund) und Aaron Jessen (Nordsee Akademie) maßgeblich an der Konzeption und Durchführung des Projekts beteiligt. Für weitere Informationen zum Projekt siehe auch www.mehr-als-vergangenheit.de.

mit diesen beiden Gedenkstätten beschäftigten, wurde vorgestellt und erfahrbar gemacht, wie solche Orte funktionieren können und was an ihnen möglich ist. Gleichzeitig konnte aufgezeigt werden, dass sich Gedenkstätten ganz unterschiedlich entwickeln und eigene Themenschwerpunkte setzen können, selbst wenn die Geschichte der historischen Orte zur Zeit des Nationalsozialismus starke Parallelen aufweist. Die entwickelten Konzepte zielen so auch nicht zwangsläufig darauf ab, in Nordfriesland durchgeführt zu werden – sondern geben Impulse und Ideen, die sich, leicht abgewandelt, auch an anderen Orten des nationalsozialistischen Terrors anwenden lassen.

Auf diese Weise wirken Gedenkstätten in die Gesellschaft hinein – nicht zuletzt, da die wenigsten Teilnehmenden später hauptberuflich an Gedenkstätten arbeiten werden, sondern diese Erfahrungen in ihre Berufsfelder mitnehmen werden.[18]

„Never gonna give you up, never gonna let you down"[19]

Die aufgezeigten Themen für Gedenkstätten und ihre Zukunftsfähigkeit sind vielfältig – und keinesfalls abgeschlossen. Dennoch steht die Verlockung, sich auf bewährte (und gesellschaftlich anerkannte) Muster zu verlassen, ständig im Raum. Die eingangs zitierte Rede von ChatGPT zeigt das nur exemplarisch. Ist die Gedenkstättenarbeit deswegen auserzählt, kann eine KI übernehmen?

Die in diesem Artikel beschriebenen Spezifika und Ansprüche von und an die Arbeit an Gedenkstätten legen das Gegenteil nahe. Ausprobieren, experimentieren, in Frage stellen sind Dinge, die eine KI nicht leisten kann – aufgrund seiner Programmierung „weiß" das auch ChatGPT:

Als ein KI-basiertes Sprachmodell habe ich keine persönlichen Eigenschaften, Erfahrungen oder Vorlieben, die erforderlich wären, um als Gedenkstättenpädagoge zu arbeiten. Mein Zweck besteht darin, Informationen bereitzustellen und Fragen zu beantworten, basierend auf dem Wissen, das mir bis zu meinem Trainingszeitpunkt im September 2021 vermittelt wurde.

Ein Gedenkstättenpädagoge ist in der Regel eine Person, die über historische Ereignisse, insbesondere solche von besonderer Bedeutung wie Gedenkstätten und Holocaust-Gedenkstätten, informiert und pädagogische Programme entwickelt, um das Verständnis und die Reflexion über diese Ereignisse zu fördern. Als Sprachmodell kann ich Informationen über solche Themen liefern, aber ich kann nicht dasselbe Maß an Erfahrung, Empathie oder persönlicher Interaktion bieten wie ein menschlicher Gedenkstättenpädagoge.

Es ist wichtig anzumerken, dass ein Gedenkstättenpädagoge eine ethische Verantwortung trägt, sensible Themen angemessen zu behandeln und den Respekt gegenüber den Opfern und Überlebenden zu wahren. Bei der Arbeit mit solch emotional aufgeladenen Themen ist menschliche Empathie und Sensibilität von großer Bedeutung.[20]

Insofern: Die Aufgaben sind da, wir müssen uns ihner auf zeitgemäße und progressive Weise annehmen. Der in „Mehr als Vergangenheit" eingeschlagene Weg – Möglichkeiten und Räume zu schaffen, statt starre Inhalte zu vermitteln – ist vielversprechend und kann eine Antwort auf die gegenwärtigen Herausforderungen sein.

18 Unter den Teilnehmer*innen von „Mehr als Vergangenheit" waren (angehende) Lehrkräfte, (Sozial-) Pädagog*innen, Studierende und Promovierende verschiedener Geistes- und Sozialwissenschaften, FSJler*innen, Arbeitssuchende und Rentner*innen.

19 Rick Astley: Never Gonna Give You Up. In: Whenever You Need Somebody, RCA Records 1987.

20 Antwort auf die Eingabe: „Könnte ChatGPT die Arbeit an KZ-Gedenkstätten übernehmen?".

Die Weiterentwicklung der Angebote in dem kulturellen und digitalen Raum sowie die Öffnung hin zu neuen Themen dürfen nicht mit einer Vereinnahmung durch die staatliche Politik oder die Mehrheitsgesellschaft verwechselt werden. Als politische Orte müssen Gedenkstätten immer neu gedacht werden. Dabei müssen die Errungenschaften der letzten Jahrzehnte verteidigt, sollten aber nicht als Endpunkt der Entwicklung gesehen werden.

Gedenkstätten haben sich an unterschiedlichen Orten unterschiedlich entwickelt – und entwickeln sich weiter. Im Zusammenspiel lokaler Prozesse und Gegebenheiten, vorhandener Förderprogramme, des Stellens von Anträgen und deren Bewilligung und nicht zuletzt des Engagements Einzelner ergeben sich nicht nur unterschiedliche Geschwindigkeiten, sondern auch Schwerpunkte und Zielsetzungen.

Diese Prozesse zu sehen und zu gestalten, sollte ein multigenerationelles Projekt sein, das zivilgesellschaftliche Impulse und Perspektiven aufgreift und an dem nicht nur Historiker*innen, Archivar*innen und Geschichtsdidaktiker*innen beteiligt sind.

Mitwirkende

Prof. Dr. Robert Bohn, Historiker, Kiel
Philipp Cordts, Pädagoge, KZ-Gedenkstätte Husum-Schwesing, Flensburg
Prof. Dr. Uwe Danker, Historiker, Kronshagen
Janine Doerry, Historikerin, KZ-Gedenkstätte Husum-Schwesing, Hannover
Dr. Jürgen Dierkes, Historiker, Detmold
Prof. Dr. Michael Gehler, Historiker, Universität Hildesheim, Jean-Monnet-Chair, Hildesheim
Charlotte Haugg, Historikerin, KZ-Gedenkstätte Husum-Schwesing, Flensburg
Perke Heldt, Gewerkschaftssekretärin a.D., Husum
Dr. Sebastian Lotto-Kusche, Historiker an der frzph, Flensburg
Marie-Theres Marx, Historikerin und Doktorandin an der frzph, Schleswig
Doris Neppert, M.A. Soziale Arbeit, Dozentin FH-Kiel, Kiel
Prof. Dr. Karl-Heinrich Pohl, Historiker, Sehestedt
Willy Schulz, pens. Oberstudienrat, Meldorf
Dr. Benjamin Stello, Oberstudienrat, Landesfachberater Geschichte IQSH, Hamburg
Jan Waitzmann, Historiker und Doktorand an der frzph, Schleswig
Jürgen Weber, M.A. Historiker, Kiel

Beratende ehemalige Mitherausgeber*innen
Susanne Bohn, Kiel
Dr. Sebastian Lehmann-Himmel, Bothkamp
Prof. Dr. Astrid Schwabe, Flensburg
Prof. Dr. Stegmann, Hamburg